「建久四年曾我事件」と初期鎌倉幕府

—曾我物語は何を伝えようとしたか—

伊藤邦彦 著

岩田書院

目　次

例言

一　本文の表記(用字)について

1　ソガ(曾我・曽我)の表記については、同一の論者であっても、掲載書誌の違いから両様に用いている場合が見られ、本書では、注記の繁雑さを避けるため、原論著「曽我」の場合を含めて、「曾我」表記に統一する(現行の地名や固有名詞を除く)。

2　歴史的人名については、原則として『吾妻鏡』に基づくが、『真名本曾我物語』の表記を、必要に応じて併用する場合がある。但し、曾我兄弟の父河津三郎と、兄弟の叔父で三郎の弟伊東九郎の実名に関しては、異説が多く、河津三郎・伊東九郎の通称名を用いる。

3　年号は、前近代の場合、史料の引用もあって、和暦を主として、必要に応じ(　)内に西暦を併記し、明治以降は逆に表記する。西暦や頁数は、慣例に従い、一一九三年・二〇〇頁の如く記す。また、明治以降の和暦年月日の表記、巻数・号数、法規の条数等の場合も、原則としてこれに準じる。

4　必要に応じて読み仮名を付したが、カタカナの場合は原史料等に基づくことを示し、ひらがなは私に記したものであることを表す。

二　史料・テキストの引用について

1　表記は、原則として常用字体を用い、一部異体字を改めた部分がある。なお、『吾妻鏡』北条本「垸飯」(ワウバン)は、吉川本に従い「椀飯」と表記し、『真名本曾我物語』「楠」(クス)は、通行の「楠」字を用いる。

2　割注は〈　〉を用い、割書表記の改行部分を含め、改行については、必要に応じて／の記号を用いる。
3　和様漢文体には、原則として訓点・句読点を施したが、変格の文体で表記の困難なものは、私に訓読を施した場合がある（『四部合戦状本平家物語』・『源平闘諍録』など）。
4　仮名の種類や濁点の有無に関しては、原則として、典拠とするテキストの表記に従っている。
5　刊本に拠る場合、文書名や句読点・捨て仮名等をそのまま引用していないものもあるが、解釈に影響を与えない限り、一々注記していない。

三　典拠とする史料（集）・テキストについて

1　本書で多用する基本テキストは次のとおりである。

『吾妻鏡』（新訂増補国史大系、吉川弘文館、一九六八年〈普及版〉、一九九五年第一七刷に拠る）
『曾我物語』諸本（本書では、標記のとおり略記する。第一章「はじめに」参照）
〔真名本〕東洋文庫『真名本曾我物語』1・2（青木晃・池田敬子・北川忠彦ほか編、平凡社、一九八七・八八年。二〇〇八年ワイド版に拠る）
〔訓読本（大石寺本）〕新編日本古典文学全集『曾我物語』（梶原正昭・大津雄一・野中哲照校注・訳、小学館、二〇〇二年）
〔仮名本（太山寺本）〕和泉古典叢書『太山寺本曾我物語』（村上美登志校註、和泉書院、一九九九年）
〔仮名本（流布本系）〕日本古典文学大系『曾我物語』（市古貞次・大島建彦校注、岩波書店、一九六六年）
『平家物語』諸本（本書では、標記のとおり略記する）
〔延慶本〕『応永書写延慶本平家物語』（吉澤義則校註、勉誠社、一九七七年復刻版に拠る）
〔長門本〕『平家物語　長門本』（国書刊行会。名著刊行会、一九七四年再刊に拠る）

〔四部本〕『四部合戦状本平家物語』（慶應義塾大学附属研究所斯道文庫編、松本隆信解題校訂、汲古書院、一九六七年）。『訓読 四部合戦状本平家物語』（高山利弘編著、有精堂出版、一九九五年）を参照した。
〔覚一本〕日本古典文学大系『平家物語』上・下（高木市之助・小澤正夫・渥美かをる・金田一春彦校注、岩波書店、一九五九・六〇年）
〔盛衰記〕改定史籍集覧『参考源平盛衰記』上・中・下（松尾葦江解題、臨川書店、一九八二年復刻版に拠る）
〔闘諍録〕『内閣文庫蔵源平闘諍録』（早川厚一・弓削繁・山下宏明編著、和泉書院、一九八〇年）。講談社学術文庫『源平闘諍録 坂東で生まれた平家物語』上・下（全注釈福田豊彦・服部幸造、一九九九・二〇〇〇年）を参照した。
『保元物語』・『平治物語』諸本（本書では、標記のとおり略記する）
〔半井本保元物語〕新日本古典文学大系『保元物語 平治物語 承久記』（栃木孝惟・日下力・益田宗・久保田淳校注、岩波書店、一九九二年）
〔新大系本平治物語〕右に同じ。
〔金刀本保元物語〕日本古典文学大系『保元物語 平治物語』所収「金刀比羅宮蔵本」（永積安明・島田勇雄校注、岩波書店、一九六一年）
〔金刀本平治物語〕右に同じ。
〔古活字本平治物語〕同右、「付録」。
『承久記』諸本（本書では、標記のとおり略記する）
〔慈光寺本承久記〕前掲・新日本古典文学大系『保元物語 平治物語 承久記』に同じ。
〔古活字本承久記〕新撰日本古典文庫『承久記』（松林靖明校注、現代思潮社、一九七四年）

2 以下の叢書類は、出版社名を省略する（また、自治体史等、刊行主体が明らかな場合も記載を省略している）。

『大日本史料』・『大日本古文書』（東京大学出版会。引用に際し、刊行年を省略する）
『新訂増補国史大系』・『国史大辞典』（吉川弘文館）
『群書類従』・『続群書類従』・『群書解題』（続群書類従完成会。『群書類従』及び『続群書類従』の引用に当たって、刊行年を省略する）
『日本古典文学大系』・『新日本古典文学大系』・『日本思想大系』・『大日本古記録』（岩波書店）
『増補史料大成』・『増補続史料大成』・『改定史籍集覧』（臨川書店）
『大日本地誌大系』（雄山閣。『新編相模国風土記稿』・『新編武蔵風土記稿』に関しては叢書名を、うち、『新編相模国風土記稿』第二巻（一九八〇年）の場合は刊行年も併せて省略する）
『日本歴史地名大系』（平凡社。うち、『神奈川県の地名』（一九八四年）・『静岡県の地名』（二〇〇〇年）、及び『宮崎県の地名』（一九九七年）に関しては、叢書名・刊行年を省略する）

3　本書中にしばしば引用する史料・テキストの典拠は以下のとおりである。

『玉葉』（名著刊行会、一九七一年再刊に拠る）
『明月記』（国書刊行会、一九七三年第三版に拠る）
『兵範記』（増補史料大成、一九七五年再版に拠る）
『山槐記』・『吉記』・『平戸記』（増補史料大成、一九六五年）
『愚管抄』（日本古典文学大系、岡見正雄・赤松俊秀校注、一九六七年）
『保暦間記』（重要古典籍叢刊『校本保暦間記』、佐伯真一・高木浩明編著、和泉書院、一九九九年）。一部、『群書類従』本（四五八、雑部。第二六輯）を参照した。
『百錬抄』（新訂増補国史大系、一九七九年〈普及版〉に拠る）

『帝王編年記』・『扶桑略記』（新訂増補国史大系『扶桑略記　帝王編年記』、一九九九年新装版に拠る）
『本朝世紀』（新訂増補国史大系、一九九九年新装版に拠る）
『日本紀略』（新訂増補国史大系、一九七九年〈普及版〉に拠る）
『尊卑分脈』・『公卿補任』（新訂増補国史大系、一九七四年）
『鎌倉年代記、同裏書』・『武家年代記、同裏書』・『鎌倉大日記』（増補続史料大成、一九七九年）
『関東評定衆伝』（『群書類従』四九、補任部。第四輯）
『曾我両社八幡宮并虎御前観音縁起』（『続群書類従』六九、神祇部。第三輯上〔『曾我両社八幡宮縁起』と略記する〕）
『三浦系図』・『千葉上総系図』（『続群書類従』一三八、系図部。第六輯上）
『北条系図ノ一・二』（『続群書類従』一四〇、系図部。第六輯上）
『千葉大系図』（『改訂房総叢書』第五輯、改訂房総叢書刊行会、一九七二年複製版に拠る）
『伊東大系図』・『伊東系図』（『伊東市史』史料編　古代・中世、第七章一・二号、二〇〇七年）
『和名抄』（『諸本集成　倭名類聚抄〔外篇〕』、臨川書店、一九八一年再版第二刷に拠る）
『神皇正統記』・『増鏡』（日本古典文学大系『神皇正統記　増鏡』、岩佐正・時枝誠記・木藤才蔵校注、一九六五年）
『義経記』（日本古典文学大系、岡見正雄校注、一九五九年）
『太平記』一―三（日本古典文学大系、後藤丹治・釜田喜三郎・岡見正雄校注、一九六〇―六二年）
『謡曲集』下（日本古典文学大系、横道萬里雄・表章校注、一九六三年）
『舞の本』（新日本古典文学大系、麻原美子・北原保雄校注、一九九四年）
『古浄瑠璃　説経集』（新日本古典文学大系、信多純一・阪口弘之校注、一九九九年）
『神道集』（近藤喜博編東洋文庫本、角川書店、一九五九年）

『源威集』（新撰日本古典文庫『梅松論・源威集』、矢代和夫・加美宏校注、現代思潮社、一九七五年）

4　竹内理三編『平安遺文』古文書編（一九六四―七六年）・『鎌倉遺文』古文書編（一九七一―九五年。各東京堂出版）は、それぞれ『平安遺文』・『鎌倉遺文』と略記する。

また、瀬野精一郎編『南北朝遺文』九州編（一九八〇―九二年）、松岡久人編、同・中国四国編（一九八七―九五年）、佐藤和彦ほか編、同・関東編（二〇〇七―一七年）、大石直正ほか編、同・東北編（二〇〇八―一一年。各同社刊）は、それぞれ『南北朝遺文』九州編、同・中国四国編、同・関東編、同・東北編と略記する。

5　佐藤進一・池内義資編『中世法制史料集』第一巻鎌倉幕府法（岩波書店、一九五五年）については、『中世法制史料集』第一巻と略記し、二〇〇一年第一五刷に拠る。また、第一部校本御成敗式目・第二部追加法・第三部参考資料に関して、それぞれ「御成敗式目」・「追加法」・「法制参考」と略記する。

また、同編『中世法制史料集』第二巻室町幕府法（同、一九五七年）については、『中世法制史料集』第二巻と略記し、一九九三年第九刷に拠る。

四　その他

1　拙著『鎌倉幕府守護の基礎的研究』【論考編】・【国別考証編】（全二冊。岩田書院、二〇一〇年）は、それぞれ『鎌倉守護』論考・『鎌倉守護』国別と略記する。【論考編】のうち、左記、第二部各章はいずれも既発表論文を再録したものである。

第五章「鎌倉幕府京都大番役覚書」（初出二〇〇五／〇六年。「京都大番役覚書」と略記）

第六章「上総権介広常」（初出一九八一年）

第七章「比企能員と初期鎌倉幕府」（初出一九九三年。「比企能員」と略記）

第八章「安田義定と遠江国支配」（初出二〇〇一年。「安田義定」と略記）

第九章「鎌倉時代の小串氏」（初出二〇〇〇年）
第十章「室町期播磨守護赤松氏の〈領国〉支配」（初出一九七三年）

2 建治元年五月日六条八幡宮造営用途支配注文写を、建治元年「六条八幡宮造営注文」と略記し、『東京都古代中世古文書金石文集成』第一巻古文書編一、一四二号、「田中穣氏旧蔵典籍古文書」（角川書店、一九九三年）に拠る。

3 傍点は、特に注記しない限り、すべて引用者による。

緒 言 ―本書の課題―

建久四年(一一九三)五月二十八日の夜、曾我十郎祐成・五郎時致の兄弟は、父の敵工藤祐経を討った。折しも、源頼朝が「東国」[1]の御家人を動員して、富士西麓の原野に巻狩を催していた最中の惨劇であった。当年の旧暦(太陰太陽暦)五月二十八日は、現行グレゴリウス暦では七月五日に当たる。[2]梅雨もそろそろ終わりを迎え、しばしば集中豪雨に見舞われやすい時候である。「雷雨撃㆑鼓、暗夜失㆑燈殆迷㆓東西㆒」うほどの土砂降りで(『吾妻鏡』)、これには否定説もあるが、二十八日のこととて、たとい晴夜であったとしても「暗さは暗し」(『真名本曾我物語』巻九)という状況に変わりはなかった。

兄弟は、なお頼朝の宿所目がけて突き進んだが、十郎はその場で殺害され、五郎は捕らえられて翌日処刑された。二十二と二十歳の青年であった。これが、日本三大敵討の第一に位置付けられる曾我兄弟の仇討であるが[3]、事はそれにとどまらなかった。六月に入ると事件は常陸に飛び火し、八月には頼朝の弟の源範頼が伊豆に配流となり(のち誅殺される)、次いで、挙兵以来頼朝に従ってきた相模国古参の御家人、大庭景義(景能とも)と岡崎義実が出家を強要された。この富士野の狩庭[4]における、曾我兄弟による同族工藤祐経殺害に始まり、八月の源範頼配流(のち誅殺)や、大庭景義・岡崎義実の出家等に至る一連の過程を、本書では「建久四年曾我事件」と呼ぶ。歴史的名辞としてはいささか長きに失する嫌いがあるが、「曾我事件」と簡略化すると敵討と同義に捉えられて事件の広がりを認識できず、「建久四年事件」と表現すれば、この年の末から翌年にかけて起こった甲斐源氏安田義定・義資父子の失脚・誅殺を含む

恐れがあるからである。(5)

今日、曾我兄弟の敵討自体は、おおむね鎌倉時代を対象とする通史の類に記載されているが、それは、「東国」の一隅で起きた、さして珍しくもない一族内部の闘諍としての扱いがほとんどで、源範頼失脚、大庭景義らの出家等に至る「建久四年曾我事件」として総括し、その歴史的意義を考察する試みは、一部を除いてまず等閑にされてきたと言ってよい。大正期、歴史学者の三浦周行は、兄弟の背後に、二人を使嗾して頼朝暗殺を企図した北条時政の影を見出したが（第一章第四節一項で詳述する）、その三浦（周）にして、別の著書では、敵討を「一小事変」と評し、範頼に関しては「其異図の有無の如きは、深くこれを問はずして可ならん」と、あっさり追求を打ち切っていた。(6)

この大きな理由として考えられることは、鎌倉幕府の記録である『吾妻鏡』以外、主な史料が見当たらないという事情に尽きるのではないか。通常、同書・頼朝記の記事を検証するためには、古文書はもちろん（もっとも、頼朝発給の下文や奉書などに偽文書が多いことはよく知られている）、『玉葉』・『吉記』などの記録、あるいは慈円の著した『愚管抄』や朝廷側の編年録『百錬抄』といった史書を調査する必要がある。ところが、「建久四年曾我事件」に関して、同時代の古文書・古記録・史書すべてに記載がない。(7) やはり、事件はローカルな、「東国」のエピソードに過ぎなかったのであろうか。

ところが、南北朝期まで対象を繰り下げると『保暦間記』が存在し、そこに関連の記事を見出すことができる。『保暦間記』は史書として、一般に余り高い評価がなされていないものの、私としては、これまで他書から窺うことができない貴重な証言を、かなりの頻度で利用してきた思い入れがある。

書名は、その内容が、保元元年（一一五六）の「保元ノ乱」に始まり、暦応二年（北朝・一三三九。南朝延元四年）の後醍醐天皇崩御まで、二百年に近い公武の治乱を記した史論であることに由来している。本書で用いたテキストの『校本保暦間記』(底本は陽明文庫蔵慶長古活字本)、佐伯真一「解題」に拠ると、これは、「四部本・盛衰記共通祖本に近い」平家物語の一本に依拠し(二七〇頁)、成立時期を十四世紀半ば頃とする通説を踏まえ、「暦応以後、延文元年(一三五六)以前という益田宗説」(『保暦間記の文献批判学的研究』一九五八年)を「最も妥当」と評価する(二八二頁)。また、作者に関しては「南北朝の戦乱に足利尊氏側の立場で参加した武士が、出家以後に本書を執筆した」もので、「相当に有力な武士であったかと」と見ている(同)。特に注目されるのは、「鎌倉末期までの記述が、鎌倉幕府内部の事情にかなり立ち入った形で記されてい」るとした点で(二八九頁)、「南北朝戦乱の記述が、どちらかといえば京都中心の視点で、あるいは京都周辺の情報に詳しい形で記されている」とするのも(同)、作者が、幕府滅亡後鎌倉を去り、足利氏の室町幕府に出仕した、文筆能力に秀でた旧幕府吏僚クラスの「相当に有力な武士」であったことを推測させるものであろう。

やや長文であるが、「建久四年曾我事件」に関連する基本史料の一つであるので、全文を引用する(七〇―七一頁)。

同(建久)四年ニ、頼朝、今ハ天下ハヽカル所ナカリケルマヽ、所々ノ狩ヲシテ遊レケリ、信濃ノ御原(三原)、下野ノ那須ノ狩ナント有ケリ、其後、富士ノ奥野ノ狩アリ、爰ニ、曾我十郎・同五郎ト云者アリ、伊豆国ノ住人也、十郎ヲハ助成(祐成)、五郎ヲハ時宗(時致)ト申ス、イトコ《ママ》ニ工藤左衛門資経(祐経)ヲ討事アリ、助成カ親、河津ノ三郎ヲ資経カ討タリケルニ、其時、彼等幼少也キ、資経、頼朝ノ気色ヨクテ、事外ニ憍テ、人ヲモ人トモセサリケル余ニ、彼等ヲモ賤見ケル程ニ、殊更思立、建久四年五月廿八日、彼狩野ノ井出ノ屋形ニテ、資経討レヌ、是モ分ニ随ハテ憍シ故也、助成・時宗等、伊藤入道(伊東祐親)カ孫也、朝敵ノ者ノ子孫トテ、世ニ無シ、a便宜アラハ、将軍ヲモ思懸奉ントニヤ、又ノカルマシト思ヒケルニヤ、将軍ノ仮屋ニテ、二人ノ者戦ヲス、助成ハ、新田四郎(忠常)カ手ニ懸テ討レヌ、時宗ハ、捕レテ被レ誅畢ヌ、b是ヲ曾我物語ト申ス、c同八月、三河守範頼被レ誅、其故ハ、去富士ノ狩ノ時、狩場ニテ大将殿(頼朝)ノ討レサセ給テ候ト云事、鎌倉ヘ聞タリケルニ、二位殿(政子)大ニ騒テ歎セ給ケルニ、範頼鎌倉ニ留守也ケルカ、範頼左テ候ヘハ、御代ハ何事カ候ヘキトナクサメ申タリケルヲ、サテハ世ニ心ヲ懸ケタルカトテ被レ誅ケルトカヤ、不便ナリシ事也

佐伯の「解題」を踏まえると、右引用部分はなかなかに興味深いものがあり、取り分け傍線部は、他書から窺うことのできない記事で、少なくとも三つの事柄が理解できる。第一は、南北朝中頃までには、真名本か仮名本か定かでないにしても、既に『曾我物語』が成立していたことが裏付けられることである(b)。第二に、兄弟は、祐経殺害の後、頼朝暗殺を企図して「将軍ノ仮屋」へ突き進んだ可能性を示唆していることである(a)。そして第三に、最も注目されるのは、伊豆配流後の範頼の動向が『吾妻鏡』では明らかでなかったのに対し、まもなく誅殺されたと明記し、その理由に関しても触れていることである(c)。いずれも、検討に値する貴重な素材と言えるだろう。

では、『保暦間記』の他に史料はないのかどうか。仮に我々が、治承・寿永の源平争乱期に関する何らかのテーマに取り組むとした場合、関係古文書や『吾妻鏡』『玉葉』といった諸史料の行間を埋めるものとして、多くの研究者が利用している文献に『平家物語』諸本、取り分け古態性を示すものと評価されている『延慶本』があり、私自身そのような作業を行った経験がある。そうとすれば、「建久四年曾我事件」の歴史的意義を明らかにするために、『曾我物語』、特に古態を留めているとされる真名本を史料として利用する術はないのであろうか。

古く大森金五郎は、曾我物語は「一種の物語で、必ずしも真拠するには足らない。簡単なる記事ではあるが吾妻鏡にある処を以て本説とすべきである」と説いていた[8]。これは「太平記は史学に益なし」(久米邦武(『史学会雑誌』二編、一八九一年))流の把握であろう。今日、歴史学者が『曾我物語』を根拠に叙述している内容には、おおよそ二つのテーマが知られる。一つは、伊豆における流人頼朝の生活に関してであって、かなりの程度行動の自由が認められていた

とする。(9)いま一つは、「東国」武士団の日常生活が窺われるとする点で、(10)いずれも『吾妻鏡』を補完する素材として位置付けている点で共通している。しかしながら、どこまで史料批判を踏まえた立論であるかは必ずしも明確でなく、概して言えば、史料批判を推し進めることによって「事件」の本質に迫ろうとする視点に乏しい。

そもそも『曾我物語』は、いつ、どのような状況の下で成立し、如何なる過程を経て現行本が形成されていったのであろうか。いま、『曾我物語』研究にエポックを画した、日本古典文学大系『曾我物語』（一九六六年）の「解説」（四・五・九・一一―一二頁）と、歴史学の分野で、近年「事件」と「物語」に関する論著を相継いで公刊した坂井孝一の論旨（「真名本『曾我物語』の構想と特徴」『曾我物語の史的研究』第一部第一章、吉川弘文館、二〇一四年、一八―一九頁。初出二〇一〇年）とを比較すると、基本的主張にほとんど変化がないことに気付く。両書の刊行時期には半世紀近い隔たりがあり、国文学・歴史学というジャンルの違いにも関わらずである。

即ち、『曾我物語』は、①事件後まもなく、②曾我兄弟の「御霊」を鎮魂するために、③遊行巫女らによる女語り＝「語り物」として発生し、④やがて箱根山（現箱根神社）を中心とする唱導僧の手によって「物語」化されていったとする理解である。現在の、特に国文学の分野における研究の深化にもかかわらず、管見の範囲で、右骨子部分に関する限り、ニュアンスの違いはあるにせよ、大筋において異論を窺うことができない。従って、これはまず、ベーシックな不動の「定説」ということになろうか。

しかしながら、かかる「定説」①―④は、本当に確かな根拠に基づいた理解と判断してよいのであろうか。かかる「定説」が一人歩きしていることはないのであろうか。もしなお、いささかでも疑点が存在しているとすれば、それをどのように検証していくか、問題は「方法」そのものにあろう。私は、「建久四年曾我事件」の原点に立ち返り、史実及びその歴史的意義を明らかにするために、歴史学の立場から、『曾我物語』（特に真名本）を史料として用い、史料批判を徹底することによって、「定説」の再検討を試みていきたいと考えている。

『曾我物語』の研究は、むしろ困難な状況から出発したと言ってよい。十八世紀中期の儒学者で、岡山藩士湯浅常山は、既に「カナノ軍記ノ中、其文ノ観ベキモノ、平家物語ヲ第一トス。保元平治物語コレニ次ク。盛衰記コレニ次ク。義経記、曾我物語ハ殊ノ外ニオトリタレトモ」云々と記し(『常山楼筆余』二)[11]、近代以降も、文学史の上で、「軍記物語の本流からはずれた」「准軍記物語や伝記的物語」との評価が存在していた[12]。

丸谷才一は、名著『忠臣蔵とは何か』(講談社、一九八四年。第一章第二節四項で取り上げる)の中で、「髪の毛の薄いために」縁遠かった「お宗さん」という中年女性の思い出を綴った芥川龍之介の随筆[13]を紹介している(二二頁)。彼女は「声だけは善かつた」ので「一中節の稽古」をし、「「形見おくり」を習つてゐるうちに真面目に」、「曾我の五郎と十郎とは一体どつちが兄さんですよ」と尋ねたことがあった。皆が「当惑」していたので、芥川少年が「十郎が兄さんですよ」と答えて、「みんなに笑はれた」というのである。「やつと小学校へはひつたぼく」とあり、芥川が本所元町の江東小学校に入学した明治三十一年(一八九八)の話であったことが分かる。当時、お宗さんは「四十を越し」ていたから、生年は安政五年(一八五八)の少し前であったろうか。かつて江戸時代の前期、江戸三座の初春狂言は曾我物を上演することが嘉例となっていた熱気は遠い過去と化し、十九世紀末の、芥川周辺の東京下町の大衆は、日清「戦後経営」を目的とした《臥薪嘗胆》の時代に遭遇して、芝居見物をする余裕などなかったのであろう。

現在、正月興行で、明治期に河竹黙阿弥がまとめた「寿曾我対面」(ことぶきそがのたいめん)などが上演されることはあっても、観客がそれを目当てに、新装なった歌舞伎座に足を運ぶということはまず考えられないし、歌舞伎十八番、花川戸の「助六」が、実は曾我五郎で、花道に蛇の目傘をさして登場するのは、仇討当夜の雨(「曾我の雨」とも「虎が雨」とも言う)に由来している等、歌舞伎通でないとさっぱり理解できなくなっている。津田左右吉は、『曾我物語』を「国民文学」と評したが(第一章第二節一項)、室町から江戸前期にかけて、謡曲・幸若舞曲・浄瑠璃・歌舞伎へと継承されてきた曾我物の隆盛は、今やすっかり過去のものとなって久しい。しかしながら、曾我物に代わって、歌舞伎の首座を奪った当の「忠臣蔵」自体が、丸谷に拠ると、「あの事件はもともと江戸の曾我ばやりのせいで起こつたものだつた」というのである(前掲書、二三頁)。我々は、《忘れられた日本文化》の伝統を掘り起こし、もう一度正確に文学史に位置付けなければならない。

以上の考察から、本書の課題は、自ずと次の三点に整理できる。

第一に、まず「建久四年曾我事件」に関する史実を掘り下げ、それを踏まえて「事件」の歴史的意義を闡明する作業であって、これが本書の最も基本的な課題となる。本書が、鎌倉幕府論を意識して、書名を『「建久四年曾我事件」と初期鎌倉幕府』とした所以である。

第二は、『曾我物語』成立に関する如上の「定説」を再検討する試みであり、第一の課題への取り組みを、『曾我物語』(特に、真名本)を史料として用い、史料批判を徹底する過程を通して考察しようとするものであった。それは、取りも直さず「曾我物語は何を伝えようとしたか」(副題)を明らかにする作業であって、そこから、第三の課題として、軍記物語としての同書の特色を、『曾我物語』の原点に立ち帰って捉え直す必要が生じる。従って、本書は、これまでほとんど発言の見られなかった、歴史学の立場からの『曾我物語』成立論に対する提言ということになろうか。

『曾我物語』は、もちろん「敵討(仇討とも)の文学」であるが、様々な論者によって、「女の物語」・「狩庭の物語」・「貧道の物語」といった評価が与えられている。いずれも『曾我物語』の一面を語っているが、問題は、それを時間と空間の座標軸に、どのように位置付けるかということであろう。本書は、室町から江戸前期にかけて、『曾我物語』・「曾我語り」、及びそれから派生した「曾我物」の隆盛という、《忘れられた日本文化》の伝統を、鎌倉時代の入口に立ち帰って、歴史学の立場から、再検討しようとする試みである。

注

（1）本書で「東国」と呼ぶのは、御家人に鎌倉番役が賦課される「遠江国已下十五ヶ国」（『吾妻鏡』嘉禄元年十二月二十一日条。〔東海道〕遠江以東十か国、〔東山道〕信濃以東五か国）を指す。従って、「西国」とは、右「十五ヶ国」を除く諸国となるが、上横手雅敬は、越後と三河については、「東国」・「西国」いずれにも「含まれない」と注意を喚起していた（「守護制度の再検討」一九九四年。拙著『鎌倉守護』論考、「序」二三頁注三、参照）。

（2）web上の「換暦」ツールを用いた（以下同じ）。

（3）他の二つとは、荒木又右衛門が、義弟に助力し、敵の旗本を倒した伊賀上野鍵屋の辻の仇討（寛永十一年〔一六三四〕）と、大石良雄ら赤穂浪士によるいわゆる「忠臣蔵」事件（元禄十五年〔一七〇二〕）を言う。

（4）カリバは狩場・狩庭二様に表記される。狩猟は、武士にとっては、武技の鍛錬・合戦の演習の場であり、マタギにとっては、もちろん生業の場である。いずれも、祭祀を伴っており、例えば、シシバ（狩場）に「神々廻」という漢字を宛てる千葉県白井市の地名から窺われるように、本来狩猟自体が神事でもあった。従って、本書では、テキストや論著の引用を除き、huntingを目的としたground＝単なる「場」以上に、神降ろし・神祀りの斎場である「沙庭」を含意する「狩庭」表記を用いることとする。

（5）建久四年には、「東国」内部における鎌倉幕府権力の浸透が一層進行し、安田義定・義資父子の失脚・誅殺も、広義には、この文脈から理解されなければならないことは勿論にしても、曾我の事件と直接結び付くものではない（拙著『鎌倉守護』論考、第八章「安田義定」、四九九頁参照）。

（6）『鎌倉時代史』（早稲田大学出版部、一九〇七年。『日本史の研究』新輯一、岩波書店、一九八二年、六三頁）。

(7) 『玉葉』建久四年の記事は、五月二十日から九月末日までを欠いている。
(8) 「曾我兄弟と武士道」(『日本及日本人』六五二号、一九一五年、二六二頁)。
(9) 永原慶二『源頼朝』(岩波新書、一九五八年、二一―二二頁)、その他。
(10) 石井進『日本の歴史 中世武士団』(小学館、一九七四年、三三―三四頁)、その他。
(11) 『太平記』「解説」、第一冊二三―二四頁、に拠る。
(12) 山西明「『曾我物語』の軍記物語的特質」(『曾我物語生成論』第二章、笠間書院、二〇〇一年、二五―二六頁)。
(13) 「素描三題」一、一九二七年(『芥川龍之介全集』第四巻、筑摩書房、一九七一年、三七九頁)。引用部分は同書に拠る。

第一章　『曾我物語』及び「建久四年曾我事件」に関する諸研究

はじめに

『平家物語』ほどでないにせよ、『曾我物語』に関する重厚な国文学研究の成果を、どのような観点から、どのような形で整理したらよいか。また、研究史上、エポック・メーキングと評価される論著にはどのようなものがあるか。国文学研究には門外漢の私にとって、最初に直面する難問である。ところが幸いなことに、研究成果を整理し、主要論文を採録した文献が既に公刊されており、いまそれを列記すれば以下のとおりである。本書は、左記論著に多大な恩恵を被ったことをまず特記しておきたい。

A　日本古典文学大系『曾我物語』「解説」（一九六六年）。以下、A「古典大系解説」と略記する。

B　福田晃、東洋文庫『真名本曾我物語』2、「解説」（一九八八年。ワイド版、二〇〇八年に拠る）。以下、B福田晃「東洋文庫解説」と略記する。

C　村上學編、日本文学研究大成『義経記・曾我物語』（国書刊行会、一九九三年。以下、C大成『義経記・曾我物語』と略記）所収、同「解説」。以下、C村上學「大成解説」と略記する。Cは曾我物語に関して、その他、一八編の主要基本論文を収める。

D　梶原正昭編、軍記文学研究叢書『曾我・義経記の世界』（汲古書院、一九九七年。以下、D叢書『曾我・義経記の世界』と略記）所収、會田実「『曾我物語』研究の軌跡と課題」。以下、D會田実「軌跡と課題」と略記する。その他、曾我物語に関し、「諸本」・「成立基盤」等六分野のそれぞれについて、新稿を収める。

E　新編日本古典文学全集『曾我物語』「解説」（二〇〇二年）。以下、E「古典全集解説」と略記する。

F　村上美登志編、「国文学解釈と鑑賞」別冊『曾我物語の作品宇宙』（至文堂、二〇〇三年）。以下、F『曾我作品宇宙』と略記する。編者等による「鼎談・曾我物語の作品宇宙」のほか、「現在、第一線で活躍する『曾我物語』研究プロパー」（「まえがき」）を網羅した、「諸本群像」・「曾我語りから曾我物語へ」等の八分野にわたる計三四編の新稿を収める。

その他、『軍記と語り物』に、「【研究展望】曾我物語」として、以下の三編が掲載されている。

會田実　二八号（一九八三年十一月～一九九〇年十月）、一九九二年刊

村上美登志　三七号（一九九〇年十一月～一九九九年九月）、二〇〇一年刊

小井土守敏　四六号（一九九九年一〇月～二〇〇八年九月）、二〇一〇年刊

なお、同誌四〇号（二〇〇四年）は、「特集『曾我物語』の誕生」として、小井土の司会によるシンポジウムのほか、四編の論文を収める。

研究史を繙くとき、我々が常に念頭に置いておかなくてはならないことは、それぞれの論者が拠って立つ『曾我物語』のテキストが如何なるものであったかということである。『曾我物語』諸本の詳細は第二章第一節で述べるので、本書で用いるテキスト（「例言」三・1）の紹介を兼ね、以下、予め簡単に触れておきたい。

諸本の系統について、本書は真名本[1]・仮名本二系統論に立っているが（第二章第一節一項）、このうち、真名本が古態を留めているとされる。戦前期の研究において、真名本とは、大まかに言うと十巻「本門寺本」を指し、彰考館本を底本とする存採叢書（近藤瓶城編『曾我物語』、一八八五年）に翻刻されたが、それは「妙本寺本」の転写本であったことが明らかにされている。

今日、真名本として知られるのは、実は「本門寺本」の親本である、十巻本の「妙本寺本」一系統のみである。これは、一九三一年(昭和六)東京大学史料編纂所が、旧日向飫肥藩主伊東家の所蔵史料を調査した際発見されたもので、朱筆で乎古止点を付しているほか、特異な用字とも相俟って、下記影印本の編者山岸徳平は、「直接の読解は、一般には困難」としていた(「解題」、六七七頁)。それが、国文学研究者に広く利用される契機となったのは、角川源義編、貴重古典籍叢刊『妙本寺本曾我物語』(角川書店、一九六九年)が公刊されて以後のことである(以下、『角川妙本寺本』と略記)。これは乎古止点を翻字し、「本門寺本」を参照して傍訓を施した翻刻で、角川自身の論文「妙本寺本曾我物語攷」をはじめ、村上學の作成になる「真字本曾我物語・神道集同文一覧」等の資料を収めている。

次いで、鮮明な影印本『真名本曾我物語』が勉誠社から刊行され(「解題」山岸徳平・中田祝夫、一九七四年。以下、『真名本(影印本)』と略記)、更に、巻ごとに詳細な「注」を付し、全文を書き下した東洋文庫『真名本曾我物語』1・2(一九八七・八八年)が出版されて、私のような、国文学を専攻としない人文系一般研究者にも広く門戸が開かれることとなった。本書は、この東洋文庫版を「妙本寺本」のテキストに用い(『東洋文庫真名本』1・2と略記し、ワイド版、二〇〇八年に拠る)、適宜『角川妙本寺本』及び『真名本(影印本)』を参照した。

また、「本門寺本」の唱導説話等を省略し、真名表記を仮名交じり文に改めたものに、いわゆる「大石寺本」(十巻本)がある。翻刻本に、古く生田目経徳『標註異本曾我物語』(金港堂、一八九一年〔誠之堂、一九〇四年、再刊〕。「序文」に解説を付す)、国史叢書・黒川真道編『源平軍物語』二所収『大石寺本曾我物語』(国史研究会、一九一四年)がある。本書がテキストに用いた、E新編日本古典文学全集『曾我物語』(二〇〇二年)は、底本に日本大学総合情報センター所蔵訓読本を用いており、「解説」に、「従来、この訓読本系統の諸本は大石寺本と称されていた」が、原本は所在不明で、「呼称としては、真名本を訓読して成立したという内実によって訓読本と称するのがよいだろう」としている

（三八七―三八八頁）。本書では、なお「大石寺本」とする把握が一般に用いられていることから、「大石寺本」または「訓読本（大石寺本）」と表記することにしたい。

次に仮名本に移るが、古態本として知られるのは十巻本の「太山寺本」である。一九四一年（昭和一六）、姫路高等学校教授荒木良雄によって学界に紹介されたが（同・校注『大山寺本曾我物語』[2]、東京武蔵野書院刊）、翻刻に問題があり、古態本としての評価が定まるにはなお時間を要した。本書が「太山寺本」のテキストに用いるのは、和泉古典叢書『太山寺本曾我物語』（村上美登志校註、一九九九年）である。なお、影印本『太山寺本曾我物語』が汲古書院より刊行されている（濱口博章解題、一九八八年）。

特に戦前期、多くの論者が実際に利用してきたものは仮名本・流布本系のテキストであったが、その定本とも評すべき画期的な翻刻が、一九六六年、日本古典文学大系の一冊として刊行された十二巻本『曾我物語』であった。本書では、流布本系のテキストに古典大系本を用い、「流布大系本」と略記する。底本は、東京大学附属図書館青洲文庫蔵十行古活字本であるが、村上學は「在来の大衆普及を目的とする翻刻本が整版本を底本としていたのに対し、古典文学大系は製版の祖となった古活字十行本を底本とし、底本の忠実な翻字が復元できるように配慮された点でも画期的であった」と評価している（『曾我物語の基礎的研究』〔補記一参照〕序篇第一章、三三頁）。なお、本書は仮名本について、十巻本の「太山寺本」を主とし、十二巻本「流布大系本」を補足的に用いることとする（引用は、特に注記しない限り、「太山寺本」に拠る）。その他の、例えば武田甲乙本・円成寺本・南葵文庫本・万法寺本等々は、すべて切り捨てざるを得ないが、その結果、何か重要な問題を欠落させているのではないかという不安が付きまとっている。しかし、現在の私にはそれらを検討するだけの余力はない。

〔補記一〕本書で多く引用する次の著書については、以下、出版社名・刊行年、及び、原則として書名を省略する。

丸谷才一『忠臣蔵とは何か』（講談社、一九八四年）
角川源義『語り物文芸の発生』（東京堂出版、一九七五年）
福田晃『曾我物語の成立』（三弥井書店、二〇〇二年）
山西明『曾我物語生成論』（笠間書院、二〇〇一年）
村上學『曾我物語の基礎的研究―本文研究を中心として―』（風間書房、一九八四年）
石井進『日本の歴史　中世武士団』（小学館、一九七四年）
永井路子『つわものの賦』（文芸春秋、一九七八年）
坂井孝一『曾我物語の史的研究』（吉川弘文館、二〇一四年）
千葉徳爾『狩猟伝承研究』（風間書房、一九六九年。一九九五年第四版に拠る）
二本松康宏『曾我物語の基層と風土』（三弥井書店、二〇〇九年）
また、次の各論については典拠を省略する。
後藤丹治「曾我物語に於ける史実の検討」（『中世国文学研究』第二篇第八章「曾我物語私考」第一節、磯部甲陽堂、一九四三年。初出一九三三年）
小島瓔禮「神道集と曾我物語との関係」（『中世唱導文学の研究』、泰流社、一九八七年、所収。初出一九六四年（C大成『義経記・曾我物語』、再録））
五味文彦「平氏軍制の諸段階」（『史学雑誌』八八編八号、一九七九年）
細川重男・本郷和人「北条得宗家成立試論」（『東京大学史料編纂所研究紀要』一一号、二〇〇一年）
また、次の県史・市史に関しては刊行年を省略する。

『静岡県史』資料編6 中世二(一九九二年)、通史編1原始・古代(一九九四年)、同2中世(一九九七年)
『伊東市史』史料編 古代・中世(二〇〇七年)

〔補記二〕曾我兄弟ら、本書の全体に関わる人物の生年を予め掲出する。
曾我十郎・五郎　承安二年・同四年(一一七二・七四)生。〔父河津三郎が殺害された安元二年(一一七六)当時、五歳と三歳であった(『吾妻鏡』建久四年五月二十九日条。『東洋文庫真名本』1、巻一、七三頁)。
源頼朝　久安三年(一一四七)四月八日生(昌平坂学問所旧蔵『内閣文庫本公卿補任』〔石井良助「再び「征夷大将軍と源頼朝」について」『大化改新と鎌倉幕府の成立』増補版・第四、創文社、一九七二年、一三〇―一三二頁注二・六。初出一九三三年〕、に拠る)。
北条政子　保元二年(一一五七)生。嘉禄元年(一二二五)七月十一日、六十九歳で死去した(『吾妻鏡』)。
北条義時　長寛元年(一一六三)生。貞応三年(元仁元・一二二四)六月十三日、六十二歳で死去(『吾妻鏡』)。

注

(1) 古くは「真字本」と記されることが一般的であったが、本書では、原論著の引用を除き、「仮名本」の対語として、「真名本」と表記する。

(2) 濱口博章に拠ると、「古くは「大山寺」と表記する場合がほとんどであるものの、〔中略。「大」・「太」混在の事例を挙げる=引用者〕寛永年間以降は、ほぼ「太山寺」に統一され、現在に至っている」とのことである(「『太山寺本　曾我物語』について」、F『曾我作品宇宙』、七四頁)。本書では、引用部分を除き、太山寺と表記する。

第一節　研究の始動

明治期には、「はじめに」で触れたように、「本門寺本」と「大石寺本」の翻刻本として、それぞれ、存採叢書・近藤瓶城編『曾我物語』(一八八五年)、及び生田目経徳『標註異本曾我物語』(一八九一年)が刊行されたが、特記すべき専論は見られない。但し、後者の「序文」に拠ると、生田目は、諸本を「真字本」・「流布本」・「異本」の三種に分類し、「異本」とする「大石寺本」は、「真字本の、蛇足を略き、要をとりて」、「真字本の、詞のまゝを、仮名に直したるまでにて」とするなど、村上學は「基本的には今日でも通用する見解である」と評価している(序篇第一章、一八頁)。

ところが、大正期に入った第一次世界大戦の前後、『曾我物語』に関する論著が、堰を切ったように相次いで発表された。最初に『日本及日本人』特集号を取り上げる。

一　『日本及日本人』特集号

政教社の『日本及日本人』六五二号(一九一五年四月)は春季拡大号として、「諸家の曾我兄弟観」を特集し、三四人の論稿を掲載した。その順序は「原稿到著順」によるとのことであるから(二一九頁)、いま仮に掲載順に頭番号を付し、著者を七つのグループに分類して、論稿一覧を掲げる。なお、著者名に続く(　)表記は、当誌に掲載された肩書きを示す。

Ⅰ　歴史学者　八編

4　黒板勝美（文学博士）「富士の巻狩」　7　和田英松（史料編纂官）「曾我兄弟の欽慕せらるゝ所以」

8　大森金五郎（学習院教授）「曾我兄弟と武士道」　12　柳田國男（貴族院書記官長）「曾我兄弟の墳墓」

15　八代国治（国学院大学講師）「正史から見た曾我物語の敵討」　18　三浦周行（文学博士）「曾我復讐秘史」

19　松本彦次郎（文学士）「曾我仇討の道徳的価値」　26　久米邦武（文学博士）「曾我物語と世阿弥」

Ⅱ　人文・社会系学者（Ⅰを除く）　三編

1　池辺義象「曾我兄弟」　3　村上専精（文学博士）「曾我兄弟と庭訓」

31　大場茂馬（法学博士）「孝道と刑法」

Ⅲ　小説家・劇評家・新聞記者等文筆関係者　一〇編

6　木村鷹太郎「曾我兄弟の高等研究」　11　饗庭篁村［本名与三郎］「芝居の曾我」

16　高野斑山［本名辰之］（東京音楽学校教授）「曾我物」　20　内藤鳴雪［本名師克、のち素行］「曾我の復讐関係に就いて」　27　巌谷小波［本名季雄］「現代的孝道」　28　塚原渋柿園［本名靖］「涙と復讐と」

30　笹川臨風［本名種郎］「国民性の発揮」　32　熊田葦城［本名宗次郎］「二狐の遺蹟」

33　伊原青々園［本名敏郎］「歌舞伎劇の『曾我』」　34　［三田村］鳶魚［本名玄龍］「蝶千鳥」

Ⅳ　教育家　三編

14　棚橋絢子「曾我兄弟と其母」　22　三輪田真佐子「曾我兄弟に就て」

23　鎌田栄吉（慶応義塾学長）「鎖国的孝道と世界的孝道」

Ⅴ　華族・政治家　三編
2　柳原義光（伯爵）「曾我兄弟と阿若丸」　5　柳沢保恵（伯爵）「孝の陵夷」
21　大木遠吉（伯爵）「玉と砕けし曾我兄弟」
Ⅵ　国粋主義思想家、国家主義者　二編
17　頭山満「不贅一辞」　24　杉浦重剛（東宮御用掛）「神武天皇祭と孝道の発揮」
Ⅶ　薩摩関係　五編
9　上村彦之丞（男爵）「今様曾我兄弟」　10　加治木常樹「曾我の傘焼」
13　鰺坂（坂）南水［本名貞盛］「薩摩健児社と曾我の傘焼」　25　大迫尚敏（子爵）「鹿児島の傘焼」
29　小牧昌業（貴族院議員）「薩摩の士風と曾我物語」

右のうち、例えば、12柳田を「Ⅰ歴史学者」グループに分類したことには異論があろうし、「Ⅶ薩摩関係」のうち、9上村・25大迫・29小牧は「Ⅴ華族・政治家」と重複する。分類は、あくまで便宜的なものとしてご了解頂きたい。

当誌は、実はもう一つ「諸家の欧洲大戦観」特集を組んでおり、これは前年七月に大戦が勃発したことからすれば、時宜に適った企画で、特集の趣旨は容易に了解できよう。では、「曾我兄弟観」特集にはどのような目的があったのであろうか。現在であれば、巻頭言なり編集後記なりに、編集者の意図が開示されるのであろうが、当誌にはその記載が見られない。但し、Ⅵ-24杉浦重剛の論稿に拠ると、「明治四十三年の元旦号に『四十七名士の四十七義士観』を掲げて忠節の大義を闡明し」たのに続き、「『日本及日本人』が今又た本号に於て『曾我兄弟の復讐に対する感想』を広く諸家の間に募」って、「以て孝道の発揮に努める」ことを意図したものだという（三一六頁）。かつて杉浦は、三宅雪嶺・志賀重昂らとともに政教社を結成し、雑誌『日本人』を創刊したが、これが当誌の淵源であり（一九〇七年『日本及日本人』と改題)、一八八八年(明治二一)四月三日、神武天皇祭当日の創刊であった。氏は、「此の最も記念すべき日の発行に係る本号に於て(中略)曾我兄弟の復讐観を募りて孝道の発揮に努めるといふは、実に機宜に適当したる計画であ」り、「神武帝の此の大御意を奉体して其の示させ玉ひたる孝道の大義を模範とするに務めねばならぬ」と、特集の趣旨に賛意を表している(同)(1)。

『日本及日本人』「曾我兄弟観」特集の企画意図が右のようなものであったということは、論調の第一に挙げられる特色として、国民教育における「孝道」論の主張があり、後述するI八編と、論評に値しない二編(2)を除く二四編のうち、伝統的(武士道的)「忠孝」精神を強調するものが一三編を数える(3)。当誌を論評したD會田実「軌跡と課題」は、「そのほとんどは「忠孝」というイデオロギーを自明の理として曾我兄弟の行為を評価したきわめて予定調和的な論説」だとしたが(四頁。他に、一三—一四頁でも言及している)、子細に見ると、「孝道」論とはいえ、教育的見地から一定の歯止めをかけ、あるいは近代思想との調和を試みようとするもの三編(4)が存在していた。

特色の第二点として指摘できるのは、全員「孝道」論(忠孝思想)を主張していた「Ⅶ薩摩関係」五人が、いずれも旧薩摩藩の子弟教育における郷中の年中行事「傘焼」を取り上げていたことで(5)、これについては、第二章第三節六項で改めて考察する。

第三に、「曾我物」や関係遺跡を論じた五編(6)の学術的価値の高さを指摘しなければならない(第二章第三節四項参照)。特にⅢ-33伊原青々園(敏郎)「歌舞伎劇の『曾我』」は、死後、遺稿として刊行された『歌舞伎年表』全八巻(岩波書店、一九五六—六三年)の著者だけに、「曾我物」特論の趣がある。また、34三田村鳶魚の「蝶千鳥」(7)は、十巻「本門寺本」「大石寺本」、仮字「十二巻本」の考証を行い、真字「本門寺本以前に妙本寺本のあつたこと」、大石寺本は「紛れもない本門寺本の改訳」で、「系統上真字本に属すべきもの」であること、いわゆる「切兼曾我」などの例を挙げ、「十二巻本の特徴は十巻本にない記載のあること」で、「浄瑠璃や芝居に影響したのは、実に此の十二巻本」だとする等の注目すべき指摘が見られる（三四二―三四三頁）。更に、下曽我や鷹岡・厚原・上井出などの関係遺跡等に関し、十巻真字本を素材に、吾妻鏡や相模国風土記稿を参照して広汎な考証を試み（三四三頁）、随所に卓見が窺われる。研究史上、34鳶魚の論稿は、もっと評価されて然るべきものではなかろうか。

そして、第四に、「国文学」プロパーの論文が皆無であったことを指摘しなくてはならない。強いて国文学者を挙げれば、小中村清矩に師事し、一時期養子となったⅡ－1池辺義象（よしかた）が当てはまるが、彼は法制史家でもあり、論稿の主旨は「忠孝」論そのものであった。何より、『曾我物語』諸本についてⅢ－34鳶魚が考証を行い（後述するⅠ－15八代国治も言及している）、『七十一番職人歌合』や謡曲「望月」における瞽女の「曾我語り」を紹介しているのが、後述Ⅰ－26久米邦武であったことが、当時の国文学界の状況を表しているのであろう。

最後に、「Ⅰ歴史学者」の論稿八編を取り上げる。執筆者のほとんどが四十歳から五十歳というアクティヴな年代で、特に日本中世史研究者にとっては、馴染み深い錚々たる顔ぶれである。以下、注目される論稿・諸点について簡単に触れる。

12柳田國男「曾我兄弟の墳墓」、及び、18三浦周行「曾我復讐秘史」は、今日においてもなお、『曾我物語』研究や「建久四年曾我事件」に関する基本文献であり、それぞれ第二節二項・第四節一項で改めて取り上げる。

15八代国治「正史から見た曾我物語の敵討」は、「曾我物語は室町時代の作で信用」が置けないとして（記述は「本門寺本」に基づいている）、吾妻鏡や尊卑分脈に拠って、敵討の「真相」究明を試みたものである（二八四頁）。特記すべきは、兄弟が工藤祐経を討った背後に、北条時政の存在を想定し、「源氏に取つて代る考を有して居つた」時政の「遠謀」に基づくとした点である。氏が、曾我物語の「史料としての価値は認むることが出来ない」と断言したのは、

「一番古い」真字本系十巻「本門寺本」も（「大石寺」本は「本門寺の漢字本を和文に訳したもの」とする）、十二巻「流布本の仮名本」も、ともに「室町時代の製作」で、小袖曾我や夜討曾我といった「謡曲や舞草子から出た」とする独自の理解に基づいていた（二八八―二八九頁）。しかし、諸本に関する解説は丁寧で、謡曲や芝居などの曾我物に対する目配りもあって、『曾我物語』や、「毎年春狂言には曾我と定ま」った「嘉例」が「赤穂義士の敵討を激励した一端となつたものではあるまいか」と捉える見解も提示していた（二九〇頁）。

また、26久米邦武（「曾我物語と世阿弥」）は、先述のように、『七十一番職人歌合』や謡曲「望月」における瞽女の「曾我語り」を紹介し（三一九頁）、「兄弟の墓」の問題を取り上げ、箱根「芦の湯付近賽の河原」の石仏・石塔群に着目した（三一九頁）。4黒板勝美（「富士の巻狩」）は、那須野に次いで「信濃の三原でもやる企があつた」と記し（二三一頁）、三原の狩が実行されたことに疑いを懐いていたらしく思われる。8大森金五郎（「曾我兄弟と武士道」）は、社会が曾我兄弟の「復讐」を「一美事と見做し」たのは、「当時未だ法律が不完全であつたが為めで」、「世の少年子弟は其の辺に心得違ひのないやうにして貰ひたい」と念を押すことを忘れなかった（二六二・二六五頁）。

以上、『日本及日本人』六五二号について見てきたが、「諸家の曾我兄弟観」特集の趣旨に基づいて、「孝道」論のオンパレードであったこと、にも関わらず、Ⅰ‐15八代、Ⅲ‐34鳶魚のそれは、事件・諸本・曾我物・遺跡などを総合的に論じた学術的価値の高い論稿で、Ⅲ‐33伊原の歌舞伎「曾我物」特論も注目すべき業績であった（後述するⅠ‐12柳田と18三浦（周）を除く）(8)。そして、「孝道」論とはいえ、教育的見地から一定の歯止めをかけ、あるいは近代思想との調和を試みようとする論稿が見られたこと、Ⅰ‐8大森は、兄弟の仇討を美化し、「忠孝」精神を奨励する風潮が、一歩間違うとテロリズムと結び付く危険性を危惧していたのではないかと思われ、いずれも大正期言論界の、言わば《精神的余裕》を表していた。

注

（1）Ⅴ‐5柳沢保恵（やすとし）もまた、「頗る喫緊なる警世の趣向と思はれる」と、特集に賛意を表している（一三三頁）。氏の場合、もっとあからさまに、学校教育が「専ら西洋の思想学問に之れ頼つて居る為めに、親子の間にも自然と個人主義が行はれんとする」と、文部省の中等教育を批判した（同）。

（2）Ⅲ‐6木村とⅥ‐17頭山の論稿を指す。木村は、一八九七年（明治三〇）井上哲次郎・高山樗牛らと大日本協会を創設し、機関誌『日本主義』を発刊した評論家であるが、兄弟の敵討の頃は、日本人が印度に居住していた時代とするなど（一三五・一五四頁）、「荒唐無稽な」内容である（D會田実「軌跡と課題」、五頁）。また頭山のものは、ほとんどを『大日本史』孝子伝の引用に充てており（一九二―一九三頁）、論評に値する内容ではない。

（3）Ⅱ全、Ⅳ‐14棚橋、Ⅴ全、Ⅵ‐24杉浦、Ⅶ全の各論。

（4）Ⅲ‐27巌谷、Ⅳ‐22三輪田・23鎌田の各論。

（5）「傘焼」行事については、Ⅱ‐3村上、Ⅲ‐34鳶魚も言及しているので、七人が触れていたことになる。

（6）Ⅲ‐11饗庭・16高野・32熊田・33伊原・34鳶魚の各論。

（7）タイトルは、歌舞伎などで定番となった五郎（蝶）・十郎（群千鳥）の直垂の文様を表し、現在、曽我谷津（神奈川県小田原市）の城前寺所在、兄弟の墓の門扉にもそれぞれの細工が施されている。

（8）D會田実「軌跡と課題」が論文名を挙げて、個別に評価しているのは、Ⅰ‐12柳田（四―五頁）とⅢ‐33伊原（一九頁）の二人についてである。

二　幸田露伴

第一次大戦終戦の翌年、一九一九年（大正八）三月、幸田露伴は『帝国文学』二五巻三号に「暗黒時代の一文学—曾我物語に就いて—」を書いた（『露伴全集』第二五巻・評論二、岩波書店、一九五五年。一九七九年第二刷に拠る）。その主旨は以下のようなものであった。

「今までの文学史」において、鎌倉時代から徳川初期までは「暗黒時代」とされ、平安朝と徳川期の狭間で、「その時代の文学が何時までも打棄（うつちや）つて置かれるやうな気味」があったが、「案外徳川期の文学」は、「暗黒時代の文学に依つて種を供給されてゐる傾き」が見られた。中でも、特筆すべきものが『曾我物語』で、その影響たるや、「小説の目録や又芝居の脚本目録や浄瑠璃小唄や」、「浮世画の題目やを見渡して」みても、「寧ろ驚く可きもの」があったとする（二四七—二五〇頁）。従って、「曾我物語と云ふものは文学史中に於て余程多くの頁を充（あて）がはれて論評されても宜しい訳」であって、「日本国民の間に於て振つたその力の上から論ずれば、どうしても真中へ引き出して来てこれを論評するに価するだけのものはある」と主張したのである（二五一—二五二頁）。

D會田実「軌跡と課題」は、「「曾我」の再評価を促したものとして価値がある」としたが（五頁）、露伴の執筆動機は何であったろうか。そもそも彼は、先行する『日本及日本人』六五二号（一九一五年）、及び、第二節一項で取り上げる津田左右吉の『文学に現はれたる我が国民思想の研究—武士文学の時代』（一九一七年）を読んだのであろうか。後者については、あれほどの大著に触れておれば何らかの言及があって然るべきであろう。一方、前者についてはどうか。これは全く私の憶測に過ぎないが、露伴は、少なくとも目を通す程度のことは試みていたのではないかと思う。

そして、「国文学」プロパーの論文が皆無であったことに愕然としたのではないか。何より、国文学者が為すべき研究を、三田村鳶魚のような考証家・随筆家が行い、また八代国治・久米邦武といった歴史学者が果たしていたことに衝撃を受けたのではなかったろうか。私は、露伴のこの論文は、「「曾我」の再評価を促」す(曾田)ために、国文学者に充てた、言わば《檄文》であったと思う。

そして、露伴の《檄》を直接受け止めたものかどうか、定かでないが、大正末年から昭和初期にかけて、

佐成謙太郎「曾我物語の著作年代」(『芸文』一〇巻六・七号、一九一九年六・七月)、「曾我物語と義経記」(『国語と国文学』三巻一〇号(特輯「軍記物語号」)、一九二六年一〇月)

江波熙「曾我物語に就いて」(同右『国語と国文学』三巻一〇号)

山岸徳平「仇討文学としての曾我物語」(ラジオ国文学講座、一九二五年一〇月。『日本文学聯講』第二期・中世、中興館、一九二七年。著作集Ⅳ『歴史戦記物語研究』、有精堂出版、一九七三年、再録)

と続き、『国語と国文学』一〇巻四号(一九三三年四月)は、早くも「曾我伝説と国文学」特輯を組み、後藤丹治「曾我物語に於ける史実の検討」以下の論文が収められた。国文学のジャンルにおける『曾我物語』研究は、大正末年から本格的にスタートしたと言ってよいだろう。

第二節　「日本文化」研究

第二節では、津田左右吉、柳田國男、折口信夫、丸谷才一各氏の曾我研究を取り上げる。いずれも、歴史学・民俗学とか、または国文学といった既存の学問分野では捉えきれないスケールの大きな研究であり、標題を、仮に「「日本文化」研究」とした。

一　津田左右吉

津田は、一九一七年（大正六）、前年の『貴族文学の時代』に引き続き、同じく洛陽堂から、『文学に現はれたる我が国民思想の研究―武士文学の時代』を刊行した（以下、『我が国民思想の研究』と略記し、『津田左右吉全集』（以下『全集』と略記）別巻第三、岩波書店、一九六六年、に拠る）。[1] ところが、A「古典大系解説」以下、管見の範囲で津田の大著に触れたものはなく、著しい片手落ちと言わざるを得ない。[2]

津田は、『平家物語』や『太平記』といった「戦記ものによつて国民的英雄が形づくられ」たとし、平重盛・源義経・楠木正成を挙げ、更に「曾我物語が二人の兄弟を英雄化した」とも述べた（第一篇第三章、五六頁）。英雄とは「畢竟民衆的精神の反映」であって、曾我兄弟の場合は、「一般の武士が彼等の復讐を道徳的に嘆称した」ばかりでなく（同）、その「死を決して復讐をしようとする武士的情熱」と、兄弟と母、十郎と虎との間に見られた「人間としての（中略）愛着の情」（同第五章、一〇二頁）との葛藤が民衆の心を捉えたのである。津田は、義経や曾我兄弟を描いた「これらの戦記ものは大切な国民詩であり、国民文学である」と（同第三章、五七頁）、『曾我物語』に「国民文学」との評価を与えた。

津田が論拠とした『曾我物語』は、「東国人の知識としては地理などに少し怪しい点がないでも無い」と指摘していることからすれば、仮名本（流布本系）と思われるが、「いま伝はつてゐるものは大てい足利時代に手の入つたものらしいが、原作は鎌倉時代に出来たものであらう」と、戦前においては異例とも言える祖本＝鎌倉時代成立説を開陳し、「作者は箱根か伊豆あたりの僧徒では無からうか」として（同第三章、六二頁）、江戸時代中期の「伊勢貞丈（『武器考証』）・山崎美成（『曾我物語考』）の叡山僧作者説」(3)を否定した。

津田の論でいま一つ注目しておきたいのは、幸若舞曲について、「舞曲の大部分を占めてゐるものは、義経記と曾我物語とから出てゐる」とし、「義経記のものも曾我ものも（中略）、殆ど原本を幾つかに切り離して、別々の題目をつけたまでといつてもよい程のもの」と指摘している点である（第二篇第三章、一九二頁）。従って、「和田酒盛」が「舞曲では虎のたてひきと五郎の働きとを案出して、勇ましくも花やかな酒宴の場を現出させ」（同、一九四頁）、和田義盛像が物語本来の姿からますますかけ離れていくのも、謡曲の「小袖曾我」に「少しも小袖の話の無いのも、舞曲の一部分だけを取りながら、原曲の名を其のまゝ襲用した」もので（同、二〇九頁）、「原本」が「幾つかに切り離」されて形成されていく「曾我物」展開の本質に関わる指摘である。

一方、曾我に関する津田の議論を一瞥して最初に気付くのは、『曾我物語』を「国民文学」と評価した、その「国民文学」概念が曖昧であったことである。著書には、「国民文学」についての説明も、「国民」概念自体の定義も見られない。但し、「題材に地方人や下級民が入つて来た」室町時代の「傾向」に触れた一節があって（第二篇第二章、一八二―一八三頁)、そこには直截に「文学の国民化」という記述が見られる。津田が『我が国民思想の研究』において、篇を分かったタイトル「貴族文学の時代」・「武士文学の時代」・「平民文学の時代」の、「貴族」とか「武士」とか「平民」といった偏った身分・階層の枠を超え、「渇仰讃嘆の情」(第一篇第三章、五七頁)を以て広く人々に支持された、文化概念としての「民族」(独語 Volk)共通の文学といった意味になろうか。

津田が『曾我物語』に「国民文学」との評価を与えながら、その定義を曖昧なまま放置しておいたことは、「実社会に於いて概ね弱者であり失敗者」であった曾我兄弟が(第一篇第三章、五六頁)、なぜ「国民的英雄」になり得たのか、その分析を十分為し得ていなかったことと結び付いている。そこに折口信夫が、津田を批判した要因があった。折口は津田の「文学史研究態度」について、

> われ人共に不平で〳〵ならなかつた、思想史の一分科と見る名目論式な文学史研究態度は、津田左右吉さんの大著述あたりが頂上であつた。『文学に現はれたる我が国民思想の研究』と言ふ、名からして徹底したものであつた。

として、「私の言ふのは、民間伝承学の方法を以てする研究態度である」と反論したのである。(4)

確かに「津田の厳しい超越的批判に貫かれた」(5)大著『我が国民思想の研究』は、例えて言えば、自動車などほとんど走ってもいない大正期の日本に、見事なまでの高速道路網を建設したにも等しい感がある。これに対し、柳田國男や折口は、「近代化」の津波が襲う中で、「常民」の日々の生活や信仰に密着した、幅半間にも満たない古道をひたすら探し求め、歩き続けたということであろう。

注

(1) 津田は、戦後、標題から「我が」を抜いた改訂版『文学に現はれたる国民思想の研究』第一巻を刊行した(岩波書店、一九五三年。『全集』第五巻、一九六四年、再録)。家永三郎は、「思想的立場の変化に基く改訂」であって、戦前版と

戦後版との「比較においてそれがいちじるしく窺われる」としたが(『津田左右吉の思想史的研究』第六編第二章、岩波書店、一九七二年、四七八頁)、本書で引用する部分は、若干の字句・表現の補訂にとどまっており、本書では初版である戦前版に基づき、戦前版のみ引用する。

(2)　家永は、「学問としての日本思想史の全体にわたる考察として最初のものであるばかりでなく、質・量ともにこれを凌駕する著作は今日にいたるまでまだ出ていない」として、「文学史としても思想史としても、前人未発の境地を開拓した独創的名著」・「強烈な批判精神にみちた啓蒙の書」といった高い評価を下している(第二編第一章、九一・一一一・一〇六頁)。

(3)　村上學、序篇第一章、二四頁に拠る。

(4)　『折口信夫全集』1古代研究(国文学篇)、「解題」(中央公論社、一九九五年、五一三・五一四頁)。本文に引用した「文学史研究態度の問題」項は、初出誌(一九二七年)に記載されていたもので、『古代研究』(一九二九年)に収められるに当たって、著者自ら「削除」したという(五一三頁。初出誌及び『古代研究』については、三項参照)。

(5)　家永、前掲書・第二篇第一章、一一三頁。

二　柳田國男

折口に先立って、次に柳田國男を取り上げる。一九一五年(大正四)の『日本及日本人』六五二号に、「曾我兄弟の墳墓」が掲載されたことは第一節一項で触れたが(I－12)、それに先立ち、一九一三年一〇月、『郷土研究』一巻八号に「巫女考・箱石と笈の塚」が発表され、これが柳田にとって、一連の曾我関係論著の嚆矢となる。柳田の影響は大きく、Ａ「古典大系解説」以下、津田と異なり、学説史を整理したあらゆる論著に紹介され、日本民俗学プロパーの研究者はもとより、「民俗学的方法」を用いる国文学者[1]にとっても、曾我研究において、柳田は「まなびのはじめの祖[2]」の位置を占めた。

曾我関係の処女論文「巫女考・箱石と笈の塚」（『定本』第九巻、一九六九年）で、既に「曾我兄弟の霊を思掛けない土地に祀つて居るのも、大磯虎を中に置いて考へぬと分らない」（二六九頁）と述べていた柳田は、「曾我兄弟の墳墓」（『定本』第五巻、一九六八年）において、兄弟や虎の墓が全国にわたって分布すること、「虎女には何時も石がお伴をしてゐる」（五一二頁）として「虎ヶ石」に注目した。そして、「余の考へでは、何か石占を行ふ婦人に虎と称する者があつて、それによりて曾我兄弟に関する墳墓が諸国に増加したのではあるまいか。従つて虎御前は或一人の名前で無く、多くの女の名前ではあるまいか」と推論を加えたのである（五一六頁）。

そして、翌一九一六年（大正五）八・九月、『郷土研究』四巻五・六号に発表された「老女化石譚」（のち、『妹の力』〈初版一九四〇年〉所収。前掲『定本』第九巻）において、曾我伝説を語り伝えた遊行巫女に関する研究はひとまず到達点を迎える。即ち、「何故に大磯の長者の娘だと伝ふる遊女の名が、虎と云ふやうな奇抜至極なものであつたか」という当然の疑問に対し、「越中立山の結界に石を止めた止宇呂の尼、加賀の白山に石を遺した融（トホル＝引用者）の婆は、或は諸国に行脚をして石の話を分布した虎御前と関係があるのではあるまいか。即ち今日となつては意味も不明なトラ又はトウロと云ふ語は、此種の石の傍で修法をする巫女の称呼では無かつたらうか」として[3]、「大磯の虎女の、九州の果から奥州信夫まで漂泊したと云ふことは一人の女としては何分にも信じにくいことである。察するに此等のトラ・トウロ・トラン等は固有名詞では無くして、道仏の中間を行く一派の女巫を意味した古い日本語であつたのであらう」（一四五―一四六頁）と結論付けた著名な学説を展開した。

これが柳田の曾我研究、言わば第一系列とも称すべきものであるが、その後も「小野於通」（一九二五年）において、兄弟の「母といふまんこう御前が、伊予から土佐へかけての山間」に住んだことに触れ（前掲『妹の力』所収。『定本』第九巻、一九六八頁）、「口承文芸とは何か」（岩波講座『日本文学』、一九三二年。原題「口承文芸大意」）では、「勇士の事蹟は勇士自身の霊の言葉」を人々が「聴いて賛歎するのが古い習はし」で、「次には所縁の者が現はれて中間に立」ち、伊予や土佐の山村に来住したという「鬼王団三郎、もしくは曾我の母の満こう御前」は曾我伝説の語り手であったとする（のち、『口承文芸史考』（初版一九四七年）所収。『定本』第六巻、一九六八年、四八―四九頁）。

更に、『女性と民間伝承』（初版一九三二年）において、トラとは、「女の身を以て諸国を旅行し、普通には憚られて居る霊山の奥まで、自由に入つて行かうとした（中略）宗教的職分の婦人の総称」で、「上古の巫女の生日足日のタル、大帯姫などのタラシと、同じ語源から出たものでは無いか」とし（「山に登らんとする式部」項。『定本』第八巻、一九六九年、三三五―三三六頁）、また、瞽女や（「旅の歌うたひ」項、三四八―三四九頁）、熊野比丘尼について言及し、彼女らは有髪で、「絵解き」を本業とし、多くは「配偶者があつて、大抵は修験者」であったという（「熊野比丘尼」項、三五〇―三五一頁）[4]。

柳田の曾我研究、第二の系列とも言うべきものは、虎ら曾我伝説を語り伝えた遊行巫女は、兄弟の「御霊」鎮魂を目的に各地を行脚したもので、五郎の名が「御霊」の音に近かったために、しばしば混同されたとする、これも著名な学説を提起した。一九一七年（大正六）一月、『郷土研究』四巻一〇号所載、「大人弥五郎」が初出で（のち、『妖怪談義』（初版一九五六年）所収。『定本』第四巻、一九六八年、四〇三―四〇四頁）、次いで、専論「一目小僧」が同年八月に発表された（のち、『一目小僧その他』（初版一九三四年）所収。前掲『定本』第五巻）。柳田は「御霊」について次のように説明している。

御霊は文字の示す如くミタマであつて、人の霊魂を意味してゐる。我々の祖先はその中でも若くて不自然に死んだ人のミタマを殊に怖れ、打ち棄てゝおくと人間に疫病その他の災害を加へる者と考へ、年々御霊会といふ祭をして、なるだけ遠方へ送るやうに努めた（一四九頁）

この記述より前に、権五郎景政（景正とも）を祀った「鎌倉長谷の御霊神社」に触れ、「御霊を五郎と間違へてゐた例は幾らもある」として曾我五郎に話題を転じ、関連して、虎について「大磯の虎といふのも実は御霊にかしづいたたゞの尼様だらうと私は思つてゐる」と述べ（一四七―一四九頁）、ここでは虎が石との関連に触れていない。

実は、もう一つ、狩猟や諏訪、日光・宇都宮の信仰を取り上げた第三系列とも言うべき研究があって、『神を助けた話』（初版一九二〇年）に収められた「一　猿丸大夫」・「三　日光山の猿丸」・「四　宇都宮の小野氏」・「六　山立由来記」・「七　磐次磐三郎」・「一四　猿丸と小野氏」等々がこれに当たる（『定本』第一二巻、一九六九年）。氏自身、直接曾我との関係に触れることはなかったが、のち、彼の教えを受けた小島瓔禮らによって果たされていくことになる。

これについて、一つ補足すると、山寺立石寺の旧記などが伝える「磐次磐三郎」兄弟のことであるが、柳田に拠ると、「岩の神で、恐くは峠の頂上の巨石を意味した」磐神が、「人の名らしい為に万二又は磐司かと」され、弟の磐（万）三郎の方は、「口拍子で出来た迄」で、「磐座山の音読であつたかも知れぬ」とする（一八四―一八五頁）。これに、名前が似ているところから、弟の磐（万）三郎と、曾我十郎の従者「丹三郎」（真名本）・「道三郎」（仮名本）[5]とが習合したり、また、柳田自身が注目した伊豆天城の万二郎岳・万三郎岳（一八五頁）の名称は、あるいは曾我伝説の逆輸入であったかも知れない。

ただ「甲賀三郎の物語」（一九四〇年）では、『神道集』と『曾我物語』との関係に触れており、「安居院の神道集は、（中略）曾我物語の真字本と共通の変な用字が数多く、且つ仮字本との関係もどうやら彼と相似て居る。たゞ異なる点といへば、曾我では流布本が夙く固定して、しかも其時までの膨張が驚くばかりであつたに対して、此方は印刷の機会が無かつた」と、主題ではないが、柳田が真名本と仮名本の相違を認識していたことが注目される(のち、『物語と語り物』〔初版一九四六年〕所収。『定本』第七巻、一九六八年、四一—四二頁)[6]。

注

(1) C村上學「大成解説」、三九八頁。D會田実「軌跡と課題」、一一頁。

(2) 本居宣長が『うひ山ぶみ』において契沖を評した周知の語で(日本思想大系『本居宣長』、一九七八年、五二五頁)、日本民俗学を、創始者柳田自ら「新たなる国学」と呼んでいた(『郷土生活の研究法』〔初版一九三五年〕。『定本柳田國男集』二五巻、筑摩書房、一九七〇年、に拠る。三二四頁〔以下、本文においても『定本』と略記し、柳田の論著は、すべて『定本』に拠る〕)。

(3) 後段で、更に『元亨釈書』一八(願雑十之三・尼女四)所載の「都藍尼」の例を挙げる(一四五—一四六頁)。トランの尼は「和州人」で、「吉野山麓」に住み、女人禁制であった「金峰山」に挑んだという(新訂増補国史大系『日本高僧伝要文抄　元亨釈書』、二〇〇〇年新装版、二六〇—二六一頁)。

(4) 柳田は、「熊野比丘尼」立論の根拠として用いた『三十二番職人歌合』を「鎌倉時代」のものとしているが、その根拠は明らかでない。なお、徳田和夫は、室町期の「明応三年(一四九四)編纂」とする(「室町期の民俗社会と曾我物語」、F『曾我作品宇宙』、九二頁)。

(5) 柳田の「団(段とも記す)三郎」表記は、例えば謡曲「夜討曾我」の詞章に見える(日本古典文学大系『謡曲集』下、一〇一頁)。

(6) 日本民俗学の創始者である柳田の論著には、無論、各地に散在する門下生からの示唆もあったであろうが、驚くべき数の文献の引用が見られ、文献批判にも注目すべきものが少なくない。『曾我物語』に関しては、「真字本」の古態性を示唆する記述が「手拭沿革」（一九四三年）に見られる（「一二 手綱・手縄・手布」項。『定本』第一四巻、一九六九年、三八八—三八九頁。但し、論証の方法には疑問がある）。

三　折口信夫

折口信夫「日本文学の唱導的発生」は、新潮社版『日本文学講座』第三・四・一二巻に連載され（一九二七年一・二・一一月）、「国文学の発生（第四稿）唱導的方面を中心として」と改題して、『古代研究』国文学篇（大岡山書店、一九二九年）に再録された（以下、折口の所論を「国文学の発生（第四稿）」と表記し、引用は、『折口信夫全集』1古代研究（国文学篇）、中央公論社、一九九五年、に拠る）。

折口の所論もまた、柳田同様、A「古典大系解説」以下、学説史を整理したあらゆる論著に引用され、それは、「賤民の文学・五 他界を語る熊野唱導及び念仏芸」項の、『義経記』と併記した部分である（一八九—一九〇頁）。即ち、「若くして冤屈の最期を遂げた」曾我兄弟の、「邪気・怨霊・執念」が、まず、「関の東」、「熊野信仰の一分派とみられる箱根・伊豆山（現伊豆山神社＝引用者）二所を根拠とする」、「盲巫覡の幻想の口頭に現れ」、その「瞽巫女の団体の口から、語りひろげられ、語りつがれ」ていく。その語りは、「瞽巫女の団体」が兄弟自らの口を借りて怨念を語った形態から、次第に「親近の人」である大磯の虎の語り口に移っていき、『曾我物語』は、こうした女語りを踏まえて成立したとする。

瞽巫女（ゴゼ）や歌占巫女（四項「ウタウラミコ」）の霊感は、曾我物語を為（シ）あげて、まず関の東で、地盤を固めた。曾我物語は、熊野信仰の一分派とみられる箱根・伊豆山二所を根拠とする、瞽巫女の団体の口から、語りひろげられ、語りつがれたものらしい

まことに魂を驚づかみされた如き印象を受ける論述であるが、論拠がよく分からないのである。箱根・伊豆二所の「盲巫覡の幻想の口頭」に、兄弟が現れたのは事件直後のことらしいが、一体、いつ語り口が主人公から「親近の人」である虎に移り、瞽女や虎の「語り」はいつ「物語」化されていったのか。虎は『義経記』の常陸房海尊と並記されており、話柄が「人魚の肉を盗み喰う」て長寿を得た「若狭の八百比丘尼」に転じているから（一九〇頁）、虎は物語中の人物ではなく、柳田が指摘した、全国を行脚した複数の遊行巫女と理解してよいかどうか曖昧であるし、そもそも、二所を「熊野信仰の一分派」とする根拠は一体何であったか、折口説全体を合理的に理解することができない。

C村上學「大成解説」は、「折口は彼の論拠となった資料を表面に殆ど出さず、時には詩的とも思える含みの多い表現で仮説を提示して読者の感性に訴える方法を取った」と評している（三九九頁）。折口説を具体化する作業は、その影響を受けた人々によって試みられていくことになる。

四　丸谷才一

折口の論文初出時から、丸谷才一『忠臣蔵とは何か』（一九八四年）の刊行に至るまで、半世紀を超えるブランクがある。これは偶然性に帰すべき次元の問題ではなく、すぐれて日本思想史・文化史の課題であろう。

折口の「日本文学の唱導的発生」が「国文学の発生（第四稿）」と改題して、『古代研究』国文学篇に収められた一九二九年（昭和四）は、同書が四月二五日付で刊行されてまさに半年後の一〇月二四日（木曜日）、ニューヨークの証券

取引所で株式の大暴落が起こった。これが世界恐慌の引き金となって、わが国をも直撃することになるが、その後、人類は「戦争とファシズム」の時代の渦に多かれ少なかれ飲み込まれていく。この間、『古典研究』は、五巻一三号（一九四〇年）と六巻一〇号（一九四一年）において曾我特集を組んでおり、D曾田実「軌跡と課題」は、「「家」制度の維持、忠孝と武士道、また孝道の絶対的理念たるを『曾我物語』を題材に説くものなどが複数ある」と、「時代の風潮」を指摘している（六頁）[1]。

敗戦の後、GHQ（連合国軍最高司令官総司令部）は、一九四五年（昭和二〇）一〇月、軍国主義的・超国家主義的教育を禁止し、一一月、「菅原伝授手習鑑」などの《反民主主義的》な歌舞伎の上演や、《封建主義的》思想を説く映画の上映禁止を命じた。教材を含め、曾我物が含まれていたことは勿論である。国文学研究においては、C村上學「大成解説」に拠ると、「戦後一時期の研究方法の主流となった歴史社会学派」は、「英雄ないしはそれを支える集団による時代変革のダイナミズムに脚光を当てた」ため、津田の評価した「国民的英雄」像と異なって、「そうした要素を発見できない」『曾我物語』が、『義経記』ともども「切り捨てられ」てしまったという（三九七頁）。

時代は「経済の高度成長」をくぐり抜け、曾我研究においても一大エポックが訪れる。日本古典文学大系『曾我物語』（一九六六年）と『角川妙本寺本』（一九六九年）の刊行である。丁度この頃が全国に及ぶ「大学紛争」の混乱期で、私も学生として時代を共有したが、その大波を乗り切ったわが国は、一九八〇年代、《経済大国》として《一億総中流化社会》を実現させるに至ったのである。つまり、丸谷の著書が刊行されたのは、我々が生活の落ち着きと民族の誇りを取り戻し、自らの足下を改めて見つめ直そうとした時期に当たっていた。なお《バブル崩壊》や《格差社会》には無縁な時代であったし、阪神・淡路大震災（一九九五年〔平成七〕一月一七日）も東日本大震災（二〇一一年〔同二三〕三月一一日）も熊本地震（二〇一六年四月一四日・一六日）等々、誰も予想だにしていなかった。

丸谷は著書を「文芸評論」(「あとがき」、二四五頁)と位置付けているが、これは謙譲の表現に過ぎず、すぐれて「日本文化」論そのものと評すべき労作である。冒頭、一九二七年(昭和二)の『文芸春秋』に掲載された芥川龍之介と徳富蘇峰の座談会発言を捉え、「彼らはむしろ、史実と芝居を打つて一丸とした歴史(傍点丸谷)そのものについて語つた」と評したが(「1　火事装束の男たち」項、五・一四頁)、これは、著書を貫く氏の基本的視座でもあった。

丸谷は「あとがき」で次のように言う。

　わたしは何よりもまづ、日本文学史のなかに忠臣蔵(事件と芝居)を取入れたかつた。

なぜなら、

　日本人全体に最も親しまれてゐる文学は、『万葉集』でも、『源氏物語』でも、『平家物語』でも、芭蕉でもなく、忠臣蔵伝説とそこから派生した諸作品だからである。

丸谷は文芸批評家・小説家としての天才的直感によって、「忠臣蔵」事件の本質を捉え、その「先蹤」として、曾我の事件と物語を俎上に載せた。そして、忠臣蔵の事件と芝居が、私の言う「日本文化」論レベルにとどまるものではなく、「もつと普遍的な」「カーニヴァル的な祭の系譜に属」するものであったことを明らかにしていったのである(以上、引用は、二四三―二四五頁に拠る)。

丸谷が「忠臣蔵」について、「あの事件はもともと江戸の曾我ばやりのせいで起こつたものだつた」(「2　十郎と五郎」項、二三頁)と捉えていたことは「緒言」にも記したが、[2]「先蹤」としての『曾我物語』とは、「政治論的な層で言へば」、「意識下によどむ真の敵(源頼朝)を討つかはりに意識の表面にある贋の敵(工藤祐経)を討つ、不発に終つた「謀反」の叙事詩」であり、「宗教論的な層で言へば」、柳田や折口の所論を踏まえて、「御霊信仰の物語」であったと評した（同、四〇—四一頁。丸谷が用いたテキストは仮名十二巻本（流布本系）であり、氏は、大方の世評と異なり、「高度な文体美」を評価する（三五頁））。

「江戸の曾我ばやり」はすさまじいばかりで、丸谷は伊原敏郎（青々園）の『歌舞伎年表』に拠って、貞享五年（元禄元・一六八八。九月三十日改元）正月の江戸三座[3]が一斉に曾我狂言を上演し、宝永六年（一七〇九）以降、毎年の初春狂言は、三座揃って曾我物を出すことが吉例となって、幕末まで及んだとしている（「2　十郎と五郎」項、一二三—一二四頁。「4　宝永六年正月のこと」項、一〇八頁・一三七頁以下）。

では、なぜ、江戸市民はそれほどまでに曾我に熱狂したのか。氏は、曾我の芝居は「禁圧されない御霊会」であって、「三座の曾我狂言競演とは、江戸の町が総がかりで花やかに呪詛する、征夷大将軍殺しの儀式であつた」と捉えた（「4　宝永六年正月のこと」項、一三四—一三七頁）。「三座の春芝居のあらたかな霊験」が実現したのは宝永六年正月のことで、十日、五代将軍徳川綱吉が六十四歳で没したのである。丸谷は言う。

　曾我兄弟、殊に五郎（＝御霊）は、その呪力によつて慈雨を恵み、不徳の王の命を奪ひ、悪政を葬り去つた。十郎と五郎の怨魂は大火と生類憐れみの令と悪銭から彼らの市街を救つた。（同、一四四頁）[4]

「曾我兄弟の死後六年」で頼朝が死去し、「浪士の吉良邸討入り後六年にして綱吉が世を去つた」。丸谷は、この「不逞で危険な主題」を、フレーザー『金枝篇』などを踏まえて、「王殺し」と呼んだ（同、一四六—一四七頁、一五〇—一五一頁）。曾我「兄弟はまづ「身代わりである生贄」ないし「贋の王」としての祐経を殺し」、兄弟「御霊」の威力は、「六年後、「王である生け贄」としての頼朝を殺」すに至ったのである。（同、一五一頁）[5]。そして、「曾我狂言に示唆を受け、あるいはそれに扇動されて生じた」「事件としての忠臣蔵」は、「まづ吉良上野介が「身代わりである生贄」として凶器によつて殺され、次いで六年後、徳川綱吉が「王である生け贄」として霊力によつて殺されたのである」

と、両者の類似性を解析して見せた（同、一五二頁）。そして、次のように結論付ける。

事件としての忠臣蔵が完了し、あるいはむしろ伝説の素材としての忠臣蔵事件が完成したのは、綱吉の急死によつて、はじめは身代り、次いで王といふ二重の「神聖な生け贄」が成就したときである。このとき江戸の人々は曾我兄弟の霊威に深い感銘を受け、十郎と五郎を祭りつづけなければ災厄が襲ふと恐れて、正月の曾我狂言をつづけようと決意した。（同、一五三頁）

「王殺し」の前提には、津田の言う『曾我物語』の「国民文学」としての定着化と、「曾我物」の普及とがあり、それらの基盤に、都市と農村の境界を越えて、柳田や折口の説いた兄弟「御霊」の鎮魂を説く、遊行巫女や瞽女らの「曾我語り」の浸透があったものと考えられる。

注

（1）「著名な荒木良雄の「曾我物語三遷の論」がここ（六巻一〇号＝引用者）に入っている」ことが特記されている。

（2）『日本及日本人』六五二号所載、八代国治（Ⅰ - 15）もまた、『曾我物語』や、「毎年春狂言には曾我と定ま」った「嘉例」が「赤穂義士の敵討を激励した一端となつたものではあるまいか」と示唆していた（第一節一項）。

（3）堺町（現中央区日本橋人形町三丁目）の「中村座」、葺屋町（同。堺町の西）の「市村座」、及び木挽町（現中央区銀座七丁目）にあった「山村座」を言う。

（4）丸谷も一部引用しているが、新井白石『折たく柴の記』（中）に拠ると、一月十日、綱吉の死去当夜に降った雨は、「去年十月廿日ののちはじめて降」ったもので、生類憐れみの令が廃された二十日まで断続的に降り続いたという（日本古典文学大系『戴恩記　折たく柴の記　蘭東事始』、一九六四年、二二五―二二六頁）。曾我兄弟の敵討当夜の降雨を、「曾我の雨」（また「虎が雨」とも）と称呼する由来を語るものであろう。

（5）丸谷は、三浦周行や石井進（第四節一・二項）らと全く異なった観点から、曾我兄弟による敵討事件の本質に、「王殺し」即ち源頼朝殺害を見ていたことになる。

第三節　国文学研究　―真名本成立に関する諸研究―

国文学における『曾我物語』の研究対象は幅広く、D叢書『曾我・義経記の世界』は六分野に分け、F『曾我作品宇宙』の場合は、「諸本群像」・「曾我語りから曾我物語へ」等、八項目に分類する。諸本の系統論から作品論に至るまで、私に全体を目配りする能力などなく、そもそも、A「古典大系解説」以下、すぐれた学説整理が存在しており、第三節のテーマを、本書の課題にとって不可欠な、「真名本成立に関する諸研究」に絞ることとする。

村上學（C「大成解説」、三九八・四〇八頁）と會田実（D「軌跡と課題」、一一頁）は、『曾我物語』研究のスタイルを、「民俗学的方法」と「文献学的方法」との二つに類型化しており、ここでは、本書が多くの示唆を受けた、「民俗系」角川源義・福田晃、「文献系」山西明・村上學四氏の学説を取り上げる。

一　角川源義

角川の曾我関係の専論は、

a1「曾我物語の発生」（『国学院雑誌』四九巻一号、一九四三年一月。以下、a1「発生」と略記）

a2「語り物と管理者」（『国語国文』一三巻一二号、一九四三年一二月）

b「曾我物語ノート」（日本古典鑑賞講座一二巻『太平記・曾我物語・義経記』、角川書店、一九六〇年。以下、b「ノー

ト」と略記)

c　「妙本寺本曾我物語攷」(『角川妙本寺本』所収、一九六九年。以下、c「妙本寺本攷」と略記)

を挙げることができるが、a1・a2は、一九四五年(昭和二〇)二月、印刷所が空襲をうけ、組版が焼失した結果、未刊となった『語り物文芸の発生』に収められるはずのものであった(以下、未刊本と略記)。戦後、b「ノート」などの新稿を加え、『角川妙本寺本』刊行の後、改めて『語り物文芸の発生』と題して、東京堂出版より刊行され(一九七五年)、そこには、a1・a2のほか、曾我に言及した多くの旧稿が収められた[1]。

後述の二項、福田晃の場合もそうであるが、「民俗系」研究者の本領は、角川の著書のタイトルが示すように、「語り物」(口承文芸)の研究であり、いずれも、書かれた物語に先行して、まず「語り物」の発生を説く。従って、両者を切り離すことなど論理的に不可能と言えるが、本書では行論の便宜上、「曾我語り」は第二章第二節に回し、ここでは、書かれた物語＝「真名本」成立に関する氏の議論を見ていく。

角川の所論はc「妙本寺本攷」で体系化されるが、既に、未刊本の段階で、「大夫房覚明」・「安居院聖覚」・「時衆」などのキーワードが出揃っており[2]、b「ノート」(第二篇第五章)がちょうど過渡期の位置を占める。真名本成立に関する角川説は、三段階成立論とも言うべき内容であった。

第一段階。「原『曾我物語』」の存在を想定し、「事件の直後か、あるいは数年を出でずして行はれてゐた」とする(c、三三九頁)。作者について、cで『平家物語』木曾願書で名高い大夫房覚明」と断じた(三四四頁)。

第二段階。『吾妻鏡』の曾我関係記事の原拠を「中間的真字本」と呼び、従って、それは『吾妻鏡』以前に成立したことになる(c、三四〇—三四一頁)[3]。作者像としては、十三世紀初め、安居院聖覚が伊豆・箱根二所の支配を委ねられており、「原『曾我物語』から中間的真字本への生長に、安居院の唱導家の参加が当然のやうに考へられ」るとした（c、三四六頁）。そして、「中間的真字本」と『闘諍録』との間に「共通した伝承」が見られ（頼朝の、いわゆる「伊豆流離譚」に関する説話をいう）、「管理者」[4]相互に「かなり深い交渉があつた」として、「中間的真字本」は伊豆山密厳院で「生長」したとする議論を展開した。

第三段階。「十巻真字本」が、新たに「時衆教団」の「参加」を得て（c、三五三頁）、「鎌倉末期」に成立したとし（三六七頁）、「時衆教団」の管理は、怨霊思想を踏まえ、曾我「御霊鎮魂のため」であったとする（三八九頁）。

以上、角川説についでは、A「古典大系解説」以下、いずれも取り上げており、特に、B福田晃「東洋文庫解説」が詳細である（三二二―三二三・三三一―三四三・三四六―三四七頁）。村上學が著書で、「いわば成長する物語の観念を積極的に導入した点でも、成立時期を在来の説より遙かに引き上げた点でも、各段階の編者を特定した点でも画期的な説であった」と評価した点が、角川説の学説史に占める位置を端的に語っていよう。[5]

まず、第一段階「原『曾我物語』」から見ていくと、山西明『『曾我物語』の成立』は、存在自体を「想像の域を出ず不分明」としたが（F『曾我作品宇宙』、八二頁）、作者を「大夫房覚明」とする点について、D會田「軌跡と課題」は「推測の域を出ない」と指摘している（一三頁）。

覚明について『吾妻鏡』建久六年十月十三日条に、「故木曾左馬頭義仲朝臣右筆有二大夫房覚明者一、元是南都学侶也、義仲朝臣誅罰之後、帰二本名一、号二信救得業一、当時住二筥根山一」とある。平家に追われ、湯に溶かした漆を浴びて顔相を変え、奈良を逃れた後、源行家、次いで木曾義仲に従った。[6]箱根来住後は、鎌倉の南御堂（勝長寿院）で仏事の「導師」を勤め、また「願文」の起草にも当たったが（建久元年五月三日条、同五年十月二十五日条）、建久六年（一一九五）十月、行家や義仲に従った過去が暴露され、箱根「山中之外、不レ可レ出二于鎌倉中并近国一」との命を受けるに至った（前出十三日条）。

覚明(信救)は別当行実の下で、『筥根山縁起并序』を記したことでも知られており、奥書に拠ると、「建久二年七月廿五日」付で「南都興福寺住侶信救誌焉」と見えている(『群書類従』二五、神祇部。第二輯、三三六頁)(7)。こうした、幕府から箱根山内謹慎を命ぜられた覚明(信救)が、「原『曾我物語』」を著したとされることに、私はどうしても違和感を禁じ得ない。治承四年(一一八〇)五月、高倉宮以仁王を擁した源頼政の挙兵に当たって、園城寺から協力を求められた興福寺の返状に、「清盛入道者、平氏之糟糠、武家之塵芥也」と記して(『延慶本』二中ノ一四、二九三頁)、平家から追われる身となり、義仲や鎌倉幕府からも、当初その文筆能力を高く評価されていた覚明(信救)が、「原『曾我物語』」の作者であったとすれば、それが「生長」(角川)して、あの変格和様漢文体と特異な用字で著された現行真名本にどうしたら結び付くのか、私にはやはり釈然としない感が残る。

次に、第二段階「中間的真字本」について見ていきたいが、これに関する批判はほとんど目にしない。ここでの最大の論点は安居院の関与の問題である。角川が、十三世紀初め、安居院聖覚が伊豆・箱根二所の支配を委ねられたとする論拠は、『門葉記』の次の記事であった(c「妙本寺本攷」、三四五—三四六頁。b「ノート」、二一〇頁)。

○『門葉記』二、建永元年(一二〇六)月日慈円起請文、「大懺法院条々起請事」(抄)(『大日本史料』第四編之一〇、二七三—二七四頁。『鎌倉遺文』三巻一六五九号、三〇二—三〇三頁(「慈円発願文」を欠く))

一　桜下(本)門跡庄薗等

甘露寺〈在二松崎一〉　穴太薗〈在二東坂本一〉　伊豆山　／箱根山　大学寺〈伊勢国〉　国友庄〈近江国〉

／安養寺〈丹波国〉

件庄薗伝領之輩、為二尫弱一之間、毎レ処違乱、爰権少僧都聖覚領掌之後、為二小僧房領一、仍経二院奏一、達二執政一、多以令二落居一了、然而国友庄為二其本一、而未レ被二返付一之間、図仏写経用途所レ令二不足一也、所領雖レ似レ有レ員、地利

誠有若レ亡、彼沙汰切了之後、可レ令二一定一歟、件領等可レ令二聖覚僧都門跡永領掌一也

この『門葉記』の記事から、当時、「伊豆山・箱根山」は、叡山の「桜下（本）門跡」を本所とする「図仏写経用途」料所であったことが知られる。角川の所論は、「民俗系」研究者としての周到で綿密な実地調査を踏まえ、かつ、該博な知識と史料の博捜に裏付けされたものであり、『門葉記』から「伊豆山・箱根山」の鎌倉初期の状況を導き出すなど、余人の遠く及ばぬ発想であろう。しかしながら、ここには「件の領等、聖覚僧都をして、門跡（領の「庄薗等」）を永く領掌せしむべき也」とあって、聖覚は、慈円から荘領の管理を委任され、言わば預所的立場から「伊豆山・箱根山」に臨んだものであって、そこに「安居院の唱導」の痕跡を窺うことはできない。

聖覚は、「能説名才」と唱われた安居院澄憲（信西男）の子で（『尊卑分脈』貞嗣卿孫（第二篇、四九二頁））、「説法如二富楼那一」と評された唱導の名人であった（『三長記』同年四月十六日条（増補史料大成、一九六五年））。鎌倉には、嘉禄三年（安貞元・一二二七）七月、北条政子の追善供養に、「京都」から「導師」として招かれ、その説経は、『吾妻鏡』に「聴聞尊卑、随喜渇仰、非レ所レ及二言語一乎」と記されている（二十五日条）。その後、ほぼ一月後に帰洛しており（『明月記』同年八月二十八日条）、聖覚の拠点はあくまで「京都」であったことが分かる。角川は、「しかし、どういふわけか、安居院の唱導家は、関東の地に発生し、生長をとげつつあつた『曾我物語』を京都へ持ち帰らなかつたやうである」と述べているが（c、三四七頁）、安居院聖覚の影響力は、「東国」にほとんど及んでいなかったのではないか。

先に、「中間的真字本」に関する批判はほとんど目にしないと記したが、その中で、B福田晃「東洋文庫解説」は、多くのスペースを割いて角川説の検討を試みている。即ち、「巻十の〈筥根にての法要〉における別当の説法」（三三二頁）を詳細に分析して、「安居院のそれに近い章句によって叙述されるものであった」（三三九頁）と小括する一方、「真名本が安居院とつながる東国の唱導僧によって制作されたと考えることも、あながち無理な推測」ではないが、

「それが現存本なのか、角川氏の説かれる中間的真名本なのかは問題」であって、しかも、角川の言うように「その制作の場を伊豆山密厳院と限定することは、むずかしい」と述べていた（三四一頁）。『神道集』との同文関係に窺うことのできる安居院流唱導の影響は、福田が、「巻十の〔筥根にての法要〕における別当の説法」を挙げたように、むしろ増補と想定される個所に多く見られるのではないだろうか。その意味で、安居院流唱導の影響は物語本来のものであったかどうか、慎重な検討が必要であろう。

次に、第三段階「十巻真字本」が、時衆の「参加」を得て、曾我兄弟の「御霊鎮魂」を取り込んで成立したとする点についてであるが、別途、第七章第三節三項で考察する。

蛇足に過ぎないが、最後に一つ指摘しておきたいのは、角川の文献史学に対する根深い不信感で、例えば、曾我兄弟の敵討が行われた「五月二十八日」の問題がある。氏は、c「妙本寺本攷」で次のように述べていた（三八八頁）。

　曾我の敵討は五月二十八日に行はれたかどうかは明らかでない。『吾妻鏡』にさうあるといふのは、証拠とはならぬからである。『吾妻鏡』は原『曾我物語』や中間的真字本を失敬してゐると思はれる。

　曾我の敵討譚は早くから伝説化し、農村の信仰に習合した痕跡がある。

この見方は、未刊本以来終始一貫しており、角川は、「日本の農村では五月は一年中で特に重要な月とされ」（c、三八八頁）、二十八日前後に行われた農耕行事の事例を挙げる。これは室町期以降、『曾我物語』が「国民文学」（津田左右吉）として定着し、取り分け「曾我語り」が列島各地の農村へ浸透していった歴史を抜きにして理解できないであろう。

注

（1）　未刊本の企画については、『語り物文芸の発生』所載、貴志正造「後記」に拠る。

(2) 未刊本段階では、多くの場合、真名本と仮名本が同一次元に扱われ、両者の違いが十分意識されていなかったように思われる。

(3) 角川は既にa2において、「私は、『曾我物語』の成立を鎌倉期に考え、そして、初期の、『曾我物語』の一部分が、『吾妻鏡』の編纂者によって、『吾妻鏡』にも取り込まれたらしいという仮説をうちたててみた」と述べていた(四七九頁)。これは、曾我物語の「史料としての価値は認むることが出来ない」として、『吾妻鏡』の関係記事に無批判に依拠し、敵討の「真相」究明を試みた大方の歴史学者の研究姿勢に比して画期的な提言であった(引用は、第一節一項、I-15八代国治、二八四・二八八頁)。

(4) 金井清光に拠ると、「中世軍記物語の研究に語り物の管理者という概念を発明導入した」のは柳田國男で(「書評・角川源義氏著『妙本寺本曾我物語』」『時衆と中世文学』、東京美術、一九七五年、二一七頁。初出一九六九年)、福田晃は「管理者とは、物語を生成するグループをさすもので、一応、編者を伝承学的に称」したものとする(B「東洋文庫解説」、三四一頁)。

(5) 序篇第三章、七八頁。村上は続けて、福田晃の指摘を引き、「「芸能と文学、伝承文芸と記載文芸との区別があまりうかがえない」という難点があることは否定できない」と批判している(同)。

(6) 『延慶本』三末ノ一七、五八七頁・同一〇、五七四頁。『盛衰記』巻二九(中四七七頁)・『四部本』巻七(上三〇五頁)に「古(旧)山法師」とある。

(7) 角川自身はこの点に懐疑的で、「この縁起が信救の名のもとに、後に創作された」可能性を指摘している(c、三四五・三五一頁)。

二　福田晃

福田晃の数多い曾我関係論著の中で、本書は、その集大成ともいうべき『曾我物語の成立』（三弥井書店、二〇〇二年）を取り上げる。氏の場合も本領は「曾我語り」の研究に置かれているが、目次を繰っていくと、第六編第二章「真名本曾我物語の成立」を見出す。ところが、これは、B「東洋文庫解説」（一九八八年）を改題して再録したものであって、論の性格上、諸説に言及する中で自説を展開する形になっている（以下、引用はBに拠る）。いま、氏の自説を中心に整理すると次のようになろうか。

「一、前・曾我物語と真名本曾我物語」項で、氏は、「作品としての曾我物語が一応の成立をみた」のは、「兄弟の仇討事件後、ほど遠からぬ頃のことか」とされ、それを角川源義に倣い、『原曾我物語』と呼んだ（三一二頁）。そして、『吾妻鏡』と真名本の記事を比較検討して、両者には「大分の相違」があり（三二八頁）、『吾妻鏡』が原拠とした曾我仇討譚」を、巫覡や遊行唱導の「「曾我語り」と判別して、前・曾我物語」と名付ける。それは、「事件を比較的客観的に叙述した〈曾我記〉とか（中略）称すべきもの」で、『原曾我物語』そのものと想定することは勿論、角川源義氏のごとく、その展開した中間的第一次真名本（現存本は第二次真名本）と認定することも、やはり無理である」と論じている（三三〇頁）。

「二、真名本曾我物語の作者・編者」項では、本節一項既述の安居院流唱導の関与の問題に多くのスペースを割き、最後に、「真名本の最終編者」の検討を試みる。「現存の真名本の編者を浄土宗鎮西流名越派、またはその周辺に求めた村上學説（本節四項後述）に触れ、「考察が巻十の〈虎の説法〉を中心に進められている」ことに問題があるとして、巻十の後半には「改変・増補の跡が著し」いと見なす(三四一—三四二頁)。そして、「角川源義氏説に近づいて、わたくしも現存真名本に改変される前の原・真名十巻本を想定する」とした上で、「その原・真名十巻本の作者は、やはり安居院の唱導に通じた箱根の唱導僧、またはその周辺に求める」と結論付けた(三四三頁)(1)。

最後は、「三、真名本曾我物語の成立時期」項で、まず、巻四冒頭に「今の世には城殿」とある記事を根拠に、真名本成立時期を、「城殿」＝安達泰盛が「霜月騒動」で失脚する弘安八年(一二八五)十一月以前と見た山西明説(本節三項後述)を批判し、泰盛滅亡後も庶流が秋田城介の名跡を襲っており、「今の世」の下限は、山西が論証の過程で言及した、安達氏が幕府とともに滅亡する元弘三年(一三三三)になるとした(三四七—三五〇頁)。そして、小島瓔禮が、真名本冒頭に見える「安日」伝説は、「蝦夷の動向に、多くの関心が寄せられていた」「時代相を反映し」たものと指摘した点を踏まえ(「神道集と曾我物語との関係」、二九頁)、蝦夷が蜂起する元亨元年(一三二一)が真名本成立の上限だと指摘した(三五一—三五二頁)(2)。

続いて、元亨三、四年(一三二三、一二四)頃の成立とされる『四部本』の注釈書『平家打聞』に注目し、「真名本は直接『平家打聞』に拠って成っている」から、「真名本曾我の成立期は当然元亨三、四年以後」とした黒田彰説と、『『平家打聞』の元亨三、四年成立説も不確定な面が残されて」おり、『『平家打聞』が真名本曾我物語に拠って成っている」可能性を想定した早川厚一説とを紹介して、「もうしばらく慎重に検討すべき」であるとする(三五二頁、三五四—三五五頁注一三・一四)。

三項の最後は「現存真名本の編集時期」項で、結論部分に当たる。ここで再び村上學説を取り上げ、「きわめて注目される説」と評価した上で、村上學が「浄土宗鎮西流名越派周辺」で、「十四世紀後半~十五世紀初期」に成立したと指摘したのは「現存真名本」であって、「鎌倉末期の成立と推測される真名本」とは「原・真名十巻本」(二項)

であったとする。そこには、村上學が指摘した枝折山伝説や赫屋姫伝説が既に含まれており、「安居院流の唱導僧の親しんだ説話群で、浄土僧たちも、それを受け継」ぎ、「浄土宗名越派の僧侶によって改編され」、現行真名本が成立したというのである(三五二―三五三頁、三五五頁注一五)。

なお補足すると、福田は、早くから真名本の「北条氏称揚の態度」に着目し、敬称を以て記した「北条殿の繁栄をたたえることこそ曾我物語における頼朝説話の目的であった」と述べていたが(「頼朝伊豆流離説話の生成―平家物語・曾我物語より―」。C大成『義経記・曾我物語』に拠る。二二〇―二二二頁。初出一九六六年)、B執筆の後、五味文彦の「『曾我物語』もまた、北条氏の側から構想された作品といってよいかもしれない」とする指摘(「『吾妻鏡』の構想」『吾妻鏡の方法』第Ⅰ部一、吉川弘文館、一九九〇年、四八頁。本章第四節七項後述)に「注目」したコメントを記している(「曾我御霊発生の基層―狩の聖地の精神風土―」、第二編第一章、一四一頁注七六。初出一九九八年)。「民俗系」研究の第一人者が、歴史学の研究成果に「注目」した点で、本書にとっても、十分留意する必要がある視点である。

注

(1)　ここで、突如「原・真名十巻本」が登場するが、「角川源義氏説に近づいて」とあることからすれば、角川の言う「中間的真字本」との関係はどうか。これについての具体的な記述はない。

(2)　ここまでは、旧稿「曾我物語・覚え書き―その成立時期をめぐって―」(『立命館文学』四〇三―四〇五号、一九七九年)で指摘したとする(三五二頁、三五四頁注一〇)。

三　山西明

山西の真名本成立に関する所説は、「真名本『曾我物語』と安達氏―その成立に関連して―」において展開されたもので（峯村文人先生退官記念論集『和歌と中世文学』、東京教育大学中世文学談話会、一九七七年。『曾我物語生成論』第三章、笠間書院、二〇〇一年、に拠る）[1]、一部、二項で紹介したが、内部徴証に基づく立論であった。

氏自身が触れているように、古く江波熙（「曾我物語に就いて」一九二六年）らが、巻一「今の世に新田源氏と申す」とある記事に着目し（『東洋文庫真名本』1、一二頁）、真名本成立時期を南北朝期に求め（八一頁）、荒木良雄（「曾我物語三遷の論」一九四一年）も、巻一に「本朝にも中比源平両氏を始め置かれ、（中略）既に四百余歳の星霜を経たるなり」（同前、四頁）とある個所を捉えて、成立時期を、それぞれの賜姓の年を基準に、康安元年（南朝正平十六・一三六一）から嘉慶二年（同元中五・一三八八）に至る南北朝期二十八年間としたのである（八一―八二頁、八四―八五頁）[2]。これに対して山岸徳平は、「北条殿の御末は栄えて」（真名本巻二。同前、九一頁）とある「時勢」につながる「平氏の方を採用すべきであった」と批判し、「真字本は、永仁頃の創作で、南北朝の初期頃のものと見るべきであろう」と推測している（『真名本（影印本）』「解題」、一九七四年、六六四―六六五頁。山西、八五頁、八九頁注二八・三二）。私は、真名本の編者が厳密な年代考証を踏まえて記述したとは考えられず、忠盛―清盛流伊勢平氏や平姓北条氏共通の祖である平貞盛と、清和源氏の祖経基とが共に歴史の舞台に登場する「将門の乱」あたりが基準になっているのではないかと推測している。乱が終息した天慶三年（九四〇）の四百年後といえば一三四〇年代であり、結局南北朝中期頃に落ち着く。

山西は、こうした先行学説を踏まえ、更に二か所の記述に注目した。一つは仮名本に見られない巻三「政子の夢見」

の段に見られる「後鳥羽の院」諡号改称の問題であり（同前、一五七頁）、氏は、「この贈名に改める旨の使者が立てられた仁治三年（一二四二）七月八日」が、真名本成立の「上限となる」と指摘した（八三頁）。これについては、第七章第二節一項で後述する。

山西説が注目されるに至った所以は、既に二項で触れたように、真名本巻四の冒頭に、

夢（巻三、伊豆山における「夢合せ」の段をいう＝引用者）の引出物とて、（安達）盛長をば上野の国の惣追補（捕）使になして、出羽の国を賜ひつつ秋田城介になされて、今の世には城殿と申す（同前、二〇一頁）

とある記事に着目し、傍点部の「城殿」を、盛長の曾孫安達泰盛と解して、真名本成立時期の下限を、泰盛が「霜月騒動」で亡ぶ弘安八年（一二八五）十一月とした著名な説に基づいている（結論部分、八三―八四頁）。そして、福田晃が、泰盛滅亡後も庶流の時顕が秋田城介の名跡を襲っており（山西も、七九―八〇頁で言及している）、「今の世」の下限は、安達氏が幕府とともに滅亡する元弘三年（一三三三）に下るとした批判も既に述べた。[3]

ところで、山西が「今の世」の「城殿」を泰盛と判断した根拠に、『神道集』が「上野国とは深い関係にある」とする近藤喜博説を導入して、『神道集』と真名本『曾我物語』をともに管理する上野国所縁の神人団」を想定する理解があった（七五頁）。この点についても、福田は「『神道集』および真名本曾我物語をともども管理する上野神人団とは、果たして存在したのか」とする批判を展開している（B「東洋文庫解説」、三四八頁）。「『神道集』においては、上州の神に関する記事が多く、それが一つの特色にもなっていたが、『曾我物語』には、そうした上州の神々のことが、ほとんど見えていない」とする小島瓔禮の指摘に接するとき（「神道集と曾我物語との関係」、三三一頁）、山西が準拠した近藤の『神道集』理解にそもそもの問題があったように思われる。

山西は、中世史家の佐藤進一説に基づいて、[4]安達氏の上野国中「寺社管領」を主張したが、氏説に従うと、上野の

「神人団」と安達氏との「所縁」は泰盛で断絶したことになる訳で、そこに、かつて江波らが着目した「今の世に新田源氏と申す」とある記述も、「この物語の語りの基盤を示唆する一つの証左」と見なした根拠があった（八六頁）。ところが、盛長は本来「国奉行人」であり、それは私の言う上野における「国務沙汰人」の存在形態であって、「国中寺社」管領権とは国務沙汰権に包含される権限であった。(5)「霜月騒動」後、上野は得宗分国に転じたが、世良田長楽寺（新田郡）一つをとっても、(6)得宗家の「国務」の下で、「国中寺社」との「所縁」は依然として続いていくのである。

従って、福田晃の山西説批判はそれとして正しいと言わねばならないだろう。しかしながら、ここで考えてみたいのは、「今の世には城殿」という語句を目で見、あるいは耳にした人々は誰をイメージするかという問題である。人は、『太平記』が実名を誤り、生死すら覚束なかった時顕―高景父子を思い浮かべるであろうか。そうではなく、『徒然草』が「左右なき馬乗り」と特筆し、(7)『竹崎季長絵詞』(8)に端正な貴人の相貌を見せる泰盛その人ではなかったろうか。季長が肥後国御家人で、時の守護正員かつ御恩奉行が泰盛であったことを顧慮したとしても、(9)「霜月騒動」に当たって泰盛に殉じた「武蔵・上野御家人」「五百人或自害」と記録された史料に接すると、(10)泰盛の人柄が彷彿されよう。従って、私は、真名本巻四の「城殿」とはやはり泰盛で間違いなく、真名本成立時期の下限を「霜月騒動」＝弘安八年（一二八五）十一月とした山西説は、福田晃の批判にも関わらず、なお有効であると考えている。

注

（1） C大成『義経記・曾我物語』に再録されている。

（2） 高望王の「平朝臣」賜姓は、宇多天皇・寛平元年（八八九）五月十三日で（『日本紀略』）、六孫王経基の「源朝臣」賜姓の場合は、村上天皇・応和元年（九六一）六月十五日である（『尊卑分脈』第三篇、六二頁）。荒木は、「四百余歳」の幅を四〇〇年（＋九六一年）から四九九年（＋八八九年）と仮定し、本文のような結論を導き出した。

（3）時顕は、泰盛の弟顕盛の孫（宗顕の子）で、のち、城介の名跡を子の高景に譲っている（『尊卑分脈』魚名公孫・秋田城介〔第二篇、二八七頁〕）。『保暦間記』に拠ると、得宗の「高時カ舅」で（九七頁）、『尊卑分脈』には「元弘三五鎌倉滅亡時同時自害」と見える。『太平記』が記す、高時と共に自害したと伝える「秋田城介師時」・「城介高量」とは、日本古典文学大系の頭注が指摘するように、それぞれ時顕・高景の誤りであろう（巻一〇、第一冊三五九—三六〇頁）。なお、高景については、建武元年（一三三四）十一月十九日、「津軽凶徒（名越）時如・（安達）高景以下、東レ手乞レ降」とする史料もある（『大日本史料』第六編之二、一三五頁、『元弘日記裏書』）。

（4）『増訂鎌倉幕府守護制度の研究』第三章上野項（東京大学出版会、一九七一年。一九九八年、第四刷に拠る）。

（5）拙著『鎌倉守護』国別、第二章上野項、一二〇頁。「国務・検断沙汰人」については、同・論考、第一章三項・第二章第一節、参照。

（6）元徳四年（正慶元・一三三二）長楽寺は、得宗高時の「国務」の下で造営されており、また『太平記』には、新田荘世良田の有徳人に対する「臨時ノ天役」収取が「相模入道」高時の派遣した両使によって行われていた記事が見えていた（注5所引、拙著・国別、上野項、一二三頁）。

（7）一八五段（新日本古典文学大系『方丈記　徒然草』、一九八九年、二六〇頁）。

（8）日本の絵巻『蒙古襲来絵詞』、中央公論社、一九八八年、に拠る。

（9）拙著『鎌倉守護』国別、第十章肥後項、五四五—五四六頁。

（10）『鎌倉遺文』二一巻一五七三八号、「熊谷直之氏所蔵凡網戒本疏日珠抄裏文書」安達泰盛乱自害者注文。一五七三六号、安達泰盛乱聞書（拙著・国別、上野項、一二八頁注一五）。

四　村上學

「曾我物語諸本研究の金字塔(1)」と評された、村上學の大著『曾我物語の基礎的研究―本文研究を中心として―』（風間書房、一九八四年）は、「仮名本が各巻ごとの伝わりを考えねば（中略）伝本研究など不可能であることをその膨大な実証によって示した」（D會田実「軌跡と課題」、一〇頁）もので、自ら「筆者の仮名本諸本論の決算」と位置付けている（C「大成解説」、四〇九頁）。従って、真名本成立が基本的テーマではないが、著書の中から幾つか論点を抽出し、氏の構想を考えてみたい。

その手がかりは、次の記述に見られる（序篇第三章「真字本と仮名本の関係」、八三頁）。

> 真字本の成立に関しては、現存仮名本が現存真字本の如き唱導文を殆ど有していない点からも、また両本の間にも単なる書写上の原因で生じたのではない異同があるところからも、少くとも仮名本の底本になった原初本（それが現存真字本の底本と極めて近いものであったろう（中略））と現存の真字本の二段階の成立を考えなければならない。

別の論文に、「現在の妙本寺本の形を直ちに『曾我物語』の原初形態とすることはできない」とし（「『曾我物語』の諸本」、D叢書『曾我・義経記の世界』、四六頁）、「現存真字本の底本」＝「原真字本」は、「表記形態不明」で「ある段階では仮名書であった」らしい。現存真字本は、「原真字本」に「唱導的字句を付加して成立した」と推測するが（八四頁）、「大石寺本の抄出方法と照し合せ見ると、それは省略の結果ではなく、依拠本文が現妙本寺本のような唱導のための字句や説話を持たないものであったという蓋然性」から裏付けられるとする（前掲「『曾我物語』の諸本」、四五―四六頁）。

では、「付加」された「唱導的字句」や「説話」とは何か。村上學は、真名本巻十、「虎の説法の詞」に窺えるとして、典拠の一つに『為盛発心因縁』を挙げる（序篇第四章「真字本管理者についての一憶測」）[2]。「熱心な称名の行者」であった津戸三郎為盛（為守とも）の臨終に当たって、『因縁』は「弥陀三尊の来迎を説かず二十五菩薩の来迎を強調」しており、氏は「来迎が往生の真の証となるという鎮西義にそったもの」として、『因縁』の「作者を名越派に想定」している（引用は、九五・九七・九九・一〇〇頁）。

法然の浄土宗は、弾圧を受けて以降、多くの念仏義に分裂したが、後世への影響を考えると、善恵房証空の西山義と、聖光房弁長（筑前の武士の家に生まれたという）を派祖とする鎮西義が最も有力であった。弁長の弟子然阿良忠は関東を中心に布教したが、子の寂慧良暁を祖とする流れが白旗派で、鎮西義の正統を継承し、のち京都知恩院（京都市東山区）を浄土宗総本山とした。了誉聖冏や弟子の西誉聖総は白旗派を継承し、聖総は江戸に増上寺（東京都港区）を創建した。一方、二祖良忠の寂後、鎌倉名越の善導寺に住持し、鎮西義の正統な後継者であると主張したのが名越派の祖良弁尊観であった[3]。

村上學は、鎮西義の名越派と白旗派の人々が、「教義面で正統を争いながら相互に影響を与え、競争しあうことで宗学を発展させ教線を拡大」していったとして（一〇二頁）、真名本巻七、兄弟が富士山の由緒として語る「枝折山捨老伝説と竹取伝説」（『東洋文庫真名本』2、九五頁以下）のプロットに関し、次のように重要な指摘を行っている（一〇二―一〇三頁）。

真字本曾我物語の副題「本朝報恩合戦謝徳闘諍集」が語るように真字本の公式テーマを述べるための枢要の部分である（中略）が、その枝折山伝説は（中略）古今序註諸書のうち、白旗派の聖冏の著わした所謂了誉序註の独自の注の一つである／

了誉の弟子聖聡が枝折山伝説を『当麻曼陀羅疏』巻十一（中略）にわざわざそのまま引用しているのである。聖聡やその師聖冏にとって枝折山伝説が関心を惹かれる説話であったことが加（知カ）られ、真字本曾我物語が享受されていた在地信仰と密接な関係を有すると推測されている世界は、現在の真字本に仕立てあげた編者も、所謂原曾我物語＝中間真字本から現存本へのプロセスも実証すべくもないが、鎮西派の人々と地理的のみならず精神風土も近接していた、と言うより教線の拡大のため積極的にとり入れようとしていた（中略）世界なのではないかと想像することが可能なのである。

そして、現存真名本の成立時期については、次のように指摘した（第三章、八三頁）。

現存真字本の成立は、神道集の成立時期（文和・延文〔一三五二―六一〕＝引用者注。以下同じ）以降[4]、真福寺本の筆写された永享三年〔一四三一〕以前の約八〇年間）や四部合戦状本平家物語の現存本の奥書年記（文安三・四年〔一四四六・四七〕）が近接していること、更に巻七に採られ、真字本の副題にもなっている「報恩の合戦、謝徳の闘諍」の名目（中略）を引き出してくる点で重要な意味を持つ枝折山伝説と赫屋姫伝説（中略）が聖聡の『当麻曼陀羅疏』（永享八《一四三六》年）およびその師聖冏の『古今序註（了誉註）』（応永十三《一四〇六》年）所収説話と極めて近い形になっていることからは（中略）一（ママ）四世紀後半から十五世紀初が成立年代のめやすにはなろうか。

これに対して、「原真字本」は、「仮名本の底本になった原初本」と成立時期が近接しており（前述）、「仮名本が基づいた原初本は、（中略）仮名本の原初的な形が貞和三（一三四七）年には成立していたと考えられるから[5]、一三四〇年代を成立の下限とすることができ」ることになる（八三―八四頁）。従って、「角川博士の推論（一項参照＝引用者）は一つの素材の成立年代の古さを示す」ものでこそあれ、「現存真字本の成立年代と短絡できず」、むしろ、「福田晃氏の「蝦夷蜂起」の時代状況の反映が見られるという仮説（二項参照＝同）（中略）に魅力を感ずる」とした（八四頁）[6]。村上學の言う「原真字本」の成立年代に関しては、なお検討すべき余地があるように思われるが、「十四世紀後半から十五世紀初が成立年代のめやす」とした現行真名本の成立時期に関しては、福田晃が評価したように、「きわめて注目される説」(二項)と言わなければならない。

注

(1) 黒田彰「聖藩文庫蔵曾我物語巻十二零本再論—曾我物語の一異本」(F『曾我作品宇宙』、四三頁)。

(2) 既に、「真字本曾我物語・為盛発心因縁・往生講式」で指摘されていたが(『軍記と語り物』一八号、一九八二年)、村上學は同稿について、「私聚百因縁集「当麻曼陀羅事」と真名本との同文の性格から、現真名本の編集者に浄土宗の名越派の僧が関係したとの推論を述べたもの」と、自らコメントしている(C「大成解説」、四一四頁)。

(3) 以上、日本思想大系『蓮如　一向一揆』(一九七二年、補注「御文」・五三三頁)、『茨城県史』中世編、第六章第二節「浄土宗鎮西義の展開」(一九八六年、四一六—四二六・四三三頁。執筆菊地勇次郎)、中村元ほか編『岩波仏教辞典』「浄土宗」項(一九八九年、四四〇頁)、今泉淑夫編『日本仏教史辞典』「鎮西義」項(吉川弘文館、一九九九年、七二六頁)、等に拠る。なお、聖冏は常陸佐竹氏一族の出身で(同右『茨城県史』、四二一頁)、聖総は千葉介氏胤(貞胤男)の子であった(『千葉大系図』、一〇九頁)。

(4) 東洋文庫『神道集』「解説」に、「直接それを示す奥書はないが、集中の内部徴証によって、南北朝、後光厳院の文和・延文年間(一三五二—一三六〇)の成立と考えられている」とある(貴志正造訳、平凡社、一九六七年、二九八頁)。なお、一三六一年は延文六年で、三月二十八日に康安と改元された。

(5) 「貞和三(一三四七)年の年記を有する「醍醐寺雑記」の記事は、仮名本に近い内容」であり、「仮名本の原型がこの頃(十四世紀前半)には既に成立」していたとする理解に基づく(序篇第五章「仮名本曾我物語原型の成立年代と成立過程への展望」、一一三頁)。

(6)　但し、三項既述の「城殿」については、福田晃の解釈よりも、「山西氏の考えの方が妥当であろう。ただし、これは素材の成立年代と見なす」としている(八四頁)。

第四節　歴史学研究

第四節では、「建久四年曾我事件」に関する三浦周行・石井進・永井路子・坂井孝一の各説、及び特論とも言うべき千葉徳爾・木村茂光の所説を取り上げ、最後に五味文彦説に触れる。五味(文)の所論は、本節末尾付載の〔付記一〕「『吾妻鏡』の成立時期」に関連することもあって、右のような順で検討することとしたい。

一　三浦周行

『日本及日本人』六五二号に掲載された三浦周行「正史から見た曾我物語」(Ⅰ-18)と、八代国治「曾我物語の敵討」(同15)は、ともに曾我兄弟による工藤祐経殺害の背後に、頼朝暗殺を企図した北条時政の存在を想定していたが(第一節一項)[1]、三浦(周)の議論は緻密で、かつ、翌一九一六年(大正五)「曾我兄弟と北条時政」と改題し、東亜堂書房から刊行された『歴史と人物』に再録されたことも手伝って(『日本史の研究』新輯二、岩波書店、一九八二年、に拠る)[2]、三浦(周)「曾我兄弟と北条時政」は、長く事件に関する歴史学研究の基本文献として定着するに至った。

氏は、『曾我物語』は「室町時代に吾妻鏡の記事を敷衍して作られた」と見なしたが(一二三頁)、「時政の前妻は(伊東=引用者)祐親の女」としており(一二七頁)、これは、真名本系の巻五に基づく記述で、仮名本には見られないから、三浦(周)が拠った『曾我物語』とは、「本門寺本」もしくは「大石寺本」(「訓読本(大石寺本)」、一七三頁)を指していよう。

論文の主旨は、時政を「此無邪気にして勇敢なる二青年を背後から操るかと見える一つの大きな黒影」と捉え、「彼れが曾我兄弟を幇助し使嗾して頼朝に対する大それた陰謀の下手人とした」として（一二五―一二六頁）、事件が曾我兄弟による単なる敵討にとどまるものではなく、頼朝暗殺を企図したクーデターの存在を想定し、時政黒幕説を展開したことにある。その動機は、幕府成立期における時政の「偉勲は鎌倉史の上に輝いて居る」にも関わらず、「頼朝の治世中彼れは余り多く時政の功労に報いた形跡がない」ことに求められ（一二五頁）、時政にとっては、「眼中」になかった工藤祐経に対する「兄弟の憎悪の念を煽」り、「両人の怨を頼朝に嫁する手段として、祐経の君寵を有力の武器とするを忘れなかつた」と指摘した（一二七―一二八頁）。

この未遂に終わったクーデター＝時政黒幕説の根拠として、氏は、二つの史料を挙げている。その一つが、「緒言」に引いた『保暦間記』の「将軍ヲモ思懸奉ントニヤ」とする記事で、「無下に排斥も出来兼ねる」とのコメントがある（一二六頁）。いま一つが、五郎の元服に関する『吾妻鏡』建久元年（一一九〇）九月七日条で、所論の性格上、一部分を抜粋した書き下し表記であるが、唯一、二字下げで原史料を引用した個所であり、ここでは原形に戻して全文を掲載する。

甚雨、入レ夜故（伊東）祐親法師孫子（まご）祐成〈号二曾我十郎一〉、相二具弟童形一〈号二筥王一〉、参二北条殿一、於二御前一令レ遂二元服一、号二曾我五郎時致一、賜二龍蹄一疋一〈鹿毛〉、是祖父祐親法師者、雖レ奉レ射二一品一（頼朝）、其子孫事、於レ今者不レ及二沙汰一、祐成又相二従継父（曾我）祐信一在二曾我庄一（相模足下郡）、依二不肖一雖レ未レ致二官仕一、常所レ参二北条殿一也、然間今夜儀強不レ及二御斟酌一云々

この記事に対する三浦（周）の批判はまことに手厳しい。まず五郎の加冠に対しては、

曾我物語に拠ると、時政の前妻は祐親の女であつて、兄弟の為めに時政は伯母婿であつたから、時致の烏帽子親にも頼まれたのだといふが、そんな無意味の筋合ではあるまい。

とした上で(一二七頁)、常に館に出入りしていたという十郎に関する記述については、

時政にそれ程の好意があつたならば、頼朝の前を繕うて、彼れの出仕を見るに左程の困難はなかつた筈である。
時政が彼れを以て官仕に堪へざる不肖の子と見る程鑑識のなかつた男とは信ぜられぬ。

との、皮肉を交えた批評を下した(同)。そして、傍点部「今夜の儀は強ちに御斟酌に及ばず(3)」とある件に関しては、『吾妻鏡』が「中世の編纂物」で、いくら「往々北条執権の為めに舞文曲筆の跡」があるとはいえ、「建久元年九月七日の条を見ると、眉に唾したくなる」。「我等はこれを読んで、時政自身の口から、兄弟の仇討には無関係であるとの態とらしき申訳を聴くやうな気分がしてならぬ。彼れにして果して中心疚しきところがなくば、何にもさう事々しく加冠の斟酌には及ばざる理由を説明せんでもよからうではないか」とまで言い切ったのである(一二六―一二七頁)(4)。

三浦(周)説の背景として、頼家・実朝殺害の主謀者として、時政・義時父子を想定する、当時の言わば通念があったが(5)、頼家に対しては当てはまるにしても(6)、実朝暗殺の当事者公暁(頼家の子)が「義時一味の三浦義村に売られた」とする理解は正確でなく、そもそも義時は実朝の殺害に無関係であった(第六章第四節二項、⑥の段)。頼朝について、「口を拭いて知らぬ顔をして居た時政にお気のつかれなかつたところを見ると、彼れも存外お目出たい人物であつたともいへる」(一二九頁)とした批評も納得できないが、時政が「頼朝ばかりか、数百年後までもごまかしおほせた」(一三〇頁)のは、頼朝や彼の忠実な吏僚梶原景時らが、言わば《臭い物に蓋》をして、時政同様に「口を拭いて知らぬ顔をして居た」事情が考えられようし、何よりも北条氏によって編纂された『吾妻鏡』の賜物で、しかしながら、建久元年九月七日条、時政「弁明」の件はその僅かな綻びであったのではないか。

最後に指摘しておきたいのは、「彼仇討の騒ぎから頼朝に対する陰謀発覚の廉で殺害された範頼の罪に坐して祐成同腹の兄弟泉《ママ》小次郎の誅せられた一事は軽々に看過されぬ事実と思ふ」とした着眼点についてである（一二八頁）。「緒言」既述のように、八年前に刊行された『鎌倉時代史』（一九〇七年）で、範頼に関し「其異図の有無の如きは、深くこれを問はずして可ならん」と追求を打ち切った姿勢より前進が見られたものの、遺憾ながらこの鋭い着眼点が活かされることはなかった。

注

（1）時政黒幕説に関して、既に後藤丹治は『日本及日本人』所載の三浦（周）・八代両説を挙げ、馬琴や伴信友も同種の説を唱えていたことを指摘していた（「曾我物語に於ける史実の検討」、三三九頁。但し、氏自身は「その見解の当否は、強ひて問題としない」と保留した）。

（2）『歴史と人物』は、一八九三年（明治二六）以降、著者が執筆した「日本史の各時代にわたる人物に関する論文二六編を博士みずから選んで上梓」したもので、「国民の間に人気のある人物を多くふく」んでいた（『日本史の研究』新輯一、「解説」、四四三・四四九頁）。なお、「曾我兄弟と北条時政」は、岩波文庫『新編　歴史と人物』（林屋辰三郎・朝尾直弘編、一九九〇年）にも収められているが、『日本史の研究』新輯一・岩波文庫の「解説」ともに、初出が『日本及日本人』所載の「曾我復讐秘史」であったことを明記していない。

（3）三浦（周）、一二七頁の書き下し表記に拠る。

（4）八代が、時政の「遠謀」（第一節一項）を説いた根拠もまた、兄弟が「常に北条時政の第に出入」し、五郎に「元服を加へ名を与へた事に就て吾妻鏡の著者頗る弁護に務めて居る」ことに求めていた（一八五—一八六頁）。

（5）例えば、新井白石『読史余論』（中）は、頼家殺害に関し「時政が姦智」と評し、義時に対して「頼家并に其子（中略）

公暁をして実朝をころせしありさま、其姦計恐るべし」と記していた(日本思想大系『新井白石』、一九七五年、三〇四・三一八頁)。

(6) 拙著『鎌倉守護』論考、第七章「比企能員」参照。

二 石井進

石井進『中世武士団』は、小学館版「日本の歴史」シリーズ、「社会集団」の巻の一冊として、一九七四年に刊行された。五十数頁を充てた「曾我物語の世界」項は、主題である伊豆・相模の武士団を中心に、事件・物語・語り・曾我物等の全般にわたって記述されており、曾我研究好個の入門書の役割を果たしている。それにしても、三浦(周)の「曾我兄弟と北条時政」初出時より六十年近い時間が経過しており、以て「建久四年曾我事件」に対する中世史研究の位置付けが推測されよう。

当該著書の最大の特色は、当時盛んになりつつあった歴史地理学的手法を駆使して、兄弟の継父曾我祐信居館跡を復原した点に求められると思うが、「曾我荘中心部」の図(四六頁)や、「曾我兄弟の墓」に関する、城前寺裏手の「かつての土塁の上にたっている」とした説明文(四五頁)等に窺うことができよう。『曾我物語』に関しては、「瞽女の語りの文芸」と捉え(三一頁)、「真字本こそ原型をとどめる本」で、角川源義が提唱した「真字本鎌倉末期成立説に従いたい」とした(三三頁)。「真字本『曾我物語』の後日譚のなかにも、いたるところに時宗《ママ》の痕跡がみとめられる」とするのも(七九頁)、角川説を踏まえてのことであろう。

氏は、『吾妻鏡』に記載された、捕らえられた五郎の「大胆不敵な発言」について、「あわよくば祐経とともに頼朝へも一太刀加えようとしたのだと考えてよい」とし、「それゆえにこそ、かつて『吾妻鏡』は北条時政が五郎元服の際の烏帽子親となったことについて、あれほどまでにことわり書きをつけ加えなければならなかったのだろう」としたが（七三―七四頁）、もちろん、これは三浦周行の提唱した、頼朝暗殺を企図したクーデター＝時政黒幕説最大の論拠であった（一項）。石井進は、「兄弟の敵討事件がこれまでほとんど専門の歴史家によってとりあげられてこなかった」中で、「ただ一つの、しかもきわめてすぐれた例外」として三浦（周）説を位置付け、「三浦氏の推理はまことにするどい」と高い評価を下している（八一―八三頁）。

また、狩猟に関する「宗教的な性格」（六九頁）のみならず、「富士の裾野の狩」のもつ「政治的な意味」を指摘した千葉徳爾説を「卓見」と評価しているが（六六―六八頁）、これについては五項で後述する。

その他、伊東・工藤氏に関して、祐親の祖父である祐隆を、伊豆国「工藤介の一族から出て」、「新たな伊東氏一族の開祖となった人物」と捉え、「在庁官人の一人」であったと見なすなど、随所に鋭い指摘が見られる。そして、この点が「はじめは流人頼朝を預かっていた」のは祐親であったとする新説の根拠となったものであろう（三八・五〇頁）。その反面、氏が、曾我兄弟の母方・父方の「親族図」を掲げ（五七・五九頁）、「鎌倉幕府成立期に活躍する相模・伊豆の有力武士団のほとんど全部が、まるでキラ星のように居ならんでいるありさまはまことに壮観で」あったとする点は如何であろう。これは、当時の武士団の婚姻関係の実態が必ずしも明らかでないなかで、『曾我物語』の「伊東氏一門の親族関係についての記載はたいへん珍しい史料」であるとする理解に基づいており（五六頁）、総じて『曾我物語』の武士団関係の記載内容を、ほとんど無批判に肯定する姿勢が窺われる。また、常陸平氏を扱った別項、多気義幹や下妻広幹に関する記述を見ると、氏は、曾我兄弟の敵討事件と「常陸」の問題とは直接の関係がなく、八田知家が事件を利用したと考えているように解釈される点にも疑問がある（一八七―一八八頁）。

最後に、兄弟が祐経を殺害した裾野の地＝駿河国富士郡の問題であるが、氏は「すでに鎌倉初期から北条時政の所領となっていた」としたが（八三頁）、厳密に言えば、富士郡（富士御領）は関東御領で、時政・義時父子は駿河の「国務沙汰」を掌握していた結果として、当御領の沙汰を担当したということである（拙著『鎌倉守護』国別、第一章駿河項、二六頁・三〇頁注七）。そして、氏は、

真字本の伝えるような富士郡六十六郷全体の御霊神として兄弟をまつる、ということも、領主である北条氏の意志なしにはありえなかったであろう。むしろ北条氏自身が、その祭祀をすすめたものと考えるべきであろう。

と述べたが（八三頁）、問題は、この指摘と、氏が肯定した三浦（周）の時政黒幕説とがどのように結び付いているかという点であって、遺憾ながらこれに関する説明はない。

三　永井路子

かつて石井進は、中央公論社版「日本の歴史」シリーズ中の『鎌倉幕府』（一九六五年）において、源実朝暗殺に触れ、歴史小説『炎環』(1)で、三浦義村主謀者説に立ったストーリーを展開した永井路子の解釈を高く評価した（三一三―三一四頁）。以来、私は、永井の作品を小説としてのみ読むことができなくなったが、ここで取り上げる『つわものの賦』第八章「裾野で何が起ったか　曾我の仇討にひそむもの」（文芸春秋、一九七八年）は、「建久四年曾我事件」の研究水準を一気に高める役割を果たした。四項で取り上げる坂井孝一は、「鼎談　曾我物語の作品宇宙」において、「永井路子氏と私とはかなり近い」と語っているが（F『曾我作品宇宙』、一八頁）、坂井もまた永井の見解を一個の学説と認識していたが故の発言であろう。

永井は、事件の背後に、「仇討よりもっと大きい何かがひそんでいるのではないか」(二〇七頁)として、『吾妻鏡』を駆使して真相に迫ろうとする。これは、『吾妻鏡』が、「合せ鏡」のように、「逆の方から読んでゆくと、秘密が摑めるしかけになっている」(二一六頁)とするユニークな発想に基づく方法であった。

氏は、事件が頼朝打倒を企図するとともに(但し、具体的な展開を欠く)、反北条のクーデターであったとして、次のように三浦周行の時政黒幕説を批判する(二二二頁)。

時政が何とか伊豆の小土豪の地位からぬけ出しかかっているのは、すべて頼朝の存在によりかかってのことである。その彼が、頼みの綱である頼朝を亡きものにできるわけがないではないか。(中略)一一九〇年代の北条氏は決してそんな力はない。

そして、兄弟の時政に対する「激しい不満」を強調する(二一四頁)。なぜなら、五郎は「時政を頼って元服したが、時政は五郎時致を御家人に推挙する気配もなければ、十郎祐成の後楯として所領を世話してくれるつもりもな」く、剰え伊豆の名門伊東家に出自する彼らを「臣下扱い」にすらしたからである(同)。十郎が、時政の「腹心」であった新田忠常に殺害されたということは、「祐経を討った後、十郎自身が白刃をふりかざして、北条時政の宿舎に突込んでいったことを意味しないか」と、三浦(周)と真逆の理解を提示した(同)。

これより先、『吾妻鏡』にも真名本にもなおその語は登場していないが、いわゆる「十番切」の場面が展開する。永井は、兄弟が戦った愛甲季隆や加藤太光員らを指して、「これらはいずれも当時の部隊長格の御家人だ。いかに暗闇とはいえ、彼らがたった二人の兄弟の手によって、やすやすと傷つけられるということがあり得るだろうか」(二〇八頁)と疑問を投げかけ、「北条を狙ったのは、曾我兄弟二人だけではなく、何かもっと大きな反北条勢力が、その背景にいたのではないか」(二一四頁)との推測を踏まえて、次のように結論付けた。

「合せ鏡」の方法を用いると、「裾野の事件の主謀者」は、事件後出家を強要された大庭景義と岡崎義実と推測でき、「さらに言えば、これは相模、伊豆の御家人の勢力争いであり、一方の極に大庭、岡崎、そして一方の極に北条時政がいた、というふうに取ってもいいのではないか」と言うのである（二一八頁）。私が、永井説は事件の「研究水準を一気に高める役割を果たした」と見るのは、三浦（周）が判断停止した事件と範頼との関係、及び、石井進が両者を直接結び付けなかった事件と常陸の状況との関係に、いずれも永井が言及しているからに他ならない。[2]

範頼について、『吾妻鏡』建久四年八月二十日条に、「故曾我十郎祐成一腹兄弟京小次郎被レ誅、参州（範頼）縁坐云々」とあって、「ここで俄然、曾我兄弟と範頼は、何らかのつながりのあったことが浮び上って来る」とし（二一二頁）、更に、範頼と土肥実平との結び付きにも触れている。実平は、「平家攻めにあたって範頼付きの軍監—軍奉行として苦楽を共にして」おり、当時既に死去していたものと思われるが、「土屋一族、土肥一族には、漠とした範頼への親近感のようなものもあった」らしいと見て、反北条のクーデターに一族を挙げて参加した可能性を指摘した（二一九頁）。[3]

一方、常陸の動向について、裾野から「逐電」した「久慈輩」は、「クーデターを起しかけた勢力と何らかの気脈を通じ」ていたとし、また彼らと、八田知家との争いに敗れた多気義幹とが「何か関係がありはしないか」とする推測に加え、十二月になって「梟首」された常陸平氏一族の下妻弘幹（広幹とも）に触れて、「合せ鏡」の方法を用いると、「何らかの形で義幹の失脚については北条氏の意向が働いていた」と、時政の主導的な役割を問題にした（二一四—二一六頁）。

しかしながら、「北条時政や頼朝を打洩らしてしまってはクーデターはすでに失敗」で、永井は、恐らく「頼朝の裁定」によって、「クーデター側は首魁二人（大庭景義と岡崎義実＝引用者）が頭を丸めて責任をとる代り、北条側も仲間に犠牲者や負傷者を出したことを忘れて一切を水に流す」という案で「妥協」を図り(同)、両者ともに「これは曾我十郎、五郎が父の敵を討った仇討事件にすぎないのだ」と了解する形で「真相」が秘されたとした(二二〇頁)。曾我兄弟は、歴史に翻弄され、歴史の闇に葬られたとする理解である。

以上の永井説に対して、ここでは二点指摘しておきたい。第一に、氏は「兄弟がクーデターに便乗したのか、クーデターが仇討に便乗したのか、そのあたりはわからない」と述べているが(二二〇頁)、敵討自体、兄弟が独力で果たしたのか、誰か支援者がいたのか―いたとすれば、大庭景義と岡崎義実という理解でよいのかどうか、肝心なところが曖昧なまま霞んでしまっていることである。そして第二に、これが本質的な問題点であるが、クーデターに関する主謀者の問題と、それが御家人間の勢力争いであったとする点についてである。大庭景義と岡崎義実とが、果たして「事件の主謀者」として、御家人多数を組織するだけの実力を持ち合わせていたかどうか疑問であり、「相模、伊豆の御家人の勢力争い」とする観点も具体性に欠ける。そもそも、相模国御家人を代表する三浦氏(嫡流義澄・義村)に言及がないのはどうしたわけだろうか。

当時の武士団にとって一族の結束は固く、従って、争いは一族・一門相互の対立となって現れる。(4)伊豆や相模の武士団が、一族・一門の壁を越えて、「国」という令制に基づく行政単位でまとまる必然性が、この時代存在したかどうか。例えば、京都大番役の場合、平安末・鎌倉期において、確かに武蔵の国役や「上野国役」として勤仕した事例が見られる。(5)しかし、これは国内の「住人」なり御家人なりを網羅したものではない。建治元年(一二七五)六条八幡宮造営注文に拠ると、鎌倉幕府の御家人は「鎌倉中」・「在京」・「国」に類別されていたことが分かるが、「東国」の場合、京都大番役は「鎌倉中」に分類される有力御家人は「一門上首」に従って勤仕し、「国」別として位置付けられた中小御家人に限って、「西国」と同じように、守護(もしくは「番頭」・「頭人」)の催徴の対象となった。(6)これは、謀叛人の追捕や国内治安維持に当たった平安末期の国衙軍制が、「地方豪族軍」と「国司直属軍」との二本立てで構成されていた歴史に由来するもので[7]、京都大番役においてすら、鎌倉時代の御家人が、国ごとにフラットにまとまって勤仕する状況にはなかった。

注

（1）光風社書店、一九六四年刊。連作小説で、最後の「覇樹」において実朝暗殺に触れている。
（2）但し、事件と範頼配流との関係については、既に千葉徳爾が指摘していた（五項後述）。
（3）新訂増補国史大系の頭注に拠ると、底本の北条本は「京」、吉川本は「原」とし、「今従二吉本一」とあるが、本書では、真名本巻五（『東洋文庫真名本』1、二六〇頁）に見えるように、「京の小次郎」と表記する（第四章第一節七項参照）。
（4）『吾妻鏡』建久六年五月十五日条、承元三年十二月十一日条等参照。
（5）拙著『鎌倉守護』論考、第五章「京都大番役覚書」、三七六・三八五頁。
（6）同右、三八三・三八五頁。
（7）石井進「中世成立期の軍制」（『鎌倉武士の実像』、平凡社、一九八七年。初出一九六九年〔『石井進著作集』第五巻、岩波書店、二〇〇五年、再録〕。四一頁〔著作集、三四頁〕の図式にまとめられている）。

四　坂井孝一

近年、坂井孝一は、曾我の事件と物語に関する、次のような専論の著書を相次いで公刊した。

A　歴史文化ライブラリー『曾我物語の史実と虚構』（吉川弘文館、二〇〇〇年。以下、A『史実と虚構』と略記）

B『物語の舞台を歩く　曾我物語』（山川出版社、二〇〇五年。以下、B『物語の舞台を歩く』と略記）

C『曾我物語の史的研究』（吉川弘文館、二〇一四年。以下、C『史的研究』と略記）

その他、関連の多くの論稿があるが、それらは、A（若しくはB）刊行以前のものはそれぞれに再編して記述され、特にCは、刊行時期が最新の論文集であり、既発表論文がおおむね収められているので、本書で坂井説を指す場合、基本的にC『史的研究』に拠ることとする。また、C未収のものに、

d「曾我物語と史実」（F『曾我作品宇宙』所載）(1)

があるが、これは三項で触れた「鼎談　曾我物語の作品宇宙」における氏の発言とともに、氏説の概要を把握する上でコンパクトな論文である。

坂井は、Cの「立場・意図」について、「歴史学の立場から『曾我物語』とくに「真名本」を史料として用い、『吾妻鏡』『玉葉』などの歴史編纂物・記録類と丹念な比較検討を行うことによって、鎌倉初期、頼朝が征夷大将軍に任命された翌年に起きた曾我事件(2)の実像と、その歴史的意義を解明しようと意図するものである」と述べている（序章研究史「おわりに」項、一四頁）。氏の論点は多岐にわたり、本書の問題意識と重なり合う部分も多く、行論の過程で追々関説することになる。従って、ここでは『吾妻鏡』曾我関係記事の原拠と、氏の言う「曾我事件」に関する氏の見解を中心に見ていくこととしたい。

最初に、『吾妻鏡』関係記事の原拠に関する氏の説を取り上げる。第一部第二章「『吾妻鏡』における曾我事件の記事―建久四年五月二十八日条の構成と編纂方法―」（初出一九九八年）において、総論的に、原拠が、①「「真名本」の原史料となった（中略）原初的な「曾我」の物語」（六二頁）(3)、②「建久四年の狩りに関する（中略）「建久四年御狩部類記」のような記録」（六三頁）、③「原初的な「曾我」の物語とは別の種類の実録的でない物語的な文献」である仮称

「曾我記」(六五頁)の三種から構成されていたとする。そして、第三章「『吾妻鏡』の曾我関係記事の原史料―その性格と史料価値について―」(初出一九九八年)で詳細な分析を加え、一項では、まず五郎の元服について語る建久元年九月七日条を例に、「「真名本」巻五の筥王元服の叙述と共通する表現が多」く、「九月七日条の原史料」は、①「「真名本」のもとになった原初的な「曾我」の物語であった可能性が高い」と結論付けた(七五―七六頁)。

続く二項で、敵討当夜の建久四年五月二十八日条、

　五郎者、差㆓御前㆒奔参、将軍取㆓御剱㆒、欲㆓令㆑向㆑之給㆒

の記事に注目する。なぜなら、「『吾妻鏡』では、「征夷大将軍」の地位に就いた幕府の首長に対し、「将軍」と呼ぶことがな」く、一般に「「将軍家」と記述する」からである(八一頁)。更に、頼家が鹿を射て、山神・矢口等の祭が催された記事の中にも「将軍」とあり(五月十六日条)、これは「真名本」に見られないエピソードであるから、その原史料は、③「別の種類の物語「曾我記」であった」と見なす(八二―八四頁)[4]。そして、③「曾我記」とは、「「狩猟者」としての地頭御家人たち」によって生み出され、「武士社会の本質を伝えるもの」で(九一―九二頁)、「事件後ほどなく、あるいは十三世紀初頭」までには成立していたと捉えている(九六頁註三七)。

福田晃の言う「事件を比較的客観的に叙述した」とされる「曾我記」(第三節二項)に比して、坂井の場合、内容が余程具体的になったが、それでも若干の疑問が残る。坂井は、第二部第六章(注3参照)で、③「曾我記」を「簡略な記録」であるとするが(二七三頁)、先述した「実録的でない物語的な文献」と見る指摘と矛盾するのではないか。「記録」と見ると、②幕府が作成した何らかの記録類に接近し、「実録的でない物語」性を強調すると、①真名本の原史料であったという「原初的な「曾我」の物語」との境界が曖昧にならざるを得ない。しかも、坂井が③「曾我記」の存在を想定する決め手となった『吾妻鏡』の「将軍」記載であるが、氏自ら指摘しているように、同時期の建久四

年七月から八月にかけて、「六ヵ所に、頼朝を「将軍」と称した記事が見られる」。これをどのように理解したらよいか。坂井は、「『吾妻鏡』編纂時における何らかの手違いによる」と推定しているが（九三―九四頁註一三）、これだけ「将軍」表記が同時期に集中していることが「何らかの手違いによる」ものかどうか。

次に、事件に関する坂井説を見ていく。既に三項で引用したように、「鼎談　曾我物語の作品宇宙」において、坂井は、永井説が「私とはかなり近い」としていたが、永井が、曾我兄弟は反北条のクーデター側にいたと主張した点について、「曾我兄弟が工藤祐経を殺すことができたというのは、時政の手引きがあったからだとしか考えられない」と反論している（F『曾我作品宇宙』、一八頁）。事件に対する両氏の立場は、三浦周行の「時政黒幕説」を否定して、「反頼朝・反北条のクーデター」の存在を見出した点で一致し、逆に基本的な相違点は、兄弟と時政の立ち位置のみと言うことになる。

さて、坂井の事件に対する全体像は、第一部第六章「源頼朝政権における曾我事件」に窺うことができるが、これは、A『史実と虚構』と、B『物語の舞台を歩く』を「もとにした新稿」とされる（「成稿一覧」、三四一頁）。氏は「仮説」（一六〇頁）として、次のような見解を提示している。

建久四年五月二十八日の深夜、北条時政は、Ⅰ「頼朝の了解を得」て、「敵討ちにはやる曾我兄弟を導いて工藤祐経を討たせ」る。そして、Ⅱ「その混乱に乗じて常陸の武士団の追い落としにかか」り、「同時に、八田知家に急報して常陸の陰謀を開始」する。「ところが、ここで事態は急変」し、Ⅲ「かねてより頼朝の体制に不満を抱く大庭景義・岡崎義実や常陸の久慈の武士たち」と、「時政を中心とした伊豆の御家人たちとの間に武力衝突が起こり、一時は頼朝の身にも危険が迫った」という（以上、一六〇頁）[5]。

Ⅱの「常陸の陰謀」とは、大掾多気義幹の没落を招いたいわゆる〈常陸の政変〉が、実は「大掾氏惣領家をはじめとした常陸平氏の勢力削減」を目的とした頼朝・時政・知家の策謀であって、「時政と知家の間に意思の疎通、陰謀の合意があ」り、「むしろ時政は、〈常陸の政変〉においても首謀者の一人であった」とする（以上、一五二―一五六頁）。

また、八月に伊豆に配流となった源範頼の監視役の一人に、祐経の実弟＝宇佐美祐茂が当たっていること、「参州（範頼）縁座」によって「故曾我十郎祐成一腹兄弟原《ママ》小次郎」が誅殺されていること等は、「範頼の謀叛の嫌疑と曾我事件との間に、何らかのつながりがあったのではないかという疑い」を生じさせるもので、氏は、Ⅲの景義・義実ら「頼朝が推し進める体制に乗り遅れ（中略）不満を抱える御家人」たちが、「頼朝を廃し、範頼を擁立するという行動を起こ」したものと推測する。そして、この背景には、「富士野における頼家の初鹿獲り」を祝う〈山神・矢口祭〉によって、「頼家の「鎌倉殿」後継者としての地位・資格を神も認めているといった政治的演出」があって、彼らは「追い詰められたと感じ」ていたとする（以上、一五六―一五九頁）。

以上が、大雑把ではあるが、氏の描く事件の全体像である。刺激的な「仮説」であるだけに、疑問点もまたいくつか浮かび上がってこよう。第一に指摘しなければならないのはⅠの点で、頼朝と祐経との関係を顧慮すると、頼朝は、果たして兄弟による祐経殺害を「了解」していただろうかという疑問が湧く。

第二にⅡの「常陸の陰謀」について、祐経殺害の「混乱に乗じて」とするが、どうもⅠとⅡとをストレートに結び付けるには飛躍があり過ぎるのではないか。しかも氏は、時政を〈常陸の政変〉の「首謀者」と捉え、八田知家と「意思の疎通、陰謀の合意があ」ったとしているが、時政と知家との関係についての具体的記述はない。

第三に、Ⅲの景義・義実らによるクーデターの問題であるが、氏は「曾我兄弟の敵討ちという彼らにとっては偶発的な出来事に乗じて行動を起こした、いわば〈暴発〉してしまったのはいかにも迂闊であった」と説明している（一六一頁）。しかしながら、彼らが兄弟の敵討計画を事前に察知していなければ、〈頼朝討ち〉（同）など「偶発的な出来事に乗じて」決行できるはずがないのではないか。また、これは三項でも指摘したが、景義・義実クラスのキャリアでは、彼らの「偶発的な」クーデター計画に、即座に従う決意をした武士団がどの程度存在したか疑問であり、彼らと「常陸の久慈の武士たち」と、事前に如何なる交渉があったかについてもよく理解できない。

第四に、景義・義実のクーデター側と戦ったのは「時政を中心とした伊豆の御家人たち」とあったが、当時、十郎や五郎と刃を交えた新田忠常や堀藤次は時政に従っていたのかどうか。御家人たちが、「伊豆」という国単位で行動する時代状況にないことは、永井説の問題点でもあった。

第五に、坂井はⅡに関連して、下妻広幹(弘幹)「梟首」に触れてはいるが(一五五─一五六頁、一六一頁)、時政との関係ついて具体的な言及がないこと、及び、安田義定・義資父子の誅殺を、「彼らが曾我事件に関与していたか否かは定かでない」(一五九頁)と留保しつつ、なお曾我事件等と「一つの《つながり》のあるもの」として理解していることの問題である。(6)

最後に、事件の結末について、景義・義実の出家が「範頼の謀叛事件に関与した嫌疑に対する処罰という意味があった」とし(一五八─一五九頁)、頼朝や時政が「不穏な情勢が広がらぬよう事件を隠蔽するとともに、事はすべて親思いの曾我兄弟によって惹きおこされた敵討ち事件だと喧伝した」(一六一頁)とする点などは永井と共通するが、坂井が、頼朝らが「意図的に情報を隠蔽・操作したため、事件の内容を正確に伝える文字史料が残されなかった」(同)と述べたことは、独自の指摘として十分留意しておかなければならない。

以上、三浦(周)説を過去のものとして葬り去った永井・坂井説を見てきたが、両氏に共通する部分が多い反面、それぞれにいくつかの疑問点も見られた。そうとすると、両氏の三浦(周)説批判にそもそもの問題点が存したのではないかという疑いが浮かんで来はしまいか。私は、三浦(周)の、時代遅れで色褪せたかに見える、頼朝暗殺を企図したクーデター＝時政黒幕説をいま一度蒸し返す必要を感じている。

注

（1）菱沼一憲編著『源範頼』（戎光祥出版、二〇一五年）に再録されている。

（2）坂井は、建久四年五月二十八日深夜に起こった「歴史上の事件」を「曾我事件」と呼んでいる（序章研究史「はじめに」項、一頁。また、第一部第四章にも「曾我兄弟の敵討ち事件、すなわち曾我事件」と見える（九七頁））。

（3）第二部第六章「曾我兄弟の置かれた歴史的環境―筥王の筥根入山を主な素材として―」（初出二〇〇〇年）に、「「曾我語り」から発展した原初的な「曾我」の物語」との記述がある（二七二―二七三頁）。

（4）坂井は、『保暦間記』（「緒言」参照）にも「将軍」と表現されていたから、そこに見える「曾我物語」とは、「「曾我記」もしくはそれの発展した真名本系の『曾我物語』であった、と見なすことができる」とする（八五―八六頁）。

（5）A『史実と虚構』には、十郎を討った新田忠常と、五郎が戦った堀藤次とは「ともに伊豆の武士であり」、「恐らく時政や頼朝は、騒ぎの中で兄弟を誅殺する予定だったのであろう」とする記述があった（一八七頁）。

（6）安田義定父子の没落が「曾我の事件と直接結び付くものではない」ことは、「緒言」、注5で指摘した。なお、最近、田辺旬は、C『史的研究』に対する書評で、「著者の「仮説」は、北条時政が曾我兄弟の敵討ちによる混乱を利用して常陸国の武士団を追い落とそうとしたことや、その混乱に乗じて相模国の御家人が不穏な動きを示したことについて、いずれも史料的な裏付けがない」点を指摘している（『日本史研究』六六〇号、二〇一七年、六一頁）。

五　千葉徳爾

千葉徳爾は柳田國男門下であり、主著『狩猟伝承研究』（風間書房、一九六九年）は、広義には、柳田の曾我研究第三系列（第二節二項）に添った成果と言ってよい。(1) 建久四年（一一九三）の源頼朝による富士野の巻狩の意義については、本論第二章「日本狩猟史の諸問題」で触れられたものであるが、千葉説に対する評価は高く、石井進が「卓見」（二項）とし、山西明は「興味深い洞察」(2) と記すなど、否定的な見解はほとんど見られない。

千葉は、富士野の巻狩の政治的意味について、二つの事柄を指摘していた。第一は、巻狩は、文治五年（一一八九）の奥羽平定、翌建久元年の上洛、同三年の征夷大将軍補任に続くもので、頼朝は、「この時に当って、国家統治の実質的責任者として、また源氏再興の悲願を達成した者として、今後の運勢とその資格とを神に問う必要を感じ」、「国家権力を代表する将軍としての資格と責任とを問う意味で、試みたのではなかろうか」とする点である（二八七頁）。

氏は、その論拠として、阿蘇神社の狩の儀式や諏訪大祝と諏訪大明神の祭儀など、「祭政一致的な狩猟」儀礼を挙げているが（二八七―二九六頁）、この見解は如何であろう。既に頼朝は勅命によって征夷大将軍に任ぜられたのであって（「除書」は建久三年七月十二日付（『吾妻鏡』同二十日・二十六日条））、富士野の狩と、阿蘇大宮司や諏訪大祝といった「地域社会支配者の儀礼形態」（二八七頁）である巻狩とを同一次元で論ずることはできない。相手がたとい富士の山神であっても、天皇によって任ぜられた「将軍としての資格と責任とを問う」こと自体、勅命の効力を疑い、相対化する行為であって、「君ノ御事」・「朝家ノ事ヲノミ」（『愚管抄』巻六、二七七頁）重んずるとした頼朝の政治姿勢と相容れないのではなかろうか。

いま一つの指摘は、頼家が初めて鹿を射て、喜んだ頼朝が「山神に対する矢口祭」を行った問題である。氏は次のように述べている(二九八頁)。

> これは生れてはじめて野獣をしとめた男子が、山神に対する感謝の意をあらわすものとされ、(中略)私は狩猟本位の時代にはおそらく成年式の意味があったと思う。とにかく少なくとも頼朝の心事を推察するならば、彼がこの盛大な行事を挙行した目標の一つはここにあったのではないかと考えられる。幕府をうけつぐ資格がこの子供にそなわっているという確信が頼朝に湧きおこったのではあるまいか。この後に思いもかけぬ曾我兄弟の仇討が起るが、そのあと始末が付くや否や弟範頼を電撃的に流罪に処していることを考えあわせなくてはならぬ。ちなみに範頼はこの巻狩の列には加わっていなかった。

右の見解は、氏の豊富な民俗事例に裏付けられており(本論第一章「現代狩猟伝承の存在形態」)、地域によるヴァリエーションが詳細に報告されているが、かいつまんで言えば、次のように整理できようか。即ち、ハツヤ、つまり「生まれてはじめてシシを射た人」(二〇四頁)、「生れて初めて獲物を撃ちとめた人」(二一八頁)は、ヤビラキ(同)あるいはヤグチイワイ(二二三頁)またはヤグチキリ(二一八頁)を行う。これは、その場所に「山の神がいると考え」て人々に集まってもらい、酒を振る舞い、地域の伝統に従って獲物を処理する儀礼である(二一八—二一九頁)。そうやって、ヤビラキ・ヤグチイワイ・ヤグチキリを行った者が、射撃をする場所である「シガキに立つ資格が得られ」る(二二一・二二八頁)、つまり集団から一人前の猟師として認められるというのである。頼朝の催した「山神・矢口祭」が、事実上、頼家の「成年式の意味があった」こと、この儀礼によって、頼家に「幕府をうけつぐ資格」が備わっており、それは富士の山神に祝福されたものであったこと、その故に、曾我兄弟の仇討事件の始末が付くや、範頼を「電撃的に流罪に処し」たこと、これらはまことに鋭い指摘であって、これこそ千葉説の「卓見」(石井進)たる所以であろう。

この千葉の指摘によって、「建久四年曾我事件」の研究史に、新たに「頼朝の後継者である頼家」の問題が加わったことになる。(3)

注

（1）一例を挙げると、柳田は伊豆天城の万二郎岳・万三郎岳に言及していたが(第二節二項)、千葉は、私の言う「曾我伝説の逆輸入」(同)について、山麓に、かつて猟師の兄弟に関する「日光権現の神徳」を「語る徒が居住して」おり、「彼等が「曾我物語」に托して狩の神秘を説いた」とした(本論第二章、二九九頁)。

（2）「『曾我物語』の「那須野の狩」をめぐって—真名本から仮名本への変転—」(第六章、一五一頁)。

（3）千葉はまた、「富士の巻狩から説きはじめる」「狩猟者の伝統」を問題にし(本論第二章、二八四頁)、それが、南北に遠く離れた九州と東北に共通の伝承として存在していることに注目した。氏に拠ると、それは「「東鑑」のためではなく「「曾我物語」の流布によるもの」とするが(同、二九八頁)、「曾我語り」の波及を忘れてはなるまい。

六　木村茂光

木村茂光は、『初期鎌倉政権の政治史』第六章「富士巻狩りの政治史」(同成社、二〇一一年)において、曾我の事件に触れている。これは、事件の舞台となった「富士巻狩り」の政治的意味を、建久期、頼朝の政治過程から捉えようとしたスケールの大きな労作で、『沼津市史研究』一六号(二〇〇七年)に発表された。

建久二年(一一九一)以降、頼朝の袖判下文や袖判奉書(御教書)が発給されなくなることが明らかにされているが、(1)我々が戸惑うのは、頼朝が初度上洛を終えて鎌倉に帰還した直後の、『吾妻鏡』建久二年正月十五日条「前右大将家政所吉書始」①と、頼朝が征夷大将軍に任ぜられた直後の、同建久三年八月五日条「将軍家政所始」③との間に、同建久三年六月三日条、「有二恩沢沙汰一、或被レ加二新恩一、或被レ成二改以前御下文一」②の記事が見られたことである。

木村はこの点を問題にし、①以後、②以前の「頼朝の政治姿勢」を「消極」的と捉え、「この期間の頼朝は、（中略）首都鎌倉の大火[2]とその復旧政策、さらに後白河法皇の不予から死去[3]へという二度の予期せぬ「事故」によって、前右大将[4]としての積極的な政治の展開を遂行できない状況にあった」が（一四七頁）、建久三年五月八日、「法皇四十九日御仏事」が南御堂（勝長寿院）において「百僧供」として修せられ（『吾妻鏡』）、その「供養後一カ月を経た途端、頼朝の政治は積極的にな」り、その最初が②であったと言う（一三九頁。他に一四八―一四九頁）。頼朝は直後に征夷大将軍に補任され（七月十二日付『吾妻鏡』同二十日条）、③に移行するものの、所詮「「前右大将家」を「将軍家」に変えたに過ぎ」ず（一五〇頁）、この点は、「「関東開闢皇代并年代記」が「将軍家政所下文」ではなく、建久三年の「前右大将家政所下文」を政所下文の定式として掲げている」ことによっても裏付けられるとする（一六三頁注一五）[5]。明快な分析である。

そして建久四年（一一九三）を迎えることになるのだが、三月十三日、「旧院御一廻忌辰」仏事は「千僧供養」として遂行されたが（『吾妻鏡』）、その四日前に、既に那須野の狩の準備が発令されていた（同、三月九日条）。巻狩は「後白河法皇の一周忌を待ちかねて実施され」（一五八頁）、その意味について、木村は「富士巻狩りは、三原野・那須野・富士の裾野という関東の三カ所の境界で狩りを実施することを通じて、関東武士団の頼朝への忠誠心を確認し、さらにその忠誠心を実戦の場で再度確かめるという機能を果たした」と総括した（一五九頁）。論述の過程で、武蔵入間野の「追鳥狩」の際、二十二人以外の御家人について「不レ帯二弓箭一、可レ為二踏馬衆一之由被レ定」（『吾妻鏡』三月二十一日条）と、「差別的な処遇を採用している点こそ、この狩りの大きな特徴であった」こと（一五三頁）、『吾妻鏡』の記事は、入間野の「追鳥狩」の後すぐに那須野の狩りに入ってしまい、三原野の狩りについてはまったく触れていない」こと(一五四頁)等、注目すべき指摘が見られるが、残念ながらそれ以上の展開は見られない。

曾我の事件との関連については、氏説に若干の疑問がある。氏の指摘に、「富士巻狩りおよび曾我兄弟の敵討ちのなかに何らかの政治的な意図があったと考えざるを得ない。それを北条時政の陰謀に関係させることにはまだ確信がないが、三原野・那須野の二つの狩りで関東の武士団の忠誠心を確認した上で、さらに実際の実戦＝狩猟という場での競争と敵討ちという戦場の恐怖感を利用して、再度振るいに掛けようとしたのではないかと考えたくなる」との記述が見られる(一五九頁)。これは、兄弟の「敵討ち」が当初より予定されていたかのような書きぶりであり、仮りに敵討ちが「時政の陰謀」によるとしても、それは頼朝と一体のものとして、頼朝への「忠誠心」を求めたのだと解釈できる記述で、坂井説Ⅰ(四項)に通じる見方である。

更に言うと、「富士巻狩りを実施した政治的な意味」は、「頼朝は自分の「源家将軍」としての権威をいっそう強化するとともに、幕府の権力基盤である関東の武士団・御家人に対する確固たる支配を実現した」ことにあるとするのが氏の結論であるが(一六一頁)、その前段階で、「動揺分子と敵対する(可能性のある)勢力―源範頼と安田義定との排除に成功した」と述べている(一五九頁)。「動揺分子」とは、「常陸大掾氏を中心とする有勢在庁と守護八田氏との対立が曾我兄弟の敵討ちを契機に生じている」とあるので(一五六頁)、恐らく常陸大掾氏一族を指しているものと思われるが、両勢力の対立が「敵討ちを契機に生じ」たものとすると、狩庭からの「常陸国久慈輩」逐電(『吾妻鏡』六月三日条)の理由をどのように説明するのであろうか。また、範頼流罪については、一方で「これは敵討ちと直接関係ないかもしれない」とも述べており(一五六頁)、曖昧さを拭い去れない。なお、安田義定の「排除」が「曾我の事件と直接結び付くものではない」ことは、「緒言」、注5(及び、四項、注6)で指摘したとおりである。

「建久四年曾我事件」の研究史に、「頼朝の後継者である頼家」の問題を提起したのは千葉徳爾であったが（五項）、永井路子の言う「合せ鏡」の方法を用いると（三項）、木村も頼家に関する興味深い指摘を行っている（「建久六年頼朝上洛の政治史的意義」、前掲書・第七章。初出二〇〇二年）。氏に拠ると、建久六年（一一九五）頼朝再度の上洛の目的は三つあったとする（一七六頁）。即ち、①「東大寺大仏再建供養に参列」すること、②「大姫入内問題」、そして、③「頼家の元服問題」の三つである。①は上洛の公式目的であり、②は、従来からも指摘されてきた事柄であるが、「途中でとん挫してしまった」（同）。これに対して、③が氏の論の眼目であり、十四歳の頼家が後鳥羽天皇と謁見し、剱を下賜されたことが「頼家の元服の儀式の意味合いをもって」おり、「頼家の元服は天皇の認知（謁見と剱の下賜）によって実現した」とする（一七四頁）[6]。この頼家元服問題については曾我の事件とも関わり、第六章第一節三項で改めて考察する。

注

（1）黒川高明「源頼朝の疑偽文書に関する二、三の考察」（『鎌倉遺文研究』三号、一九九九年、二四―二五頁）。

（2）建久二年三月四日丑刻、「小町大路辺」から出火し、御家人の屋敷が「数十宇焼亡」したほか、鶴岡社殿や「幕府」もまた炎上する大火となった（『吾妻鏡』）。

（3）『玉葉』建久二年閏十二月十二日条に、「御不食之上、御痢病相加之、大略憑少之躰令存歟」と見え、翌年の三月十三日条に、「此日寅刻、太上法皇、崩御于六条西洞院宮〈御年六十六〉」とある。

（4）頼朝は建久元年の初度上洛時、十一月二十四日に右近衛大将に任ぜられ、十二月一日に「拝賀」を行ったが、既にその地位にあった権大納言（十一月九日任）とともに、十二月三日に辞任した（『吾妻鏡』各日条）。

（5）「建久三年月日前右大将家政所下文」は、『鎌倉遺文』二巻五九七号に収められている。

（6）　五味文彦は、既に、頼朝が頼家を帯同したのは、「彼を後継者として考えていたから」で、朝廷に披露するため、「二度にわたって頼家を参内させ」たことを指摘していた（大系日本の歴史『鎌倉と京』、小学館、一九八八年、一七五頁）。木村説の独自性は、頼家の元服問題とリンクさせたことにある。

七　五味文彦

曾我の事件と物語に関する五味文彦の見解を窺うものとして、次の二論文が注目される。

a　「『吾妻鏡』の構想」（『吾妻鏡の方法』第Ⅰ部一、吉川弘文館、一九九〇年）

b　「『曾我物語』の世界」（『中世社会史料論』十五、校倉書房、二〇〇六年。初出『小田原市史』通史編原始古代中世、一九九八年）

aは『吾妻鏡』と対比して『曾我物語』を扱い、bは主に事件そのものを論じた専論である。いずれもベースに、三浦周行の北条時政黒幕説を踏まえているが、aの主題である『吾妻鏡』の問題は、本節末尾の〔付記一〕「『吾妻鏡』の成立時期」で触れることとして、ここでは、「2　二つの作品」項と、「3　王殺し」項について見ていきたい。

2項で、氏は『曾我物語』（真名本）が「『吾妻鏡』の前史を扱」っているとし、成立時期が「ともに鎌倉末期」の「両者が相俟って幕府成立期の歴史が描かれている」とする（四三・四六頁）。『曾我物語』の場合、「『吾妻鏡』の補完という面では、駿河・伊豆・相模・武蔵の武士団の日常生活が克明に描かれて」おり（四五頁）、ともに「北条氏の側から構想された作品」であったことに共通性を見出した（四八頁）。

五味（文）説のユニークな点は、「正伝と異伝、正史と神話、実録と語り」という「二様の歴史への接近」として

『吾妻鏡』と『曾我物語』を捉えたことで、それは、『日本書紀』と『古事記』、『愚管抄』と『平家物語』の関係になぞらえることができるとする（四三—四四頁）。この点をいささか考えてみたいが、まず、『愚管抄』と『平家物語』との関係について言うと、『愚管抄』は、「著者慈円が広く人に読まれることを好まなかったために」(1)、「九条家以外にあまり流布していな」かった書で(2)、実は著者慈円説が確定したのは、漸く、一九二〇年（大正九）に三浦周行が執筆した論文「愚管抄」においてであった（『日本史の研究』、岩波書店、一九二二年、所収。一九八一年、分冊第一刷に拠る〔下、第五編第一章二〕）(3)。

では、記紀の場合はどうか。『日本書紀』は我が国の正史であり、朝廷において「成立直後から講書が開始され」ていたのに対し(4)、『古事記』の場合は、宣長の『古事記伝』が三十二年の歳月をかけて寛政十年（一七九八）に成立する以前は、存在すらほとんど知られていなかった事実がある(5)。従って、鎌倉時代に、平家や『愚管抄』、あるいは記紀を並列的に捉える視点はあり得ず、氏説自体が極めて近代史学的発想ということになろう。

次いで、「3　王殺し」項では、「『曾我物語』は御霊信仰と深く結びついて」おり、「曾我兄弟の御霊は北条氏によって富士郡の鎮守神とされたのであって、いわば北条氏の守護神に転じた」とする（四八頁）。そもそも、「曾我兄弟を頼朝殺害へと導いたのは時政」であり、氏は「ここにおいて『曾我物語』の神話的性格として、王殺しをみることができ」るという。「もともと富士野の巻狩とは将軍（王）の代替りに向けて設定された儀式的性格の濃いもの」で、「その儀式の場において王殺しのために差し向けられた」曾我兄弟は「王殺し」に失敗し、「その失敗によって御霊として祀られることになり、ここに王殺しは象徴的な形で完成する」と説くのである（四九—五〇頁）。

注に、丸谷才一『忠臣蔵とは何か』が引かれているように、「王殺しのフォークロア」の所論を承けたものであり（四九頁、六二頁注三）、五味（文）は、「『曾我物語』は、東国に生まれた王権の起源と再生に関わる神話を主要なモチーフとしていた」と結論付ける（五〇頁）。一方、千葉徳爾説を承けて、「富士野の狩りは、頼朝の後継者として頼家が初めて鹿を射た記念すべきものでもあった」と述べていることからすると（四九頁、六二頁注四）、「将軍（王）の代替り」＝「王権の再生」＝頼家の襲職という図式になると思うが、「曾我兄弟を頼朝殺害へと導いたのは時政」とする指摘とのように折り合いをつけるのか、いささか理解に苦しむ。そして、「『吾妻鏡』も王殺しのモチーフに貫かれていた」と記すが（五一頁）、この点は〔付記一〕で検討したい。

さて、曾我の事件に関する専論であるbでは、『曾我物語』の特徴として、①「地域性」、②「政治性」、③「物語性」の三点を指摘する（1項）。①とは、「東国の社会と風俗に基づいた」、武蔵・相模・伊豆・駿河四カ国の武士たちの「日常的な交流」や「婚姻関係」を言い、この「結びつきが『曾我物語』の背景をなす地域世界だった」とする（1項、二九六頁。2項、二九八頁）[6]。そして、この四カ国が、「北条氏が幕府滅亡に至るまでの重要な勢力基盤としていた点」に注意を向ける（同、三〇二頁）。また、③は『義経記』との関係で言及されたもので（1項、二九七頁）、4項で大磯の虎に触れる（三〇七―三〇八頁）。

問題は②の特徴であるが、1項で『吾妻鏡』と対比し、「二つはいわばペアの作品」であるとするa論文の主旨を踏まえて（二九七頁）、3項で具体的に論じる。氏は、曾我の事件について、「中心」に北条時政がいたとし、「時政の本当の狙いは範頼を次の将軍にすることではなく、頼家の弟実朝を後継者に据えることにあった」と、「頼朝の後継者をめぐっての思惑」を問題にする（三〇四頁）。「時政の真意は実朝の擁立にあった」が、「当面は範頼を表面に押し立て、失敗してもよいように動いた」。曾我兄弟は「道具」として時政に利用され、北条氏「発展の礎になって亡くなった」が故に、『曾我物語』は「その霊を鎮めることで、北条氏の発展を祈る」という「政治性」を有していた（三〇五頁）。これが②の主旨であり、b論文で最も注目される点である。即ち、b論文最大の意義は、五味（文）によって、はじめて曾我の事件と「後継者」実朝との関係が提起されたことにあると言ってよいだろう。

一方で疑問点もないわけではない。氏は、「家督は頼家に定まる方向にあった」として(三〇四頁)、富士野の巻狩で、頼朝に「頼家を家督となし、自分の後継者であることを御家人に認知させる意図」があったとする(三〇三頁)、千葉説を踏まえたaと同様の論述を繰り返すが、新たに、建久元年(一一九〇)四月、「成人」を迎えた頼家の弓の師として下河辺庄司行平が招かれ、頼家が小笠懸の妙技を披露した事実が加わった(同)[7]。a論文を取り上げた際にも既に触れたが、どうも五味(文)にとって、事件における「家督頼家」の位置付けがはっきりしない。頼家・実朝・範頼三者の関係はなお検討すべき余地を残しているのではないかと思う。

注

(1) 赤松俊秀「平家物語の原本について」(『平家物語の研究』、法蔵館、一九八〇年、九頁。初出一九六七年)。

(2) 尾崎勇「治承物語と西山の空間」(『愚管抄の言語空間』第Ⅱ部第七章、汲古書院、二〇一四年、二八一頁。初出二〇一〇—一一年)。

(3) 赤松俊秀「鎌倉文化」(前岩波講座『日本歴史』中世1、一九六二年、三二八—三二九頁)。『愚管抄』「解説」(一九六七年、七—八頁。執筆赤松俊秀)。

(4) 日本古典文学大系『日本書紀』上・「解説」(一九六七年、五三頁)。

(5) 『日本古典文学大辞典』簡約版、「古事記伝」項(岩波書店、一九八六年、七一二頁)。

(6) これに関連して、伊東祐親が流人の「源頼朝を庇護し、伊東の館の北の小御所に住まわせていた」とあるのは(2項、三〇一頁)、石井進と同様の理解と見てよいだろう(本節二項)。

(7) 典拠は、『吾妻鏡』文治六年(建久元)四月七日・十一日条(改元は四月十一日)。

〔付記一〕『吾妻鏡』の成立時期

本書には『吾妻鏡』の成立時期を前提に立論した記述があり、〔付記二〕として、編纂年代を中心に、同書の性質等に関する主な諸説を予め整理しておきたい。数多い関係論著の中で、本書が参照したのは次のとおりである。

A　八代国治『吾妻鏡の研究』（初版一九一三年、明世堂刊。再版一九四一年。藝林舎、一九七六年復刻版に拠る）
b1石井　進「『吾妻鏡』の欠巻と弘長二年の政治的陰謀（?）」（『鎌倉武士の実像』、平凡社、一九八七年。初出一九六一年〔『石井進著作集』第四巻、岩波書店、二〇〇四年、再録〕）
b2　同　　「金沢文庫と『吾妻鏡』をめぐって」（同右所収。初出一九六八年〔同右著作集再録〕）
c　石田祐一「吾妻鏡頼朝記について」（『論集 中世の窓』、吉川弘文館、一九七七年、所収）
d　益田　宗「吾妻鏡の伝来について」（同右所収）
e1五味文彦「『吾妻鏡』の構想」（第四節七項前出・a論文、一九九〇年）
e2　同　　「『吾妻鏡』の成立と編纂」（鎌倉遺文研究会編・鎌倉遺文研究Ⅲ『鎌倉期社会と史料論』、東京堂出版、二〇〇二年、所収）

A八代国治『吾妻鏡の研究』は、近世以降、原勝郎・和田英松に至る先行研究を踏まえたものであり、今日に至るも、『吾妻鏡』研究の基本文献たる価値を失っていない。以下、概要をまとめると次のとおりである。

①　性質　鎌倉幕府の「純粋の日記」ではなく、「後（世）の編纂物」であり（五八・一八一頁）、往々「北条氏の悪事

に至りては、一も之を記さゞるのみならず、善事に至りては、如何なる零細の出来事と雖ども之を記し」（一六九頁）、北条氏を弁護する点が多いものの、「鎌倉時代の根本史料として価値を失」っていないとする（一八二頁）。

② 編纂方式　和田英松が「幕府の記録」である「将軍の実記」であると、「尤も進歩したる説」を述べていたが（二五頁）、八代も「将軍の実録とも称すべきものなり」とした（六四頁）。

③ 編纂者　「鎌倉幕府の吏員によりて編纂せられた」とする（六八頁）。

④ 編纂年代　まず、頼朝・頼家・実朝「前三代」と、頼経・頼嗣・宗尊親王「後三代」の記事とは「著しき径庭」があり、「同時の編纂物」ではないとした上で、「前三代将軍記」について、元久二年（一二〇五）六月二十二日、北条政村誕生の条に「左京兆是也」との注記があることから、政村が左京大夫に任ぜられた文永二年（一二六五）三月二十八日から、同十年（一二七三）五月十八日に出家する間に編纂されたもので、この期間は「北条政村、時宗相続で執権連署たりし時」で、「この両人が編纂を企てた」とした（六八―七〇頁）。

また、「後三代記」については、頼嗣及び宗尊親王各将軍記の袖書に、後深草天皇を「院」と記しており、正応三年（一二九〇）二月十一日「御落飾（御出家）」より、崩御される嘉元二年（一三〇四）七月十六日以前に編纂され、その間は「貞時執権の時代」であったとし、中断の理由を、時宗らが、文永・弘安の役と「戦後の経営に忙殺され」ていたことと、その早世（弘安七年〔一二八四〕四月四日没）に求めている（七三―七四頁）。

以下、項目別に諸説を見ていく。

（1）性質

『吾妻鏡』は、以仁王の令旨が頼朝と結び付いて「王権」が誕生するところに始まり、宗尊親王が京に送還されて終わる。五味（文）e1は、『曾我物語』と同様に、「『吾妻鏡』も王殺しのモチーフに貫かれて」おり、「王権の誕生とくりかえされる再生の歴史を（中略）描いた」とした（五一頁）。第四節七項で触れたように、丸谷才一「王殺しのフォークロア」の所論を承けたものである。

（2）編纂方式

石田cは、「吾妻鏡の編纂方法は全体を通じて一貫してはいないのではないか」として、「改元の記事」に注目する（二九六頁）。そして、「頼朝記編纂の段階には、頼家記以降の編纂方式は成立して」おらず（三〇五頁）、「吾妻鏡の検討は将軍記ごとに区別して為すべき」ことを「主張」した（三〇六頁）。

これより先、石井b1は、「頼朝の死と、そこに至るまでの建久七・八・九年（一一九六―九八）、三カ年の空白」や、「寿永二年（一一八三）の脱落」、「北条泰時の死の年である仁治三年（一二四二）の欠巻」などが、「単なる偶然的散佚の結果」ではなく、編纂の過程で、「遂に未完成のままほうり出される仕儀に立ち至った」可能性に触れたが（三一五―三一六頁（著作集、二〇三―二〇四頁））、五味e1は、石田cの所論を承けて、頼朝将軍記最後の三年分の欠落について、「あえて三年分をわざわざつくらなかった可能性」を指摘する（五三頁）。建久六年（一一九五）の頼朝再度の「上洛は頼朝の後継者として、頼家を朝廷に披露し、認知させる機会」であって、『吾妻鏡』が「頼朝の死を最後におくとするならば、たんなる頼朝一代記」に終わってしまう。なぜなら、『吾妻鏡』頼朝将軍記は、『曾我物語』同様、「王権の継承による再生が意図されて」いたからであるとした（五四頁）。

石田―五味説に対する疑問は、頼朝将軍記の編纂者は「頼家将軍」誕生を讃美し、頼家記の編纂者は否定的に描いたという解釈にならざるを得なくなることである。

（3）編纂者

石井b2は、「金沢氏一門による『吾妻鏡』編纂説にはなかなかに捨てがたい魅力がある」とし（三一四頁（著作集、二一〇頁））、五味e1は、『吾妻鏡』における大江「広元伝説」や、下河辺庄司行平の「伝説」を踏まえて、「十三世紀末頃に金沢氏の手により編纂された」と結論付けた（六一頁）。

（4）編纂年代

益田dは、八代説「前三代記」の根拠である政村の「左京兆是也」との注記に対し、「政村は左京大夫を極官としたのであるから、生きていようが、死んでいようが、左京兆と名指しされる筈である」として、右大将＝源頼朝、右京兆＝北条義時の例を挙げて批判した（三二六頁）[1]。そして、「それぞれの将軍記がすこしずつずれて作られていたことも事実」で、中断の理由が元寇時の対応とする「八代国治説の論拠だけからは、積極的に導き出せないのではないか」として（三三〇頁）、「前後二部に分けることを不可とすれば」、「後三代記」の成立年代をもって「全体の成立年代ともみなしうる」と述べた（三二八頁）。

この点に関して興味深いのは石井b2の所説で、氏は、『吾妻鏡』は「安達氏の行動に大きくスポットライト」を当てており、「御家人派を代表する有力者安達泰盛と金沢氏とは婚姻関係においても深く結ばれて」いたことに注目する（三一三頁（著作集、二〇九頁））[2]。そして、八代の言う編纂中断の期間に、「弘安八年（一二八五）の霜月騒動があり、金沢顕時もこれに連坐して下総国に配流され」ており、「この事件こそ『吾妻鏡』前半部と後半部の編纂年代の差を説明してくれるのではあるまいか」と説いた（三一三―三一四頁（著作集、二一〇頁））。

五味e2は、八代の「二段階編纂を積極的に裏づける材料はな」く、益田d同様に、「第二段階の成立時期が目安」であるとして、言わば「大枠」第二段階説を提起する（六頁）。そして、『吾妻鏡』編纂の材料として、八代（九一―一〇八頁）以来注目されてきた『明月記』の入手時期を問題にし、定家の孫＝冷泉為相の手を経たものであろうから、『吾妻鏡』の編纂は、彼が幕府の裁許を得た正応二年（一二八九）十一月以後のことになると氏説を裏付けている（六一―

七頁)。また、伊予大山祇神社関係のいわゆる「元久下知状」[3]をはじめ、永仁徳政令発布を契機として起こった所務相論の事例を挙げ(七—一三頁)、徳政令発布の背景を説明している。即ち、八代が「後三代記」の編纂主体とした執権貞時の時代で、彼は、正応六年(永仁元・一二九三)四月、平禅門頼綱一族を討ち、「安達泰盛の勢力を復活させ、徳政を実施していった」とする。当時、「無足の御家人」の増加に伴い、彼らの要求に応え、質券売買地を本主に返却することを定めたものが、永仁五年(一二九七)三月に発布された徳政令であり、「御家人の家々」の「形成の歴史を探ることで家の立て直しを行おうという意図もあって」、『吾妻鏡』が編纂されたという興味深い議論を展開している(以上、一五—一七頁)。

五味e2の説は、安達泰盛を媒介にすると、石井b2の所説とも『曾我物語』(真名本=山西明説〔第三節三項〕)ともリンクする。従って、石井が前提とした八代の「前後二段階編纂説」は、なかなかに捨てがたい魅力がある。但し、『吾妻鏡』の編纂時期が、遅くとも、十三世紀末〜十四世紀初頭であったことに異論はないわけであるから、本書はこの「公約数」的立場に立って、所論を展開していくこととする。

注

(1) 五味e1は、政村と、氏が編纂者と見た金沢氏との関係について、「顕時の母が政村の娘」であったことに注目した(五九頁)。安田元久編『吾妻鏡人名総覧』所収「北条氏系図考証」に、「実時の正妻は北条政村女子である。正妻との間に生まれた男子は顕時・実政の2人が確認できる」と見え、「北条氏系図の諸本は実時と顕時の間に実村をはさむが、(中略)誤りである」としている(第7章、執筆永井晋。吉川弘文館、一九九八年、五四〇頁)。

(2) 顕時の正妻は泰盛の娘であり、彼女を母とする「女子」は足利貞氏の妻となった(『北条系図ノ二』、九〇頁)。

(3) 拙著『鎌倉守護』国別、第九章伊予項、四四九—四五一頁参照。

第二章　『曾我物語』諸本と物語の展開

第一節 真名本と仮名本

一 諸本の系統

『曾我物語』諸本について、本書が真名本・仮名本の二系統論に立っていることは、既に、第一章「はじめに」で述べたが、問題は「大石寺本」(「訓読本(大石寺本)」)の位置付けであろう。これは、「本門寺本を訓読し、(中略)多数の唱導文他を省略して表記を通行のものに改めるなど、訂正を施したもの」で(村上學「曾我物語の諸本」、F『曾我作品宇宙』、三三頁(以下、F論文と略記))、「真字本、特に本門寺本の下位に立つ」ことになる(同「『曾我物語』の諸本」、D叢書『曾我・義経記の世界』、一七頁(以下、D論文と略記)[1])。

これに対し、真名本・仮名本に並立する第三の系統として位置付ける三分類法が、古く生田目経徳『標註異本曾我物語』「序文」(一八九一年)に見られ(第一章第一節)、最近では、小井土守敏(氏の呼称では「真名本訓読本」)が提唱している(「真名本訓読本系統『曾我物語』本文考―三系列分類の試みと本文の吟味―」『国語と国文学』七九巻一〇号、二〇〇二年(同「曾我兄弟―兄弟であるということ」、F『曾我作品宇宙』、二三一頁注一に拠る))。氏は、「真名本と真名本訓読本とは、その表記法と傍系説話の有無に大きな差異が見られる」ものの、「物語の本筋となる記事や人物の造型等に差異は少ない」とも述べており、通説とも言うべき二系統論に修正を迫るものではない。

注

（1）　E「古典全集解説」に拠ると、本文後述三分類法とも関連するが、本書が「訓読本（大石寺本）」のテキストに用いている新編日本古典文学全集『曾我物語』の底本である日大本（第一章「はじめに」）の「祖本は、妙本寺本・本門寺本とは異なる用字を含んだ真名本ではないか」とされ、「訓読本は本門寺本の書き下しであるとされてきた」従来の説は、「大筋において今でも妥当であるが、厳密には、訓読本系は本門寺本系の第三の真名本を訓読した可能性が高い」としている（三八九―三九〇頁）。

二　真名本

今日、真名本として知られるのは、十巻本の「妙本寺本」一系統のみであり、一九三一年（昭和六）、東京大学史料編纂所による旧日向飫肥藩主伊東家の所蔵史料調査の際発見されたものであることも、第一章「はじめに」で述べた。その当事者である森末義彰「妙本寺本曾我物語発見の思い出」に拠ると、調査は、「天正遣欧使節の一人であった伊東マンショに関する史料が出てきはしないかという期待を持って」行われたもので、目的は適えられなかったが、その代わり、「桐箱」に収められた『妙本寺本曾我物語』の発見という思いがけない成果を上げたのである（『日本古典文学大系月報』第二期第二三回配本、一九六六年、三―四頁）[1]。

「妙本寺本」が収められていた桐箱の「表書き」に（影印本に拠る。以下同じ）、

　此曾我物語者、房州妙本寺重物ニ而有レ之候を（処カ）、宝永六〈己丑〉年三月所望申、在所江遣候也

とあって、宝永六年（一七〇九）三月、伊東家から安房妙本寺（後述）に依頼して入手した経緯が分かる。各巻表紙の見

返しには

　妙本寺〈常住〉　日我（花押）

と記され、この書の寄進に、当時の貫主日我が深く関わっていたことが推測される。また、奥書は各巻ごとに記され、巻一の場合、

　〈正年梅かえ〉右筆四位日助
　于レ時天文十五年〈丙午〉初夏廿五日書始者也
　奉レ寄二進中谷山妙本寺一　願主日向国臼杵[2]院四位
　　日助（花押）
　天文廿二年〈癸丑〉六月廿一日

とあり、天文十五年（一五四六）四月二十五日に「書始」め、巻十の書写を終えたのは八月十五日であったから（同奥書）、「右筆」（巻七・十には「筆者」とある）日助は、書写に四か月近くを要し、七年後の天文二十二年六月二十一日付で妙本寺に寄進したことが分かる。「正年梅かえ」とは、「生年梅かえ」（巻二）・「正年十八才」（巻六）などとも書き分けられており、日助の年齢で、書写当時「十八才」の若年僧であったことが知られる。

　このように、奥書表記は、巻ごとに微妙に異なっているが、最も大きな違いは巻四以降、異なった花押が二種類添えられていることで、寄進者名に付したものは巻一と同じで、仮に「花押α」とし、新たに登場する筆者名に付したものを「花押β」とする。山岸は、筆者と寄進者「二人の日助は、別人なのかとも考えられるが、明確ではなく、疑問が残る」とする（注1、六七二頁）。しかしながら、巻四以降、筆者名に花押βを添え、寄進者名にはα形を添える表記に例外はなく、書写から寄進までの期間が七年であることを思えば、やはり「別人」とは考えがたい[3]。

また、「臼杵院」の「院」とは、一般に九州諸国に見られる中世の所領単位であるが、この場合は臼杵「郡」を言い換えたものであろう。日助について、森末（前掲、五頁）・角川（注1、三〇九―三一〇頁）ともに、安房妙本寺末、日向国臼杵郡所在の定善寺僧と推測している。日知屋山定善寺（宮崎県日向市財光寺）[4]は、「定善寺文書」久妙両山並定善寺由来事、及び日叡上人縁起に拠ると[5]、日向の薩摩法印は、正慶二年（元弘三・一三三三）駿河大石寺で日郷（妙本寺開山）付法の弟子となり、帰国後、建武年中に日叡と名を改めて、日知屋山定善寺を開いた。その「大旦那」となったのが、伊東祐安の母であったという[6]。

日助は、『曾我物語』の親本をどこから入手したのか、また、妙本寺への寄進が七年後であったことを思えば、書写の目的が何であったか、その辺りは必ずしも明らかでない。角川が言うように、伊東氏と関わりの深い臼杵院定善寺を仲立ちとして、恐らく伊東氏から入手したものであろうが（同、三一五頁）、森末の指摘のとおり、「伊東家は、天正五年（一五七七＝引用者）島津氏に逐われて日向を没落している」ので（三頁。本書第五章第一節四項後述）、恐らくその混乱の最中散佚した文書・記録の中に、『曾我物語』も含まれていたに違いない。

さて、日助が書写した『曾我物語』は安房妙本寺に寄進されることになったが、当寺は通称を保田妙本寺と言い（千葉県安房郡鋸南町吉浜（旧保田村吉浜中谷〔なかやつ〕））。現在では、注4に記したように、単立の宗教法人となった）、開山は、日向定善寺日叡の師日郷で、日興の孫弟子に当たる[7]。日蓮は、死去の直前、「六老僧」とよばれる最高弟を指定した（弘安五年（一二八二）十月十三日寂（『静岡県史』、一三三三頁。本間、四四頁[8]））。その一人が日興で、身延を下りた後の正応三年（一二九〇）、南条時光の支援で、駿河国富士上方上野郷に大石寺（静岡県富士宮市上条（旧富士郡上野村））を開き、次いで、檀越の時光と甥の石河能忠の合力を得て、永仁六年（一二九八）本門寺が創建された。通称を北山本門寺（同市北山）と言い、門弟の育成機関として、当地の旧名を冠した、いわゆる重須（おもす）談所が設けられた（『静岡県史』、

二三四―二三六頁、五九七・五九九頁。本間、五〇―五一・五三頁）。

日興の死後、大石寺は弟子の日目に継承されるが、通説では、その後継をめぐって、日興の弟子であった日道（日目の甥で、母は檀越の南条時光女子）と日目の弟子の日郷が争い、敗れた日郷は安房に赴いたとする。ところが、近年、坂井法曄は、両者には「直接争った形跡は見られず」、後世、両「門下の対立感情がより深化し」たことから作為された「偽りの論争」であったこと等を指摘し、本間俊文は、日郷による、日蓮生誕地である安房への布教を師の日目が「喜び、激励して」いたことを明らかにしている（以上、注7・前掲書、六四―六八頁）。いずれにしても、日郷は安房に赴き、吉浜の笹生（佐々宇）左衛門尉義家の帰依を得て法華堂を創建した。これが保田妙本寺で、建武二年（一三三五）のこととされる。[9] この間、日郷は大石寺東坊蓮蔵坊を「惣物」として維持するよう遺命したが、[10] 大石寺側との抗争の末、応永二十三年（一四一六）、蓮蔵坊は小泉の地に移された。今日の小泉久遠寺（富士宮市小泉）がそれで、日郷総門徒の本山とされた（『静岡県史』、五九九―六〇〇頁。本間、七一―七二頁）。以上、日興の流れを富士門流（富士興門派とも）と呼ぶが、真名本に関わりのある保田妙本寺・北山本門寺・上条大石寺、いずれも富士門流に属する。

小笠原長和に拠ると、「要賢房日我は、永正五年（一五〇八）日向国児湯郡佐土原村（現宮崎市＝引用者）安部氏に生まれ、（中略）天文元年（一五三二）二十五歳の頃から妙本寺代官職を務め、天文六年三十歳で一四代法統を継いだ」と言う（注1、八頁）[11]。角川は、古辞書『いろは字』[12] 著述の資料として、日我が「日向の末寺僧日助に真字本『曾我物語』の寄進を求めた」としている（注1、三一七頁）。私は、日助に寄進を求めた動機として、あと二つばかり想定できるのではないかと考えている。

その一つは、注11所引、日我久遠寺・妙本寺惣血脈次第写に、十代貫主日信（延徳元年（一四八九）没）が「相州」、藤原姓「曾我」氏の出身、十二代日清（文亀三年（一五〇三）没）が「曾我日信御舎弟」と記されていることで（二七三頁）[13]、日我晋山の頃、妙本寺内では『曾我物語』に対する関心が高まっていたのではないか、と推測される。日向出身の日我は、妙本寺末の定善寺を介して、祐経の子孫である伊東氏との不思議な因縁を想起せざるを得なかったであろう。

いま一つは駿河富士郡の問題である。駿河一宮の浅間社（現富士山本宮浅間大社。富士宮市宮町）にも近い小泉久遠寺は、妙本寺惣門徒の本山とされ（前掲『静岡県史』、六〇〇頁）、妙本寺と本来同格であったらしい。ところが、天文十八年（一五四九）十一月十六日「妙本寺当住日我」久遠寺置文（「妙本寺文書」Ⅰ、一一号）に拠ると、「本血脈之上人」が両寺を管轄するも、「上人」は「妙本寺に居住」し、久遠寺は「代官分」「代官所」だというのである（一六四―一六五頁）。

天文六年（一五三七）、久遠寺の「御堂・客殿等」が焼亡し、再建のため、同十五年、日我自身も久遠寺に赴く（同、第二条）。当時の「代官」が「本門寺本」を書写した日義で、この後、北山本門寺との軋轢から（注16）、日我は日興門流の聖地とも言うべき富士郡にますます深く関わっていったのではないか。しかも、上条大石寺や北山本門寺は曾我兄弟が殺害された井出の地に近く、その御霊鎮魂の祭祀の場が富士下方の熱原（厚原とも）であって（第二章第三節一項、及び第三章第四節五項で触れる）、日向の伊東氏と言い、妙本寺先代の日信・日清と言い、『曾我物語』に関心を深める日我は、富士門流にとってトラウマとも言うべき「熱原法難」を意識せざるを得なかったのではないか。弘安二年（一二七九）に起った日興門弟に対する弾圧は、信徒の農民二十人が鎌倉に連行され、張本三人が斬首、他は禁獄されるという結末で幕を閉じる。富士郡は本来関東御領で（第一章第四節二項）、当時の実質は得宗領と化していたから、後に安達泰盛を滅ぼすことになる内管領平頼綱こそ、弾圧の当事者であった(14)。

天文十四年（一五四五）、日我は門弟の兵部阿闍梨日義を小泉久遠寺の「代官」と為し、その貢献もあって、「御堂」は十八年に再建された（前掲「妙本寺文書」Ⅰ、一一号、日我久遠寺置文、第二条（一六四頁））。日我は、日向の日助から寄進された『曾我物語』の書写を「代官」日義に命じたが、「本門寺本」の奥書に[15]拠ると、日義は天文二十三年四月五日に巻一の書写を終え、巻十を終了したのは十一月十一日であったから、八か月近い時間を要したことになる。村上學は、日義の「転写の態度は親本にかなり忠実」で、「イ文や傍書を本文に直した上多くの傍訓を加え、反読をあらわすレ点・一二点を付け」（注1、五〇頁）、乎古止点についても「一往は読みとけ」ており、「大半を翻字し、朱点と併記している」として（五三・五〇頁）、総じて「本門寺本は原本（妙本寺本）の誤りを訂し、読み解こうと努力した痕が見える」と評価している（五一頁）[16]。

「真名本」項の最後に二点指摘しておきたい。一つは、真名本が、安房の妙本寺や駿河の北山本門寺・大石寺という日蓮宗寺院に所蔵されていることから（但し、大石寺には現存していない）、『曾我物語』と日蓮宗との関係が指摘されているが、これはすぐれて日興の富士門流の問題であって、日蓮宗一般に還元すべき事柄ではないことである。

なお、日蓮と伊東氏との関わりは深く、弘長元年（一二六一）五月、日蓮が伊豆国伊東荘に流罪となった折（同三年二月赦免）、警固に当たったのは地頭「伊東八郎左衛門尉」祐光（祐経の孫で、祐時の嫡男）であった[17]。伊東氏の館跡は、現在の伊東市役所の西方、道路を挟んだ物見塚公園の地と考えられており、日蓮配流地に建立されたのが、市役所の北に隣接する日蓮宗海光山仏現寺（静岡県伊東市物見が丘）という[18]。但し、近世飫肥藩主となった伊東家は、城下（宮崎県日南市）に初代藩主祐兵（すけたけ）の法名に因む報恩寺を創建したが、これは臨済宗妙心寺派の菩提寺であり（一八七二年（明治五）廃寺。現在寺跡に五百禩［いおし］神社が祀られ、累代の廟所が残存している）、また、『伊東大系図』祐慶条に、「武州荏原郡芝東禅寺開基」とあるように（七三七頁）、子の祐慶（すけのり）が江戸城外に創建した菩提寺東禅寺も、無論妙心寺派の臨済禅寺であった（はじめ赤坂の溜池に創建されたが、寛永十三年（一六三六）現在地（東京都港区高輪）に移る）[19]。

いま一つは、既述の「妙本寺本」が収められていた桐箱「表書き」に関する問題である。角川は、「旧南葵文庫所蔵（現東京大学図書館蔵）の妙本寺本『曾我物語』に「奥書」なる一書があ」って、以前は「坂田文庫の所蔵」で、一九〇二年（明治三五）「南葵文庫に購入され」たと紹介している（三三一頁）。第一章第一節一項で三田村鳶魚（Ⅲ-34）が、既に真字本に、「本門寺本以前に妙本寺本のあつたこと」を指摘していたことに触れたが、典拠として鳶魚が挙げた「曾我物語奥書と題する写本」とはこの書を指すものであろう（『日本及日本人』六五二号、三四二頁）。

さて、桐箱「表書き」に関する最も重要な問題は、伊東家の依頼が宝永六年（一七〇九）三月に行われたことである。宝永六年と言えば、一月十日に徳川五代将軍綱吉が死去し、初春狂言に、江戸三座揃って曾我物を出すことが吉例となった年であった（第一章第二節四項）。江戸における空前の「曾我ばやり」（丸谷才一）がきっかけとなって、飫肥藩江戸藩邸としては、仮名本は既に手許にあったか、そうでなくとも容易に入手できたであろうが、恐らく在藩の家臣もしくはその周辺に真名本の存在を建言した者がいたのではないか。今では日向の南北に遠く離れ、檀越関係も途絶えてしまった伊東家と臼杵の定善寺との歴史的な関わりが想起され、定善寺側の協力もあってか、真名本が一五〇年以前の戦国の昔、その本寺である安房の妙本寺に寄進された旨の情報に辿り着いたに違いない。

では、なぜ苦労して入手した「妙本寺本」を「在所」＝飫肥城下に送付したのであろうか。実は前年十二月には、家臣の山田宗武によって『伊東大系図』の編纂作業が終了していた（『伊東市史』史料編 古代・中世、第七章「解説」、七一五頁）。あるいは《新発見》の「妙本寺本」が、出来上がったばかりの『大系図』校訂の資料として想定され、期待されてもいたのではないか。ところが「妙本寺本」は、乎古止点と特殊な用字とで「直接の読解は、一般には困難」（山岸、注1、六七七頁）な代物であった。当時の史局としては、水戸藩の彰考館が蔵書・スタッフともに最も充実した組織であったろうが、彰考館には「本門寺本」や仮名本の写本が存在しても、「妙本寺本」の片鱗すら残存していなかった。「妙本寺本」は、読解のための研究が十分行われることもなく、結局、飫肥城下の書庫に眠ったまま、忘れ去られ、二百年を超える歳月が経過してしまったということであろう。
当時の「曾我ばやり」の熱気は「忠臣蔵」事件と連動していた。飫肥藩主伊東家は工藤祐経の子孫であり、「忠臣蔵」に対比すれば、まさに吉良家や上杉家と同じ立ち位置になる。伊東家にとって、何とも迷惑な時世であったことも関わりがあったかも知れない。

注

(1)「妙本寺本」に関しては、森末、本文前掲論文のほか、角川源義「妙本寺本曾我物語攷」(『角川妙本寺本』、一九六九年、所収)、山岸徳平・中田祝夫『真名本(影印本)』「解題」(一九七四年)、村上學『曾我物語の基礎的研究』序篇第二章「真字本の本文系統」、小笠原長和「永禄二年妙本寺日我作「いろは字」の奥書と房州の逆乱」(『日本歴史』三一三号、一九七四年)等が詳細である。

(2) 巻一のみ木偏を付した異体字を用いているが、巻二以下、すべて通行の「臼」字であり、本書の表記は「臼杵」に統一する。

(3) 天文二十二年の寄進に当たって、当時使用していた花押αをすべての巻に添えたのに対し、筆者名の場合は、「四位日助」とあって花押のないもの(巻一・二)、「四位日助」の署名に花押βを添えたもの(巻四・五・六)、「四位公日助」として花押βを添えたもの(巻七・八・九・十)、署判のないもの(巻三)と表記が不規則であり、花押βは、天文十五年当時、日助が花押を用いていたかどうか分からないが、遡って追記したものではなかったろうか。

(4) 現在、本山定善寺と通称される日蓮正宗の寺院で、総本山を大石寺とする。今日では、日蓮宗系の単立宗教法人となった妙本寺とは関係が途切れている。南北朝時代の史料に「日向国富田庄内日智屋寺」とあるように(『千葉県の歴史』資料編中世3、二〇〇一年、「妙本寺文書」I、八〇号、康永三年閏二月二十八日比丘尼明知田地売券写。以下、「妙本寺文書」は同書に拠る)、所在地は、鎌倉初期より伊東氏の所領であった臼杵郡富田荘内であった(第五章第一節四項)。

(5)『伊東市史』史料編　古代・中世、「補遺」一五・一六号(一六号日叡上人縁起は、『千葉県の歴史』資料編中世5、二〇〇五年、県外文書・宮崎県「一定善寺文書」三七号、にも収められている)。『宮崎県の地名』「定善寺」項、一九九頁、参照。

(6)同右、「補遺」一七号、「定善寺文書・伊東氏系図」祐安の条に、「母宮崎遠江守(縁起に「伊東左衛門三良[郎]泰祐」とある)女豊夜叉御前与申、法花道場日知屋山定善寺開山日睿上人之御旦那也」とある(八四〇頁)。

(7)以下、日興の富士門流に関しては、『静岡県史』通史編2中世、第一編第四章第四節「日蓮とその門弟」(執筆高木豊)・第二編第五章第二節「遠駿豆の日蓮宗」(執筆鶴崎裕雄。『静岡県史』と略記)、及び、本間俊文『初期日興門流史研究』第一章第一・二節(山喜房佛書林、二〇一五年)に拠る。

(8)日蓮示寂の地に創建された武蔵池上本門寺(東京都大田区)と同門の「妙本寺」が鎌倉比企谷に存するが、こちらは「六老僧」の一人日朗の比企谷門流に属する(『静岡県史』、五九五―五九六頁)。

(9)本間、六九頁。小笠原、注1、六頁注一。当寺は、はじめ「北郡吉浜村法華堂」(「妙本寺文書」Ⅰ、七六号、建武五年三月十一日「左衛門尉」某奉袖判安堵状写)・「北郡吉浜村内中谷法花堂」(同、三号、文和二年卯月八日「日郷」置文写)と言った。妙本寺の寺号は応永頃の史料から現れる(同、二七号、〔応永二年カ〕十一月二十八日「成喜」書状、「吉浜妙本寺」。九七号、応永八年十月二十七日「賢成」奉安堵状、「吉浜村内妙本寺」)。

(10)「妙本寺文書」Ⅰ、一号、文和二年卯月八日「日郷」置文。

(11)「妙本寺文書」Ⅰ、一八九号、日我久遠寺・妙本寺惣血脈次第写に拠ると、日我は安部姓長友氏の出で、天正十四年(一五八六)十一月十一日、七十九歳で没した(二七三頁)。なお、日我を妙本寺貫主十四代とするのは、日蓮を初代として、二代日興—三代日目—四代日郷（以下略）と見なす法統に基づいている。
（12）『いろは字』は、永禄二年（一五五九）十二月清書を終えたもので、今日では、上下二巻のうち上巻が散佚し、「や」以後の一冊だけが伝存した（小笠原、注1、一—三頁）。
（13）曾我兄弟の継父祐信は桓武平氏良文流とされるが、藤姓曾我氏の存在も知られる（第四章第一節六項・第三節四項、注6）。なお、日信・日清兄弟に挟まれた十一代貫主日要（永正十一年〔一五一四〕没）は、藤原姓中村氏、定善寺の東方、「日向細嶋」（日向市細島）の出身であった（日我久遠寺・妙本寺惣血脈次第写）。当地は要津で、伊東氏の関係者が海路日向に下向した場合、細島から上陸したものと思われる。
（14）『静岡県史』、二二九—二三三頁。『国史大辞典』第一巻、「熱原法難」項（一九七九年、二四三頁。執筆高木豊）。本間・前掲書、第一章第一節四「熱原法難」項、三六—四四頁。今日、大石寺御影堂の斜め裏手に「熱原三烈士碑」が現存する。
（15）『角川妙本寺本』、校訂注、巻一・六八（二一四頁）、巻十・九四（二四〇頁）、に拠る。
（16）この後、師弟の関係は次第に疎遠となり、その軋轢については角川、注1所引論文に詳細である（Ⅰ・三「日我と日義の師弟関係」）。日義は日殿と名を改め、永禄八年（一五六五）富士門流では妙本寺より寺格の高い「重須」＝北山本門寺住持に転じた。日義転写本を「本門寺本」と称する所以である。なお、真名本としては、いずれも零本であるが、他に「年記の最も古い真字本」である「大永本」（巻一のみ。「大永捌年〈戊子〉（一五二八〔八月二十日、享禄と改元〕＝引用者）初夏吉日」書写）と「栄堯本」（巻十のみ。「天文廿年辛亥（一五五一＝引用者）三月十三日」栄堯書写）が知られている（村上學、注1、四二—四三・四六・四八—五〇頁、参照）。
（17）拙著『鎌倉守護』国別、第一章伊豆項、三四頁注二で述べた。なお、第五章第一節四項後述。

(18)『静岡県の地名』同項、二四〇―二四一頁。

(19)日本歴史地名大系『東京都の地名』「東禅寺」項、二〇〇二年、三五五頁。同寺の開山は、飫肥の人嶺南崇六で、今日の霊南坂の名は、東禅寺の前身＝嶺南庵に因む地名という（「溜池霊南坂町」項、四〇四頁）。なお、高輪東禅寺は、幕末、イギリス公使館が置かれたことでも知られている。

三　仮名本

既に第一章第三節四項で述べたように、村上學は、「現存真字本の底本と極めて近い」、「仮名本の底本になった原初本」の存在を想定していた。「結論」として、「仮名本曾我物語の原型は、現存真字本が神道集等と共通する唱導文を大幅にとり入れた際にその底本となった真字本と近似する原初本を基にして改変を加えて成立したもので、十巻の構成をとっていたようである。その原型は次第に故事や挿話を増補して行った」と整理し（第二篇第一四章、一一八四―八五頁）、別に、「仮名本はもともと現存真字本の前段階にある本（真字表記）を基とし、現存真字本が本文を完成したのとは別の方法でその世界を成長させて行った」とも述べている（同、一一九一頁）。序篇第三章に言う「原真字本」が、「ある段階では仮名書であった」らしいとされていたことからすれば（八四頁）、この「真字表記」本は後出本ということになろうか。

また、池田敬子は、「仮名本の中で最も古態を示すのは太山寺本である」が、それは「現存真名本の最古態である妙本寺本を直接読み下したものではなく、それ以前に真名本を仮名本化した祖本があった」ものとし、「原仮名本は、真名本とさしてかわらぬ時期に東国で成立した」と述べていた（「仮名本の世界」、F『曾我作品宇宙』、五七頁）。村上學の場合も、仮名本の「原初本」が現存真字本の「底本」と「近似」していたという想定からすれば、明記されていないものの、やはり「東国」成立論となろう(1)。

村上學が、大著『曾我物語の基礎的研究』で著した仮名諸本の伝本研究の全貌を理解することは容易ではないが、氏自身によるD・F論文(一項参照)を導きの糸として一応の整理をすると、次のようにまとめられようか。即ち、「仮名本『曾我物語』の写本で管見に触れたものは四十五本、版本は古活字本が十一種、整版本が九種である。それら諸本、特に写本本文の系統関係は巻ごとに異なる様相を示し、単純な整理は不可能であるが、巻一から巻十までは大別して甲類と乙類、巻十一は甲乙丙の三類に整理できる。なお、巻十二はそれまでの巻と同じレベルの分類基準で言えば一種類の本文である」とあり(D論文、二七頁)、これが氏説のエッセンスである。

甲類・乙類とは、簡単に言えば「古態を残す乙類と流布本系の甲類(2)」ということになるが、乙類の中で最も仮名本の「原型に近いと思われる」ものが「太山寺本」である(第二篇第一四章、一一八五頁)。これに対し、「甲類には祖本が設定でき」(D論文、三四頁)、「甲類原型は総括的に言えば乙類の本文がある程度発展した段階の本文を基本として、現存の真字本以外の真字本を中心に諸書を参照して大幅に本文を改訂したもの」とされる(第二篇第一四章、一一八五頁(3))。そして、「甲類と乙類の最大の差は、巻九以降の編成の相違」で、「甲類とは別に」、「丙類の巻十一、十二が作成されたが、その巻十二が甲類にとり入れられて現在の甲類十二巻の内容となり、おそらくこの段階で十二巻編成になったと思われる」と結論付けている(同)。

丙類とは、「乙類第二次本(武田本甲本・慶應義塾本)と甲類本文を複雑に取り合わせ、部分的な修訂を施したもの」で(F論文、三六頁)、その結果、例えば虎の出家に関し、「甲類は巻十一冒頭から尼姿で登場するのに、巻十二では巻十一で述べられた箱根山での仏事が終った後に剃髪受戒し、整えてあった袈裟・衣に着替えるという照応の乱れ」が生じる（第二篇第一章、一〇五二頁）[4]。流布本系『曾我物語』の十二巻構成が「語り本平家物語の巻数を模した」ことは古くから知られていたが、村上學は「成立過程につき多少でも立ち入った論をたてたのは後藤（丹治＝引用者）氏が最初」であるとする（第二篇第一三章、一一六一頁）[5]。

「仮名本のなかでは乙類の本文の方が先に作成され」、「原型に近い」古態性を伝えているものが十巻「太山寺本」で（村上學、第二篇第一三章、一一七〇頁・第一四章、一一八五頁）[6]、その存在自体は古くから知られていた。後藤丹治に拠ると、「室町時代文学書目解説」（岩波講座『日本文学』、一九三二年、所収）に、平泉澄『中世に於ける精神生活』（一九二六年）を引用して、「播磨大山寺所蔵の古写本曾我物語」に触れたが、荒木良雄の同本紹介を取り上げ、「近来に於ける学界の一収穫」と評している（「曾我物語に関聯して」『中世国文学研究』第二篇第八章第二節、三六一―三六二頁。初出一九四〇年）[7]。

しかしながら、荒木（良）が紹介した『大山寺本曾我物語』（東京武蔵野書院、一九四一年）は、第一章「はじめに」で記したように、翻刻に問題があり、濱口博章が指摘するとおり、その「写本とは、おそらく流布本である活字翻刻本への書入れであったようで、『大山寺本曾我物語』には流布本文の混入が数箇所あり、翻刻の宿命ともいうべき誤植も少なくない」（「『太山寺本　曾我物語』について」、F『曾我作品宇宙』、七四頁）。村上學もこの点を問題にし、「塚崎進や古典大系の解説のように太山寺本を必ずしも古態とは認めない説が立てられたのは已むを得ないことではあった」としている（C「大成解説」、四〇八頁）。

「太山寺文書」には、「天文八年〈丁（己）亥〉（一五三九）拾一月二日」付、明石四郎左衛門尉「長行」典籍寄進状があって、「命日」に当たり、「妻女善室昌慶禅定尼即身成仏」のため、「大山寺御本尊」に寄進する『古今集』以下、『平家物語〈十二巻〉』・『曾我物語〈十帖〉』等十一部の典籍を挙げている（『兵庫県史』史料編中世二、一九八七年、六〇号)。[8]各巻ごとに記された「太山寺本」の奥書もほぼ同文で、[9]干支の誤りも共通である。テキストのグラビア所載「巻第十奥書(識語)」の写真版を参照すると、識語と本文とは明らかに別筆であり、「太山寺本」は天文八年以前に書写されたことになる。この年記は、「妙本寺本」を七年以上遡り、『曾我物語』諸本のうち、完本としては最古の写本であったことが知られる。

明石氏は、播磨国明石郡「明石の城」(枝吉[しきつ]城(神戸市西区枝吉))[10]を本城とする国人で、「赤松家風条々事」[11]に「当方御年寄」衆と見え、室町幕府播磨守護赤松氏重臣の家柄であった。ところが、天文年間の頃、やはり年寄衆の一員であった御着(兵庫県姫路市)の小寺氏と結び、主家赤松氏に反抗を企てるに至る。『赤松記』[12]に拠ると、赤松政村(義村の子)は、「阿波衆」(細川氏)の援軍を得て、対岸の淡路岩屋(兵庫県淡路市)から反攻に転じ、天文八年四月八日、遂に「明石の城」を攻め落とした。[13]当時の城主が長行であったと推測されているが、彼の名乗りは「四郎左衛門尉」であり、あるいは庶流であった可能性も捨て切れない。十一月における『古今集』以下諸本の太山寺への「寄進」は、四月の、「和談」の形をとった長行の「降参」と関係があるのではないだろうか。

村上美登志の執筆になる和泉古典叢書「解説」、「Ⅱ、太山寺本奉納の経緯」に、長行は「近衛家庶流内大臣衣笠家良一流の明石尚行」の孫であること、長行の「善室昌慶禅定尼」は「近衛家門葉に出自を持つ」ことが指摘されている(三二一—三二三頁)。しかしながら、立論の典拠となった史料は、[14]いずれも近世福岡藩主黒田家関係のものであり、例えば『黒田家御外戚伝』の眼目は、冒頭に記された、氏が長行に比定する「明石備前守正風」女子が「職隆公之夫人」つまり如水黒田孝高の母であって、近衛家の流れを汲むとする福岡藩主の出自を称揚することに求められるのであり、[15]なお検討の余地を残しているのではなかろうか。

村上(美)は、「太山寺本」のいわゆる「十番斬り」などの描写に「古態と在地性」を認め、「東国の地に物語がある頃に成されたオリジナルに近いもの」が窺われるとしていた(「「十番斬り」攷―太山寺本の在地性に絡めて―」『中世文学の諸相とその時代』Ⅱ、和泉書院、二〇〇六年、一〇三頁。初出二〇〇一年)。その点は、池田らの仮名本＝「東国」成立説(先述)に通じるものがあるが、「太山寺本」自体の成立時期に関しても、「太山寺本『曾我物語』〈今の慈恩寺是なり〉攷―仮名本の成立時期をめぐって―」(注14、前掲書所収。初出一九九一年)[16]において、氏は瞠目に値する学説を発表している。標題中の「今の慈恩寺是なり」は、巻七、「五郎が母に勘当の許しを乞う為に、母が子を思う(慈恩＝引用者)説話を引いて母への説得を試みようとする」場面に記された「仮名本にしかない故事説話の中に見えるもの」である(一一九・一一八頁)[17]。

村上(美)に拠ると、この「慈恩寺」とは、今日の滋賀県近江八幡市安土町慈恩寺にかつて存在した寺院で、守護佐々木(六角)氏頼が、「慈母の恩徳に報い、その菩提を弔う為に」、母が没した貞和元年(一三四五)から、出家して法名崇永を名乗る観応二年(一三五一)六月に至る間に建立されたとする(一二二・一二五頁)[18]。そして、慈恩寺建立の趣旨は「京の知識人達に」、「普く知られる下地がすでに」存在し(一二六頁)、氏頼が死去した応安三年(一三七〇)六月七日(『大日本史料』第六編之三二、一一九頁以下)の後、『慈恩寺の存在を「今」と呼べる時期(応安三年〈一三七〇〉)からあまり年を隔てない頃』[19]に、「太山寺本」が成立したと結論付けている(一二八頁)。

鮮やかな論証であるが、村上學は「手掛りとなる字句の性格を仮名本オリジナルなものとする前提に全面的に寄り掛かるもの」として(注19に同じ)、「今の慈恩寺」云々の語が仮名祖本に既に存在した可能性を示唆している。また、小井土守敏は、慈恩寺とは中国長安の寺院で、それを裏付ける金沢文庫蔵の唱導資料が存在するとする湯谷祐三説を紹介している。[20]

「太山寺本」巻七の当該記事は、「天竺の故事を語ったもの」ではあるが、「むろん天竺にはこれに該当するものは無」い(村上美、一一九頁)。氏は、仮名本の編者を「おそらく京の文人、或は学僧であろう」として(一二七頁)、彼等の間に、氏頼(崇永)の事蹟が「普く知られる下地がすでにあった」ものと見たが、仮に、この前提を認めるとしても、なぜここで、近江国の、しかも佐々木(六角)氏及び氏頼(崇永)建立の寺院が登場するのか、やはり理解に苦しむところである。その点で、湯谷の長安慈恩寺説を採ると、唐突さがやや解消される印象を受けるが、逆に、真名本の「今の世に新田源氏と申すは」(巻一)や、「今の世には城殿と申す」(巻四)といった用例を考えると、「今の慈恩寺」が長安所在と捉えるのにも違和感がある。

「東国」で成立したとされる「オリジナル」な仮名本との整合性も問題であるが、村上(美)説が「太山寺本」成立に関する有力な学説であることは疑いない。また氏が、仮名本の編者を「京の文人、或は学僧」とした理解は、仮名本の基盤に京都の町衆との関係を見出した山下宏明説(「曾我物語の生成」『軍記物語と語り物文芸』、塙書房、一九七二年、三二一頁。初出一九六五年)にも通じよう。仮名本は都市的な存在であり、この点は謡曲や幸若舞曲等、いわゆる「曾我物」の展開を考える上で重要な視点だと思うのである。

以下は蛇足に過ぎないが、「流布大系本」巻四、頼朝の二所参詣に当たって、「御供の人々には、和田、畠山、川越、高坂、江戸、豊島、玉井、小山、宇都宮、山名、里見の人々をはじめとして」云々とする記事がある(一六三―一六四頁)。ここで問題にしたいのは「高坂」氏についてであるが、この名字は「妙本寺本」にも「太山寺本」にも見えない。但し、「太山寺本」巻八、富士野の狩庭における屋形揃えの段には、「当番の人々には、(中略)川越・高坂・大胡」云々とあって(二四八頁)、川越氏に続き「高坂」名字が記され、この点は「流布大系本」も同様である(三三二頁)。私がなぜ「高坂」名字にこだわるかと言えば、南北朝期、武蔵を中心とする地域の中小武士団連合に良文流桓武平氏に出自することを意識して結合した「平一揆」があって、『源威集』下に「高坂・江戸・古屋・土肥・土屋」と見え

（三六二頁）、その総師が川越氏であった[21]。このことは、仮名本の原形が、南北朝期にかけて、「東国」で成立したとする材料の一つを示していると思われるのである。しかも、「太山寺本」の表記が、引用部分に関する限り、真名本と流布本系仮名本との過渡的形態を表していると考えられることも興味深い点である[22]。

注

（1）既に岡田安代が、「仮名本は東国で原曾我物語から派生した」とする「推測」を述べていた（「登場武士を中心とした曾我物語諸本の成立」一九六八年〔C村上學「大成解説」、四一五頁に拠る〕）。また、村上美登志も、「オリジナル」な仮名本は「東国」で成立したとみなしており、この点については本文で後述する。

（2）山西明「『曾我物語』諸本とその関係」、第一章、一三頁。

（3）村上學は、「甲類本文の特徴として、多量の故事説話（中略）を含むという現象が見られる」とする（D論文、三九頁）。

（4）鈴木進の指摘（『東大本曾我物語と研究』下〔未刊国文資料〕、未刊国文資料刊行会、一九六六年）に拠るとする。「流布大系本」巻十一（三八八頁）・十二（四一一頁）参照。

（5）後藤は、「流布本曾我物語は、平家物語に倣つて、強ひて巻数を十二にしようとして」、「平家物語における「祇王」の条の趣向と灌頂巻の組織」から強い影響を受けたとする。そして、「虎御前及び手越の少将は前半では仏御前もしくは祇王祇女であり、後半では建礼門院」であって、流布本曾我物語の作者が平家物語を種本として新たに増補した作り物語とすべきであると結論付けている（「曾我物語に於ける史実の検討」、三三三・三四八―三四九頁）。村上學は、右、傍線部を引用して、「正当な鋭い指摘であった」と評価した（一一六一頁）。

（6）山西明は、「太山寺本発見以前において仮名本の原本に擬せられた南葵文庫本については、（中略）古態本から流布本系本文へと変化する中間本的性質が見られる」ことを指摘している（「『曾我物語』の成立」、F『曾我作品宇宙』所収、八五頁)。なお、流布本については、「寛永四年(一六二七)の版本(十二巻)刊行により本文が固定して流布本化した」と見なしていた(同)。

(7)　三身山太山寺(神戸市西区伊川谷町前開(旧明石郡伊川谷村))は天台宗の古刹で、同所蔵文書は、既に「明治の中頃重野安繹氏の手によって採訪影写せられ」ていた(後藤、三六一頁)。

(8)　編者注に、「原文書の所在不明のため史料編纂所影写本より採録」とある(六〇頁)。

(9)　寄進状の傍点「即身成仏」部分は(巻十に同じ)、巻ごとに、「菩提」・「仏果菩提」・「往生極楽」と書き分けられているが、その意味については、テキストである和泉古典叢書「解説」、三一一―三一二頁参照。

(10)　日本歴史地名大系『兵庫県の地名』Ⅰ(一九九九年、二一四頁)。

(11)　太田亮『姓氏家系大辞典』第一巻、「赤松」項(角川書店、一九三六年。一九六三年、三七―三八頁に拠る)。

(12)　『群書類従』三九三、合戦部(第二一輯、三六七―三六八頁)。

(13)　『相生市史』第二巻、第三章第一節「西播磨の戦国時代」(一九八六年。執筆熱田公)に拠ると、争乱の要因であった山陰の尼子勢が、大内義隆の攻勢によって播磨から撤退し、赤松晴政(天文八年十一月、政村は従五位下、左京大夫に任ぜられ、将軍足利義晴から一字を賜って、晴政と改名した)と小寺・明石両氏は、天文十年八月、「ようやく」和睦に至ったという(三五八頁)。

(14)　a「太山寺本『曾我物語』とその時代―太山寺本奉納者明石長行と亡妻昌慶禅定尼をめぐって―」(『中世文学の諸相とその時代』、和泉書院、一九九六年、所収。初出一九九四年)。b「「太山寺本『曾我物語』とその時代」加補―新出資料『明石家譜』と「隠月斎之記」の紹介を兼ねて―」(同右、所収。初出一九九五年)。

(15)　同右、a論文、一六〇―一六二頁。

（16）C大成『義経記・曾我物語』にも収められている。

（17）「太山寺本」、一九八頁（「流布大系本」、二七八頁）。

（18）村上（美）も指摘しているように（二二三頁）、慈恩寺は織田信長の安土築城を契機に廃され、今日では字名を残すだけとなったが、その跡地に建てられた浄厳院には、氏頼の墓と伝える南北朝時代の宝篋印塔が現存する。

（19）『　』内の表記は、C村上學「大成解説」、四一五頁に拠る。

（20）湯谷祐三「「今の慈恩寺」考―仮名本『曾我物語』と金沢文庫の唱導資料に共通する説話―」（『名古屋大学国語国文学』九一号、二〇〇二年）。小井土「【研究展望】曾我物語（一九九九年一〇月～二〇〇八年九月）」（『軍記と語り物』四六号、二〇一〇年、一一〇―一一一頁）に拠る。

（21）『真岡市史』第六巻・原始古代中世通史編、第八章第四節、一九八七年、五七一頁（執筆伊藤）。

（22）また、「流布大系本」巻八、「屋形まはりの事」の段に「紀清の両党」とある（三三一頁）。これは「太山寺本」に見えないが、「妙本寺本」の別の個所、巻五・六に「紀清の人々」として登場する（『東洋文庫真名本』1、二九一頁。2、三頁）。この紀清両党とは、宇都宮氏の有力な家臣団であり、下野国芳賀郡の中で、紀氏・清原氏に出自することを意識して結合した同族的武士団のことであるが、『太平記』に、巻六（第一冊一九〇頁）以降しばしば登場し、『諏訪大明神絵詞』上にも「宇津宮の家人紀清両党」と見える（『続群書類従』七三、神祇部。第三輯下、五一一頁）。史料に「紀清両党」の名が現れ、その活動が記録されれのは鎌倉末期以降のことになろうから、これも現存「妙本寺本」や流布本系仮名本（祖本か）の成立時期を考える一つの材料と言えよう。

四 真名本・仮名本の特色

真名本は、「訓読本(大石寺本)」が大幅に削除した夥しい唱導説話に彩られ、仮名本、特に流布本系には和漢の故事説話が頻出する。かつて佐成謙太郎は、真名本と仮名本とを比較して、「一は歴史的興味の上に立ち、他は小説的興味の上に立つて居る」と述べたが、(1)相互の内容の特色は、要するにこの指摘に尽きよう。村上學は、真名本に「本地物語の構造に共通する理念」を見出し、「各場面を半独立的に劇的に仕立てあげてゆく」仮名本と対比する。また、前者の「形式としての記録的性格」と「宗教的性格」を指摘し、「宗教的性格(特に末尾)こそ仮名本甲類の発生の動因、十巻本から十二巻本への変貌の契機」の一つであったとする(第二篇第一四章、一一九三頁)。

「記録的性格」というのは、真名本巻二以降、一字下げで各巻冒頭に記された「序」がすべて年代・日付から始まっており、氏は、真名本が「根幹はあくまで記録なのだという姿勢」に貫かれているとする(同、一一九四頁)。坂井孝一もこの点に注目し、真名本は「史実性を強調しようとする一種の年代記」とも言えるが、歴史学者の視点から、「本質的にはあくまで非年代記である」としている(『真名本『曾我物語』の構想と特徴』、第一部第一章、三〇・三三頁)。(2)

村上學は、また、真名本の「リアリズムの世界」と、仮名本の「様式の世界、劇の世界」を対比しており(付篇第二章「真字本と仮名本のストーリー構造」、一二五九頁)、「真名本のリアリズム的筆法」を強調する山西明と同様の視点である(注2所引論文、三四頁)。

その他、塚崎進が「地名に関しては真字本より大石寺本、さらに流布本と次第に印象が薄れていつている」ことを指摘して以来、(3)多くの研究者が仮名本の「東国離れ」を論じている。周知の個所であるが、「太山寺本」巻五、那須野の狩「青嶽颪の狩り場」の段において、酒宴中に鹿の音が聞こえ、頼朝が「何処ぞ」と問うたのに対し、地元をよく知るはずの宇都宮朝綱は「板鼻の辺」と、上野の宿の名を答えていた（一五三―一五四頁）。また、巻六「大磯にて盃論の事」に、曾我に帰った十郎は、「宿河原・松井田と申す所より、大磯へこそ越えにけれ」とある（一六九頁）。松井田は、板鼻の西方、信濃に向かう東山道の宿の名であって、もちろん相模の曾我―大磯間の地名ではない。宿河原について、「流布大系本」、二四二頁、頭注は「神奈川県川崎市の宿河原」とするが、福田晃が「東海道の平塚宿より（西方＝引用者）大磯宿へ向かって花水川を渡り、「もろこしが原」に入った河原が、すなわち宿河原である。曾我の里から山道を迂回してたどれば、ここに出てくる」と指摘するように（「『曾我語り』の世界―真名本曾我物語の原風景―」、第二編第二章、一五八頁。初出一九八九年）、こちらは正しい順路を示している。

　本項の最後に、仮名本の「合理」的性格を指摘しておきたい。当然のことながら、これは真名本に対する後出性を示すことになる。例えば、十郎・五郎の弟、御房の誕生に関して、真名本に、「かくて日数を経る程に、忌みは八十日、産は三十五日になりにけり」とあった（『東洋文庫真名本』1、巻二、八二頁）。仮名本のうち、「太山寺本」（巻一）に該当する記述はなく、「流布大系本」（巻一）には「さる程に、忌は八十日、産は三十日にも也にけり」と見える（九七頁）。御房は、曾我兄弟四十九日の供養の翌日に生れたわけであるから（諸本同じ）、「三十五日」では辻褄が合わない。既に、「訓読本（大石寺本）」（巻二）、八〇頁頭注に記すように、「仮名本は「三十日」と日数が合う」ことになる。

　いま一つ事例を挙げると、工藤祐経の元服と、平重盛への見参との関係である。真名本には、祐経（助経）は十三歳で元服を遂げ、翌年秋に、「小松の内大臣」、「そのころは大納言にて御在しける」重盛に見参したとあって（『東洋文庫真名本』1、巻一、一九―二〇頁）、見参を十四歳とするのが真名本の記述であった。祐経の生年は仁平二年（一一五二）のことであったから（第三章第一節二項、〇［a］後述）、それは永万元年（一一六五）のことになる。ところが、永万元年当時、重盛は正三位、五月九日参議に任ぜられたが、「右兵衛督如レ元」とあって大納言ではなく(『公卿補任』同年条。第一篇、四五八頁)、その権大納言就任は仁安二年(一一六七)二月十一日のことであった(同、四六三頁)。これに対し仮名本は、十五歳で元服したとし(巻一、二五頁)、これは仁安元年(一一六六)に当たるから、真名本に言う翌年の見参、重盛「そのころは大納言にて」は史実と合致する。恐らく「合理」的改変であったろう(但し、仮名本は重盛見参を元服と同年の秋とする)。

注

(1)「曾我物語と義経記」一九二六年。村上學、序篇第一章、一九頁に拠る。

(2)山西明も「時間的記述の史実性においては、正否が混在している」と評価する(「『曾我物語』の軍記物語的特質—真名本と仮名本との対比を通して—」、第二章、五三頁)。

(3)「曾我物語伝承論—その二—」(C大成『義経記・曾我物語』所収。一七三頁。初出一九五五年)。

第二節　「曾我語り」

一　能勢朝次

「曾我語り」の存在について、年代が確定する最も早期の史料は、能勢朝次が紹介した『醍醐寺雑記』第四十三で、「貞和三年〈丁亥〉(一三四七)七月始レ之」と傍書されている(「貞和時代の曾我物語」、C大成『義経記・曾我物語』所収、一二四頁。初出一九四二年[1])。即ち、

一、蘇《ママ》我十郎五郎事依二井中目闇(メクラノ)語一□レ(記カ)之
伊東・河津・宇佐見、已上三ヶ庄ノ惣名ヲ楠見(クスミノ)庄ト□也
(以下、系譜部分略)

とあって、曾我を「井中目闇」が語っていたことが分かる。「井中目闇」(田舎盲)とは醍醐寺僧の立場から、地方在住の盲人が、上洛して曾我を語り、要点を『雑記』に書き留めたということであろうが、語りが地方的・農村的存在であったことが窺えよう。また、語り手を「目闇」とし女盲と言っていないことにも注意しておきたい。

村上學は、「楠見庄」の領域を「伊東・河津・宇佐見」と記していることから、この語りが「仮名本に近い内容」で[2]、「仮名本の原型がこの頃(十四世紀前半)には既に成立し、現存本乙類の原型は十四世紀半ばすぎ(中略)には成立してい

た」としている(序篇第五章「仮名本曾我物語原型の成立年代と成立過程への展望」、一一三―一一四頁)。但し、右に省略した系譜中の助継(スケツク)・助経・助親などに、仮名本や「訓読本(大石寺本)」に見られる「祐」字ではなく、「妙本寺本」と共通する「助」字を用い、曾我兄弟の父河津三郎の実名を「助宗」と他書に見ない表記をしており、(3)仮名本としても祖本に近いものか、あるいは、「妙本寺本」とは別系統の真名本の可能性も捨て切れない。

能勢は、他に、『七十一番職人歌合』や謡曲「望月」など「女盲の語」った曾我の史料を挙げ、(4)「真名本の成立は、かやうな盲御前の語り物が行はれた後に、これを筆録し、文飾を加へて読み物としたものではあるまいか」として、「原型となつた曾我物語」を「「謡ひ物」的なもの」と「語り」先行説を主張した(一二五―一二六頁)。その所論は、盲御前による「曾我語り」(もっとも、氏が紹介した『醍醐寺雑記』自体は女盲とは言っていなかったが)を総合的に考察した先行的研究として評価できるものであるが、真名本の成立時期を、「本門寺本」に関する荒木良雄の考証に基づき、南北朝後期と見なしており(一二五頁)、その点にそもそもの問題があったと思われる。

『七十一番職人歌合』や「望月」は、「曾我語り」に触れたあらゆる論著が取り上げている周知のものであるが、一応、A「古典大系解説」によって要約を示すと、「『七十一番職人歌合』(5)では、鼓をもつ女盲が、「宇多天皇に十一代の後胤　いとうがちやくしにかはづの三郎とて」と語っている。謡曲「望月」(6)では、安田庄司の妻が、やはり盲御前となり(7)、「一万箱王が親の敵討つたる所を謡ひ候べし」といって、幼い兄弟のことを語るのである。そこに引かれた文句は、現行の『曾我物語』のどれにも認められないが、おそらく語られながら流動していたものであろう」とまとめている(五頁)。A「解説」は続けて、曾我の物語は「絵解のわざとも結びつけられていた」として、岡見正雄「絵解と絵巻・絵冊子」(『国語国文』二三巻八号、一九五四年)が引用した、一休宗純の『自戒集』、「エトキカ琵琶ヲヒキサシテ、鳥帚ニテ、アレハ畠山ノ六郎(重忠の子重保=引用者)、コレハ曾我ノ十郎五郎ナント云ニ似タリ」とする個所を紹介している(五―六頁)。[8]「曾我語り」が「瞽女だけの専有物ではな」かったことに留意すべきであろう。[9]

注

(1)『醍醐寺雑記』の引用は、『東洋文庫真名本』1、五五・五七頁、巻一注四五に拠る。

(2)真名本は「大見・宇佐美・伊藤と云ふこの三箇所を束ねて、楠美荘と号す」とする(『東洋文庫真名本』1、巻一、一四頁)。

(3)第四章第一節四項・九項、注3参照。

(4)『日本及日本人』六五二号において、既に、久米邦武(I-26)が触れていた(第一章第一節一項)。

(5)廿五番、右「琵琶法師」、左に大鼓を持った「女盲」を掲げる(『群書類従』五〇三、雑部。第二八輯、五一三―五一四頁)。E『古典全集』「古典への招待」に、「月・恋の歌題のもとに、一四二種の職人が左右に分れて七十一番の取組を作り、それぞれの歌を競い合うという趣向の絵巻物である。明応九年(一五〇〇)の制作とされる」とある(九頁)。

(6)『謡曲集』下、三九七―四〇二頁。坂井孝一は、「これは「芸尽くしの敵討ち物」というべき曲で、「曾我物」の能とはいい難い」としている(「能「曾我物」の成立―『元服曾我』を主な素材として―」、第三部第二章、三一五頁。初出二〇一二年)。

(7)シテ(かつての安田庄司の家臣小沢刑部で、今では近江守山宿の宿屋の主となっている)は、「今ほどこの宿にはやるものは盲御前にて候」と語っていた(四〇〇頁)。

(8)注5所引、E「古典への招待」の解説に、『自戒集』の「現存するものは寛正二年(一四六一)~応仁元年(一四六七)の成立」とされ、「全編、相弟子の養叟への悪口を並び立てるという変った書である」とある(八頁)。本文引用部分は、養叟の振る舞いを揶揄したものであった。

（9）　徳田和夫「室町期の民俗社会と曾我物語」（F『曾我作品宇宙』所収、九二頁）。

二　軍記物語＝「語り」先行説

かつて柳田國男は、『平家物語』の成立について、「明瞭に言ふならば語りの方が前なのである。文学は単に之を筆録し、又やゝ修正を加へたに過ぎぬのである」と述べていた（「有王と俊寛僧都」〈初出一九四〇年〉『物語と語り物』〈初版一九四六年〉所収。『定本柳田國男集』第七巻、筑摩書房、一九六八年、七二頁）。日本民俗学の創始者としては当然の発言と言えるが、文献系国文学者の中でも、例えば、山下宏明は「語り物文芸がなくしては、軍記物語は成立し得なかった」とし（「保元物語と平治物語」『軍記物語と語り物文芸』、塙書房、一九七二年、所収、二四頁。初出一九六八年）、日下力は「軍記物語は、成立当初より語りの世界と交渉をもち、以後、ますますそれが深まっていった」と述べていた（「軍記物語の生成と展開」、岩波講座『日本文学史』5巻、一九九五年、所収、七六頁）。

『曾我物語』においても、例えば真名本巻十に、「さて置きぬ」という場面転換を表す語があること（『東洋文庫真名本』2、二四四・二四七頁）、巻一、河津三郎が俣野を投げ落とす相撲の場面で、「人々一同に「咹」（あつ）と云ひて「跋」（ばつ）と咲ふ声」といったオノマトペ表現の多用は聴き手の存在を意識したもので、いずれも「語り」を踏まえた表現であったろう。今日では不動の「定説」とも言うべき（「緒言」）、『曾我物語』「語り」先行説に決定的影響を与えたのは折口信夫であったと思われ、その「曾我物語は、熊野信仰の一分派とみられる箱根・伊豆山二所を根拠とする、瞽巫女の団体の口から、語りひろげられ、語りつがれたものらしい」とする提言（第一章第二節三項）を、どう敷衍し具体化していくか、彼の教えを受けた門下生や、特に民俗系研究者にとっての課題となった。

三　角川源義と『明徳記』

角川源義は、「曾我語り」の発生について、「曾我の事件直後、人々の心に感動の新たなうちから、語られていた」とし（第二篇第二章「語り物の成立」、一四二頁）、同趣旨の発言を幾度も繰り返している(1)。そして、「最初の『曾我物語』が箱根・伊豆山において成立した」として（注1所引「語り物と箱根」に同じ）、「原『曾我物語』」＝大夫房覚明作者説（第一章第三節一項）につなげている。折口説に対しては、「大磯の虎が熊野の東国における一分派であった箱根にのぼり、その別当を戒師にたのんで」おり、「虎の物語は、熊野比丘尼としての資格を箱根で得た禅修比丘尼の色懺悔という形で、語られはじめたと考えてよい」と（第三篇第六章「語り物と熊野」、五四二頁）、要するに折口説の祖述にとどまっていた(2)。

角川の「語り」に関する所論でいま一つ注目されるのは、さかんに『明徳記』の語りに言及していることで、例えば「山名奥州（氏清＝引用者）の事件のあった後、比較的早くから、『明徳記』が語り物として物語僧の口の端にのぼっていた」として、『看聞御記』応永二十三年（一四一六）六月二十八日・七月三日条を趣意引用している(3)（第二篇第一章「念仏聖と文芸」、一〇五頁）(4)。即ち、記者後崇光院（伏見宮貞成親王）は、「物語上手」という「大光明寺客僧」を召されたが、件の「物語僧」は「山名奥州（氏清）謀反事一部」を語ったというのである。氏は、「山名氏一族の亡霊供養譚としてまず時衆の手にかけられ、この念仏聖の口の端にのぼったのが、『明徳記』の初期の形であっ」て（同第二章「語り物の成立」、一四〇―一四一頁）、その「原初的な形態」は「戦さの直後巫覡の幻想になって発生し語りはじめられた」としており（注1所引「語り物と西国」、六一〇頁）、同時代の第一級史料に裏付けられた『明徳記』の事例が、平家や曾我の「語り」先行説の実証的論拠とされているのではないだろうか。

しかしながら、曾我兄弟は、確かに「将軍家の陣内を憚らず、親の敵を討て、芸を当庭に施し」(真名本巻一『東洋文庫真名本』1、一四頁))、「明徳の乱」の主謀者＝陸奥守山名氏清・播磨守満幸(氏清の甥)らと同様に、頼朝や義満といった時の為政者に反抗を企てた点で共通しているが、『明徳記』の作者は「その記述の態度からこの乱を鎮圧した足利義満近侍の者であろう」とされており(『日本古典文学大辞典』簡約版、「明徳記」項、岩波書店、一九八六年、一八〇九頁)、兄弟の行動を、「報恩合戦・謝徳闘諍」と肯定的に描く『真名本曾我物語』とは真逆の姿勢と言わなければならない。しかも、同辞典によると、『明徳記』の成立は「乱直後の明徳三年(一三九二＝引用者)夏から翌年の冬頃までと推定され」ており(同)、「語り」が先行したとは断言できない。むしろ『看聞御記』の記事は、書かれた『明徳記』と語りとが、ほぼ同時期に発生したことを物語っていないだろうか。(5)

ここで、「平家の物語」に関する周知の『徒然草』二二六段の記述が想起される。(6)私は、『徒然草』の記述もまた、物語・語り同時発生を物語っていると理解しているが、注目されるのは、最近、尾崎勇が、(7)「生仏」(8)＝「性仏が『平家物語』を朗詠し始めたのは四条朝(在位・貞永元年[一二三二]—仁治三年[一二四二]＝引用者)であった」とし、「四条朝で(九条＝同)道家が主導した慈円周辺圏で六巻本『治承物語』へと再編されていった事実が伝承されていき(第四章第三節、〔付記二〕参照)、盲人たちの座に受容されたのであろう。六巻本『治承物語』という「著述」が既にあって、後に語りが加えられていったという『平家物語』成立の構図が許容されるといえよう」と、「語り」後出説を展開していることである。(9)平家や曾我をはじめとする軍記物語における「語り」先行説は、なお十分再検討の余地が残されているのではないか。

注

（1）第三篇第三章「語り物と箱根」、四六三頁。同第四章「語り物と管理者」、四七九頁（初出一九四三年）。同第八章「語り物と西国」、六一二頁、等。

（2）「『曾我物語』ノート」（一九六〇年）では、語りと物語との関係について、「ごく初期の『曾我物語』には、悪霊鎮魂が考えられて語られた。素朴な形の『曾我物語』がまず行われた。これはおそらく箱根権現の巫女による唱導事業であったろう。箱根権現と密接な関係にある大磯の高麗寺化粧坂に住む遊女大磯の虎が、かくして曾我十郎の恋人として登場するにいたった」とまとめている（第二篇第五章、二〇〇頁）。

（3）『続群書類従』補遺二、一九五八年訂正三版に拠る。

（4）他に、第二篇第二章「語り物の成立」、一四〇―一四一頁。同第三章「語り物と趣向」、一五六頁。同第九章「時衆文芸の成立―『遊行上人縁起絵』をめぐる諸問題―」、三七〇頁（初出一九六八年）。注1所引「語り物と管理者」、四七九頁、等。

（5）福田晃は、「『明徳記』は、乱後まもなく、明徳二年（三年の誤り＝引用者）夏から同四年冬までの間に初稿本が成立し、（中略）かつ応永年間には早くも物語僧の語りの素材に用いられていた」と記す一方、「無惨な最期を遂げた山名氏清一族の〈山名語り〉は、いちはやく巫覡の口頭にのぼり、その亡魂のまつりごとのなかで、『明徳記』を成立させることになった」としている（「「曾我語り」の世界―真名本曾我物語の原風景―」、第二編第二章、一六四・一六七頁。初出一九八九年）。氏は、後者の〈山名語り〉が、「いちはやく巫覡の口頭にのぼ」ったとする傍証に謡曲「小林」を挙げるが、自身「「小林」が『明徳記』によりながら再構成したもの」と指摘しており（一六五頁）、〈山名語り〉先行説の論拠は確かなものと言えないのではないか。

（6）新日本古典文学大系『方丈記　徒然草』（一九八九年、二九五頁）。
（7）『愚管抄の言語空間』第Ⅱ部第九章「再編された六巻本治承物語と九条道家」（汲古書院、二〇一四年、四三九頁。初出二〇一二年）。
（8）尾崎は、「「生仏」の名は、兼好の思念から創られた」として、法名「蓮生」＝宇都宮頼綱をモデルに想定している（同右、第十一章「兼好の平家物語成立に関する伝聞的考証」、五〇一―五〇二頁。初出二〇一一年）。
（9）尾崎は、「物語形成過程の末に芸能として語り聞かせる平家琵琶がある」と（同、付章補論「物語化される梶原景時」、五三七頁）、「読み物」から「語り物」への展開を構想している。

四　塚崎進

次に、折口直系の門下生であった塚崎進「曾我物語伝承論」を取り上げるが、[1]氏は、そもそも「箱根と熊野の信仰史上の交渉は断案がない」（一四五頁）と述べていた。熊野との関係で言えば、「曾我物語を伝承した者は、虎御前と言ふ宗教団であり、一方この宗教団は熊野の比丘尼と交流する時代があつたと思はれる」と結論付けており（一四六頁）、恐らくその根拠は、柳田國男が指摘した（第一章第二節二項）、「熊野比丘尼系統の比丘尼は、かならずしも髪を剃ることを要しなかつた事」で、虎に関する「吾妻鏡の記録が之に合致する」ことに基づいているものと推測される（一四二頁）。

その「記録」とは建久四年六月十八日条の記事を指すものであろうが、氏は、「吾妻鏡の記録は、逆に真字本の影響」と考えられ、「吾妻鏡の公式記録への疑問をますます強めさせる」が（この見方は角川源義と共通している〔第一章第三節一項〕）、「この想定が否定されるとしても真字本成立以前、曾我事件は既に唱道者虎御前等の口誦によつて既に語り歩かれていた。その事は、吾妻鏡の虎の記録が立証しているかと思う」と指摘している（一六一頁）。塚崎は、『吾妻鏡』自体が「曾我語り」先行説を裏付けていると言うのである。その後、『吾妻鏡』当該条の詳細な分析は、福田晃によって果たされることになる。

注

（1）「その一・その二」に分割し、C大成『義経記・曾我物語』に収められた（引用は同書に拠る）。一九五五年に発表されたものだが、附記に「昭和十六年度卒業論文として故折口信夫先生へ提出。それに改訂を加えた」とある（一七五頁）。

五　福田晃—「曾我語り」の集成—

福田晃の数多い曾我関係論著の中で、本書が取り上げるのは『曾我物語の成立』（二〇〇二年）であることは、既に、第一章第三節二項で触れた。氏は、「あとがき」に研究の目的と方法について、「故折口信夫先生の『古代研究』」と「故角川源義先生の『語り物文芸の発生』」を継承するものであることを熱く語っている（五八九頁）。そして「試行錯誤」を経て、「可能性を期する仮説発想法による文化研究」として（同）、『文学』五七巻五・六号（一九八九年）に発表した労作が、三項、注5所引「「曾我語り」の世界—真名本曾我物語の原風景—」（第二編第二章）であった。

これは、「一　芸能的「曾我語り」、二　巫覡の「曾我語り」、三　遊行唱導の「曾我語り」」の三項にわたって、「曾我語り」を集成し、その総合的考察を試みた氏説の到達点を示すものである。ここでは、二項及び三項を中心に見ていきたいが、門外漢の私にとって、氏説の理解すら容易でないのは、論点が多岐に及んでいるばかりでなく、氏が箱根山と大磯という語りの場における多義的交流を説いているからである。そこで、箱根山と大磯との交流によって生じた「曾我語り」を、論理的な時系列に沿って分解し、それぞれの「語り」の特質を整理するという作業過程を試みることにする。

(1)大磯Ⅰ〔高麗寺と箱根駒ヶ岳〕　福田は、大磯と箱根駒ヶ岳との関係に関する古伝に触れる（一五五頁）。即ち、建久二年七月二十五日付で、彼の信救(覚明)が記したとされる『筥根山縁起并序』[1]に、

　次神功皇后討二三韓一後、有二竹内大臣(武内宿禰)奏一云、奉レ請二異朝大神一、而令レ祈二願天下長安寧一矣、即奉レ遷二百済明神于日州一(日向)、奉レ遷二新羅明神于江州一(近江)、奉レ移二高麗大神和光于当州一(相模)大礒聳峰一、因名二高麗寺一云々、泰禄山者、異二其名一而同二其跡一

とあり、大磯の「高麗寺」は、神功皇后三韓征伐の後、「高麗大神」を「大礒聳峰」(高麗山)に勧請して創建されたものとする。そして、『縁起』前段に、「聖占仙人漸排二駒形権扉一、而為二神仙宮一」[2]し、それを泰禄山と名づくと見えていたから、「泰禄山」=駒形権現は「高麗大神」を祀っていたということになる。

更に、『神道集』巻二ノ七「二所権現事」に、「天竺斯羅奈国大臣源中将尹統」、娘の「常在御前」、異母妹「霊鷲御前」らが、「波羅奈国」の「太郎王子」・「次郎王子」兄弟とともに我が国に渡来し、「相模国大磯ニ付給テ、上高礼寺(高麗寺)ニ一夜留リ給テ」、源中将・太郎王子・常在御前が「上ミ山ノ駒形ノ嶽ニ付テ、箱根三所権現ト顕給」い、次郎王子と霊鷲御前は「伊豆権現ト顕」れたとする所伝を挙げる（一五五―一五六頁）。二つの古伝に共通しているのは、異国から渡来した神々が、まず大磯(高麗寺)に留まり、次いで箱根駒ヶ岳(駒形権現)に遷ったとする伝承である。大磯・箱根駒ヶ岳の交流を説くとともに、上陸地が大磯で、福田晃は、「平安末期以前から高麗寺南方に広がる浜辺を「もろこしが原」と称されるのも、当地を渡来の地として観念されてのこと」とする（一五七頁）[3]。

（2）箱根Ⅰ〔駒形権現と「箱根派修験比丘尼」〕　福田は、『曾我物語』にそって考え、あるいは大磯・高麗寺との繋がりを思うならば、曾我御霊の語りの発想は、伊豆山に求めるよりは、箱根山に中心を求めるべきであろう」とし（一四九頁）、箱根が「死出の山」であったことに触れる。既に、角川源義は、その原点は、「硫黄の噴出する地獄谷」にあって、「地蔵をまつり、死出の旅路にある罪人を救つてゐた」と指摘していた。(4)真名本（巻七）に拠ると、箱根路にかかった五郎が、「鞠児河（酒匂川）こそ三途の大河、筥根の御山こそ死出の大山よ」と語っていたが（『東洋文庫真名本』2、七三頁）、箱根山は死霊が彷徨する場所とも観念されていた。(5)福田晃は、「箱根の山を冥界とみる思想」は駒ヶ岳「東南麓の元賽の河原に展開しており、死出の山も駒ヶ岳南麓の前面にうかがえる提灯山」がそれに当たるとしており（一五一頁）、この点角川も同様である。(6)

福田は、「死霊を招く箱根の巫女・比丘尼の具体的資料は、中世のそれには見出し得ない」が、「熊野比丘尼の類」で、「修験山伏を夫にもつ」「修験巫女・口寄巫女の別称」とも言うべき「修験比丘尼」がそれに当たるとする（一五二―一五三頁）。この「箱根派修験比丘尼たち」は「六月十八日に駒形権現を祀」っており、それと、大磯の虎が、十郎の死後、三七日に当たる六月十八日に「亡夫」の供養を箱根山で営んだとする、『吾妻鏡』建久四年六月十八日条の記事とが「符合する」としている（一五四頁）。なぜなら、真名本は、虎が、曾我兄弟の母（「曾我女房」）に伴われて箱根に登った日を、兄弟百箇日忌に当たる九月八日のこととし、虎は箱根で出家して、名を「禅修比丘尼」と称したと記していたからである（『東洋文庫真名本』2、巻十、二六八―二六九頁）。

そして、氏は次のように結論付けた（一五四―一五五頁）。

「除髪せずといへども、黒衣の袈裟を着る」（『吾妻鏡』の記事＝引用者）という大磯の虎と黒髪を剃る事の無かったらしい箱根修験比丘尼、葦毛の駒を捧げる大磯の虎と葦毛の駒に憑りつく神霊駒神を祀ってきた駒形修験比丘尼とに相通じるものがある。あえて言うならば、『吾妻鏡』の大磯の虎に関する伝えには、六月十八日を中心に駒形権現を祀ってきた修験比丘尼たちの姿の投影があるということである。それは、とりもなおさず、『吾妻鏡』は、駒形修験比丘尼たちの伝承する曾我兄弟・大磯の虎譚に従っているということになる。（中略）盲瞽女や田舎盲の「曾我語り」に先行して箱根の修験比丘尼らのそれが生成されていたということになろう。

この点は、福田晃説の最も基底的部分と考えられ、六項で改めて検討したい。

(3)大磯Ⅱ〔高麗比丘尼と虎〕　福田は、まず「大磯の高麗寺は箱根信仰の先導的聖地」とされ、「両者を往来する宗教グループも少なくなかった」として、次のように述べる。即ち、『吾妻鏡』建久四年六月十八日条の記事に、「六月十八日に荒湯駒形を祭祀する箱根派修験比丘尼の姿の投影を読みとったのであるが、それは大磯の高麗比丘尼の姿とも読みとることができる」。なぜなら、「その荒湯駒形が祭祀日を六月十八日とするのは、駒形権現の「本地仏観音」に由来し、「大磯の高麗権現も、本地仏を千手観音としており」、「高麗権現の祭礼も観音信仰にしたがって、三月十八日、六月十八日の二度に及ぶもので」、「大祭」は六月十八日に行われたからである。そして、高麗寺の「修験比丘尼・梓巫女」は「箱根駒形の修験比丘尼とかかわりをもっていた」とする（一五六―一五七頁）。

氏に拠ると、東海道平塚宿の西方、大磯宿へ向かって花水川を渡った地を「宿河原」と言い（第一節四項）、「もろこしが原」は「宿河原を擁する海浜」で、ここは「荒ぶる死霊神なる宿神を祭る聖地」であった（一六二頁）。そこでは「地蔵をたよりとした鎮魂の祭儀がいとなまれ」ており、その「巫覡・念仏のグループの象徴的存在が、虎子石[7]・虎地蔵による虎比丘尼」で、恐らく「高麗権現を奉ずる修験山伏に従うものであった」という（同）。そして、その修験山伏は「配下の高麗比丘尼ともども、しばしば箱根駒形を往来」し、「荒ぶる曾我御霊は、そのような活動のなかで、虎御前を称する高麗比丘尼たちによって、大磯の宿河原に誘引され、その「曾我語り」が生成された」とするのである（一六二―一六三頁）。

(4)箱根Ⅱ〔元賽の河原と時衆〕　福田晃が、箱根を「死出の山」とし、その信仰の中心が駒ヶ岳東南麓の「元賽の河原」であったと述べていたことは、(2)箱根Ⅰの段で既に指摘した。今日に伝存する元賽の河原の石仏・石塔群[8]のうち、造立された年記が判明するものは、永仁元年（一二九三）の二十五菩薩石像群・第二号から、火焚き地蔵の応長元年（一三一一）に及んでいる。氏は、「そこには鎌倉末期の時衆の徒の活躍の跡が見出され」（一七〇頁）、その中心は、永仁五年（一二九七）遊行二祖他阿真教が、二子山西麓の「元賽の河原」に創建した「蓋子山福田寺」であったとする（一七二頁）。「元賽の河原」は六道の辻に当たり、「死出の旅路にある罪人を救」う（角川）「地蔵信仰のメッカ」で、「箱根修験比丘尼の〈曾我語り〉とともに、福田寺寄宿の時宗《ママ》僧によるそれが展開して」おり、「彼等の一流の活動が、曾我御霊の盛んに発動する富士山麓にも及んでいた」とする（一七二頁）。

(5)まとめ　福田晃は、以上、論理的な時系列に沿って整理した「曾我語り」を、次のようにまとめている。

> 「曾我語り」は、箱根修験比丘尼の口頭に繰り返しあらわれるなかで、その一流ともいうべき大磯の高麗比丘尼の語りを複合させて、一人称の語りから、大磯の虎御前を十郎の恋人とする近親者の語りを派生させていったようである。そして、その派生・展開は、念仏信仰の盛行のなかで、修験比丘尼から念仏比丘尼へと変貌しつつあったグループによるものであり、その中心は、大磯の宿河原を擁した高麗寺にあったにちがいない。その点において、虎御前の終焉の地を「曾我の大御堂」とする真名本よりも、「高麗寺の山の奥」とする仮名本に、古伝承が留まっていると言える。（一七九―一八〇頁）

そして、「虎御前を称する念仏比丘尼の「曾我語り」は、（中略）そのグループの回国遊行のなかで、さまざまに展開した」（一八〇頁）とするのである。

注

(1)『群書類従』二五、神祇部(第二輯、三三〇―三三一頁)。第一章第三節一項参照。

(2) 中野敬次郎は、「開山聖占仙人が、駒形の権扉を排して神仙宮となした」とあるのは、「駒形権現」を指すとしている(「箱根山の古道と中世以降の箱根の発展」『箱根町誌』第一巻、角川書店、一九六七年、五四頁)。

(3) 中野も、「高麗人の着船上陸地と言われるところに唐ヶ原(もろこしがはら)という地名もおきた」としている(注2所引論文に同じ)。福田晃は金達寿『日本の中の朝鮮文化』(1、一「相模国の遺蹟／大磯の高来神社」項(講談社、一九七〇年)を引いているが、引用は正確とは言えない(一五七頁、一八八頁注三四)。金の指摘は、現高来(たかく)神社(旧高麗権現)と旧別当寺鶏足山高麗寺が、朝廷の指示で大磯に上陸・定住することになった「高麗王若光の一族」の「祖神を祀った神社、仏寺だった」とする点に主眼があった(三三一頁)。

(4)「妙本寺本曾我物語攷」(『角川妙本寺本』所収、一九六九年、三七七・四三八頁)。二〇一五年(平成二七)五月にも大涌谷が噴火し、立入規制が実施された。

(5) 弘安三年(一二八〇)十一月二十五日、「はこね山にかゝ」った飛鳥井雅有は、日記『はるのみやまぢ(春能深山路)』(以下、『春の深山路』と表記する)に、「此山にはぢごくとかやもありて、死人つねに人にゆきあひて、故郷へことづけなどするよしあまたしるせり」と書いている(『続群書類従』五二二、日記部。第一八輯下、一二四三頁)。なお、『春の深山路』に関連する研究のうち、特筆すべき業績として、榎原雅治『中世の東海道をゆく 京から鎌倉へ、旅路の風景』(中公新書、二〇〇八年。専論は、巻末「参考文献」項参照)を挙げておきたい。同書に拠ると、飛鳥井家は藤原北家師実流で、歌鞠の家として知られ、家祖とされる祖父雅経は源頼家の厚遇を受けた。雅有は鎌倉に生まれ(仁治二年・一二四一)、金沢実時の娘を妻としている。鎌倉では将軍宗尊親王及び子の惟康親王に近侍し、生涯を鎌倉と京の往来に費やした。弘安三年一月、東宮（のちの伏見天皇）の「蹴鞠の師」として出仕し、その皇位継承にかける期待が大きかったようで、十一月十四日になって、漸く鎌倉に向け出立することになった。この「弘安三年の活動を詳しく記した日記が『春の深山路』である」（以上、第一章「飛鳥井家と飛鳥井雅有」項。引用部分は二一頁）。

（6）　注4所引論文、三七八頁。

（7）　「虎御石」と、虎の草庵である「法虎庵旧蹟」として知られる大磯の延台寺に関し、柳田國男「老女化石譚」（一九一六年）は、「虎ヶ石はもと大磯の宿河原と云ふ地に在つたと、多くの書に見えて居る」としている（第一章第二節二項、『妹の力』所収。『定本柳田國男集』第九巻、一三二頁）。

（8）　注2所引『箱根町誌』第一巻に拠る（第七章第三節三項、注2参照）。

六　福田晃説の検討

以上の福田晃説に対して、村上學は、「折口の仮説の依り所を史料を列挙して解き明かすものとして、（中略）説得性のあるものとなっている」と評価する一方、「ただし福田の努力にもかかわらず、現在の段階では箱根山と宿河原の比丘尼たちが曾我語りを語ったことを直接証明する史料は発見されていない」と手厳しい（C「大成解説」、四〇二頁）。私は、福田晃説の核心部分は、前項（2）箱根Ⅰの段にあると考えており、この点を改めて考えてみたい。

まず、塚崎・福田晃両氏が着目した『吾妻鏡』建久四年六月十八日条を検するに、

故曾我十郎妾〈大礒虎、雖レ不二除髪一着二黒衣袈裟一〉、迎二亡夫三七日忌辰一、於二筥根山別当行実坊一修二仏事一、捧二和字諷誦文一、引二葦毛馬一疋一、為二唱導施物等一、件馬者、祐成最後所レ与レ虎也、則今日遂二出家一、赴二信濃国善光

寺一、時年十九歳也、見聞緇素莫レ不レ拭二悲涙一云々

とある。「葦毛馬」については、真名本も、十郎が虎に「形見」として馬・鞍を与え(『東洋文庫真名本』2、巻六、二八頁)、三七日忌と百箇日忌(九月八日)の違いはあったが、別当への布施にその「馬・鞍」を捧げた(巻十。同、二五五頁)とする点で共通しており、それが、福田の言うように、「葦毛の駒に憑りつく神霊駒神を祀ってきた駒形修験比丘尼とに相通じるものがある」(一五四頁)かどうかは、これだけでは判断できない。また、「雖レ不二除髪一着二黒衣袈裟一」の部分であるが、確かに柳田國男は、熊野比丘尼について、「彼女らは有髪で、「絵解き」を本業とし、多くは「配偶者があつて、大抵は修験者」であった」としていた[1]。しかしながら、有髪の比丘尼即「熊野比丘尼」というわけにはいかないだろうし、そもそも、鎌倉初期における「熊野比丘尼」の存在自体論証の必要があるのではないか。

福田晃が「雖レ不二除髪一着二黒衣袈裟一」した虎に、熊野比丘尼の面影を見出したのは『新編相模国風土記稿』(以下、『相模風土記稿』と略記)の次の記述に基づいていた(一五二・一五六頁)。

(ア)巻二七、村里部・足柄下郡六、早川庄(二巻。抄出〈以下同じ〉)

○箱根宿　又箱根社伝に拠に、往昔此辺神領なりし頃は、箱根派修験比丘尼等、凡六百軒余住居せしとなり(七三頁)

(イ)同右

○駒形権現社　荒湯駒形と号す、本地仏観音、箱根権現社外の末社にて、宿内の鎮守なり、此地往昔箱根派修験比丘尼等住せし頃、彼輩遥拝の為、駒ヶ岳の駒形権現を勧請すと云〈箱根社伝〉、例祭六月十八日〈神輿宿内を舁巡れり〉(七七頁)

(ウ)巻二八、村里部・足柄下郡七、早川庄・元箱根上

○箱根三社権現社上　△駒形能善高根権現合殿　駒形は大磯高麗権現を勧請す、能善は熊野権現、高根は高彦根命を祀る（九五頁）△荒湯駒形権現　同宿芦川町にあり、往古箱根宿の地、箱根派修験比丘尼等、凡六百軒余住居せし頃、彼輩遥拝の為、地主駒形権現を勧請せしと伝ふ（九六頁）

（エ）巻四一、村里部・淘綾郡三、二ノ宮庄

○高麗権現社　祭礼は毎年三月中澣〈十七日より十九日に至る〉、六月十八日〈此日大磯の浜辺、照曜崎と云所へ神輿を出し、大磯宿より、観音丸・権現丸と云船二艘を出す〉の両度なり（三二三頁）△本地堂　千手観音を置く、是高麗権現の本地仏と云（三二四頁）

これに拠ると、駒形権現は大磯の高麗権現を勧請したもので（ウ）、ともに本地仏は千手観音であったことが分かる（イ・エ）。駒ヶ岳の南方、芦ノ湖を挟んでほぼ直線上に、北に箱根権現、南にその末社とされる駒形権現が鎮座する（イ）。同社は「荒湯駒形」とも言い（イ・ウ）、駒ヶ岳「遥拝」のため「地主」駒形権現を、芦ノ湖南岸芦川の地に勧請したのは、「箱根派修験比丘尼等」で、「往昔（古）」は「凡六百軒余住居」していたという（ア・イ・ウ）。中野敬次郎は『相模風土記稿』の記述を踏まえて、「箱根社伝によると、往昔このあたりが神領であった頃には、箱根派の修験、比丘尼などおよそ六百軒余も居住していたと言われると記してあるが、芦川の地のみに六百余軒の僧坊の存在したということは、ただちには信じ難いとしても、この記事のいう往昔とは、恐らく鎌倉時代あたりを指しているのであろうが、箱根派修験道の隆盛を示しているものとして注目される」と指摘している（五項、注2所引「箱根山の古道と中世以降の箱根の発展」、六三―六四頁）。

中野論文で注目されるのは、「箱根派修験比丘尼等」（ア・イ・ウ）を傍点部のように、「箱根派の修験及びその妻や係累の比丘尼等」の意味としていることで、「ただちには信じ難いとしても」、福田晃のように「箱根派修験の比丘尼

等」（山伏の妻ら）だけで、芦川に「六百軒余住居」したとは考えにくいのではないか。では、「往昔（古）」（ア・ウ）とは、中野の言うように「鎌倉時代あたりを指している」のであろうか。芦川宿の存在が確認できる初見史料は、「円覚寺文書」康暦二年（一三八〇）六月八日鎌倉公方足利氏満日下署判御教書で、「当寺長老」に充てて、

円覚寺造営要脚関所事、為二大森・葛山（駿河駿東郡）関務半分替一、所二寄附一也、早於二筥根山芦河宿辺一、構二在（関カ）所一、限二年記（紀）三ケ年一、厳密可レ被レ致二其沙汰一

と命じており、鎌倉円覚寺造営料徴収を目的とした関所が、三年を限って、「筥根山芦河宿辺」に設けられたことが分かる。[2]

江戸時代を迎え、元和四年（一六一八）三島・小田原より住民各五〇戸を移し、箱根宿が新設されると、芦川は、三島町に隣接する箱根宿西端の「芦川町」（ウ）として、宿の機能を喪失した。[3]前記（ア）「箱根宿」項に、「以前は今の芦川町の辺に、民家纔にありて、山杓子を細工し、箱根権現の坊中へ鬻ぎて、活計となせり、故に当時は杓子町といへり」と見える。「以前」が何時の頃を指しているか、必ずしも明らかでないが、箱根宿新設前後の状況を言うとすれば、芦川は、中世的な宗教的町場から、衰微したとはいえ、近世的な商工業的町場へと変貌を遂げたことになる。

一方、鎌倉時代に遡ると、弘安三年（一二八〇）十一月二十五日、「はこね山にかゝ」った飛鳥井雅有は、日記『春の深山路』に、「霜ぞ降こほりて、道はことにすべりて、あやうきことかぎりなし、からうじてあしかはといふ山のなかみづ海のはたにたち入ぬ」と記しており、[4]既に宿として存在していたように推測されるが、何のコメントも残していないことからすれば、雅有を惹き付けるほどの特色を持った町場ではなかったのであろう。また、南北朝初期の建武二年（一三三五）八月、鎌倉奪回を目指す足利尊氏軍は（「中先代の乱」）、十七日の「筥根合戦」において、水飲・大平下・湯本地蔵堂とともに「芦河上」で北条時行軍と戦っており、芦川が交通・軍事上の要衝であったことが分かる。[5]

以上、芦川の地は、箱根路が鎌倉・京往還の主流となった鎌倉時代になって、遅くとも鎌倉末期には宿としての発展が見られたことが理解されようが、「箱根派修験・比丘尼等、凡六百軒余住居」といった「往昔(古)」とは(ア・ウ)、室町・戦国期の状況を指しているのではないだろうか。少なくとも、中野が言う「鎌倉時代あたり」ではなかろう。

福田晃説の最も注目すべき点は、塚崎も触れていた『吾妻鏡』建久四年六月十八日条を、『相模風土記稿』(イ・エ)における駒形権現・高麗権現の六月十八日の祭礼と結び付けたことである。氏の慧眼に目を見張るとともに、連綿と六月十八日の祭礼が両社で維持されてきたことに驚嘆せざるを得ない。氏説に基づくと、箱根駒形と大磯高麗権現の六月十八日の祭礼は、遅くとも十三世紀末から十四世紀初頭に『吾妻鏡』が成立する(第一章第四節、〔付記一〕)以前から行われており、それが『吾妻鏡』の記事に採用され、そして、両社の祭礼自体は『相模風土記稿』が完成する十九世紀前半に至る期間[6]、若干の中断を顧慮するにしても、基本的に維持されてきたことになるからである。鎮座地が至近距離とは言い難い両社が、「東国」に起こった相次ぐ戦乱の波をくぐり抜けて、五百年以上にわたり同日の祭礼を維持し続けたことが、果たして事実であったかどうか。

国学成立の歴史的前提を構成する中世末から近世にかけて生じた、六国史以下の古典に対する学習熱を想起するとき、むしろ、両社が、逆に『吾妻鏡』の記事に基づいて、曾我兄弟や虎との因縁から、彼らの鎮魂のために、それぞれ六月十八日の例祭を独自に催行した可能性はないのであろうか。この点に関しては、異なった視点からの検証が必要であろう。

注

（1）第一章第二節二項、『女性と民間伝承』「熊野比丘尼」項(『定本柳田國男集』第八巻、三五〇—三五一頁)。

（2）『南北朝遺文』関東編、六巻三九七九号(同三九八〇号に、同日付、関東管領上杉憲方施行状を収める)。

（3）『相模風土記稿』（ア）に同じ。『神奈川県の地名』「箱根宿」・「芦川」項、六六九―六七〇頁。

（4）五項、注5所引『続群書類従』五二二。

（5）「国立国会図書館所蔵文書」（後欠）足利尊氏関東下向宿次・合戦注文（『南北朝遺文』関東編、一巻二七〇号）。

（6）『相模風土記稿』は、江戸幕府昌平黌地理局で編纂された地誌で、『新編武蔵風土記稿』を完成・献上した天保元年（一八三〇）に着手、同十二年（一八四一）に脱稿した（遠藤元男・下村富士男編『国史文献解説』、朝倉書店、一九五七年、一五七頁）。

第三節　曾我物 ―物語の展開と受容―

曾我物とは「曾我兄弟の仇討を題材とした、能・幸若舞・浄瑠璃・歌舞伎などでの総称」であるが(『大辞林』第三版、三省堂、二〇〇六年、一四六三頁)、第三節では、広く『曾我物語』や「曾我語り」から派生した文芸・芸能・伝承等を対象として、物語や語りの展開と受容についての考察を試みていきたい。まず文芸のジャンルを一瞥するに、夙に、A「古典大系解説」(九―一〇頁)でも触れられている『曾我両社八幡宮縁起』(『続群書類従』神祇部所収『曾我両社八幡宮并虎御前観音縁起』)と、『地蔵菩薩霊験記』(同・七一八、釈家部。第二五輯下)が注目される。

一　『曾我両社八幡宮縁起』と『地蔵菩薩霊験記』

『曾我両社八幡宮縁起』は、仮名本の別本とも言うべきもので、室町時代に成ったとされる。(1)「曾我両社八幡宮」とは、事件から四年後の建久八年(一一九七)四月、「将軍」源頼朝が、「富士ニテ死ケル曾我兄弟、我ニ恨ヲフクム由夢ニ度々ミユル」結果、彼らの鎮魂のため、「兄弟ヲ神ニ祝ヒ、富士ニ社ヲカマヘ、曾我両社八幡宮ト崇ベキ由、駿河人岡部権守泰綱ヲ奉行トシ」て造営されたもので、同年八月二十八日、「駿河国富士郡北山御厨并仮宿郷」が社領として寄進されたとする(以上、四〇二頁)、「流布大系本」巻十一、「勝名荒人宮」(四〇六頁)に通ずる異伝を記載している。(2)また、「虎御前観音」とは、虎が、「富士郡厚原村」の「兄弟煙トナ」った「高岡」(鷹岡)の「墓所」を訪れた際、「墓所ヨリ、昼夜光ノ玉(霊)度々渡ル故ニ」設けられた「玉渡宮」のことで、「厚原村ノ氏神トナ」った「虎前ノ十一面観音」であるという(四〇一—四〇二頁)。それが、兄弟御霊の「救済」を説く原義に拠るか、あるいは阿弥陀仏の脇侍としてのものか、恐らく、土地の観世音信仰との習合に基づく伝承であろう。現在、静岡県富士市厚原(旧鷹岡村)の地に曾我八幡宮・玉渡神社が鎮座する。(3)

もう一つの『地蔵菩薩霊験記』は、地蔵菩薩に関する利生霊験譚二五話を集めた仏教説話集で、上中二巻のみ現存し、その巻中第十四話に曾我兄弟に関するエピソードが収められている。(4) 各巻冒頭に「三井寺上座実睿編集」と記され、編者は「後一条院ノ御宇長元六年(一〇三三)ノ比」(二九頁)の人であるが、「続群書類従所収の本書の現形態は、室町時代の成立」で、「曾我兄弟の物語の挿入は、(中略)すでに世間には曾我贔屓の存したことをも示すもの」とされている。内容は以下のようなものであった(五二—五八頁)。

「中古三河国大浜ト云所ニ住ケル法師」はひたすら「地蔵信心ノ行者」であったが、自らの信仰を省み、「信濃ノ国善光寺」参詣を思い立つ(善光寺如来は「地蔵一如ノ阿弥陀如来」とする)。その途次、「駿河ノ国富士ノ麓ノ野」において、「サシモ無止事」き「若キ女房」に一夜の宿を求める。傍には「草堂」が見え、女房はこれは本来「甲斐国一条郷高砂河原ニ立給ヘル」地蔵堂であると言う。すると「俄ニ雨風吹来、四方山振動シテ電光頻ニ閃」き、法師は、「闘諍堅固ノ修羅道」に堕ちた「曾我兄弟ノ魂霊」と出会うことになる。女房は「我ハ十郎ガ愛念ノ綱ニ繋テ共ニ彼ノ修羅ノ内ニ入ル」と、涙ながらに自分が虎であることを語る。翌朝、法師は「霧晴雲去テ日ハ未ノ刻(午後二時頃)計ナルニ、サル原中ノ塚ノ少シ高キ処ノ一村(群)ス、キノ本」に一人踞っていたという。

法師はまず、甲斐一条の高砂河原を尋ねたところ、確かに「地蔵菩薩六尺三寸ノ立像木軀ノ彩色」を本尊とする「流レ御堂」と呼ばれる古寺が存し、それは「富士野ノスソニテ見シ処ノ幻化ニ少モ」違わない地蔵堂であった。法師はこの体験を善光寺如来に語り、帰路も「高砂河原ノ流御堂」に結縁し、帰国後は「彼幻相ノ人々成仏得度ノ廻向」に努めたというものである。

「闘諍堅固ノ修羅道」に堕ちた兄弟御霊の鎮魂譚をベースにした地蔵菩薩の霊験説話であるが、これについては、既に多くの論著が言及している。ここでは、代表的なものとして角川源義の見解を引くと、「この地蔵霊験譚は明らかに時衆教団の管理による。三河国大浜の時衆道場称名寺と、甲斐一条の時衆道場一蓮寺、さらに善光寺妻戸時衆との間に結ばれた曾我御霊供養譚である。富士の精舎は富士郡伝法村にあつた泰徳寺であらうか」とする。[5] この「法師」（聖）は「若キ女房」（虎）に、自らを「一生持律ノ僧ニテ犯セル科アルマジキ行者タリ」と語っており（五四頁）、また「常ニ法華ヲ信ズ、地蔵尊ハ法花ヲ護持シ玉フ由ヲ聞侍ルニ」云々とあることからも（五七頁）、時衆と断じ得るかどうか。私は、もう少し広く善光寺聖として把握すべきものと思うが、なお検討を要する問題ではある。

注

（1）『群書解題』第六、一九六二年、四四四頁（執筆佐志伝）。

（2）幸若舞曲「十番切」の結びに、頼朝が兄弟を「「荒人神に斎へ」とて、富士の裾野に社を立て、兄の宮、弟の宮と申て、斎はせ給ひけるとかや。今、当代に至る迄、親の敵討人は、この社にて祈れば、忽ち叶へ給ひけり」と見える（『舞の本』、五六四頁）。この末尾傍線部は、『曾我両社八幡宮縁起』の結び「サアレバ其砌将軍御夢ニ、兄弟忽然ト来告白、難ㇾ有恩ヲ謝シテ、我従㆓今日㆒父母昆弟ノ讎ヲタヤスクウチエサスベキ守護神トナラントミエテ、夢ハ覚ケリ」（四〇二頁）の傍線部と同趣旨であるから、「両社」とは、「十番切」に言う「兄の宮・弟の宮」を意味したことが分かる。

（3）曾我八幡宮・玉渡神社と、国道を挟んで三角形を構成する凡夫川沿いに曾我寺が立地し、兄弟の墓と伝えられる五輪塔が存在する。福田晃に拠ると、曾我寺は「もとは福泉寺と称し、当地から凡夫川を遡ること五〇〇米ほどの西岸の久沢の地にあった」という（「曾我御霊発生の基層―狩の聖地の精神風土―」、第二編第一章、一四一頁注七三。初出一九九八年）。また、二本松康宏は、「その曾我兄弟の墓は、土地の伝説によれば、曾我兄弟の死骸が凡夫川に流れ着き、この地に留まったのを埋葬したところ」とする伝承を伝えている（「伊出の屋形に託された鎮魂の構想―血祭りの聖地に」、第三編第三章、二一八―二一九頁。初出二〇〇一年）。

（4）『群書解題』第七、一九六二年、二九七―二九八頁（執筆真鍋広）。『地蔵菩薩霊験記』に関する記述は同書に拠る。

（5）「妙本寺本曾我物語攷」（『角川妙本寺本』所収、一九六九年、三九〇―三九一頁）。

二　早歌「小林訣」

次に、謡曲以下「曾我物」の問題に触れる前に、早歌（宴曲）「小林訣」（せうりんのけつ）について一言述べておきたい。これについては角川源義が、「『外物』の名をもつ宴曲のなかで、「新浄土」「小林訣」「秋夕」「声楽興」「石清水霊験」などは時衆教団によるものだらう。『外物』のすべてがそれだとも云へる。「小林訣」は大磯の虎が小林郷の曾我御霊社詣をしたのに取材してゐるやうだ。虎が詣でたのは九月十三日夜（真字本）だつたが、（中略）中国五台山の荘厳に比して小林郷のたたずまひを述べ、虎比丘尼の小林の訣を詠嘆してゐるやうだ。この「小林訣」もまた三島西福寺か、富士山麓の時衆寺院で管理してゐたものだらう」、と指摘していた[1]。

私は最初にこの件に接したとき、正直言って大変な衝撃を受けた。なぜなら、旧稿で「小林訣」（「訣」＝別れ）について触れ、その折、角川の指摘した、虎の駿河小林郷訪問との関係に全く気付いていなかったからである。旧稿とは「鎌倉時代の小串氏」のことで（拙著『鎌倉守護』論考、第九章）、作者の小串範秀について述べている。即ち、永享四年(一四三二)に友梅の法孫有諸が記した『雪村和尚行道記』(『大日本史料』第六編之五、八五五—八五六頁。同一〇、二四〇頁以下)に、(小串六郎右衛門尉＝原文補足)範秀に関する次のような記載がある。

詞翰達者、作二和歌曲詞一、至レ今天下盛行、曰二現爾也娑婆一(げにやさば)、又曰二早歌一、其中有二小林訣及曹源宗一、専詠二禅宗一

和歌については、(中略)範秀が早歌(宴曲)「小林訣」と「曹源宗」の作者でもあったことを指摘したのは後藤丹治であった(「宴曲に関する二三の考察」『国語と国文学』四‐一一、一九二七年〈のち補訂して『中世国文学研究』…に所収〉)。琵琶伝授・和歌等についても言及している)。右の早歌(宴曲)は禅宗の徳を讃えたものであり、範秀は「歌詞から窺ふ限りでは可成りの禅の達識の人であつた」と評されている(古田紹欽「宴曲に於ける『浄土宗』と『曹源宗』」、『日本古典文学大系月報』二一、一九五九年、三頁)。このうち「曹源宗」は、嘉元四年(一三〇六)に撰集された『拾菓集』下に収められており(『撰要目録』〈日本古典文学大系『中世近世歌謡集』、四五頁〉)、そうとすれば、作歌は琵琶の習得と同様、範秀鎌倉在住期の活動であった。(五一五頁)

として、注一三を付し、

範秀作のいま一つの早歌(宴曲)「小林訣」は、応永二十年(一四一三)以前に編纂された『外物』に収められているが、その多くは「嘉元、文保年間をあまり隔たらない時期に制作されたもの」と考えられている(乾克己『宴曲の研究』、桜楓社、一九七二年、三九〇・四〇四頁)。(五二〇頁)

と注記している(「嘉元、文保年間」＝一三〇三—一九)。

範秀の和歌・早歌(宴曲)を含めた作歌活動は鎌倉在住期のものであり、上洛後の徳治二年(一三〇七)十一月八日に藤原孝章から「琵琶秘曲」の伝授を受けている(拙著・論考、五一四頁)。範秀のもう一つの早歌(宴曲)「曹源宗」は、

嘉元四年（徳治元・一三〇六）に撰集された『拾菓集』下に収められていたから、その上洛は嘉元四年（徳治元）以前に遡るであろう。角川は意識していないが、氏の指摘に従うと、小串範秀が、虎の駿河小林郷訪問を叙した真名本巻十を踏まえて「小林訣」を作成したことになるから、氏説が正しいとすると、真名本巻十が範秀上洛以前、即ち嘉元四年（徳治元）以前に成立していたことを意味してくる。

私は、「小林訣」と『曾我物語』との関係に気付かず、角川は作者の小串範秀に無関心であって、真名本成立時期解明の有力な資料となり得るかも知れないこの早歌（宴曲）の詞章を改めて読み直してみた[2]。角川は、虎の小林郷「曾我御霊社」詣は「九月十三日夜（真字本）」であったとし、前記引用個所の中略部分に「小林訣[3]」、「雲間の月にさす指も、月みて後はなにならじ、明よと叩瓦の声…麓の鹿の音峯の月、月に友よぶ哀猿の、声や涙をさそふらん」を引き、「虎比丘尼の小林の訣を詠嘆してゐるやうだ」と述べていた。

真名本にいう「九月の十三夜」というのは、兄弟横死後の建久四年（一一九三）九月八日、虎が「曾我の女房」（兄弟の母）とともに「百ヶ日の孝養」を箱根山で営み、出家を遂げた後の「伊出の屋形」弔問を指していた（『東洋文庫真名本』2、巻十、二五四・二六八―二七〇頁）。ところが、虎は「今一度伊出の屋形の跡を見む」と願い、途中立ち寄った「駿河国小林郷」において、「富士郡六十六郷内の御霊神」となった兄弟を、里人たちが「富士浅間大菩薩の客人宮」として祀っているのを知ったのは正治元年（一一九九）、七回忌を済ませた後のことであり、虎は結局「伊出の屋形」に赴くことなく曾我に帰っていった（同、二八〇―二八一頁）。

角川は、虎の、建久四年「百ヶ日の孝養」後の「伊出の屋形」弔問と、正治元年七回忌後の「小林郷」における「富士浅間大菩薩の客人宮」参詣を混同しており、早歌（宴曲）「小林訣」に結び付けるのはやはり無理ではないだろうか。仮に、角川の指摘を認めるにしても、「時衆寺院で管理」していたとする推測の根拠がどこにあるか理解できない。[4]早歌（宴曲）「小林訣」には、「直指人心の見性」・「不立文字の理」・「座禅」などの語句が見られ（二八二頁）[5]、『雪村和尚行道記』の指摘するように、小串六郎右衛門尉範秀の作になる「小林訣及曹源宗」は「専詠㆓禅宗㆒」み、その徳を讃えたものであった。従って、虎と無関係の「小林訣」が、真名本巻十の成立時期に関する資料たり得ないことは明らかと言わねばならない。

注

（1）一項、注5所引「妙本寺本曾我物語攷」、四〇〇頁。

（2）外村久江・外村南都子校注、中世の文学『早歌全詞集』「外物」に収められている（三弥井書店、二〇〇八年第二版に拠る。二八二―二八三頁）。

（3）表記は、同右『早歌全詞集』に拠る。

（4）角川が、「小林訣」を「管理」していたとする三島西福寺（三島市大宮町）＝水上（みずかみ）道場には、弘安五年（一二八二年）七月、一度に往生を遂げたという一遍に率いられた時衆七、八人を葬った墓地がある（『一遍上人年譜略』）。これについて氏自身、「弘安五年すでに水上道場西福寺があるのは疑はしい」（前掲論文、三九八頁）と述べており、小串範秀鎌倉在住時、すでに時衆の道場として存在していたかどうか疑問である。

（5）禅宗では、教義の標識として「教外別伝（きょうげべつでん）・不立文字（ふりゅうもんじ）・直指人心（じきしにんしん）・見性成仏（けんしょうじょうぶつ）」を説き、「文字や教説によらず、直接人の心をとらえ、自己の仏性を覚悟するのを以て成仏とする意」とされる（中村元ほか編『岩波仏教辞典』「見性」・「直指人心・見性成仏」項、一九八九年、二三七・三四三頁）。

三　謡曲・幸若舞曲

そこで「曾我物」の問題に移るが、まず謡曲について言うと、表きよしの二論文「『曾我物語』の芸能化」（D叢書『曾我・義経記の世界』所収。以下、D論文と略記）、及び「曾我物語と能・歌舞伎」（F『曾我作品宇宙』所収。以下、F論文と略記）が要点を簡潔に整理している。氏に拠ると、曾我物は二十数番が知られているが、現行曲は、「元服曾我」（但し、喜多流参考演目）、「小袖曾我」（観世・宝生・金春・金剛・喜多五流）、「禅師曾我」（観世・宝生・喜多流）、「調伏曾我」（宝生・金剛・喜多流）、「夜討曾我」（五流）の五曲のみである（D論文、一二三—一二六・一二八・一三〇・一三二頁）。

曾我物の作者として宮増が知られているが、室町後期に成立した観世座系の作者付『能本作者注文』、及び金春座系の『自家伝抄』ともに宮増作とするのは「元服曾我」・「調伏曾我」の二曲だけで、[1]「小袖曾我」・「夜討曾我」は『自家伝抄』のみ宮増作とする（D論文、一三六頁、一二四・一二六・一三〇・一三二頁。F論文、二五九頁）。宮増については、「大和の群小猿楽の棟梁で、一方宮増五郎と称して観世座小鼓役者としても活動したらし」く、「文明十年（一四七八）頃を中心に活動したと推測されている」が（D論文、一三六頁）、なおその「事蹟にはまだ不明な部分が多」い（F論文、二五九—二六〇頁）。

現在知られる曾我物の初演は、応永三十四年（一四二七）二月、観世三郎（世阿弥甥の音阿弥）が演じた「曾我帀」で、これは「〈虎送〉だろうと推定されている」（F論文、二五七頁）。ところが、「室町期の上演記録は意外に少な」く、「義経物が頻繁に上演されているのに、曾我物では〈夜討曾我〉の上演が多少目立つ程度である」という（D論文、一三八頁)。しかも、江戸時代になると、『明和改正謡本』を刊行(明和二年(一七六五))した観世元章は、「それまでの謡本には収録されていた曾我物をすべて排除し」た。表はその理由について、「式楽となって幕府や藩で盛んに演じられた能の世界では、敵討ちに関わる作品を忌避する意識が存在したのかもしれない」と推測している(F論文、二六三頁)[2]。

従って、室町以降、曾我物に占める謡曲の文化的・社会的比重は高いとは言えず、今日においても、能楽が、日本文化を象徴する芸能として国際的に評価されている所以が、言語の壁を超越し、人間精神の深奥を抉り出す如き「夢幻能」にあるとすれば、宮増の力量にもよろうが、曾我物はそのほとんどが「現在能」形式であったことも(F論文、二五九頁)、影響力を低下させた要因であったろう。

次に、浄瑠璃・歌舞伎への橋渡しの役割を果たした幸若舞曲について見ていくと、新日本古典文学大系『舞の本』(一九九四年)、麻原美子が執筆した「解説」に拠れば、幸若舞は中世では「曲舞」とも呼ばれ、その語り台本が「舞の本」である(五八九頁)[3]。現存幸若舞曲の特質は「義経物・曾我物・源平物の、軍記物中心の叙事的語り物」で(五九〇頁)、曾我物は、「一満箱王」[4]・「元服曾我」・「和田酒盛」・「小袖曾我」・「剣讃嘆」・「夜討曾我」・「十番切」七編があり、うち「一満箱王」(「切兼曾我」)を除く六編が『舞の本』に収められている。

同「解説」に拠ると、「幸若なる芸能の徒の記録上の初出は『管見記』嘉吉二年(一四四二)五月二十四日条の「幸若大夫」」で、次いで『康富記』宝徳二年(一四五〇)二月十八日条「越前田中香若大夫参二室町殿一、久世舞々レ之云々」とある記事を紹介している(五九一頁)。幸若舞曲は、「末繁昌と聞えけり」の定型句で結ぶ予祝儀礼であり、幸若大夫は、「声聞師出身の曲舞の徒」で、「本来的に呪術儀礼の執行者」であったとされる(六〇二頁)。

夙に津田左右吉が、幸若舞は「初めから武士の間に起つたものらし」く、その「主題は武士の物語である」ことを指摘していたが(『文学に現はれたる我が国民思想の研究―武士文学の時代』一九一七年(『津田左右吉全集』別巻第三、岩波書店、一九六六年、一九三・一九六頁〕)、荒木繁は、「幸若が戦国武士の支持を得た」とし、その享受者層の基盤は「武士的なもの、剛直なもの」が「優越」していたことを明らかにした(注3所引論文、三〇一頁)。舞曲には、「越前に本拠を置き、徳川幕府の式楽としての権威をもっ」た越前幸若流と、「常時都にあって、貴族達にもてはやされた町衆芸能であった大頭(だいがしら＝引用者)流」の二流があったが(五九八頁)、越前幸若流は「江戸中期にはほぼ名目だけの芸能集団と」化し[5]、太宰春台『独語』には、「元禄の頃より(中略)幸若の舞、世にすたれたり」と見えていた(五九一頁)。

『曾我物語』との関係で言うと、荒木繁は、「舞曲の曾我物は「曾我物語」の主要な説話をほぼ網羅し、それなりに〝幸若曾我物語〟とでも言うべきものをかたちづくっている」とし(前掲論文、二八九頁)、須田悦生も「「もうひとつの『曾我物語』」といっていい世界が構築されている」と見る(注4所引論文、二七三頁)。荒木繁は、「舞曲が典拠とした「曾我物語」というのは、真字本より後の、古い仮字本のどれか」とするが(二九五頁)、興味深いことには、両氏ともに、舞曲は、仮名十二巻本における巻十一・十二から「取材していない」こと(荒木繁、二九三頁)、虎について「後日譚の形で作品化されることはなかった」こと(須田、二七三頁)に注目している。これは、虎による兄弟御霊の鎮魂譚が舞曲の「軍記物中心の叙事的」性格と相容れなかったということか、あるいは舞曲が依拠した物語の本源的性格に由来する問題か、なお検討すべき課題であろう。

注

(1) ともに「ワキの箱根の別当が活躍する」とする(D論文、一三六頁)。

(2) D論文、一三九頁にも同趣旨の記述がある。また、「各座が幕府に提出した寛文期(一六六一〜一六七三)の「書上」の所演曲を見ても、観世・金春は曾我物が一つもなく、宝生は〈元服曾我〉、金剛は〈調伏曾我・夜討曾我〉のみで」、喜多流だけが五曲を上演していたという(F論文、二六三頁)。

(3) 語り台本は「正本」とも言った(五九五頁。荒木繁「曾我物の幸若舞曲と「曾我物語」」〔C大成『義経記・曾我物語』所収、二九八頁。初出一九七八年〕)。

(4) 「切兼曾我」とも言う(須田悦生『曾我物語』と幸若舞」、F『曾我作品宇宙』所収、二七二頁)。

(5) 大頭流は「九州に土着し」て、「福岡県山門郡瀬高町大江に今日、国の無形民俗文化財の指定を受けて辛うじて伝存している」という(五九四頁)。

四　浄瑠璃と歌舞伎

浄瑠璃は、謡曲・幸若舞曲固有の都市的性格に、操りや義太夫節と合体する以前の古浄瑠璃や説教が帯びていた地方的・農村的要素を吸収して成立した。近世芸能としての「浄瑠璃節の濫觴は、『浄瑠璃御前物語』であり[1]、三河矢作宿(愛知県岡崎市)を舞台とし、鳳来寺(新城市)の峰の薬師を信奉する「巫女集団」によって「形成された唱導が、中央の教養人によって文章化された可能性が高い」と考えられている[2]。また、説経『をぐり』・『さんせう太夫』・『かるかや[3]』などは、常陸・丹後とか、高野山・善光寺といったいずれも地方を舞台としていた。

最も都市的演能とも言うべき歌舞伎十八番「助六」で、「花川戸の侠客助六(実は曾我五郎時致の世を忍ぶ仮の姿)は、病を示す紫の鉢巻きを絞め雨を示す蛇の目傘を持」って登場する[4]。「緒言」でも触れたように、「蛇の目傘」は「曾我の雨」(または「虎が(涙)雨」)と結び付いており、角川源義が繰り返し説いたように(第一章第三節一項)、曾我兄弟の敵討が行われた五月は田植えの季節であり、雨は農民にとって生き死にに関わる問題であった。徳田和夫は、十六世紀後期に成立した『田植草紙』の虎御前を唱った歌唱を紹介し、「田面に伝播したのも、豊かな稔りを予祝して、また虫送りを念じて、御霊と化した兄弟の物語を歌いあげて慰撫し、その霊力の加護を期していたからである」とする。(5)浄瑠璃・歌舞伎については、『日本及日本人』六五二号(第一章第一節一項参照)所載、高野斑山(辰之)「曾我物」(Ⅲ-16)、饗庭篁村(与三郎)「芝居の曾我」(同11)、伊原青々園(敏郎)「歌舞伎劇の『曾我』」(同33)が、夙に基本的な事柄を整理していた。近世芸能としての浄瑠璃の歴史は、天和三年(一六八三)宇治座で上演された近松門左衛門作『世継曾我』を、竹本義太夫が「貞享元年(一六八四)大坂に旗上げして語り大評判を得、翌二年近松の新作『出世景清』を得て確固たる地位を確立したその期をもって」始まった。(6)近松作としては、その他に「三傑作の一」とされる「狩場を主眼にした曾我会稽山」が知られているが、「時代でいへば享保(一七一六―三六＝引用者)を限りとして曾我浄瑠璃の新作は絶えた」(高野、二九一頁)。

また、饗庭は、「其の敵討ち、曾我兄弟対工藤祐経といふばかりにあらずして伊東入道対頼朝、または頼朝対諸大名といふべき関係あり、且つ曾我兄弟に祐経を討たせたしとは伊豆相模の人々の宿望なれば」云々と語っており(二六九頁)、物語のプロットを正確に捉えていたばかりか、「頼朝対諸大名」以降の記述は、永井路子の指摘(第一章第四節三項)に通じるものが窺われる。

伊原青々園(敏郎)に拠ると、江戸歌舞伎における曾我物の初演は、明暦元年(一六五五)の山村座における興行であったが(7)(三三九頁)、延宝三年(一六七五)山村座の「勝鬨誉曾我」で初代市川団十郎が初めて曾我五郎を演じ、以後「団十郎のオハコ物」となり、天和二年(一六八二)市村座の曾我物「好色鎌倉五人女」では、「元祖中村七三郎が十郎の役に大当りし」、やはり「七三郎のオハコ」としてしばしば演じられたという(三四〇頁)。そして、貞享五年(元禄元・一六八八)正月、江戸三座は一斉に曾我狂言を上演した(第一章第二節四項)。山村座は「古今兄弟兵(つはもの)曾我」

で五郎＝団十郎、市村座「初恋曾我」は十郎＝七三郎、そして、「別に市村座は「奴朝比奈大磯通」といふ表題で、此の時に元祖中村伝九郎が朝比奈三郎を勤め」、「此れから朝比奈は伝九郎のオハコとなつた」とする(同)[8]。こうして、「五郎は年若くて血気が盛んで勇気の充満した謂はゆる「荒事」の役」、「十郎は分別のある柔和な色男で謂はゆる「和事」の役」、「朝比奈は滑稽を旨とする「道外(だうけ)」の役」といった「一定の型」が作られていったとしている(三四一頁)。

かくて、三座揃って、初春狂言に曾我物を出すことが吉例となった宝永六年(一七〇九)を迎える。その意義については丸谷才一説を引き(第一章第二節四項)、飫肥藩主伊東家の安房妙本寺への依頼もこの年であったことに注意を促した(本章第一節二項)。歌舞伎の曾我物が「最も盛んなのは享保元文(一七一六—四一＝引用者)頃で、殆ど毎年新作があつた」という(高野、二九一頁)[9]。ところが、「嘉永、安政のころ(一八四八—六〇＝引用者)にやうやく廃れがちになつて(丸谷、一五五頁)、「幕末になると全く曾我を出さないやうになつた」(伊原、三四二頁)。この趨勢は明治に入ってますます顕著となり、芥川龍之介の随筆「お宗さん」の世界に転じる(「緒言」)。

私は偶々テレビで放映された、一九五二年(昭和二七)封切りの松竹映画「本日休診」(監督渋谷実)を見る機会を持った[10]。そこで、思いがけず曾我兄弟の話題を耳にすることになったが、内容は次のようなものであった。手術代も入院費も支払うことができず、それを気に病んでいた貧しい娘がいた。同じ長屋に住んでいた年配の婦人が、十八年の昔、自分はこの医院で帝王切開の手術を受け無事元気な男児を産んだ。支払いを済ませたのはつい先日のことで、まるで「曾我兄弟だ」と言って笑う場面である。十八年もの間、艱難辛苦に耐えて初志を貫いた兄弟の「敵討」を引き合いに出して、支払いの気持ちさえ失わなければ、今は療養に専念すればよいと娘を慰めたわけである。

映画は二十世紀大衆社会を象徴するマス・メディアであり、しかも「本日休診」は娯楽映画であって、曾我兄弟のエピソードが国民の間に浸透しておればこその台詞である。「曾我の五郎と十郎とは一体どっちが兄さんです?」と尋ねたお宗さんや周りの大衆との落差はどこから来ているのであろう。言わば老衰が進行して衰弱の激しかった身体に、いつ・どのような形でカンフル注射が打たれたのであろうか。映画「本日休診」の観客と、「十郎が兄さんですよ」と答えた芥川少年を笑った大衆との決定的な落差は、時代状況と個々の生活環境を捨象すれば、彼らの受けた教育の違いに帰着する。

注

(1) 信多純一「近世初期の語り物」(『古浄瑠璃 説経集』所収、五五一頁)。
(2) 同右『古浄瑠璃 説経集』所収『浄瑠璃御前物語』、二—三頁。薬師如来の浄土は、東方の浄瑠璃世界であり、峰の薬師の申子として誕生した姫が、浄瑠璃御前と名付けられた所以である。
(3) いずれも『古浄瑠璃 説経集』所収。
(4) 清水眞澄「曾我と祭」(F『曾我作品宇宙』所収、二四九—二五〇頁)。
(5) 「室町期の民俗社会と曾我物語」(同F所収、九〇頁)。
(6) 信多純一、注1所引「近世初期の語り物」、五六四頁。
(7) 江戸三座については、第一章第二節四項、注3参照。
(8) 上方では、「近松門左衛門に『大名なぐさみ曾我』といふ歌舞伎台本があつて」、元禄十年(一六九七)京都万太夫座の初演、坂田藤十郎が十郎の役を演じた(丸谷才一『忠臣蔵とは何か』、四七・五〇頁)。
(9) 曾我物に代わって、浄瑠璃『仮名手本忠臣蔵』が大坂の竹本座で初演されたのは寛延元年(一七四八)八月。十二月に歌舞伎に移され(大坂の嵐座)、翌年には江戸三座の競演となって好評を博したという(丸谷、一五六頁)。

(10)　二〇一二年（平成二四）二月一二日、NHK BSプレミアム放映。

五　国定教科書

そこで、国定国語教科書について見ていくと（以下、井上敏夫編『国語教育史資料』第二巻・教科書史、東京法令出版、一九八一年、に拠る[1]）、国定第一期（「イエスシ読本」。明治三十七（一九〇四）年度より）・第二期（「ハタタコ読本」、明治四十三（一九一〇）年度より）、いずれも曾我関係の教材はなく（第一編第一章第一節二項、一五八―一五九・一八七―一八九頁[2]）、大正期の第三期、いわゆる「ハナハト読本」（『尋常小学国語読本』。大正七（一九一八）年度より使用）第二学年後期用巻四の最後、第二十四課に「曾我兄弟」が登場する（第二章第一節二項、三〇八―三〇九頁）。文部省編纂の「尋常小学国語読本編纂趣意書」（一九一七年）に拠ると、「歴史ニアリテハ童話ヲ去リテ漸ク史譚ニ入ラシメタリ」とあって（三二八―三二九頁）、歴史への関心を喚起する手段と位置付けていたことが分かる。三浦勝也は、「古典の原文が登場するのは中等教育からで、小学校では、義経や曾我兄弟を扱った教材でも、小学生のレベルに合わせて書き下ろした文語文」であったとしており（『近代日本語と文語文　今なお息づく美しいことば』、勉誠出版、二〇一四年、二三五頁）、古文教育が目的でなかったことが知られる。

ところが、昭和に入って、国定第四期（「サクラ読本」、昭和八（一九三三）年度より）、第五期国民科用（「アサヒ読本」、昭和十六（一九四一）年度より）、いずれも曾我関係は姿を消している（第三章第一節二項、四二二―四二四・四六〇―四六四頁）。一方、修身科においては、森山重雄が、有名な「在地者の贖罪―『曾我物語』の意味するもの―」冒頭において、「今四十代以上の人間だったら、この物語を修身教科書と結びつけずには思いだせないだろう」として、「ひとつらの雁」のエピソードを挙げ、「教科書の編者は、この挿話によってたしか孝行ということを説こうとしていたと記憶している」と述べているように、「わが国古来の美風」としての「家族主義」教育が目的であった。[3] また、尋常小学唱歌（第二期・三期）、第四学年の第七、「富士の裾野の　夜はふけて」に始まる文部省唱歌「曾我兄弟」も忘れてはならない。先の『国語読本』は「父が　うたれて　から　十八年目　に　めでたく　のぞみ　を　とげました。」と結ばれていたが、唱歌にも二番の歌詞に「十八年の　うらみをば」という一節があり、松竹映画「本日休診」の「十八年」の台詞は、案外「尋常小学唱歌」教育の賜物であったかも知れない。

問題は、国定教科書第一期・二期にはなお教材化されていなかった「曾我兄弟」が、なぜ大正七（一九一八）年度より使用された『国語読本』に収められたかということであろう。第一章第一節冒頭で述べたように、歌舞伎界同様、明治期には、曾我関係の「特記すべき専論」が見られなかったにも関わらず、「大正期に入った第一次世界大戦の前後、『曾我物語』に関する論著が、堰を切ったように相継いで発表され」ていた。いま、年代順に整理すると、

柳田國男「巫女考・箱石と笈の塚」　一九一三年[4]
『日本及日本人』六五二号（特集「諸家の曾我兄弟観」）　一九一五年
（柳田國男「曾我兄弟の墳墓」、三浦周行「曾我兄弟と北条時政」〔改題〕等三四編を収める）。
柳田國男「老女化石譚」　一九一六年
津田左右吉『文学に現はれたる我が国民思想の研究―武士文学の時代』　一九一七年
幸田露伴「暗黒時代の一文学―曾我物語に就いて―」　一九一九年

ということになり、まさに「曾我兄弟」の教材化は研究状況とパラレルな関係にあった。

注

（1）尋常小学校用「国語読本」については、畏友三浦勝也氏より種々のご教示を得た。記して感謝の意を表する次第である。なお、氏からは、中等学校用の検定教科書数種についても教えられたが、本書では中等教育にまで論及する余裕がなかった。ご好意を活かすことができず、率直にお詫びしたい。

（2）第二期修正本（大正七〔一九一八〕年度より）、巻四〔二年後期〕第六課「ふじのまきがり」（「にたんの四郎ただつねの功名」）、巻六〔三年後期〕第五課「そが兄弟」を載せる（二九二―二九三頁）。

（3）C大成『義経記・曾我物語』所収、一七六頁（初出一九六三年）。森山が言う「今四十代以上」の人とは、一九二三年（大正一二）生としても、国定教科書第三期世代で、氏自身は一九一四年生であるから、まさにこの世代である。

（4）これ以前、一九〇八年（明治四一）九月から歳末にかけて、『東京（大阪）朝日新聞』に連載された夏目漱石『三四郎』に、団子坂（東京都文京区千駄木）の「小屋」で、主人公らが「曾我の討入」を表現した菊人形を見物した描写が見られる（『漱石全集』第四巻、岩波書店、一九六六年、一二六頁）。

六　薩摩藩と「傘焼」

このうち、直接国民教育の問題と関係するのは、雑誌『日本及日本人』で、内容は特集の趣旨に基づいて、「孝道」論オンパレードの様相を呈していた（第一章第一節一項）。では、「曾我兄弟」の教材化を推進したのはどのような人々であったろうか。今ここで注目したいのは、「Ⅶ薩摩関係」五人全員が、「孝道」論（忠孝思想）の主張を踏まえて、旧薩摩藩の子弟教育における郷中の年中行事「傘焼」を取り上げていたことである。その他、「傘焼」に触れた論稿のうち（同、注5参照）、三田村鳶魚（Ⅲ-34）は関説した程度に過ぎなかったが（三五五頁）、村上専精（Ⅱ-3）の場合は、忠孝思想を踏まえて、「薩摩の武士教育」の問題として捉えており（二二二―二二九頁）、村上が、旧丹波国出身の真宗大谷派学僧で、東大の印度哲学講座開講に努め、一九一七年（大正六）同教授となった（二六年、大谷大学学長）、言わば第三者的文化人だけに、同趣旨の主張にしても、より一層説得力を増そう。

「傘焼」について、内容が体系的な、鯵阪（坂）南水「薩摩健児社と曾我の傘焼」（Ⅶ‐13）を中心に見ていくと、旧薩摩藩の郷中では、「忠孝を経とし、武勇を緯とす」る「士風」涵養のために三つの年中行事があったとする（二七五頁）。逆から言うと、十二月十四日の「義臣伝輪読会」、九月十四日の「妙円寺参り」、そして「曾我の傘焼」は無論五月二十八日の行事である（二七五頁）。「妙円寺参り」というのは、関ヶ原「敗戦の当日には、城下の子弟武装して（島津＝引用者）義弘公の霊を祀れる伊集院妙円寺（今の徳重神社）に参詣する」というもので、この項のタイトル「遺恨骨髄に撤する関ケ原の敗戦と薩人の臥薪嘗胆」が行事の目的を語っている（二七八―二七九頁）。

「曾我の傘焼」であるが（以下、鯵坂、二八一―二八二頁、加治木、二六八頁、に拠る）、五月二十八日の敵討当日、「二才（にせ）衆」が集まって曾我物語などの会読を行う（加治木は「二才衆から曾我物語の口演を聴く」とする）。一方、児（ちご）らは家々を回って古傘を貰い受け、集めた古傘を河原や田畔に運び、夜を待って火を付けるのである（鯵坂は「予ねて貰ひ集めたる古傘を最寄りの河岸」などに運ぶとし、加治木は、「少年等は昼過から郷中の家々を廻つて、古傘を蒐集する、各戸に一年中の古傘を蓄へて置いて、当日少年等に付与する例になつて居つた」という）。児らは「口々に「チエスト関ケ原」を連呼しつゝ」、「五郎十郎が当年の境遇を偲ぶを例とした」。

大正期に入って、都市化の波や西洋思想の国民生活への浸透に伴い、それに反発する時代思潮もまた、大逆事件後の世相の中で一層強まっていった。その危機感が「孝の陵夷」として認識されるとき、『曾我物語』に対する研究状況の一定の進展を背景として、政教社『日本及日本人』は、赤穂義士に次いで「諸家の曾我兄弟観」特集を組んだ

（一九一五年〔大正四〕）。この中で、「孝道」の実践として特に注目されたのは、旧薩摩藩郷中の「傘焼」行事であり、その有用性は「明治維新」によって証明されたものと考えられ、この主張は、薩摩出身の関係者ばかりではなく、村上専精のような第一級の文化人にも支持されていた。こうした時代状況の中で、「曾我兄弟」の教材化に当たっては、私は、「薩摩の士風と曾我物語」を執筆した小牧昌業（Ⅶ－29）に注目したい。

『日本及日本人』掲載の肩書きは「貴族院議員」とあるが、黒田清隆の側近として、薩閥黒田内閣の書記官長を務めた経歴がある。(7)本来漢学者で、造士館教授を務め、また歴史にも造詣が深く、重野安繹の跡を承けて、島津家編纂所総裁として『薩藩史談集』（一九一二年）を出版している。(8)ここで何より注目したいのは、一八八五年（明治一八）一二月内閣制度発足とともに（第一次伊藤博文内閣）、初代文相に就任したのが薩摩出身の森有礼で、小牧が文部大書記官・官房次長心得となり、翌年には文部大臣秘書官に任じていることである。(9)「一八九四年（明治二七＝引用者）の文官高等試験の実施以後」、「文部・内務両省の人事が緊密化」し、内務省で「養成」された幹部職員が「文部省へ配属されてくるという慣行」が作られたとされる。(10)内務省と言えば、一八七三年（明治六）の新設後、初代内務卿となった大久保利通以来、薩閥は、もちろん山県有朋系の平田東助らの存在も無視できないが、抜きがたい影響力を誇示してきたと言ってよい。

小牧昌業は、文部行政に対して、内務省や文部省の薩摩閥の勢力を背景に、一定の影響力を保持し続けていたのではなかろうか。(11)私は、大正七年度（一九一八）より使用された国定教科書第三期、いわゆる「ハナハト読本」第二学年の教材に、「曾我兄弟」を採用した原動力として薩摩系の勢力を想定し、「孝道」教育の実践を熱望する人々に支えられて、文部行政に影響力を保持し続けていた小牧昌業が中心となって実現したものと考えている。もちろん、これは、国語教育史にも明治・大正期官制史にも全くの門外漢である私の憶測に過ぎない。いずれにしても、先に比喩として用いた《カンフル注射》とは、要するに尋常小学校六年の義務教育であった。折しも、『曾我物語』に対する研究の進展が、民俗学・歴史学・国文学各方面に見られたが、柳田國男や、津田左右吉・三浦周行、あるいは幸田露伴らの関心は学問的なものであって、薩摩閥とも忠孝思想とも無縁の人々であった。

注

（1）『国史大辞典』第一三巻、一九九二年、六七一頁。『コンサイス人名辞典―日本編―』、三省堂、一九八一年第六刷、一一一〇頁。

（2）鹿児島県在住の後藤大志郎氏のご教示に拠ると、鯵坂南水(貞盛)は、一九一九―三九年に至る五期、民政党系の鹿児島県会議員となり(『川辺町郷土史』、七九二―七九三頁)、一方で、鹿児島朝日新聞社(現南日本新聞社)編輯局に勤め(藤田親義『琉球と鹿児島』序文、一九二四年)、鹿児島商船二代目社長(『講談社日本人名大辞典』、二〇〇一年、三一四頁)等を歴任した実業家でもあった。後藤氏からは、鯵坂ばかりでなく、後述する小牧昌業や「曽我どんの傘焼き」行事等、薩摩関係のいくつかの点についてご教示を得た。記して感謝の意を表する次第である。なお氏は、曽於市「恒吉の歴史を語る会」を主宰し、『ふるさと恒吉　絵地図物語』(鉱脈社、二〇一三年)を刊行され、また「弥五郎どん祭り」で知られる、同市岩川八幡神社の宮司を務めておられる。

（3）加治木常樹は、西南戦争に西郷隆盛に従って戦った体験を持つ「壮士」と言うべき人であるが(『普及新版　日本歴史大辞典』第二巻、河出書房新社、一九八五年、六二二頁)、同「曾我の傘焼」(Ⅶ-10)に拠ると、「郷中とは鹿児島の城下にある少年団体のことで」、「各部落を一団体と」し、「城下には総数十六の郷中があつた」という。「武士の子弟は六七歳から二十一歳まで、此団体に隷属し」たとするが(二六六頁)、鯵坂は「既にして二十四五歳に至れば、郷中を去りて或は妻帯を為し」云々と述べており(二七六頁)、郷中にはそれぞれの慣例によって、「傘焼」行事の内容を含め、制度に若干の相違があったものと思われる。なお、鯵坂の題名に見える「薩摩健児社」とは郷中のことで、頼山陽の評言に基づいていた(同)。

(4)「大凡十四五歳に至れば前髪(まへがみ)を去りて兵子二才(へこにせ)の部に入る」とする(鯵坂、二七六頁)。

(5)この行事は、現在では「曽我どんの傘焼き」と言って、二〇一四年(平成二六)七月二〇日、鹿児島三大行事保存会主催により、鹿児島市高麗町の甲突川河畔で三年ぶりに復活したという(『南日本新聞』、同一八日・二〇日刊)。他方、本家とも言うべき曽我谷津の城前寺(神奈川県小田原市)の「傘焼祭」は、曽我兄弟遺跡保存会の手によって、一九五八年(昭和三三)に復活したが、二〇一一年(平成二三)東日本大震災を契機に中止され、翌年からは五月中旬の土・日を利用して、JR御殿場線下曽我駅周辺で開催されることになった。人々の関心や祭の維持費用の問題ばかりでなく、今日では唐傘の蒐集さえ困難を極めるという現状がある。

なお、城前寺の「傘焼祭」も、鹿児島の「曽我どんの傘焼き」の場合も、敵討の当日が雨であったとされることから、「兄弟は松明に代えて蓑笠を燃やして討ち入ったとの故事に由来」し(四項、注4所引、清水眞澄「曾我と祭」、二五〇頁)、傘を焼くことによって、人々は兄弟の御霊を鎮魂するのである。ところが、『曾我物語』に拠ると、続松や「蓑笠に火を付けて投げ出」したのは「御馬屋の舎人の時武」らであって(真名本巻九『東洋文庫真名本』2、一九七―一九八頁)、兄弟を追捕する便宜のためであった(仮名本も同趣旨)。また、清水は「曾我祭で傘を焼く理由は、本来梅雨時の厄払いを兼ねた民具供養」に、「御霊信仰」が結び付いたものとし、「民具の蓑笠」が「唐傘に変化した」のは、唐傘が「天然痘(かさ　瘡。「もがさ」とも。)に通じ」、「江戸時代に大流行した天然痘から子供達を守る願い」を込めて、「疫病封じの呪術として、修験者(山伏)の影響」によるものという(前掲論文、二五二頁)。

(6)『日本及日本人』六五二号所載、柳沢保恵(V-5)の標題(第一章第一節一項、注1参照)。

（7）一八八八年（明治二一）四月、黒田内閣発足とともに内閣総理大臣秘書官に任じ、五月書記官長に就任した（黒田内閣は、翌一八八九年十月、外相大隈重信が襲撃されて重傷を負ったことを機に総辞職する）。以上、秦郁彦編『日本近現代人物履歴事典』、東京大学出版会、二〇〇二年、二二四頁に拠る。

（8）南日本新聞社編『郷土人系』上、春苑堂書店、一九六九年、五三頁。注2前掲『講談社日本人名大辞典』、三三八頁。

（9）注7所引『日本近現代人物履歴事典』に拠る。森は、続く黒田内閣においても文相に任ぜられたが、一八八九年（明治二二）二月一一日、帝国憲法発布の日に暗殺された。

（10）松谷昇蔵「官僚任用制度展開期における文部省―文部官僚と専門性―」（『史学雑誌』一二六巻一号、二〇一七年、六三・四〇頁。幹部職員配属の「慣行」に関しては、佐藤秀夫「文部官僚としての沢柳政太郎」の引用）。

（11）小牧（一八四三年（天保一四）生）の十六歳年少で、薩閥の文部官僚に木場貞長がいる。彼は初代文相森有礼の下で秘書官・参事官を歴任したが、第二次伊藤内閣の文相井上毅は、大久保の次男牧野伸顕を次官に招聘し、木場を大臣秘書、次いで普通学務局長に抜擢した。一九〇三年（明治三六）次官に任ぜられ、退官後は、小牧同様、貴族院議員を務めている（注10前掲、松谷、五四―五五・五八―五九頁。四三頁表3・五三頁表8・五七頁表9）。

七　曾我物の戦後

《カンフル注射》は結局進行する老衰を食い止めることができなかった。忠孝道徳そのものは、ＧＨＱ（連合国軍最高司令官総司令部）の指令のみならず、「戦後民主化」の動きの中で色褪せていったが、忠臣蔵と曾我物は対照的な途を歩んでいくことになる。

一九五〇年代後半は日本映画の黄金期とされているが、「忠臣蔵」は、内蔵助を看板スターが演じ、各社こぞってオールキャストの年末競演となった。一九六〇年代の「高度成長」期に入ると、娯楽の首座は家庭のテレビに移行し、NHK大河ドラマが話題を呼ぶ。一九六四年（昭和三九）、前年の「花の生涯」（原作舟橋聖一）に続き、「赤穂浪士」（原作大佛次郎）の放送となったが、何よりも大映のトップスター長谷川一夫が内蔵助役で、当時としては一段格下に見られていたテレビに出演し、茶の間の話題を攫った。以後も「大河」で何本か忠臣蔵が取り上げられ、二十一世紀の今日に至るも、演劇や映画（テレビ放映を含めて）ばかりでなく、テレビドラマの再放送分までカウントすると、毎年一二月には必ずどこかで「忠臣蔵」に出会うという状況が続いている。

一方、曾我物であるが、映画では一九五六年（昭和三一）封切りの東映映画「曾我兄弟 富士の夜襲」（監督佐々木康）がある。オールスターキャストで、兄弟には若手の人気スター、東千代之介が十郎、五郎を中村（萬屋）錦之助が演じた。しかし、興行的には失敗であったようで、他に制作された映画を知らない。

では、NHK「大河」はどうかというと、既に二本松康宏が指摘しているように、一九七九年（昭和五四）の「草燃える」わずか一作で、それも、年間五十数話のうち、二話のみの放送であったという。[1]ドラマの原作は永井路子『北条政子』・『炎環』・『つわものの賦』その他によるオリジナル脚本で、主人公は頼朝・政子・義時であるが、狂言回しの役で、伊東祐親の末子として十郎祐之なる人物を設定し、仇討はこの祐之が企図し、永井説に従って、頼朝と時政同時殺害を目指した「謀叛」としている。捉えられた五郎を前に、時政は縷々兄弟を弁護し、頼朝はまことに「孝道の鑑」であると称える。

その他、歌舞伎では伝統の新春興行として「寿曾我対面」などが上演され（「緒言」）、能でも「小袖曾我」・「夜討曾我」が演ぜられることはあっても、まずブームとなることはない。既に、江戸時代後半に江戸歌舞伎において現れていた曾我物と忠臣蔵との逆転現象は、学校教育という《カンフル注射》の効果も消えた戦後になって決定的となった。忠臣蔵は群像劇で、集団・組織・指導者といったテーマ、あるいは人間としての強さ・忍耐・勇気といったポジティヴな要素、逆に弱さ・裏切り・孤独というネガティヴな側面、家族や恋人に対する愛別離苦の思い、庶民の権力に対する鬱屈、いずれも現代人に訴えかけるドラマトゥルギーに事欠かない。一方の曾我物は、十郎と遊女との恋愛と別離はあっても、孝道と兄弟十八年の艱難辛苦だけでは、「傘焼祭」の維持さえ困難になっているのが現状である。

注

（1）『曾我物語の基層と風土』「序論」、一五頁（初出二〇〇三年）。

第三章　『曾我物語』概観

『曾我物語』のプロットを真名本に従って整理し、仮名本については、記述が真名本と大きく相違している点、あるいは注意を要する点に関してのみ、＊印を付して特記し（＊1・＊2…と、節ごとの通し番号で表す）、各項末、注の前に収める。また、記述内容に関し考証を要するものは、基本的な事柄について行い、作業過程が複雑になる事項は第四章以降の関係個所で触れることにしたいが、第三章でのみ言及する事項に関しては、多少繁雑な作業を要するものであっても、本章で検討する（〇［a］…で表示）。なお、注記しない限り、真名本とは「妙本寺本」を指し、仮名本は「太山寺本」を言う。

第一節　河津三郎の死と源頼朝

一　〔巻一〕源氏の世

史書としての主張によるものか、冒頭に国の始原について、記紀神話と異なる「天神七代・地神五代」に触れ、それが「安日といふ鬼王」（＊1）によって中断されたこと、地神の系統から出た「神武天王」によって、「安日が部類をば東国外の浜（青森県東津軽郡外ヶ浜町）へ追ひ下さ」れ、その子孫が「今の醜蛮《ゑぞ》」となったという（『東洋文庫真名本』1、三―四頁）[1]。

次に、今日まで「四百余歳」が経過したという「源平両氏」の歴史に話題を移すが[2]、平氏の記載が簡略なのに対し（＊1）、源氏については詳細で、頼朝の治世を引き出すために、源氏の歴史を語り、その祖清和天皇誕生に至る、文徳天皇の皇子＝惟喬・惟仁両親王の位争いにまで遡る。両親王位争いの挿話は、既に平家諸本にも見られた周知のものであるが、平家諸本は、安徳帝西走後の高倉院四宮（後の後鳥羽天皇）即位に引き付けて語っていたもので、いずれも「山門の住侶恵良（亮）和尚」の貢献によって、惟仁親王[3]側が競馬や相撲の勝負を制し、やがて清和天皇として即位し[4]、敗れた惟喬親王[5]は「比叡山の麓小野」（滋賀県大津市小野（旧滋賀町））に引き籠ったという（同、四―七頁）[6]。

真名本は、清和天皇の第六皇子貞純親王の子＝「六孫王」経基が「始めて源氏の姓」を賜り、子の満仲以下、源氏の代々を述べる（『東洋文庫真名本』1、一一—一二頁）。仮名本も同様であるから、[7]『曾我物語』は、『吾妻鏡』同様、[8]頼朝の系統を「清和源氏」と主張していたことが分かる。[9]清和天皇在位の貞観元年（八五九）「大安寺の行教和尚」によって、「宇佐の八幡大菩薩」が「男山石清水に勧請」され、以後八幡は、清和天皇の子孫である「源氏」の守護神となったとする（同、一一頁）。

源氏代々・庶流の記述の中で、「某源氏」と固有名詞を冠せられ、次の三つが特記されている。真名本が満仲の「四男」とする頼信の子＝[10]頼義の「弟信濃守頼清と申す。信濃の国に村上源氏と申すはこの人の末なり」とし、続けて「その弟をば掃部助頼秀と名く。信濃の国に井上源氏と申すは即ちこの人の末なり」とあった（『東洋文庫真名本』1、一二頁）。[11]真名本は、信濃源氏二氏をなぜ特記したのであろう。

いま一つは、前段に、満仲の「次男」、「大和守頼親、越前の国に稲津源氏と申すはこの御末なり」とあった（同）（＊2）。村上源氏・井上源氏に比して、稲津源氏の名はほとんど知られていないのではないか。『吾妻鏡』建暦二年（一二一二）正月十一日条に、小国源兵衛三郎頼継が、実朝から「越前国稲津保（足羽郡。現福井市稲津町・小稲津町辺）地頭職」を賜った記事が見える。頼継は、源三位頼政の弟「丹後守源頼行孫」で（『尊卑分脈』清和源氏・小国、第三篇、一三二—一三三頁。同右『吾妻鏡』）、満仲の「一男」、「摂津守頼光」（『東洋文庫真名本』1、一二頁）流であった。一方、平家諸本には、木曾義仲に従軍し、斎藤太と連記された越後国「稲津新介」の名が記されていたが、[12]こちらは利仁流藤原氏であった（『尊卑分脈』時長孫、第二篇、三〇五—三〇六頁、三一九・三三七頁、三四一頁）。

ところが、『日向記』に拠ると、そもそも工藤祐経の子祐時が頼朝から「越前国稲津」を賜ったとし（前掲『伊東市史』史料編 古代・中世、第四章第一節一〇六号、〔日向記〕巻二「再日向国地頭職之事」、二四一頁）、貞和四年（一三四八）十二月、日向に下った祐重が、「日智屋」から上陸して、[13]その「御供ニハ、先一族長倉井稲津新介〈七才〉」（以下略）とあった(同第二節四四二号、(日向記)巻二「祐重日州下向之事」、四四四頁)。そして、「都於郡(とのこほり・宮崎県西都市)遷居」後、「稲津・落合・湯地・川崎、此四天ハ下向ノ人数ナレハ客座ニ直シ、国ノ四天ハ亭座ニナヲル、今以如レ此ハ皆此時ノ佳例也」とされていた(同四四四号、巻三「祐重改二氏祐一付都於郡遷居事」、四四七頁)。また、「稲津・宮田系図」(同、第七章八号)[14]、頼親条に「以二当院一号二大和源氏一、(中略)越前国稲津源氏一統」とあり(七六九頁)、稲津参河守重清条に、「伊東殿始テ日州御下向供奉、稲津・落合・湯地・川崎四人、内方井尻・井戸川・布施・関屋四人、右八人御頭衆也」ともあった(七七二頁)。

このように、「稲津源氏」の称が、日向伊東氏家臣の家に伝えられた「稲津・宮田系図」に(及び伊東家で編纂された『日向記』を含めて)見られたことをどのように理解したらよいか。真名本巻一に記された安日伝説や、惟喬・惟仁位争いの挿話などとともに、現行真名本(妙本寺本)形成の過程で増補された可能性はないのであろうか。その場合、「村上源氏・井上源氏」については信濃=善光寺や諏訪社との関係を想定するにしても(第七章第三節一・二項参照)、「越前国稲津源氏」を日向伊東氏との関係で理解してよいのかどうか。そうとすれば、稲津氏が伊東氏の被官化し、真名本に採用された時期はいつか、さまざまな可能性が考えられようが、なお成案を得ない。

そして真名本は、頼義以下、河内源氏嫡流の系譜を述べて[15]、頼朝に至り、「公私諍ひを留めて一人として帰伏せざることな」く、「世納まり、万人恩光に誇れ」る時代を迎えたとするが[16](『東洋文庫真名本』1、一三頁)、

しかるを何ぞ、伊豆の国の住人・伊藤(伊東)次郎助親(祐親)が孫子、曾我十郎助成(祐成)・同五郎時宗(時致)兄弟ばかりこそ、将軍家の陣内を憚らず、親の敵を討て、芸を当庭に施し、名を後代に留めけれ(同、一四頁)

と、頼朝の治世を乱す者として曾我兄弟を対極に位置付け、物語の主題を提示する。

＊1　仮名本に記載はない。

＊2　村上源氏・井上源氏・稲津源氏、いずれも仮名本に記載はない。

注

（1）小島瓔禮は、『神道集』巻一「神道由来之事」が、『元亨釈書』や『神皇正統記』にも通じる「南北朝時代行われた神道神学」の体系に基づいているのに対し、『曾我物語』は、全く「別個の体系に従っ」ているとし、その違いが「『曾我物語』の神代紀には、安日という鬼王が登場していることである」とする（「神道集と曾我物語との関係」、二七―二八頁）。

（2）第一章第三節三項参照。

（3）母については、「当時の執権の臣、染殿の関白忠仁公（藤原良房）の御娘染殿の后（明子）の御腹」とする（『東洋文庫真名本』1、六頁）。なお、真名本は「第二の御子」とするが（同、五頁）、実際は第四皇子であった。

（4）『延慶本』四ノ三（六三八―六三九頁。他略）。但し、『盛衰記』は巻三二（中六四〇―六四三頁）の他、巻四において「山門ノ効験」を語る例証として既に触れていた（上二一〇頁）。また『愚管抄』に、「サテ文徳ノ王子ニテ清和イデキ給。コノトキ山ノ恵亮和上ハ、御イノリシテナヅキヲ護摩ノ火ニイレタリナド申伝タリ」と見え（巻三・清和、一五二頁）、著名な伝承であったことが知られる。

（5）真名本記載のとおり、文徳天皇の第一皇子で、母は、相撲を戦った紀名虎の娘静子であった（『皇胤系図』〔『続群書類従』一〇六、系図部。第五輯上、二六頁〕）。また、護持僧「弘法大師の御弟子、信（真）済」は「柿本紀僧正」とあるように（『東洋文庫真名本』1、七頁）、紀氏一族である（なお、在原業平の妻は名虎の孫娘であった。以上、『国史大辞典』第四巻、「紀氏」項、一九八四年、一三―一四頁）。

（6）真名本は引き続き、在原業平との交情を語っているが（『東洋文庫真名本』1、八―九頁）、これは『伊勢物語』八三段にも窺うことができる（日本古典文学大系、一九五七年、一六〇—一六一頁）。また、後世、木地屋（轆轤師）とその祖と伝えられた惟喬親王との関係については、夙に柳田國男が論じていた（『神を助けた話』「一四　猿丸と小野氏」〈初版一九二〇年〉。『定本柳田國男集』一二巻、筑摩書房、一九六九年、二〇四—二〇七頁）。

（7）但し、仮名本は貞純親王を「六孫王」とする（一八頁）。

（8）養和二年（寿永元・一一八二）二月八日条所載、源頼朝願文（年号を「治承六年」とする）。

（9）今日の一般的理解である「清和源氏」説の由来は、決して古いものではなかった。何より、満仲の子で、河内源氏の祖＝頼信自身が、「曾祖陽成天皇」（清和皇子）とし、自らは「彼天皇之四世孫」として、元平親王—経基—「新発」満仲—頼信とする「陽成源氏」説を語っていたからである（『平安遺文』三巻六四〇号、「石清水田中家文書」永承元年源頼信告文案）。貫達人は、「河内守」頼信が、同国の誉田八幡宮に捧げたこの告文を評価し、「清和天皇の後胤」などという「名乗は、『保元物語』『平治物語』『平家物語』からでてくる」としている（「八幡神と源氏」『史窓余話』国史大辞典付録11、吉川弘文館、一九九〇年、一—二頁）。また、元木泰雄『河内源氏』は、「貞純親王は早世していたから、経基は元平の養子のような立場にあって武門としての性格を継承した可能性がある」と、折衷説を展開した（中公新書、二〇一一年、七頁）。

ところが、最近、藤田佳希は、『権記』長徳四年（九九八）十一月十九日条（記主藤原行成）に記された、天暦七年（九五三）王氏爵不正事件を考察することによって、「告文」は頼信が記したものでなく、満仲を指す「新発」の語も「院政期頃に用いられだした可能性があ」り、「元平と経基の深い関わりを知っていた者」によって、同「事件で失墜した経基の名誉回復のために」「告文」が書かれたとして、「源経基は清和源氏である」と結論付けた（「源経基の出自と「源頼信告文」」『日本歴史』八〇五号、二〇一五年。引用は、五・九・一〇・一一頁、に拠る）。

（10）『尊卑分脈』は「三男」とする（第三篇、一七六頁）。

（11）「村上頼清」について、『尊卑分脈』は同様に頼義弟とするが（一八五・二三三頁）、頼信「三男・井上三郎」の実名は「頼季」とある（二〇四頁。「号二乙葉三郎一」と見え、平家諸本は実名を「頼遠」とする（『延慶本』三本ノ二六、五三八頁。他略））。また、真名本巻三は、信濃へ向かった十郎蔵人行家が、木曾義仲に次いで、高倉宮令旨を「井上・村上の人々」に伝えたことを記している（『東洋文庫真名本』1、一六三―一六四頁）。

（12）『延慶本』三本ノ二六（五三八頁。他略。『四部本』巻七は「板津新介」と表記（上二八三頁））。

（13）臼杵院の定善寺が「法花道場日知屋山」と呼ばれていたことは、第二章第一節二項、注6で指摘した。実際の上陸地は、東隣細島の湊であったろう（同、注13）。

（14）第七章「解説」に、八号は「稲津氏庶流の宮田氏の系図だが、（中略）享保二年（一七一七）の記事まであり、その後は筆跡が異なるから、享保以後まもない時期に成立したものと思われる」と見える（七一七頁）。

（15）頼義の子、「嫡子・八幡太郎義家」、「次男・賀茂次良（郎）頼賢（義綱）」（巻三「賀茂次郎義胤」。『東洋文庫真名本』1、一三七頁）とあって、弟の新羅三郎義光の名を記さない。佐竹氏や武田・小笠原氏を生む義光流を無視した何らかの理由があるのかどうか、疑問が残る。

（16）『吾妻鏡』が、北条経時を「武州（泰時）孫子〈匠作（時氏）嫡男、歳十一〉」（天福二年（文暦元）三月五日条）、安達泰盛は「高野入道覚地（智）（景盛）（中略）孫子九郎泰盛」（宝治元年四月十一日条）と記しているように、マゴと訓む。

二　伊東（工藤）氏の内紛

兄弟の「敵人」は一族の宮藤（工藤）左衛門尉助経（祐経）で、「所帯」（所領）争いが事の起こりであったとして、助親の祖父楠美入道寂心（宮藤太夫助隆〔祐隆〕）の世に遡る。寂心は、「大見・宇佐美・伊藤と云ふこの三箇所」からなる「楠美荘」の領主であったが（＊3）、実子が早世した結果、後妻の連れ子であった「継娘の子」を嫡子に立てて、「宗（むねと）の所」＝主邑「伊藤荘」（静岡県伊東市）を譲り、都の「武者所の末座に進せて伊東武《ママ》者助継（祐継）と名乗らせた[1]。その一方で、「亡子の嫡孫」を次男に立て、河津（賀茂郡河津町）を譲って河津次郎助親と名乗らせたのである。寂心死後、助親は、嫡流の自分を差し置いて、「異姓他人」の助継に伊藤荘が譲与されたことに反発したが、助継は、寂心が「継娘を秘かに思ひて儲けた」実子で、助親がそれを知らなかったことに悲劇の原因が隠されていたということになる（以上、『東洋文庫真名本』1、一四・一六頁）。

ところが助継は、「生年四十三と申す夏のころ、狩庭より帰る道にて重病を受け」（＊4）、余命危うき中で、助親が、自分が助継の子の「九つになる金石[2]」（助経）の後見を務め、娘の「万劫御前」と一緒にさせることなどを、起請の詞[3]を添えて誓った。安心した助継は、妻に「伊藤・河津の利券文書」を預け（＊5）、「七月十三日の寅の時に」四十三歳で没したとする（以上、同右、一六—一八頁）。

○〔a〕　諸本、助継の死を七月十三日、四十三歳で死去したとするが、真名本・仮名本ともに没年を明記しない。当時、助継の一子金石（助経）は九歳で、のち、仮名本巻一に見える仁安二年（一一六七）三月日「平祐経」重申状に拠ると、九歳の時より「八箇年の春秋を送りしかば」と述べており（一三・一八頁）、助継の死が永暦元年（一一六〇)であったことが分かる(『伊東大系図』参照(七二四頁。『伊東系図』も同じ。七四一頁))。また、助継・助経の生年は、それぞれ永久六年(元永元・一一一八)・仁平二年(一一五二)であったことも知られる。

助継の死後、助親は伊藤荘に移って伊藤次郎助親と名乗り、「河津屋形をば子息の三郎助通に譲」った。河津三郎助通(*6)、曾我兄弟の実父である。助親は約束に従って、金石を十三歳で元服させ、宇佐美宮藤次助経と名乗らせ[4]、娘の万劫と結婚させた上、翌年秋には助経と共に上洛して、「領家小松殿」[5]=平重盛の見参に入れ、更に「本家大宮」に祗候させた[6]。助経は、この永万元年(一一六五)「十四歳の年より武者所の末座に候ひて」、次第に頭角を現し、承安二年(一一七二)「廿一にて武者所の一郎(臈)を経て宮藤一郎(臈)助経とぞ呼ばれ」るまでに栄達した(以上、『東洋文庫真名本』1、一九—二〇頁)。

助経は、この京武者としての地位を利用して、助親による「伊藤・河津両所」の「押領」を繰り返し本家に訴えたが(*7)、助親の賄賂攻勢もあって[7]、「所帯においては半分づつ知行すべき由の本家大宮の領司(令旨)、并に領家の御教書を賜」って、下国することになった。この時、助親・助通父子殺害を思い立つが、企てが露顕し、伊藤荘半知の権利を失ったばかりか、妻を「奪ひ返」され、助親は、相模国住人土肥次郎実平の嫡子、弥太郎遠平と再婚させてしまった。失意の助経は、再び下国して「忍びつつ大見の荘に住んで、年来の郎従、大見小藤太・八幡三郎」に父子殺害を依頼したのである(以上、同右、二〇—二三頁)。

*3　仮名本は、「伊東・河津・宇佐美、この三箇所を総ねて、楠美庄と号す」とする(二〇頁)。

*4　仮名本はこの前段に、祐親が、箱根の別当を半ば脅迫して、「伊東(祐継)を呪詛」させたとする挿話を載せ、「一験あらはれたり」として、祐継が伊豆奥野の狩庭で「風に冒されて、心地例な」く、急ぎ帰宅したと物語を展開する(二一—二三頁)。

＊5　仮名本は「伊東の地券文書」とする(二四頁)。
＊6　仮名本は祐重とする(三〇頁)。
＊7　仁安二年(一一六七)三月日「平祐経」重申状(〇［a］)は仮名本(巻一)にのみ記載されている(一八—一九頁)。工藤氏はもちろん藤姓であるが、ここでの「平」姓の署名が何らかの根拠に基づいているとすれば、重盛の家人として、特別に名乗りを許されたということであろうか。

注
(1)『相良系図』は「鳥羽院武者所」に祗候したとする(『続群書類従』一六一・系図部。第六輯下、三三三頁)。
(2)「流布大系本」の表記は「かないし」とあり、頭注に「もともと「かわいい子」の意か」とする(五八頁)。
(3)神文に「二所(箱根・伊豆山権現)、三嶋大明神、富士浅間大菩薩、足柄明神」とある(表記は『角川妙本寺本』、一一一—一二頁に拠る)。同様の神文は、一万(十郎)が、父の死屍を前にした起請の詞にも窺われる(巻二、二七頁)。
(4)宇佐美荘(静岡県伊東市宇佐美)を、名字の地(本領)として譲与したことを示すものであろう。従って、助親が「助経には屋敷の一所をも配分せざりけり」というのは(『東洋文庫真名本』1、二〇頁)、かつて父助継の本拠であった伊藤館を指すものと思われる。
(5)前段(同右、一七頁)に、「当荘(楠美荘)の領家小松殿」とあった。
(6)「大宮」とは(太)皇太后宮を言う。この場合は、徳大寺公能の娘(実定姉妹)で、藤原頼長の養女として入内した、近衛・二条両帝「二代后」として、平家諸本に名高い藤原多子のことである。(『尊卑分脈』摂家相続孫、頼長条(第一篇、六五頁)。『延慶本』一本ノ八(二八頁。他略))。助経は、十三歳で元服した「次の年の秋」に上洛したわけであるから、「本家大宮」に祗候したのは永万元年(一一六五)七月以降のことになる。

（7）坂井孝一は、「相論の争点となったのは「楠美の荘」全体ではなく、（中略）「伊藤の荘」一所で」、「本所が下した「半分づつ知行すべし」という裁定も、「伊藤の荘」を半分に分けて支配せよという意味であった」としている（「所領相論から見る『曾我物語』人物論」、第二部第一章、一七九―一八〇頁。初出二〇〇三年）。

三　奥野の狩

「ここにまた一つの不思議あり。武蔵・相模・伊豆・駿河、両四箇国の大名たち、伊豆の奥野の狩して遊ばむとして伊豆の国へ打超えて」、「五百余騎の勢」が「伊藤が館」へ集まったとして（『東洋文庫真名本』1、二三頁）、真名本は「狩りは偶然に催された」（前掲『伊東市史』、一八頁）とする（＊8）。

「七日の巻狩」[1]が終わり、「懐島の平権守（大庭）景義」の提案で、名残の「酒宴」が開かれる。相模国住人山内滝口三郎経俊の力自慢を機に、やはり景義の提案で、今度は余興の相撲が催されることになった。弟の俣野五郎景久は「両四箇国に名を得たる大力」の者で、勝ち進んだ挙げ句、「老（をとな）」の土肥次郎実平を挑発するに至った。ここに、実平の烏帽子子の河津三郎助通（＊9）が名乗り出る。真名本は兄弟の父を次のように紹介する。

　これは穏便第一の者なり。（中略）弓矢の道も尋常なり。容顔美麗にて芸能人に勝れたり。大力の豪の者、強弓の精兵、矢次早の手聞なり（三二頁）

　その長（たけ）七尺ばかりの大男の白く清気なるが、生年三十一にぞなりにける（三四頁）（＊10）

余りにも、贔屓の引き倒しのような理想化された描写であるが、河津は、二度にわたって俣野を「片手打ち」にして投げ飛ばした（以上、二四―三七頁）[2]。

その結果、「五百余騎の人々」は俣野方と河津方とに分かれ、一触即発の事態に陥ったが、両方より、それぞれ「老」の景義と実平が出て仲裁に入り、事なきを得た。真名本は、両人が「いかに殿原は物に付いて狂ひ給ふか。我ら当時は平家の御恩を雨山と蒙る身の、その御大事には合はずして、私軍をして二つともなき命をば失(す)てて何の全(詮)にはあるべき」と説得したと描写するが、実はこの時、頼朝も立ち会っていた。大庭景義・土肥実平としては、頼朝の立場を全く無視した物言いであり、頼朝は自らの無力を歎くばかりであった(以上、三七―三九頁)(＊11)。

○[b]　ここで、少しく真名本のプロットから離れ、「奥野の狩」の問題について考えてみたい。「緒言」で述べたように、一般に『曾我物語』には、『吾妻鏡』から窺うことのできない「東国」武士団の日常生活や流人頼朝の生活が描写されているとする評価があり、実はその主要な論拠が「奥野の狩」の記述であったからである。例えば、菱沼一憲は、「『曾我物語』には、源頼朝挙兵当時の時代背景や政治的な背景が強く写し出されて」おり、「武蔵・相模・伊豆・駿河四箇国の大名達が集って伊豆奥野に狩遊に出かけるようなつながりをもち、また「狩遊」「相撲」などの文化を共有している」東国の地域社会が描かれているとしていた(「曾我物語にみるプレ武家社会」『中世地域権力と将軍権力』第一章1節、汲古書院、二〇一一年、三〇・三三頁。初出二〇〇四年)[3]。

改めて狩の参加者に関する真名本の記述を見ていくと、まず、当の伊豆であるが、主催者の伊藤助親・河津助通父子のほか、「竹沢源太」のみで(『東洋文庫真名本』1、三〇頁)、狩野介や北条・天野といった住人の名は記されていない。しかも、竹沢に関しては、注に「伊豆国とあるも不明」とあるとおり(六二頁注六九)、実体がよく分からない[4]。また駿河は、俣野と相撲を戦った「合沢」(藍沢)兄弟(二八―三〇頁)のほか、「荻野五郎」と「高橋大内」の名が見える(三〇頁)。荻野は、前記注が示唆するように、恐らく相模の住人であろう。高橋については、前段に「助経は駿河の国高橋に付きつつ、船超(越)・木津輪(吉川)の人共を語ひて」(二一頁)とある「高橋」を本貫とした住人であったろうか。[5] 駿河の場合も、入江氏系の船越氏や吉川氏の名を記さない。[6]

次に武蔵であるが、「岡部五郎」一人のみの記載である(三〇頁)。前記注は、岡部の地名は埼玉県「北部の大里郡岡部町」(現深谷市)とし、「訓読本(大石寺本)」の頭注には、「岡部は武蔵七党の小野姓猪俣の一支族」とあった(五五頁頭注一五)。しかしながら、武蔵猪俣党がただ一騎、単独で伊豆の狩に参加する必然性は想定しがたく、岡部を活かすならば、恐らく駿河入江氏系の岡部氏が該当するのではないか。[7] ただ相模のみは、これまで名を挙げた人々のほか、「岡崎」(二六頁)、「土谷(土屋)次郎義清」(三〇・三九頁)、「秦野馬允」(三九頁)等、三浦氏や渋谷庄司を除き、おおむね主要な国住人(「大名」)を網羅している。

従って、武蔵を除く「三箇国の人々打ち寄りて」とする仮名本の記述(三三頁)の方が、より内容に合致し、この辺りにも仮名本の「合理」的性格(第二章第一節四項)が窺われると思う。[8] しかしながら、実質的な伊豆の参加者が、主催者である伊藤助親父子のみであった点を踏まえるならば、『曾我物語』が、相模、それも山寄りのやや西相模にウェイトを置いた国住人による狩猟の伝統と、曾我兄弟の父河津三郎殺害とを結び付けたことが考えられるのではないか。思えば、助経の父助継の死も、「狩庭より帰る道にて重病を受け」たことが原因であったし(既述)、「奥野の狩」の挿話は、狩庭の物語としてプロットを一貫させる『曾我物語』の構想に基づいて創作されたフィクションであったことが考えられるのではなかろうか。[9]

頼朝について、『東洋文庫真名本』の注には、「ここで唐突に頼朝の存在がクローズアップされ、いささか不可解な嘆きを口にする」とあったが(六六頁注七七)、私見に拠れば、頼朝の狩への参加もまた創作されたフィクションということになる。伊豆国住人「南条・深堀といふ二人の侍」が従っていたというが(三八頁)、南条がそうであるにしても(現静岡県伊豆の国市南条を名字の地とするか)、深堀の地名は「伊豆地方には見当らない」(注七七)。[10]

理由は定かでないが、巻八、富士野の狩・六番に、伊豆の住人として「南条小太郎と深堀弥次郎」の名を挙げ（『東洋文庫真名本』2、一三六頁）、巻九、伊出の宿館の描写に、「宮藤（助経）・梶原（景時）（中略）南条・深堀の人共、御縁際まで屋形を並べて、用心禁（きび）し気に君を守護し奉る」と、執拗に頼朝の側近であったことを縷々述べ立てる（一五九頁）。(11)

真名本が、「奥野の狩」に参加したのが「武蔵・相模・伊豆・駿河、両四箇国の大名たち」としたこの四か国というのは、既に五味文彦の指摘にあるように、「北条氏が幕府滅亡に至るまでの重要な勢力基盤としていた」国々であった（『曾我物語』の世界」『中世社会史料論』十五、校倉書房、二〇〇六年、三〇二頁。初出一九九八年）。(12)このうち、武蔵・伊豆・駿河は得宗分国であり、それぞれ北条氏の進出を略述すると、(13)まず、本貫の伊豆は、「国務沙汰人」は時政であったが、鎌倉初期、「検断沙汰人」を、在庁官人で工藤氏の一族狩野介宗茂と分掌した。(14)駿河の場合は、元暦元年（一一八四）六月の甲斐源氏一条忠頼（武田信義の子）誅殺後、恐らく「国務沙汰人」は時政が任じられたと推測されるが、「検断沙汰人」は在庁官人の岡辺（部）権守泰綱であり、時政が任じられるのはその失脚後のことであった。武蔵については、当初、比企能員が実質的に「国務沙汰人」の職責に任じ、畠山重忠がその地位にあった惣検校職が、武蔵の「検断沙汰人」の存在形態であったから、北条氏の武蔵進出は、比企氏が滅亡し（建仁三年（一二〇三））、重忠が亡んだ元久二年（一二〇五）六月以降のことになる。

また、相模に関しては、建暦三年（建保元・一二一三）五月、和田義盛滅後、北条氏の勢力が急速に拡大するが、その支配の確立は、やはり宝治合戦（宝治元年（一二四七）六月）による三浦氏嫡流の族滅を待たなければならなかった。但し、厳密に言うと、相模は得宗分国ではなくて、あくまで政所・侍所という幕府機関による統治であり、執権として両機関の別当を兼ねていたのが北条氏であったという構図になる。興味深いことは、弘安八年（一二八五)十一月の霜月騒動後、得宗分国に編入される上野が含まれていないことであって、この点は、真名本成立の下限を、霜月騒動による安達泰盛滅亡以前とした山西明説(第一章第三節三項)を裏付ける傍証ともなろう。

いま一つ注意されるのは、五味(文)が、「頼朝の父義朝は、かつて鎌倉を根拠地として相模・武蔵・伊豆・駿河の武士を従えていた」と指摘していたことで(前掲「『曾我物語』の世界」、三〇一頁)、氏説に従えば、四か国のネットワークは義朝の代にまで遡る可能性があるからである。義朝勢力の進出に関し、相模についてはおおむね当てはまると思うが(第四章第三節一項参照)、武蔵の場合は、保元の乱(保元元年(一一五六)七月)直前の大蔵合戦(久寿二年(一一五五)八月)後の問題になろう[15]。駿河に関しては、平治の乱後、頼朝の同母弟希義が「香貫」で捕縛されていること[16]、大日本古文書『山内首藤家文書』、五六八号、「山内首藤氏系図」(五三七頁)に、「義朝ガ一ノラウドウ(郎等)鎌田ノ次郎マサキヨ(正清[政清とも])[17]」の女子として、「香貫三条局」の名が見えること等から、香貫(静岡県沼津市上・下香貫[かぬき])には義朝の何らかの地盤が想定できよう。また、『半井本保元物語』上には、義朝従軍として「駿河国ニハ入江ノ右馬允・三郎、奥州ノ十郎、奥津(興津)ノ四郎」とあったが(四一頁)、『新大系本平治物語』に彼らの名はなく、果たして義朝の郎等(家人)としての従軍であったかどうか、疑問がある。

また、伊豆であるが、義朝の痕跡はほとんどないのではないか。逆に言うと、伊豆が如何に遠流の地とはいえ[18]、義朝勢力が進出した実績を持つ国へ頼朝を流す筈がなかろう。因みに、古態本とされる『半井本保元物語』・『新大系本平治物語』に、義朝に従軍した伊豆国住人の名は見えない(第四章第一節二項、注17参照)[19]。

以上の検討から、私は「奥野の狩」の挿話は、恐らく西相模地域の住人による狩猟の伝統と、曾我兄弟の父河津三郎殺害とを、狩庭の物語としてプロットを一貫させる『曾我物語』の構想に基づいて創作されたフィクションであったと考える。挿話の成立時期は、参加者を「武蔵・相模・伊豆・駿河」という得宗分国（武豆駿）、もしくは実質的な得宗分国（相）四か国とした点を手がかりにすれば、物語において、何かと曾我兄弟に好意的な存在であった畠山重忠に次いで、和田義盛が滅んだ建暦三年（建保元・一二一三）以降、場合によっては、三浦氏嫡流滅亡の宝治合戦（宝治元年〔一二四七〕）以降、安達泰盛が滅んで、上野が得宗分国に編入される霜月騒動（弘安八年〔一二八五〕）以前が、差し当たり想定できるであろう。従って、「奥野の狩」の挿話から、平安末・鎌倉期の「東国」武士たちの日常生活を読み取ることができるとしても、四か国のネットワークを前提とした議論や流人頼朝の行動を論じ得る素材としては、余程慎重な史料操作を要することが理解されたと思う。

＊8　仮名本は、「相模国住人、大庭平太景信（景義・景能）」が、当時「伊東の館」に居住していた頼朝を慰めるために、伊東へ来訪したのを機に、相駿豆「三箇国」の人々が集まり、海老名源八（季貞。但し、「秀貞」とある〔四二頁〕）の提案で、奥野の狩が催されたとする（三二―三三頁）。この段、仮名本は頼朝を意識した叙述を展開する。

＊9　仮名本には「河津三郎、土肥が聟」・「河津三郎祐重、（中略）舅の土肥次郎…実平」とある（四一・四五頁）。

＊10　仮名本には「菩薩形して、色黒く、背は六尺余りなり。年は三十一なり」（四六頁）とあって、年齢以外、通ずるところがない。恐らく、その実像が曖昧であったことを物語るものであろう。

＊11　仮名本は、「人多しと云へども、頼朝の御言葉一つにぞ静まりける」（四八頁）と、頼朝の調停によって事が収まったと記している。山西明は、「仮名本は年代記的叙述に乏しく、頼朝は、当初から鎌倉殿という絶対的な権威者として君臨している」ことを指摘する（「『曾我物語』における在地性の変容と保持―畠山氏説話を中心として―」、第五章、一二六頁。初出一九八四年）。なお、「流布大系本」は頼朝の仰せに従って、大庭景義（「景信」とある）が事態を収拾したとして、両者の混態を示している（八七―八八頁）。

注

（1）『吾妻鏡』建久四年五月二十七日条に「自二明日一七ケ日可レ有二巻狩一」と見え、『神道集』巻一〇ノ第五〇「諏訪縁起事」にも伊吹山の「七日ノ巻狩」とあって（二九九頁）、一種の定型句として用いられていることが分かる。

（2）のち、頼朝の二所参詣の折（第二節一項参照）、箱根権現の「友（伴）の僧」が筥王（五郎）に次のように語っている。「故河津殿の御事は、（中略）大の男にて御在し候ひき。殊に弓馬の道に長じて、馬の上・歩立の達者なり。故（さら）に鹿（草鹿）の上手、力の強さも武蔵・相模・伊豆・駿河両四箇国には肩を並ぶる人もなかりき。されば音に聞えし相模の国の住人鎌倉権五郎景政の末葉、大庭三郎景親が舎弟に、俣野五郎景久と云ふ大力と、一年伊豆の奥野の狩庭返りの時、片手を放て連様（つづけさま）に二番まで勝ち給ひてこそ、相撲の名誉ならびに大力の褒美をば挙げ給ひしか」（『東洋文庫真名本』1、巻四、二二〇・二二二頁）。

（3）その他、五味文彦、大系日本の歴史『鎌倉と京』（小学館、一九八八年、六八頁）、同「『吾妻鏡』の構想」（『吾妻鏡の方法』第Ⅰ部一、吉川弘文館、一九九〇年、四五頁）、『静岡県史』通史編1原始・古代（第三編第四章第三節、一一一九頁。執筆杉橋隆夫）等参照。但し、坂井孝一は奥野の狩について、「時間叙述としては信用できるが、頼朝に関する叙述には疑わしい部分がある」と述べていた（「真名本『曾我物語』の構想と特徴」、第一部第一章、三二頁。初出二〇一〇年）。

（4）巻八、伊豆国住人に「竹沢余一」が見えるが、富士野の狩・九番に記された「竹沢の人々」は駿河の住人であった（『東洋文庫真名本』2、一五七・一三八頁）。

（5）高橋（静岡市清水区）は、建武二年（一三三五）八月、「中先代の乱」に際し、東上する足利尊氏軍が「高橋・清見関合戦」を戦った交通・軍事の要衝であった（第二章第二節六項・注5、足利尊氏関東下向宿次・合戦注文）。

(6) 巻九、駿河の住人「船超(越)党に橘河(吉川)小次郎」とある(『東洋文庫真名本』2、一九六頁)。

(7) 巻九、駿河の住人に「岡部五郎」を挙げる(同右)。

(8) 『曾我両社八幡宮縁起』、「奥野の狩」の行文は仮名本と同様であるが、参加者について、「伊豆相模ノ人々」とする(三九四―三九五頁)。

(9) 真名本自身が、「懐島の平権守」景義の口を藉りて、「武蔵・相模・伊豆・駿河の人々の御会合は適の(めったにない)事にて候ふに」と、如何に特異な催しであるかを語っていた(『東洋文庫真名本』1、巻一、二七頁)。

(10) 鎌倉時代の御家人として知られる深堀氏は、桓武平氏三浦氏族で、恐らく和田義盛滅亡後、上総に進出し、今日の千葉県いすみ市(旧夷隅郡大原町)内の「深堀」を名字の地としたと考えられる(拙著『鎌倉守護』論考、第五章「京都大番役覚書」、三九八頁)。この深堀氏が、挙兵以前から頼朝の郎等(家人)であった事実はない。

(11) 『舞の本』「馬揃」に、「南条」・「古堀」の名が見える(一四八頁)。

(12) 例えば、宝治合戦の前夜、北条時頼邸の警固に当たった「近国御家人等」は、『吾妻鏡』に拠ると、「相模国住人等」及び「武蔵国党々并駿河・伊豆国以下之輩」であった(宝治元年六月二日条)。

(13) 拙著『鎌倉守護』国別、第一章各項、及び、同・論考、第一章三項、に拠る。

(14) 「国務・検断沙汰人」については、同右、論考、第一章三項参照。

(15) 大蔵合戦とは、武蔵国比企郡大蔵館(埼玉県比企郡嵐山町)において、義朝の長子「悪源太」義平が叔父の義賢(木曾義仲の父)を討った事件を言うが、これについては旧稿で触れたことがある(拙著『鎌倉守護』論考、第六章「上総権介広常」、四四〇頁・四六六頁補注③)。その折、私は国守の存在を意識していなかったが、元木泰雄は、「義平の行動は当時の武蔵守の黙認のもとで行われた」もので、その武蔵守藤原信頼と義朝との「提携はこの時に始まっていた」とし

た（一項、注9、『河内源氏』、一四四―一四五頁）。

（16）『古活字本平治物語』下、四六一頁。『新大系本平治物語』には「駿河国かつら」とある（二七三頁）。なお、『新大系本』の底本に用いられた古態本の完本はなく、上巻に陽明文庫蔵本、中下巻は九条家旧蔵の学習院大学図書館蔵本が用いられた（日下力「平治物語　解説」、五九二頁）。

（17）『愚管抄』巻四、二三二頁。『半井本保元物語』上には、義朝の「乳母子ノ鎌田次郎正清」とある（四一頁）。底本に用いられた内閣文庫蔵半井本は、「もっとも古態をとどめる」完本とされる（栃木孝惟「保元物語　解説」、五六九頁）。

（18）前掲『静岡県史』通史編1、第三編第一章第五節（執筆小林昌二）。

（19）五味（文）（本文・前掲論文、三〇一頁）や、野口実（『源氏と坂東武士』、吉川弘文館、二〇〇七年、七八頁。『武門源氏の血脈』、中央公論新社、二〇一二年、一〇二―一〇三頁）は、『吾妻鏡』治承四年八月二十四日条を根拠に、為義・義朝が「東国輩」・「駿河・伊豆家人等」に対して、行実の催促に従うことを命じた下文を事実と見ている。しかしながら、これは、頼朝の挙兵に当たって、頼朝に協力した箱根山別当行実の当時の主張であったのではないか（八代国治『吾妻鏡の研究』、藝林舎、一九七六年復刻版、一四五・一五一―一五六頁、及び、黒川高明『源頼朝文書の研究』史料編、吉川弘文館、一九八八年、一七一―一七三頁参照）。

四　〔巻一〜巻二〕河津三郎の死

真名本は、巻一の巻末から巻二冒頭にかけて、かねて助経の命を承けていた「郎従」大見小藤太・八幡三郎[1]による河津三郎殺害を述べる。二人は、狩の帰途に狙いを定め、まず八幡が河津三郎を射殺し、後陣の助親は傷を負ったものの、大見は殺害に失敗し、「山の案内者」であった二人はその場から逃走して、「大見の荘」に潜伏した。「安元弐年〈丙申〉(一一七六)神無月十日余り」の、「雨積不積(ふりみふらずみ)定めな」き初冬の寒い一日で、「伊豆の奥野の口、赤沢山の麓、八幡と岩尾山との裾、児倉追立(こがくらおったて)」における瞬時の出来事であった(以上、『東洋文庫真名本』1、巻一、二四・三九—四一頁。巻二、六九頁序・七二頁)。今日、伊東市南部に赤沢・八幡野(注1)の地が存し、両地の中間に伊雄山(いおうやま)があって、これが「岩尾山」と考えられている(同、六〇頁注六一)。また、今日の浮山温泉郷から国道一三五号線を西方に入った旧下田街道沿いに、鬱蒼とした木立に囲まれて、河津三郎殺害の地と伝承される「血塚」がある。(2)

○[c]　河津三郎助通の生年は、安元二年(一一七六)三十一歳で死去したわけであるから、久安二年(一一四六)の誕生で、助経の六歳年長であった(二項、○[a])。曾我兄弟の母との結婚は、一万(十郎)誕生の承安二年(一一七二)以前ということになる。

助通の死に、「河津の女房」(兄弟の母)は悲しみの余り、「己らが父をば宮藤一郎助経が討つたんなるぞ。未だ弐拾にならざらむその前に、助経が首を取りて我に見せよ」と叫んだ。絶望の淵から発せられた母の激情が、この時五歳になっていた兄一万の早熟で繊細な心を捉え、生涯のトラウマとなって十郎の前途を縛り、やがて弟筥王(当時三歳)に伝染していくことになる(『東洋文庫真名本』1、七二—七五頁)。

三十五日の仏事に当たって父の助親は出家し、四十九日には「伊藤の郷」に「一宇の御堂」を建立した。(3) そして、翌日の助通死後五十日目に、身籠もっていた「河津の女房」は無事男子を産んだが、(4) 助通弟の伊藤九郎夫妻は、(5) 義姉を説いて赤子を引き取り、「一家の形見」として養育することになった。「御房殿」、後の「伊藤禅師」である(七七—八二頁。巻五、二六一頁)。

生きる気力を失い、出家を目論んでいた「河津の女房」の身を案じた助親は、偶々妻に先立たれた一門の曾我助信(祐信)との再婚を勧めた。真名本は、助親の口を藉りて、助信について次のように説明している。「相模の国の住人曾我太郎助信と申すは、入道がために姉の子にて候へば甥なり。鹿野(狩野)前大介殿の御孫子なれば、御ためにもまた従父(いとこ)なり」と。女房は抗ったが、結局、亡夫に別れを告げ、二人の幼い子供を連れて、相模国「曾我の里」(神奈川県小田原市曽我谷津)に移り住むことになった(『東洋文庫真名本』1、八二―八六頁)。

いったん大見荘へ逃走した大見小藤太と八幡三郎は、その後、「鹿野(狩野)の荘」に潜伏していたものらしく、伊藤入道(助親)の命で、子の九郎が「三百余騎を引率して」追討に向かった(＊12)。「酉の中半(午後六時頃)より矢合せして丑の終(午前三時頃)まで」戦闘が続いたというから、なかなかの激戦であったが、八幡は自害し、大見は戦場から離脱した。入道は八幡三郎らの首を集め、「松河(伊東大川)の源上(みなかみ)、松が淵と云ふ処に沈め」て、助通の冥福を祈ったという(同、八六―八九頁)(＊13)。

＊12　真名本は、九郎が率いた勢を「三百余騎」としたが(八七頁)、これは、『吾妻鏡』が、のち祐親が石橋山の頼朝勢を背後から攻めるために動員したとする兵力と同数である(治承四年八月二十三日条)。一方、仮名本は、「太山寺本」が「直兜八十余騎」とし(五六頁)、「流布大系本」には「家の子郎等八十余人、直兜にて」とある(九九頁)。九郎の勢が、冷川・大見川沿いに狩野川流域に進んだものと仮定して、山間部の地形を考えれば、「流布大系本」の表記が最も実態に近かったのではなかろうか。

＊13　「太山寺本」は、九郎らは「大見が館へ押し寄せて小藤太を生け捕り、やがて彼の川原の端にて斬りにけり」とし(巻一、五六頁)、「流布大系本」は、「大見小藤太がもとへおしよせたり。この者は、もとより、心さがりたるものにて、八幡が討たるゝをきゝて、とるものとりあへず、おちたりしを、狩野境におひつめて、からめとりて、川の端にて、首

をはねたり」と後日談を記す（巻二、一〇〇頁）。「太山寺本」はこの「大見・八幡を討つ事」までを巻一とし、「流布大系本」は巻二に繰り入れる。この限りでは、真名本を含めて、「太山寺本」の区分が最も合理的である。

注

（1）本文既述のように、助経は、伊豆に下国して「忍びつつ大見の荘に住んで」いたとあったから、大見荘（静岡県伊豆市（旧田方郡中伊豆町）大見川流域）もまた、宇佐美とともに、助経に譲られたもので、大見小藤太はその住人であったろう。八幡三郎の名字は、旧中伊豆町中心部東方の「八幡」（はつま）か、伝河津三郎殺害地（本文後述）にも近い伊東市南部の「八幡野」（やわたの）が関係地名であるが、いずれも判然としない。真名本は二人の人物像について、八幡を「もとより騒がぬ手足（てだれ）」と記し、大見は「天性、心後れの男子」と対照的に描いている（『東洋文庫真名本』1、巻一、四〇頁）。なお「流布大系本」は、八幡三郎の母は、「楠美入道寂心が乳母子《（ママ）》」とする（巻二、一〇〇頁。また、『曾我両社八幡宮縁起』には、「乳母子大見小藤太成家、八幡三郎行氏」と見える（三九四頁））。

（2）二本松康宏「河津三郎最期の風景—奥野の狩庭と赤沢山」（第一編第一章。初出二〇〇二年）が詳細である（氏は、赤沢山を「現在の伊雄山」に、八幡山を「八幡宮木宮神社の裏山」にそれぞれ比定し、岩尾山については「この八幡社の裏山と伊雄山との間に岩肌をそそりたたせる、（中略）現在は無名の山塊」こそ、「「岩尾山」の名を彷彿させる」とする（三一・三六頁））。その他、血塚や児倉追立については、三八—四一頁参照）。

なお、頼家も「伊豆奥狩倉」に赴いているが（『吾妻鏡』建仁三年五月二十六日条。第六章第五節三項、注4参照）、『伊東誌』は、「鎌田村」（現伊東市西部の鎌田）の「奥野」に比定し、「源頼家の遊び玉ふ伊豆の狩倉も此あたり也」としている（前掲『伊東市史』、第四章第一節一〇九号、二四三頁）。しかしながら、真名本は、河津三郎殺害の地を「伊豆の奥野の口、赤沢山の麓」としており、鎌田というより、赤沢から西方、万二郎岳・万三郎岳（第一章第二節二項・

第四節五項参照）を主峰とする天城山麓にかけて展開する一帯を想定すべきであろう（吉田東伍『増訂大日本地名辞書』第五巻、伊豆（静岡）田方郡「洞笠（トウガサ）山」項、冨山房、一九〇二年初版〔一九七六年増補版再版、一〇五五頁〕、二本松、二七―二八頁、参照）。河津三郎殺害に至った「奥野」の狩庭は、伊藤荘との関わりを強く示唆しているものと言えよう。

（3）巻十に「伊藤の釈迦堂」とある（『東洋文庫真名本』2、二七二頁）。現在、伊東市内の東林寺境内の裏山に、「河津三郎祐泰之墓」や兄弟の「首塚」が存在し（いずれも五輪塔）、当寺には祐親の木像なども安置されていることから、現東林寺が「御堂」＝「釈迦堂」に当たるのではないか（祐親の墓は、東林寺の東方、やや離れた地に孤立して存在する五輪塔とされている）。

（4）巻十は、「河津三郎が死して後三十五日と云ふに生まれたりし子」とする異伝を載せる（同右、二四九頁）。

（5）後段に「伊藤九郎助長」とある（同1、八七・一〇一頁）。仮名本は、実名を「祐清」とする（巻一、三〇頁）。

五　流人頼朝

真名本は、巻二の途中から巻四冒頭にかけて、頼朝の物語に主題を転じる。『曾我物語』のシテはもちろん曾我兄弟であるが、頼朝をワキとかツレに位置付けるわけにはいかない。陽画（ポジ）で映写された物語の正の舞台のシテが兄弟であるのに対し、頼朝は、あたかも陰画（ネガ）で投映される負の舞台のシテであり[1]、箱根に向かう五郎は「鎌倉殿」頼朝を「琰魔王」、即ち冥界の主に例えていた（『東洋文庫真名本』2、巻七、七三頁）。

真名本は、「そもそも流人兵衛佐殿（頼朝）[2]と申すは、御年十三（十四）[3]と云ふ永暦元年（一一六〇）正月に、平家の侍弥平兵衛宗清[4]に、東海道の内、野上(岐阜県不破郡関ケ原町)と垂氷(垂井。同垂井町)との間にて生け執(捕)られ[5]」、三月「十三(十一)[6]日には流罪に定まり」、「伊豆国北条郡蛭小嶋(静岡県伊豆の国市四日町)に移され」たと、まず頼朝の境遇を紹介する(同1、八九頁)。次いで、伊藤助親の娘との関係に触れる前段に、

> 世を取り給ひては、伊藤[7]・北条とて左右の翅にて、執見に勝劣はあるまじけれども、北条殿(＊14)の御末は栄えて目出けれども、伊藤の末の絶えけるこそ悲しけれ[8]。その由緒をいかにと尋ぬれば、兵衛佐殿、当国に配流せられ給ひて後は伊藤・北条を憑みて過ぎ給ひける程に(云々)

とする周知の記述を挿入し(同、九一頁)、頼朝と伊藤・北条の娘との関係へと話題を展開する。

伊藤助親には娘が四人いて、「第一は三浦介義澄の女房」。第二が、かつて助経の妻であった万劫で、助経から「奪ひ返」し(既述)、今では「相模の国の住人土肥次郎実平が嫡子に早河弥太郎遠平が妻女」である。「三、四は未だ親の許に在」って、「中にも三の妃(ひめ)は美女の聞え」があり、頼朝が彼女を見初めて、千鶴御前と呼ばれた「若君」が誕生した。帰国した助親は、男子が「世になし源氏の流人」の子と知って、怒りの余り三歳になった千鶴を、「伊藤の荘松河(伊東大川)の奥」の「岩倉の滝山蛛が淵」に簀巻きにして沈めてしまった(以上、『東洋文庫真名本』1、九一—九五頁)。

怒りの収まらない助親は、更に三女を「奪ひ返し」、「当国の住人江馬次郎」に嫁がせてしまう(同右、九八頁)。そればかりか、頼朝をも討とうと目論んだが、この企てを知った子の助長が、「元服の親」(烏帽子親)である北条四郎時政を頼れと脱出を勧めた。治承元年(一一七七)八月[9]下旬のこと、頼朝は、舎人一人を連れて「伊藤の御所」を逃れ、「北条の館」に入った。時政は喜んで頼朝を迎え入れ、真名本は「これぞ北条の運の開くる始めなる」と結ぶ。ところが、時政は、小四郎義時を残し、「嫡子の小三郎宗時」とともに、「大番」勤仕のため上洛してしまった(同右、一

〇一—一〇八頁）。北条に向かう途次、頼朝は「愛子の敵伊藤入道（助親）が首を取て我が子の後生の身代りに手向けむ」と八幡大菩薩に祈念した（一〇六頁）。まさに、先に見た「河津の女房」が絶望の余り発した激情の詞と相似形で、真名本は、二つの敵討（曾我兄弟→助経／頼朝→助親）を、それぞれがクロスする関係（曾我兄弟＝助親／頼朝＝助経）として、重層的に描き出した。

＊14　仮名本は、「北条の末は栄へ」と敬称「殿」を添えない（六〇頁）。

注

（1）福田晃は、「真名本『曾我物語』は、兄弟の仇討のみごとさを主題としながら、頼朝の治世のみごとさを語る〈頼朝物語〉を志向している」と見る（「真名本曾我物語と平家物語」、第五編第一章、四三〇—四三一頁。初出二〇〇二年）。

（2）頼朝は、平治の乱勃発直後、平治元年十二月十四日の除目で、従五位下、右兵衛権佐に任ぜられていた（『公卿補任』元暦二年〈文治元〉条〈第一篇、五一〇頁〉。『尊卑分脈』清和源氏、頼朝伝〈第三篇、二九六頁〉）。

（3）頼朝の誕生は、久安三年（一一四七）のことであり、永暦元年には十四歳であった。

（4）『吾妻鏡』元暦元年六月一日条に「弥平左衛門尉宗清」と見え、「平家一族」で「池禅尼侍」であったとする。また、『愚管抄』には「頼盛ガ郎等ニ右兵衛尉平宗清」とある（巻五、二五一頁）。三項、注3所引『静岡県史』通史編1（執筆杉橋隆夫）は、宗清が、「平治の乱における勲功により、尾張守を兼任した頼盛の目代として、東国を目指して落ち行く源氏を包囲・捕縛する作戦を展開するなかで、みごとに逮捕に成功したのである」と述べている（第三編第五章第二節、一一〇二—一〇三頁）。

（5）この記述の特異性については、『東洋文庫真名本』1、一一八頁注三六参照。

（6）『清獬眼抄』凶事、に拠る（『群書類従』一〇八、公事部。第七輯、五九二頁）。

（7）仮名本に、「伊東は国一番の大名なり。家の子郎党多かりければ」とする記述があった（巻一、三四頁）。なお、『延慶本』（二中ノ三八、三五八頁）や『盛衰記』（巻一八、中一頁）は、祐親を源氏「重代の家人」とするが、そのような事実はない。

（8）福田晃は、「かの蘇民将来の説話型に類するもの」と評した（「頼朝伊豆流離説話の生成―平家物語・曾我物語より―」、C大成『義経記・曾我物語』所収、二一二頁。初出一九六六年）。蘇民将来とは、『釈日本紀』巻七所載の『備後国風土記』逸文に見える、茅の輪くぐり神事の由来譚を語る説話の主人公の名で（日本古典文学大系『風土記』、一九五八年、四八八―四九〇頁）、武塔神の来訪に、富める弟は拒み、貧しい「兄の蘇民将来は宿を貸してもてなした。その報いとして、弟の子孫はほろぼされ、兄の子孫は疫病を免れることになった」とする（『日本国語大辞典』第二版、第八巻「蘇民将来」項、小学館、二〇〇一年、四九四頁）。

（9）安元三年は、八月四日、治承と改元された。

六　〔巻二～巻三〕頼朝と政子

真名本は、巻二巻末に、北条に移居した頼朝が「北条の先腹の妃（ひめ）君万寿御前（政子）」のもとへ通い始めたことを記し（『東洋文庫真名本』1、一〇八頁）、巻三・序で、それが「安元弐年〈丙申〉年（一一七六）三月中半（なかば）のころ」のことで、やがて「姫君」が誕生したとする（同、一三五頁）。これは、頼朝が伊東から北条に逃れた時期を「治承元年（一一七七）八月下旬の事」とした巻二の記述と矛盾し、頼朝は伊東に在った一年半近くも前から、山を越えて政子のもとに通っていたことになってしまう（＊15）。

「継母の女房」(牧ノ方)は、「継子の万寿御前を猜」み、「同じくは当腹の我が姫に佐殿(頼朝)を合はせ」ようと、帰国途中の時政に使者を送ったが、時政は、既に「目代、和泉判官平兼隆を都にて聟に取」り、平家「一門」の兼隆と「打列(うちつ)れて、府庁に着」いた。「継母の女房」は大いに喜んだが(以上、『東洋文庫真名本』1、一三六―一三八頁)、万寿御前は兼隆の「山木の館」を脱し、主従三人で「伊豆の御山、聞性坊」に逃れた。「聞性坊」とは「今の密厳院」のことで、「坊主の卿の律師」が頼朝の「御師匠」であったとする。やがて頼朝も合流し、「一山の大衆」が警固する中、「目代山木判官兼隆」も、「安多美(あたみ)超えまで馳せ向」かった伊藤次郎助親入道も、伊豆山攻撃をあきらめ、引き返した(以上、一四二―一四九頁)。

その後伊豆山には、次第に側近の者が集まり、「治承二年〈戊戌〉年(一一七八)」十一月のある夜、「朝夕格勤にて、御前を去らぬ藤九郎(安達)盛長と云ふ侍」と、頼朝・政子(「北の方」)が不思議な夢を見る(*16(1))。それを「懐嶋の平権守景義」が「合せ」て(夢占)、「御先祖八幡殿(義家)の御跡を継ぎ、東国を靡かし」、やがて「日本秋津嶋の大将軍とならせ給ふべき御示現」と解いた。特に、仮名本にはなかった「北の方」の夢には、頼朝の死後、「自ら将軍家の後家として、日本国を知行」し(「二位家の御代」)、「承久兵乱の時も京方を討ち亡ぼしつつ、後鳥羽の院を取り奉て隠岐の国へ流し奉」ったことなどが予見されていたとする。そこで「唐」国へ「平家に曾我を副へて渡した」ところ、「唐人」は政子の「賢女」ぶりに驚いたという有名な挿話が併載されている(以上、『東洋文庫真名本』1、一五四―一五九頁)。

*15　仮名本(巻二)は、政子を「先腹にて廿一」歳、名を「朝日御前」と記す(六六―六七頁)。政子は保元二年(一一五七)の生まれであるから、二十一歳は治承元年(一一七七)のこととなり、真名本巻二の記述と整合する。また、仮名本は、「当腹(牧ノ方)十九の君」が見た「不思議の夢想」を、政子が不吉な夢だと脅して買い取り、頼朝と結ばれて、「程なく

日本の主と成り給ひぬ」と、真名本には見えないエピソードを語っている（六六―六七頁。「流布大系本」（一一一―一一三頁）は「日本の主」云々の語句を欠く）。

＊16　「北の方」の夢見は、仮名本に見えない。

注

（1）『東洋文庫真名本』1、一八八頁注三九に指摘されているように、盛長の夢見と景義の夢合せは、その他、『延慶本』（二中ノ三八、三六〇―三六一頁）、『盛衰記』（巻一八、中三―四頁）、『闘諍録』（一之上、五一―五三頁）、『舞の本』「夢合せ」（一三八―一四三頁）にも採録されているが、いずれも「北の方」の夢見の記述はない。

七　〔巻三〜巻四〕頼朝の治世

頼朝は、「伊豆の御山より北条の御所」に移っていたが、「治承四年〈庚子〉年（一一八〇）、四月廿三日の暁」に、「諸国の源氏」に充てて発せられた以仁王（高倉宮）の令旨が、源為義末子十郎義盛（行家）の手によって、二十八日に北条にもたらされた[1]。更に、七月になると、流人「文学」（文覚）によって、後白河院の院宣（奉「前兵衛督〔藤原〕光能朝臣」）も届けられた（以上、『東洋文庫真名本』1、巻三、一六一―一六三頁）。

頼朝は、「治承四年〈庚子〉（一一八〇）八月十七日の夜、当国の目代、和泉判官平兼隆が山木の城に押し寄せ」て、これを破り、次いで、「伊豆・相模両国の勇士等（中略）三百余騎」を率いて、相模国「椙山の麓、双六の石の手向（峠）、石橋と云ふ処に」向かった。院宣と令旨は、軍旗上端の横木に結い付けてあったという。同二十三日、「志を平家に運」ぶ大庭三郎景親の率いる「三千余騎」の相模勢と激突し、頼朝は敗れ「椙山に引込」った。一方、二十四日には、頼朝方の三浦一族と、平家方畠山次郎重忠とが鎌倉の南、由井・小坏(こつぼ)で戦い、この時重忠は敗北したが、真名本は、「これは平家に志あるにはなけれども、父の荘司重能、京にて平家方に候ふ間、彼の首を継がむがために」、止むを得ぬ仕儀であったと弁明に努めている。二十六日、河越太郎重頼らが加わった武蔵勢が反撃に転じ、三浦一族は安房に引き退き、大庭勢の追撃を逃れた頼朝もまた、「北条四郎時政、子息の小四郎義時、土肥次郎実平等七騎」(第四章第三節二項後述)とともに、真鶴崎より安房に落ちていった(以上、同右、一六四—一六六頁)。

しかしながら、房総を押さえた頼朝勢が、武蔵を経て鎌倉に入部するに及んで、大庭景親は「手を束ねて降人に参」じた。この間、頼朝に敵対した伊藤次郎助親入道を、三浦介義澄を通じて召し上げたところ、恥辱に堪えかねて「腹舁切つて」自害した(＊17)。『曾我物語』が描く二重の敵討のうちの一つがこれで成就したことになる。また、かつて頼朝を救った子の伊藤九郎助長は宥免されたが、「次の日に則(やが)て都に上りつつ、平家に奉公を至し」、北陸道篠原の合戦で木曾義仲勢と戦い、討死して果てた。助親三女を妻とした江馬次郎も討たれたが、[2]その子は北条小四郎義時が預かり、やがて義時の「元服の子」(烏帽子子)として「江馬の小次郎」と名乗らせたという(同右、一六六—一六九頁)。そして、巻三の巻末に、八幡大菩薩と、その「源氏擁護の社壇」=「鶴岳」勧請を述べる(以上、一七一—一七四頁)。

真名本巻四は、冒頭に「夢の引出物」として、安達盛長を上野の惣追捕使・秋田城介に任じ、ここで「今の世には城殿と申す」とする記述が続く。[3]そして「夢合せ」を行った大庭景義に対しては、「若宮(鶴岡八幡宮)の俗別当になされて、神人の惣官を賜」った。[4]頼朝は、「建久元年〈庚戌〉(一一九〇)十一月七日」上洛を果たし、大納言・右近衛大将に任ぜられた。[5]真名本の特異性は、続けて「日本の将軍たるべき由、勅命を下され」たとする点で、巻四・序には「今鎌倉殿とて日本将軍の宣旨に預かり給へり」と記されていた。[6]そして、かつて「小松殿」平重盛の家人であった宮藤一郎助経は、いつの日か頼朝に従い、左衛門尉に任官したばかりか、「謂れなく押領されたりし伊藤の荘を賜る上に、その外の荘苑田畠太多賜りて配領しつつ、随分の稠者[7]にて夜も日も御身を離れず」という頼朝寵臣に上り詰めた(以上、『東洋文庫真名本』1、二〇一―二〇三頁)。

＊17　仮名本は、「不忠を振舞いし伊東入道は、生け捕りにせられて、聟の三浦介義澄に預けられたりしを、召し出だして、鎧摺(よろすり)と云ふ所にて、首を刎ねられけり」と(巻二、七五頁)、誅殺説を採る。また、祐親を、「最期の時、西方にも向かはず、十念にも及ばずして、先祖相伝の所領、伊東・河津の方を執心深げに見やりしぞ無慙なる」と(同)、現世への執着にとらわれた戯画的な人物として描いている。

なお、「鎧摺」は「あぶすり」と読み、真名本巻六、注一八に「神奈川県三浦郡葉山町の海岸で、逗子から三浦に通ずる要衝」とあり(『東洋文庫真名本』2、四八頁)、『延慶本』には「あふすり究竟の小城なれは」等と見える(二末ノ一四、四一九頁)。また、三浦氏一族の大多和五郎義久(義澄の弟)の「鐙摺宅」があった(『吾妻鏡』寿永元年十一月十・十二日条)。

注

(1)『吾妻鏡』は、四月九日付の令旨が、「八条院蔵人行家」によって、二十七日に「北条舘」にもたらされたとする(同年四月二十七日条)。

(2)『闘諍録』に拠ると、三女は頼朝を思う余り、「江葉小次郎近末」のもとを「秘ニ逃出」ていたという(一之上、四七頁)。そして、頼朝は、「日ノ本将軍ト号スル千葉介常胤ノ次男、相馬次郎師常」を、新たに三女の聟としたとする後日談を記す(五、一九七―一九八頁)。『千葉県の歴史』通史編・中世(執筆福田豊彦)は、「兼隆の許に送られた政子がその夜の内に遁れて伊豆山に籠もった挿話に対応するもの」であるが、師常との再婚を「史実とするには無理がある」とす

る(第一編第一章、二〇〇七年、五一頁)。

(3) 第一章第三節三項参照。

(4) 「大庭の厨屋は先祖の本領なりけれども、代々の時、太多に分たれたりしを今度束ねてこれを賜る。その外なほ庄苑田畠太多賜る上に、牧の数だにも五、六所これを賜る」と、史料として興味深い記述が続く(『東洋文庫真名本』1、巻四、二〇一頁)。なお「牧」に関してであるが、頼家(『吾妻鏡』正治二年正月十八日条)、北条経時(同、暦仁元年十二月三日条)らによって「大庭野」の狩が催されており、「大庭野」は鎌倉に最も近い狩庭であったことが知られる。

(5) 真名本は、十一月十四日任「大納言」、十二月任「右近衛大将」、同十一日「拝賀」、同十四日両職辞任とするが(『東洋文庫真名本』1、二〇二—二〇三頁)、実際は、十一月九日に権大納言、同二十四日右近衛大将に任ぜられ、十二月一日に「拝賀」を行い、両職辞任は十二月三日であった(『吾妻鏡』各日条、など)。

(6) 巻一にも、「今、平家亡びて後、右近衛大将に補す。日本の将軍になされて右大将殿と申し、鎌倉殿とて日本国の大将軍にて御在す」とあった(『東洋文庫真名本』1、一二—一三頁)。なお、「訓読本(大石寺本)」(巻四)は、序には「日本将軍」とあるが、本文に「日本国の惣追捕使になされ」とする。但し、続けて、頼朝を指して「将軍」と呼んでいる(一三九—一四〇頁)。

(7) 『東洋文庫真名本』1は、「本門寺本」に従い「キリノモノ」と訓むが(二三三頁注四)、『半井本保元物語』下に「院ノキリ人中御門ノ新大納言成親卿」(一三五頁)、『覚一本』巻一に「院中のきりものに西光法師」(上一一四頁)などと見え、一般に「キリモノ」と訓んで差し支えないと思う(第五章第一節二項、注6参照)。

第二節　曾我兄弟の辛苦

一　〔巻四～巻五〕十郎と五郎

真名本では、一万（十郎）と筥王（五郎）兄弟が事実上の初舞台を踏むのは、巻四の途中からということになる（＊1）。その最初の場面が、九月十三夜、「五つ列れたる雁音（かりがね）の南を差して」飛んで行くのを見た兄弟が、「曾我殿（助信）はまことの父にてなきこそ口惜しけれ」と、亡き父「河津殿」を偲ぶ余りにも有名な情景である。真名本は、「養和元〈辛丑〉年（一一八一）」、一万は九つ、筥王は七歳とするが（以上、『東洋文庫真名本』1、二〇四―二〇六頁）、彼らの生年は承安二年・四年（一一七二・七四）であったから、養和元年には十歳・八歳の筈である。

坂井孝一は「「真名本」中に奇数を用いた文章表現が極めて多い」ことを指摘しており(1)、この場合はいずれを採るべきであろうか。兄弟九歳・七歳時の治承四年（一一八〇）とすれば、十月に戦況が激変し、十八日、平家方であった継父曾我太郎祐信が降り、翌日には祖父の伊東次郎祐親法師が捕らえられた（『吾妻鏡』各日条）。九月十三夜の明月の場面は、やはり養和元年が相応しいであろう。但し、のち五郎が「自二祐成九歳、時致七歳之年一以降、頻挿二会稽之存念一、片時無レ忘」と語っていることからすれば（同、建久四年五月二十九日条）、彼らが治承四年を運命の第二の転機と捉えていたことが理解できる。

「弓矢の道は男の一の能」だとして、「竹の小弓・薄作(はぎ)の小矢」で遊ぶ兄弟の様子を乳母から聞き伝えた母は、「己らはさしも怖しき世の中に謀叛を起さむと議(たばか)り合ふなるは」と、顔色を変える。母は、祖父の入道が「先年伊藤の館において」誅殺されたと伝え、兄弟が「謀叛人の孫子」として「鎌倉へ召され」た時、恩賞を返上してまで命を救ったのは他ならぬ継父の「曾我殿」であって[2]、「その恩を報ぜむと思はば速かに謀叛の思ひを留むべし」と、あの先夫を失ったときの激情と裏腹の教訓を口にするのである(『東洋文庫真名本』1、二〇六―二〇九頁)。なお、兄弟が「鎌倉へ召され」たとする一件は、「真名本にはこの事件に対応する場面は見当らない」(同、二三七頁注一七)(＊2)。

とこうするうち、「兄の一万は十三と申す十月中半のころ、男になしつつ(元服を遂げ)、継父の片名を取り、曾我十郎助成と」名乗り、弟の筥王は「十一歳と申す」「元暦二年〈乙巳〉十一月中半のころ」、箱根山別当坊に稚児僧として入室した。母は、「汝が父(河津三郎)はもとより筥根の権現を信じ進せし故に筥王とは名付けたり」と、箱根登山があくまで亡父の遺志であったことを語る(以上、『東洋文庫真名本』1、二〇九―二一三頁)。

〇[d]　ここで、一万の元服について改めて考えてみたい。真名本は(仮名本も同様)元服の年号を記さないが、十三歳とする年齢記載が正しければ(仮名本も同じく十三歳とする(巻四、一一三頁))、元暦元年(一一八四)のことになる。ところが真名本は、弟の筥王について、「十一歳と申す霜月中半のころ」、母の慫慂で箱根山別当坊に入室したとし、その時期を「元暦二年〈乙巳〉十一月中半のころ」と明記していた。この年は、既に八月十四日、文治と改元されており、また導入部に、「かくて年月を送る程に、一万は十三、筥王は十一と申しける秋のころ」云々と記されていたから(二〇九頁)、一万元服と箱王箱根入山は同年のこととしなければならない。「十三・十一歳」を採れば元暦元年のことになるが、「元暦二年」＝文治元年と明記されている以上、事実は文治元年、兄弟十四歳・

十二歳の出来事を記したものではなかったろうか。

一万元服の年代について、別の観点から見ていくと、真名本・仮名本ともに、烏帽子親や曾我助信の関わりについて一切記述がない。その名乗りについて、真名本に「継父の片名を取り、曾我十郎助成とぞ呼びける」とある以上、曾我氏や伊藤・工藤一族の通字「助(祐)」[3]の一字を与えたのは、継父の助信その人であったと考えざるを得ない。ところが、一万十三歳＝元暦元年とすると、助信は源範頼の指揮下で、恐らく平家追討戦に従っており[4]、継父不在のまま一万の元服が行われたとは理解しがたい[5]。

一方、仮名本には、工藤祐経殺害後、五郎の審問に当たった新開荒次郎が、「曾我十郎は、敵を討つて高名はしたりけれども、太刀こそ悪き太刀を持ちたれ」と揶揄したのに対し、五郎は次のように反論したとする記述がある(巻九、二八三頁(「流布大系本」、巻十、三七一—三七二頁))。

> 平家に聞こえし新中納言(平知盛)の御太刀よ。八嶋(屋島)の合戦の時、いかゞし給ひけん、船中に取り忘れ給ひしを、曾我太郎(祐信)取りて、判官(源義経)へ参らせたりけるを、「神妙に参らせたり。さりながら、御分、命に替へて取りたる太刀なり。汝に取らする」とて給はるなり。奥州丸とはこの太刀なり。元服の時、曾我殿(祐信)の賜び給へるなり

これは、敵討に赴く五郎に、箱根山別当行実が、義経奉納の源氏「重代の友切」を授け、それがやがて頼朝に帰すことになるとするのに対し(巻八、二二一—二二四頁。巻九、二七八—二七九頁)、十郎が手にした平家重代の「奥州丸」は「鐔元より打ち折」れてしまった(巻九、二七四頁)ことを、源平の運命になぞらえて暗示した件である。範頼指揮下にあったはずの曾我祐信が、義経に従って屋島合戦を戦うなど、到底史実と見なすことはできない。しかしながら、知盛に伝えられた「奥州丸」か否かは別として、十郎が用いた太刀は、元服に当たって「曾

我殿」＝祐信が与えたものであったとする伝承まで否定する必要はあるまい。そうとすると、一万の元服は、平家が壇ノ浦に滅んだ元暦二年（文治元年）三月二十四日以降、祐信が相模に帰国した後のことになろう。強いて真名本の「元暦二年〈乙巳〉」云々の記述を活かすとすれば、一万の元服は、真名本のいう「十月中半のころ」ではなく[6]、四月以降の祐信の帰国後、八月十四日の文治改元以前ということにならないだろうか。

次に、筥王について、「文治二年〈丁未〉年十二月下旬のころ」、同宿の稚児僧に届いた父親の文などを羨む挿話が続く。「丁未」は文治三年（一一八七）の干支で、後段に「この三箇年が間」とあるから、箱根入山後三年目は文治三年に当たる。そして、「筥根三所権現」に関する記述を挟んで、「文治三年〈戊申〉正月十五日」の頼朝二所（筥根権現・伊豆山権現）参詣の場面に移るが、「戊申」は文治四年の干支で、『吾妻鏡』は同年一月二十日、頼朝が「三百騎」を従え、「伊豆筥根三嶋社」参詣のため鎌倉を発ったとする（同日条）。十五歳になった筥王は、頼朝の「稠者」である助経は必ずや供奉しているものと考え、「鎌倉の案内者」である「友（伴）の僧」（第一節三項、注2参照）の教えを得て助経に接近するが、適当にあしらわれ、結句「差刀」（さすが・腰刀）まで与えられるという屈辱を受ける（以上、『東洋文庫真名本』1、二二三―二二八頁）。

筥王は、この日から「片時も」助経の「面影」を忘れることができなくなった。建久元年（一一九〇）九月上旬の頃、出家の前日、十七歳の筥王は、別当に無断で箱根を抜け出し、「曾我の里」に逃亡する。兄の十郎は弟を連れて、「年来通ひて遊びける北条殿の御宿所」に向かい、筥王元服の儀を依頼し、喜んで迎え入れた時政は、「北条五郎時宗（ママ）（時致）」の名と、鞍を置いた「鹿毛なる馬」を与えた。巻五・序は「建久元年〈庚戌〉年神无月中半のころ」とする。やがて、事実を知らされた母は、「河津殿程果報少き人はなし」と落胆し、五郎を勘当してしまう（以上、同右、巻四、二二八―二三二頁。巻五、二五三―二五八頁）。

この後、兄弟は親族の間を止宿して、各館を廻ることになるが、「伊藤(助親)は一門広かりける」とあり(二五八頁)、「北条・早河・鹿野(狩野)・田代・土肥・岡崎・本間・渋谷・海老名・渋美(二宮)・松田・河村・秦野(波多野)・中村・三浦・横山の人々」と親族が列挙されている(二五九頁)。[7] 一部、伊豆や武蔵が含まれているが、親族は、おおむね主な相模国武士団を網羅しており、『東洋文庫真名本』1(二五七頁)、「訓読本(大石寺本)」(一七〇—一七一頁)、石井進『中世武士団』(五七・五九頁)、その他に「親族図」が掲載されており、貴重な素材だけに、第四章で内容を検討することにして先に進みたい。

　ここで、十郎・五郎の「一腹の兄」小次郎が登場する。母は、「河津三郎より先、伊豆国の国司、源三位入道頼政の嫡子、伊豆守仲綱の乳母子」で、「国司代」として赴任した「左衛門尉仲成」との間に、「今の京の小次郎」と、「今の渋美の地頭二宮太郎(朝忠)の婦妻」の二人を儲けていた(『東洋文庫真名本』1、二六〇頁)。

「建久二年〈辛亥〉(一一九一)神無月中半のころ」、兄弟は、この小次郎に敵討の素志を語ったが、「上へ申して訴詔(訟)をこそ致し候へ」とにべもない。挙げ句、母に密告し、驚いた母は泣いて十郎に三度目の教訓を試みた。母は言う。「故河津殿の失せし時、童(わらは・私)が云ひし事をば聞き止めて、かやうの大事を思し立ち給ふか」。しかし時代が変わった。「平家の時は、伊豆・駿河にて敵を討ちぬるものは、武蔵・相模・安房・上総へも」越えれば、逃げおおせることもできたであろう。而るに「当時の世」は、「国々に守護人」が置かれ、鎌倉幕府という統一権力の下で検断権が格段に強化された「怖しき世」に変わってしまった。母は、かつて九歳と七歳(実際は十歳・八歳)の兄弟に諭した「怖しき世」という語を、今や二十歳に成長した十郎に再度、しかも二度繰り返して語るのである。「これ程に怖しき世の中に、いかにかやうの大事をば思ひ立ち給ふぞ」と(以上、同右、二六一―二六六頁)。

　母は家庭を持つことを勧めるが、十郎は、「謀叛」によって、「妻子共が山野に迷」うことになってはと踏み切れない。五郎は、されば海道筋の遊君であれば後顧の憂いもなく、敵討の機会を伺う便宜ともなるのではないかと兄の背中を押す。かくて「建久二年〈辛亥〉年《ママ》十一月上旬のころより」、十郎の大磯宿(神奈川県中郡大磯町)通いが始まった。相手は十七歳の「虎と云ふ遊女」で、「寅の年の寅の日の寅の時に生れ」たことから「三虎御前」と呼ばれたという(同右、二六七―二七四頁)(8)。

十郎が虎と馴染みになって三年が経過した「建久四年〈癸丑〉四月中旬のころ」、和田左衛門尉義盛は、「伊豆の安多美(熱海)の湯」から、「早河・湯本の湯」を経て三浦への帰途、子の朝夷(朝比奈)三郎義秀を先達として大磯宿に着き、十郎と虎を呼び出して酒宴となった(＊3)。やがて五郎も加わったが、後になって、助経が鎌倉に向かう途中、大磯宿で休憩した由を聞き伝え急行したものの、既に「金屋河(花水川)の大橋」を越えたとのことであった。兄弟は「戸上原」(神奈川県藤沢市鵠沼辺)で追い付いたが、一行は五十騎ばかり、江馬小次郎も一緒で、襲撃の余地はなかった(以上、同右、二七四―二七七頁)。

＊1 仮名本は巻三に該当する。

＊2 『東洋文庫真名本』1、巻四・二三七頁注一七に、「謡曲「切兼曾我」(番外曲)、幸若「一満箱王」にも脚色されており、曾我説話の中でも有名な場面の一つである」とする。仮名本は巻三に、兄弟が月夜に雁を見て亡き父を歎いた日から「三年の春秋」が経過した(「流布大系本」、一三七頁)、一万十一歳・箱王九歳の時のこととして、工藤祐経の讒言によって、兄弟が鎌倉に召され、由比の浜で処刑されかかった挿話を収める。和田義盛・宇都宮朝綱・千葉介常胤・畠山重忠ら錚々たる御家人が頼朝を説得し、兄弟は救われることになるのだが、この挿話の特異性は、何かと兄弟に敵対する梶原景時が最初に説得に当たっていること、曾我に使者として赴いた子の源太景季も兄弟に同情的に描かれていることである(八七―一〇九頁。後藤丹治は、「平家物語における六代御前の話が、この曾我兄弟の助命の話の根柢となつた」

とする（「曾我物語に於ける史実の検討」、三四〇頁））。強いて真名本に類話を求めるならば、巻七末尾に、駿河「伊出の屋形」に到着した頼朝が、前日「浮嶋が原」で兄弟の姿を認め、景季に、兄弟を騙して鎌倉に連行し「由井の浜」で殺害するよう命じたものの、兄弟はその意図を看破したことを記す段が挙げられよう（『東洋文庫真名本』2、一〇四—一〇六頁）。

＊3　和田義盛が虎をつくづくと眺めて、「よき傾城にてあるや。義盛が年も寄らず、十郎だにも憑まずは、心も移りぬべく」と語ったという真名本巻五の記述（『東洋文庫真名本』1、二七五頁）が素材となって、恐らく、仮名本巻六「大磯にて盃論の事」（一六九—一七九頁（「流布大系本」、二四二—二四四頁））や、幸若舞曲「和田酒盛」（『舞の本』、四七六—四九五頁）が創作されたものであろう。仮名本にも登場する五郎と朝夷との力競べ＝草摺引譚は、舞曲では脚色の度合いが一層進み、浄瑠璃・歌舞伎の題材へとつながっていく。いずれも、この場の義盛は兄弟の敵役であり、特に仮名本を通読するとき、最も違和感を懐く個所である（山西明は、この「盃論」・「酒宴」の逸話は、「現存の仮名本系諸本のすべてが有する話」としている（「『曾我物語』における在地性の変容と保持—畠山氏説話を中心として—」、第五章、一二三頁。初出一九八四年））。

また、仮名本巻四には、真名本には見えない、十郎と三浦氏とのトラブルを示す二つのエピソードが収められている。一つは、三浦義村の妻となった土肥遠平の娘と、十郎との幼い頃からの淡い恋情、それに伴う義村との軋轢で、いま一つは、義村の父義澄に仕える片貝という美女をめぐるトラブルである（一三六—一四〇頁）。なお、真名本巻五に拠ると、五郎は「思ひ切たる世の中なれば、女人を相見ん事は無益なり」と言い切っていたが（『東洋文庫真名本』1、二七一頁）、仮名本巻五は、「化粧坂の遊君」をめぐって、五郎と梶原源太景季との恋の鞘当ての逸話を載せる（一六一—一六六頁）。

注

（1）「曾我兄弟の継父曾我祐信」（第二部第五章、二六五頁。初出一九九九年）。

（2）真名本は、頼朝が石橋山合戦に敗れ、「杉山」に籠もったとき、梶原景時と曾我助信が頼朝を救ったことを述べ、恩賞として助信に「駿河の国八郡の大介」の地位が与えられたとする（『東洋文庫真名本』1、二〇八頁）。傍点部と類似の表現は『盛衰記』に見られ、治承四年五月、秀郷流足利又太郎忠綱が平清盛から「上野十六郡ノ大介」を賜ったという記事である（巻一五、上六九八頁）。旧稿で明らかにしたように、これは「上野国在庁官人の最高位を示すもの」で（拙著『鎌倉守護』論考、第六章「上総権介広常」、四三六―四三七頁）、真名本の場合も同様に考えてよいだろう。もっとも、『和名抄』巻一二に拠ると、駿河は七郡であるが、いずれにしても駿河国は、当時、甲斐源氏の占領下に置かれており（拙著『鎌倉守護』国別、第一章駿河項、二三―二四頁）、なお頼朝の権限が及ぶ状況になかったことは確かである。

（3）伊東（工藤）氏については説明するまでもないが、曾我祐信の嫡男小太郎の実名は「祐綱」と言った（『吾妻鏡』正治元年十月二十八日条）。また、祐信の父の名は「祐家」であったと思われる（第四章第三節四項、注1）。

（4）『吾妻鏡』には、祐信が範頼大手軍に属し、一谷戦を戦った記載が見えるが（寿永三年〔元暦元〕二月五日条）、内乱期のその後の動向は明らかでない。恐らく、続けて範頼の指揮下にあり、防長から鎮西地域を転戦したものではなかろうか。

（5）坂井孝一は、「元暦二年に彼（祐信＝引用者）が帰郷した後、継父・養父の祐信の意志によって一万は元服を遂げたと解すべきであろう」としている（注1所引「曾我兄弟の継父曾我祐信」、二六六頁）。

（6）『曾我物語』を飾る劇的な事件やエピソードに、秋から冬にかけてのものが多い。もちろん、敵討は五月二十八日夜の夏の出来事であるが、兄弟の父河津三郎が殺害されたのは「安元弐年〈丙申〉神無月十日余りの事」で（『東洋文庫真名本』1、巻二・序、六九頁。これは、秋の収穫を終えた狩の季節ということか）、兄弟が、空を渡る雁を見て亡き父を偲んだのは「九月十三夜」のことであった（巻四、二〇四―二〇五頁）。後述する筥王の元服も「建久元年〈庚戌〉年神無月中半のころ」であって（巻五・序、二五三頁）、一万元服＝「十月中半のころ」、筥王箱根入山＝「十一月中半のころ」も、同一の文脈にあるものと見ることも可能である。

（7）巻七にも、「親しき中なれば、三浦・鎌倉（大庭）・和田・畠山・本間・渋谷・曾我・中村・松田・河村・渋美（二宮）・早河の人々」と見える（『東洋文庫真名本』2、六七頁）。但し、なぜ「曾我」を含める必要があるのか。あるいは、別系統の曾我氏を指しているのであろうか。

（8）虎は、建久二年（一一九一）に十七歳であったから、承安五年（安元元・一一七五）生となるが、この年は「乙未」に当たる。

二　〈巻五～巻六〉狩庭の追跡

頼朝は、「この程徒然にて候ふ間、狩庭の遊びをせばやと思」うが、「狩庭廻りは罪業」と聞いているので、どうしたものかと諮問した。梶原景時は、すかさず「諏訪の大明神（甲賀三郎）の凡夫因位の御時の伊吹嶽の七日の巻狩」などの例を挙げ、狩庭の遊びは罪業ではないが、「鷹狩こそ罪業」と即答した。畠山重忠は、これをあざ笑って、鷹狩も罪業でないことを主張するが、山西明は、「仏は物の喩には鷹・隼を以て所依の例と為す」という語句に注目し、「畠山は仏道帰依の機縁として、鷹狩の正統性を主張している」ことを指摘した（1）（以上、『東洋文庫真名本』1、巻五、二七八—二八二頁）。

頼朝による狩の催行を伝え聞いた五郎は、「我らが父も狩庭帰りの死去なれば」、助経も「順現業」の報いを受けようし(2)、何より狩庭では敵を討つ機会が多かろうと勇んだ。「建久四年〈癸丑〉（一一九三）四月下旬」、頼朝は「諸国の侍共」を従え、三原野を目指し鎌倉を発った。兄弟は、馬を武蔵関戸の宿（東京都多摩市）より返し、「弓矢を持たずして太刀ばかりにて」、「蓑笠・粮米ばかりを持たる下人一両人」を伴い、一行の後を追うのである（以上、二八三—二八六頁）。前掲『伊東市史』は、以下に続く「真名本の狩場めぐりは、語り物特有の、人物名や地名を列挙する「揃い物（名寄せ）」という記述法になっている」ことを注記している（第一章、九一頁）。

一行は、途中、武蔵の「入野」（入間野）で「追鳥狩」を試みながら、「信濃と上野との境なる碓井山（碓氷峠）」を越えて三原野に入った（＊4）。真名本は、途中、「浅間の麓離山」の裾を通ったとき、梶原景時が、狐が鳴きながら通り抜けたのを聞いて「浅間に鳴ける昼狐かな」と詠じ、信濃の住人海野小太郎行氏が付句をしたとする挿話を載せる（＊5）。一行は、「三原(3)の狩倉」に三日間逗留して、その間、「那城（なき）の松原(4)」や「甲賀三郎諏方（よりかた）の維縵（ゆいまん）国より出されたりし神出山の奥(5)」といった「諏訪縁起」に関わりの深い各地を廻り、七日を経て「三原・長倉の御狩」を終えた（以上、『東洋文庫真名本』1、二八六—二八九頁）。

上野に戻った一行は、「利根河の大渡(6)」を越え、勢多郡赤城山の「狩倉」を廻る。この時、宇都宮朝綱に「那須野の狩倉」設営が命じられ、「建久四年〈癸丑〉五月上旬のころ」、頼朝の一行も兄弟も、ともに宇津宮（宇都宮）に入った。頼朝は、「鎌倉殿の御屋形」をはじめ、「一千五百余家の屋形どもを七日が内に程なく造り調（そろ）へ」た「宇津宮の女房」を賞し(7)、対照的に、真名本は兄弟と、兄弟が宿泊した河原崎の「小家」の母娘の哀れさを語る（＊6）。そして、那須野の「七日の御狩」も終わり、頼朝は、「法皇宿」（「天王宿」＝小山カ(8)）・「品河宿」を経て鎌倉に帰還し、兄弟も

「三浦の伯母の屋形」に帰った(以上、『東洋文庫真名本』1、巻五、二八九―二九三頁。同2、巻六、三―一一頁)。この間、助経を襲う手がかりすら摑めなかったことを、のち五郎は、「信濃の浅間の腰(山裾)・長倉・三原・離山、上野の伊賀(香)保・赤城、下野の那須野に至るまで、所々の狩庭に付き廻りつつ伺ひ候へども、運尽きざる程は少しの隙も候はざりき」と述懐している(同2、巻九、二〇七頁)。

＊4　「流布大系本」は、信濃の浅間野の狩と三原野の狩との間に、兄弟が、「三浦の屋形」より帰る梶原源太左衛門景季に見咎められ、たまたまそこを通りかかった和田義盛に助けられるという「五郎と源太と喧嘩の事」の段を挿入している(巻五、二〇一―二〇三頁)。

＊5　仮名本は、「昼狐」の歌を詠んだのは、「武蔵(相模)国住人愛甲三郎(季隆)」とする(巻五、一五二頁)。但し、「流布大系本」は、梶原源太景季が両日の「雨」を主題とする歌を詠んだ件を記したあとで、工藤祐経が頼朝の指示で「夏の野の狐」を主題とする歌を呼びかけ、愛甲が応えたとするプロットである(巻五、二〇四―二〇六頁)。なお、『東洋文庫真名本』1、三一二頁注七九、等の諸書に窺われるように、『沙石集』巻五に、昼狐を主題とした頼朝と景時との連歌が見える(日本古典文学大系、拾遺〈五三〉ノ(五)〈一九六六年、四九一頁〉。『東洋文庫』の注に、「著者無住は梶原氏に連なる者といわれ、これは明らかに梶原名誉譚の型をなしている」とある)。

＊6　仮名本に記載はない。

注

(1)　『曾我物語』の「那須野の狩」をめぐって―真名本から仮名本への変転―」(第六章、一五二頁)。

(2)　巻十に、「左衛門尉助経は朝恩に誇て栄花の名を施すと雖も、順現業に酬ひて、終に死殺を免れず」との記述がある(『東洋文庫真名本』2、二五三頁)。

（3） 二本松康宏は、「三原野は浅間山の北麓にあたる。現在の群馬県吾妻郡長野原町大桑・狩宿（現応桑＝引用者）あたりの高原地帯である」と説明している（「三原野と那須野をめぐる狩庭の祭祀者たちの名誉」、第一編第二章、五五頁。初出一九九五年）。

（4） 二本松に拠ると、「浅間山の東麓から北麓にかけて広がる高原の原野」を古く南木原と言い、「現在では北軽井沢とよばれ、南木山（なぎさん）の地名も現存する」とのことである（注3所引論文、六一頁）。

（5） 『神道集』は、三郎諏方（よりかた）が地上に出た場所を「神出山」としておらず、二本松は「あさまよりにし、おゝぬまやまのふもと」とある茅野本の記事を紹介し、「「大ぬま」は浅間山の南の麓にある真楽寺（長野県御代田町塩野）の境内の大沼の池がそれとして伝えられる」とする（注3、五九頁）。なお、文化八年（一八一一）『佐久長慶寺本』所収の「真楽寺系」甲賀三郎説話が存在している（福島邦男「『甲賀三郎説話』と伝承のあり方」『信濃』六六巻一一号、二〇一四年、五四・五八―五九頁、七二頁註一二）。

（6） 二本松は「群馬県前橋市大渡」とする（注3、六四頁）。

（7） 「この宇津宮の女房と申すは、千葉介常胤の結城腹の御娘、今年は廿三とぞ聞えし」とあるが（『東洋文庫真名本』2、巻六、九頁）、他書に見えない伝承である。なお、女房に命ぜられて、実際に設営を担当したのは「紀清の人々」であったとする（同1、巻五、二九一頁。第二章第一節三項、注22参照）。

（8） 『下野国誌』（巻十古城盛衰）に、「旧き牛頭天王の社（現小山市宮本町須賀神社＝引用者）あれば、然呼しなるべし」と見える（河野守弘著、嘉永三年成立。一九七五年、関東史料研究会刊、縮刷影印本、八丁）。

第三節　富士野の巻狩と工藤祐経殺害

一　〔巻六〕敵討の決意

兄弟は富士野で狩が催されることを聞き伝え、敵討の決意を固めて「三浦の伯母の屋形」から出立する（＊1）。その時、五郎が兄に語った言葉に、「敵を我らが手に懸けずは、我らが身をも我らが命をも敵のため捨ててこそ、悪霊・死霊とも成て御霊の宮とも崇められめ。命を生きて朝夕思ひ居たるも、痛く罪深し」とあった（『東洋文庫真名本』2、一一一―一一二頁）。

○［e］　類似の表現が仮名本にもあって、十郎が「もし、仕損ずるものならば、悪霊・死霊とも成りて、彼（祐経）が命を奪はん事、疑ひあるまじ」と語っている（巻五、一五六頁）。しかしながら、真名本と仮名本とでは、兄弟が「悪霊・死霊」化する意味がまるで異なっている（仮名本の場合、「流布大系本」では五郎の言としており（巻五、二一一―二一二頁）、後世、歌舞伎で団十郎のオハコとなる「荒事」芸につながっていくような（第二章第三節四項）、「五郎」の造形化がより進んだ結果と思われる）。

真名本であるが、「敵を我らが手に懸けずは」の句は、引用部の末尾「命を生きて朝夕思ひ居たるも、痛く罪深し」に接続し、《我らが手で敵の助経を討ち取らなかったならば、生きながらえて日常敵のことをあれこれ考えるのも、かえって罪深い》の意となる。問題の「悪霊・死霊」部分が挿入される形になっているため分かりにくいが、《我らが身をも命をも捨てて》、即ち、死を覚悟してこそ事が成就し、我らは、返り討ちにあうか処刑されるか、いずれにしても死して「悪霊・死霊とも成」って、人々から「御霊の宮とも崇められ」ることになろう、と決死の覚悟を語った文脈である（巻七、「我らも仙人の眷属と成て、修羅闘諍の苦患をば免れ、（中略）富士の郡の御霊神とならざらむ」と語った五郎の詞も同趣旨である（後述。『東洋文庫真名本』2、一〇一頁））。

これに対し、仮名本は、祐経殺害に失敗すれば、死して「悪霊・死霊」に化してでも祐経の命を奪おうという決意をストレートに語ったものであった。

十郎は三浦余一方に立ち寄り、助経を討つ「本意」を語って助力を求めたが、余一は拒んだばかりか、幕府に上訴しようとさえした。真名本は、「かの三浦余一と申すは、平六兵衛義村には一腹の兄なり。父は鹿野（狩野）の宮藤（工藤）四郎茂光なり。余一が母も曾我の人共のためには伯母なり」とする（同右、一三―一四頁）（＊2）。

○［f］『東洋文庫真名本』2、四八頁注一七は、余一について「『吾妻鏡』や系図等に登載されることなく、その経歴等も未詳である」とする。余一が三浦義村とは「一腹の兄」とする点は『曾我物語』諸本に共通であり、三浦義澄の妻が伊藤助親の娘であった点も、『吾妻鏡』（治承四年十月十九日条）をはじめ、『曾我物語』諸本に共通する（助親の長女とすることは、第一節五項既述）。ところが、『曾我物語』諸本は、いずれも義村の母について語ることはなく（『吾妻鏡』も同様）、続群書類従本『三浦系図』に「母伊東入道女」とあることが知られるのみである（その他、『大日本史料』第五編之二二、『系図纂要』四八、平氏三・三浦（一一五頁）、『諸家系図纂』一一上・三浦（一二一頁）、『佐野本系図』一三・三浦上（一三三頁））。『吾妻鏡』や『曾我物語』諸本が、「謀叛人」助親の立場を考慮して故意に記載しなかったことが考えられるし、助親の長女は三浦義澄との結婚の前に、狩野介茂光は、『東洋文庫』の前記注が指摘するように、年代的に不可能としても、工藤狩野介一族の、通称「四郎」某との間に一子を儲けた可能性までは否定できないだろう。その場合は、曾我兄弟と同じように、父の狩野四郎某が何らかの理由で死去し、余一は母の再婚先の三浦義澄の下で生育したということになろうか（仮名本は「与一」の父を「伊東の工藤四郎」としていたから、これに従えば、助親の長女は最初、近親の四郎某に嫁したことになる）。余一については、なお触れなければならない点が多々あって、第六章第四節二項で改めて考えてみたい。

この後、余一は鎌倉に向かうが、鎧摺（あぶすり）の辺りで和田義盛・畠山重忠の一行と出会い、彼らに制止されることになる（「鎧摺」については、第一節七項、＊17参照）（『東洋文庫真名本』2、一四―一七頁）。兄弟は大磯で別れ、五郎は「早河の伯母の宿所」に向かい、土肥弥太郎遠平の歓待を受けた。一方、十郎は、虎を連れて「曾我の里」へ帰る。十郎の普段と異なる様子に、私が「大磯の遊女にて、浅猿（あさまし）き身なれば」、貴方が私を「世の常の女の数には思」っておらず、だから真情を語ってくれないのではないかと切々と訴える虎。三年もの間、自分に尽くしてくれた虎の真心に触れた十郎は、「祖父伊東入道は謀叛の身にてありしかば、我らまでも鎌倉殿の御勘当深き人の末なれば、君にも召し仕はれず、先祖の所領をも没取せられ奉て亡郷（旧領）の一所をも知らざれば、尋常なる馬の一匹をも飼」うことのできない「貧道無縁」の身の上を語り、「ただ思ひ出なきを思ひ出とする悲しさよ」と、泣く泣く敵討の「本意」を打ち明け、「形見」に鬢の髪を切って渡したのであった（一七―二六頁）。

「ころは建久四年〈癸丑〉五月下旬」、「五月雨の天の物憂き今朝の空しも、五月雨茂く雨連（ふりつづ）」く日の事、「曾我と中村との境なる山彦山の手向（六本松峠）」まで虎を見送った十郎は、更に馬と鞍を「形見」に与え、虎は「中村通」を大磯へ、十郎は曾我へとそれぞれ帰って行った（二六―三二頁）。そして、兄弟は曾我の里で合流する。「不孝の罪は余の罪業よりも至て重し」とためらう五郎を連れて、十郎は、母に弟の勘当を許すよう説いた。母は、結局十郎の説得を容れ、五郎の勘当を解く。その間、十郎は「さしたる科もなき者を御不審を御免もなくは、御為にも重き罪業とならせ給ひ候ふべし。叢魂（くさむらだましひ）の影にても、故河津殿の御恨はなくてや候ふべき」と母を精神的に追い詰め、母は「さらば、和殿に郎等一人取らすると思ひて免しこそせめ」と自らを納得させて、五郎の勘当を許したのであった（以上、三二—四〇頁）（＊3）。

十郎は、互いの「形見」のつもりで母に小袖を乞い、兄弟は着ていた小袖を脱ぎ置いた。狩庭の晴着程度にしか理解できない母は、「狩庭より返（帰）りて後は返し給へ」と言わずもがなのことを口にし、兄弟の死後激しく後悔することになる（四〇—四一頁。巻十、二四二頁）[1]。

＊1　仮名本も「三浦の伯母の許」へ行ったとするが（巻五、一五六頁）、「三浦別当」義澄は、片貝（第二節一項、＊3参照）が原因で、「女房」を「離別」していたはずで、行文に矛盾がある（巻四、一四〇頁）。

＊2　仮名本は、三浦与一の父を「伊東の工藤四郎」、与一の実名を「義直」とする（巻五、一五六・一五九頁）。

＊3　仮名本（巻七）は、母が十郎に小袖を与えた後、「広縁」に控えていた五郎が直接母に語りかけるという展開を見せる。埒が明かないので、今度は十郎が再び説得に乗り出し、結局「とにもかくにも、生き甲斐なき五郎めを、御前に召し出だし、細首打ち落として、見参に入れん」と、目を見開き、大声で母を脅すという大時代的な運びで、母が「さあらば、許す」と劇的に五郎との再会が実現することになる（一九四—二〇二頁）。

注

（1）有名な謡曲「小袖曾我」は、母が五郎の勘当を許したあと、兄弟二人による男舞の相舞となって舞台を閉じるが、その間、小袖について一言も触れられていないこともよく知られている（第一章第二節一項参照）。

二〔巻六～巻七〕富士野へ

十郎と五郎は、母への文を残し、「少(おさな)き弟共[1]の後の世」を慮って、「常の門をば出でずして」、死者と同様に「馬屋の後の垣の闕けたる」ところより「曾我の屋形」をあとにした。「建久四年〈癸丑〉五月下旬のころ」のことである(『東洋文庫真名本』2、巻六、四二―四四頁。巻七・序、六五頁)。真名本は、母との別れに「五郎は思ふ事をば色にも出さざりけるが、十郎は色に出でて涙も頻りに浮みけり」と兄弟の性格を対比し、容貌については、母の口頭を通して「五郎は山寺にて成長(そだち)たれども、色黒く老気(くまみ)て(大人びて)見ゆるなり[2]。十郎は里にて成長したれども、色白く現射(すはやか)なり(すらりとしている)」と描き分けている(同、巻七、六八・七〇頁)。

兄弟は、それぞれの「下人」である丹三郎・鬼王丸を連れ、「その外冠者原三人」を加えて、「主従七人」で出立した。中村通を西に辿り、「桑の原田畝(たなほ)」(神奈川県小田原市桑原)の辺りで南行する「田村大道」に交差する。田村(同平塚市)は「ちょうど相模国の一宮の寒川神社の対岸あたり」の相模川渡河地点に位置し、東は鎌倉に、西は秦野盆地へと向かう街道が通り、これが「田村大道」である[3]。「鞠児河」(酒匂川)を、『東洋文庫真名本』2の注にあるように、「現在富士道橋のかかっている辺り」で渡河したものと思われるが(一〇八頁注四)、その先、中村通は丁字路となって、右すれば足柄路へ、左は箱根路へかかる。十郎が、頼朝は「合沢(藍沢。静岡県御殿場市辺)の狩倉」へ向かったことを聞き伝え、「足柄山を超え」て「合沢」に直行しようと発議したのに対し、五郎は「筥根路へ懸らむ」と言い張った。兄は、弟の、箱根権現に参り、別当に別れの挨拶をしたいとする気持ちを察し、「この義はもつとも量なき便なるべし」、即ち「成仏する何よりの手だて」だと納得して、二人して箱根路へ向かったとする(以上、巻七、六九・七一―七二頁)。真名本はこの段で、《狩庭の物語》としての一貫した構想を放棄しており、兄弟は端から藍沢の狩庭を捨て、何やら箱根路経由で富士野へ向かったことの弁明のような印象さえ受ける[4]。

酒匂川を渡る時、五郎は「鞠児河こそ三途の大河、筥根の御山こそ死出の大山よ(第二章第二節五項参照)。鎌倉殿こそ琰魔王よ。親の敵に合はむ処こそ琰魔の庁よ。数万人の侍共こそ牛頭馬頭阿防羅刹にてはあらむずれ」と叫んだ(同右、七三頁)。助経の名はなく、敵討のターゲットは「琰魔王」＝頼朝で、従う御家人は「琰魔の庁」の「獄卒」[5]として、すべてが兄弟の敵対者である如き書きぶりである。そして、「湯坂の手向(峠)[6]」を越えて(同右)、「大崩の下の手向[7]」にて、狩庭から帰る姉聟の二宮太郎(朝忠)に出会う。渋美に戻って笠懸でも射ようではないかという姉聟の誘いを断り(七七―七八頁)、ひたすらに別当の坊を目指した。

兄弟は「別当の房」に赴き、事情を察した別当から、五郎は「兵庫鎖の太刀」[8]を、十郎は「黒鞘巻の小刀(さすが)」(「訓読本(大石寺本)」巻七の表記は「刺刀」(二五五頁))を、それぞれ引出物に賜った。別当は二人のために調伏の祈禱を約束し、兄弟は、自分たちを藤原鎌足の「鹿嶋立ち」に例え、箱根を出でて、芦河から「巓七里(たけくれ)・山七里・野七里[9]」を経て、伊豆の国府に着いた。そして、「国の鎮守」(一宮)三嶋社に詣で、「笠懸七番」を射て事の成就を祈願したのである(以上、『東洋文庫真名本』2、八三―九五頁)。

二人は、頼朝が「合沢の御狩」を終えて、既に「浮嶋が原」(富士山南側の裾野に広がる、今日の静岡県沼津市から富士市にかけての湿原を言う)に着いたという報せを聞き、富士山を遠望して、十郎は「富士の山の麓において、我らが屍を曝して名を後代に留めむ」と、富士にまつわる枝折山伝説(姥捨て伝説)を語り、五郎は赫屋姫伝説(竹取伝説)を語った。真名本は、兄弟にとって、富士の裾野における敵討＝助経殺害の意味を次のように説いている。

されば、この山は仙人所在の明(名)山なれば、その麓において命を捨つるものならば、などか我らも仙人の眷属と成て、修羅闘諍の苦患をば免れざらむ。多く余業この世に残りたりとも、仙人値遇（ちぐ）の結縁に依て富士の郡の御霊神とならざらむ。また我らが本意なれば、もとより報恩の合戦、謝徳の闘諍なれば、山神もなどか納受なかるべき。／中にも富士浅間の大菩薩は本地千手観音にて在せば、六観音の中には地獄の道を官り給ふ仏なれば、（中略）などか一百三十六の地獄の苦患を救ひ給はざらん

（以上、同右、九五―一〇三頁）。村上學は、兄弟が交々語った枝折山伝説と赫屋姫伝説は、真名本が各巻冒頭に記載する副題「本朝報恩合戦謝徳闘諍集」という公式テーマを引き出すための重要なプロットと位置付けた（序篇第三章、八三頁・第四章、一〇二―一〇三頁。本書第一章第三節四項参照）。

注

（1）巻二に、兄弟の母は助信との間に、「曾我の子共も太多儲けられければ」と見え（『東洋文庫真名本』1、八六頁）、巻十には、「曾我殿（助信）の少き人々」として、「今若・鶴若・有若とて三人」の名が記されている（同2、二四三頁）。

（2）勘当を許し、九年ぶりに五郎と再会した母は、「老顔（くまみ）て見ゆるものかな。十郎よりも老（をとな）しく見ゆる」と印象を口にしたが（同2、巻六、四〇頁）、兄に比べて、五郎がいっそう過酷な境遇を送っていたことを物語るものであろう。

（3）石井進「相武の武士団」（『鎌倉武士の実像』、平凡社、一九八七年、七四頁。初出一九八一年）。

（4）後段、真名本はなおも、別当に「鎌倉殿、今日は合沢の御狩と承るに、足柄をば越え給はずしてこの道（箱根路）を懸け給ふは、権現に暇をも申し、またこの僧（別当）を見て後世を誂（あつら）へ（死後の供養を頼み）給ふと覚えたり」と語らせている（『東洋文庫真名本』2、八七―八八頁）。

（5）仮名本に、「御前の侍は獄卒」とある（巻七、二一二頁）。

（6）「湯本より湯坂山・浅間山・鷹巣山などの箱根新期外輪山の峰々を通り芦之湯へ下り、精進池の淵より箱根権現に出て、芦ノ湖畔の芦川宿から箱根峠を越えて三島（中略）に至る中世箱根越の道」を「湯坂路」と言った。平安期以前の東海道は足柄路が主流であり、また近世初頭、須雲川沿いに新道が開削され、元和四年（一六一八）箱根宿が新設されると、湯坂路は「箱根越の路としての使命を終え、村人が利用する山路になっていった」とされる（『神奈川県の地名』「湯坂路」項、六六〇頁）。湯坂路は、鎌倉幕府の成立に伴い、鎌倉・京往還の短縮路として、将軍の二所参詣の道として整備されたが、伊豆国府（静岡県三島市）近辺に本貫を有した北条氏の台頭も箱根越が主流となる要因となった。

（7）『東洋文庫真名本』2、巻七注一一は（一〇九―一一〇頁）、吉田東伍『増補大日本地名辞書』第六巻の説（冨山房、一九〇三年初版。一九七六年増補版第三版、一八頁）を引き、「駒ヶ岳東斜面のがけをいうのであろうか。ただ巻十（中略）の叙述（二六一頁＝引用者）からみれば、もう少し東寄りの地であった感もある」とする。また、「訓読本（大石寺本）」の頭注にも、同様に、元賽の河原「あたりをいったか」とある（二五二頁頭注一八）。

（8）「一年九郎太夫の判官殿（義経）の木曾（義仲）追罰のために上洛し給ひし時、祈禱のために権現に進せて通り給ひし太刀なり」とする。また、別当は後難を慮り、これは「京の町にて買たりと云へ」と諭す（『東洋文庫真名本』2、八三―八四頁）。

（9）中野敬次郎に拠ると、三島側から「川原が谷（静岡県三島市＝引用者注〔以下同じ〕）より元山中（同）までを野七里といい、元山中より頂上（山伏峠）までを山七里とよび、頂上からの尾根道を嶺七里という」とあった（「箱根山の古道と中世以降の箱根の発展」『箱根町誌』第一巻、角川書店、一九六七年、三二一頁）。

三〈巻七〜巻八〉富士野の狩

真名本巻七は、頼朝が「その日は駿河の国小林の里日逼（ひせめ）の狩倉」に到着し、翌日「伊出の屋形」に向かったとして、[1]場面は富士野の狩庭に移るが、最後に、頼朝が、「浮嶋が原」で姿を見た兄弟を騙して鎌倉に連行し、梶原源太左衛門（景季）に殺害を命じたものの、兄弟はその意図を見抜いた逸話（第二節一項）[2]で幕を閉じる（『東洋文庫真名本』2、一〇三―一〇六頁）。

狩が始まり、初日に、早速助経を狙う機会が訪れたが、十郎の乗馬が前足を「躑躅（つつじ）の根」に引っかけて、これは失敗に終わった（＊4）。「三日の巻狩」[3]の二日目、まず「鎌倉殿の御子息少将の御料」頼家と、「御合手」＝畠山重忠の「嫡子に六郎重泰（保）」による狩を語り、次いで「相州の守護人」[4]和田義盛と、「武州の守護人」畠山重忠とを、それぞれ左右の「奉行」として、「東国」十一か国の御家人を二十番に結び、[5]行装・狩の様子を、いわゆる「武者揃い」の形式で延々と語る（『東洋文庫真名本』2、巻八、一三二―一四四頁）。[6]

第三日。夕刻、「大鹿の大王二頭」が兄弟の目の前に現れ、それを二人はわざと射外した。狙いはあくまで助経にあって、それ以外、殺生の「罪を造」るつもりはなかったからである。そこへ、矢傷を負った「猪の大王」[7]が頼朝目がけて突進してくる。「御前近く」に控えていた伊豆国の住人、新田四郎忠経（常）がこれを退治し、頼朝は「御屋形」に入って、その日の狩は終わりとなった。宿所に帰った兄弟のもとに、「次の日は御返（帰）り」との情報が伝わり、二人は今夜が最後の機会だと覚悟を決める（以上、『東洋文庫真名本』2、一四五―一四七頁）（＊5）。

当夜、十郎は、宿館の様子を調べようと、助経の「屋形」を伺っていたところ、郎等の石田次郎に見つけられ（＊

6)、酒宴の席に招き入れられた。助経は、酔った勢いで、伊藤の家は自分が嫡流であること、所領を叔父の助親に押領されてしまったこと、十郎の父河津三郎は「伊豆奥野の狩庭返りの時、流矢に」当たって死去したこと、それを、在京中であった自分の「所為」だとされてしまった、こと等を十郎に語った。十郎は屈辱に耐え、素知らぬ様子で退出したあと、助経と、同席していた「備前の国の住人貴備津(吉備津)の宮の往(『吾妻鏡』・仮名本の表記は「王」)藤内の会話を「後の小柴の影に立て聞」いてしまった。助経は、自分が郎等に命じて河津三郎を射殺したことは紛れもない事実だと語り、往藤内は十郎の不審な様子を助経に告げたのであった(以上、『東洋文庫真名本』2、一四七―一五四頁)。(＊7)

＊4　仮名本巻八の富士野の狩の記述は、(1)狩の様子(二二五―二二八頁)、(2)畠山六郎重保と梶原源太(景季)との「狩場の法」をめぐる鹿(しし)論(二二八―二三〇頁)、(3)新田四郎忠綱(忠常)の猪退治(この猪は「富士の裾、かくれいの里と申す所の、山神」であったとする)(二三一―二三三頁)、(4)祐経を打ち損じたこと(二三四―二三七頁)、と続く展開である。(但し、仮名本は、十郎の乗馬が「伏木」に乗りかけてつまずいたとし、これは番外謡曲「伏木曾我」に繋がる。また、ここで、十郎は「群千鳥の直垂」を、五郎は「紋に蝶を三つ二つ所々に付けたる紺の袴」をそれぞれ着用していたとする描写がはじめて登場する)。

＊5　仮名本は、この前段に、狩は今夜が最後だということを、畠山重忠が兄弟に歌で知らせようとして、「侍の所司にて、奉行を承りける」梶原景季に不審がられる記事を挿入する(巻八、二三四―二三八頁)。これを聞いた人々は、「今に始めぬ梶原が和讒かな」と非難し、重忠は、頼朝が「かやうのゐせ者を近く召し使ひて、末代のいかう(「流布大系本」に「末の世いかゞ」とある(三二二頁))」と頼朝批判を口にする。但し、「流布大系本」は新田の猪退治に続けて、頼朝が祐経に「用心」を促し、「侍の所司にて、総奉行なる」景季が、頼朝の命を受けて兄弟を騙し、真名本巻七に近似する

鎌倉の留守奉公を促すエピソードを挿入する(巻八、三一八―三一九頁)。

＊6　仮名本は「祐経が嫡子犬房」(後の伊東祐時)が見付けたとする(二四〇頁)。

＊7　宴席には遊女の「手超(越)の少将」と「木(黄)瀬河の亀鶴」が侍っていたが(『東洋文庫真名本』2、一五一頁)、仮名本(巻十)に拠ると、「黄瀬川の亀鶴御前」は「大磯の虎御前の妹」で、敵討の当夜、兄弟の形見を持って曾我に向かっていた従者の「鬼丸・道三郎」が、亀鶴の使いの者から、兄弟が本懐を遂げたこと、十郎は討死し、五郎は捕縛されたことなどを伝え聞いたとする(二九一―二九二頁。「流布大系本」に、従者の名「鬼王・道三郎」とある〈三七七―三七八頁〉)。また、「流布大系本」は、虎が出家の後、手越の少将と会い、その折、少将から、当夜「祐経の宿直の事」を、女の童を使いに十郎に知らせたことを「はじめて」聞いたとする逸話を伝えており、少将を「我姉」とも呼んでいた(巻十二、四一一―四一二・四一九頁)。なお、ここで言う「姉妹」とは「遊郭におけるもの」で、実際の「血縁関係にはない」とする村上美登志の指摘のとおりであろう(『曾我物語』と女性―大磯の虎とその形象をめぐって―」、D叢書『曾我・義経記の世界』、一一二頁〈『中世文学の諸相とその時代』Ⅱ、和泉書院、二〇〇六年、再録〉)。

注

(1)「日逼」について、『東洋文庫真名本』2の注は「地名であるか普通名詞であるか不詳」としたが(一二七頁注七二)、福田晃は「一日限りの小さな狩場をいう普通名詞的地名」と推測している(「曾我御霊発生の基層―狩の聖地の精神風土―」、第二編第一章、一三二頁。初出一九九八年)。また、駿河「小林の里」について、従来は御殿場市上・下小林に比定され、真名本としては数少ない地理的錯誤と考えられてきた(前記『東洋文庫』の注など)。ところが、近年、二本松康宏は「小林郷」は富士下方五郷の一であること、「富士市伝法小学校西側付近に、戦前まで小林という字があった」ことなどを明らかにした(「小林郷における曾我御霊の昇華―富士浅間の客人宮へ―」、第三編第四章、二三二―二三四頁。

初出一九九九年）。この伝法小学校より北西二・五、六キロの地が、曾我伝承の遺跡、曾我八幡宮・玉渡神社・曾我寺が立地する富士市厚原（旧鷹岡村）であって（第二章第三節一項参照）、「小林の里」（小林郷）を今日の富士市伝法に比定する二本松説の裏付けとなろう。

次に、「伊出の屋形」の所在地が、今日の静岡県富士宮市上井出・狩宿地区にあったことに異論はなかろう。狩宿の井出家宅は頼朝屋形の旧跡と伝えられ、近くに頼朝が馬をつないだと伝える「下馬桜」の老木もある（坂井孝一『物語の舞台を歩く　曾我物語』、山川出版社、二〇〇五年、一一七頁）。なお、『信長公記』巻一五ノ二三には「昔、頼朝かりくらの屋形立てられしかみ井手の丸山あり」とする記述が見られる（角川文庫、一九六九年、四〇四頁）。二本松は「丸山とは、現在、峯山と呼ばれる小丘」で、その付近は「元井出」と呼ばれ、「狩宿の旧跡よりも（中略）現実味がある」としている（「伊出の屋形に託された鎮魂の構想―血祭りの聖地に」、同第三章、二一三・二一五頁。初出二〇〇一年）。また、上井出地区には、曾我の隠れ岩・工藤祐経の墓・曾我八幡宮・曾我兄弟の霊地（五輪塔）などの曾我伝承関係の遺跡が集中して存在している。

（2）その後、頼朝も助経も、兄弟に対して用心した様子を窺う記述はない。真名本巻七のこの逸話は、恐らく増補部分と思われる。

（3）巻狩について、真名本は「そもそも巻狩と申すは、勢籠（勢子）の者共を太多山に入れて、上の嶽より鹿を追ひ下して麓の野辺に巻き籠めつつ、思ひ思ひに射て取るを云ふなり」と説明している（『東洋文庫真名本』2、巻八、一三二頁）。

（4）記載順に、相模・駿河・伊豆・武蔵・安房・上総・下総・常陸・下野・上野・信濃の御家人の名を挙げ、奥羽を除き、遠江と甲斐を欠いている（但し、屋形揃えの段、北門・外陣に遠江、乾の方に参河、艮の方に甲斐の、それぞれ住人の名が記されている〔一五八―一五九頁〕）。

（5）　各番、同国の住人二人で左右一組を構成し（計四〇人）、各組にはそれぞれサポートの「人々」が編成されていた。
（6）　『東洋文庫真名本』2の注に、「人名事物を列挙する、いわゆる「揃い物」（「名寄せ」とも言う＝引用者補足）は今日からみれば単調そのものの感があるけれども、当時の語り物としては重要な聞きどころ聞かせどころとして意味があったらしい」とある（一六四頁注二五）。後段で、狩庭の「屋形」揃えが続く（巻八、一五六―一五九頁）。また、坂井孝一は、「聞き手は「語り」の中に、自分と関係のある人名・地名などが出てくるのを耳にして楽しんだ」ことを指摘しているが、仮名本は「「語り物」の芸を省略、あるいは捨て去る方向に進んだ」とする（「真名本『曾我物語』の構想と特徴」、第一部第一章、三九頁。初出二〇一〇年）。なお、前記『東洋文庫』の注に、各射手四〇人の行装が一覧表にまとめられている（一六四―一六九頁）。
（7）　仮名本は猪を「山神」としていたが（＊4）、真名本には「大王」とあって、山神とする記述は見られない。

四　〈巻八〜巻九〉祐経殺害と十郎の死

「建久四年〈癸丑〉の五月廿八日の晩傾（くれつかた）」のこと、十郎は宿所に帰って、五郎に助経の宿館の状況を話した。二人は、土肥次郎実平や鹿（狩）野介宗茂より差し入れられた酒を飲み、その後、十郎は井出の宿館全体の様子を語るのであった。(1)その後、兄弟は和田義盛のもてなしを受け（＊8）、更に畠山重忠からは、「今夜ならずは方々の御本意をば何の時にか遂げらるべき」と励まされた（＊9）。宿所に戻った兄弟は、「遥かに夜深くるまで、九つ七つの年（第二節一項参照）より思ひ立ちし言の葉を書き集め」、母に別れの文を認め、「二人の下人共」丹三郎と鬼王丸に、形見の品々とともに托した（以上、巻八、一五四―一六〇頁。巻九、序・一七五―一八七頁）。

兄弟は支度を調え[2]、真名本は、「太刀を抜きつつ肩に打懸けて、手に手に小続松を打振て高物語してぞ行きける」と、高揚した兄弟の出立の様子を活写する。ところが屋形に着くと、助経も往藤内も不在で、十郎は咄嗟に「侍近ければ御殿居(とのゐ)をぞ仕たるらむ」と推測し、侍に直行する(＊10)。そして、奥の間に臥していた助経を起こして殺害し、気付いて逃げようとする往藤内をも斬殺した。しかも、五郎の発案で立ち戻り、「敵を討つ法」として、助経にとどめを刺すことを忘れなかったのである(以上、『東洋文庫真名本』2、一八七—一九二頁)。

助経殺害後、兄弟は「曾我の冠者原が只今君の御屋形の陣内において、親の敵宮藤左衛門尉助経を討て罷り出づるなり」と叫んだが、応える者は一人もなかった。そして、物語はいわゆる「十番切」に転じ[3]、一番の戦いを描写した後、畠山重忠が和田義盛のもとへ使いを遣わした記述が挿入される。重忠が「この騒動は、曾我の者共が、日来の本意を遂げて助経を討たると覚ゆ。これに依て上の御大事は候ふまじ」と意を伝え、和田は「義盛が思ひも同心なるべし」と応えたとする[4](以上、『東洋文庫真名本』2、一九二—一九七頁)。

歌舞伎調の華麗な「十番切」の舞台が終わり(＊11)、真名本の記述はいささかなりともリアルな描写を取り戻す。「ころは五月廿八日の夜半の事なれば、雨は居(沃)に居(沃)て雨(ふ)る、暗さは暗し」という状況の中で、何者かが「続松に火を付けて投げ出せ、や」と叫んだのを機に、「御馬屋の舎人の時武」をはじめ、次から次へと続松が投げ出され、「蓑笠に火を付けて投げ出す者」もあった(＊12)。十郎は頼朝の宿館に近づいたものらしく、「屋形口に伏し」ていた伊豆国の住人、新田四郎忠経(既述。後段に「忠綱」とある)と出くわす。その時、「十番切」四番手として五郎と戦い負傷した駿河国住人原三郎[5]が横合いから現れ、十郎が刺されたところに、新田に切り付けられて十郎は息絶えた。その「最後の詞」に、「五郎はなきか。助成こそ新田四郎が手に懸て討たれぬれ。未だ手負はぬものならば、君の御前近く打登て、具に見参に入るべし」と、五郎に最後の望みをかけたのであった(以上、『東洋文庫真名本』2、一九七―二〇〇頁）。

一方、五郎は逃げる堀藤次を追って、頼朝の「御屋形の御前なる大幕を打挙げて」突入したところ、「御屋形の口にて」女の姿を装い、様子を伺っていた大力の童の五郎丸に捕らえられてしまった。そして、「馬屋の柱に縛り付け」られて夜明けを迎えることになったのである（『東洋文庫真名本』2、二〇一―二〇三頁）。[6]

＊8　仮名本（巻九）は、義盛の励ましを梶原源太左衛門尉（景季）が聞き咎め、兄弟は危険を察知して「柴の庵を引き払」ったが、景季は「百余人も兵を引き連れて」、無人の屋形に押し寄せたとする（二五三―二五六頁）。

＊9　『東洋文庫真名本』2の注に、「兄弟が畠山の屋形を訪れることは仮名本にはみえない」として、「仮名本では討入の場面に関しては畠山の役割は小さ」いことが指摘されている（巻九、二二〇頁注六）。

＊10　仮名本（巻九。二六四―二六五頁）は、「辻固めの者共」から詰問され、それらを切り抜けて祐経の屋形に向かったとする。ところが、王藤内の勧めで祐経は屋形を移していた。そこを、「夜廻りの番」を務めていた重忠の郎等「本田太郎」（「流布大系本」、「本田二郎」〔三四九頁〕）。『吾妻鏡』元久二年六月二十二日条、重忠「郎従本田次郎近常」）の指示で祐経の居所へ漸くたどり着くことができたわけである。

＊11　仮名本（巻九）は、「兄弟二人が手に掛けて、五十余人斬り伏せけり。手負うする者は、二百八十余人なり」とする（二七三頁。「流布大系本」には、手負いの数「三百八十余人」とある〔三五九頁〕）。源平争乱などの戦場経験を持たない二十歳そこそこの青年の戦果としては、余りにも芝居がかった数字ではある。

＊12　仮名本（巻九）には、松明・蓑のほか、「大御所（頼朝）の御厩の者に、とくたけと云ふ者、傘に火を付けて、出だしけり」と（二七二頁）、傘（からかさ）が登場する。続松（松明）を投げるのも、蓑や傘に火を付けるのも、兄弟追捕のための手段であった（第二章第三節六項）。

注

（1）「鎌倉殿の御屋形を中として」、宿館の配置が述べられている（『東洋文庫真名本』2、巻八、一五六―一五九頁）。同書の注四四、一七四頁に配置図が見えるが、オリジナルの原図は、『角川妙本寺本』（一九六九年）、四四八頁に第五図として収められている（巻九とあるのは巻八の誤り）。助経の「屋形」は、「御所の巽（東南）の角の御縁の際、妻戸の腋（脇）」にあって（巻八、一五九頁）、まさに頼朝の「稠者」の面目躍如たるものがある。

（2）十郎は「上には村（群）千鳥付たる直垂」を着し、五郎は「上には調布（さよみ）の直垂に蝶を処々に画いたるを強直（すくやか）に着なして」と、真名本はここで、後世浄瑠璃や歌舞伎で定番となる十郎＝群千鳥、五郎＝蝶の装いをはじめて掲げる（『東洋文庫真名本』2、巻九、一八八頁。第一章第一節一項、注7、及び、仮名本に関する本節三項、＊4参照）。なお、五郎の装束であるが、梅原猛は、古代の日本人は「『万葉集』において、ほとんど蝶のことを歌って」おらず、「蝶を死霊の使いとして忌んだゆえであろう」としており（『隠された十字架―法隆寺論―』、新潮社、一九七二年、四三三頁）、五郎＝御霊とする認識と関わりがあろうか。

（3）『東洋文庫真名本』2の注に、兄弟が、十郎から始まって、原則交互に斬り結んだ相手を、真名本・仮名本（「流布大系本」）・幸若・吾妻鏡のそれぞれについて、整理した一覧が掲載されている（巻九、二二七頁注三〇）。

（4）畠山と和田のやり取りについて、大津雄一は、物語は「第一義的には兄弟の行為が頼朝の殺害、ひいては現体制の秩序の破壊を目的としたものでないことを明示する」とし（「真字本『曾我物語』の表現構造」、C大成『義経記・曾我物語』、三二七頁。初出一九八三年）、佐倉由泰は、この点を「妥当な見解」と評している（「『曾我物語』の機構」『軍記物語の機構』第十五章、汲古書院、二〇一一年、四四八頁注一三。初出二〇〇四年）。大津の指摘は、あくまで真名本のプロットとして理解すべき事柄である。

（5）　第五章第二節四項、注4参照。

（6）　後段に「忠家」と見えるが（『東洋文庫真名本』2、二〇九頁）、『吾妻鏡』に「堀藤次親家」とあり（治承四年八月十七日条等）、仮名本（巻九）も実名を「親家」とする（二七五頁）。

五　五郎の尋問と処刑

翌朝、五郎が縄付きで尋問の場に引き出されるのを見た伊豆国の住人尾河小次郎が、なぜ「侍程の者」に縄を打つのかと非難したのに対し、五郎は笑って、「縁あればとて[1]芳心し給ふか。（中略）父の為に付たる縄なれば孝養報恩謝徳闘諍の名聞にてこそあらめ」と応えた（『東洋文庫真名本』2、巻九、二〇三―二〇四頁[2]）。

頼朝は、「鹿（狩）野介・新貝荒次郎」[3]に尋問を命じたが、五郎は両人に退席を求め、頼朝の直問となった。頼朝は、まず敵討ちの動機・経過を尋ね、次いで多くの侍共に対して刃傷を働いた理由を問う。そのあと、尋問はいよいよ本題に入った。頼朝が「そもそも何事を存じ、御前近くは参りける」と問い、五郎が堀藤次の後を追いかけていったまでだと嘯いたのに対し、頼朝は再度「頼朝においては、別の意趣をば存ぜざりけるか」と念を押す。これに五郎は

　争かその義はなくて候ふべき。その故をいかにと思し食せ。祖父の伊藤入道（助親）は君より御勘当を蒙て、既に誅せられ進せ候ひぬ。敵の助経はまた御気色吉き大名に成て召し仕はれ候ひしには、方々以て意根（遺恨）深く候ひし上に、助成が最後の詞には、便宜吉くは御前近く打上て具に見参に入るべしと申し候ひしかば、（中略）君一人を汚し進せつつ、後代に名をば留め候はむと存じ候ひしかば、（堀藤次）忠家に付て参り候ふ

と陳弁している（以上、二〇四―二一〇頁）。

「訓読本(大石寺本)」の頭注は、「五郎は、頼朝の命を狙ったと明言するが、当の頼朝がそれを否定している。兄弟が頼朝までも敵として狙ったかどうか、我々は明確に判断できない」と、兄弟による頼朝襲撃の意図を否定している(三二四頁)[4]。しかし、これは真名本の構想を代弁したもので、仮名本が、頼朝を「祖父の敵」(巻九、二八一頁。「流布大系本」は「子孫の敵」とする(巻十、三六九頁))と明記しているのに対し、確かに真名本の歯切れは悪い。しかしながら、五郎自身、兄に「謀叛起しに出でむとて」と語っており(『東洋文庫真名本』2、巻六、三五頁)、頼朝も、五郎の行為を「謀叛」と認識していたことは、「御内へ参てかかる謀叛を起し候ふ程にては」(巻九、二〇七頁)、「この謀叛の事をば母ばかりにや知らせし」(二一一頁)等の発言に明らかとしなければならない(巻十にも、「曾我の冠者原が今度の謀叛」という頼朝の発言が見られる(二四九頁))。

頼朝は五郎の陳弁を聞いて、「哀れ男子の手本や」と感動し、「助けばや」と思ったものの、梶原景時が、助経の遺児たち(嫡子犬房[祐時]と弟の金法師[後の安積祐長])による将来の「狼藉」の懸念を指摘した結果、五郎は斬殺刑と決まった。更に頼朝は、協力者と母への通知を確認し、犬房の五郎打擲、十郎の首実検と続く(同、二一〇—二一三頁)。

真名本巻九の末尾には重複個所があり、五郎の処刑についても二通りの記述が見られる。十郎の首実検が行われた後、頼朝は目に涙を浮かべ、五郎の陳述を「一々に皆その謂れあり」として、「死罪を宥めて召し仕ふべけれども、傍輩これを聞て、『敵を討つ者をば御興あり』とて自今以後も狼藉絶ゆべからず。されば向後のために汝をば宥めぬなり」と、一見、偉大な「王」としての寛容さを示しつつ、その実、冷酷に死罪を申し渡す。五郎は「ただ疾く疾く首を召さるべし」と懇願し、「さてこそ早く切られけれ」と結ぶ(二一三—二一四頁)。

いま一つの伝承に拠ると、五郎は犬房の手に引き渡され、はじめに処刑を命ぜられた郎等が辞退した結果、筑紫の仲太という御家人がその役を買って出たという。彼には、助経を通して本領回復の訴訟を試みていたものの、それが実現不可能になった遺恨があった。そこで、態と「鈍刀を以て昇首に」するという酷い殺し方をしたのである。これを知った頼朝は、「奴が首をもその刀を以て昇首にせよ」と怒り、仲太は「急ぎ筑紫へ逃げ下」ったが、「道々も五郎が祟とて夜な夜な悩み」続け、「筑紫へ下り付(着)て後、七日と云ふに狂ひ死に」したとする(二二六—二二九頁)。この方は、「されば、人は余りに追従付てなすまじき事をば、吉く吉く停止すべき事なり」と、説話文学調の教訓で結んでおり、「五郎が祟」といい、後出の伝承であろう(＊13)。

＊13　「太山寺本」は、「犬法(房)」に引き渡された五郎の身柄を、「祐経が弟、伊豆次郎祐兼と云ふ者」が受け取ったが、五郎の「悪しく斬り給ひ候はゞ、悪霊と成りて、七代までも取るべし」との脅しに震え上がり、「雑色」に斬らせたとする。ところが「あさましき太刀」を用いた結果、容易に実行できず、最後は刀で「搔き首」にしたという。この祐兼も「御不審」を蒙り、奥州に流されて「いく程なくして、悪しき病を得て、同年の九月に廿六歳にして失せ」た(巻九、二八五—二八六頁)。「流布大系本」(巻十、三七五—三七六頁)は、五郎の斬者として、祐兼の「雑色」ではなく、突如、真名本に見える「筑紫の仲太」を登場させる(「御家人訴訟の事ありて、左衛門尉(祐経)につきける」とする)。しかも「悪霊」と化した五郎の祟りを受ける者は、両者ともに祐兼としており(「奥州外浜へながされ」、「当年の九月に廿七歳にしてうせにけり」とある)、「大系本」が「筑紫の仲太」を登場させた意味を窺うことができない。「大系本」の混態本としての性格がよく表れている個所である。

注

(1)　巻十に、頼朝が富士野から出立する際、「伊豆の国の住人に尾河三郎を召して、汝はこの者共(曾我兄弟)に縁ありと聞し食」し、兄弟の首を「曾我の里へ送」り届けるよう命じたとする記述がある(『東洋文庫真名本』2、二四五頁)。名乗りからすると、巻九の尾河小次郎と近い関係にある同族であろう。仮名本には「伊豆国住人小川三郎」とあり(巻九、二七七頁(「時宗(致)に親しき事、皆人知れり」とある))、「流布大系本」は「母方の伯父、伊豆国の住人、小川三郎祐定」とする(巻十、三六五頁)。『東洋文庫真名本』2の注に、「伊豆国に小河の地名は三島市から隣接する駿東郡清水町にかけての小河郷と、伊東荘の小河村がある」として、「兄弟の縁者とすれば後者か」とある(巻九、一三一頁注五三(第四章第一節三項、注16参照))。『吾妻鏡』元暦二年(文治元)七月二十六日条に、「前律師忠快(平教盛の子)為㆓流人㆒、一昨日到㆓着伊豆国小河郷㆒之由、(狩野介)宗茂申㆑之、是平家縁坐也」と見える。「流布大系本」の「母方の伯父」を重視すると、前者の可能性を捨てきれない。その場合、小河郷は、「検断沙汰人」狩野介宗茂と関わりのある国衙領ということになろう。

(2) 後段に「善の縄(つな)」とあり(『東洋文庫真名本』2、二〇四頁)、五郎は、処刑に当たって、人々に、「時宗も父のために命を捨てむ折節なれば、敵の手に渡され首を誅(は)ねられける時なれば、諸天善神王等、殊に堅牢地神、別しては伊豆・筥根・三島の大明神、足柄・富士浅間の大菩薩も定めて首の座には影向を垂れて時宗を待ち給らむものを。されば、時宗が身に付くところの縄は善の縄なるべし。仍て各々、善の縄に手を懸けよや」と呼びかけたという(二一七頁)。

(3) 仮名本に「相模国住人新開荒次郎実光、伊豆国住人狩野介宗茂」とある(巻九、二七八頁)。

(4) また、E「古典全集解説」に、「この(五郎尋問の＝引用者)場面に至るまで、兄弟が頼朝の命を奪おうと語ったり考えたりする場面に、一度も遭遇しない」とある(四〇五頁)。

第四節　大磯の虎と兄弟の鎮魂

一　〔巻十〕遺族の悲しみ

巻十は序で、「建久四年〈癸丑〉五月廿八日の夜半には、曾我十郎助成は新田四郎忠綱(常)が手に懸て失せ、弟の五郎時宗は同じき廿九日の午の尅には筑紫の仲太がために失はる」と、巻九・兄弟の死に関する記述を(五郎に関しては第二説に則て)総括する(『東洋文庫真名本』2、二三九頁)。本文では、まず「その日(二十九日カ)の晩傾」における頼朝の狩庭からの出立を記し、次いで、兄弟の「下人」丹三郎と鬼王丸の「曾我の里」帰着を綴る。二人は、兄弟から託された「次第の形見ども」を持参して、事の顚末を報告した。兄弟が「最後の形見と思て乞ひける」小袖を「急ぎ返せと云ひける事の悲しさよ」と、母の嘆きは尋常でない(同、二三九―二四二頁)。

継父の曾我太郎助信は、「鎌倉殿の御使として」派遣されていた甲斐から帰ったところで二人の死を知らされ、「実の子共にも劣らずこそ思ひしに、知行の処も広からねば、当時は分けて取らする事もなし。(1)第一には当君(頼朝)の御勘当深き人々の末なれば、世にあり顔ならむ事も憚りあれば、空しく月日を送る事の悲しさよ」と、声を上げて泣いたという(二四〇・二四四頁)。

同母姉の「二宮の女房」や、「三浦の伯母御前」・「早河の伯母御前」も駆け付け、共に兄弟の死を悼んだ。真名本は、兄弟に「縁あり」とする尾河三郎が、頼朝の命で兄弟の首を届け（第三節五項、注1）、兄弟「二人の乳母の女房」の出家、兄弟の「従父（いとこ）」とする宇佐美禅師による遺骨搬入、[2] 虎の悲嘆等を述べ（二四三―二四八頁）、他方「左衛門尉（助経）の女房」の歎き、「往藤内の女房」の出家にも触れる（二四四―二四五・二四七頁）。そして、頼朝は、土肥弥太郎遠平を介して曾我太郎を鎌倉に呼び付ける。「謀叛」への関与を問われ怯える助信に対して、「母の悲しみ」を思い、「曾我の荘の年貢」を兄弟の供養に充てよと、母への「公役御免の御教書」を下したのである（二四八―二四九頁）（＊1）。

＊1　仮名本は、巻九、五郎が処刑される前段に、頼朝が「「曾我の相伝（「流布大系本」は「曾我の別所」とする〔巻十、三七四頁〕）二百余町、彼等兄弟のために、頼朝一期、母一期」と御判を」認めた「御自筆の御書」を下し、五郎を介して母に送ったとする記述を置く（二八五頁）。

注

（1）　仮名本（巻十）には、「幼き時より育てし事なれば、実の子にも劣らず。所領数多持たざれば、一所を分くる事もなし」とある（二九五頁）。
（2）　真名本に、宇佐美禅師は「本は久能法師」で、駿河「平沢山寺」の僧とし、「急ぎ富士野に尋ね入り、二人の死屍をば葬送しつつ、骨をば頸に懸けて、六月三日には曾我の里へ入る」とある（『東洋文庫真名本』2、二四六頁）。同注八に記すように、「仮名本には見当らない」伝承である（二八七頁）。補陀落山久能寺（今日の久能山東照宮の地〔静岡市駿河区根古屋〕に在った寺院で、現在、同市清水区村松の鉄舟寺がその後身とされる）、平沢寺（同市駿河区平沢）、ともに有度郡入江荘内所在の寺院である。福田晃は、宇佐美の禅師は「観音の聖地」である「久能山にも出入する三昧聖・骨聖」で、「その拠る所の「平沢山寺」は、久能寺とともに駿河四大寺に数えられる古刹で（『東洋文庫真名本』2、二七二頁参照＝引用者）、久能山のすぐ西にある観音の霊場」であり、「虎御前とも丹三郎・鬼王丸とも違った、伊藤一門の近親者として「曾我語り」する者の謂いであり、その曾我兄弟の骨と称するものをたよりとして、念仏を唱道する念仏聖の仮の名であったと言えようか」と見ている（「「曾我語り」の世界―真名本曾我物語の原風景―」、第二編第二章、一七八―一七九頁、初出一九八九年）。宇佐美禅師の登場は余りにも唐突で、前後に脈絡がなく、本来の物語に、ある時点で増補された部分と思われる。

二　関係者のその後

六月十三日、兄弟の実弟、十八歳の伊藤禅師が死去した。巻十では、河津三郎の死後、三十五日に生まれたとされる御房殿のことで、(1)養父（叔父）伊藤九郎の討死後（第一節七項）、養母が再婚した「武蔵守源茂信（義信）朝臣」に引き取られ、その「所領に付て越後の国九上（くがみ）と云ふ山寺（国上寺。新潟県燕市）」で法師となって、伊藤禅師と呼ばれたのである。「折節武蔵の国府（東京都府中市）」に滞在していたが、鎌倉に召喚されたのを機に自殺を図ったものの死にきれず、鎌倉に運ばれて後死去した（『東洋文庫真名本』2、二四九―二五二頁）（＊2）。

また、「一腹の兄・京の小次郎」については、「鎌倉殿の御弟参河守範頼の侍に条義三郎が謀叛の時、由比の浜において人の敵を討ち留めんとする程に、大事の疵を被りつつ、曾我の里へ返て五ヶ日と云ふに失せにけり」とする。範頼との関係を示唆しているが、侍の「謀叛」といい、後段に「人の妻敵」討ちとしている点も必ずしも明らかでない（二五二頁）（＊3）。

次いで、三浦余一であるが、曾我兄弟にとって「眼前の（まぎれもない）従父」である余一が「これ程に吉かりける者共を頼朝に訴へて首を刎らせんと計りける条、返す返すも奇怪なり」と頼朝に疎まれ、「御勘当を蒙」って出家し、高野山に遁れたとする(二五二―二五三頁)。

＊2　仮名本(巻十)は、頼朝に対して、「愚僧は一人なりとも、君に一太刀恐れを申して、後生の訴へに仕り候ふべきものを」と放言し、「斬られ」たとする(二九七―二九八頁)。但し、後段、実母の述懐に、「彼等が弟に御房と云ふ者は、父討たれて後、生まれしを、親しき人取り上げて養い、越後の国上と申す所に候ひつるが、このほど、さる誼にて、武蔵へ越して候ひしを、鎌倉殿より召されければ、自害したる由承りて候う」とある(三〇一頁。この部分、「流布大系本」に記載はない)。

＊3　「太山寺本」は侍の名を「結城三郎」とする(巻十、二九九頁)。「流布大系本」は「ゆらの三郎」とし(巻十、三八六頁)、同書頭注に拠ると、彰考館本「由木(ゆいき)三郎」、万法寺本「ゆうき三郎」、南葵文庫本「ゆうきの三郎」などとある。なお、「太山寺本」・「流布大系本」ともに、当三郎は「鎌倉殿の御一門、相模守」の侍とする。当時の「相模守」見任は、禅師の養父となった源義信の嫡男大内惟義であるが(『吾妻鏡』建久四年正月一日条、同十二月一日条)、義信・惟義父子に頼朝に対する不穏な動きは一切ない。

注

(1)　巻二には、河津三郎の死後五十日目に生まれたとあった(『東洋文庫真名本』1、八〇頁)。

三　兄弟百ヶ日の供養と虎の出家

『曾我物語』を仮に能舞台に例えるならば、圧倒的に長短の差があるとはいえ、論理的には二場曲で、前場のシテがもちろん曾我兄弟であるのに対して、後ジテは大磯の虎御前である。この点で興味深いのは、真名本と同じ十巻構成の「太山寺本」で、禅師や京の小次郎らの消息を記した後、虎が兄弟の母とともに箱根に登って「百箇日」の供養に臨み、仏事果てて、そのまま二人が別れるという段で事実上閉じ、結語は、簡潔に出家を遂げた虎への賛歌を以て結ぶ(三〇九頁)。「太山寺本」の構成は、事実上一場曲である。

「九月上旬のころ」、虎は、十郎の形見の「馬・鞍」を御布施に、箱根で兄弟「百ヶ日の孝養(供養)」を営もうと、大磯から「曾我の屋形」を訪れた。「曾我の女房」(兄弟の母)は喜び、丹三郎と鬼王丸を馬の口取りとして、別当坊に向かう(『東洋文庫真名本』2、二五四―二五九頁)。九月八日、別当を導師として、二人は兄弟の百ヶ日追善供養を営み(＊4)、虎はこの機会に、別当を戒師として出家し(＊5)、禅修比丘尼と名乗った。虎、十九歳のことである。そして虎は、兄弟の死処である「伊出の屋形」に向かい、母は「曾我の里」に帰って行った(同、二六三―二六九頁)。

＊4　仮名本に拠ると、母は兄弟が「狩り場より返したる小袖」を御布施とし、供養の「御経」には「彼等が最期に、富士野より送りたる文の裏」が用いられたとする(巻十、三〇一―三〇二頁。「流布大系本」巻十一、三八九―三九一頁)。

＊5　「太山寺本」が「建久四年九月上旬」、「百箇日」供養の際、虎が出家したとしている点は(巻十、二九九頁)、真名本と同じであるが、「流布大系本」は、巻十一冒頭、箱根の仏事以前に虎が尼姿で登場し、巻十二冒頭には、真名本・「太山寺本」同様、「百ヶ日の仏事のつゐ(い)でに」出家したとあって、一書としての統一を欠いている(三八八頁、四〇七・四一一頁。第二章第一節三項)。

四　虎の廻国

虎は一人、「三嶋の大明神」を経て「伊出の屋形」に着いた。「九月の十三夜」のことである。その後は、熊野に向かい、聖徳太子廟・当麻寺・笠置寺・吉野山・粉河寺と廻って、摂津の四天王寺（大阪市天王寺区）に逗留して「七日の参籠」を遂げた。ここで虎は、出家した往藤内の妻と出逢うことになる。[1]年が明け、建久五年（一一九四）一月から二月にかけて、駿河の久能・平沢など「四ヶの大寺」（一項、注2参照）を二人で参詣し、「備前の尼公」（往藤内の妻）は都方に戻っていった。そして、虎は再び一人となって、「三嶋の大明神」から「伊藤の釈迦堂」（第一節四項、注3参照）を経て、三月十五日「筥根の花の会」に参詣し（四月下旬のころまで逗留）、五月十八日「曾我の里」に着いたとする（『東洋文庫真名本』2、二七〇―二七二頁）。

「曾我の女房」は虎とともに、「筥根の別当」を導師に招き、五月二十八日、兄弟一周忌の法要を行い、兄弟の「下人」であった丹三郎と鬼王丸は、これを機に出家を遂げた（二七二―二七四頁）（＊6）。虎は、「二人の白骨」を「二つに分けて裹みつつ、頸に懸けて」、信濃の善光寺（長野市）を目指し、[2]「曼陀羅堂」に納骨を済ませた。そして帰途につくが、松井田の宿（群馬県安中市）において、「亭の女房」が実は京の小次郎の「婦妻（つま）」であったことを知る。彼女もまた、亡夫の遺骨を善光寺の曼陀羅堂に納め、その帰りに「家主の男」に見そめられた由縁を語った。虎は「亭の女房」と別れ、宇津宮・日光中禅寺まで足を延ばし、「曾我の里」へ帰った（二七二―二七九頁）[3]（＊7）。

建久六年（一一九五）五月、虎も加わって、兄弟「第三年の仏事」が営まれた。これを機に、「曾我の女房」が出家し、「子共が孝養のために造られける曾我の大御堂」[4]に籠もったという。継父曾我太郎も、出家を許され、大御堂に籠った。それを聞いた頼朝は、「念仏田」として「土橋・中村の両郷」公田百六十町を寄進し、助信入道は「十二人の供僧を定め」、「御堂の壁には廿五の菩薩行者来迎の儀の目出き変相を道場の内に移しつつ」、「不断恒例の勤め」を怠らなかったとする。そして、「曾我の女房」は「正治元年〈己未〉年《ママ》（一一九九）五月廿八日の申の尅（午後四時頃）」、即ち、兄弟七回忌の祥月命日当日に大往生を遂げたのである（二七九―二八〇頁）（＊8）。

＊6　仮名本は巻十冒頭に、「この殿原の二人の郎党、鬼丸・道三郎」は、富士野から「急ぎ古里へ参り着き、次第の御形見、面々に奉り、我が家にも返らずして、高野山に登」って出家し、兄弟の「後生菩提」を弔ったとする（二九一―二九三頁。「流布大系本」も巻十に収める〔三七九頁〕）（なお、謡曲「夜討曾我」のみ、団三郎・鬼王を「兄弟」とする〔『謡曲集』下、一〇一頁〕）。

＊7　「流布大系本」は、「井出の屋形の跡」訪問を終えた虎が「手越の宿」に立ち寄ったこと（第三節三項、＊7参照）、少将御前が「年廿七」で出家したこと、「二人打つれ」て善光寺に詣り、次いで都に上って法然上人から「念仏の法門」を聴聞したことなどを記した後、二人して大磯「高麗寺の山の奥」の「柴の庵にとぢこも」って、「一向専修の行」に勤めたとする（巻十二、四〇九・四一一―四一四頁）。

＊8　「流布大系本」に拠ると、正治元年の兄弟「七年の追善」が曾我で執り行われ、その後、母御前が「二宮の姉」と連れ立ち、「高麗寺の奥」の虎の「草庵」を訪ねる（以下、「平家物語灌頂巻「大原御幸」」〔頭注二六〕そのものと言ってよい草庵の描写が続く）。そして、虎が自分の「姉」だとする少将の法門を聴聞して、感動の余り、虎と少将二人の尼を善知識として出家を遂げた。そして、「六十の暮方に、念仏申て、つゐ（ひ）に往生し」たという（巻十二、四一四―四二四頁）。『大辞林』第三版、「暮れ方」②項は、「流布大系本」当該個所を引いて、「ある期間や季節・年代の終わり頃」とする（三省堂、二〇〇六年、七五〇頁）。即ち、兄弟の母は《六十歳の終わり頃》つまり年の暮れに死去したという意

味になり、七回忌祥月命日に亡くなったとする真名本とは異なっている。

注

(1) 角川源義は、「四天王寺では虎と往藤内の妻とが恩讐を超えて、懺悔しあふ二人比丘尼物語の文芸趣向をもち、敵味方を問はず怨親供養をする時衆教団の思想でもあつた」とする(「妙本寺本曾我物語攷」『角川妙本寺本』、一九六九年、三九五頁)。

(2) 『東洋文庫真名本』2の注に、「虎のたどる道筋は、宴曲「善光寺修行」、あるいは巻五(中略)で、源頼朝が鎌倉から三原の狩場へ赴く道筋と一致している」とある(三〇三頁注六八)。

(3) 松井田からの経路(『東洋文庫真名本』2、二七八―二七九頁)は、順路の記述として疑問がある。

(4) 城前寺(神奈川県小田原市曽我谷津)の北東、剣沢川の西に小字「崇泉寺」の地がある。『新編相模国風土記稿』に拠ると、「兄弟の追福を修せんが為」に、継父曾我祐信が「祐信山崇泉寺」を創建し(「祐信の法諡を崇泉院智嶽」と言った)、「恐らくは当寺地」が「曾我大御堂」の「旧跡なるべし」とする(巻三八、村里部・足柄下郡巻一七、曾我里〔二巻、二七〇―二七一頁〕)。なお、石井進『中世武士団』、四六頁参照。

五　兄弟の鎮魂と虎の往生

その後虎は、「伊出の屋形の跡」再訪を志し、「駿河の国小林の郷」(第三節三項、注1参照)に立ち寄った。「ある森の中」に、「鳥居」を立てた社を見付け、「里の者」に尋ねたところ、

これは曾我十郎殿と五郎殿と、富士の郡六十六郷の内の御霊神とならせ給ひて候ふ間、富士浅間の大菩薩の客人

の宮と崇め奉る御神
とのことであった。虎は懐かしさの余り、「七日七夜」、社に籠もって「不断念仏」を修し、その明け方、「森の中の大木の梢に」十郎の声を聞いた。嬉しさに、更に「七日七夜念仏して二人の聖霊成仏得道」を祈り、伊出に赴くことなく、「曾我の里」へ帰って「不断三昧念仏」に日を送ったという。そして、「曾我の入道殿（助信）」も往生を遂げるのであった（『東洋文庫真名本』2、二八〇―二八一頁）。

○[g]　駿河「小林郷」が、二本松康宏が明らかにしたように、静岡県富士市伝法に比定されるとすれば、「富士浅間大菩薩の客人宮」は、今日の、玉渡神社・曾我寺にも近い同市厚原（旧鷹岡村）の曾我八幡宮が該当しよう。この「御霊神」とは、巻六で「悪霊・死霊とも成て御霊の宮とも崇められめ」とした兄弟の決死の覚悟（第三節一項、○[e]）が成就した事の帰結を表しており、兄弟の霊が怨霊化したことを意味するものではない。

塚崎進は、「流布大系本」に拠ると、巻十一の「貧女が一燈の事」の最後の個所で、兄弟の霊が「御霊社に祀られる処ではない。虎の得道成仏などではすまぬ荒れ方をする」ことを指摘する（「曾我物語伝承論―その二―」、C大成『義経記・曾我物語』所収、一六二頁。初出一九五五年）。やや長くなるが、「流布大系本」の当該部分を引用する。

さても、太将《ママ》殿（頼朝）御出により、富士の裾野の御屋形、甍をならべ、軒をしりて、数有しかども、御狩すぎしかば、一宇ものこらず、元の野原になりにけり。されども、のこる物とては、兄弟の瞋恚執心、ある時は、「十郎祐成」となのり、有時は、「五郎時致」とよばはり、昼夜たゝかふ音たえず。を（お）もはずとお（ほ）りあはする者、このよそお（ほ）ひを聞、たちまちに死する者もあり、やう〳〵いきたる者は、狂人となりて、兄弟のことばをうつし、「苦悩はなれがたし」となげくのみなり。君（頼朝）きこしめされて、不便な

　りとて、ようぎやう上人とて、めでたき法者を請じ、「いかゞせん」と仰られければ、上人きこしめし、「昔もさる例こそおほく候へ。かたじけなくも、菅丞相(菅原道真)の昔、讒言の瞋恚、(中略)神といはひたてまつる、威光あらたにまします。天満大自在天神、此御事なり。其ほか、いかりをなして、神とあがめられ給ふ御事、承平の(平)将門、弘仁の(藤原)仲成このかた、其数おほし。この人々(曾我兄弟)をも、神にいはゝれ候へ」とおほせられければ、「しかるべし」とて、すなはち勝名荒人宮とあがめたてまつり、やがて富士の裾野に、まつかぜといふ所を、ながく御寄進在けり。よつて、かの上人を開山として、寺僧をさだめ、禰宜・神主をすへ(ゑ)、五月廿八日には、ことに読経、神楽、色〳〵の奉幣をさゝぐる事、今にたへ(え)ず。それよりして、かの所のたゝかひたえて、仏果を証するよし、神人のゆめに見えけり。(中略)されば、今にいたるまでも、敵うたんと思ふ者は、此神にまい(ゐ)り、祈請すれば、思ひのまゝなりとて、遠国・近国の輩、あゆみをはこびけり。上下万民、あふがぬはなかりけり(巻十一、四〇五―四〇六頁)

傍点部「瞋恚執心」の個所の頭注に、彰考館本「瞋恚執情、修羅の闘諍ニのこりて」とあり、「万法寺本でも、ほぼ同じ」とする(四〇五頁頭注二〇)。兄弟の「瞋恚執心(執情)、修羅闘諍」の描写は『地蔵菩薩霊験記』に通じ、傍点部「勝名荒人宮」は『曾我両社八幡宮縁起』における曾我両社八幡宮に比定でき、特に末尾の部分は両書に共通している(第二章第三節一項。末尾部分に関しては、注2参照(幸若舞曲「十番切」の結び部分とも共通))。但し、頼朝が寄進した社領を、『縁起』が「駿河国富士郡北山御厨并仮宿郷」としていたのに対し、「流布大系本」には「まつかぜ」とあった。[1]

　また『縁起』が、八幡宮は、建久八年(一一九七)頼朝の命で、「駿河人岡部権守泰綱ヲ奉行トシ」て造営されたとするのに対し、「勝名荒人宮」の場合は「ようぎやう上人」の進言に基づくとされていた。この「ようぎやう上人」を、時衆の念仏聖である「遊行上人」と解したのは角川源義であったが（「語り物と管理者」、第三篇第四章、四九六頁。初出一九四三年（「時衆の念仏聖が曾我の怨霊の念仏供養譚を管理していたからだ」とある））、氏はまた、「「勝名荒人宮」とあるのは、室町期に栄えた荒神信仰に『曾我物語』がつながったからだ」としている（「妙本寺本曾我物語攷」『角川妙本寺本』、一九六九年、三八三頁）。「遊行上人」は、無論、頼朝の時代に存在する筈もなく、いずれも曾我伝承の範疇の問題として理解されなければならない。

虎は、「大磯の母」を語らい、「その外の昔申し昵びし遊君共も心ある程の女房共」は出家を遂げた。「六時不断の念仏の時衆、[2]十二人の尼公たちも虎を長老として朝夕」勤行に励み、「曾我の一門」はもとより、「三浦・鎌倉（大庭）より始めて」、「本間・渋谷・海老名・二宮・松田・河村・土谷（屋）・土肥・岡崎・渋美（二宮重複）・早河の人々まで」、「旦那」として、「曾我の大御堂」に集まった。虎は「浄土の荘厳」を語り、「各々心を励まして極楽を欣（ねが）へや」と、極楽往生を説くのである（『東洋文庫真名本』2、二八一―二八五頁）。

兄弟の一周忌を機に出家を遂げた「下人」の丹三郎と鬼王丸は、七年間の修行を経て「曾我の里」に帰り、兄弟十三年に当たる元久二年（一二〇五）二月、「彼岸の中日」である十八日の午の尅（正午頃）に丹三郎が、翌十九日の申の尅（午後四時頃）に鬼王丸が、それぞれ大往生を遂げた。[3]

そして、虎の往生について、次のように描写する。

> ある晩傾に御堂（「曾我の大御堂」）の大門に立ち出でて、昔の事どもを思ひ連けて涙を流す折節、庭の桜の本立斜に小枝が下りたるを十郎が躰（すがた）と見なして、走り寄り取り付かむとすれども、ただ徒の木の枝なれば低様（うつぶさま）に倒れにけり。その時より病付て、少病少悩にして、生年六十四歳と申すに大往生をぞ遂げにける

恰も夢幻能の舞台を彷彿させる光景であるが、虎は、承安五年（安元元・一一七五）の生まれであったから（第二節一項、

注8)、没年は嘉禎四年(暦仁元・一二三八)に当たる。十九歳で、「建久四年〈癸丑〉(一一九三)九月上旬に筥根の御山にて出家して後」、「四十余年の勤行」の生涯であった(*9)。

真名本は、「その後十二人の尼公たち、次第を追て一人も空しからず往生を遂げにけり。末代なりといへども、女人往生の手本ここにあり。まことに貴かりし事どもなり」と結ぶ(二八五―二八六頁)[4]。

*9 「流布大系本」は、虎と少将が「行業つもり、七旬の齢たけ、五月の末つかた、少病少悩にして、西に向かひ、(中略)ねむるがごとく往生の素懐をとげにけり」とする(巻十二、四二五―四二六頁)。死処は、二人が籠もった大磯「高麗寺の山の奥」の「柴の庵」ということになろう。また、『曾我両社八幡宮縁起』には、「高麗寺ノ奥ニ芝庵ヲ結、日夜勤行不ㇾ怠、寛元三年(一二四五)五月、七十一ニシテ死ケリ、駿河富士郡厚原村ノ氏神トナリ、虎前ノ十一面観音是也(今日の玉渡神社を言う〔第二章第三節一項〕)」とある(四〇二頁。これに拠ると、嘉応二年(一一七〇)生となる)。虎の没年に関する今ひとつの異伝は、前掲『新編相模国風土記稿』巻四一、村里部・淘綾郡三、二ノ宮庄、「高麗権現社・地蔵堂」項に、「堂内に虎が位牌を置く〈法名、法虎妙恵禅尼、嘉禄三年(安貞元・一二二七)春丁亥二月十三日と記せり〉、(中略)按ずるに、此堂は其庵跡ならんか、今詳にし難し〈山下村に草庵跡と呼べるところあり、(後略)〉」と記すもので(二巻、三二四頁)、真名本の承安五年(安元元・一一七五)生に従えば、五十三歳で死去したことになる(『縁起』に拠れば、五十八歳没)。

注

(1) 福田晃は、「五郎の処刑の地と伝える厚原に属する」とする(「曾我御霊発生の基層―狩の聖地の精神風土―」、第二編第一章、一三三頁。初出一九九八年)。

(2) 「時衆」の本義は、「一日を晨朝・日中・日没・初夜・中夜・後夜の六時に分け、一から六番が交代で不断念仏を修する集団をさ」し（小野澤眞『中世時衆史の研究』第一部第一章「時衆の定義」、八木書店、二〇一二年、四三頁）、のち「遊行上人を指導者と仰ぐ僧尼の教団（時衆）を示すようにな」ったとされる（遠山元浩「『一遍聖絵』を読み解く」、小野正敏・五味文彦・萩原三雄編『一遍聖絵を歩く―中世の景観を読む―』、高志書院、二〇一二年、二九頁）。小野澤は、「時衆とは、浄土教団にはすべからく存在した不断念仏をする徒の謂であ」り、「近世、幕府による本末・寺請制度の確立に基づ」いて成立した「時宗」なる「用字」は、「「時衆」との音通から発したと考えるのが妥当」と捉えている（前掲書、四三・四七―四八頁）。

（3）　福田晃は、二人の往生について、「これはまさに、彼岸の中日を期して営まれた融通念仏会・大念仏会に従ったもので、太陽の真上にあがる彼岸の十八日の午の刻なる日中の念仏における丹三郎の大往生、太陽がまさに西方に沈まんとする彼岸の十九日の申の刻なる日没の念仏における鬼王丸の大往生は、西方の阿弥陀浄土への引摂をひたすら願った融通の念仏聖の理想的な姿であった」と指摘している（一項、注2所引「「曾我語り」の世界―真名本曾我物語の原風景―」、一七七頁）。

（4）　「訓読本（大石寺本）」の結びは、「誠に、女人貞節の亀鑑やと尊かりし事どもなり」とあり（巻十、三七二頁）、頭注に『平家物語』「灌頂巻」における建礼門院徳子の使命と往生にも重なる」と見える。建礼門院の崩御の年については諸説あるが（『大日本史料』第四編之一二、建保元年十二月十三日条（九一三―九一四頁））、平家諸本も一定しない。その中で、『四部本』の「女人往生ノ規模ハ、末代成仏ノ手本也ト云々」（下三〇六頁）とある結びが、特に真名本と類似すると言えようか。

第四章　伊東（工藤）氏と伊豆・相模の武士団 ―事件と物語の基盤―

第四章では、『曾我物語』を含め、もう少し広い視野から、「建久四年曾我事件」あるいは『曾我物語』の基盤を構成する曾我兄弟の家族・親族や伊東（工藤）氏一族、更には、平安末〜鎌倉初期の伊豆・相模における事件や物語に関わりの深い主な武士団の動向について検討する。

第一節　曾我兄弟と伊東（工藤）一族

一　伊東（工藤）氏の系譜

十一―十二世紀の社会変動の中で、古代的なもの、律令制的なものは次第に姿を消し、新たに中世的なさまざまな制度に取って代わられる。政治的には、院政や鎌倉幕府の成立がそれに当たり、中世武士団の多くの「家」の歴史もまた、この時期に始まった。伊豆国の武士団、伊東（工藤）氏も例外ではない。

伊豆国伊東荘（静岡県伊東市）を本貫とする中世武士団としての伊東（工藤）氏の祖は、真名本に拠ると「楠美入道寂心」で、俗名を「宮藤太夫助隆」（工藤祐隆）と言った。祐隆が嫡子に立てたのは、後妻の連れ子であった「継娘を秘かに思ひて儲けた」助継（祐継）で、永久六年（元永元・一一一八）の生まれであった（以上、『東洋文庫真名本』1、巻一、一四頁。第三章第一節二項、○［a］）。仮に、祐隆四十歳の子とすると生年は承暦三年（一〇七九）となるが、もう少し年行ってからの子にしても、その活動時期は、十一世紀末・十二世紀初頭の変動期であったことになる。

伊東（工藤）氏関係の主な系図に以下のようなものがあるが、最初に祐隆に至る系譜を掲げる（抄出。オ『天野系図』は参考）。

ア『尊卑分脈』（藤原南家武智麻呂四男）乙麿卿孫・狩野工藤（第二篇、四九七―五〇〇頁）

為憲――時理┬―時信――**維清**
　　　　　　　├―**維景**――維職――**維次**――家次
　　　　　　　├―**維永**――**維嗣**
　　　　　　　└―維重――**維清**

イ『伊東大系図』（七一九―七二三頁）[1]

為憲――時理――時信――**維永**――**維景**――維職――家継（祐隆）

ウ『伊東系図』（七三九―七四一頁）[2]

〇イに同じ。

エ『工藤二階堂系図』（『続群書類従』一六一、系図部。第六輯下、三〇五頁）

為憲――時理――時信――**維永**――**維景**――維職――定経

オ・参考『天野系図』（同右、三一七―三一八頁）

為憲――時理――時信――**維永**┬―**維景**
　　　　　　　　　　　　　　└―**維清**――（二代略）――景光――遠景

右系図中の**ゴチック**で示した人名は、他史料によって存在が確認できる者を指し、まず、維永・維景・維次三人について言うと、野口実が『造興福寺記』永承二年二月二十一日条所収「藤氏長者宣」に窺われるとして、ア『尊卑分脈』やエ『工藤二階堂系図』と対比している[3]。氏に拠ると、「この長者宣は、氏長者藤原頼通が中室僧房作料に充てるために「藤氏諸大夫」に知識物の奉加を求めたもので、永承二年（一〇四七）における氏長者に把握されていた藤原氏の四位・五位の交名が記されている」とされるもので（五八頁）、全三六六人中、通し番号をそのまま用いると、218維景・221維永・287維次の名が見え、いずれも「駿河」と注記されている（六一―六二頁）。維景について、ア『尊卑分脈』は「駿河守従五下」とし、[4]野口は維次をアの維永の子＝維嗣ではなく、維景孫の維次に比定しているが（六六―六七頁）、後述するように疑問が残る（注10）。

また、静岡県牧之原市（旧榛原郡相良町）般若寺所蔵の大般若経奥書[5]に、「治暦二年〈丙午〉（一〇六六）正月廿七日〈壬午〉奉㆓書始㆒、同二月四日〈戊午〉書了／願主正五位下藤原朝臣維清（後略）」とある。ア『尊卑分脈』には、維重の子（「左馬允」）と時信の子（「従五下、入江馬允、号㆓馬大夫㆒」）と重複するが、頭注に「同人」の可能性が指摘されている。『静岡県史』通史編1原始・古代（執筆杉橋隆夫）は、願主の「藤原朝臣維清」を、駿河の大族入江氏の祖「入江馬允」に比定している（第三編第五章第一節、一〇七四・一〇七八頁）。

さて、為憲であるが、『将門記』に、常陸の住人藤原玄明等が国衙に対捍した折の「長官」「常陸介藤原惟幾朝臣の息男」と見え、自身、平貞盛とともに将門と戦いを交えている。[6]ア『尊卑分脈』に、「依㆑任㆓木工助㆒、号㆓工藤㆒、世号㆓工藤大夫㆒、工藤始」と見え、[7]子孫に、前掲『静岡県史』通史編1（杉橋執筆分）が指摘するように、駿河の「国府に近接し、難所清見関に抜ける東海道沿いの要地を押さえた」「在庁の有力者」、前掲入江氏をはじめ[8]（国内に、原・船越・岡辺［部］・興津・吉香［川］、その他の一族を輩出）、二階堂氏や伊豆国天野氏を分出した（一〇七四―八〇頁）。[9]

前掲『静岡県史』通史編1（杉橋執筆分）は、「社会現象」としての「前国司・子弟の土着」を指摘しているが（一〇八五頁）、武士団の歴史を見ていくと、その他に、十一、二世紀の頃、都の貴族が何らかの理由で地方に配流され、土地の豪族の娘との間に生じた婚姻関係が武士団成立の契機となっている場合も見られる。いずれにしても、その子孫は、地方における母方の勢力を継承する一方、父方の氏を名乗るという形で、中世武士団が形成されていった。ア『尊卑分脈』・イ『伊東大系図』は「駿河守」、ウ『伊東系図』やエ『工藤二階堂系図』に拠ると「駿河権守」とされる工藤維景の子の維職は、アに「伊豆国押領使」とされ（エも同じ）、イは「伊豆国押領使、伊藤庄居住、仍此時始号二伊藤一云云」とし、ウは為憲を初代とした工藤氏歴代を五代維景で閉じ、改めて維職を、伊豆国伊東（工藤）氏初代に据えた。

アは「狩野九郎」維次を挟むが、維次の子とする「狩野四郎大夫」家次こそ、真名本に言う「楠美入道寂心」（「宮藤太夫助隆」）であった。イは家継を維職の子とし（ウも同じ）(10)、「始祐隆／従五下工藤大夫、号二久須美入道寂蓮一／居二住於伊豆国久須美一、領二伊藤宇佐美河津三ヶ庄一／工藤流弓馬法従二此代一始」とあった。問題は、ウ『伊東系図』が明記しているように、家継イエツク（「本名祐隆、法名寂蓮」とある）を家の祖とするのではなく、父の維職コ□（レ）モトを伊豆国伊東（工藤）氏の初代に据えていたことである。

注

（1）『伊東市史』史料編　古代・中世、第七章「解説」に拠ると、日向国「飫肥藩主伊東家に伝えられた」もので、「家臣の山田宗武が編纂し」、跋文は「宝永五年（一七〇八）十二月に書かれた」とある（七一五頁）。

（2）同右「解説」に拠ると、「宮崎県総合博物館所蔵」で、「初代飫肥藩主伊東祐慶の妹（お仙）の子孫が作成したもののようである」とする（七一五頁）。主な人名にヨミガナを付し、嫡家相続の順を示すなどの特色がある。

（3）野口実「古代末期の武士の家系に関する二つの史料」（『中世東国武士団の研究』第Ⅰ部第四章一項、髙科書店、一九九四年。初出一九八四年）。

（4）イ『伊東大系図』も同様であるが（オ『天野系図』は「正五位下駿河守」）、ウ『伊東系図』は「従五位下駿河権守」、エ『工藤二階堂系図』も「駿河権守」とする。

（5）『静岡県史』資料編4古代（一九八九年）、一三八三号、大般若波羅蜜多経四四・巻三七三奥書（六一〇頁）。

（6）日本思想大系『古代政治社会思想』、一九七九年、二〇五―二〇六・二一一―二一二頁、訓み下し文に拠る。

（7）エ『工藤二階堂系図』は、為憲から書き出している。

（8）駿河国府の所在地は、今日の静岡市葵区安東で（「国府研究の現状（その一）」『国立歴史民俗博物館研究報告』一〇集、一九八六年、六一頁）、入江氏の本貫（有度郡入江荘）は同市清水区入江に比定される。

（9）「工藤庄司」を名乗る甲斐国工藤氏も同族である（イ『伊東大系図』、七二二頁。ウ『伊東系図』、七四一頁。エ『工藤二階堂系図』、三〇五頁）。

（10）ア『尊卑分脈』には、維永の子に「左馬允」維嗣の記載があり、イ・ウを踏まえると、ア「狩野九郎」維次は、維永の子の維嗣との重出ではなかろうか。野口実が指摘していたように、維永・維景・維次は永承二年（一〇四七）当時、実在の人物であり、また祐（助）隆（寂心／家次〔継〕）の生年を、私は先に承暦三年（一〇七九）を下限に、やや遡るかと推定した。そうとすると、アのように維職―維次―家次三代とするのではなく、イ・ウの如く、家継を維職の子とする方が合理的であろう。なお、エ『工藤二階堂系図』に言う維職の子「定経」とは、祐家・祐継らの父とされているから、これは祐隆に相当する。

二　工藤（狩野）介茂光と伊豆国司

イ『伊東大系図』には、ウ『伊東系図』が伊東（工藤）氏の初代とした維職が、既に「伊藤（東）庄居住、仍此時始号二伊藤（東）一」とあったが（ウも同じ）、それでは、ア『尊卑分脈』に、維職の子とする維次を「狩野九郎」、家次（祐隆）を「狩野四郎大夫」とあった「狩野」名字の説明が付かないことになる。「伊豆国押領使」の地位を得た維職は、国府（静岡県三島市）に地盤を築くとともに、恐らく、在庁官人の地位を槓桿に、今日の静岡県伊豆市修善寺辺の狩野川中流域に進出し、開発（もしくは再開発）に着手したに違いない[1]。父維景の実年代から推測するに、それは十一世紀後半のことと思われ、やがて寄進地系荘園として立荘化され、鎌倉初期には「蓮華王院領伊豆国狩野庄」の存在が確認される（『吾妻鏡』文治四年六月四日条）。山間部の多い伊豆国の中にあって、狩野川流域の田方平野は最も豊かな農業生産地帯であり、狩野川を下ると、国府南辺を経由して、今日の沼津市香貫辺（第三章第一節三項、〇[b]参照）で駿河湾に注ぐ交通の要地をも意味した。また、鎌倉期の史料に「狩野庄内牧郷」の存在が知られ（『吾妻鏡』第三〇、文暦二年（嘉禎元）八月二十一日条）、前掲『静岡県史』通史編1（杉橋執筆分）は、旧修善寺町（現伊豆市）に「牧之郷という地名があり」、武士団の「私牧の遺称地かと考えられる」としている（一〇六八頁）。

既に、石井進をはじめ、『静岡県史』通史編1等が指摘しているように[2]、維職を祖とする伊豆工藤一族の嫡流は、工藤介もしくは狩野介を称する茂光流であるが、現存諸系図は、ア『尊卑分脈』が家次（継）（祐隆）の子で、家督を嗣いだ祐次（祐継＝祐経の父）の弟とし（四九九—五〇〇頁）、イ以下例外はない。これは、イ『伊東大系図』・ウ『伊東系図』が近世日向国飫肥藩主となった伊東家の下で編纂されたものであり、ア『尊卑分脈』の場合も、当該記事を洞院公定原撰時のままと仮定しても、既に南北朝期には、伊豆工藤氏一族中、京・日向間を往来し、勢力を誇示していたのは伊東氏のみであった事情を考えねばならない。従って、現存諸系図は、伊東荘を本貫として、家次（継）（祐隆）—祐継—祐経—祐時と継承され、近世飫肥藩主へとつながる伊東氏の流れこそ、維職以降、一貫して伊豆工藤氏の嫡流であったとする主張に基づいて作成されているのである。

さて、伊豆国在庁官人であった「工藤介茂光」（アに拠る）であるが、真名本巻五には、「鹿野介」茂光が、伊豆国守源仲綱（頼政嫡子）の「国司代」（目代）として着任した「乳母子」の「左衛門尉仲成」を、「時の威に付て」＝権勢に乗じて、曾我兄弟の母の聟に迎え、「今の京の小次郎」と「今の渋美の地頭二宮太郎の婦妻」という兄弟の異父兄姉を儲けたとする記述があった（『東洋文庫真名本』1、二六〇頁。第三章第二節一項）。真名本は、兄弟の母を「伊豆国住人鹿野介茂光には娘の子なれば孫子なり」とし、「鹿野介には姫君九人御しけり」と記していたが（二五八頁）、聟の一人に伊豆の住人、同族の天野遠景がおり、嫡男政景の「母狩野介茂光女」とあった（『大日本史料』第四編之九、七一二頁、前田育徳会所蔵『天野系図』）。また、ア『尊卑分脈』は、茂光の嫡男「狩野介宗茂」の子として「田代冠者信綱」を挙げ、「母茂光女／茂光息女子、非二実子一」とする（五〇〇頁）。信綱の名字の地は「狩野庄内田代郷」であり(3)、工藤（狩野）介氏の「日向館」の東方、近接地であった（現伊豆市田代）。

　信綱の実父については、平家物語諸本に記述が見られ、ここで信綱の生年を手がかりに、伊豆国司の補任状況や、関係する諸般の問題を考えてみたい。それに拠ると、実父は伊豆「国司為綱」で、在国の折、茂光の娘との間に信綱を儲け、信綱は、父上洛後は祖父茂光の下で養育されたという(4)。為綱は、「後三条院第三王子、資（輔）仁親王より五代の孫(5)」という高貴な出自で、『覚一本』は「中納言為綱」、『盛衰記』巻三六は「為綱卿」と表記している。しかしながら、後三条院の子孫で「中納言」に任ぜられた「為綱卿」なる者は明らかでなく、「在国の時」（『延慶本』五本ノ二〇、『長門本』巻一六）、「任国ノ神拝」（『盛衰記』巻三六）のため下国等の記載からすれば、果たして国守であったかどうか。むしろ、その名乗りから推測するに、恐らく源仲綱国守在任時に現地に着任した目代であったのではないだろうか。あるいは、真名本に言う「国司代・左衛門尉仲成」が仲綱の「乳母子」＝郎等であったのに対し、知行国主源頼政(6)の一族、もしくは一族待遇を与えられた家子であったかも知れない（平家物語諸本に従えば、輔仁親王子孫の「後三条源氏」ということになろうか(7)。

ところで、信綱は「生年十一歳」の時、流人の頼朝に仕えたという(8)。『吾妻鏡』治承四年八月六日条、「当時経廻士」筆頭に祖父「工藤介茂光」の名が記され、石橋山合戦には茂光及び「子息五郎親光」が従軍、茂光は「依三行歩不二進退一自殺」したとされるが(同、八月二十日・二十四日条)、信綱の名は見えない。一方、平家物語諸本は石橋山における信綱の奮戦を特筆していた(9)。この落差は、恐らく信綱が治承四年(一一八〇)八月当時、元服前後の若年であったことを示しているのではないか。『吾妻鏡』における初見は、寿永三年(元暦元・一一八四)二月、一谷戦義経従軍の記事で(同五日条)、平家物語諸本は、信綱が頼朝に特派された「副将軍」で、土肥実平とともに義経の帷幄に参じたとしているが(10)、これは『吾妻鏡』の「九郎主(義経)如二信綱・実平一加二評定一」という記事とも符合する(二月五日条)。頼朝の信綱に対する信頼は厚く、平家滅亡後、次第に「自専」の振る舞いの目立つ義経に「不レ可レ随」との内意を御家人に伝えるよう書状を送っており(元暦二年〈文治元〉四月二十九日条〈信綱最後出の記事〉)、信綱は本来頼朝の近習であったことを物語っているものと思う。

祖父工藤介茂光・伯叔父狩野五郎親光とともに奮戦した石橋山合戦において、『吾妻鏡』にその名が記されず、初見が一谷合戦であったということは(11)、やはり信綱の年齢が、治承四年(一一八〇)当時は十五歳前後の若年であったということになろう。そうとすると、平治の乱後、永万元年(一一六五)前後の出生で、平家物語諸本が流人の頼朝に仕えたとする「十一歳」時は安元元年(一一七五)の頃と推測される。これは、「安元元年九月之比」、頼朝が伊東から伊豆山に逃れたとする『吾妻鏡』の記述と矛盾しない(養和二年〈寿永元〉二月十五日条)(12)。信綱の誕生を永万元年の頃とすると、源仲綱の国守在任の初見＝仁安二年(一一六七)七月以前となるが、為綱が「知行国主源頼政の一族、もしくは一族待遇を与えられた家子であったかも知れない」とした先の推測に誤りなければ、仲綱の国守就任は若干遡る可能性が生じるのではないだろうか(三項・同、注29参照)。曾我兄弟の生年は承安二・四年(一一七二・七四)であったから、治承四年当時は十郎九歳、五郎七歳である。従って信綱は、曾我兄弟の数年年長と推測され、信綱の母と「国司為綱」との婚姻は、兄弟の母と「国司代・左衛門尉仲成」との結婚に先立つものであったことが考えられる。

論述を本題に戻すと、在庁官人工藤介茂光は娘や、孫娘とされる曾我兄弟の母と、歴代の目代との婚姻関係を通して、知行国主源頼政・国守仲綱父子との結び付きを強めていった。この両者の関係を象徴する出来事が、保元物語諸本の語る茂光指揮下の伊豆国軍による源為朝追討戦である。

最も古態をとどめるとされる『半井本保元物語』に拠ると、(13)保元の乱後、源為朝は伊豆大島に配流されたが、七島は「宮藤斎(工藤介カ)茂光ガ所領」で、為朝は茂光の代官を務めていた自身の舅に圧迫を加え、七島を押領したという。そこで茂光は、上洛して事の次第を後白河院に奏上し、「船百余艘」に分乗した「当国ノ弓取」「五百余人」の勢を率い大島に進攻して、為朝を自害に追い込んだのである。その軍勢として、『半井本』は「伊藤(伊東祐親)・北条(時政)・宇佐美平太(政光)・加藤太(光員)・加藤次(景廉)」とし(「加藤次景高」が為朝の首を都に届けたとある)、(14)まさに伊豆国軍というに相応しい陣容である。この茂光による一国規模の軍事作戦は、院宣に基づく国守の後ろ盾があってはじめて可能となるのではないだろうか。

追討の時期であるが、『古活字本』は「嘉応二(一一七〇)四月下旬」と明記する(『半井本』・『金刀本』に年代記載なし)。ところが、『尊卑分脈』清和源氏、為朝伝には「安元二(一一七六)三六於二伊豆大島一被レ討了」とあり(第三篇、二九二頁)、『大乗院日記目録』一も「安元二　三月六日、鎮西八郎為朝被レ誅之」とする。(15)知行国主頼政・国守仲綱父子の在任時期を検討することによって、両説の当否が判断できるのではないだろうか。

○関係伊豆国司表

西暦	年号	月	日	事項〔典拠〕　※補任＝公卿補任
一一五八	保元三	一一	二六	吉田経房（安房遷任）→平義範（任）〔兵範記・補任〕
一一五九	平治元	一二		（国主）源頼政（任）〔金刀本平治物語〕
一一六七	仁安二	七	七	源仲綱〔兵範記〕
〃	〃	一二	三〇	源仲綱（罷職）→中原宗家（任）〔兵範記〕
一一七一	承安元	一二	二六	中原宗家〔兵範記〕
一一七二	承安二	七	九	（国主）源頼政〔玉葉〕
一一七六	安元二	四	二七	源仲綱〔吉記〕
一一七七	治承元	五	二三	（国主）源頼政〔玉葉〕
一一八〇	治承四	六	二九	平時兼（任）〔補任〕
〃	〃	九	三	（国主）平時忠〔玉葉〕

仲綱の国守在任を物語る初見は仁安二年（一一六七）七月のことで（注12）、十月にかけて在職が知られる（『兵範記』同二十九日条）。先に私は、平家物語諸本に言う「国司為綱」とは、実は仲綱の目代で、子の田代信綱の生年を考慮すると、仲綱の国守就任は若干遡る可能性が生じるのではないかと述べた。『金刀本平治物語』に拠ると、平治元年（一一五九）十二月の除目で「兵庫頭頼政は伊豆国を給」ったとあり、(16)これに拠ると、頼政の知行は平治元年末に遡ることになるが、仲綱の国守就任をここまで遡らせることができるかどうかは断定できない。

ところが、仁安二年十二月三十日の除目で中原宗家が伊豆国守に新任され（『兵範記』）、宗家は、承安元年（一一七一）十二月二十六日、平清盛の娘徳子に「女御宣旨」が下された際、国守在任のまま、後宮の「侍所司」に任ぜられている（同日条）。その後、伊豆は、承安二年（一一七二）七月に、仲綱の父頼政の「知行国」とされており、安元三年（治承元・一一七七）五月に至るも継続して国主の任にあったことが確認される（注6に同じ）。この間、安元二年（一一七六）四月には、再び国守として仲綱の名が現れるから（『吉記』同二十七日条）、遅くとも承安二年（一一七二）七月以降、父の知行の下で、以仁王挙兵に伴う敗死に至るまで国守として在職したものと考えられる（『山槐記』治承四年五月二十六日条）。

そこで、為朝追討の時期が、『古活字本保元物語』の言うように「嘉応二年（一一七〇）四月下旬」の頃であったとするならば、それは丁度、仲綱罷職の時期と重なってしまう。これに対して、『尊卑分脈』や『大乗院日記目録』に見える「安元二年（一一七六）三月」は、伊豆国が頼政の知行国化した時期に当たっていた。先述のように、曾我十郎（一万）の誕生は承安二年（一一七二）のことであったから、兄弟の母と「国司代・左衛門尉仲成」との婚姻は、仲綱の国守初任期、仁安二年（一一六七）十二月以前でなくてはならず、真名本に仲成が「国を得替して」帰京したとあるのも（『東洋文庫真名本』1、巻五、二六〇頁）、国守仲綱の離任に連動するものであった。一方、十郎（一万）が誕生する承安二年の頃が、頼政の知行国主再任の時期で、兄弟の母は河津三郎と再婚していたものの、在庁官人茂光と復任した国守仲綱との緊密な関係はなお維持されていたものと推測されよう。このように考えると、茂光による為朝追討を企図した一国規模の軍事作戦は、『古活字本保元物語』のいう嘉応二年（一一七〇）ではなく、知行国主頼政と国守仲綱父子の後ろ盾が想定される『尊卑分脈』や『大乗院日記目録』の説く安元二年（一一七六）説を採用すべきであると考える。

茂光の境遇が一変したのは、治承四年（一一八〇）五月二十六日、以仁王（高倉宮）を奉じて挙兵した源三位頼政・仲綱父子が、三井寺から南都に向かう途中、宇治平等院辺で平家方に捕捉され、敗死したことである。(17) 新任の知行国主は大納言平時忠であり（国守は猶子の時兼）(18)、目代に抜擢されたのが山木兼隆であった。伊豆は頼朝を抱えているだけに強力な布陣と言えよう。この兼隆について、『吾妻鏡』は、「散位平兼隆〈前廷尉、号二山木判官一〉者、伊豆国流人也、依二父和泉守（平）信兼之訴一、配二于当国山木郷一（静岡県伊豆の国市韮山山木）、漸歴二年序一之後、仮二平相国禅閤（清盛）之権一、輝二威於郡郷一、是本自依レ為二平家一流氏族一也」と説明している（治承四年八月四日条）。(19) 父信兼の訴えの内容が明らかでないが、兼隆は治承三年一月十九日、「右衛門尉」（検非違使）を解官され、(20) 伊豆に配流となった。真名本に、北条時政が「目代、和泉判官平兼隆を都にて聟に取」って帰国したとする記述があったが（『東洋文庫真名本』1、巻三、一三六頁。第三章第一節六項）、そもそも、「判官」（検非違使）見任の兼隆が、在京時に伊豆「目代」に補任されるはずはない。(21)

かつて、「流人」兼隆の監視に当たっていたかも知れぬ茂光が、今や、謀叛人との親密な過去を「目代」兼隆から追求される立場に変わった。茂光は流人頼朝に急接近し（孫の田代信綱は、監視の意味もあってか〔注8〕、既に頼朝に近侍していた）、『吾妻鏡』が「当時経廻士」として挙げた七人の筆頭に記載された（治承四年八月六日条）。地位がどのように変動していたか明らかでないが、在庁官人としての勢力と情報が期待されたものであったろう。石橋山合戦に、「子息五郎親光」(22) とともに従軍し、高齢の茂光は、先にも触れたが「依三行歩不二進退一自殺」を遂げた（同、八月二十日・二十四日条）。平家物語諸本に拠ると、「太り大なる男」であったという。(23)

茂光の嫡男は、ア『尊卑分脈』以下、狩野介宗茂とする。石橋山合戦に従軍した形跡はなく、どこで何をしていたか定かでない。『吾妻鏡』における初見は、摂津一谷戦で捕虜となって、伊豆国府に下着した平重衡を、宗茂が召預かったとする寿永三年(元暦元・一一八四)三月二十七・二十八日条の記事である。この点は、平家物語諸本も同じで、『長門本』は「狩野介むねもち」と実名を仮名で表記し、この時「年四十計り」であったとする。[24] 宗茂の重衡召預かりとは、伊豆国「検断沙汰人」としての職掌を示すが(拙著『鎌倉守護』論考、第一章三項、三四—三五頁。同・国別、第一章伊豆項、三二頁)、この点は、富士野の狩庭設営の問題とも関わり(第五章第二節四項後述)、更に宗茂は、曾我五郎尋問にも立ち会うことになる(同三節一項後述)[25]。

注

(1) 前掲『静岡県史』通史編1(杉橋執筆分)は、「狩野工藤氏の初期の居館跡」は「日向(ひなた)館(田方郡修善寺町(現伊豆市=引用者)日向字井戸尻)」で、「ほぼ一〇〇メートル四方の規模を有して」おり、「方一町(約一〇九メートル)」とされる「平安時代末期の武士居館の標準サイズだった」ことを指摘している(一〇八八頁)。

(2) 石井進『中世武士団』、三八頁。前掲『静岡県史』通史編1、第三編第五章第三節、一一一四・一一一八頁(杉橋執筆分)等。

(3) 『大日本史料』第六編之六、一五八—一六二頁、「筑後田代文書」暦応三年五月十七日足利直義下知状案。これは、「田代左京亮房綱」が、「伊豆国狩野庄内田代郷、并和泉国大鳥郷下条地頭職御下文以下文書紛失」を訴えたものであるが、田代郷に関する証文の初見に、「伊豆国狩野庄内田代郷住人」に充てた「安貞二年(一二二八)二月廿三日下文」を挙げ、「可レ令下早以二源(田代)義綱一為上二地頭職一事、右人任二亡父浄心譲状一、可二安堵一云々」とあった。『静岡県史』通史編2中世(執筆石井進)は、安貞二年当時の義綱「亡父浄心」を信綱とするが(第一編第一章第三節、五二・五五頁)、『吾妻鏡』の信綱最後出の記事は、元暦二年(文治元・一一八五)四月二十九日条(「田代冠者信綱」とある)であって、「浄心」を信綱に比定できるかどうか疑問である。

（4）『延慶本』二末ノ一三（四一六頁）・五本ノ二〇（七四三頁）、『長門本』巻一〇（三五〇頁）・巻一六（五七一頁）、『覚一本』巻九（下一九四頁）、『盛衰記』巻二〇（中一一六頁）・巻三六（下二六頁）等。

（5）表記は『覚一本』に拠る。なお、後三条院は白河院に、皇位を弟の実仁（早世）、次いで輔仁に伝えるよう遺言したというが、その間の事情及び後日談については、『延慶本』二中ノ二六（三二一―三二四頁）・『盛衰記』巻一六（上七一四―七一六・七一九―七二〇頁）に詳しい。

（6）『玉葉』承安二年七月九日条、安元三年（治承元）五月二十三日条。この間、承安三年四月二十九日、文覚は後白河院御所で暴言を吐き、検非違使の手を経て、知行国主頼政に引き渡され、五月十六日、伊豆国に配流されている（『玉葉』。『百錬抄』。『平安遺文』九巻四八九二号、「神護寺文書」元暦二年正月十九日僧文覚起請文）。

（7）鶴岡八幡宮寺の初代別当に任ぜられた園城寺僧円暁は、「後三条院第三御子」輔仁親王の「御孫」で（父は法眼行恵〔行恵の母は源義家の娘〕、母は「六条判官為義女」という）、「中納言法眼」とも「中納言阿闍梨」とも称された（以上、『吾妻鏡』寿永元年九月二十日・二十三日条。『鶴岡八幡宮寺社務職次第』〔『群書類従』五三、補任部。第四輯、四七七頁〕。『尊卑分脈』後三条源氏〔第三篇、五六七―五六八頁〕）。平家諸本の伝える伝承に何らかの関わりがあるかとも推測されるが、為綱が輔仁親王の「五代の孫」というのは、余りにも年代が齟齬することは明らかである。

（8）『延慶本』五本ノ二〇、『盛衰記』巻三六（『長門本』巻一六は「十歳」とする）。祖父の在庁官人茂光にとって、頼朝監視の意味があったろうか。

（9）注4、『延慶本』二末ノ一三、『長門本』巻一〇、『盛衰記』巻二〇（他に、中一一九―一二〇・一三一頁）等。

（10）「副将軍」の表記は、『延慶本』五本ノ二〇（七四三頁）、『長門本』巻一六（五七一頁）等に拠る。

（11）『盛衰記』巻三六（注4）は、義仲追討に当たっては鎌倉に止まっていたとする。但し、『闘諍録』八之上に拠れば、義経指揮下の搦手軍の一員として従軍していた（二六八頁）。

（12）『兵範記』仁安二年七月七日条。

（13）下、一三六・一三九―一四一頁。第三章第一節三項、注17参照。

（14）加藤氏の本貫は伊勢国であったが、『延慶本』（二末ノ一〇、四〇五頁）や『長門本』（巻一〇、三四〇頁）は、加藤五景員が「敵に怖（恐）て」、子息加藤太光員・加藤次景廉兄弟を引き連れ、伊豆の工藤介茂光を頼り、その「聟」になったという。『盛衰記』の記述はより詳細で、景員（「景貞」とある）の敵というのは、上総介忠清を生んだ「平家ノ侍ニ伊藤ト云者」の一族で、「彼敵ヲ殺シテ本国ニハ安堵セス」、「伊豆国ノ工藤介」を頼り、茂光の「妹」と婚したとする（巻二〇、中八三頁）。川合康は、加藤氏の「拠点が本来北伊勢にあっ」て、「鈴鹿郡が本拠と推定される伊藤氏とは、地域的にも近隣の平氏家人同士」であったとしている（「治承・寿永の内乱と伊勢・伊賀平氏―平氏軍制の特徴と鎌倉幕府権力の形成―」『鎌倉幕府成立史の研究』第八章、校倉書房、二〇〇四年、三八三頁）。

（15）増補続史料大成『大乗院寺社雑事記』一二、一九七八年、二四二頁。

（16）上、一九六頁。平治の乱前の国守としては、保元三年（一一五八）十一月二十六日の除目で、吉田経房の安房守遷任に伴い、平義範が任ぜられたことが知られる（『兵範記』。『公卿補任』養和元年、経房条〔第一篇、四九六頁〕）。

（17）『吾妻鏡』・『山槐記』各同日条、など。『盛衰記』に、「伊豆守仲綱ノ郎等ニ工藤四郎・同五郎兄弟ハ、御室戸ヨリ伊勢路ニ向テ落ニケリ」と見える（巻一五、上六九一頁）。「仲綱ノ郎等」工藤兄弟とは、恐らく工藤介茂光に近い一族であり、彼らはまず伊勢に落ち延び、海路伊豆を目指したのであろう。なお、『金刀本保元物語』に見える、保元の乱に際しての源義朝従軍「伊豆国には、藤四郎、同五郎」とあるのは（上、九四頁）、右「伊豆守仲綱ノ郎等」と混同しているのではあるまいか（なお、古態本とされる『半井本』当該個所に、義朝に従軍した伊豆国住人の名は見えない〔第三章

第一節三項、○[b]〕)。

(18)『玉葉』治承四年九月三日条。『公卿補任』天福元年(貞永二)平時兼条(第二篇、八三頁)。時兼(時忠の従父兄弟、少納言信国の子)は、治承四年六月二十九日付で伊豆守に任ぜられた。天福元年に六十八歳であったから、十五歳で国守に任ぜられたことになる。

(19)そもそも信兼は、保元の乱に際して清盛とは別軍を構成しており(『兵範記』保元元年七月十日条)、寿永二年(一一八三)七月の平家都落ちにも同行せず、一門の棟梁平宗盛から離れた。その後、伊勢にあって、源義経の木曾義仲追討にむしろ協力するが、元暦元年(一一八四)七月、伊賀・伊勢平氏の反乱に当たって、張本の一人として義経の追討をうけ亡んだ(高橋昌明「伊勢平氏の成立と展開」下、『日本史研究』一五八号、一九七五年、三三頁注九。木内正広「鎌倉幕府と都市京都」『日本史研究』一七五号、一九七七年、四頁)。

(20)『山槐記』同日条。

(21)渡邉俊は、「大番役を終えた北条時政が流人平兼隆とともに伊豆へ下向した」とする(「中世前期の流刑と在京武士」、福岡女子大学国際文理学部紀要『文芸と思想』八〇号、二〇一六年、四四頁)。

(22)のち「奥入り」(拙著『鎌倉守護』論考、第一章二項、四〇頁注一〇)に際し、頼朝指揮下の中央軍に属した狩野五郎親光は、阿津賀志山木戸口の合戦で戦死した(『吾妻鏡』文治五年七月十九日条、八月九日条)。

(23)『延慶本』二末ノ一三「石橋山合戦事」、四一六頁に拠る(『長門本』巻一〇、三五〇頁「太りて大なる男」。『盛衰記』巻二〇、中一一五頁「肥太タル男」)。

(24)巻一七、六二〇頁(『延慶本』五末ノ八〈八〇九頁〉・『盛衰記』巻三九〈下二一一頁〉も異事なし)。仮に、四十歳とすると、生年は天養二年(久安元・一一四五)となる。

(25) 建久三年（一一九二）十一月二十五日、造営の成った「二階梵宇」永福寺落慶供養が、園城寺「法務大僧正公顕」を導師として営まれた（『吾妻鏡』同二十・二十五日条）。導師の鎌倉下向「雑事」奉行二階堂行政らの差配の下で、「海道駅家」担当の国々奉行人が任ぜられ、「足柄山越兵士」催徴を命ぜられたのは、足柄路に沿う波多野・河村一族ら、主に相模の御家人であった（同二日条）。その中に「工藤介」がおり、高橋秀樹は「狩野宗茂を指す」としている（「相模武士河村・三浦氏と地域社会」〔高橋慎一朗編『列島の鎌倉時代』、高志書院、二〇一一年、二一四頁〕）。ところが、『吾妻鏡』に宗茂を「工藤介」と表記する個所は他にはない。氏はまた、建長四年（一二五二）『宗尊親王御下向記』に「やまなか　せきもと　かのゝしんさゑもん」とある、足柄山中・関本宿の雑事担当者狩野氏について、「工藤介系統の狩野氏の可能性」を指摘する（二一五頁）。しかし、この「かのゝしんさゑもん」が、関本宿近傍の狩野荘を本貫とする狩野新左衛門尉であったことは、以前、拙著で触れた（『鎌倉守護』国別、第一章相模項、四五頁注五）。ところで、『宗尊親王御下向記』「やまなか　せきもと」項の一つ前に、「あゆさわ　かいのくに」との記載があって、氏は駿河藍沢の駄餉担当者が甲斐国衙であったことを指摘していた（二一六頁）。そうとすると、先に見た「足柄山越兵士」沙汰を命ぜられた「工藤介」とは、甲斐国住人の可能性があり、恐らく、伊豆工藤氏と同族の「工藤庄司」景光の誤りだったのではないだろうか。

三　伊東（工藤）氏の所領

真名本に言う「楠美入道寂心」、俗名「宮藤太夫助隆」（工藤祐隆）を、ア『尊卑分脈』の家次と結び付けるには一抹の不安が残るが、イ『伊東大系図』の家継「始祐隆」、及び、ウ『伊東系図』同「本名祐隆」（ともに法名を寂蓮とする）を僅かな手がかりに、以下、同人と見て考察を進める（繁雑さを避けるため、引用部分を除いて祐隆と表記する）。イ・ウは「伊豆国押領使」維職の子とし（アは、維職の孫で、「狩野九郎」維次の子としていた）、アに拠ると「狩野四郎大夫」家次とあった（いずれも一項先述）。嫡子に立てた祐継や孫の祐経が、滝口や院の武者所に祗候するなど[1]、この家には在京活動の伝統があり、祐隆が「大夫」＝五位の位階を得ているのも、石井進の指摘した在庁官人というよりも（第一章第四節二項）、むしろ在京活動を想定すべきであろう。

祐隆の名乗り「狩野四郎」は、伊豆工藤氏嫡流「工藤（狩野）介」の庶子であった可能性を物語ると思うが、一項既述のように、その活動時期は、祐継＝永久六年（元永元・一一一八）誕生を踏まえ、祐隆生年の下限を承暦三年（一〇七九）と仮定して、十一世紀末・十二世紀初頭の頃と推測した。彼は、恐らく、父祖の在庁官人としての地位・権限や、自身の在京活動によって築いた人的関係を駆使して、伊豆国東海岸に進出し、のち「大見・宇佐美・伊藤（東）と云ふこの三箇所」からなる総名「楠美荘」の在地領主となった（『東洋文庫真名本』1、巻一、一四頁）。『和名抄』田方郡の郷名に「久寝」郷があり、日本地理志料巻一三に、訓を欠くも「玖須美」と読むと見える（一七八頁）。一方、田方郡の延喜式内小社「久豆弥（クツミノ）神社」[2]が、今日の静岡県伊東市、市庁舎の西南方、馬場町の葛見神社に比定できるとすれば[3]、令制クス（ツ）ミ郷の領域は現在のほぼ伊東市一帯を指すものと考えられよう。従って、祐隆流の家の名字となった「伊東」とは、本来、クス（ツ）ミ郷内における開発（もしくは再開発）によって成立した祐隆の私領に由来する地名であったのではないか。

伊東荘に関してはなお後述するとして、次いで宇佐美荘について見ると、『和名抄』の「有雑」郷を、日本地理志料は「宇佐比」と読み（一七八頁）、『静岡県の地名』は「現伊東市の宇佐美を遺称地とし」ている（八八頁「有雑郷」項）。多くは山間部で、北は「走湯山権現」の神領であった「阿多美（熱海）郷」と隣接すると思われる（『吾妻鏡』建保元年十二月十八日条)。祐継の死後、惣領となった祐親は、祐継の子祐経を「宇佐美宮藤次」と名乗らせたというから(『東洋文庫真名本』1、巻一、一九頁)、祐経の本領の意味を持ったが、在京する祐経に代わって、恐らく代官として現地に土着したのは、ア『尊卑分脈』(四九九頁)以下、祐経の弟とする宇佐美三郎祐茂であった(4)。やがて、この祐茂もまた流人頼朝の「当時経廻士」の一人となっていく。

また、大見荘であるが、第三章第一節で先述したように(四項、注1)、現静岡県伊豆市(旧田方郡中伊豆町)大見川流域に展開した山間部の荘園で、西方は狩野荘に隣接していたと考えられる。大見荘が、宇佐美荘同様、祐経に伝領されたことは、祐親との所領争いに敗れ、失意の祐経が伊豆に下向して祐親の目から逃れ、「忍びつつ」住んだのが山間部の「大見荘」であり、「年来の郎従」「大見小藤太」の名字の地でもあったこと(『東洋文庫真名本』1、巻一、二二頁。同二項)、小藤太らは、河津三郎殺害後、間道を縫って「大見荘へ逃げ入」ったこと(同、巻二、七二頁。同四項)、等から確認されよう。問題は、既に坂井孝一が指摘しているように、宇佐美荘・大見荘ともに、平姓の宇佐美平太政光・平次実政兄弟、及び大見平次家秀が居住し、彼らと祐経の領主権が競合する状況にあったことである(5)。なお、彼らは、のちの石橋山合戦において、いずれも頼朝方として従軍した(6)。

では、楠美荘の立荘化をいつ頃のことと考えたらよいのであろうか。真名本巻一に、祐隆が「継娘の子を取て嫡子に養ひ立てつつ」、「宗(むねと)の所」=主邑の「伊藤の荘を譲りつつ、武者所の末座に進《ママ》せて伊東武者助継と名乗ら」せたとあった(『東洋文庫真名本』1、一四頁)。仮に、永久六年(元永元・一一一八)生の祐継、十五歳元服の頃のこととすると、上洛は天承二年(長承元・一一三二)の頃となり、鳥羽院政期、崇徳天皇の代である(7)。祐継の死後、祐親が元服を終えた祐経を連れて上洛した永万元年(一一六五)当時の本家と領家は、「大宮」藤原多子と「小松殿」平重盛とであった(第三章第一節二項、注6・5)。この点を手がかりにすると、多子は藤原頼長の養女であったが、祐隆と頼長との関係は見出し難い。「二代后」多子が最初に入内した近衛天皇は保延五年（一一三九）生、生母は美福門院藤原得子である[8]。しかも、彼女は後白河院皇子（近衛帝の甥）の守仁親王を養育し[9]、やがて、多子が再度の入内を果たした二条天皇として即位することになる。得子が鳥羽院の寵を得たのは長承三年（一一三四）の頃と考えられており[10]、祐隆父子と美福門院との関係であれば可能性が生じるのではないか。一方、当時の平氏惣領は忠盛の時代であったが、時世に敏感な祐隆がこの新興軍事貴族と関係を結び、家人化したことも十分あり得ると思う。五味文彦は[11]、忠盛が、崇徳天皇の生母である「待賢門院に仕え[12]、続いて美福門院に接近した[13]」とする[14]。

伊東荘を主邑とする楠美荘は、天承二年（長承元・一一三二）の頃と推定した祐継の「鳥羽院武者所」祗候以降、その「滝口ニ参仕」した近衛天皇（注14）が践祚する永治元年（一一四一）十二月七日以前に、恐らく、平忠盛の手を経て、更に上級の、近衛帝生母美福門院に寄進され、皇室領荘園として成立したのではないだろうか[15]。

そこで、伊東荘の問題であるが[16]、田方平野には及ばぬものの、伊東大川（真名本に言う「伊藤荘松河」（『東洋文庫真名本』1、巻二、九四頁））流域は一定の農業生産が確保でき[17]、山間部の多い宇佐美・大見両荘とともに、南部の赤沢から天城山系にかけての山麓は、林業ばかりでなく、牧の存在も想定できるであろう。そして、何よりも水産業を挙げなければならないが、祐隆の野心は、伊東水軍の建設に向かっていったのではないか。船材に事欠かないとすれば、問題は造船技術であるが、『日本書紀』応神天皇冬十月条に拠ると、古代の伊豆狩野郷は都にも知れ渡った高速船の造船地であった[18]。造船術が国衙を介在にして、中世狩野荘にまで引き継がれていたとすれば、その伝統が、同族の本拠地・伊東への技術移転をもたらしたことも想定できるのではないか[19]。祐隆の河津（静岡県賀茂郡河津町）進出は、伊東水軍建設[20]から要請されたものであったろう。

楠美荘の領域について仮名本は、「伊東・河津・宇佐美、この三箇所を総ねて、楠美庄と号す」としていた（巻一、二〇頁。第三章第一節二項、＊3[21])。真名本巻一は、祐隆が、嫡子に立てた祐継に伊東荘を譲る一方、「亡子[22]の嫡孫」を「養ひつつ次男に立て河津を譲りつつ河津次郎助親と名く」とし、死期の迫った祐継が「妻室」(祐経の母)に預けたという公験は「伊藤・河津利券文書」とされていたから(『東洋文庫真名本』1、一四・一七頁)、「河津」は楠美荘と本来別個の所領単位であったのではないか。仮名本(巻一)が、祐親の言として、「河津と云ふ小郷を知行せし時だにも、(中略)楠美庄を総ねて知行する間」(三二一―三二三頁)と両者を対比して語っていること自体、別個の所領単位であったことを示していると思う。

祐隆の河津進出の目的は二つあったと思われる。一つは水軍の問題であり、伊東と、伊豆最大の要津「鯉名泊」との中継地を確保する意味があった。後、頼朝方の反攻に直面した祐親が、平維盛の率いる東征軍との合流を策し、海路逃走を図って天野遠景に捕縛された地は「鯉名泊」であり(『吾妻鏡』治承四年十月十九日条)、また、飢饉が続く中、兵粮に苦しむ範頼軍を救援するため、兵粮米を満載した「兵船三十二艘」は「鯉名奥并妻郎《ママ》津」から出港している(同、元暦二年(文治元)三月十二日条)。前掲『静岡県史』通史編2中世(執筆湯之上隆)に拠ると、「鯉名は伊豆半島の南部、現在の南伊豆町湊・手石[23]のあたりに比定され」るとする(第一編第三章第三節、一六一―一六二頁。「妻良は同じ南伊豆町で駿河湾に面した伊豆半島の南西部に位置」する)。

そして、いま一つに鉄の問題があった。前掲『静岡県史』通史編1(執筆佐藤達雄)に拠ると、県内で古代製鉄遺跡として確認されている一〇例のうち、九遺跡が伊豆半島東海岸に集中しているという。内訳は、南伊豆町三、下田市二、河津町三、伊東市一、である。以て祐隆の、背後に山間部を控えた河津進出の意味が理解できよう。なお、伊東市の一遺跡とは、宇佐美・桑原地区の金草(カナクソの転訛カ)原遺跡のことで、宇佐美には中世の寺中(じちゅう)遺跡も存在していた(以上、第三編第三章第五節、九八八―九八九・九九二頁)。

かくて、祐隆によって礎が築かれた伊東武士団は、農業と水産業との基盤の上に、馬と鉄の供給地を領有し、製鉄と造船に必要な木材にも恵まれ、水軍を建設して海の流通路の確保にも乗り出していった。祐隆は、恐らく平忠盛の家人となり、以後、清盛・重盛と続く平氏との関係が伊東武士団の発展を支えていたと言うことができる。反対にこれが、嫡流の在庁官人工藤(狩野)介茂光が、新興の庶流伊東氏への対抗上、平治の乱後、知行国主・国守に任ぜられた源頼政・仲綱父子と緊密な関係を結んだ理由であった。頼政・仲綱父子が敗死した後、茂光に残された選択肢は、流人頼朝への接近の他になかったのではないか。

三項の最後に、蒲屋御厨について触れておきたい。当御厨は、天永三年(一一一二)、「賀茂郡月間(つくま)郷の青野川河口の南伊豆町手石の月間神社(竹麻)を中心とする地域に設けられ(24)」、伊勢外宮領で、東国には珍しい「鍬」を年貢として納めていた(25)。この蒲屋御厨には山木兼隆の「親戚史大夫知親」が駐在し、『吾妻鏡』治承四年(一一八〇)八月十九日条は、知親に対する非法停止の下知を以て「是関東事施行之始」として、「御厨住民等所」に充てた下文を併載し、そこには「至二于東国一者、諸国一同庄公皆可レ為二御沙汰一之旨、親王宣旨状明鏡也」とする有名な一文が記されていた。この下文については、夙に八代国治が「後の製作に係はるものならん」とし(26)、黒川高明も「偽文書ナルベシ」と断じていた(27)。強力な伊東祐親の勢力が無傷な状態で、兼隆を討った二日後の施行命令には何の意味もなかったであろう。

ところで、この兼隆の「親戚史大夫知親」について、五味文彦は、弁官局で実務に携わった史が、「五位となって退任した後、多くは受領の目代となって遠国に下向していった」当時の状況を踏まえて、「久安二年(一一四六)正月に文章生より右少史となった中原知親に相違なく」、治承四年には伊豆に在国して、「兼隆は武勇の目代、知親は文筆の目代として平時忠の知行国支配を担っていた」と見なした(「花押に見る院政期諸階層」、注11所引『院政期社会の研究』

第四部第四章第三節、四六〇・四六六頁)。ところが四年後に公刊された大系日本の歴史『鎌倉と京』においては、「これまで伊豆の目代といえば兼隆と、『平家物語』の指摘のままに考えられてきているが、それ以外にはっきりした史料的根拠はな」く、「兼隆を目代とみるのにややためらいをおぼえる」とし、「知親は長年にわたって伊豆国の目代であった」と、兼隆「目代」説を否定した(小学館、一九八八年、七二―七三頁)。

しかしながら、五味(文)の新説には、やはり納得しがたいものがある。知行国主・国守が交替するのは、源頼政・仲綱父子敗死後のことであって、「流人」兼隆が時忠に抜擢され、それに伴って「親戚」の知親が蒲屋御厨に派遣されたという経緯ではなかったろうか。(28) そうとするならば、私は、むしろ、蒲屋御厨と頼政・仲綱父子との関係を想定すべきではないかと考える。当御厨は天永三年(一一一二)に建立され、長承三年(一一三四)に「奉免宣旨」が下され、更に永万二年(一一六六)に重ねて宣下せられている。(29) 永万二年は、仲綱の国守在任を示す史料上の初見=仁安二年(一一六七。二六四頁「○関係伊豆国司表」参照)の前年であるが、私はその「国守就任は若干遡る可能性が生じる」ものと考えており(二項)、再度の「奉免宣旨」は国守仲綱の働き掛けによって下されたものではなかったろうか。仮に、私見に誤りがないとすれば、蒲屋御厨に進出し、実務を担ったのは、在庁官人工藤介茂光であった可能性が生じると思う。茂光と祐親とは、南伊豆の製鉄をめぐっても衝突した。

注

(1) 祐継について、『吾妻鏡』「工藤滝口」(建久四年五月二十八日条)、真名本巻一「伊東武者」(『東洋文庫真名本』1、一四頁)とし、祐経は、真名本巻一に「武者所の一郎(藹)」(二〇頁)とあった。

(2) 「延喜式」巻九、神祇九・神名上(新訂増補国史大系『交替式・弘仁式・延喜式』前篇、〈普及版〉一九七四年、に拠る。二三一頁)。

(3)『静岡県の地名』、八八頁「久寝郷」項。
(4) 前掲『静岡県史』通史編1（杉橋隆夫執筆分）は、系図の多くが祐茂を祐経の弟とする点について、「これには疑問も少なからず出されているが、祐茂が祐経の近親者であることまでは否定できない」とする（第三編第五章第三節、一一三〇頁）。
(5)「所領相論から見る『曾我物語』人物論」（第二部第一章、一八一―一八三頁。初出二〇〇三年）。
(6)『吾妻鏡』治承四年八月二十日条。のち、宇佐美実政と大見家秀は、「奥州故（藤原）泰衡郎従大河次郎兼任」らの反乱軍との戦いで戦死した（同、文治六年〈建久元〉正月六日・十八日条）。
(7)『相良系図』祐継条に、「鳥羽院武者所」とあった（『続群書類従』一六一・系図部。第六輯下、三二三頁。第三章第一節二項、注1）。
(8)『帝王編年記』巻二〇・近衛院、三一九頁。
(9) 元木泰雄『河内源氏』（中公新書、二〇一一年、一八二・二〇四頁）。
(10)『愚管抄』「補注」、巻四ノ一三五（四六一頁）。
(11)「女院と女房・侍」（『院政期社会の研究』第四部第一章、山川出版社、一九八四年、三七六頁。初出一九八二年）。
(12) 崇徳天皇の皇子重仁親王の乳母は忠盛の室（後の池禅尼）であった（『愚管抄』巻五・安徳、二五一頁）。
(13) 忠盛は鳥羽院の近臣として院司を務めたが、美福門院領に関する保延二年（一一三六）二月十一日鳥羽院庁牒案に院司として署名し（『平安遺文』五巻二三三九号、「白河本東寺百合文書八六」）、天養元年（一一四四）九月二十九日同案には「別当」として現れる（同六巻二五三六号、「円覚寺文書」）。
(14) 祐継は「鳥羽院武者所」に祗候した後（注7）、「近衛院ノ滝口ニ参仕」し、「従六位ノ滝口ニ補セラレ」て（『曾我両社八幡宮縁起』、三九二頁)、「工藤滝口」と称した(注1『吾妻鏡』)。近衛天皇の在位は、永治元年(一一四一)十二月七日の受禅(三歳)より、久寿二年(一一五五)七月二十三日の崩御にいたる期間であり(注8所引『帝王編年記』、三一九・三二一頁)、美福門院と平忠盛の推挙に拠るものであったろう。

(15) 近衛院の崩御は久寿二年(一一五五)七月二十三日(十七歳)、美福門院、永暦元年(一一六〇)十一月二十三日崩御(四十四歳。『百錬抄』)、二条院は永万元年(一一六五)七月二十八日、二十三歳で崩御している(『百錬抄』)。頼長養女として入内した多子に対する美福門院の蟠りを想定すれば、最終的に「大宮」多子を本家とする体制が確立するのは、既に美福門院も亡くなった後の、永万元年七月、二条院崩御以後のことであったろう。

(16) 伊東荘の領域について、室町時代の史料であるが、前掲『伊東市史』史料編 古代・中世、所載の「円覚寺文書」永享六年(一四三四)十二月二十九日「中原師貞」打渡状に、次のような「伊豆国伊東庄内」の地名が記されており、『市史』傍注に見える比定地を(　)内に併記する(第四章第二節五七四号、五〇六—五〇七頁)。

鎌田(伊東市鎌田)・貝立(鎌田字海立)、岡村(伊東市岡)・広野(岡村の内)・犬田(岡字犬田)・泉(岡字泉)・小河(岡字小川沢・小川口)、新居(伊東市新井)、河名(伊東市川奈)、徳長(伊豆市徳永)・源田(徳永字源田)

徳永(冷川の東)のみ現伊豆市(旧中伊豆町)にあって、本来大見荘内の地であったかも知れない。また、真名本に記された奥野の狩の舞台であり、かつ河津三郎殺害地であった伊東市南部の赤沢から八幡野にかけても伊東荘内であったと考えられる(第三章第一節四項)。

(17) 単純な比較はもちろん無謀であるが、今日、静岡県旧伊豆国地域における人口は、国府所在地の三島市に次いで、第二位が伊東市であることは、人間生活を維持する第一次産業の基盤と連動しているものと思う。

(18) 日本古典文学大系、一九六七年、上三六五頁。前掲『静岡県史』通史編1第二編第一章第二節、三七一頁(執筆原秀三郎)参照。

(19)　あくまで参考事項であるが、戦国時代の「熊野新造」(『伊東市史』史料編 古代・中世、第四章六三〇号、「長浜大川文書」〔永禄元年〕十一月朔日後北条家朱印状写)や、慶長年中の「唐船」(『見聞集』巻九、「唐船作らしめ給ふ事」『改定史籍集覧』第十冊・纂録類、一九八三年復刻版、二五二・二五四頁〕)など、伊東が「東国」有数の大船建造地であったことが知られる。

(20)　ここで伊東水軍というのは、伊東・河津を本拠とする武装輸送船団の意味に用いており、「船いくさ」に熟達した存在を想定している訳ではない(高橋秀樹、二項・注25所引論文、二二五―二二六頁参照)。

(21)　石井進も、河津荘を久須美(楠美)「荘の一部」と捉えており(『中世武士団』、三九頁)、坂井(注5所引論文、一七七頁)や、前掲『静岡県史』通史編1(第三編第五章第三節、一一一四頁。杉橋執筆分)の理解も同様である。

(22)　ア『尊卑分脈』(四九九頁)以下、イ(七二三頁)・ウ(七四一頁)ともに、祐親の父を「祐家」とする。

(23)　『静岡県の地名』、賀茂郡「鯉名里」項に、「現南伊豆町手石の小字の小稲(こいな)里条・小稲坂下を遺称地とする」とある(八九頁)。

(24)　引用は、前掲『静岡県史』通史編1(執筆石上英一)、第三編第二章第五節、九一四頁に拠る。

(25)　『鎌倉遺文』二巻六一四号、「神宮雑書」建久三年八月日伊勢大神宮神領注文(三七―三八頁)。『神鳳鈔』伊豆国(『群書類従』九、神祇部。第一輯、三一八頁)。同右『県史』は、「神津島の砂鉄と南伊豆の山林の燃料(薪)を利用し、かつ南伊豆の水運を用いた鉄製品貢納の御厨として建立された」としている(九一五頁)。本文前出『県史』(佐藤達雄執筆部分。九八八頁)が挙げていた南伊豆町日野(ひんの)遺跡は当御厨内と考えられており、月間神社の東に十二叟遺跡、近傍の下賀茂には日詰遺跡(「賀茂郡家の所在地と推定され」ている)が存在するなど、青野川流域の近接地に南伊豆町の三遺跡が集中していた（九一五頁）。また、保立道久は、「蒲屋御厨内には鯉名泊が存在したと思われ、その鉄材はその港（ママ）から搬出されたであろう。それに関わる国衙関係の製鉄・鋳物師工房や港湾施設が存在した可能性も高い」ことを指摘している（「日本国惣地頭・源頼朝と鎌倉初期新制」『国立歴史民俗博物館研究報告』三九集、一九九二年、七一頁註六）。

(26)『吾妻鏡の研究』（藝林舎、一九七六年復刻版、一五一頁）。

(27)『源頼朝文書の研究』史料編（吉川弘文館、一九八八年、一六九頁）。

(28) 五味（文）説に対する保立の批判は、注25所引論文、七一頁註六参照。

(29) 注25所引『鎌倉遺文』六一四号。

四　祖父伊東祐親と父河津三郎

曾我十郎・五郎兄弟の祖父を伊東祐親と言う（『吾妻鏡』「伊東二郎祐親法師」（治承四年八月二十三日条）、真名本巻一「伊豆の国の住人伊藤次郎助親」（『東洋文庫真名本』1、一四頁）。ア『尊卑分脈』「河津二郎祐近」（四九九頁））。真名本に、助隆（寂心）「亡子の嫡孫」とあるが（同右）、父の実名を、ア『尊卑分脈』は祐家とし（他の系図等、異伝はない）、「六郎大夫、従五位下」とあった（同右）。「実者久津見入道寂蓮子」[1]とするが、これは祐継（アは祐次）に係るべき注記の誤りである。イ『伊東大系図』に「先レ父死故、不レ継レ家」（七二三頁）、ウ『伊東系図』に「父先立早世」（七四一頁）とし、助隆（寂心）は後妻の連れ子であった「継娘の子」を「嫡子」に立てて「伊藤荘」を譲り、「伊東武者助継（ママ）」と名乗らせた[2]。その一方で、嫡孫を「次男」に立て、河津を譲って「河津次郎助親」と名乗らせたのであった（『東洋文庫

真名本』1、巻一、一四頁。第三章第一節二項）[3]。

ところが、「嫡子」の祐継は、永暦元年（一一六〇）七月十三日、四十三歳で死去し（既述。当時、一子金石（祐経）は九歳であった）、祐親は「河津の屋形をば立ち出でて伊藤の荘に移りつつ、河津屋形をば子息の三郎助通に譲て今は河津三郎助通と名乗らせて、我が身は伊藤次郎助親と改」めたのである（『東洋文庫真名本』1、巻一、一九頁）。真名本に、助親が「伊藤・河津をば助親一人して押領して、助経には屋敷の一所をも配分せざりけり」とあったが、これはかつて祐継の本拠であった伊東館を指すものと思われ、祐継遺領のうち、宇佐美荘と大見荘を祐経が相続したことは前述した（同右、二〇頁。第三章第一節二項、注4・7、同四項、注1、及び本節三項）。そして、祐親は、祐継との約束に従い、金石を十三歳で元服させ、「宇佐美宮藤次助経」と名乗らせ、娘の「万劫」と結婚させた上、翌年秋にはともに上洛して、「領家小松殿」＝平重盛の見参に入れ、更に「本家大宮」＝藤原多子に祇候させた（一七・一九―二〇頁。第三章第一節二項）。

祐経の生年は仁平二年（一一五二）であったから（第三章第一節二項、〇［a］）、重盛に初参した十四歳の秋は永万元年（一一六五）に当たる。ところが真名本は、「小松の内大臣重盛、そのころは大納言にて御在しける」としており（『東洋文庫真名本』1、巻一、二〇頁）、重盛の権大納言就任は仁安二年（一一六七）二月十一日のことであった（『公卿補任』同年条。第一篇、四六三頁）。仮名本（巻一）は、この矛盾を解消するため、祐経が十五歳で元服したとし（二五頁）、翌年、重盛に見参したとすれば史実に合致するような「合理」的改変を行った（第二章第一節四項）。坂井は、重盛が権大納言に就任する仁安二年を基準に、祐経を十四歳と見て、祐経・祐継の生年を私見より二年繰り下げている[4]。私は、真名本が、「従二位・権大納言」という重盛の官位に引きずられたものと推測し、それは、同日付で清盛が太政大臣に任ぜられており（『公卿補任』、四六二頁）、仁安二年が平氏にとって記念すべき年となったことを考慮したからに他ならない[5]。

　従って、祐親・祐経の重盛見参の年代は、永万元年（一一六五）秋から仁安二年（一一六七）秋に至る幅をもって捉えるのが穏当ということになろうが、問題は、参候の対象がなぜ「重盛」であったかということである。先に私は、祐隆（寂心）が忠盛の家人となった可能性を想定したが（三項）、時流に敏感なこの一族は、「嫡子」祐継が清盛に仕え、「次男」祐親は次代を見越し、既に重盛に家人の礼を取っていたのではないか。祐経の場合は、『吾妻鏡』に「往年候二小松内府一」とする明証があり（元暦元年四月二十日条）、ここに、「小松殿」重盛を領家、「大宮」を本家とする楠美荘の支配体制が確立したわけである[6]。この時点では、祐親は祐経の能力を見抜き、娘と結婚させて、一族を代表して在京活動に専念させるつもりであったろう。邪魔者を追っ払ったなどとは下種の勘繰りというもので、祐親が在地支配を遂行するためには、何よりも平氏嫡流や院・朝廷との結び付きを必要としていた。

　両者の関係の破綻は、むしろ、祐経の側から仕掛けられたもので、河津三郎殺害に至る経緯は、第三章第一節二項、及び四項で述べたとおりである。真名本は、「神慮もっとも量り難し」として、祐経にまことに手厳しい（『東洋文庫真名本』1、巻一、二一頁）。嫡男を殺害された祐親が、祐経を最後まで追い詰められなかったのは、結局、彼らが仕える重盛の調停に基づいていよう。平安末期、所領をめぐる一族間の争いや、近隣の領主相互の紛争はごく普通に見られた事象であるが、「建久四年曾我事件」の特異性は、十八年を経て、「親の敵討」に帰結した点にある[7]。

　曾我兄弟の父＝河津三郎の死については、真名本巻二・序に「安元弐年〈丙申〉（一一七六）神無月十日余りの事なるに、河津三郎助通、生年三十一にて八幡三郎が手に懸り、伊豆の奥野の口、赤沢山の麓、八幡と岩尾山との裾、児倉追立と云ふ巌石にて、露の命の消えける」とあり（『東洋文庫真名本』1、六九頁）、『吾妻鏡』は、「此兄弟者、河津三郎祐泰〈祐親法師嫡子〉男也、祐泰去安元二年十月之比、於二伊豆奥狩場一、不レ図中レ矢墜レ命、是祐経所為也、于レ時祐成五歳、時致三歳也」と記していた(建久四年五月二十九日条)[8]。仏事等、死後の始末が一段落したところで、祐親は、嫡男殺害の当事者、祐経の「郎従」大見小藤太・八幡三郎討伐を子息の九郎に命じたが、彼らは狩野荘に潜伏してお り、「酉の中半」(午後六時頃)から始まった戦闘は九時間に及び、八幡は自害したものの、大見の逃亡を許してしまう結果に終わった(第三章第一節四項)。

前掲『静岡県史』通史編1(杉橋執筆分)は、「大見・八幡の潜伏地といい、寄手が生け捕りを断念せざるをえないほど強固な反撃を受けたことといい、狩野・工藤一族のなかには、祐親の(伊東荘＝引用者)押領をこころよく思わず祐経に同情し、かえって祐通(河津三郎)暗殺の下手人を保護する勢力があったと見て、まずまちがいないであろう」としている(第三編第五章第三節、一一一六―一一七頁)。従うべき見解であり、「祐経に同情し」、「暗殺の下手人を保護する勢力」とは、大見らの潜伏先から明らかなように、嫡流の在庁官人＝工藤(狩野)介茂光に他ならない。三項の最後に、「茂光と祐親とは、南伊豆の製鉄をめぐっても衝突した」と記したが、有能な領主を輩出し、平氏嫡流を後ろ楯にしている新興の庶流伊東氏に対する茂光の対抗手段が、平治の乱後における知行国主・国守を歴任した源三位頼政・仲綱父子への接近であった。先に、安元二年(一一七六)三月と推定した源為朝追討が間違いなく史実であったとすれば、祐親といえども、院宣と国守仲綱の命に基づく一国規模の動員である限り、在庁官人茂光の指揮に従わざるを得なかったであろう(以上、二項に拠る)。

真名本に、祐親を評した祐経の言に「あれは大名なり」とあったが(『東洋文庫真名本』1、巻一、二二頁)、仮名本(巻一)は、祐親について「国には双ぶ者なくぞ見えし」・「国一番の大名なり」と明記していた(三〇・三四頁)。治承四年(一一八〇)五月、頼政・仲綱父子の敗死によって工藤介茂光は失脚し、新しく知行国主平時忠―目代山木兼隆の伊豆国支配体制が成立したが(二項)、それを実質的に支えていたのが伊東祐親であったろう。同年八月、源頼朝は山木兼隆を討って、三浦勢との合流を急ぐあまり、祐親との決戦を避けたまま相模に進軍して、石橋山(神奈川県小田原市)で致命的敗北を喫した。八月十七日から二十四日にかけての状況である(以上、『吾妻鏡』に拠る)。

『山槐記』は、頼朝「謀叛」の報に接し、「相模国小早河」において頼朝勢を撃破した平家方の大将の名を、「伊豆国伊東入道(祐親)／相模国大庭三郎(景親)」と記した(同年九月七日条。『吾妻鏡』は各勢力を、頼朝「三百騎」、祐親「三百余騎」、景親「三千余騎」とする(八月二十三日条))。祐親の立場を、『曾我両社八幡宮縁起』は「伊豆国武者所ノ旗頭」とし(三九三頁)、『盛衰記』は、景親について「東国ノ御後見」とする(巻二〇「佐殿大場勢汰事」、中九九頁)。平家物語諸本には、和田義盛が、上総介忠清の東国「八ヶ国の侍の別当」の地位を羨んだというエピソードがあって、(9)平氏による国別の「東国」統治システムとする見方もあるが、(10)大庭景親は平清盛が「私」に派遣したもので(『玉葉』九月十一日条)、帰国は八月二日のことであった(『吾妻鏡』同日条)。一方の祐親は在国していたと思われ、「東国」統治システムというより、いずれも戦時編制に基づく動員であったろう。

海路、安房に落ち延びた頼朝であったが、上総権介広常が従軍するに及んで、形勢は一変した。(11)九月五日付の宣旨に基づく頼朝追討軍は、故重盛の嫡男維盛を総大将に、二十二日、漸く福原を発った(『玉葉』九月十一日条。『山槐記』九月五日・二十二日条)。恐らくこの情報が伊豆に伝わったものと思われ、祐親は、維盛の率いる追討軍との合流を策し、「鯉名泊」から海路逃走を図った。しかしながら、子息の九郎ともども、同族の伊豆国住人天野遠景(12)に生け捕られ、十月十九日に黄瀬河(静岡県沼津市大岡)の本陣に護送されて、娘聟の三浦義澄が召預かることとなった(『吾妻鏡』)。そして、養和二年(寿永元・一一八二)二月十四日、政子懐妊(頼家誕生は八月十二日)の機を窺い、義澄は舅の「恩赦」を申請し罪が許されたが、祐親は「前勘」を恥じて「自殺」したという(『吾妻鏡』)。

ところが、祐経殺害の後、捕縛された五郎は、祖父は誅殺されたと語っており(建久四年五月二十九日条)、『吾妻鏡』

には自殺・誅殺両説が見られる。真名本もまた、巻三では「腹昇切つてぞ失せにける」とあったが、巻四、母が兄弟を諭す中で、「先年伊藤館において失はれ奉りぬ」と語っていた（『東洋文庫真名本』1、一六八・二〇八頁）。仮名本は一貫して誅殺説であり（巻二、七五頁・巻六、一八一頁（十郎の言）。第三章第一節七項、＊17で詳述した）、『長門本』（巻一四、四六七頁）・『闘諍録』（五、一九六・一九七頁）は「自害」とする。坂井孝一は、「頼家の誕生に関わる（中略）祝賀ムードの中で、処刑が執行されることはまずない」と見て、自殺説を「妥当」とする（『曾我物語の史実と虚構』、吉川弘文館、二〇〇〇年、九四頁）。氏はまた、祐親の自殺は「捕らえられたあと一年半近く経ってからのこと。そうすると、その間、（大庭景親らのように＝引用者）なぜ処刑しなかったか」を問題にしている（「鼎談・曾我物語の作品宇宙」、F『曾我作品宇宙』、一六頁）。第三章第一節五項で、「愛子の敵伊藤入道（助親）が首を取て我が子の後生の身代りに手向けむ」（『東洋文庫真名本』1、巻二、一〇六頁）と八幡大菩薩に祈念した頼朝の激しい怒りに触れ、『曾我物語』は二つの敵討を重層的に描き出していると述べた。しかしながら、祐親の死＝頼朝の敵討の成就について、『曾我物語』の描写はまことに淡泊であった（巻三、一六八頁）。この落差はどこから生じているのか、坂井の指摘と併せ、残された課題である（第六章第二節二項、第七章第一節一項後述）。

　曾我兄弟の父＝河津三郎の実名は定かではない。ア『尊卑分脈』は、「祐近」（祐親）の子の「河津三郎」として祐真・祐道の二人を挙げるが、兄弟の父は「祐道」とする（四九九頁）。スケミチと音通の表記は、真名本「助通」（『東洋文庫真名本』1、巻一、一九頁）、「訓読本（大石寺本）」「祐通」（五七頁）、イ『伊東大系図』「祐通」（七三頁）、ウ『伊東系図』「祐通」（但し、スケシケと訓じ、「□重」・「或資宗（スケムネ）」と注記する（七四一頁））などに見られる。一方、仮名本は「祐重」とし（「太山寺本」、三〇頁。「流布大系本」、六五頁）、『吾妻鏡』は「祐泰」である（建久四年五月二十九日条。『曾我両社八幡宮縁起』にも「祐泰」とある（三九五頁））。また、村上學が「仮名本に近い内容」と見た『醍醐寺雑記』に記された系譜は、助継(スケツク)・助経・助親など真名本と共通する「助」字を用いているが、河津三郎の実名については「助宗」と他書に見ない表記をしていた(第二章第二節一項。本節九項参照)。こうしてみると、ウ『伊東系図』の注記は諸書を集成したものであることが分かるが、反面、なぜ一般的な『吾妻鏡』の「祐泰」を採らなかったか疑問が残るところである。[13]

実名すら定かでなく、人物像についても、真名本が余りに理想的・類型的に描写するのに対し、仮名本と通ずるところがなく(第三章第一節三項。＊10参照)、兄弟があれほど慕い続けた亡き父の実像は茫乎として摑み所がない。三郎の母に関しても、顔を見せるのは、「伊藤の母の悲しみ、為ん方なくぞ見えける」とある一個所のみである(『東洋文庫真名本』1、巻二、七二頁)。[14]安元二年(一一七六)三十一歳死去が確かな伝承とすると、久安二年(一一四六)の生まれで、祐経の六歳年長となる(第三章第一節四項、○[c])。また、真名本には、土肥実平が三郎の「烏帽子親」とあったが(『東洋文庫真名本』1、巻一、三三頁)、[15]ア『尊卑分脈』が伝えるもう一人の河津三郎＝「祐真」をスケサネと訓むとすると、実平が一字を与えた場合の祐実に通じ、あるいは同一人の改名も想定され、なかなかに棄てがたい所伝ではある。

注

(1) イ『伊東大系図』・ウ『伊東系図』が、祐隆(寂心)の法名を「寂蓮」としていたことは一項既述。

(2) 寂心が外聞を憚り、祐継が実子であった由を明らかにしなかったことが後の悲劇の原因となったわけであるが、こうしたトラブルは有り勝ちであったらしく、石井進は、安芸国小早川氏一族間に起こった訴訟事例を紹介している(『中世武士団』、二九四―二九六頁)。

(3) 坂井孝一は、新稿「系図・家譜にみえる平安末期の工藤一族伊東氏」において、狩野荘が「家継(祐隆＝引用者)嫡子の祐家が相伝する伊豆の工藤一族の嫡流の地であった」が、「祐家の早世により、三男茂光に譲られ、嫡流の地位も茂光の流れ（工藤［狩野］介流＝引用者）に移った」とし、伊東荘は「家継二男の祐継、次いで祐家の嫡子祐親に受け継がれた」とする理解を示している（『日本歴史』八二九号、二〇一七年、七九頁）。

（4）「婚姻政策から見る伊東祐親」（第二部第二章、二〇二頁。初出二〇〇七年）。「生年推定―『曾我物語』人物小考―」（補論、二一〇―二一一頁。初出二〇一一年）。「流人時代の源頼朝」（第三章、二一九―二二〇頁。初出二〇一一年）。私見とのズレは、仮名本巻一に見える仁安二年（一一六七）三月日付、祐経重申状（二三・二八―二九頁。第三章第一節二項）の評価に基づいている。

（5）五味文彦は、『兵範記』仁安二年五月十日条に記された、「東山東海山陽南海道等賊徒」＝海賊追討を、「権大納言平卿」重盛に命じる同日付宣旨によって、「平氏が全国的な軍事警察権を獲得した」ものとし（第六章第五節一項後述）、その「最初の年」が仁安二年であったと見た。そして、この年は「二月十一日に内大臣清盛は太政大臣に、権中納言重盛は権大納言に、頭弁時忠は参議に任ぜられ、その数日前に従三位頼盛は正三位になっており」、四人の公卿が誕生した「平氏にとって画期的な年だった」と説明している（「平氏軍制の諸段階」、七―八・一一頁）。

（6）三項、注15で、「最終的に「大宮」多子を本家とする体制が確立するのは、（中略）永万元年七月、二条院崩御以後のことであったろう」としたが、この点は、祐親・祐経の重盛見参の年代と矛盾しない。

（7）『今昔物語集』巻二五、本朝・世俗、「平維茂郎等、被ㇾ殺語第四」に、「祖ノ敵キ罰事ハ、極（いみじ）キ兵也ト云ヘドモ、難ㇾ有キ事也」とあり（新日本古典文学大系、一九九四年、第四冊五〇二頁）、一方『吾妻鏡』には、「古今間、報二六親若夫婦怨敵一之者、尋常事也」とする観念が記されていた（文治六年［建久元］正月六日条）。これらを紹介した松本彦次郎は（「曾我仇討の道徳的価値」〔第一章第一節一項、I‐19〕『日本及日本人』六五二号、三〇一頁）、『曾我物語』

の主題にも通ずる『今昔』の「祖ノ敵ヲ罰事ハ天道皆許シ給フ事也。我レ今夜孝養ノ為ニ思企ツルヲ」（五〇〇頁）とある部分に注目したが、佐伯真一は、「親の敵を討つことは親への供養となるという論理は、東国の武士達の間には、ある程度幅広く存在したものだろう」との理解を示している（「敵討の文学としての『曾我物語』」、F『曾我作品宇宙』、三一〇頁）。

(8) 稲葉二柄は、「河津助通暗殺の安元二年十月こそは、曾我物語の物語内時間の始発点である」とする（「真名本曾我物語冒頭部の構造と河津助通の形象」、C大成『義経記・曾我物語』所収、三四〇頁。初出一九八六年）。曾我兄弟が父を失ったこの時日は、『吾妻鏡』の記述とも符合し、「建久四年曾我事件」にとっても動かすことのできない「始発点」である。

(9) 引用は、『延慶本』二末ノ一八（四二九頁）。『盛衰記』は「八箇国ノ侍ノ奉行」とする（巻二三、中一六五頁）。

(10) 野口実は、義江彰夫が提起した「国衙守護人」論の修正説を展開し、祐親や景親をそれぞれの「国奉行人」と捉えている（「平氏政権下における諸国守護人」『中世東国武士団の研究』第Ⅱ部第四章、高科書店、一九九四年、一五四―一五六・一六〇・一六一―一六二頁。初出一九七九年）。義江・野口説に対する私見は、拙著『鎌倉守護』論考、第一章二項、二八―二九頁・三八頁二項注三、及び、第五章「京都大番役覚書」、三七五頁等を参照されたい。

(11) 建久元年（一一九〇）上洛した頼朝は、後白河院に対し、「介ノ八郎ヒロツネト申候シ者ハ東国ノ勢人、頼朝ウチ出候テ、君ノ御敵シリゾケ候ハントシ候シハジメハ、ヒロツネヲメシトリテ、勢ニシテコソカクモ打エテ候シカバ、功アル者ニテ候」と語ったという（『愚管抄』巻六・後鳥羽、二七七頁。拙著『鎌倉守護』論考、第六章「上総権介広常」、四四四頁）。実は真名本にも、「この中になほ情なく聞えしは、上総介広常を討たれけるこそ、梶原（景時）が申状とは云ひながら、無下に嚘（うたて）しと覚えしか。先年、山木（兼隆）を亡ぼして後、安房の国に超えさせ給ひつつ、大勢になりて鎌倉へ入らせ給ひつつ、世に出でさせ給ひし始、忠節奉公の侍には非ずや」と、同趣旨の記述があった（『東洋文庫真名本』1、巻三、一七〇頁）。

(12) 天野氏については、菊池紳一の専論「鎌倉時代の天野氏について」がある（鎌倉遺文研究会編・鎌倉遺文研究Ⅱ『鎌倉時代の社会と文化』、東京堂出版、一九九九年、所収）。

(13) 『吾妻鏡』治承四年十月十九日条は、弟九郎の実名を「祐泰」としており、この点と関係があるかも知れない。

(14) イ『伊東大系図』は「母三浦介義明女」とするが（七二三頁）、他に傍証はなく、疑問である。

(15) 仮名本が実平の聟としていたことは、第三章第一節三項、＊9参照。なお、『曾我両社八幡宮縁起』にも、河津三郎の「妻ハ土肥実平女也」とあった（三九七頁）。

五　曾我兄弟の母

十郎・五郎兄弟の母は工藤（狩野）介茂光の孫娘とされ、これについてはまず異論がない。管見の範囲では、「狩野茂光（母方祖父）」とした稲葉二柄の記述（「曾我物語と関東Ⅱ」、F『曾我作品宇宙』、一四六頁、注一三）と、「茂光の子」宗茂を「曾我兄弟の母方の伯父」とする『東洋文庫真名本』2、巻九の注記（二三一頁、注五五）が数少ない例外であるが何のコメントもない。「諏訪縁起」中の春日姫が「春日権頭の子であるか孫娘であるかゞ、本によつて甚だ区々になつて居る」とする柳田國男の指摘を念頭に置きながら[1]、五項では、兄弟の母が、通説のように茂光の孫娘であったのかどうか、改めて検討してみたい。真名本巻五に二個所、手がかりが与えられている。

(1) 「伊藤（助親）は一門広かりける上、（兄弟の＝引用者）母は渋谷庄司重国の女房の妹なり。（中略）伊豆の国の住

人鹿野介茂光には娘の子なれば孫子なり」（同、二五八頁）

佐々木源三秀義は平治の乱の際、源義朝に従って本領近江国佐々木荘を得替され、相模国住人渋谷庄司重国の庇護をうけて聟となった（『吾妻鏡』治承四年八月九日条・弘長元年五月十三日条。重国もまた、悪源太義平に従い、義朝方として従軍した（『新大系本平治物語』上、一八八頁））。その秀義は、元暦元年（一一八四）七月、伊賀・伊勢平氏の乱において「七十三才」で討死にしているから、生年は、天永三年（一一一二）となる（『吾妻鏡』元暦元年八月二日条。『尊卑分脈』宇多源氏・佐々木（第三篇、四二一頁））。

伊賀・伊勢平氏の乱の際、秀義は、重国の娘との間に儲けた五郎義清を伴ったが、頼朝挙兵の当初、義清は外祖父の重国とともに大庭景親方として頼朝に敵対し、兄の三郎盛綱に召預けられた（『吾妻鏡』治承四年八月二十六日条、十二月二十六日条）。義清は大庭景親の「妹聟」であったというから（『盛衰記』巻一九、中七九頁）、治承四年（一一八〇）当時の年齢は十五乃至二十歳程度と推測される。異母兄四郎高綱の年齢は、『盛衰記』に、宇治川先陣の功を積んで木曾義仲軍を撃破した寿永三年（元暦元）当時、「生年二十五」と見え（巻三五、中七九六頁）、永暦元年（一一六〇）生[2]、治承四年には二十一歳（事実は二十二歳か）ということになるから、前記義清の推定年齢と矛盾しない。恐らく、父秀義が重国の聟となったのは平治の乱後、相模留住直後のことであったのではないか[3]。

仮にその時期を、平治の乱後で、かつ義清兄の高綱生年を上限と見て、永暦元年（一一六〇）の頃とすると、秀義は既に四十九歳に達しており、頼朝が挙兵した治承四年（一一八〇）当時は六十九歳であった。一方重国の年齢は、前引『盛衰記』に、寿永三年（元暦元・一一八四）当時「重国一男・右馬允重助生年四十一」とあるから（康治三年（天養元・一一四四）生となる）[4]、治承四年（一一八〇）には五十後半乃至六十歳代後半と推定され、従って、秀義を聟に迎えた推定・永暦元年（一一六〇）当時は三十後半乃至四十歳代後半、恐らく秀義よりは年下であったろうが、年長の聟との年齢差はそれほど大きく離れていたわけではないだろう。

今問題にしたい工藤(狩野)介茂光は、石橋山合戦において頼朝に従い、行歩かなわず自害したとされる。雨の山中、「太り大なる男」であったせいもあろうが(以上、二項・同、注23参照)、基本的には老齢の故と推測される。源為朝追討が安元二年(一一七六)三月のことであったとすれば(先述)、在庁官人茂光は、一一七〇年代に、一国の住人を統率する立場にあったわけで、その年齢は、佐々木秀義や渋谷重国と大きな違いはないのではなかろうか。平家物語諸本は、伊豆国府に下着した平重衡を召預かった、寿永三年(元暦元)当時の嫡男宗茂の年齢を「四十許」としていたから(二項・同、注24参照)、重国本来の嫡男と思われる重助の年齢とほぼ同じである。そうとすると、茂光は、秀義よりやや年下と思われる重国とほぼ同世代で、治承四年当時、五十後半乃至六十歳代後半と推測され、三人にそれほど大きな年齢差を見出し難い。

渋谷重国は、やや年長と思われる佐々木秀義を聟に取り、一方「重国の女房」は、真名本に拠れば「鹿野介茂光には娘の子」=「孫子」マゴとされる曾我兄弟母の姉であるから、秀義と茂光の年齢を、茂光がやや年少と見るも、大きな違いはないと推定したこれまでの考察からすると、真名本の記述を合理的に解釈しようとすれば、「重国の女房」=兄弟の母の姉=茂光の「娘」という以外には考えられないであろう。

真名本は常に兄弟を視座に据えて語っており、従って茂光には「孫子」マゴというのは兄弟のことであり、母は、実は茂光の「娘」であったということにならないだろうか。

(2)「この京の小次郎と申すは、これら(曾我兄弟)がためには一腹の兄なり。河津三郎より先、伊豆国の国司、源三位入道頼政の嫡子、伊豆守仲綱の乳母子に左衛門尉仲成と云ひける人を国司代に下されたりける程に、時の威に付て鹿野介(茂光)も我が孫子なれば聟に取りてけり。かくのごとくして年月を経る程に、男子一人、女子一人儲けたり。男子と申すは、今の京の小次郎これなり。女子と申すは、今の渋美の地頭二宮太郎（朝忠）の婦妻これなり。この左衛門尉仲成も国を得替して上りける時、妻子をも引き具すべき由を思ひけるに、祖父の鹿野介も斜めならず糸惜しくて身を放たじと思ひける上に、母も折節病悩ありければ、（中略）（小次郎らを）外戚の祖父に預けて上洛しぬ。その後、河津三郎が婦妻と成て年月を送りし程に、男子三人儲けたり。今の十郎助成・五郎時宗・伊藤禅師これなり」（『東洋文庫真名本』1、二六〇頁）

真名本は、はじめに兄弟の母について、「時の威に付て鹿野介も我が孫子なれば」、左衛門尉仲成を聟に取ったとして、「鹿野介」の「孫子」マゴと明記したが、後段で「祖父の鹿野介」・「外戚の祖父」とする記述がある。この場合の「鹿野介」のマゴというのは、「母も折節病悩」云々と併記されているから、二人の間に生まれた「今の京の小次郎」・「今の渋美の地頭二宮太郎の婦妻」兄妹以外には考えられない。そうとすると、やはり曾我兄弟の母は茂光の「娘」ということになるのではないか。

先に二項において、田代信綱に関わる諸問題や為朝追討時期に関する考察を試みた際、それに関連して、曾我兄弟の母の結婚について、十郎（一万）の誕生は承安二年（一一七二）のことであったから、兄弟の母と「国司代・左衛門尉仲成」との婚姻は、仲綱の国守初任期、仁安二年（一一六七）十二月以前でなくてはならず、一方、十郎が誕生する承安二年の頃が、頼政の知行国主再任の時期であったこと等を指摘した。[5]

茂光について、佐々木秀義と、年少にしてもそれほど大きな年齢差はないと推定した先の考察を踏まえると、仁安二年当時、茂光の年齢は四十乃至五十歳代と推測され、「国司代」仲成を《娘聟》に迎えたが故に、「京の小次郎」兄妹を視座に据えて、真名本は、「鹿野介」茂光を「外戚の祖父」と表現したのではなかろうか。現行真名本の形成過程に、「曾我語り」との交渉が深まれば深まるほど、人的関係の記述に混乱が生じたのであろう。

また、田代信綱について「兄弟の数年年長と推測」したが、信綱の母が茂光の娘であったことを疑う合理的理由はなく、信綱の母と「国司為綱」との婚姻は、兄弟の母と「国司代・左衛門尉仲成」との結婚に先立つものであったことを踏まえると、兄弟の母は、茂光の娘である信綱の母の妹であった可能性が高い（信綱は、伯叔父宗茂の養子となっていたから〔二項〕、母は早世したことが考えられる）。

次に、以上の考察を踏まえて、兄弟の母の年齢について考えてみたい。その死去について、真名本は、「正治元年〈己未〉年（一一九九）五月廿八日の申の尅には曾我の女房は大往生を遂げられける」（『東洋文庫真名本』2、巻十、二八〇頁）とするが、年齢の記載はなかった。一方、仮名本（十二巻本）には、「六十の暮方に、念仏申て、つゐ（ひ）に往生しけるとぞきこえける」（「流布大系本」巻十二、四二四頁）とあった。真名本が、兄弟七回忌当日の祥月命日に亡くなったとする設定であるのに対し、十二巻本のいう「六十の暮方」とは、母「六十歳の終わり頃」、つまり年の暮れに死去したとの意味であろう（第三章第四節四項・同、＊8参照）。

虎に関する真名本の年齢記載を基準に、十二巻本の記載を見ると、虎の死去について、真名本に、嘉禎四年（暦仁元・一二三八）に当たる「生年六十四歳と申すに大往生をぞ遂げにける」とあるが（巻十、二八五頁。虎は承安五年（安元元・一一七五）生（第三章第二節一項、注8））、十二巻本は「七旬の齢たけ、五月の末つかた、（中略）ねむるがごとく往生の素懐をとげにけり」としていた（巻十二、四二五―四二六頁。以上、第三章第四節五項、＊9参照）。また、兄弟七回忌の法要の営まれた正治元年当時、真名本に拠れば、虎は二十五歳であったが、十二巻本は「いまだ三十にもならざるが、ことのほかにやせおとろへ、いつしかおひ（い）の姿にうち見えて」云々と記している（巻十二、四一六頁）。つまり、虎に関する十二巻本の年齢記載は、真名本に比して、数年上に記していると見なければならない。従って、兄弟の母が、「六十の暮方」に死去したとする記述は、真名本の基準では、五十歳代半ば頃の死であったと理解することができよう。

煩雑さを避けるため、兄弟の母が、正治元年(一一九九)五十五歳で死去したものと仮定すると、一万(十郎)誕生時の承安二年(一一七二)は二十八歳となり、「国司代」左衛門尉仲成との初婚年代について、先に源仲綱国守初任時、仁安二年(一一六七)頃と想定したが、そうとすると二十三歳に当たる。いずれも、なお数年、年齢を引き下げても良いように思われるが、仁安二年当時の茂光の年齢を四十乃至五十歳代とした先の推測に誤りなしとすれば、兄弟の母を茂光の娘とするのにまことに相応しい年齢差としなければならない。考証の出発点であった十二巻本の年齢記載に曖昧さを残してはいるものの、この点からも、兄弟の母が、真名本の言うように茂光の「孫子」マゴであったとは考えられないであろう。(6)

なおあと二点補足しておきたい。一つは、通説に工藤(狩野)介茂光の孫娘とされた曾我兄弟の母の「父親」に関する菱沼一憲の所論についてである(「鎌倉幕府の前身としての東海道東辺大名小名社会─駿河・伊豆・相模・武蔵・房総─」『中世地域社会と将軍権力』第一章2節、汲古書院、二〇一一年、四二頁)。氏に拠ると、それは「武蔵多摩郡を本拠とする小野姓横山党の横山時重」で、「兄弟の母は狩野氏の手許へ引き取られていたのであり、これに因り兄弟の祖父横山時重が『曾我物語』に明記されていないのではないか」とする。(7)

これに対し、私は、「父親」は明記されていないのではなく、茂光その人であったとしたが、仮に氏説に従うと、武蔵国に本拠を有する横山党嫡流は(海老名・糟屋・愛甲といった相模に蟠踞する系譜上の支流ではなく)(8)、なぜ『曾我物語』に登場しないのかやはり疑問を払拭できない。横山党が、兄弟に対しあれほど援助の手を差しのべた和田義盛の姻族であっただけに(『吾妻鏡』建暦三年(建保元)五月四日条)、その扱いが不当に過ぎることになろう。現行真名本の形成過程における所伝の混乱から誤解を生んだが、真名本は常に曾我兄弟(異父兄姉を含めて)を視座に据えて語っていることを忘れてはならないと思う。

第二点は、未亡人となった兄弟の母に対して、舅の祐親が曾我祐信との結婚を急いだ理由に関する坂井の説についてである（前掲「婚姻政策から見る伊東祐親」、二〇四頁）。即ち、氏は「祐親の許には兄弟の叔父にあたる河津三郎の弟伊東九郎がいた」わけであるから、「祐親・祐経と同様の叔父・甥の相論を根絶し、将来にわたって所領支配を安定させるためには、伊東・河津両荘を伊東九郎に譲り、一万・筥王を他家に移すのが最善である」と述べている。

まことに的確な指摘と言えるが、忘れてならないのは兄弟の母が茂光の娘であったことである。先述したように（二項）、曾我十郎（一万）の誕生は承安二年（一一七二）のことで、同年七月、源頼政の伊豆知行国主再任が確認されたわけであるから、兄弟の母と河津三郎との再婚は、仁安二年（一一六七）十二月の仲綱国守離任以降の、茂光としては、頼政・仲綱父子の後ろ楯を失った時期に当たっていた。それだけに、平氏との直接的繋がりをもった新興の庶流祐親との結び付きが要請されたのであろう。そして、遅くとも安元二年（一一七六）四月には仲綱の国守再任が確認され、一方で、河津三郎が同年の十月に殺害された結果、兄弟の母と河津三郎との再婚によって築かれた茂光・祐親両勢力のバランスが大きく崩れることとなった。ここで、嫡男を失った祐親が最も恐れていたのは、再び知行国主・国守を後ろ楯とした在庁官人茂光の勢力が、事実上領主を失い、未亡人となった娘とその幼い子らが居住する河津にストレートに波及する事態であったろう。海上交通の要地であり、鉄の生産地でもあった河津の地（三項）を維持するため、祐親は、自分と縁の切れた茂光の娘を、伊豆国在庁茂光の権限の及ばない相模の「姉の子」の許に急ぎ嫁がせてしまった。真名本のストーリー展開のとおり、兄弟の母が一万と筥王を連れて曾我に嫁いだ後、祐親による河津三郎殺害の下手人討伐が行われたとすれば、そこに窺うことのできた茂光との隠微な反目は、兄弟の母の三度目の結婚によって増幅されたものであったに違いない。

注

（1）「甲賀三郎の物語」（初出一九四〇年）（『物語と語り物』〔初版一九四六年〕所収。『定本柳田國男集』第七巻、筑摩書房、一九六八年、四九頁）。

（2）『盛衰記』の記事は、寿永三年一月二十日、義経を「大将軍」とする鎌倉方搦手軍が木曾義仲の軍勢を撃破し、義経以下「六騎」が院御所に参上した折の名乗りを記した個所である。それに拠ると、平治元年（一一五九）誕生の明らかな義経（『吾妻鏡』は、文治五年〔一一八九〕閏四月三十日、衣河館で自殺を遂げた折の年齢を三十一歳としている）の年齢二十六歳を「二十五歳」と記しており、「近江国住人佐々木源三秀義ノ四男ニ、四郎高綱生年二十五」とあるのも、義経同様、一年繰り上げて平治元年生とした方がより合理的に理解できる。永暦元年であれば、高綱は京もしくは本貫の近江を離れた逃避先で誕生したことになるからである。

（3）野口実は、秀義と重国との関係は「平治の乱以前に遡るもの」で、「平治の乱以前、すでに秀義が重国の婿となっていたとすれば、重国の保護を頼ってもおかしくはない」とするが（「流人の周辺—源頼朝挙兵再考—」、前掲『中世東国武士団の研究』第Ⅱ部第五章、一九三頁。初出一九八九年）、高綱・義清兄弟の生年に齟齬が生じる可能性が高い。

（4）『吾妻鏡』元暦二年（文治元）五月九日条に拠ると、「渋谷五郎」重助は「属二平家一」し、「従二義仲朝臣一」い、義仲滅亡後には「廷尉（義経）専一之者」となって「右馬允」の官位まで得ており（四月十五日条からも確認される）、その在京活動が知られる。従って、重国本来の嫡男は重助だったのではないか。『吾妻鏡』に重国の嫡男として現れるのは「次男高重」（養和元年八月二十七日条）、重助の通称は「五郎」である。しかしながら、『盛衰記』が「重国一男」とするのも何らかの根拠に基づくものと推測され、年齢を「四十一」歳とする表記を否定する理由はない（但し、注2に記したように、一年繰り上げる必要があるかも知れない）。更に憶測を逞しくすれば、重助の名は、伊東（工藤）氏実名の真名本の表記を参照すると、重祐に通じる。元服の時期は、父が義朝方であったことを考えると、平治の乱後まもなくの頃、烏帽子親を平氏とも繋がりの深い新興の伊東(工藤)氏(祐継あるいは祐親か)に依頼し、祐字を与えられたのではなかろうか。なお、十郎(一万)の誕生は承安二年(一一七二)であり、曾我兄弟の母が河津三郎と再婚する時期以前の事と思われ、重助の母が、曾我兄弟の母の姉である「重国の女房」であったとしても、その縁が先行して伊東(工藤)氏との関係が生じた訳ではない(この「重国の女房」が『曾我物語』にほとんど登場しないのは、「建久四年曾我事件」当時、既に死去していたことによるものであろう)。

(5) 『曾我両社八幡宮縁起』は、河津三郎の妻を、仮名本同様「土肥実平女」とし(四項、注15)、「二宮の姉」を一万・筥王兄弟と同父母であったとする異伝を記している。姉は、三郎が討たれた安元二年(一一七六)十月当時、九歳であったというから(三九七頁)、仁安三年(一一六八)の誕生となる。仮に、「二宮の姉」の生年が信頼できるものとして、真名本の記述に当てはめると、実父の「国司代」仲成は暮れの除目によって当年初頭に離任した訳であるから、誕生は仲成帰京後の可能性が高いと思われる。あるいは、「母も折節病悩ありければ」とする記載と関連が生じるかも知れない。

(6) 坂井は、私と全く異なった観点から関係者の年齢考証を行っている。それに拠ると、兄弟の母が「河津三郎より年下」であったとする仮定の下に、左衛門尉仲成との間に京の小次郎らを儲けたのが「仁安元年(一一六六)から、遅くとも同三年までのこと」で、年齢「二十前後」、その後の「一万の出産時には二十六歳以下」と推定している(四項、注4所引「婚姻政策から見る伊東祐親」、二〇一頁)。また、「曾我祐信との第三の結婚」は「二十九歳か三十歳の時のこと」で、「その年齢であれば特段の支障はない」としている(同「生年推定—『曾我物語』人物小考—」、二一〇頁)。氏の推定と私見との間に大きな食い違いはない。

私は先に、工藤(狩野)介茂光の年齢を、治承四年の頼朝挙兵当時、「五十後半乃至六十歳代後半」と推測したが、坂井は、伊東祐親について、生年を「保安二年~五年（一一二一~二四）」頃と推定し、「頼朝の挙兵時に六十から六十三歳」としていた（前掲「生年推定」、二一二頁）。氏の見解に拠れば、河津三郎と兄弟の母とは、父親同士、同世代の結婚であったということになるはずである。

（7）この菱沼説に対して、坂井は「極めて妥当な見解」と評価している（前掲「婚姻政策から見る伊東祐親」、二〇〇頁）。

（8）『小野氏系図・横山』（『続群書類従』一六六、系図部。第七輯上、七七頁）。

六　継父曾我祐信

曾我氏は、『曾我系図』に「鎮守府将軍良文八代之末孫也」とあって（『続群書類従』一四六、系図部。第六輯上、二六二頁）、桓武平氏良文流とする。真名本は祐信を、伊東祐親の「姉の子」とし（『東洋文庫真名本』1、巻二、八三頁）[1]、嫡男（先妻の子）小太郎の実名を祐綱と言ったから（『吾妻鏡』正治元年十月二十八日条）、通字は「祐」（助）で、伊豆国伊東（工藤）氏との結び付きが強い。石橋山合戦においては、大庭景親の下に平家方として従軍し（『吾妻鏡』治承四年八月二十三日条）、十月十八日、荻野五郎俊重とともに「束ㇾ手参上」した。祐親が捕縛され、黄瀬河に護送される前日のことである。その後、荻野五郎は「斬罪」に処せられたが、祐信は「厚免」され（以上、『吾妻鏡』）、一谷戦においては、範頼大手軍に属した（同、寿永三年（元暦元）二月五日条）[2]。

真名本には、兄弟の死後、祐信が「実の子共にも劣らずこそ思ひしに、知行の処も広からねば、当時は分けて取らする事もなし。第一には当君（頼朝）の御勘当深き人々の末なれば、世にあり顔ならむ事も憚りあれば、空しく月日を送る事の悲しさよ」と、声を上げて泣いたという記述があった（『東洋文庫真名本』2、巻十、二四四頁。第三章第四節一項）。傍点部分について、仮名本（巻十）も「所領数多持たざれば、一所を分くる事もなし」としていた（二九五頁）。石井進は、祐信を「東国の一小御家人」と見なし（『中世武士団』、五二頁）、坂井も「曾我荘以外さしたる所領を持たない継父祐信には、嫡子の小太郎祐綱を守り立てるのが精一杯で、十郎を御家人に推挙する経済的余力などなかった」と、祐信＝「小御家人」説に立っている（「源頼朝政権における曾我事件」、第一部第六章、一四二―一四三頁）。

これが通説であろうが、祐信は、「奥入り」においても頼朝指揮下の中央軍に従軍しており（『吾妻鏡』文治五年七月十九日条）、「曾我荘以外さしたる所領を持たな」かったとする根拠は何であったろうか。建久五年（一一九四）十二月二十六日、永福寺内新造の薬師堂落慶供養が、東大寺別当勝賢を導師として営まれた（同、十月十三日条、十二月十九・二十六日条等）。この時、相模の御家人に導師下向の伝馬役が課せられたが、負担別に割り当てを整理すると、次のとおりであった（同、十二月十五日条）。

五疋　三浦介（義澄）、中村庄司（？）、小早河弥太郎（土肥遠平）、渋谷庄司（重国）

四疋　和田左衛門尉（義盛）／二疋　梶原平三（景時）　曾我太郎（祐信）／一疋　原宗三郎（宗房）

一般に、御家人役等の諸公事は、所領規模に応じて課せられるものであるから、有力御家人の嫡流が「五疋」の負担で、三浦氏の庶流といっても侍所別当の和田義盛がこれに次ぐ「四疋」であったとすれば、祐信は、侍所所司の梶原景時と肩を並べる「二疋」負担相応の所領規模を有していたことになるのではないだろうか。もちろん、継子としての遠慮はあったであろうが、十郎が身の「貧道無縁」を歎くとき、やはり問題は「祖父伊東入道（祐親）は謀叛の身にてありしかば、我らまでも鎌倉殿の御勘当深き人の末」だという点に帰着するのであろう（『東洋文庫真名本』2、巻六、二一一―二一二頁。第三章第三節一項）。

注

（1）『曾我両社八幡宮縁起』は、祐信は祐親の従母兄弟であったとする（三九七頁）。
（2）『盛衰記』は、義経に従って、既に義仲追討戦に従軍していたとする（巻三四、中七七〇頁）。

七　京の小次郎と二宮の姉

真名本は、京の小次郎を十郎・五郎の「一腹の兄」とし、二宮の姉は、小次郎の「妹」とする（『東洋文庫真名本』1、巻五、二六〇・二六二頁）。実父が「伊豆守仲綱の乳母子」で、「国司代」（目代）の「左衛門尉仲成」であったことは五項で詳述したとおりである。小次郎の通称について、新訂増補国史大系『吾妻鏡』は、建久四年八月二十日条・頭注に、底本（北条本）は「京」小次郎とするが、吉川本に従って「原」小次郎に改めたとある。本文に吉川本を採用した根拠がよく分からないが、「原」とすれば、駿河や遠江の御家人との関係が問題になる。(1) しかしながら、小次郎は、工藤（狩野）介茂光の下で成長し、その後、恐らく実父を頼って上洛したものと推測され、(2) 真名本・仮名本共通して『曾我物語』が記すとおり、「京」を採用すべきであろう。

不得要領の記述ではあったが、真名本には源範頼との関係を示唆する逸話があり（第三章第四節二項）、第五章第三節三項、及び第六章第三節二項で改めて考えていきたい。

また、「二宮の姉」とは「今の渋美の地頭二宮太郎の婦妻」であったことも五項で触れた。二宮太郎と結婚するまでは、母が河津三郎（同項、注5参照）や曾我祐信に嫁いで後も母とともに暮らしたようである。「渋美」とは、国府津と小磯の間の「塩海（しぼみ）」宿辺を指し、今日の神奈川県二宮町二宮に当たる。(3) 二宮の地名は、相模国「二宮〈河匂大明神〉」（『吾妻鏡』建久三年八月九日条。現川匂神社。第三節、〔付記三〕参照）に由来し、姉の夫である二宮太郎の実名を朝忠と言った(『吾妻鏡』文治五年七月十九日条)(4)。朝忠は、土肥実平の弟友平の子で(5)、曾我氏同様桓武平氏良文流である。湯山学は、「中村党の二宮氏は、鎌倉古道が川匂神社前から山手の道を経て、(中略)二宮町二宮の知足寺に至る門前付近(中谷津)に居館を構えた」とする(『相模武士』三、戎光祥出版、二〇一一年、八四頁)。知足寺は、京都の知恩院末で、開基は兄弟姉の花月法尼と伝え、境内西方の丘に姉夫妻と兄弟の墓がある(6)。十郎・五郎の死を聞き伝え、いち早く曾我の里に駆け付け(第三章第四節一項)、二人の子を一度に亡くした母の支えになったようで、仮名本は母と連れ立って高麗寺奥の虎の「草庵」を訪ねた様子を記していた(同四項、＊8)。

注

(1) 前掲『静岡県史』通史編2中世(湯之上執筆分)は、駿河の工藤姓入江氏と同族の、遠江住人「原」氏の存在を指摘している(第一編第二章第二節、七五・八三頁)。

(2) 母自ら「京の小次郎とてありしは、少きより人に養はれて男に成て後、身に副へしかば」と語っていた(『東洋文庫真名本』2、巻十、二五六頁)。

(3) 『神奈川県の地名』「塩海」項、六一六頁。

(4) 「太山寺本」は「義定」(巻七、二一四頁)、「流布大系本」は「義実」(巻七、三〇二頁)とする。

(5) 大日本古文書『小早川家文書』之二、「小早川家系図」一号、三九三頁(「友忠／[異筆]右衛門尉」とある)。『千葉上総系図』(三七頁〔「七郎左衛門尉」とする〕)。

(6) 『鶴岡八幡宮寺供僧次第』「慈月坊〈慈薗院〉」・供養法衆(元者最勝王経衆)、文永七年(一二七〇)に五十二歳で入滅したという「慈弁〈号二宮僧都／備前僧都、元慈玄〉」の伝に、「父二宮太郎友忠〔後段「二宮右衛門尉平友忠」とある〕子、母河津三郎女〈十郎祐成・五郎時宗等姉也〉」と見える(『続群書類従』一〇四、補任部。第四輯下、八九四―八九五頁)。慈弁の母が曾我兄弟の異父姉であったことを認識していない点、『曾我両社八幡宮縁起』の所伝(五項、注5)と共通する。

八　祐親の娘(兄弟の伯母)たち

真名本巻五は、五郎が母に勘当された後、兄弟が親族の間を止宿して各館を廻った様子を描いているが、そこに記された親族は、一部に伊豆や武蔵が含まれているが、おおむね主要な相模国武士団を網羅していた(第三章第二節一項)。ところが、例えば「秦野権守」について、「父方の従父聟」とする一方、「本間権守の女房は(母の)他腹の姉なれば、秦野権守能常には娘なり」と、意味不通の表記もあり、先に兄弟の母を「渋谷庄司重国の女房の妹」として考察したが(五項)、前段に「渋谷庄司重国は母方の従父聟なれば」としていた(『東洋文庫真名本』1、二五八頁)[1]。最も注目されるのは、北条時政の先妻(政子の母)を「父方の伯母」と記していることであるが(同右)、この点は別途考察したい。

恐らく、「語り」に伴う「揃い物」(「名寄せ」)の影響と思われるが(第三章第三節三項、注6)、言わば《曾我人気》とともに「親族」が次第に増補されていったのでなかろうか。『曾我物語』が、『吾妻鏡』その他では捉えきれなかった「東国」武士団のネットワークを描いているとして、石井進『中世武士団』(一九七四年)以降、親族結合を論じた研究が発表されているが[2]、『曾我物語』の記述を素材として利用するには、慎重な史料批判が必要になることは言うまでもない。

かかる親族の記載のうち、十郎・五郎の兄(姉)弟を除く確かな存在に、伊東祐親の子を挙げることができる。祐親には四人の娘がいたとされるが、長女は「三浦介義澄」の妻となり、次女は名を「万劫」といって[3]、はじめ祐経の妻となったが、祐親に離縁させられ、土肥実平の嫡男「早河弥太郎遠平」に再嫁した（『東洋文庫真名本』1、巻二、九一頁。巻一、一九―二〇・二二頁）。それぞれ「三浦の伯母」・「早河の伯母」のことであるが、真名本は、河津三郎の妹とする（同2、巻六、一二・一七・一九頁。「伯母」の表記は真名本に従う）。二人は、兄の遺児兄弟を何かと気遣っていたようで、十郎と五郎は、富士野へ赴く決意を固めた際、「三浦の伯母の屋形」から出立し、大磯で兄と別れた五郎は「早河の伯母の宿所」に向かっている（同、一二頁、一七・一九・三二頁。第三章第三節一項）。また、兄弟の死の報を聞いて、姉「二宮の女房」とともに、いち早く曾我に駆け付けたのも二人の「伯母御前」であった（第三章第四節一項）。

三浦義澄が祐親の聟であったことは『吾妻鏡』に明証があり（治承四年十月十九日条）、嫡男義村の母は祐親の娘であった（『三浦系図』、一九頁。第三章第三節一項、〇[f]）。ところが、三浦義村ほどの幕府重鎮の生年が実は定かでない[4]。終生のライバルであった北条義時と、恐らく同世代、もしくはやや年少と思われるが、義時は長寛元年（一一六三）の誕生であったから、三浦義澄と伊東祐親の娘との結婚は、まず平治の乱後であることは動かし難いであろう。平治の乱に義澄が源義朝方として従軍した三浦氏にとって（『新大系本平治物語』上、一八八頁）、在庁官人としての地位を維持し続けたかどうか疑問があり（拙著『鎌倉守護』論考、第一章二項、二八―二九頁）、台頭しつつある大庭景親への対抗上からも、平氏嫡流と結ぶ祐親との連携を図ったのではないだろうか。一方、祐親の狙いは、水軍を擁する相模の豪族と提携することによって、伊豆工藤一族の嫡流である在庁官人茂光に対して優越的地歩を築くことにあったと考えられる[5]。

次に土肥氏であるが、実平は河津三郎の「烏帽子親」であったから（四項）、次女「万劫」が遠平に再嫁することによって、伊東氏とは二重の関係で結ばれることになった[6]。祐親にとって、「土肥郷」（神奈川県足柄下郡湯河原町）から曾我・渋美（二宮）と繋がる西相模の武士団との関係強化は、「海上交通」を通じた三浦氏との提携（坂井）とともに、工藤（狩野）介茂光に対する陸上からの包囲網形成を意味しよう。一方、実平にとっては、三浦義澄と違って、平治の乱に義朝方として従軍した徴証はないが、乱後厳しい状況に置かれたことは三浦氏と変わりない。かつて、実平の父中村庄司宗平と、義澄の祖父義継（吉次）と父義明（吉明）は、「鎌倉之楯」を本拠とする源義朝に従い、大庭御厨に乱入した経緯があり、(7) 平氏と結ぶ大庭景親を牽制するためにも、祐親の勢威を利用する必要があった。

なお「親の許に在」ったとされる三、四女であるが（『東洋文庫真名本』1、巻二、九一頁）、頼朝と通じて子を生したとされる三女（第三章第一節五項）の問題は別途考察したい。また、四女は真名本に具体的な記述がなく、早世したものかも知れない。(8)

注

（1）重国を曾我兄弟の「従父（いとこ）の聟」とするには年代が合わないので、五項では兄弟の母を「重国の女房の妹」として考察した。

（2）鈴木国広「鎌倉幕府草創期における私戦世界と地域社会―妙本寺本『曾我物語』の分析から―」二〇〇〇年（『日本中世の私戦世界と親族』第二編第一章、吉川弘文館、二〇〇三年）。菱沼一憲「婚姻関係からみる『曾我物語』」二〇〇四年（本文五項、前掲『中世地域社会と将軍権力』I部第一章1節）。山本幸司「『曾我物語』と中世家族の実態」（『軍記と語り物』四〇号、二〇〇四年）。

（3）江戸の歌舞伎では、曾我兄弟の母の名を「満江」とするが、享保九年（一七二四）春の市村座興行、「嫁入伊豆日記」で、はじめて曾我の母が、万江と呼ばれたようである」（「流布大系本」、四三二頁・補注四一）。小島瓔禮は、虎とは別に、曾我を語る「マンないしはマンコウと名乗る女の宗教芸人」の存在を指摘し、「満江は、童子の霊を供養する念仏比丘尼であったらし」いが、次第に「虎の名の影に没して」いったとする（「神道集と曾我物語との関係」、二五―二六頁・三五―三六頁第七章注五）。

（4）『吾妻鏡』延応元年（一二三九）十二月五日、卒去の条に年齢の記載がない。

（5）坂井は、義村が「平治の乱後に生まれたものとみなして大過な」く、義澄と祐親の娘との結婚は、「平治の乱後さほど時を経ぬ頃であったとみてよかろう」として、三浦氏は、「その進むべき道を陸上交通でつながる武蔵国の秩父一族との連携から、平氏の家人であり、海上交通でつながる伊豆東岸の伊東氏との連携へと、方針転換した」ことを指摘する（前掲「婚姻政策から見る伊東祐親」、一九八頁）。氏説を踏まえると、祐親の狙いが、「海上交通」を通じた相模武士団との連携強化にあったことは誤りない。

しかしながら、「陸上交通でつながる武蔵国の秩父一族との連携」とする点は如何であろうか。氏は、三浦義明（義澄の父）の娘と畠山重能（重忠の父）との結婚は、「大蔵合戦」（久寿二年〔一一五五〕）後まもなくの頃のこととするが（一九七頁）、重忠は、元久二年（一二〇五）四十二歳で没しており（『吾妻鏡』同年六月二十二日条）、生年は長寛二年（一一六四）であったことが分かる。これは、治承四年（一一八〇）三浦氏との一連の合戦が、十七歳時の初陣であったとする平家物語諸本の記述と符合する（『延慶本』二末ノ一四、四二二頁、等）。重忠の誕生が平治の乱後であったとすると、義明の娘と重能との結婚時期もまた平治乱後の可能性が高いのではなかろうか。なお、「大蔵合戦」の対立関係や、三浦義明の娘と畠山重能との結婚の問題等に関する私見は、拙著『鎌倉守護』論考、第六章「上総権介広常」、四四〇頁・四六七―四六八頁補訂一、第七章「比企能員」、四八二頁・四八六頁注一七、等参照。

（6）地名「土肥郷」の典拠は、『吾妻鏡』治承四年八月二十日条に拠る。湯山学は、ＪＲ湯河原駅の北、「土肥堀ノ内（湯河原町）にある城願寺は、古くは「成願寺」と称した。開基は土肥実平で、土肥氏の氏寺であった」とする（七項、前掲

『相模武士』三、七四頁)。

(7)『平安遺文』第六巻二五四四号、「相模国大庭御厨古文書」天養二年二月三日官宣旨案。同二五四八号、同三月四日官宣旨案。

(8) 祐親の「娘四人」については、平家物語諸本にも同様の記述が見られる(『延慶本』二中ノ三八、三五八―三五九頁。『盛衰記』巻一八、中一―二頁。『闘諍録』一之上、四二―四四頁)。

九　叔父伊東九郎と伊東禅師

祐親の「二男」(河津三郎の「弟」)を伊東九郎と言う(1)。その実名については、兄以上に混乱を極めている。最も数が多いのは「祐清」で(『吾妻鏡』建久四年六月一日条。仮名本巻一(「太山寺本」、三〇頁。「流布大系本」、六五頁)。イ『伊東大系図』、七二三頁(但し、祐忠・祐氏とする異伝を併記している)。ウ『伊東系図』、七四一頁。『曾我両社八幡宮縁起』、三九七頁。『吉見系図』範頼条(『続群書類従』一一七、系図部。第五輯上、四三五頁。但し、音通の「助清」と両様に併記する))、その他、「祐泰」(『吾妻鏡』治承四年十月十九日条(2))、「助(祐)長」(真名本(『東洋文庫真名本』1、巻二、八七頁)。「訓読本(大石寺本)」巻二、九五頁)、「祐忠」(ア『尊卑分脈』、五〇〇頁)、「助(祐)兼」(『延慶本』二中ノ三八、三五九頁。『盛衰記』巻一八、中二頁)、「祐澄」(『闘諍録』一之上、四八―四九頁)、「助(祐)氏」(『覚一本』巻七、下七六頁、本文及び頭注三)、「祐宗」(謡曲「禅師曾我」・「御坊曾我」(3))とあって、管見の範囲では以上である。

『吾妻鏡』は九郎の死についても二様の記述をしており、混乱を来している。①治承四年(一一八〇)十月十九日条は、父とともに捕縛されて黄瀬河の本陣に護送された九郎「祐泰」は、「先年之比、祐親法師欲ㇾ奉ㇾ度㆓武衛㆒(頼朝)

之時」、頼朝を逃した功績によって、父と違い厚免されたが、「申二身暇一」し、「為レ加二平氏一上洛」したとして、人々は「美談」と評したと伝えている。この続編が建久四年六月一日条にあって、平氏に加わった「祐清」が、「北陸道合戦之時」に、木曾義仲勢と戦い討死したとする。いま一つの、②養和二年（寿永元・一一八二）二月十五日条は、前日の祐親「自殺」の報を聞き、「後悔」した頼朝が九郎を「抽賞」しようとしたところ、九郎が「父已亡、後栄似レ無二其詮一、早可レ給二身暇一」＝父が自殺した以上、生き長らえていてもしようがないと答えたので、「不レ意誅殺」を加えたとするもので、こちらも、その潔さに「世以莫レ不二美談一」と記している。

即ち、①が即座に釈放され、上洛して平氏に加わったとするのに対し、②は、父同様、一年半近くも召預けとなっていた挙句、誅殺されたというもので、筋立てとしてはいささか理解しにくい。しかしながら、九郎「抽賞」の理由としては、「武衛（頼朝）御二（座脱カ）豆州一之時、去安元元年（一一七五）九月之比、祐親法師欲レ奉レ誅二武衛一、九郎聞二此事一、潜告申之間、武衛逃二走湯山一給」と具体的である。

一方、真名本は、「（助親）子息の伊藤九郎助長は生け執られぬ。佐殿御対面有て、「汝は我を助けたりし者なれば、死罪を宥むべし。奉公して入道（助親）の孝養をもすべし」と仰せられければ、助長、「（中略）不忠の敵人の伊藤入道（助親）が子にて候へば、（中略）その上、石橋の合戦の時も、君を討ち奉らむために罷り向ひ候。（中略）今度の御芳恩には早々に首を召さるべく候」と申しければ、聞く人は皆「哀れ侍や」とぞ感じける。佐殿（頼朝）、（中略）御免ありければ、次の日に則（やが）て都に上りつつ、平家に奉公を至しけるが、北陸道篠原（加賀国江沼郡篠原（現石川県加賀市））の合戦にて討死して失せにけり」と記している（『東洋文庫真名本』1、巻三、一六八―一六九頁）。基本的に、『吾妻鏡』①説と同様の立場を執りつつ、②の趣旨を加味した記述になっている。[4]

十郎・五郎の実弟が真名本に言う「御房殿」、後の「伊藤禅師」である（『東洋文庫真名本』1、巻二、八二頁。巻五、二六一頁）。父河津三郎死後の誕生で、真名本巻二は、四十九日の法要の翌日五十日目に生まれたとするが（八〇頁）[5]、巻十には父の死の三十五日に生まれたとあった（同2、二四九頁。第三章第四節二項・同、注1参照）。また、『吾妻鏡』北条本は父の死の五日目に、吉川本は五十五日目の誕生とする（建久四年六月一日条、本文及び頭注）。『吾妻鏡』の場合は伝写の過程に起因するものと推測されるが、真名本の違いは大きく、巻十の伝承は、別系統の異本（異伝）に基づく増補を示しているのではなかろうか。

生きる気力を失っていた兄弟の母に代わって、叔父の九郎夫妻が養育することになったが、九郎が討死し、禅師は養母の再婚先に引き取られた。その再婚相手を、真名本は「武蔵守源茂信朝臣」とするが（巻十、二五〇頁）、『吾妻鏡』が記しているように、これは源（平賀）義信の誤りである（建久四年六月一日条）。問題は、真名本・仮名本ともに『曾我物語』が禅師養母の素性に全く触れていないことであって、彼女こそ、二十年もの間、流人頼朝の生活の面倒を見てきたという頼朝の乳母の一人、比企尼の三女であった（拙著『鎌倉守護』論考、第七章「比企能員」、四七〇―四七一頁）。『曾我物語』は比企氏に関し一貫して無視の姿勢を執っており、比企尼はもとより、頼朝挙兵時、既に死去していた夫掃部允の弟と推測される朝宗（同右、四七〇・四七二頁）についても記すところがない。ただ、朝宗死後、比企氏惣領となった尼の甥かつ猶子であった能員については、真名本に二個所のみ登場する（仮名本には見当たらない）。それも、建久元年（一一九〇）上洛した頼朝の申請によって任官した御家人「十人」の一人として、「比企藤四郎義員も左衛門尉に任ず」とある個所と、あと一つは、頼朝の二所参詣供奉人として名が挙がっているもので（『東洋文庫真名本』1、巻四、二〇二―二〇三頁、二一九―二二〇頁）、要するに、物語の展開とは無関係の史実の記載である[6]。『曾我物語』が比企一族を黙殺したことは、物語の成立を考える上で一つの視点を示している。

真名本に、「所領に付て越後の国九上（くがみ）と云ふ山寺（国上寺。新潟県燕市）にて法師になりける後は、伊藤禅師と云ひける」とあったが（巻十、二五〇頁）、越後は、本来、内乱の過程で木曾義仲の進駐に由来する「木曾分国」で、それを継承したのが比企朝宗及び能員であった（拙著『鎌倉守護』国別、第五章越後項、二〇八頁）。従って、国上寺の寺地の辺りは、比企尼の三女が何らかの形でその領有に関わる権限を有していたのであろう。第三章第四節二項でも触れたが、養父の武蔵国守在任に伴って、[7]禅師は国府（東京都府中市）と国上寺とを往来していたようである。十郎・五郎の「謀叛」の結果、養父を介して鎌倉に出頭を命ぜられることになったが、その時、どこにいたか、また、どのようにして死去したか、伝承は諸書まちまちである。

この問題については、既に、表きよしが謡曲「禅師曾我」との関連で取り上げているが（注3所引、「『曾我物語』の芸能化」、一二九頁）、一部補足したい点もあって、ここで改めて整理しておきたい。まず『吾妻鏡』であるが、建久四年六月一日条では、「祐経妻子」の訴えによって、養父に従い「武蔵国府」に滞在していた禅師に出頭を命じる使者が、義信の許に派遣されたとする。ところが七月二日条には、禅師（「号二律師一」と見える）が越後の国上寺にいた関係で、昨夜漸く鎌倉に到着したが、「梟首」の噂を聞いて、甘縄辺で「自殺」したとある（頼朝は、兄たちに同意したかどうか、確かめたかっただけだと悔やんだとする）。

真名本は、やはり「武蔵の国府」に滞在していたとし、出頭命令を受けて、「持仏堂」で自殺を図ったものの死にきれず、鎌倉に運ばれて後、頼朝の尋問に「疾く疾く首を召すべし」と応じ、六月十三日に死去したとする（巻十、二五〇―二五一頁。第三章第四節二項）。仮名本（巻十）も、ほぼ同様の展開であるが、頼朝に放言（同項、＊2）した結果、「斬られ」たとある（二九七―二九八頁）。表は「禅師が自害する場面の《中略》禅師の言葉など、場所が国上寺であるかのような記述になっている」と記しており、右《中略》部分は「流布大系本」に基づく引用である（巻十、三八四頁）。同書はその場所を「持仏堂」としておらず、確かに「人々は、あまたあり」とあって大寺の印象を受けるが、禅師は国守の「養子僧」(『吾妻鏡』七月二日条)であるから、例えば、国衙に関係の深い武蔵国分寺であったとしても違和感はない。むしろ、右＊2でも触れたように、「太山寺本」が実母の述懐として、後段で「越後の国上と申す所に候ひつるが、このほど、さる誼にて、武蔵へ越して候ひしを、鎌倉殿より召されければ、自害したる由承りて候う」と(巻十、三〇一頁)、「流布大系本」に見られない記述をしていることに注目すべきであろう。

注

(1)『吾妻鏡』治承四年十月十九日条。『東洋文庫真名本』1、巻二、八二頁。

(2)『吾妻鏡』建久四年五月二十九日条は、河津三郎の実名を「祐泰」としていた(四項)。

(3)表きよし「『曾我物語』の芸能化」(D叢書『曾我・義経記の世界』、一二八頁)、藤井奈都子「曾我物語と謡曲・歌舞伎─謡曲「御坊曾我」「禅師曾我」の場合」(F『曾我作品宇宙』、二六四─二六五頁)に拠る。『醍醐寺雑記』所載の系譜は、河津三郎の実名を「助宗」としていた(第二章第二節一項)。

(4)仮名本(巻二)も同一のプロットである(七五─七六頁)。なお、平家物語諸本も、斎藤実盛らとともに、九郎が加賀国篠原で討死したことを伝えている(『延慶本』三末ノ一三、五八一頁、等)。

(5)仮名本も同様である(巻一、五四頁)。

(6)頼朝上洛時の任官は『吾妻鏡』建久元年十二月十一日条からも確認されるが(但し、「右衛門尉」任官)、真名本が文治三年正月とした二所参詣の場合は、実際は翌年のことで、『吾妻鏡』に、能員の名こそ見えないが、「随兵・三百騎」の一員であったろうことは容易に想像できる(文治四年正月二十日条。第三章第二節一項参照)。

(7)源義信は、早く元暦元年(一一八四)六月五日、武蔵国守に補任され(『吾妻鏡』同二十日条)、建久六年(一一九五)七月においても在任が確認される(同、十六日条)。

第二節　源頼朝の挙兵と北条氏（付　新田と堀）

第二節では、事件や物語に関わりの深い伊豆国武士団について、第一節で言及した伊東（工藤）氏と在庁官人工藤（狩野）介氏とを除き、北条氏を中心に検討する。

一　北条時政と牧ノ方

『吾妻鏡』は北条時政について、「上総介平直方朝臣五代孫北条四郎時政主者、当国豪傑也」と語っており（治承四年四月二十七日条）、かつて北条氏を、伊豆国在庁官人で、[1]「東国の豪族的領主」と捉える見方があった。[2]しかしながら、北条氏研究のエポックメイキングとなった「北条時政の出身―北条時定・源頼朝との確執―」において、杉橋隆夫は、時政の出自＝北条氏庶流説を唱え（『立命館文学』五〇〇号、一九八七年）、「北条氏本来の家督は時兼―時定の系統に属し」、[3]時政が在庁官人であったとしても、「それは介などよりももっと下級の、たぶん雑任の職だったに相違ない」としたのである（引用は、『静岡県史』通史編1原始・古代〔執筆杉橋〕、第三編第五章第三節、一一二一・一一二二頁、に拠る）。

時政の父に関して、実ははなはだ曖昧で、主な所伝を取り上げると次のようである。

（a）四郎大夫時家とするもの　『吾妻鏡』巻首。『北条系図ノ一』（時方を祖父とする〔六二・六四頁〕）。

(b)四郎時方とするもの　『帝王編年記』巻二三（「母伊豆掾伴為房女」とある〔三七一頁〕）。『尊卑分脈』（祖父を「四郎大夫・伊豆介」時家とする〔第四篇、一七頁〕）。

奥富敬之は、諸系図の考証を行い（『鎌倉北条氏の基礎的研究』、吉川弘文館、一九八〇年、三―八頁）、その結論のみ、新著『鎌倉北条氏の興亡』における「時政以前五代推定系図」（吉川弘文館、二〇〇三年、一三頁図一〇。抄出）に、前記『吾妻鏡』治承四年四月二十七日条に言う「五代」の系譜を丸数字で示すと、次のようになる。

直方①
├ 維方② ― 盛方
└ 聖範（四郎）― 時方③
　　├ 時兼（北条介）― 時定
　　└ 時家（四郎）④ ― 時政（四郎）⑤

但し、これは時政を基準にした数え方で、三代時方の家督は、通称を「北条介」と称した時兼が継承した訳であるから、嫡流の系譜としては時兼を四代にしなければならない。奥富は杉橋説を「首肯できるもの」と捉え（前著、九頁）、「時政自身が在庁官人だったとは、まったく考えられない。北条一族での庶子家だったからである」と見なしている（新著、一三頁）。また、所伝中特異なものは『闘諍録』が伝える系譜で、「（祖父）時家、北条介ノ娘ニ嫁シテ、（父）時包（カ）四郎大夫ヲ設タリ」とある（一之上、一四頁）。野口実は、時家が「京武者層の出身であった可能性がつよい」としている[4]。

頼朝挙兵前における北条氏の勢力を端的に窺うことができるのは、治承四年（一一八〇）八月十七日の山木合戦であろう。この日は、目代山木「兼隆郎従」の多くが伊豆国一宮三島社の神事に関わって不在であり（『吾妻鏡』）、その虚を突く奇襲作戦故に広く軍勢を招集することができなかったからである。ところが、頼朝は、恐らく嫡流の時定も加わっていた筈であるが、北条勢だけでは心許なかったらしく、佐々木兄弟の到着をひたすら待った。前々日から降り続いた雨による「洪水」のために、[5]到着が一日遅れて当日となったが、頼朝は、太郎定綱と次郎経高が「駕二疲馬一」し、三郎盛綱・四郎高綱「歩行」という様子を見て、「御感涙頻浮二顔面一給、依二汝等遅参一、不レ遂二今暁合戦一、遺恨万端之由被レ仰」たと『吾妻鏡』は記している(十六・十七日条)。

『吾妻鏡』は、夜襲に向かう途中で、時政が、山木北方の「兼隆後見堤権守信遠」の館を攻めるよう定綱に指示したとするが、時政の指導力を特筆する『吾妻鏡』特有の潤色かと思われ、予め、信遠の館攻撃は別軍佐々木勢の分担と決まっていたのであろう。同書は、経高が放った矢を「是源家征二平氏一最前一箭也」と記す。経高は負傷したものの、定綱と高綱が信遠を討ち取った。一方、山木の館に向かった北条勢本軍は苦戦を重ね、『盛衰記』に拠ると、「時政ハ家子郎等散々ニ射ラレテ、五六度マテ引退テ扣ヘタリ」という為体であったという(巻二〇「八牧夜討事」、中八五頁)。佐々木勢も支援に駆け付けたが、約束の火の手が上がらないのに業を煮やした頼朝は、後世の表現を用いると、時の馬廻衆とも言うべき「宿直」=「加藤次景廉・佐々木三郎盛綱・堀藤次親家」を投入、景廉と盛綱が漸く「獲二兼隆首一」たのである。[6]以て北条氏の実力が窺われるが、後の平家追討戦以降、「奥入り」合戦に至る間、『吾妻鏡』は、北条氏の軍功について一切口を閉ざしている。

『延慶本』や『長門本』は、佐々木勢を加えて、「三十余人、四十人計もや有けむ、屋牧館へそ押寄ける」とし、『盛衰記』は「八十五騎ヲ二手」に分けて、佐々木勢は「搦手」に廻ったとする。[7]当時の佐々木氏の状況を考えると、『盛衰記』の「八十五騎」はいささか誇大な数で、『延慶本』や『長門本』の表記が実態に近いのではないか。[8]鎌倉末期に至る歴史の中で、ほとんど武功譚を窺えない北条氏には、在庁官人であったとしても、本来、文筆・算用を職務とする国衙「雑任」(杉橋)の出自が相応しいと言えよう。真名本が、「世を取り給ひては、伊藤・北条とて左右の翅にて、執見に勝劣はあるまじけれど」と記していたことは先述したが（『東洋文庫真名本』1、巻二、九一頁。第三章第一節五項）、頼朝挙兵以前、伊東氏と北条氏とは「左右の翅」として、対比の対象にすらなり得なかったことはもはや明らかであろう。従ってまた、時政の先妻（政子の母）が曾我兄弟「父方の伯母」であるとか（巻五、二五八頁）、祐親の子＝伊東九郎の「元服の親」（烏帽子親）が時政であったとする如き所伝は（巻二、一〇二頁）、史実として信頼できるかどうか、いささか疑問である。

前出『闘諍録』の記述で最も注目されるのは、北条氏の祖を直方とするのではなく、伊勢平氏と同じ貞盛の子維衡の流とする点である。『尊卑分脈』桓武平氏・北条に拠ると、直方の祖父維将は維衡の兄で（第四篇、一七頁）、父維時は、平忠常の乱（長元元—四年〔一〇二八—三一〕）勃発当時の「上総介」（長官）であり、直方自身「追討使」に任ぜられている（『帝王編年記』巻一八・後一条、二七七頁）。『闘諍録』は千葉氏に関わりの深い平家物語の異本で[9]、忠常は千葉氏の祖先であるから、殊更に維時・直方父子を忌避したものか、あるいは史実を伝えているか、判断できない。

北条氏の祖を直方とする多数説は、真名本にも見られ、それは直方が、奥州に下向する源頼義を聟に迎えて、八幡太郎義家らが生まれたとする伝承と連動しており、時政が頼朝を聟に取った場合の、直方—頼義の関係になぞらえたものであった（『東洋文庫真名本』1、一三七頁）。直方の聟取譚自体、古く『陸奥話記』[10]に記されていたものであるが、貞治五年（一三六六）以前に成立したとされる遊行寺僧由阿の著した万葉集注釈書『詞林采葉抄』[11]五には、「源家相伝の地・鎌倉」を媒介項として、北条氏を河内源氏に結び付ける記述が見られた。私は、北条氏の祖＝直方説を史実として受け容れるのになお躊躇を覚える。

また、『山内首藤系図』通清条に、「号二鎌田権守一、北条四郎時政烏帽子親云々、住二駿河国一」とする記述が見える（『続群書類従』一四九、系図部。第六輯上、三一七頁）。源義朝の「乳母子」で（『半井本保元物語』上、四一頁）、「義朝ガ一ノラウドウ（郎等）」（『愚管抄』巻四、二二三頁）と認識されていたのは通清の子＝次郎正清（政清）であり、通清自身は「為義郎従」であった（『尊卑分脈』藤成孫・山内首藤。第二篇、三九三頁）。保元の乱勃発時、時政は十九歳で（注3）、既に元服を終えていたものと推測されるが、為義～通清～時政が結び付くかどうか。既述のように、河内源氏と伊豆国住人との関係を見出すことができず（第三章第一節三項、〇[b]。本章第一節二項、注17）、況んや、為義の有力な側近が、伊豆国在庁官人庶流の「烏帽子親」を務めた事実を想定できるかどうか。やはり、これも頼義＝直方聟説話同様、鎌倉時代以降の伝承ではないかと思われる。

そして、いま一つ、『吉口伝』（『続群書類従』三一〇、公事部。第一一輯下、九〇一頁）に記された時政伝承について触れる必要がある。これに対しては、森幸夫（「伊豆守吉田経房と在庁官人北条時政」『ぐんしょ』再刊八号、一九九〇年）の分析を踏まえ、前掲『静岡県史』通史編1（杉橋執筆分）が、「この所伝はことの真相をうがつもの」とする肯定的な評価を下している（第三編第五章第二節、一〇九八頁）。その「頼朝卿憑二申故大納言一（吉田経房）由来事」に見える記事とは、経房が伊豆国守であった当時（第一節二項、注16参照）、「在庁」として職務に当たっていた時政に「奇怪事」があって、「国司」（目代であろう）に「召籠」められてしまった。事の処理に当たった、当時の経房の行動に時政が「甘心」し、のち頼朝に伝えた結果、頼朝は、経房を「賢人ユ、シキ人」として信頼を寄せたとする所伝である。

時政が「北条介」家庶流の出自で、在庁官人であったとしても、介などではなく、せいぜい国衙の「雑任の職」であったとしたのは杉橋自身であり、北条氏に関する専論の著書を公刊した奥富敬之の評価をはじめ（先述）、現在ではまず定説として認められていると言ってよい。そうとすれば、一在庁が、目代ではなく、在京し、安房守に遷任する保元三年（一一五八）十一月時点で、従五位上・皇后宮権大進を兼ねる国守経房と（典拠は、右・注16に同じ）、間接的にでも関わりを持つなどという事態は、身分制社会の当時においておよそ想定できない。

そもそも『吉口伝』は、記者吉田隆長が、延慶元年(一三〇八)十二月に蔵人頭に任じられた際、その故実を兄定房に尋ねた書札(勘返状)を冒頭に配し、定房の談話や日記『吉槐記』の記事を抄出した吉田家公事書というべきものであって、談話記事は幕末に及んでいる(『群書解題』第五、続群書類従完成会、一九六〇年(執筆岩橋小弥太)、参照)。鎌倉幕府と深い関わりをもった吉田家の興隆は経房にはじまり、それは、経房の国守時代、伊豆国「在庁」北条時政との縁が契機となったとするこの記事は、幕府内部で北条氏の覇権が確立した以降に生まれた所伝であったと考えられる。

なお、頼朝と経房との関係について言えば、先に、「伊豆守」経房が皇后宮権大進を兼任したことに触れたが、皇后宮とは後白河同腹の姉統子内親王のことで(保元三年二月三日立后)、この時部下の「権少進」には「正六位上源頼朝」が就任していた(『兵範記』)。また、統子の「上西門院殿上始」に当たっては、院司「判官代」に「安房守経房」が、「蔵人」に「左兵衛尉源頼朝」が任じられており(『山槐記』保元四年(平治元)二月十九日条)、統子内親王の皇后宮、上西門院々司の場において、二人はともに上司・部下の関係にあった。頼朝の経房に対する信頼は、時政の推挙を待つまでもなかったのである。

また、杉橋隆夫は「牧の方の出身と政治的位置―池禅尼と頼朝と―」と題する意欲的な労作を発表している(上横手雅敬監修『古代・中世の政治と文化』、思文閣出版、一九九四年、所収。前掲『静岡県史』通史編1、一一〇二―〇三頁、参照)。多岐に及ぶ論点を、論述の順序を変えることになるが、本書の考察に必要な指摘に絞って整理すると、以下のようになる。

(1)時政と牧ノ方との成婚時期(四項)「平治の乱の前年、保元三年(一一五八)と仮定」している(一八七頁)。

(2)牧ノ方の出自(二項)父について、[12]『愚管抄』は「大舎人允宗親」とし(巻六、三〇二頁)、『尊卑分脈』道隆公孫には「諸陵助宗親」、修理権大夫宗兼の子で、姉が平忠盛の「後室」(家盛・頼盛らの母)=池の禅尼とある(第一篇、三一〇頁）。氏は、「大舎人允は令制以来七位相当、諸陵助の相当位は当時正六位下」で、位階が「五位に達した可能性も否定でき」ず、「同じ人物とする判断を妨げない」と見なしている（一七九頁）。氏はまた、牧ノ方が「池禅尼の姪に当たる」ことに注意を促した（一七八頁）。

（3）駿河国大岡牧（荘）（静岡県沼津市大岡。三・四項）　牧氏の名字は同牧に由来している。本家＝八条院領で、領家＝「池大納言家」頼盛の沙汰であった（『吾妻鏡』文治四年六月四日条〔「時政地頭」とある〕、寿永三年〔元暦元〕四月六日条）。『愚管抄』に「宗親、頼盛入道ガモトニ多年ツカイテ、駿河国ノ大岡ノ牧ト云所ヲシラセケリ」と見えている（三〇二―三〇三頁）。杉橋は、「頼朝は、伊豆においては時政・牧の方夫妻の監視下に置かれた。すなわちこれは、イトコ同士の一方（頼盛）が捕らえ、[13]他方（牧の方）が預かった結果になり、頼朝の身柄は一貫して池家の手中に保持され続けた」として（一九〇頁）、頼朝の挙兵に当たって、大岡牧が「万一の場合の集合地として、事前に予定されていた」「一種の「アジール」」と捉えている（一八二―一八三頁）。

魅力的な新説と思うが、にも関わらず、以下のような疑問がある。杉橋は、時政と牧ノ方との成婚時期を保元三年頃と見なしていた。二人の出会いの場は京都ということになろうが、[14]そもそも時政はどのような立場で在京していたであろうか。時政の家は、氏自身が明らかにしたように、伊豆国在庁官人北条氏の庶流に過ぎなかった。一方、牧ノ方の父宗親は、五、六位相当の中級貴族で、何よりも伯母は平忠盛後室池の禅尼であった。二人の立場には余りにも大きな落差があり、[15]出会いが如何なるものであったかを説明する必要があろう。

また平治の乱後、「頼朝の身柄は一貫して池家の手中に保持され続けた」とあった。結果から見た「必然論」の印象を受けるが、そうであるならば、頼朝と政子の出会いが遅すぎはしまいか。また、大岡牧＝「アジール」論であるが、氏は、石橋山敗戦後の加藤光員・景廉兄弟の行動に論拠を求めていた（『吾妻鏡』治承四年八月二十七日・二十八日条）。石橋山戦の戦略的正面は、三浦勢との合流を目指す以上当然相模方面であって、大岡牧の「政治的軍事的位置」（一八二頁）は、敗戦時における甲斐への逃走ルートが想定されるのみである。但し、その場合も、相模国住人にとっては、より近い足柄路経由が採用されるであろうから、この点も、「予定調和的必然論」に陥っているのではないかという危惧を感じる。

杉橋は、時政の力量を高く評価し、「牧の方を後妻に迎え、今また頼朝とのつながりを得ることにより、中央平氏と源氏、二大軍事権門の奥深くに連携の絆を結んだのである」としたが（一九一頁）、河内源氏との関係では、今一つ、時政の烏帽子親が鎌田通清であったとする続群書類従本『山内首藤系図』を根拠に挙げていた（同）。しかしながら、通清は、既述のように「為義郎従」であって、事実とするならば、時政の経歴にはむしろマイナスに働くのではないだろうか。

次に、時政・牧ノ方成婚時期の問題に移るが、論証の根拠は、仮名本巻二「夢買い」の件に、時政に「三人の女あり。一は先腹にて廿一、二・三は当腹にて十九・十六にぞ成りにける」とする記述であった（六六頁。氏が引用した「流布大系本」は、三女の年齢を十七とする（一一一頁））。「先腹」二十一歳（「朝日御前」）とは政子（保元二年（一一五七）生）のことであり、この年は、氏も指摘するとおり安元三年（治承元・一一七七）のことであった。氏は、仮名本の政子の年齢表記に「とくに難点は認められない」から、「牧の方の娘の年齢にも信を措いてよい」という「道理」に立って（一八六頁）、当時十九歳であった二女の母親「当腹」とは牧ノ方であり、二女の誕生は平治元年（一一五九）であるから、時政と牧ノ方との成婚時期を前年の保元三年（一一五八）頃と見なしたのである。

私が気にかかるのは『愚管抄』（前掲）の次の記述である。

時正（時政）ワカキ妻ヲ設ケテ、ソレガ腹ニ子共設ケ、ムスメ多クモチタリケリ。コノ妻ハ大舎人允宗親ト云ケル

者ノムスメ也

時政の後妻牧ノ方を、慈円が「ワカキ妻」と表現したことは、二人の年齢差を示すものであり、保元三年当時の氏による推定年齢十五歳（一八七頁）の「ワカキ妻」という意味ではないと思う。要は、真名本にも記述のない政子異腹の妹たちの年齢を採るか、『愚管抄』の「ワカキ妻」の表現を重視するか、いずれが合理的かという問題である。

治承四年（一一八〇）の頼朝挙兵当時、時政は四十三歳の壮年に達しており、結婚はその前後、牧ノ方十代後半から二十代といったところではなかったろうか。真名本に見えるように、平氏による大番在京が重なり（『東洋文庫真名本』1、巻二、一〇七頁。巻三、一三六頁）、地位と実力を高めた時政との出会いがあったのではないか。時政にとって、政子を通じた頼朝との関係より、仮に牧ノ方を媒介とした平頼盛との関係が先行していたとしても、頼朝挙兵以前の伊豆における北条氏や頼盛の影響力を過大に評価することはできない。

『吾妻鏡』に牧ノ方を「北条殿室家」とする初見は、寿永元年（一一八二）十一月十日条であり（注14）、牧ノ方腹の政範が在京中に十六歳で死去したのは、元久元年（一二〇四）十一月五日のことであった（『吾妻鏡』同日及び十一月十三日条）[16]。同書の記載に従えば、政範は文治五年（一一八九）生となり[17]、時政と牧ノ方との結婚は、『吾妻鏡』初見の寿永元年十一月をそれほど遡るものでないのではないか。同書の「遠州（時政）当時寵物牧御方」（元久元年十一月十三日条）という表現からも、二人の婚姻は、保元三年頃まで遡るとは見なし得ないと思われる。

杉橋は、頼朝助命を嘆願した池の禅尼や「頼盛一家の真意」が那辺にあったか、「解明の糸口」は、頼朝が、禅尼の「姪の夫である時政の監視と保護を受けるに至った事実にこそ」潜んでいるとして、「もちろん、かような推理が許されるには、平治の乱の当時、ないしは乱からさして降らない時期に、牧の方と時政の結婚が成立していなければならない」ことを補足した（一八六頁）。私は、二人の成婚時期に関する氏説を否定するに至ったが、そもそも、氏が

「解明の糸口」が潜んでいるとした「時政の監視と保護」の事実、即ち、通説の頼朝「蛭が島」配流説を前提とした議論そのものに杉橋説の問題点が起因していたのではないだろうか。そこで、次に「頼朝の配所」の問題を考えていきたい。

注

(1) 元弘三年二月二十一日大塔宮令旨に「伊豆国在庁北条遠江前司時政」と見え(『鎌倉遺文』四一巻三一九九六号、「播磨太山寺文書」)、同四月一日付令旨にも「伊豆国在庁時政子孫高時法師」とあった(三二〇七四号、「長門熊谷家文書」。三二〇七五号、「伊予忽那文書」)。

(2) 引用は、石母田正『古代末期政治史序説』第二章第一節に拠る(未来社、一九六四年、一〇六頁(初版一九五〇年))。『石母田正著作集』第六巻に「古代末期の政治過程および政治形態」として再録(岩波書店、一九八九年)。

(3) 『吾妻鏡』は、平六左衛門尉時定の父を「北条介時兼」とし、時定は時政の「腹心」で、またその「眼代」として京都で職務に当たったとしている(建久四年二月二十五日条)。この日四十九歳で京都に卒し、天養二年(久安元・一一四五)生であったことが知られる。一方、時政は、建保三年(一二一五)一月六日、七十八歳で死去したから(『吾妻鏡』同八日条)、保延四年(一一三八)生で、時定の七歳年長となる。

(4) 野口実「「京武者」の東国進出とその本拠地について—大井・品川氏と北条氏を中心に—」(『東国武士と京都』第Ⅱ部第三章、同成社、二〇一五年、一三九頁。初出二〇〇六年)。『列島を翔ける平安武士』(吉川弘文館、二〇一七年)、一七五—一七七頁参照。

(5) 治承四年八月十七日は、グレゴリウス暦九月十五日に当たり、台風の影響が考えられる。『延慶本』に拠ると、「此ほとの大雨大水」により延着し、漸く「十七日未時計(午後二時頃)北条へは馳付」いたとする(二末ノ一〇、四〇四頁。

『盛衰記』は、頼朝は「午刻」に定綱を召したとするが、同書は、土肥・岡崎勢も参戦したと記しており、この段、信憑性に欠ける記述が散見する（巻二〇、中八二頁）。

（6）「当時経廻士」として配所の頼朝に仕えた七人（『吾妻鏡』治承四年八月六日条）のほとんどが伊豆・相模の住人の中で、加藤次景廉と佐々木三郎盛綱は、言わば《外人部隊》とも言うべき存在であった。景廉は伊勢を本貫とし、父景員・兄光員とともに伊豆に逃れ、在庁官人の茂光に従った（第一節二項、注14）。また、佐々木秀義父子が、平治の乱後、本貫の近江を逃れ相模の渋谷重国の許に留住したことは第一節五項で触れた。真名本は、頼朝の「伊藤の御所」在住期に、「佐殿（頼朝）には、（安達）盛長・（佐々木）盛綱とて、朝夕御身を離れざる侍二人あり」と記していたが（『東洋文庫真名本』1、巻二、一〇二―一〇三頁）、『尊卑分脈』宇多源氏・佐々木加地、盛綱伝に、仁安元年（一一六六）十月、十六歳で頼朝に仕え、御前で盛長を烏帽子親として元服を遂げたとある（第三篇、四三八頁）。

（7）『延慶本』（引用、四〇四―四〇五頁）、『盛衰記』の典拠は注5に同じ。『長門本』巻一〇、三四〇頁。

（8）『盛衰記』の記述を評価する見方もあるが、文治二年三月、時政の鎌倉帰還に備えて、「為レ警二衛洛中一撰定」された「勇士」の交名を参照するに、平六時定以下「卅五人」の名が挙げられており（『吾妻鏡』同二十七日条）、私は、『延慶本』や『長門本』の表記が事実を穿ったものと見ている（『静岡県史』通史編2中世、第一編第一章第一節、三頁（執筆石井進）参照）。

（9）福田豊彦「房総の御家人について―『源平闘諍録』の頼朝挙兵説話と『六条八幡宮造営注文』の御家人交名」（同編『中世の社会と武力』、吉川弘文館、一九九四年、九四頁）。

（10）日本思想大系『古代政治社会思想』所収、一九七九年、二三一頁。

（11）安田元久「古代末期における関東武士団」（『日本初期封建制の基礎研究』Ⅲ、山川出版社、一九七六年、一七〇頁注

二七。初出一九六〇年）。『国史大辞典』第七巻「詞林采葉抄」項、一九八六年、七六一頁。

（12）『吾妻鏡』建久二年十一月十二日条に「北条殿室家（中略）、兄弟武者所（牧）宗親」とあるが、杉橋は父の「誤り」とする（一七四頁・一九四頁注三）。

（13）第三章第一節五項、注4参照。

（14）『吾妻鏡』に、牧ノ方が「北条殿室家」と見える初見は、寿永元年十一月十日条の記事で、平家の都落ち（同二年七月二十五日）以前のことでもあり、彼女は在京していたと思われる。落合義明は、大岡牧在住説を唱えたが（野口実編『中世の人物』第二巻・治承～文治の内乱と鎌倉幕府の成立、清文堂出版、二〇一四年、二七七頁）、「牧の方の故地」に基づく遺称とされる（二七三頁）、「車返牧御所」（『吾妻鏡』嘉禎四年〈暦仁元〉二月一日条）や、「大岡庄内牧御堂」（応安六年十月二十九日管領細川頼之奉書〈『大日本史料』第六編之三八、二三九頁、「尊経閣古文書纂」〉）とは、それぞれ、九条頼経上洛時における将軍宿舎と荘内の中心的宗教施設を言ったものであろう。

（15）この落差を埋める素材が『吉口伝』の所伝ということになる。

（16）『北条系図ノ一』は、建仁三年（一二〇三）の死去とする（六五頁）。

（17）杉橋の推定に拠ると、牧ノ方は四十六歳で政範を産んだことになるが、氏は「絶対不可能とは断言できない」としている（一八八頁）。

二　頼朝の配所

頼朝の配流を語る根本史料である『清獬眼抄』凶事、流人事には、「伊豆」とのみあって、具体的な配所の記載がない(『群書類従』一〇八、公事部。第七輯、五九二頁)。『吾妻鏡』も「永暦元年(一一六〇)三月十一日配二当国一(伊豆)」と記すのみであるが、治承四年(一一八〇)四月二十七日、以仁王令旨がもたらされた当時、頼朝は「北条舘」に居住していたとする(同日条)。

真名本は、「伊豆国北条郡蛭小嶋に移され」たと「蛭小嶋」配所説を述べ、配流後は「左右の翅」である「伊藤・北条を憑みて過ぎ給ひける」と記していた(『東洋文庫真名本』1、巻二、八九・九一頁。第三章第一節五項)。『金刀本平治物語』も同様で、配所を「蛭が(小)嶋」とし、「伊東・北条」が「守護」に当たったとする(下、二九〇・二九三頁)。平家物語諸本の場合、『延慶本』(二末ノ一、三六五頁)と『四部本』(巻五、上一七一頁)が「北条郡」、『長門本』「蛭の島」(巻七、二三〇頁)、『盛衰記』「北条蛭(カ)小島」(剱巻、上三五頁。巻四六、下五九七頁)は、要するに蛭ケ(小)島説である(1)。

近年の学説としては、野口実「流人の周辺」が、配所を「国府にほど近く、北条氏の所領に属する田方郡北条蛭ヶ島」とし(『中世東国武士団の研究』第Ⅱ部第五章、高科書店、一九九四年、一八一頁。初出一九八九年)、前掲『静岡県史』通史編1は、分担執筆者が杉橋隆夫であり、やや詳細に次のように述べていた(第三編第五章第二節、一一〇四―〇五頁)。

頼朝の配所「蛭ヶ(小)島」は、伊豆国府(三島市)からそう距離を隔てぬ北条氏の所領内に位置し(田方郡韮山町(現伊豆の国市四日町＝引用者))、おそらくは、当時いくつかの分流をなしていた狩野川の旧河道中の中洲の一つではなかったかと思われる。もっとも、現在の伝承地に「蛭島碑」が建てられたのは寛政二年(一七九〇)のことであり、しかも場所を選定するさい、歴史的な考証結果よりも、むしろ土地取得上の便宜が優先されたというから、もとより特定はしかねるものの、種々の理由からおおむねこの付近に措定することは可能である。

配所＝蛭ケ(小)島説が広く受け容れられてきたのは、頼朝は謀叛人であり、国家的重罪人の流刑地が、多く国府近傍であった一般的慣例と見事に符合した事実にあったが、監視人北条氏に対する過大評価も影響していたものと思う。反対に、説明が難しいのは伊東祐親の三女との関係であろう。かつて永原慶二は、流人「頼朝は、しだいに自由に伊豆の山野をゆききするようにな」り、「そうした行楽がきっかけとなっ」て、「東海岸に勢力を張る伊東祐親の娘に想いをよせるようになった」のではないか。「半島の東海岸までは、峠をこせば歩いても一日のみちのりであったし、馬にのればいっそう楽な距離である」、と語っていた(岩波新書『源頼朝』、一九五八年、二二頁)。

一方、近世日向飫肥藩主伊東家の関係史料に、配所を伊東とする説が見られる。『伊東大系図』祐清条に、「或人云、頼朝公平治乱左二遷豆州一、謫二居於伊東入道館二十有余年一」と見え(七二三頁)、家譜『日向記』巻一は、平治の乱後頼朝は、「伊豆ノ伊藤へ流サレマシ〳〵、伊藤カ舘ニテ廿二年ノ星霜ヲ惟悃然ト送リ玉フ」として(『伊東市史』史料編古代・中世、第四章第一節八号、一九四頁)、挙兵に至るまで伊東館に「謫居」していたと説く。興味深いのは仮名本の記述で、「頼朝十三(四)歳の時、伊豆の国に流されて御在せしに、彼の両人(伊東と北条)を打ち頼み、年月を送り給ひしに」とあって、配所の地名を記さないが(巻二、六〇頁)、巻一、奥野の狩の段冒頭に、「その頃、兵衛佐殿(頼朝)、伊東の館にまし〳〵けるに」と記していることである(三二頁)[2]。真名本の記事の一部に、「合理」的改変を行った仮名本の面目躍如たるものがある(第二章第一節四項)。

学説としては、石井進が「はじめは流人頼朝を預かっていた伊東祐親」として伊東配流説を唱えたが、これは、伊東氏の祖祐隆(寂心)が「在庁官人の一人」であったとする推測と結び付いていたと思われる(『中世武士団』、五〇・三八頁。本書第一章第四節二項)。また、五味文彦も、伊東祐親が流人の「源頼朝を庇護し、伊東の館の北の小御所に住まわせていた」としており、石井進と同様の理解と見てよいだろう(「『曾我物語』の世界」『中世社会史料論』十五、校倉書房、二〇〇六年、三〇一頁（初出一九九八年）。本書第一章第四節七項、注6）。そして、坂井孝一は伊東配流説を正面に掲げ、「頼朝が最初の配流地である伊東から北条へ逃れたのは安元元年（一一七五）の秋であったと考えられ、頼朝が北条で暮らした期間は五年間に過ぎない。逆にいえば、残りの十六年近い歳月を頼朝は伊東で過ごした」ことを強調する（「流人時代の源頼朝」、第二部第三章、二一五頁。初出二〇一二年）[3]。頼朝が、伊東に流された永暦元年（一一六〇）三月当時の伊東氏惣領は祐継であったが、彼はこの年の七月十三日に死去した。金石（祐経）九歳の年で（以上、第三章第一節二項、〇［a］）、坂井が指摘するように（二二〇頁）、頼朝は、祐経が上洛するまでの数年間の接触を通じ、この利発な少年を脳裡に刻んだに違いない。

杉橋が指摘するように、頼朝の身柄は頼盛に押さえられ、母禅尼の嘆願といい、事は池家のペースで進んでいる。『長門本』は清盛・頼盛「兄弟の中不快」とし（巻一、一四頁）、『盛衰記』も同様に述べていた（巻四〇「唐皮小烏抜丸事」、下二六七頁）。清盛にとっては、「将来にわたる政治的取引のカード」（杉橋、一項、前掲「牧の方の出身と政治的位置」、一九〇頁）として、頼盛に、頼朝を利用させることがあってはならない。私見に拠ると、永暦元年当時は時政と牧ノ方との成婚以前であり、蛭ケ（小）島は論外としても、謀叛人流刑の一般的慣例に則って国府近傍を配所とすれば、頼盛の所領（領家）駿河国大岡牧とは、東海道を介して余りにも近い距離にある。更に、『金刀本平治物語』が伝えるように、平治の乱直後から、伊豆国知行国主に源頼政が任ぜられていたとすれば（第一節二項）、清盛の懸念は倍加することになるだろう。

清盛にとって、頼朝の流刑地を伊豆とする点までは池家の側に譲歩したとしても、預かり人に関しては自らの意志を貫いたのではないか。こうして白羽の矢を立てられたのが、伊豆国内では数少ない直系の家人＝伊東祐継であったと考えられる（第一節四項。祐親・祐経は重盛の家人と思われる）。頼朝の最初の配所を伊東館（伊東荘）、預かり人を祐継、次いで祐親と捉えることによって、頼朝と祐親三女との関係に伴う困難な問題（先述）は自ずから氷解する。今一つ、配所＝「蛭ヶ（小）島」説からは説明できなかった問題に、祐親の「次男」九郎の妻が比企尼の三女であったことを挙げなければならない（第一節九項）。「乳母」比企尼にとって、伊東家との婚姻は頼朝を保護する安全装置であり(4)、一方、祐親の立場からすると、謀叛人の召預かりという荷厄介な職務遂行のための安全弁であったということになる。

頼朝が伊東に流されて十年以上の歳月が経過し、年齢は既に二十代後半を迎えていた。恐らく、祐親の上洛中(5)、頼朝は祐親の「三の妃」に通じ、「年月久しく積りて若君一人」が誕生した。千鶴御前である。帰国した祐親は怒りの余り、千鶴を殺害し、剰え頼朝をも討とうと目論んだ。以上が、真名本（『東洋文庫真名本』1、巻二、九一—九五頁。第三章第一節五項）や平家物語諸本（注5所引、『延慶本』、三五八—三五九頁・『盛衰記』、中一—二頁・『闘諍録』、四二—四四頁）が伝えるストーリーである。この時、九郎が父の企てを密告した結果、頼朝は伊東館から無事逃走することになるが、ここでは、比企尼が予め敷設しておいた安全装置が作動したことになった訳である。

では、頼朝は、いつ、どのような理由から、どこへ逃走したか、次にこの点を検討したい。まず、頼朝が伊東館を逃れた時日であるが、既に坂井も指摘していたように、「安元元年（一一七五）九月之比」とする『吾妻鏡』養和二年（寿永元）二月十五日条の記述は動かない。頼朝は二十九歳で、河津三郎が殺害されるのは翌年十月のことであったから、『曾我物語』諸本の言う「奥野の狩」に参加することはあり得ない(6)。

次にその理由であるが、祐親の怒りが如何に激しいものであったにせよ、頼朝という国家的重罪人を私的に成敗することが、果たして許されるであろうか。真名本は、祐親に「当時世になし源氏の流人を聟に取て子を生ませつつ、平家方より御科めのあらむ時は入道がいかが答へ申すべき」と言わせているが（『東洋文庫真名本』1、巻二、九三頁）、彼が真に恐れなければならないのは、宣旨によって流罪となった謀叛人に対する私的成敗であって、祐親がそれに気付かない程愚かであったとは思えない。恐らく上洛時、在所の出来事を耳にして、祐親は清盛や重盛と密議を凝らした後の帰国ではなかったろうか。それを、比企尼の三女を妻とする九郎に打ち明けなかったところに、娘との関係を奇貨として、暗々裡に進行していた頼朝暗殺計画に齟齬を来した原因があったものと思われる。

では、頼朝の逃走先はどこであったか。真名本は、九郎が自分の「元服の親」である時政を頼れと勧めた結果、治承元年(一一七七)八月下旬、頼朝は「北条の館」に入ったとしていた(同右、一〇一―一〇四頁。第三章第一節五項)。先述したとおり、当時の北条氏に、「左右の翅」として、伊東氏と対比されるような力はなく、従って、時政が九郎の烏帽子親であったとする所伝も、史実として信頼できるかどうか疑問があった。しかも、喜んで頼朝を迎え入れたはずの時政が、義時を残してさっさと上洛してしまい、挙げ句に「目代」山木兼隆を同道して帰国したとする真名本の展開は(同右、巻二、一〇七―一〇八頁・巻三、一三六頁)、プロット自体に整合性がなく、検非違使見任の兼隆が、在京時に「目代」に補任されるはずがない以上(第一節二項)、「北条の館」に逃れたとする前提自体に疑問を感じざるを得ない。そもそも、「蛭小嶋」配所説を主張していた真名本が、頼朝の「北条の館」逃亡を指して、「これぞ北条の運の開くる始めなる」(『東洋文庫真名本』1、巻二、一〇六頁)と評した理由がおよそ納得できないのである。

一方、『吾妻鏡』養和二年(寿永元)二月十五日条は、「安元元年(一一七五)九月之比」、頼朝は「走湯山」に逃れたとしており、『長門本』にも、九郎が頼朝を「伊豆の御山へ逃したりし」とする記述があった(巻一四、四六七頁)。「走湯山住侶文陽房覚淵」[7]との師檀関係が伊東在住時まで遡るか否かで意味が異なってくるが、頼朝は、宇佐美の山越えを辛抱すれば、北条より遥かに近く、大衆の武力も期待できる「走湯山」(伊豆山)を直接目指したものと思う。

頼朝の配所は伊東から、伊豆山を経て、北条(蛭ヶ(小)島)に移ったことになるが、その時期をもう少し詰められないだろうか。関係記事を時系列で整理すると、次のようになる。

①〔吾妻鏡〕「安元元年（一一七五）九月之比」、頼朝、「走湯山」に逃れる（養和二年〈寿永元〉二月十五日条）[8]

②〔真名本〕「安元弐年〈丙申〉年（一一七六）三月中半のころ」、頼朝、「北条の妃」（政子）のもとに通う（『東洋文庫真名本』1、巻三・序、一三五頁）

③〔真名本〕「治承元年（一一七七）八月下旬」の頃、頼朝、「北条の館」に入り、「北条の先腹妃君万寿御前」（政子）のもとに通う（同右、巻二、一〇三―一〇四・一〇八頁）

④〔仮名本〕安元三年（八月四日、治承と改元）、二十一歳の時政「先腹」の「朝日御前」（政子）、異母妹より夢を買い、頼朝と結ばれる（巻二、六六―六七頁）

問題は真名本の記事、②と③の矛盾をどのように解釈するかという点である。③は④と整合している上、『長門本』や『延慶本』に拠ると、長女大姫の誕生は治承三年（一一七九）のことであり、[9]③こそ二人の出会いの年とするに相応しい。[10]では、②に何らかの根拠があったとすれば、①の半年後であって、私は、これこそ頼朝が「走湯山」（伊豆山）を出て北条（蛭ヶ（小）島）に移った時期を伝えるものと考えている。

かつて、後藤丹治は大姫の年齢に関する考証を行い、人質として鎌倉に送られていた木曾義仲の一子、志水冠者義高の逃亡、続くその殺害を伝える『吾妻鏡』元暦元年（一一八四）四月二十一・二十六日、六月二十七日条の記事に基づき、次のように述べた（「曾我物語に於ける史実の検討」、三三五頁）。「大姫は元暦元年当時決して幼少だつたとは思はれない。（中略）元暦元年に既にこの年配に達した息女を持つた頼朝と政子とは、少なくとも承安年代（一一七一―七五＝引用者）には結婚してゐたものと見ねばならない。この承安は頼朝が祐親に殺されんとした年代（安元元年九月なること吾妻鏡に見ゆ）よりも前であるから、従つて祐親の凶刃を逃れて北条時政に移り、政子に通じたとする曾我物語の記述は年代の上に齟齬があることになる」。

福田晃(「「頼朝伊豆流離説話の生成」補説―史書と物語との間―」『軍記と語り物』四号、一九六六年、七七頁)や、村上學(付篇第二章「真字本と仮名本のストーリー構造」、二八二頁注一二)が後藤説を支持しているのに対し、永井路子は、大姫治承三年誕生説を踏まえ、作家の直感に基づいて次のように語っている(『北条政子』、講談社、一九七八年、一一〇・一一一頁。義高が鎌倉に送られて来た寿永二年(一一八三)当時十一歳、大姫は五歳であって、義高が誅殺されたのは翌年のことになる)。即ち、「大姫が義高を愛していた―と書けば、あるいは、たった六歳の童女が、と笑うかもしれない。が、そのひとは、自分の幼い日の記憶を忘れているのだ。性のきざしも見えないそのときも、人間の心のなかに愛の炎は燃えさかるものであることを…」、と。

義高が誅殺されたことへの大姫の衝撃は大きく、彼女の一生を支配することになっていく。恐らく、早熟で、人一倍感受性の強い少女であったのであろう。後藤説の問題点は、頼朝が伊東を離れる安元元年九月以前、政子とどのような場所で、何を契機に結ばれたかが明らかでないことにあるが、恐らく「蛭ヶ(小)島」配所説を前提にした立論であったと思われる。

伊豆山権現の側としても、謀叛人頼朝をいつまでも匿っておくわけにはいかない。祐親や国衙から京都に向けて急を伝える使者が発遣され、都では、清盛・重盛や、知行国主源頼政・国守仲綱父子らによって、舞台下で対策が協議されたことであろう。事実はすべて伏せられなければならないからである。一方、国元としても、在庁官人工藤(狩野)介茂光を中心に、当事者である伊東祐親や伊豆山を交えた談合が進んだものと推測される。公的には無論のこと、私的にも祐親の失策であって、この問題に関する彼の発言権は低下し、ここに、茂光とも祐親とも特別な関係を持たない、その意味で、言わば《善意の第三者》として、時政が新しい預かり人に浮上したのではなかったろうか。そして、これが、安元二年(一一七六)三月当初に挙行された源為朝討伐に当たって、茂光によって編成された伊豆国軍に祐親を動員し得た条件でもあった（第一節二項）。

かくて、恐らく、②の「安元弐年〈丙申〉年三月中半のころ」、頼朝は伊豆山を出て「蛭ヶ（小）島」に移ったものと私は考えている。これが、以後一五〇年を越える北条氏の歴史にとって、「運の開くる始め」となった。また、茂光は、監視の意味もあって、孫の田代信綱を頼朝の許に送り込んだ（第一節二項・同、注8参照）。一方、公私ともに失策を犯した祐親に、半年後の十月、嫡男河津三郎を殺害されるという悲劇が追い打ちをかける。「奥野の狩」は虚構であったが（第三章第一節三項〔〇[b]〕）、祐親には狩を催行する余裕などなかったであろう。しかしながら、河津三郎の死は『吾妻鏡』に裏付けられた厳然たる事実であって（第一節四項）、祐経が祐親の逆境に便乗した感を拭えない。そして、未亡人となった茂光の娘（曾我兄弟の母）と曾我祐信との結婚と、それに続く河津三郎殺害の下手人討伐とが、茂光や祐経に対する祐親の反撃の第一歩となった（同五項）。

注

（1）その他、『増鏡』第二「新島守」にも「伊豆の国蛭が島」と見え（一六六頁）、『尊卑分脈』頼朝伝に「伊豆国比留島」とある（第三篇、二九六頁）。

（2）村上學は、「頼朝が伊東祐親の館にいたことを周知の前提とし」て描いた仮名本の「書き出し」に注目していた（付篇第二章、一二五〇頁）。

（3）田辺旬は、坂井の著書『曾我物語の史的研究』に対する最近の書評で、「頼朝の配流地は、通説通りに北条であったと考えるべきであろう」としていた（『日本史研究』六六〇号、二〇一七年、六二頁）。

（4）拙著『鎌倉守護』論考、第七章「比企能員」において、「尼の三女と伊東祐親の次男との結婚には、祐親に頼朝の後援を期待する尼の意志が働いており、それを媒介したのが三浦義澄（妻が祐親女）とは考えられないだろうか」とする点を指摘している（四八二頁）。

（5）　真名本は上洛の理由を記していないが、平家物語諸本は「大番」勤仕に伴う上洛であったと明記する（『延慶本』二中ノ三八、三五八頁。『盛衰記』巻一八、中一頁。『闘諍録』一之上、四二頁）。当時の大番役勤仕について、三浦周行は「承久記を引いて、前代は衛士の遺制として三年であった」としたが、実はその根拠は曖昧で、平氏政権下における大番役の勤仕期間は、なお明らかでない（拙著『鎌倉守護』論考、第五章「京都大番役覚書」、四〇一頁）。

（6）　既に、「この狩に頼朝が関係してゐたと云ふ曾我物語の記事は事実とは思はれない」とする後藤丹治の指摘がある（「曾我物語に於ける史実の検討」、三三四頁）。

（7）　真名本に言う「卿の律師」のことで、同書は「聞性房と申すは、即ち今の密厳院これなり。かの坊主に卿の律師と申すは、兵衛佐殿（頼朝）には御師匠なり」と説明している（『東洋文庫真名本』1、巻三、一四二―一四三・一四五頁）。醍醐寺（三宝院）文書（『静岡県史』資料編6中世二、一六号、伊豆山密厳院管領系図）によって、覚淵が「加藤次景門（廉）兄弟」であったことを明らかにしたのは福田晃であった（「頼朝伊豆流離説話の生成―平家物語・曾我物語より―」、C大成『義経記・曾我物語』、所収。二二八頁〈初出一九六六年〉）。

（8）　『吾妻鏡』には千鶴御前の記述はなく、祐親法師が頼朝殺害を企図した理由が定かでない。

（9）　『長門本』（巻一〇、三三九頁）や、『延慶本』（二末ノ一〇、四〇四頁）山木合戦の前段に、長女の大姫が二歳になっていたことが記されている。

（10）　『闘諍録』には、頼朝は「廿一」歳で十六歳の祐親「三女」と契りを結んだとあり（一之上、四四頁）、頼朝は久安三年（一一四七）の生まれであったから、これは仁安二年（一一六七）に当たる。祐親が「大番役モ終テ」帰国したのは「嘉応元年〈己丑〉（一一六九）七月十一日」であり（四五―四六頁）、三歳とされる千鶴御前の年齢と符合する。そして、頼朝が、祐親「入道ノ子息伊東九郎祐澄」の密告を得て、「伊東ノ舘」を逃れ「北条へ馳セ越エ」たのは、同年の「八月十七日ノ夜半計リ」のことで、十一月下旬に、時政「最愛ノ嫡女」(政子)と結ばれたとする(四八―五一頁)。『闘諍録』の記述自体に矛盾はないが、頼朝の伊東脱出は『吾妻鏡』(①)より六年余りも遡ることになり、信を措きがたい。

また、真名本は、万寿御前(政子)が、暗夜、山木兼隆の屋形を逃れ出で、秘かに「伊豆の御山、聞性坊」(注7)に籠もり、急ぎ頼朝が同所に向かったと述べていた(『東洋文庫真名本』1、巻三、一四二頁以下)。福田晃は、「伊豆山の梛の葉が男女の中を結ぶ霊符として信仰されていた」のは、「頼朝・政子は当山においてめでたく結ばれたという虚構なる伝説、史実に反する恋物語」に由来すると説いたが(注7、「頼朝伊豆流離説話の生成」、二一六―二一七頁)、事実二人の出会いの場が伊豆山であったかも知れないし、流人頼朝の配所が改めて北条の近辺に定まった結果かも知れない。

付　新田忠常と堀親家

曾我十郎祐成を殺害したのは新田四郎忠常である(『吾妻鏡』建久四年五月二十八日条。真名本には「新田四郎忠経」または「忠綱」とあり(『東洋文庫真名本』2、巻八、一四六頁。巻九、一九九・二〇〇頁。巻十・序、二三九頁)、仮名本「太山寺本」巻八に「新田四郎忠綱」(二三一頁)、巻九「新田四郎忠経」(二七三頁)、「流布大系本」は巻八・九ともに「新田四郎忠綱」とする(三一五・三六〇頁))。名字の地は伊豆国田方郡仁田郷(静岡県田方郡函南町仁田)とされるが(1)、世系は定かではない。真名本巻九は、十郎との関係を「親類の中に一家の族」・「一門」と記し(同右、一九九頁)、仮名本「太山寺本」巻九は「従兄弟」(二七三頁)、「流布大系本」巻九には「たゞしき親類」とあったが(三五九頁)、伊東氏との親族関係は疑問で、検証する材料もない(2)。

忠常は、頼朝に近侍しその護衛を任としたことは、真名本巻八、富士野の狩の場で、矢傷を負った「猪の大王」が頼朝目がけて突進してきた時、「御前近く」に控えており（同右、一四六頁。第三章第三節三項）、巻九、十郎と相対した折にも、忠常は「屋形口に伏し」ていたとされる（一九九頁。同、四項）。にも関わらず、忠常の名は『吾妻鏡』、「当時経廻士」の中に見えておらず、山木合戦に加わった記述もない（治承四年八月六日・十七日条）。石橋山合戦、頼朝方軍士交名に、加藤一族（景員・光員・景廉）の前段に記載されたのが初見であるが（同、二十日条）、これをどのように考えたらよいのであろうか。

仮名本は、忠常が「うたれ」た年齢を「廿七」とし（巻八、二三三頁）、これは『吾妻鏡』に従えば、建仁三年（一二〇三）九月六日のことであったことが知られるから（後述）、生年は安元三年（治承元・一一七七）となる。これでは、石橋山戦四歳の初陣となってしまうが、仮名本（巻九）は一方で、十郎に対し「伊豆国住人新田四郎忠経、生年廿七歳なり」と名乗ったとする（二七三―二七四頁）。これに拠ると、仁安二年（一一六七）の誕生で、石橋山合戦の折は十四歳であるから、多少若過ぎる嫌いもあるが、不可能な年齢ではない。「当時経廻士」に名が見えなかったのは若年の故であったろう。

平家追討の際は範頼に従軍し、頼朝が「慇懃御書」を送った御家人十二人の中に忠常の名も見られた（『吾妻鏡』元暦二年（文治元）三月十一日条）。また、「及二死門一」ばんとする程の重病に罹った忠常を、頼朝が親しく見舞ったことから知られるように（同、文治三年正月十八日条）、忠常は頼朝の格別信頼厚い近習の一人で、曾我兄弟の事件の後は、結城朝光・梶原景時父子らとともに、頼朝の特命を受けて範頼家人の追捕に当たっている（建久四年八月十八日条）。更に頼朝は、当時二十七歳（前掲仮名本巻九に拠る）の忠常を、この頃、十二歳の頼家近習[3]に抜擢したのではなかったろうか。建久九年（一一九八）、頼家室若狭局（比企能員息女）は長子一幡を生んだ。[4]この時、一幡の乳母に任ぜられたのが忠常の妻であり(『保暦間記』、七五頁「仁田四郎忠常〈一幡御前乳母〉」。『鎌倉年代記裏書』建仁三年九月二十二日、三九頁「忠経〈一万御前乳父也〉」)、忠常は「頼家ガコトナル近習ノ者ナリ」と評されたのである(『愚管抄』巻六・順徳、三〇〇頁)。建仁二年(一二〇二)九月、頼家が「伊豆・駿河両国狩倉」に赴いた際、頼家は帰路、わざわざ伊豆の「忠常宅」に立ち寄っていた(『吾妻鏡』同二十一日・二十九日条)[5]。

　忠常の生涯は、数々の伝説に彩られており、先に彼が重病に陥った件を話題にしたが、妻は三嶋社に、自分の寿命と引き換えに夫を救ってほしいと祈願したことがあった。忠常は回復したものの、半年の後、相模川か酒匂川その他定かではないが、洪水のために渡船が沈没し、三嶋社参に赴く忠常の妻一人だけ溺れ死んだという。『吾妻鏡』に収められている逸話である(文治三年七月十八日条)。また、忠常の勇猛さを語る富士野の狩庭でのエピソードであるが、真名本が「大王」と表現していた猪を(先述)、仮名本(巻八)は「富士の裾、かくれいの里と申す所の、山神」であったとし、人々は忠常の非業の死(後述)を、「富士の裾野の猪の咎め」と噂し合ったという(一三二―一三三頁。第三章第三節三項、＊4及び注7)。

　頼家は、前年九月の「伊豆・駿河両国狩倉」(先述)に引き続き、建仁三年(一二〇三)六月にも、「伊豆奥狩倉」と「駿河国富士狩倉」に赴いた(『吾妻鏡』同一日、三・四日条。第六章第五節三項、注4参照)。「伊東崎」という山中の「大洞」を和田平太胤長に探検させたが、胤長は大蛇に呑み込まれる寸前、剣を抜いて大蛇を斬殺したという。また頼家は、富士山麓の「人穴」と呼ばれていた「大谷」を忠常に探らせたが、主従六人は暗闇の中を松明を持って進み、その間、水流が足を浸し、先は大河に注ぐようであった。すると、川向こうに「火光」が見え、「郎従四人忽死亡」し、忠常は、拝領の重宝「恩賜剱」を川に投げ入れ、往還に「一日一夜」かかって、漸く生還することができた。二人の「古老」は「是浅間大菩薩之御在所、往昔以降、敢不レ得レ見二其所一云々、今次第尤可レ恐乎」と語ったという。

探検譚は、新田忠常と和田胤長が頼家の「コトナル近習ノ者」(『愚管抄』)であったこと、二人の勇敢さ、かつ困難な状況にあっても沈着冷静であった豪胆さを語り、そして、頼家を含めた三人が非業の最期を遂げていること、[6] それは「浅間大菩薩」(富士の山神)などの怒りに触れた祟りの結果であったこと、等をない交ぜにした逸話であったと言えよう。[7]

『吾妻鏡』の特色の一つとして、大事件の起きる前に、しばしばその予兆を記すことがある。新田忠常の場合、同年(建仁三)九月二日、北条時政名越亭に招かれた比企能員を、天野遠景とともに刺殺した(『吾妻鏡』。『愚管抄』巻六、三〇〇頁。『鎌倉年代記裏書』、三九頁)。『吾妻鏡』が記すところに拠ると、病が少々癒えた頼家が、「若君(一幡)并能員滅亡事」を耳にし、怒りの余り忠常等に時政殺害を命じたとする(同五日条)。そして、翌日には時政から名越亭に招かれ、漸く夕刻になって退出したところ、既に弟らが滅ぼされたことを知り、御所に向かおうとして加藤景廉に誅殺された(同六日条)。不可解な記述である。『鎌倉年代記裏書』や『保暦間記』(七五頁)は、忠常が誅殺された日付を、『吾妻鏡』とは異なり九月二十二日としている。

忠常は、頼朝・頼家の側近として活動した。しかしながら、本貫の仁田郷は北条の地に近接しており、忠常が仁安二年(一一六七)の誕生とすると、保延四年(一一三八)生まれの時政(一項、注3)とは二十九歳年少であるから、頼朝への近侍にしても時政の推挙に基づくものと推測される。[8]

忠常は、老獪な時政の甘言を耳にして舞い上がってしまったのではないか。頼家の「一ノ郎等」であった梶原景時(『愚管抄』巻六)既に亡く、比企氏さえ滅亡すれば、自分こそが、頼朝における安達盛長の如き地位に立ち得るという《妄想》を思い描いたのではなかったろうか。しかしながら、如何に時政の指示であっても、忠常としては頼家将軍の廃立に手を貸すことができなかった。『吾妻鏡』が忠常を殺害した当事者を加藤景廉としていたのに対し、『愚管抄』

は、「本体ノ頼家ガ家ノ侍西東ナルニ、義時ト二人アリケルガヨキタ、カイシテウタレニケリ」と(巻六、三〇〇頁)、義時に討たれたとしていた。時政にとって忠常は、所詮未熟な《道具》の一人に過ぎなかったのであろう。

堀藤次親家は頼朝の忠実な側近であり、護衛を任とした。山木合戦の折には、加藤次景廉・佐々木三郎盛綱ともども「宿直」=御馬廻の役を務め、『吾妻鏡』は、最後に三人が前線に投入され、盛綱と景廉が「獲二兼隆首一」たと記すことがあっても、親家に関しては沈黙している(治承四年八月十七日条)。最後まで頼朝警固の任を全うしていたに違いない。曾我五郎時致の襲撃に当たって、頼朝の宿館を警固していたのも親家であった(『東洋文庫真名本』2、巻九、二〇一頁。第三章第三節四項・同、注6)。その本貫・世系いずれも明らかでなく、在地領主範疇の武士と言うより、土豪級もしくは何某の「侍」的存在ではなかったろうか(9)。

親家は、石橋山合戦や「奥入り」に従軍したが(『吾妻鏡』治承四年八月二十日条、文治五年七月十九日条)、それも出征した頼朝の警固を任としていたようで、平家追討戦の場合は鎌倉に留まっていた。この間、最も注目されるのは、木曾義仲の遺児=志水冠者義高が鎌倉から逃亡した事件で、親家は頼朝の密命を受け各所を探索し、「郎従」の一人が入間河原で義高を討った。大姫は「御哀傷之余、已沈二病床一給、追レ日憔悴」し、彼女の不幸な人生の始まりとなったが、政子の怒りは激しく、手を下した堀の「郎従」が梟首されるとばっちりを受けてしまった(以上、同、元暦元年四月二十一・二十六日、六月二十七日条。本節二項)。建久元年(一一九〇)の頼朝初度上洛に当たって、親家は「御中持(長持)」奉行を務めた(同、九月十五日条所載上洛諸事奉行人注文)。幕府の公的職務に関わる分野ではなく、頼朝の武具を含め、源家の私的生活分野の担当であって、まさに堀藤次の幕府における位置をよく表している(10)。

堀藤次は、頼朝の死後、頼家に仕えた。北条時政が比企能員を滅ぼした後、頼家が新田忠常に時政を討つよう命じたことは先述したが、『吾妻鏡』建仁三年九月五日条の記事を詳しく述べると、頼家は和田義盛と忠常に命じており、義盛に密命を伝える「御使」として親家が指名された。義盛は、頼家の「御書」を時政に献じ、「御使」親家は捕らえられたばかりか、工藤小次郎行光（甲斐工藤庄司景光の子）に誅殺されてしまった。新田四郎忠常と堀藤次親家は、ともに頼朝や頼家に近侍し、その護衛を任としたが、親家の場合は、「郎従」の存在から武士団を構成していたとしても、規模は小さく、それだけに頼朝や頼家との主従の結び付きがより強固であったと思われる。

注

（1）『吾妻鏡』建仁三年九月六日条や『保暦間記』（七五頁）には「仁田四郎忠常」とある。「駿河大石寺文書」弘長三年六月八日「あまめうほう」（尼妙法カ）売券（『鎌倉遺文』一二巻八九六一号）や、同文書、「新田五郎次郎」に充てた文永元年九月四日「沙弥道意」配分状（同、九一五一号）に、それぞれ「新田郡畠村田在家」とあり、『静岡県の地名』「仁田郷」項に、「「畠村」は仁田東方の現畑毛（はたけ）にあたり、「仁田郡」は「仁田郷」と考えられる」とある（一三三頁）。

（2）太田亮『姓氏家系大辞典』第三巻、「新田」33項に、「藤原南家天野氏族」とあるが（「此の流は普通ニタ、ニタンなど訓ず」とする）、根拠は『盛衰記』巻二〇、「藤内遠景、弟六郎、新田四郎忠経」との記事で（角川書店、一九六三年、四五〇〇頁。『盛衰記』の引用は、中九七頁に拠る）、忠経（忠常）を遠景の「弟」とした誤解に基づいている（なお、六郎とは遠景嫡男の政景であって、「弟」とするのは誤りである）。

（3）頼家の誕生は、寿永元年（一一八二）八月十二日であった（『吾妻鏡』）。

（4）『愚管抄』巻六、三〇一頁。『吾妻鏡』建仁三年八月二十七日条（「御長子一幡君〈六歳〉」）・九月二日条（能員「息女〈将軍家妾、若公母儀也、元号二若狭局一〉」）。拙著『鎌倉守護』論考、第七章「比企能員」、四七六頁。

（5）二十九日条に、「『将軍家漸令レ還二鎌倉一給』、而今日渡二御新田四郎忠常宅一、終日有二小笠懸一、忠常献二懸物十物百一」と見える。『　』部分は、十月三日条に「将軍家自二駿河国一還御」とあるから、狩猟を終えて帰路に赴いたことを意味し、従って「忠常宅」というのは伊豆仁田郷の本宅を指すものと思う。

(6) 平太胤長は和田義盛の甥で、義盛反乱のきっかけを作った人物である。建暦三年三月、陸奥国岩瀬郡(現福島県岩瀬郡・須賀川市辺)に配流され、義盛敗死後の五月九日に誅殺された(『吾妻鏡』建暦三年〔建保元〕三月九・十七日、五月九日条)。

(7) 徳田和夫は、仁田(新田)四郎忠常の伝承について、「非業の死を遂げ」た「武勇に優れた若武者」であり、「その伝承は西国にも鳴り響いて、稲の成育を助長する言霊として歌い込められ」たとしている(「室町期の民俗社会と曾我物語」、F『曾我作品宇宙』、九三—九四頁)。

(8) 私は、旧稿・注4所引「比企能員」で、忠常は「頼朝挙兵以来時政の盟友であった」としたが(四八六頁注一二)、二人の関係を「盟友」とするのは、それぞれの立場・年齢差に無頓着な不的確な表現であって、訂正したい。

(9) 注2所引『姓氏家系大辞典』第三巻、堀23「伊豆の堀氏」項に、「当国の豪族」とあるが(五四八四頁)、根拠を説明していない。

(10) 文治二年三月、「予州(義経)妾静」は母の磯の禅師ともども鎌倉に召喚されたが、『吾妻鏡』が宿所を雑色「安達新三郎宅」としていたのに対し(一日条)、『義経記』は「堀殿の宿所」=「藤次が宿所」に滞在していたとする(巻六「静若宮八幡宮へ参詣の事」、二八七頁)。

第三節　平安末～鎌倉初期における相模国武士団

相模国武士団の研究は、武蔵と並んで、中世「東国」武士団研究の主流であり、業績も枚挙に暇がない。(※) 第三節では、先学の研究に学びながら、本書の主題に沿って、おおむね、平治の乱以降、梶原景時の失脚から和田合戦あたりを目処に、主な相模武士団の動向を概観したい。

注

(※) 本書が参照した主な文献としては、安田元久「古代末期における関東武士団」(『日本初期封建制の基礎研究』Ⅲ、山川出版社、一九七六年。初出一九六〇年)・「中世初期における相模国武士団」(同、Ⅱ第四章。初出一九七二年〔後掲『三浦氏の研究』再録〕)、石井進「相武の武士団」(『鎌倉武士の実像』、平凡社、一九八七年。初出一九八一年)、峰岸純夫編『三浦氏の研究』(第二期関東武士研究叢書、名著出版、二〇〇八年。一二編の論文と「解説」を収める)、湯山学『相模武士　全系譜とその史蹟』一―五(戎光祥出版、二〇一〇―一二年。湯山の論著としては、その他、前掲『三浦氏の研究』に「相模三浦氏についての考察」が収められているほか、『相模国の中世史』増補版〔岩田書院、二〇一三年〕の著書がある)、奥野中彦「鎌倉幕府の草創と相模国武士団―中村一族を中心に―」(『日本古代・中世の国家軍制』下巻、第Ⅴ編第三章、岩田書院、二〇一一年)、等を挙げることができる。特に、以下の野口実の諸論著からは、本書の全体に関わって多くの示唆を受けた。『坂東武士団の成立と発展』(弘生書林、一九八二年。戎光祥出版、二〇一三年再刊)、『中世東国武士団の研究』(髙科書店、一九九四年)、『源氏と坂東武士』(吉川弘文館、二〇〇七年)、『武門源氏の血脈―為義から義経まで』（中央公論新社、二〇一二年。伊藤の「書評」『古代文化』六四巻二号、二〇一二年、参照）、『東国武士と京都』（同成社、二〇一五年）、その他。

一　平家方大庭景親

平安末期における相模国武士団を俯瞰すると、大勢力としては、三浦郡の三浦一族（三浦・和田氏など）、鎌倉郡から高座郡にかけて鎌倉党（大庭・俣野・梶原氏など）、大住郡から足柄上郡にかけては波多野一族（波多野・松田・河村氏など）、足柄下郡に中村一族（中村・土肥・土屋氏など）等が分布していた（注※所引・安田元久「中世初期における相模国武士団」、一三九頁参照）。平治の乱後、相模武士団の多くが平氏に組織され、真名本は、石橋山合戦における平家方として、

相模国の住人、鎌倉権五郎景政が末葉大庭三郎景親、志を平家に運びて、糟屋権守盛久・俣野五郎景久・渋谷庄司重国・海老名源八季貞・秦野馬允能常以下一門の者共を相催しつつ、三千余騎の勢を以て石橋の城へ押し寄せつつ、これを責むる

と描写しており（『東洋文庫真名本』1、巻三、一六四頁）[1]、糟屋・渋谷・海老名らは、安田に拠ると、「それぞれの荘園を基盤とする荘官クラスの在地領主」であった（一三八頁）。

大庭三郎景親をはじめ「在京之東士等」は、治承四年（一一八〇）五月、源三位頼政らと戦い、八月初頭に帰国した（『吾妻鏡』同二日条）。景親は、頼朝の謀叛に対して、平清盛が「私」に派遣した「東国ノ御後見」として（『玉葉』同九月十一日条。『盛衰記』巻二〇「佐殿大場勢汰事」（中九九頁））、右真名本の描写のように相模勢を指揮し、公家側でも

「相模国小早河」(石橋山)で頼朝勢を撃破した平家方の大将の名を、「伊豆国伊東入道(祐親)／相模国大庭三郎(景親)」と認識していた(『山槐記』同九月七日条。第一節四項)。

大庭景義(景能とも)・景親兄弟の祖を景正(景政とも)とすることは、先に引いた真名本巻三に「鎌倉権五郎景政が末葉大庭三郎景親」とあったように、軍記物語諸本に、大庭兄弟の名乗りの言わば枕詞の如き定型句として用いられている。しかしながら、石井進に拠ると、「鎌倉党は決して景正一人を共通の祖とする一族ではなく、いくつかの系統が重なりあった集団」であって、景正―景継の系統は、十二世紀はじめに、大庭御厨の「開発領主、御厨司として現れていた」のに、半ば以降は「景宗と子息(景義・景親等＝引用者)たちの活躍が目立つ」としていた(注※所引「相武の武士団」、八七―八八頁)。

保元の乱以前の天養元年(一一四四)から翌二年(久安元)にかけて、「鎌倉之楯」を本拠とした源義朝は、「東国」における地盤拡張のために、相模国(田所)目代・在庁官人と結託し、「三浦庄司平吉次・男同吉明、中村庄司同宗平、和田太郎同助弘」ら千余騎を率いて大庭御厨に乱入するという事件が起こった(『平安遺文』六巻二五四四号、「相模国大庭御厨古文書」天養二年二月三日官宣旨案、及び注3、二五四八号。第一節八項・同、注7)。御厨「下司」景宗は屈服し、子の景義・景親兄弟は義朝の郎等＝家人に組織され、保元の乱に当たっては義朝方軍兵として従軍するのである。ところが景義は、鎮西八郎為朝の弓を受け、左の膝を射られてしまった。

野口実は、治承四年(一一八〇)当時の家督は弟の三郎景親であったとして、『金刀本保元物語』、「兄弟の中不快なりける間」(中、一一二頁)に注目し、「大庭氏兄弟間には、あるいは家督の地位ないし所領等の問題をめぐって、保元以前より対立が生じており、それがこの段階にまで尾を引いていたのではないか」と見ている(注※所引『坂東武士団の成立と発展』第二章第三節、一五四―一五五頁)。私は、むしろ『金刀本』の話題は、景義が負傷によって「缺(カタ)ワ者」

となったことが契機になって、乱後に大庭氏家督の交替が行われていったことを物語るのではないかと思っている。氏が指摘するように、景義は「懐島(嶋)の平権守景義」(『東洋文庫真名本』1、巻一、二五頁。巻三、一五五頁。巻四、二二〇頁)と称され、本拠が御厨南西部に偏した懐島にあったことが家督の地位を失ったことを表していよう。[11] なお、景義(景能)の名乗りについて、保元物語諸本が「大庭平太」と表記していたのに対し、[12] 平家物語諸本は「懐嶋の平権守」としていることが参照される。[13]

湯山学は、景義の居館跡と伝えられる所が今日の神奈川県茅ヶ崎市円蔵にあって、懐島はこの付近とし、「懐島は相模川の渡津に位置すると同時に、同川口に近い海浜にも接した」地であったとする。[14] 御厨西端の「殿原・香川両郷」(前出『平安遺文』二五四四号)の南にあたり、[15] 豊田荘(平塚市豊田本郷辺)は更にその西方になる。一方、河津三郎が余興の相撲で二度にわたって投げ飛ばしたとされる俣野五郎景久は(第三章第一節三項・同、注2参照)、景義・景親兄弟の弟で、名字の地「俣野郷」(『吾妻鏡』建久六年十一月十九日条)は、今日の藤沢市西俣野から横浜市戸塚区俣野町・東俣野町にまたがる一帯で御厨北東部に位置する。従って、今日の藤沢市大庭から同市南部の「鵠沼郷」(前出『平安遺文』二五四四・二五四八号。藤沢市本鵠沼、他)にかけての御厨中央部が家督景親の所領であった。真名本巻四に、「大庭の厨屋は(景義の＝引用者)先祖の本領なりけれども、代々の時、太多に分たれたりし」とあって(『東洋文庫真名本』1、二〇一頁。第三章第一節七項、注4)、右の点を裏付けているが、家督景親の惣領権が御厨全体にどの程度まで及んでいたか明らかでない。

さて、平家物語諸本が伝える、石橋山合戦における北条時政と大庭景親との言葉戦いには極めて興味深いものがある。『延慶本』に拠ると、時政が「争か三代相伝の君に向奉て弓をも引、矢を放へき、速にひきのき候へ」と挑発したのに対し、景親はこのように応えたという(二末ノ一三「石橋山合戦事」、四一一―四一二頁)。

されは主にあらすとは申さす、但し『昔は主今は敵』、弓矢を取も不レ取も恩こそ主よ、当時は平家の御恩山より
も高く、海よりも深し、昔を存て降人になるへきに非す

『盛衰記』もおおむね同様であるが、引用した『　』部分、「昔ハ昔今ハ今、恩コソ主ヨ」と続き（巻二〇「石橋合戦事」、中一〇五頁）、語調にリズム感がある。「三代相伝」などという観念にとらわれるのではなく、「恩」という生身の現実に生きる中世武士のリアリズムをよく表現しているが、「昔ハ昔今ハ今、恩コソ主ヨ」という意識は、彼らが旧主義朝の「恩」を捨て平氏に奔ったように、局面次第で平家を離れ、「鎌倉殿」頼朝に従う行動を肯定する論理にもなり得た。[16]

頼朝「謀叛」の第一報が福原に届いたのは九月二日のことである。[17]頼朝の所在確認に時間を費やした結果であろう。『玉葉』『百錬抄』ともに三日条に記事を載せ（『山槐記』は四日条）、『玉葉』は「宛如二将門一」と、当時の兼実の認識を語っていた。景親は頼朝勢を撃破したものの、石橋山から箱根山中深く敵方の分散を許してしまった結果、有効な追撃を行う機会を逸してしまった。そして、九月五日付の宣旨に基づく頼朝追討軍は、二十二日、漸く福原を発ち（『玉葉』九月十一日条。『山槐記』九月五日・二十二日条。第一節四項）、景親は追討軍を先導するため、上洛を図ったらしい。ところが、足柄峠を越えて藍沢宿（静岡県御殿場市）に到着したものの、駿河は既に甲斐源氏軍によって占拠され、東からは頼朝の大軍が接近しつつあるとの情報に接し、結局「河村山」（神奈川県足柄上郡山北町）に逃亡するよりほかなかった（『吾妻鏡』十月十八日条。『延慶本』二末ノ二〇、四三三頁。『長門本』巻一一、三六六―三六七頁。『盛衰記』巻二三、中一九五―一九六頁）。

そして、十月二十三日、降人として「相模国府」（神奈川県中郡大磯町国府本郷）に出頭し、上総権介広常に預けられた。[18]鎌倉西郊の「固瀬河辺」で「梟首」されたのは僅か三日後のことである（『吾妻鏡』二十三・二十六日条）。享年

四十九。[19] 弟の俣野五郎景久は、石橋山で頼朝勢を撃破した後、[20] 言わば「平家方第二戦線指揮官」として、「駿河国目代橘遠茂軍勢」とともに甲斐に進攻したが、安田義定・工藤庄司景光ら甲斐勢に敗れ、富士北麓の戦場から「逐電」した。景親が梟首された後、「潜上洛」したという(同、八月二十三・二十五日、十月二十六日条。拙著『鎌倉守護』論考、第八章「安田義定」、四九〇頁・五〇二頁注三)。その最期は、平家方の一員として伊東九郎・斎藤実盛らとともに、加賀国篠原(石川県加賀市)で木曾義仲勢と戦い、討ち取られたとも自害したとも伝える。[21]

注

(1) 平家方軍兵の表記に関し、『四部本』は他の平家物語諸本と異なり、真名本と酷似した描写を示している(巻五、上一六一頁)。なお、一般に「東国武士団」と平氏との関係については、五味文彦が簡潔に整理している(「平氏軍制の諸段階」、五頁・表A)。

(2) 真名本には、他に二例、巻三「懐嶋の平権守景義と云ふ侍あり。これは鎌倉権五郎景政が末葉なり」(『東洋文庫真名本』1、一五五頁)、巻四「鎌倉権五郎景政の末葉、大庭三郎景親が舎弟に俣野五郎景久」(二二二頁)と出てくる。

(3) 『平安遺文』六巻二五四八号、「相模国大庭御厨古文書」天養二年三月四日官宣旨案に、大庭御厨「下司平景宗」とあり、また、『吾妻鏡』に「景能父景宗墳墓在相模国豊田庄」(文治四年十一月二十七日条。神奈川県平塚市豊田本郷辺)とする記事が見える。なお、石橋山合戦に、大庭景義とともに頼朝方として従軍した豊田五郎景俊は、景義の弟であった(同、治承四年八月二十日条に拠る。『延慶本』二末ノ一一、四〇七頁・『盛衰記』巻二〇、中九九頁「次郎」。『長門本』巻一〇、三四三頁「四郎」。『吾妻鏡』「五郎」の通称は「五郎景久」と重複する)。

(4) 景正の直系は、「三浦半島内の長江を名字の地とし、三浦氏一族に近づいている」とする(八八頁)。

(5) 「平吉次」及び「男吉明」とは、三浦義澄の祖父義継と父義明のことである。義朝の長子「鎌倉悪源太」義平の母について、『尊卑分脈』清和源氏は「橋本遊女」とするが（第三篇、二九五頁）、『清和源氏系図』には「三浦大介義明女」とあり（『続群書類従』一一〇、系図部。第五輯上、二六七頁）、『金刀本平治物語』も「義朝の嫡子鎌倉の悪源太義平は母方の祖父三浦（義明）の許に在ける」と記していた（上、一九六頁）。上横手雅敬は「義平の母を三浦氏とする説は信じてよい」とする（「院政期の源氏」、御家人制研究会編『御家人制の研究』、吉川弘文館、一九八一年、一五五頁）。義平は、平治の乱によって、永暦元年（一一六〇）一月に六条河原で梟首され、時に二十歳であったから（前出『尊卑分脈』。『帝王編年記』巻二一・二条院、三三一頁）、保延七年（永治元・一一四一）の誕生となる。義朝が尾張で殺害された時、「春秋三十八」（同右『帝王編年記』）であり、従って保安四年（一一二三）生、義平出生時には十九歳であった。

（6）「中村庄司平宗平」とは土肥実平らの父で（『千葉上総系図』、三七頁。但し、大日本古文書『小早川家文書』之二、「小早川家系図」一・二号は、実平らの兄とする）、義朝や頼朝との関係で言えば、乳母「摩々尼（局）」の問題がある。今、野口実「流人の周辺」に拠って、同記号を用いて『吾妻鏡』の典拠を抄出すると、（A）武衛（頼朝）御誕生之初被レ召二于御乳付一之青女〈今者尼、号二摩々一〉、住二相模国早河庄一（治承五年〈養和元〉閏二月七日条）。／（B）故左典厩（義朝）御乳母参上、（中略）是平治牢籠之後、自二京都一下二向相模国早河庄一（文治三年六月十三日条）。／（C）故左典厩御乳母〈字摩々局〉自二相模国早河庄一参上、（中略）年歯已九十二、（中略）早河内知行地、可レ免二除課役一之由、可レ被レ仰二惣領一之旨望二申之一、仍（中略）可レ下二知土肥弥太郎一（遠平）之趣、被レ仰云々（建久三年二月五日条）が挙げられる。氏は、「「摩々」は乳母一般をさす呼称」であるとし、「（A）の頼朝乳母と（B）（C）の義朝乳母は別人とすべきで」、「おそらく二人は母―娘の関係にあり、中村氏一族の出身あるいは縁者である可能性がつよい」と見ている（注※所引『中世東国武士団の研究』、第Ⅱ部第五章、一九〇頁。初出一九八九年）。

（7）湯山学は、「助弘は平姓を称しているので、三浦氏と同族かと思われる」とした上で、「義宗（あるいはその子義盛ら）

が同(和田＝引用者)郷を領有する以前、助弘一族が開発領主であったのではなかろうか」と推測している(注※所引『相模武士』二、八二—八三頁)。

(8) 拙著『鎌倉守護』論考、第六章「上総権介広常」、四六〇頁注二〇で触れた。

(9) 『吾妻鏡』建久二年八月一日条。『半井本保元物語』中、六三—六四頁(『金刀本』中、一一一—一一二頁〔父の名を「大庭の庄司景房」とする〕。『古活字本』中、三六五—三六六頁)。

(10) 『源威集』下、三四三頁。

(11) 『吾妻鏡』に拠ると、頼朝は建久元年十月三日、上洛の「首途」に当たって「相模国懐嶋」に宿泊し、「大庭平太景能儲二御駄餉一」けたとあるから、その本拠が「懐嶋」であったことが確められる(同日条)。

(12) 『半井本』上、四一頁(等)。『金刀本』上、九四頁(等)。『古活字本』中、三六五頁。

(13) 『延慶本』二中ノ三八、三六〇頁(等)(『長門本』巻一〇、三四三頁、『盛衰記』巻一八、中三頁〔等〕)。『曾我物語』は、真名本が一貫して「懐島(嶋)の平権守」とし(本文既述)、仮名本は、巻一・奥野の狩の段、「大庭平太景信」、巻二、夢合せの段、「懐島平権守景義」と書き分けている(三二・七〇頁。但し、「流布大系本」、巻二に「懐島平権守景信」とある〔一一七頁〕)。

(14) 注※所引・湯山学『相模武士』一、一一八—一一九・一五九頁。当時の流路に関しては、一一九—一二〇頁参照。

(15) 湯山は、香川郷の地を今日の茅ヶ崎市香川に比定し、殿原郷を「現在の香川に接した甘沼付近の地域」と推測している(同右、一一八頁)。

(16) 「平家ニ奉公シテ都ニア」った土屋次郎義清は石橋山合戦で頼朝方に従軍したが(『吾妻鏡』治承四年八月二十日条)、『盛衰記』はその行動原理を、義清に「平家ハ一旦ノ主、源氏ハ重代ノ君」と言わせている(巻二二、中一六二頁)。なお、真名本は、本項の最初に引用したとおり、景親らを「志を平家に運びて」とするのみであるが(『東洋文庫真名本』1、巻三、一六四頁)、仮名本(巻二)は「平家の重恩を報ぜんがために」と、より平家物語諸本に近づいた表現をしている(七三頁。但し、『四部本』は「平家ニ志有ル輩ラ」〔巻五、上一五九頁〕と、ここでも真名本に類似している)。仮名本の記述でいま一つ指摘しておきたいのは、景親ら相模勢に加えて「武蔵・上野の兵」らが馳せ向ったとする点で(同右)、わざわざ「上野」を加えていることに意味があるのかどうか、気にかかる点ではある。

(17)『覚一本』に「同九月二日、相模国の住人大庭三郎景親、福原へ早馬をもて申ける」とあるのは(巻五、上三四四頁)、景親の使者が福原に到着した日付を言う。

(18)平家方の総帥景親を相模国御家人ではなく、わざわざ広常に召預けたことは、当時の鎌倉方における広常の位置を示している(拙著『鎌倉守護』論考、第六章「上総権介広常」、四四五頁・四六一頁注二六、参照)。

(19)『半井本保元物語』に「大庭三郎、生年廿五」とあり(中、六四頁)、これに拠ると、天承二年(長承元・一一三二)生、治承四年(一一八〇)は四十九歳となる。

(20)景久は、「いとこ」の長尾新五(為景)・新六(定景)とともに、岡崎義実の子佐那田余一義忠を討ち取っている(『延慶本』二末ノ一三、四一四頁、等)。

(21)『延慶本』三末ノ一三(五八一頁)。『長門本』巻一四(四六七―四六八頁)。『四部本』巻七(上二九九頁)。『覚一本』巻七(下七六頁)。『盛衰記』巻二九(中四九〇頁)。このうち、『長門本』と『盛衰記』が自害説を採る。

二　土肥実平と「七騎落」説話

治承四年（一一八〇）八月二十三日、山木兼隆を討った頼朝は伊東祐親との決戦を避け、ひたすら三浦勢との合流を目指して、寅の刻（午前四時頃）相模国石橋山（神奈川県小田原市）に進撃した。この日は、グレゴリウス暦九月二十一日で、台風シーズンでもあってか、「入レ夜甚雨如レ沃」という天候であった。三浦勢は「丸子河」（酒匂川・鞠児川）東岸まで進出したものの渡河できず(1)、大庭「景親之党類家屋」を焼き払うという挙に出、これが景親に頼朝勢との決戦を急がせる要因となった（以上、『吾妻鏡』に拠る）。

真名本巻三に、石橋山戦で敗北した頼朝が椙山を出でて、「北条四郎時政、子息の小四郎義時、土肥次郎実平等七騎」を伴い、真鶴岬より、海上安房に逃れたとする説話が見られる（『東洋文庫真名本』1、一六六頁）(2)。田辺旬は労作「『平家物語』と頼朝挙兵」において、『曾我物語』のみならず平家物語諸本に見られる頼朝「七騎落」説話を素材に、中村氏一族の動向を検討して、当該説話が、『陸奥話記』における源頼義「七騎」の逸話を踏まえてはいるが(3)、単なる「物語上の虚構」ではなく、「頼朝の敗走」に、土肥実平らの「中村氏の武士がつき従ったという史実を背景にして成立した」もので、『平家物語』諸本の中で最も古態を示すといわれている延慶本『平家物語』(4)が、より古い説話の形を伝えている」といった点を明らかにしたのである（明治大学『古代学研究所紀要』一四号、二〇一〇年、四五―四六頁）。

まず、田辺に導かれて、平家物語諸本（読み本系）の関係部分を抄出する。

○『延慶本』　土肥二郎（実平）、同子息弥太郎（遠平）、甥の新開ノ荒二郎（実重）、土屋三郎（宗遠）、岡崎四郎（義実）已上五人、下﨟にて土肥二郎か小舎人男七郎丸、兵衛佐（頼朝）具し奉て上下只七騎ぞ有ける、土肥か申けるは、天喜年中に故伊与入道殿（頼義）、（安倍）貞任を責給し時、纔に七騎に落成て、一旦は山に籠しかとも、遂にその御本意を遂給にけり、今日の御有様少も彼に違わす、尤吉例とすへしとそ申ける（二末ノ一三「石橋山合戦事」、四一七頁）

○『長門本』　兵衛佐に付き山（椙山）にある人とては、土肥の次郎、同子息弥太郎、甥の新貝の荒次郎、土屋の三郎、岡崎の四郎以上侍五人、下﨟には土肥の次郎が小舎人男七郎丸、兵衛佐殿をぐし奉て、上下たゞ七人ぞ有ける。土屋が申けるは、天喜年中に、故伊予入道殿の貞任をせめ給ひし時、僅に七騎に落なりて、一旦は山に籠り給ひしか共、終に其御本意をとげ給ひけり、今日の御有さまこそ、少しもそれにたがはず候へ、尤吉例なりとぞ申ける（巻一〇、三五一頁）

○『四部本』　廿九日暁、伊豆国土肥郷ヨリ船ニ乗リ下（たま）フ、時に北条四郎時政、子息小四郎義時、土肥次郎実平、子息弥（ヤ）大《ママ》郎遠平、岡崎四郎義実、土屋次郎義清ナリ、但シ時政ヲハ甲斐国へ使ニ遣スト云フ、（頼義の故事を引き）七騎ヲ引具シテ、安房国へ落下（たま）フトモ云フ（巻五、上一八五頁。一八六頁に「七騎吉例之事」とある）

○『盛衰記』A　北条四郎ハ甲斐国へソ越ニケル、兵衛佐殿ニ相従テ山ニ籠ケル者ハ、土肥次郎実平、同男遠平、新開次郎忠氏、土屋三郎宗遠、岡崎四郎義実、藤九郎盛長也、（中略）其中ニ藤九郎盛長申ケルハ、（頼義「七騎」の故事を「吉例」として引く）（巻二一「兵衛佐殿隠㆓臥木㆒付梶原助㆓佐殿㆒事」、中一二〇頁）

○『盛衰記』B　異説ニ云、兵衛佐臥木ニ隠ントシ給ヒケル時ハ、土肥次郎実平、子息遠平、新開荒太郎実重、土屋三郎宗遠、岡崎四郎義実、土肥カ小舎人ニ七郎丸ト云冠者、佐殿共ニ七人也、（中略）北条時政ト子息義時トハ、山伝シテ甲斐国へ落ヌ（巻二一「小道地蔵堂事」、中一三〇―一三一頁）

石橋山中を敗走する頼朝以下「七騎」（右記傍線部分）に、真名本と同様、北条時政・義時父子を含めるのは、『四部本』のみである。『長門本』・『盛衰記』B「異説」は、『延慶本』と基本的に同一の記述である（但し、『盛衰記』Bは、新開実重の通称を「荒太郎」と記す）。『盛衰記』Aは、新開の名を「次郎忠氏」とするほか、土肥実平の従者（小舎人男七郎丸）の名を欠き、その代わりに「藤九郎盛長」を加える。安達盛長は、言うまでもなく頼朝最古参の側近で[5]、二十年もの間、配所における頼朝の生活を支えた乳母比企尼の長女（丹後内侍）の聟であった（『吾妻鏡』寿永元年十月十七日条。『吉見系図』範頼条（『続群書類従』一一七、系図部。第五輯上、四三五―四三六頁））。『盛衰記』Aが、頼朝を除く六人の「侍」（『長門本』＝騎馬武者に実平の従者を加えることを潔しとせず、戦いが困難を窮めるが故に、頼朝の側を離れたとは思われない盛長に改めたもので、言わば「合理」的改変と言うことができよう。盛長自身が、石橋山合戦に従軍していたことは『吾妻鏡』に明証があるが（治承四年八月二十日・二十三日条）[6]、その軍功が記録されることはなく、挙兵前には「累代御家人」の招聘に、房総上陸後は千葉常胤のもとに派遣されるなど（同、六月二十四日・九月四日条）、武士団を率い、武力を以て頼朝に仕えた存在ではなく、近世的な職名を用いれば「側用人」に当てはまる。

挙兵前夜、『吾妻鏡』には、武力が期待された「当時経廻士」七人の名が記載されていたが（盛長の名は挙げられていない）、その中に土肥次郎実平と岡崎四郎義実がおり、相模国住人としてはこの二人のみである（治承四年八月六日条）。『千葉上総系図』（三七頁）に拠ると、中村庄司宗平の子＝実平の嫡男が弥太郎遠平、土屋三郎宗遠は実平の弟であった。また新開荒次郎実重は、右記『延慶本』や『長門本』が実平の甥とするのに対し、『千葉上総系図』は実平の子で、遠平の弟としており、いずれにしても実平の近親である。

既述のように（第三章第一節二・三・五項。第四章第一節八項）、真名本に拠ると、土肥実平は河津三郎の烏帽子親であり（『東洋文庫真名本』1、巻一、三三頁）、嫡男遠平の妻は、曾我兄弟からは「早河の伯母」と呼ばれた伊東祐親の二女「万劫御前」で(前夫は工藤祐経。巻一、一九―二〇・二二頁。巻二、九一頁。同2、巻六、一七頁)、土肥氏と伊東祐親とは深い関係にあった。平家物語諸本は、頼朝・実平らの一行が、土肥(神奈川県足柄下郡湯河原町)の山中から、祐親勢が実平の屋敷を追捕し焼き払う様を望見する悲しみを描き、そこへ実平の妻から三浦一族の戦況がもたらされて、一行は海路安房に逃れるという展開となる。(7) その折、遠平が出航を逡巡する場面が挿入され、田辺は「頼朝敗走を支えた中村氏に、敵方の伊東祐親の女婿である遠平をめぐる緊張関係が存在していた」ことを指摘している(前掲論文、四七頁)。(8)

一方、岡崎義実は「三浦庄司義継四男」(義明の末弟)で、妻が実平らの姉妹という関係にあった(『吾妻鏡』正治二年六月二十一日条。(9)『三浦系図』、一二頁。同右『千葉上総系図』)。また、『四部本』にのみ名の見える土屋次郎義清とは、「岡崎四郎義実二男、母中村庄司宗平女」で、男子のなかった伯叔父宗遠の養子となった人物で(『吾妻鏡』建暦三年〈建保元〉五月三日条。同右『三浦系図』)、「七騎」としては、養父の宗遠とするのが本来の形であったろう。ところが、後述のように宗遠は使者として甲斐に派遣されており、『四部本』の記述は、その点を意識した「合理」的改変であったかも知れない。(10)

要するに、「七騎」のうち頼朝を除く六人とは、土肥実平を中心とする中村一族の「侍」品五人と、実平の従者(小舎人男七郎丸)から構成されていたのが本来の姿であると思われ、(11) 側近の安達盛長が常に頼朝に近侍していたとしても、それは石橋山合戦を特質づけるドラマにはならない。そもそも合戦自体が実平のテリトリーで戦われたものであり、安房国へと落ち延びる一行が乗船した場所も「土肥真名鶴崎」(神奈川県足柄下郡真鶴町)で、船は実平が「土肥住人」に命じて手配したものであった(『吾妻鏡』治承四年八月二十八日条)。実平は常に頼朝の「傍」を離れることはなく(同、二十四日条)、『愚管抄』も、頼朝に「大将軍」としての作法を示したとして、実平を「イミジキ事ドモフルマヒケルトカヤ」と特筆していた（巻五、二五二―二五三頁）。頼朝「七騎落」説話が、河内源氏にとっての「吉例」と捉え、前九年・黄海合戦における源頼義「七騎」の逸話を踏まえて、石橋山中から真鶴岬〜安房国への頼朝の敗走に、土肥実平ら「中村氏の武士がつき従ったという史実を背景にして成立した」ことは、田辺の指摘のとおりであろう（前掲論文、四五頁）[12]。

では、真名本や『四部本』に、「七騎」として名の挙がった北条時政・義時父子をどのように理解したらよいのであろうか。『吾妻鏡』に拠ると、時政父子三人は頼朝と離れ、「筥根湯坂」路を経て甲斐へ向かおうとした[13]。ところが、三郎宗時[14]は時政・義時とはぐれたものらしく、「土肥山」中から「平井郷」に向かい、「早河辺」で伊東祐親の軍兵に包囲され、「小平井名主紀六久重」に討ち取られたという（治承四年八月二十四日条）。「平井郷」とは今日の静岡県田方郡函南町平井に比定され、「早河」が狩野川の支流来光川とすれば、湯坂路に向かった時政らとは意識的に別行動を取ったとも解釈でき、ひたすら本貫の北条を目指し、祐親勢に迎撃されたものであったろうか。一方、時政・義時の二人は、頼朝の安否が気がかりで一旦「椙山陣」を尋ね、しばらく共に「筥根山」に滞在したのち、再び甲斐に向かおうとした。ところが、このままでは甲斐源氏の人々に、頼朝の安否・所在を説明できないことを憂慮し、また「土肥方」に立ち返り、結局「岡崎四郎義実・近藤七国平等[15]」と、「土肥郷岩浦」（真鶴町岩）から乗船し、安房の猟島で頼朝一行を迎えたとする（以上、二十四・二十五・二十七・二十九日の各条）。記述が不自然で混乱しており、奥富敬之は、時政らが「敗軍の将頼朝を見限って、甲斐源氏武田党を頼ろうとしたと見るのは、僻目だろうか」とさえ述べていた（『鎌倉北条氏の興亡』、吉川弘文館、二〇〇三年、二五頁）。

奥富の推測にはやはり根拠がないとしても、時政・義時父子は、不案内の箱根山中を、しかも小勢で、単に彷徨っていたに過ぎなかったのではないだろうか。宗時の行動にしても、勝算があったわけではなく、追い詰められた上での《特攻》と言うべきかも知れない。しかしながら、『吾妻鏡』は、時政をどうしても甲斐に送り込みたいものと見え、九月八日、「使節」として、上陸後の安房から甲斐に向けて進発したとしている（同日条）。それは、甲斐源氏との提携（協働作戦）を実現し、来るべき平家方との決戦（駿河浮島ヶ原の戦〔いわゆる富士川合戦〕）の根回しをしたのが時政であったと主張する意図に基づいていた（十月十三日・十八日条）。[16] 田辺は、石橋山の合戦直後に、「山伝に甲斐国へそ趣ける」とした『延慶本』（二末ノ一三、四一六頁）の記述の方がむしろ「自然であろう」と指摘していたが（前掲論文、五一頁）、確かに、陸路の場合は房総から武蔵経由のルート、海路を選択したとすれば、相模・伊豆・駿河いずれかに上陸することになり、特に伊東水軍の存在を考慮すると、当時の戦況からはほぼ不可能と見るべきであろう。そうとすると、時政・義時父子は安房には渡海せず、土肥辺から箱根山中を彷徨った末、ルートは定かでないにしても「山伝に甲斐国へ」逃走したというのが真相であったろうか（『延慶本』に拠ると、頼朝は時政の甲斐出立を把握していなかったという〔二末ノ一七「土屋三郎与二小二郎一行合事」、四二六—四二七頁〕）。[17]

なお田辺は、時政支援のために、下総から甲斐に派遣されたとする『吾妻鏡』土屋宗遠の記事に触れ（九月二十日条）、これも、石橋山戦直後の出立とする『延慶本』（前掲・二末ノ一七。注10参照）の記述を評価する（前掲論文、五〇—五二頁）。この時点では、千葉常胤・上総広常従軍が実現していたものの、河越重頼・畠山重忠ら武蔵勢の帰趨がなお明らかでなかった以上、従うべき見解であろう。

注

（1）『延慶本』は「相模河のはた浜宮の前に陣を取て」（二末ノ一四、四一七頁）とするが、『長門本』に「まりこ河」（巻一〇、三五二頁）とあり、『盛衰記』はより詳細に、「二日路ヲ一日ニ酒匂ノ宿ニ著、丸子河ノ洪水イマタヘラサレハ、渡ス事叶ハスシテ、宿ノ西ノハツレ、八木下ト云所ニ陣ヲ取、洪水ノヘルヲ待」（巻二一、中一三二頁）としている（註

※所引・湯山学『相模武士』一に、「小田原市鴨宮の加茂神社あたりから、同市酒匂の西のはずれの酒匂川に面したあたりに、柳下（八木下）郷があった」と見えている（二〇五頁）。

（2）仮名本は、巻二「佐殿（頼朝）もたゞ七八人に討ちなされ」（七四頁）、巻三「頼朝、石橋山の合戦に打ち負けて、たゞ七騎にて杉山を出で」（二〇一頁）等と記述する。

（3）『陸奥話記』（日本思想大系『古代政治社会思想』、一九七九年。訓み下し文に拠る）、黄海の戦の段、「将軍（頼義）の従兵、（中略）残るところ纔に六騎あり。長男義家・修理少進藤原景通（中略）等なり」と見える（二三五―二三六頁）。田辺が既に引用しているように（本文・前掲論文、四五頁・五四頁注一九）、二本松康宏は「あくまでも物語上の虚構」とし、頼義「七騎」の逸話が「源家の吉例」となったとは『陸奥話記』等いずれにも書かれておらず、「吉例の先蹤としたのは『平家物語』（読み本系諸本）からの主張であったように思われる」としている（「転生の構想―七騎落ちの系譜から」、第三編第一章、一六九―一七〇頁。初出一九九九年）。なお、二本松は、真名本が、曾我兄弟が丹三郎・鬼王丸のほか「冠者原三人」を伴い、「主従七人」で富士野に出立した（『東洋文庫真名本』2、巻七、六九頁。第三章第三節二項）と述べていたことに注意を払っている。三人の従者は他に一切登場せず、氏は、これは「「七騎落ち」の構図」を連想させる（中略）ために必要な存在であった」とした（一六六―一六七頁）。

（4）「『延慶本平家物語』の古態性」については、本節（付記二）で略述する。

（5）真名本巻二の記述については、第二節一項、注6参照。また、巻三に「朝夕格勤にて御前を去らぬ藤九郎盛長と云ふ侍」（『東洋文庫真名本』1、一五五頁）とある。

（6）『盛衰記』はその他、「土肥杉山」を没落した頼朝に従った者として、土肥次郎実平・北条四郎時政・岡崎四郎義実・土肥弥太郎遠平・懐島平権守景能とともに、「藤九郎盛長」の名を挙げる（Aに同じ。一一九頁）。

（7）『延慶本』二末ノ一五及び一六、四二五―四二六頁。『長門本』巻一〇、三六〇頁。『盛衰記』巻二二、中一五九―一六〇頁。

（8）『延慶本』二末ノ一六、四二六頁。『長門本』巻一〇、三六〇―三六一頁。『四部本』巻五、上一八六―一八七頁。『盛衰記』の記事は詳細で、遠平が、祐親の下で暮らしていた養子の「万寿冠者」（妻の「妹カ子」とする）到着を安房出航の直前まで待っていた様子を描いている（巻二二、中一六三頁）。一方、一項、注6所引「小早川家系図」一・二号ともに、信濃源氏源（平賀）義信の子で、遠平の養子となった景平の童名を「万寿冠者」とする。湯山は、神奈川県足柄下郡真鶴町岩の鎮守・児子（ちご）明神が、頼朝らの一行が船出したあとに到着し、ここで嘆き悲しんで自殺した万寿冠者を祀った神社であるとする伝承を伝える一方、件の「万寿冠者」＝景平同一人説を展開している（註※所引『相模武士』三、三一・四八頁）。

『盛衰記』は万寿冠者の実母を遠平の妻の「妹カ子」としていた訳であるから、真名本に従えば、「妹」というのは祐親の四女になるが（『東洋文庫真名本』1、巻二、九一頁）、この女性は諸書に見えず、早世した可能性を否定できない（第一節八項）。一方、義信の妻は比企尼の「三女」であり、前夫は伊東九郎であった（同九項）。仮に「万寿冠者」景平が伊東九郎の子であったとすると、祐親の二女を妻とする遠平にとっては、間接的にしても「妹カ子」の可能性も想定され、かつ、遠平が養子としたことを、頼朝が「神妙」だと評した（「小早川家系図」一号）理由も納得できよう。但し、比企尼「三女」と義信との再婚は、伊東九郎が寿永二年五、六月の頃、加賀篠原合戦で討死して以後のことであるから（『吾妻鏡』建久四年六月一日条。第一節九項）、『盛衰記』のいう「万寿冠者」と景平とを同一人と見ることは、やはり無理があるように思われる。

『吾妻鏡』は、「真名鶴崎」からの出航に先立ち、頼朝は遠平に対して消息を政子に伝えるよう命じ、九月二日、遠平は伊豆山から「秋戸郷」（未詳）に遷った政子に頼朝の無事を報告した事情を述べる（八月二十八日・九月二日条）。また、『四部本』は、先述した本文引用部分に続き、出航直前に近藤七国平が駆け付け、乗船を迫り、頼朝の裁定で、国平を乗せる代わり、七騎の「吉例」を守って、遠平を政子の許に使者として遣わしたとする（巻五、上一八五—一八七頁）。恐らく、土肥遠平が頼朝の特命を受けて、父実平らと行動を共にすることなく、政子への使者として派遣された史実があり、平家物語諸本が、この史実と、遠平が伊東祐親の聟であったこと、祐親の子伊東九郎の未亡人を妻とした源（平賀）義信の子「万寿冠者」を、後に遠平が養子としたこと等を結び付けた、ドラマティックな虚構譚を創作したものではなかったろうか。

（9）義実はこの日、八十九歳で没したから、天永三年（一一一二）年生、治承四年当時は六十九歳であった。なお、真名本巻五に、「岡崎四郎義実の女房も、北条（時政）の先の女房に御妹なれば、彼ら（曾我兄弟＝引用者）がためには岡崎も伯母聟なり」と見えていたが（『東洋文庫真名本』1、二五八頁）、他にそれを裏付ける史料はない。

（10）土屋次郎義清は、『吾妻鏡』に拠ると石橋山合戦に従軍しており（治承四年八月二十日条）、『延慶本』も同様である（二末ノ一一、四〇八頁）。ところが、同書の別の個所（同一七「土屋三郎与小二郎行合事」、四二六—四二七頁）に、石橋山戦後、頼朝に甲斐源氏との連絡を命ぜられた宗遠が、「平家に仕へて在京」していた「甥なから養子」の小二郎（但し、「義治」とある）と、夜中足柄山で偶然出会ったとする記述がある。二人は互いに警戒心を抱いたまま、宗遠が小二郎を甲斐に伴ったとする緊迫した描写となっている。

（11）このうち、岡崎義実は三浦氏の出身であったが、本貫（大住郡岡崎〔神奈川県伊勢原市〕）の地理的位置もあってか（西方に向けて土屋〔平塚市〕・中村〔小田原市〕と続き、足柄下郡土肥郷〔湯河原町〕は伊豆寄りの更に西方である）、頼朝挙兵当初、三浦一族としてではなく、むしろ中村一族として行動していた（拙著『鎌倉守護』論考、第六章「上総権介広常」、四六三―四六四頁注三九)。

(12) 菱沼一憲は、「説話に近い事実、準じた史実が存在したと判断でき」るとしていた(『中世地域社会と将軍権力』第五章「源頼朝「御権威」の成立と新秩序」1節1、汲古書院、二〇一一年、一六四頁)。

(13) 第三章第三節二項、注6参照。

(14) 義時の兄で、真名本は、時政の「嫡子の小三郎宗時」とする(『東洋文庫真名本』1、巻二、一〇八頁)。

(15) 『延慶本』等に比して、岡崎義実が、土肥実平ら「七騎」=中村一族と別行動を取ったとする『吾妻鏡』の記述はむしろ不自然である。また、『四部本』は「七騎落」の記事に続けて、頼朝は、後から馳せ参じた近藤国平を乗船させ、土肥遠平を政子の許に使者として派遣したとしていた(注8)。国平は、石橋山合戦に頼朝方として従軍しており(『吾妻鏡』治承四年八月二十日条)、『延慶本』に伊豆「国人近藤七国平」とあったが(二末ノ五、三八七頁。『覚一本』巻五、上三六三頁「近藤四郎国高」。『盛衰記』巻一八、中一五頁「近藤四郎国澄」)、『四部本』は「武蔵国住人八古宇(ヤコウ)近藤(コントウ)七国平」とする(巻五、一八六頁。但し、同一七九頁には「伊豆国(中略)住人近藤四郎国高」とあって、表記に混乱が見られる)。野口実は、『屋代本』に「在庁近藤四郎国高」(巻五)とする記述を踏まえて、「文覚を(国守源=引用者)仲綱の命によって伊豆に護送する役をつとめた近藤七国平も伊豆の在庁官人で」あったとする(前掲「流人の周辺」、二〇一頁・二一三―二一四頁注七六)。実際の護送役、仲綱郎等渡辺省(『平安遺文』九巻四八九二号、「神護寺文書」元暦二年正月十九日僧文覚起請文。第一節二項、注6)に言及していない点で疑問がある。

(16) 浮島ヶ原の戦(富士川合戦)が、実質的には甲斐源氏の戦果であったことは、拙著『鎌倉守護』論考、第八章「安田義定」、四九〇―四九一頁参照。

(17) 時政(父子)が甲斐へ向かったとする点は、前掲『盛衰記』A・B、及び『長門本』(巻一〇、三五〇頁)も述べていたが、後者は、『延慶本』同様、頼朝は知らなかったとする（三六一頁）。

〔補記〕　本節成稿後、金澤正大氏から「石橋山合戦に於ける北条時政の逃走経路」（『政治経済史学』六〇六号、二〇一七年）抜刷を頂いた（九月二〇日）。『吾妻鏡』と『延慶本』との比較検討を通して、「石橋山合戦敗北後、時政は頼朝に再会することなく、湯坂路から甲斐国に逃走したというのが事実」で、「甲斐源氏を頼った」とする論旨である（四八頁）。私見と重なる部分もあり、食い違う個所も見られる。本文に組み込むことができなかったことをお詫びしたい。

三　梶原景時の失脚と和田合戦

『曾我物語』における梶原景時と和田義盛の立位置は対照的で、梶原は曾我兄弟を敵視し、和田は陰に陽に兄弟に手を差し伸べる存在である（真名本巻五に、「和田左衛門尉義盛は［曾我兄弟の＝引用者補足］母方の伯母聟」とあったが〔『東洋文庫真名本』1、二五八頁〕、他にそれを裏付ける史料はない）。真名本は、頼朝の「御敵となりて誅せられ奉る侍共」として、「国々の侍共五十六人」・「源平両家の間一百四十余人」という数を挙げ、「この中に源氏においては皆梶原が、、、申状とぞ聞えし」と記していた（巻三、一七〇頁）(1)。これが、頼朝におもねったとされる梶原に対する一般的認識であろう(2)。ところが、二本松康宏に拠ると、真名本は「梶原をそれほど悪し様には描か」ず、「狂言まわしのような役割を担わせて」おり、鷹談義で畠山重忠に言い負かされる場など（巻五、二七八―二八二頁。第三章第二節二項）、「トリックスターとしての梶原がいる」とさえ評していた（「三原野と那須野をめぐる狩庭の祭祀者たちの名誉」、第一編第二章、五四頁。初出一九九五年）。

『曾我物語』では兄弟の敵役としては、主に嫡男の源太景季が代位しており、仮名本に至っては、「化粧坂の遊君」

をめぐって、五郎との恋の鞘当てまで描いている(巻五、一六一—一六六頁)。但し、景季にせよ義盛にせよ、それぞれ例外があって、いずれも仮名本であるが、謡曲のタイトルを用いると「切兼曾我」の場面で、景季は兄弟に同情的であり(巻三、八七—一〇九頁。第三章第二節一項、＊2)、舞曲に言う「和田酒盛」の場では、義盛は権勢に驕って、大磯の虎に執心する敵役として現れる(巻六、一六九—一七九頁。同右、＊3)。歴史の問題としては、梶原景時・和田義盛、いずれも、侍所の所司・別当として頼朝に重用され、北条氏の勢力拡大の過程で、いずれも時政なり義時なりに滅ぼされている。本項では、二人の滅亡の意味について、曾我の物語の視点に立って考えていきたい。

まず、梶原景時から見ていくと、『盛衰記』に「大場(景親)カイトコニ平三景時」とある(巻二一、中一二二頁)。『尊卑分脈』桓武平氏には当てはまるが(第四篇、一四—一五頁)、注※所引・石井進「相武の武士団」が紹介している諸系図に拠ると、大庭氏の庶流としか表現できない(八六—八七頁)。名字の地は、『和名抄』鎌倉郡の郷名に「梶原」郷が見え(日本地理志料巻一五、二〇五頁)、今日の神奈川県鎌倉市の地名にも残されている。『新編鎌倉志』巻五、坂ノ下「御霊宮」項に、「梶原村にも、御霊宮あり。里老云、当社は、本梶原村に有しを、後に此地にも勧請す。故に今祭礼の時は、彼の所の神主出合て勤と也」とあって(『新編相模国風土記稿』第六巻、一九八〇年、一〇四—一〇五頁)、「市立深沢小学校の裏山の麓に鎮座する」梶原の御霊神社こそ元宮だと伝えている(注※所引・湯山学『相模武士』一、一九五・一九七頁)[3]。

石橋山合戦においては、惣領大庭景親に従い平家方であったが、『吾妻鏡』に、頼朝の在所を知りながら、「此山称レ無二人跡一、曳二景親之手一登二傍峯一」とあるように(治承四年八月二十四日条)、数々の伝説を生み出した。恐らく、景親らと同様、十月に頼朝に降り、土肥実平の召預かりとなって、漸く翌年初頭に「初参」が実現したのである(同、治承五年(養和元)正月十一日条)。同書は「雖レ不レ携二文筆一、巧二言語一之士也」とし、『盛衰記』に「数寄タル道モ優ナリケリ」と見えるように（巻三七、下七六頁）、「文筆・言語」の面が、頼朝の「相二叶賢慮一」った（『吾妻鏡』、同右）所以であったろう。

頼朝が期待した景時の才能は、早くも木曾義仲追討戦で発揮された。寿永三年（元暦元・一一八四）一月二十七日、安田義定・範頼・義経・一条忠頼と、当時の軍団を構成する指揮官から、それぞれ合戦の報告がもたらされたが、「討亡囚人等交名注文」を持参したのは景時の使者のみであったという（『吾妻鏡』）。景時の面目躍如たるものがあると同時に、彼は既に侍所所司（次官）に任ぜられていたことを示していよう（拙著『鎌倉守護』論考、第八章「安田義定」、四九三頁・五〇四頁注一〇）[4]。和田義盛が侍所別当（長官）に任ぜられたのは、治承四年（一一八〇）十一月十七日のことであり（『吾妻鏡』）、平家追討に当たって、二人は「軍士等事為レ令二奉行一」に、「別当」義盛は範頼に、「所司」景時は義経に付けられた（元暦二年〈文治元〉四月二十一日条）。そして、侍所の別当・所司がこの両人であったことは、初期鎌倉幕府の官制体系を示す『吾妻鏡』建久二年正月十五日条にも窺うことができる。

ところが、同書、頼朝没後の正治二年（一二〇〇）二月五日条（後段で時間的に整序する関係で、史料eとする）に、「和田左衛門尉還二補侍所別当一、義盛、治承四年関東最初補二此職一之処、至二建久三年一、景時一日可レ仮二其号一之由懇望之間、義盛以二服暇之次一、白地被レ補レ之、而景時廻二奸謀一、于レ今居二此職一也、景時元者為二所司一云々」とする記事が見える。建久三年（一一九二）以降、後述する景時滅亡に至るまで、別当は景時であったというのである。曾我事件の起こった建久四年は、まさにこの期間に該当するので、やや詳しく検討することにしたい。

貫達人は、建久五年五月二十四日条（「侍所着到等事、義盛・景時故障之時者」云々）や同六年三月十二日条（東大寺供養。「義盛・景時等者、依レ為二侍所司一（＝「侍所の司」）、令レ下二知警固事一之後、自二路次一更騎馬、各為二最前〈義盛＝引用者〉最末〈景時＝同〉之随兵一」）、その他の事例を挙げ、これらは「明らかに義盛の職務を示して」おり、「しかも二人を列記する場合には必ず義盛を上にしている」として、史料eは「にわかに信じ難いものがある」とする（人物叢書『畠山重忠』、吉川弘文館、一九六二年。一九八七年新装版、一四〇―一四二頁）。

一方、別当の交替を肯定的に捉える見解もあって、滑川敦子は「別当と所司には上下関係がなく、むしろ並立的なものであった」と言う（「和田義盛と梶原景時」、野口実編『中世の人物』第二巻、清文堂出版、二〇一四年、二五一―二五二頁）。この見解の前提に、幕府侍所が「摂関家の侍所の系譜を引くもの」として（二三八頁）、「家政的職務に長け」た景時こそ、「家政全般に関わる業務を担当するという本来の侍所別当のあり方に相応しい」存在であったとする理解がある（二五二頁）。しかしながら、氏が、景時担当の「家政的職務」として挙げている鶴岡若宮造営奉行とか同宮大般若経供養といった事例（同頁）を見ると、前者は幕府の機構も十分整っておらない初期のもので（『吾妻鏡』養和元年七月二十一日条）、後者は供養当日の「供奉人所役」に関わるまさに侍所の職掌そのものであって（同、文治四年三月十五日・二十一日条）、摂関家と同様の「家政」概念で捉えられるものかどうか、疑問とせざるを得ない。(5)

頼朝の存命中（建久十年（正治元・一一九九）一月十三日没）、別当の地位に変動がなかったことは貫が挙げた諸事例に明らかであり（前掲書、一四〇―一四一頁）、建久三年の出来事は、「白地」（あからさまに）＝一時的と記されていたように、あるいは義盛の「服暇」に伴う臨時的措置であったかも知れない。頼朝死後の二月六日、頼家は、一月二十日付で左近衛中将に転じ、「続二前征夷将軍源朝臣（頼朝）遺跡一、宜レ令下二彼家人郎従等一如レ旧奉中行諸国守護上者」とする二十六日付の宣旨が到来して、吉書始が行われた（『吾妻鏡』同日条。史料aとする）。列席した御家人を抄出すると「北条殿（時政）、兵庫頭（中原）広元朝臣、三浦介義澄、前大和守（源）光行朝臣、中宮大夫属入道（三善）善信、八田右衛門尉知家、和田左衛門尉義盛、比企右衛門尉能員、梶原平三景時〈右傍書「侍別当」〉、藤民部丞（二階堂）行光、平民部丞盛時、右京進（中原）仲業、文章生（三善）宣衡等、列二着政所一」とある。

景時に続く二階堂行光以下はいずれも政所の職員である。[6]義盛→景時の序列記載を受容するか、地の文として余り評価できないか。また景時に関する傍書を、例えば、史料e「還補」の記載などに基づく後人の追筆と見なすかどうか。貫は景時別当在職を「事実と認めてよい」とするが（一四〇頁）、氏自身が事例の一つに挙げている正治元年八月十六日条（一四二頁。史料bとする）、鶴岡宮「馬場流鏑馬以下神事如レ例、和田左衛門尉義盛・梶原平三景時等相二卒（率）子息郎従一、警二固宮寺一」との矛盾をどう説明したらよいか。同年九月十七日条（史料cとする）に、「京都大番役、依レ有二懈緩之聞一、可レ加二催促一之旨、被レ仰二諸国守護人等一云々、広元朝臣并景時等奉二行之一」とあって、本来侍所の管轄である京都大番役催促事務[7]から義盛が完全に閉め出されていることが分かる。景時失脚後の正治二年正月十五日条（史料dとする）の記事、「今日、可レ勤二仕京都大番一之由、被レ仰二諸御家人一、左衛門尉義盛奉二行之一」と対比すれば、その意味が理解できよう。

　恐らく、将軍頼家の下で、侍所の実質的権限は景時によって掌握され、義盛は次第に疎外されていったのではないか。史料a―eはすべて『吾妻鏡』の記事であったが、景時を「侍別当」とする傍書の見える建久十年（正治元）二月六日条（史料a）の後に、義盛が景時とともに（正治元年）八月十六日の流鏑馬神事に際し、鶴岡宮の警固を担当していたことは（史料b）、形式的には義盛が別当の地位をなお罷免されておらなかったことを意味していよう。そして、義盛は、景時失脚直後の翌正治二年一月十五日（史料d）、かつて閉め出された（史料c）京都大番役催促事務を掌り、更に景時滅亡後の二月五日に至って（史料e）、侍所別当の地位の再確認を求めたのではなかったろうか。義盛の別当「還補」を語るこの記事は、景時に対する悪意すら感じさせるものがある。和田義盛は、次代の実朝将軍期においても、依然として別当の地位を失うことはなかった（承元三年十一月二十日条、十二月十一日条）。

　では、将軍頼家の下で、景時の権限拡大は如何にして可能であったろうか。『愚管抄』は、景時を頼家の「一ノ郎等」とし[8]、「鎌倉ノ本体ノ武士」である景時を失ったことは、「頼家ガフカク」と評している（巻六・順徳、三〇一―三〇二頁）。慈円はまた、梶原とともに、中原広元[9]が、同母兄九条兼実の政敵源通親の「方人」であったとしていたが（巻六・後鳥羽、二八四頁。注18後述）[10]、『玉葉』には景時の滅亡を、「景時討伐必然云々、天下悦也、積悪之輩、尽レ数滅亡」と、珍しく感情をむき出しにした記述をしている（正治二年二月二日条）。先の史料cから窺われるように、諸国守護人に対する京都大番役催促事務から、和田義盛を排除した「広元朝臣并景時」こそ頼家の権力の中核であり、その勢力は、後鳥羽朝において、「源博陸」と称された源通親（『玉葉』建久九年正月七日条）に結び付いていたのである。元木泰雄に拠ると、通親は頼家に対して、「建久十年正月に頼朝が死去するや、通親はその死去を隠したまま頼家に後継者の地位を認め、摂関家の子弟のみに許されてきた五位中将という特権的地位を与えて、高い権威を付与するという強引な人事を行った」としている（「源頼朝―天下草創の光と影」、前掲『中世の人物』第二巻、所収。一八三頁）。

　では、なぜ頼家は自らの死命を制すると言ってもよい景時を失ったのであろうか。端的に言えば、御家人の言わば「世論」を無視できなかったからである。景時没落のきっかけをつくったのは阿波局であった。あるとき、頼朝の「無双近仕」と評された結城朝光が、「一万反弥陀名号」を称えることを傍輩に勧め、故将軍を慕う余り、「忠臣不レ事二二君一」、「今見二世上一、如レ踏二薄氷一」と語ったことがあった（『吾妻鏡』正治元年十月二十五日条）。局は朝光に、景時がこれを聞き咎めて、あなたを「誅戮」[11]しようとしていると告げたのである。驚いた朝光は「断金朋友」[12]三浦義村に相談し、これに和田義盛・安達盛長が加わり、事態は御家人六十六人の連署になる景時弾劾状の作成、頼家に対する上訴へとエスカレートする（同二十七日条）。義盛は、頼家への取り次ぎを渋る広元を「殆及二呵責一」ぶ勢いで威嚇し、広元は漸く頼家の許に連署状を持参したが、頼家はそれを景時に下し、「可レ陳二是非一之由被レ仰」たという（以上、十月二十八日条、十一月十日・十二日条）。

『吾妻鏡』十月二十八日条は、景時弾劾状に署名した御家人の数を「六十六人」としており、その背景には「凡文治以降、依二景時之讒一、殞レ命失レ職之輩不レ可二勝計一」（二十七日条）との共通認識があった。このうち、実名が記されている者は三十八人に及ぶが、その名を通覧すると少なくとも次の四点が理解できる。第一は、千葉介常胤・三浦介義澄・畠山次郎重忠・小山左衛門尉朝政・足立左衛門尉遠元・和田左衛門尉義盛・葛西兵衛尉清重・八田左衛門尉知重・宇都宮弥三郎頼綱・佐々木三郎兵衛尉盛綱入道・天野民部丞遠景入道・工藤小次郎行光ら幕府の根幹をなす御家人が悉く加わっていることである(13)。第二は、安達藤九郎盛長入道・景盛父子が加わっていることは当然としても（注11）、比企一族からは比企右衛門尉能員と若狭兵衛尉忠季(14)の名が見られることである。第三は、三浦義澄・和田義盛、及びそれぞれの嫡男である義村と常盛（注13）のほか、相模国御家人九人が署名しており、実名が判明する三十八人中の十三人、三分一強となる。その九人とは次の人々であった。

波多野小次郎忠綱（義通男で、故松田義常弟）、渋谷次郎高重（重国嫡男）、山内刑部丞経俊、岡崎四郎義実入道、土屋次郎義清（義実男で宗遠の養子）、土肥先次郎惟光（遠平男カ）(15)、曾我小太郎祐綱（祐信嫡男）、二宮四郎、長江四郎明義（大庭一族）(16)

第四。事件の口火を切った阿波局とは何者であったろうか。彼女は、頼朝の異母弟（義経同母兄）の阿野全成の妻で、北条時政の娘（政子の妹）であった（『吾妻鏡』建久三年八月九日条、建仁三年五月二十日条、嘉禄三年（安貞元・一二二七）十一月四日（辛去）条）(17)。背後で、北条時政・義時父子が糸を引いているのは見やすい道理と言わねばならない。しかも、彼らが表舞台に姿を見せることは一度もなく、現代政治に言う《大衆動員》を見事に遣って退けたということになる。これは、本書の主題である「建久四年曾我事件」の反省を踏まえた行動であったと思う（第七章第一節三項後述）。御家人集団の意思に逆らえなかった頼家にとってのもう一つの「フカク」は、比企能員の行動である。景時追討の中核となったのは、頼家の親衛軍とも言うべき能員の嫡男比企兵衛尉と、聟の糟屋有季であって（『吾妻鏡』正治二年正月二十日・二十五日条）、政権中枢の主導権争いであったと同時に、「東国」御家人比企能員にとって、源通親と結ぶ景時の政治姿勢に同調することなど、所詮は容認できなかったことと思う。頼家は、詰まるところ、比企一族に依拠して、京都側の、鎌倉におけるいわば拠点とも言うべき景時を切り捨てたことになり（拙著、前掲・第七章「比企能員」、四七七頁）、頼家自身が、余りにも深く朝廷の実力者と結んだ景時に危惧を懐いていたかも知れない[18]。

景時は、何ら陳弁することなく、子息親類等を率いて本領の「相模国一宮」にいったん下向したが（『吾妻鏡』正治元年十一月十三日条）、十二月十八日に至り正式に鎌倉追放が決せられた（同日条）。この間、景時は「一宮館」（元久二年六月二十二日条）に城郭を構え、防戦の準備に努めたが、追討軍が編成されるに及んで上洛を目指したところ、「駿河国清見関」（静岡市清水区興津清見寺町）付近で、入江一族の吉香氏・船越氏らに討たれ、一族のほとんどが滅んだ（同、正治二年正月二十日条。嫡男景季三十九歳。景時の年齢は記されていない）。

上洛は、鎮西管領の宣旨を賜ったと称するもので、武田有義を将軍に擁立する意図があったという。一方、内裏・仙洞において秘法が修されたとも言われ、通親と何らかの連絡があったものと推測されよう（同、正月二十八日条、二月二日・二十二日条。『保暦間記』、七三―七四頁。拙著、前掲・第七章「比企能員」、四八五頁注一〇）。『東関紀行』にすら「将軍二代の恩にほこり、（中略）かたはらに人なくぞ見えける」と記され（新日本古典文学大系『中世日記紀行集』、一九九〇年、一四五頁）、「凡景時誇二代将軍家寵愛、振傍若無人之威、多年積悪、遂帰其身」（『吾妻鏡』正治二年正月二十八日条）というのが一般的な世評であった。

ところで、景時の本領であった「相模国一宮」というのは、現在の寒川神社のことである（神奈川県高座郡寒川町宮山。南に「一之宮」の地名が残る）。平安末・鎌倉期に一宮に本拠を置いた「東国」の豪族としては、上総権介広常と、その館を継承した千葉常秀（常胤男）・秀胤父子が知られる（拙著『鎌倉守護』論考、第六章「上総権介広常」、四三〇—四三二頁、等）。一般に、一宮は国衙との結び付きが強く、国住人（武士層）を国衙に統合するイデオロギー機能を持った中世的神社制度であり、頼朝挙兵以前から、大庭氏庶流に過ぎなかった梶原景時の所領であったとは思われない。

私は、本来は大庭景親の所領であって、笠松宏至が言う「一族地闕所の同族給与」という中世社会通有の慣習法に従い[19]、頼朝による「新恩」として、改めて景時に与えられたものと推測している。その微かな裏付けは、大庭御厨の四至「西神郷堺」とある「神郷」が寒川社領と考えられることで（『平安遺文』六巻二五四四号、「相模国大庭御厨古文書」天養二年二月三日官宣旨案）、大庭景親の勢力が、平氏権力を背景に西隣の一宮社領に及んだことが想定される。この中世一宮制について、相模の場合は固有の特色が窺われることもあって、改めて〔付記二〕「相模国一、二宮制と惣社」で略述したい。

鎌倉幕府初代侍所別当和田義盛は、三浦義澄の甥である。『延慶本』は、義盛の父（義澄兄）椙本太郎義宗を三浦義明の「嫡子」とし、長寛元年（一一六三）の秋、安房国長狭城攻撃の際に負った傷がもとで、三十九歳で死去したと記す（二末ノ一二、四〇九頁）[20]。「杉本」の名字は、一般に、今日杉本観音が所在する鎌倉の杉本に基づくとされているが、湯山学は、大矢部（神奈川県横須賀市）「杉ノ下（した）」に由来し、義宗ははじめ「怒田城（同市吉井＝引用者）を預かっ」ていたとする（注※所引『相模武士』二、八四頁）。この見解は、和田助弘（一項、注7＝引用者）が開発領主であったという和田郷の所領化を前提とした発想であろう（八二—八三頁）。源義朝が上総から相模に進出し、「鎌倉之楯」を本拠とした一連の動向は、三浦一族の支援の下で行われたものであり（長子義平は三浦義明の聟であった（同項・同、注5参照））、三浦半島から鎌倉に向かう三浦道と、亀ヶ谷〜朝比奈を結ぶルートの交差点に杉本が位置していたのであって、義宗の鎌倉杉本への進出は、義朝の鎌倉進出に連動したものであったと考えられる（平治の乱後、杉本は三浦氏の手から離れた可能性が高い)。

和田義盛が、折に触れ曾我兄弟に手を差し伸べたとする『曾我物語』における人物像は第三章で言及した。『吾妻鏡』の描写は、その人間臭さと相俟って興味深いものがあるが、ここでは触れない。和田義盛の乱を「和田合戦」と表現したのは『保暦間記』であり、同書は義盛が北条「義時ニ権ヲ取レテ、今ハ主従ノコトシ」と記す(七七―七八頁)。『愚管抄』も「義盛左衛門ト云三浦ノ長者、義時ヲ深クソネミテウタンノ志有ケリ」としている(巻六・順徳、三〇五頁)。事件が義時の挑発によるものであり、建暦三年(建保元・一二一三)五月二日から翌日にかけての合戦が、義時のペースで進んだことは諸書に明らかであって、ここでは義盛に与力した人々の問題を考えてみたい。

義盛も討たれ、事件が大方落着した五月三日の酉の刻(午後六時頃)、北条義時と中原広元は、在京の佐々木広綱(定綱嫡男)に与党追捕を命じた連署状を発している(『吾妻鏡』)。その中に、「和田左衛門尉義盛・土屋大学助義清・横山右馬允時兼、すへて相模の者とも、謀叛をおこす」とあって、乱の中心人物とともに、和田方の主力が相模勢であったことが分かる。石井進は、「この和田合戦は、幕府成立以来の最大の内乱であり、『吾妻鏡』にのせられた和田方の主な戦死者・捕虜の名簿は全部で百七十人あまり、しかもそのほとんどは相武の武士たちであった。和田一族、横山党、土屋氏、山内首藤氏、渋谷氏、鎌倉党、愛甲氏、土肥氏等々、義盛方に属した人々の名は、まるで相武の武士団の一覧表を見るかのような感じである」と述べており(「武家政権の成立」『鎌倉武士の実像』、平凡社、一九八七年、一九二頁。初出一九八一年『石井進著作集』第五巻、岩波書店、二〇〇五年、再録。一〇二頁)、もはや贅言を要しない的確な指摘である。

同書、六日条には、「建暦三年五月二日三日合戦被ㇾ討人々日記」が、和田一族・「横山人々」・「土屋人々」・「山内人々」・「渋谷人々」・「毛利人々」・「鎌倉人々」・その他、一族・一門ごとにまとめて記載されている。このうち「山内人々」について補足すると、山内荘の本主山内首藤経俊は、頼朝の挙兵に当たって平家方に与し、所領を収公され、身柄は土肥実平に召預けられた（『吾妻鏡』治承四年八月二十三日条、十月二十三日条。和田合戦に当たって、経俊自身は義時方であった）。右の「日記」には、所職が実平をはじめ幾人かに分割された複雑な領有関係が反映されているが、経俊旧領の多くは実平に与えられたと推測される。実平の孫で、遠平嫡男（『千葉上総系図』、三七頁）土肥先次郎左衛門尉維（惟）平[21]は、「為二囚人一、送二数月一」った末、閏九月十九日に誅殺された（五月二日条、閏九月十九日条）。

和田合戦で注目されるのは、義盛の従父兄弟であった三浦氏惣領の義村の行動で、『吾妻鏡』五月二日条に、「三浦平六左衛門尉義村・同弟九郎右衛門尉胤義等、始者与二義盛一成二一諾一、可レ警二固北門一之由、乍レ書二同心起請文一、後者令レ改二変之一」とあり、『鎌倉年代記裏書』建保元年条にも「平六左衛門尉義村雖二与力一、参二御方一訖」と見える（四〇頁）。また、『曾我物語』に関わりの深い「曾我・中村・二宮・河村之輩」の大軍は[22]、「武蔵大路及稲村崎」に陣を敷き、去就に迷った挙げ句、負傷しながら「法花堂御所」に駆け付けた波多野弥次郎朝定が執筆した「将軍御判」の御教書を頂き、義時方に参じたという（五月三日条。湯山『相模武士』四、一九頁）。曾我氏をはじめ、この集団からは既に活力が失われていた現れとも見られよう。

第三節冒頭に記した相模の豪族のうち、波多野氏が僅かに過去の残映をとどめているとはいえ、鎌倉党や中村一族は見る影もなく、「荘官クラスの在地領主」（安田元久）にしても、例えば渋谷氏は、惣領高重（横山時兼の祖父＝権守時重の聟）を失い（『吾妻鏡』五月二日条。『保暦間記』、七八頁）、その没落は決定的となった。その中で、三浦氏のみ一人勝ちのように見えるが、勇猛な和田一族を失った一門の打撃は大きく、加えて義盛との約諾を反故にした嫡流の義村に対する世評には厳しいものがあった（第六章第四節二項参照）。なお宝治合戦（宝治元年〔一二四七〕）における嫡流の滅亡に至るまで時間が残されているが、和田合戦によって決定的となった相模武士団の広汎な没落こそ、やがて『曾我物語』の特色の一つである「貧道の物語」(23)を生み出す土壌＝社会的基盤形成の契機となった。

没落した一族の、特に庶流を吸収したのが北条氏で、例えば、渋谷氏の場合、宝治二年（一二四八）に薩摩国入来院に遷った一族(24)や、得宗御内人となって、得宗分国（得宗家庶流が正員の場合を含む）の守護代に任じた一族もあった（拙著『鎌倉守護』国別、第五章若狭項、二五五頁、第八章播磨項、三五三頁、など）。また、愛甲氏からは、得宗家に次ぐ名門名越氏の被官となって、肥後や大隅において又代を務めた一族も現れている（同右、第十章大隅項、五七六頁注八、など）。得宗や名越家嫡流が在国することはあり得ないので、右のケースでは、幕府の職制における守護代や又代が、事実上の守護や守護代の役割を果したことを示している。糟屋氏の場合は、権守盛久が石橋山合戦において頼朝に敵対し（『吾妻鏡』治承四年八月二十三日条。『東洋文庫真名本』1、巻三、一六四頁。一項）、比企能員の聟であった子の藤太兵衛尉有季は、比企氏とともに亡んでいた（『吾妻鏡』建仁三年九月二日条）(25)。和田合戦時における動向は定かでないが、有季の子左衛門尉有久は、承久の乱に際し、京方の大将格として出兵し戦死している（同、承久三年六月三日条。拙著『鎌倉守護』論考、第七章「比企能員」、四八四―四八五頁注五）。そして、糟屋氏からも政村流の被官として、それぞれの分国で守護代を務めた一族が現れている（拙著、前掲・国別、第七章丹波項、三一〇頁注一〇、など）。

注

（1）また、「日本国の侍共の鬼魍（おにここめ）の如く怖ぢ合ひ候ふ梶原平三景時」とする記述も見える（『東洋文庫真名本』1、巻四、二二〇頁）。

（2）例えば『保暦間記』に、「梶原平三景時、余ニ人ヲ讒言申ケレ共、頼朝ノ時ハ寵愛ノ間、其成敗ナシ」とあった（七三頁）。

（3）但し、湯山自身は、「もっとも古く記録に見える坂ノ下の御霊社が初めに祀られたとみてよい」とする（七六頁）。なお、七五頁に、相模国内「御霊神社のある村名一覧表（阿部征寛氏作成）」が収められている。

（4）一谷戦直後の寿永三年（元暦元）二月十八日、景時は播磨・美作を管轄する「専使」に補任された（『吾妻鏡』）。この「専使」こそ、後の鎌倉幕府守護制度の直接の淵源であり、頼朝直轄の「近国惣追捕使」であった（同、元暦二年〔文治元〕四月二十六日条。拙著『鎌倉守護』論考、第二章第二節「播磨・美作／備前・備中・備後」項、七二―七三頁。同・国別、第八章播磨項・美作項）。

（5）鎌倉幕府の侍所は、治承四年十一月、家人統制機関として成立し（拙著『鎌倉守護』論考、第二章第一節、四一頁）、幕府が、建久元年、頼朝の任右大将宣下を契機に、諸国守護＝「天下守護之職」を担当する機構として国制に位置付けられた結果（同第四節、一二七―一二九頁）、国家検断を担う権能を有する国家的機関に転化した。その故に、謀叛人追捕のみならず、京都大番役催促事務をも掌握することになるのであって（拙著、前掲・第四節、一三二頁）、滑川の所論からは、鎌倉幕府侍所が有した国家的権能を窺うことができない。

（6）二階堂行光は行政の嫡男で、『鎌倉年代記』に「正治二十一月以後為レ令、別当広元」とあり（六頁）、この時点では一般職員である。なお、盛時・仲業・宣衡は、建久二年正月十五日条に「公事奉行人」として見えている。

（7）拙著『鎌倉守護』論考、第五章「京都大番役覚書」、三九一頁参照。

（8）「一ノ郎等ト思ヒタリシ梶原景時ガ、ヤガテメノトニテ有ケルヲ」とあるが、三〇一頁頭注四六に、「景時妻が頼家の乳母であったことは東鑑無所見」とある。なお、『慈光寺本承久記』上に、「梶原平三景時ゾ（頼家の＝引用者補足）後見奉ケル」と見える（三〇三頁）。

（9）広元は、養父である中原広季に従い、中原姓を称していたが、建保四年閏六月一日、実父（大江維光）の大江姓に改姓することが勅許された（『尊卑分脈』大江氏〔第四篇、九七頁〕。『吾妻鏡』同十四日条）。

（10）嫡男の親広は、「為二久我内大臣通親公猶子一、号レ源」した（『江氏家譜』中〔『大日本史料』第四編之一六、二六一頁〕）。
（11）頼家は、盛長の嫡男景盛を「使節」として三河に派遣し、賊徒追捕を命じたが、その不在中に景盛の妾を奪い、逆に景盛殺害を企てたことがあった（『吾妻鏡』正治元年七月十・十六・二十・二十六日条、八月十八・十九・二十日条）。「鎌倉中騒動」となったが、この時広元は「如レ此事非レ無二先規一」として鳥羽院の例を挙げ、頼家を弁護している（同八月十九日条）。この事件を機に、頼家の言わば《藩屏》であるはずの比企一族から安達氏が離れた（拙著『鎌倉守護』論考、第七章「比企能員」、四七七頁）。
（12）景時弾劾状を執筆した中原仲業は、政所「公事奉行人」を務め（注6）、「文筆誉」があって、景時に「宿意」を持っていたとされる（十月二十七日条）。本来は中原親能の家人で、のち、「問註所寄人」を兼ねた（承元四年十二月二十一日条）。
（13）これに彼らの嫡男や一族が加わる。千葉氏（千葉太郎胤正・東平太重胤）、三浦氏（三浦兵衛尉義村・和田兵衛尉常盛）、畠山氏（榛谷四郎重朝・稲毛三郎重成入道）、小山氏（結城七郎朝光〔長沼五郎宗政は「雖レ載二姓名一」も、花押を書かなかったという〕）。
（14）拙著『鎌倉守護』国別、第五章若狭項、二四五―二四六頁参照。
（15）注※所引・奥野中彦「鎌倉幕府の草創と相模国武士団」は、土肥遠平の子「（先）次郎惟平」と「同一人物と考えてよいであろう」とする（二〇四―二〇五頁）。
（16）注※所引・石井進「相武の武士団」、八七―八八頁（一項）。
（17）『続群書類従』所収『桓武平氏系図』（一三八、系図部。第六輯上、五頁）、『北条系図ノ一』（六五頁）は政子の妹とするが、『北条系図ノ二』（七九頁）に「二位殿（政子）姉」とある。

(18)本文で先述したように、『愚管抄』(巻六)が源通親の「方人」であったと評した中原(大江)広元(注9・10参照)について、兼実も手厳しい非難を加えている(『玉葉』建久二年四月一日条)。即ち、当日の除目で、文章道・明経道家出身の広元が、先例のない「明法博士」に任ぜられ、しかも検非違使に任官したことは「驚㆓天下之耳目㆒」かすもので、通親に「追従」した結果という。広元は「頼朝卿腹心」であるが、こんなことでは「頼朝卿運命欲㆑尽歟、誠是師子中虫如㆑喰㆓師子㆒歟」と歎くのである。しかしながら、広元は、景時と異なり、政所「別当」(『吾妻鏡』建久二年正月十五日条)という要職にある吏僚であって、景時の失脚に続く、頼家幽閉・比企氏滅亡という政変を、北条氏と提携することによって乗り切っていくことになる。

(19)「中世闕所地給与に関する一考察」(石母田正・佐藤進一編『中世の法と国家』、東京大学出版会、一九六〇年、所収〈のち、『日本中世法史論』、東京大学出版会、一九七九年、再録〉)。

(20)『長門本』には長寛二年、「廿九」歳で死去したとあるが(巻一〇、三四四頁)、嫡男義盛誕生時、十二歳となってしまい、『延慶本』に従う(『三浦系図』〈一三頁〉の記載は、『延慶本』と同一である)。

(21)維平の名乗りであるが、『吾妻鏡』建久二年正月二十八日条に「小早河次郎維平」、同六年五月二十日条「土肥先二郎惟平」とあり、既述のように、景時弾劾状には「土肥先次郎惟光」とあった(正治元年十月二十八日条)。

(22)『吾妻鏡』五月四日条に、波多野中務丞「忠綱(義通の子)子息経朝・々定」とあるが、湯山は「朝定は伊勢国にあった宇治義定(義通の孫で、忠綱の甥=引用者)の子である。実朝に学問所番衆として選ばれた経朝とともに、朝定は将軍実朝の近習として重用された」とする(『相模武士』三、一九〇頁)。なお、忠綱・経朝父子は幕府方で(二日条)、就中忠綱は、米町辺合戦で先登の功があり、政所前合戦においては三浦義村と功を争った(四日条)。

(23)「貧道」の語は『曾我物語』に頻出し(真名本の用例は、稲葉二柄「『曾我物語』の文芸世界—仇討物語としての構造—」、

D叢書『曾我・義経記の世界』、一〇五頁注八にまとめられている）、坂井孝一は真名本を「貧道の物語」とさえ表現していた（「真名本『曾我物語』の構想と特徴」、第一部第一章、三七頁。初出二〇一〇年）。大津雄一は、「貧道」が、「普通、僧侶の自称、仏道修行の貧しいことの意味で使われることが多いようだが、この物語の場合は、前後の文脈から見て、現実の経済的な貧窮を意味している」としている（「真字本『曾我物語』の表現構造」、C大成『義経記・曾我物語』、三一八頁注五。初出一九八三年）。

（24）朝河貫一著書刊行委員会新訂『入来文書』、「附録諸氏系図」（一）入来院氏系図、定心条（日本学術振興会、一九六七年、三〇四頁）。この一族から、弘安九年（一二八六）七月に成立した鎮西談議所の頭人を務めた渋谷重郷が出た（「追加法」五九四・五九五条）。

（25）『続群書類従』一五四、『糟谷系図』は有季を盛久の孫（久綱の子）とし（系図部。第六輯下、一一六頁）、同「別本」は子とする（同、一一七―一一八頁）。年代を考慮すれば、前者の孫説は無理であろう。

四　「事件」後の曾我氏

最後に、「建久四年曾我事件」後の曾我氏の動向について一瞥しておきたい。十郎・五郎兄弟の継父祐信に対する「事件」後の措置について、真名本巻十に、頼朝は祐信の罪を問うことなく、剰え兄弟の供養に充てるため、「曾我の荘の年貢」以下、母への「公役御免の御教書」を与えたとあった（『東洋文庫真名本』2、二四八―二四九頁。第三章第四節一項）。『吾妻鏡』もまた、頼朝は祐信を宥免し、「祐成兄弟夢後」を弔うため、「曾我庄乃貢」を免除したとする（建久四年六月一日・七日条。第五章第三節二項後述）。しかしながら、「事件」の背後関係追求が続く過程で、頼朝がかかる措置を講ずるなど、およそ史実として想定できないばかりか、頼朝の怒りを考えると、本当に縁座制が適用されなかったのかどうか。『吾妻鏡』における「事件」後の祐信初出記事は、建久五年(一一九四)八月八日条、頼朝の日向薬師参詣供奉の「先陣随兵」としてであって、これが処罰後の復活か否か判断できない。第一節六項で、同年十二月の薬師堂落慶供養導師下向の伝馬役を通して、曾我氏の所領規模を推察したことがあったが、これに拠ると、仮に何らかの処罰が科せられたとしても、まず本領の収公までは至らなかったものと思う。

祐信の没年は定かでなく、真名本は、「曾我の女房」(兄弟の母)が正治元年(一一九九)兄弟七回忌の祥月命日当日に大往生を遂げ、その後、虎の「伊出の屋形の跡」再訪を目指した記述の後段で、「曾我の入道殿(助信)」も往生を遂げたとする(『東洋文庫真名本』2、巻十、二八〇―二八一頁。第三章第四節四・五項)[1]。嫡男「曾我小太郎祐綱」の名は、正治元年十月の景時弾劾状に見えていたが(既述)、『吾妻鏡』における初見は、南御堂(勝長寿院)落慶供養に当たっての「随兵六十人・東方」中に「曾我小太郎」とある文治元年(一一八五)十月二十四日条の記事である。「小太郎」記載の最後は、建暦三年(建保元・一二一三)正月二日条の記事で、私は、父太郎祐信なお存生と思うが、無論推測の域を出るものではない(『吾妻鏡』における祐信の最後出は、前掲・建久五年十二月十五日条、伝馬役の記事であった)。

右、建暦三年正月二日条というのは、「相州」北条義時が勤めた椀飯の記事で、「御進物役人」として、「五御馬　南条七郎　曾我小太郎」とある。南条七郎は、『吾妻鏡』義時没後の記事に、平盛綱・尾藤景綱らと並んで、泰時の被官として名が記された南条時員のことで(貞応三年〔元仁元〕六月二十八日条)[2]、祐綱が有力な得宗御内人と同役を勤めたということが何を意味するか。五疋の引馬役を担った交名を見ると、伊賀守朝光の子光宗兄弟や、三浦胤義・佐々木信綱らとともに「藤内左衛門尉」の名が記されている。彼は実名を季康といって「御台所侍」であった(承元二年五月二十六日条)。そうとすると、役人は将軍実朝の近習から抜擢され、それに義時の被官も加わっているということになろう。祐綱は、この年の五月に起こった和田合戦において、いったんは洞ヶ峠をきめこんだわけであるから（既述）、御内人とは言えない。しかしながら、東大寺供養に赴くため南都に下向した頼朝一行の「後陣・随兵」中に、「南条次郎　曾我小太郎　二宮小太郎」からなる隊列があり（建久六年三月十日条。「事件」後の祐綱初出記事）、和田合戦時にも行動を共にした近隣の二宮氏との組み合わせのほかに、この場合も南条氏と隊列を組んだことに意味があるのかどうか、気にかかる事例であるが、なお断案を得ない。

その後、承久の乱において「曾我太郎」が、「六月十四日宇治橋合戦」で負傷しながらも京方一人の首級を挙げている[3]。南北朝期の史料であるが、「走湯山密厳院雑掌」と「曾我遠江権守時信〈今者死去〉子息鶴寿丸代」との、「土左(佐)国介良庄仲潮田郷以下」をめぐる相論において、論人の曾我氏側は「当庄惣公文職并本郷者、先祖曾我太郎助綱拝領之条、貞応二年（一二二三）三月廿三日御下文明鏡也」と陳じている（『大日本史料』第六編之一〇、一六五頁、「田中教忠所蔵文書」貞和二年十月七日足利直義下知状）。「助綱」とは音通「祐綱」のことであるから、彼は承久の乱における勲功によって新恩が給与されたことが知られ、御家人身分を維持していたことも確認される。

石井進は、陸奥国津軽の北条氏領の支配に当たっていた曾我氏について、「和田合戦のややあとぐらいから北条氏嫡流家の家臣としてあらわれる家であり、直接の関係は証明できぬものの、おそらくは曾我祐信の一族か後裔と考えられる」と指摘していた（『中世武士団』、八四頁）。それは恐らく、「平広忠」を平賀郡内岩楯村地頭代職に任じた建保七年（一二一九）四月二十七日北条義時袖判御教書（『鎌倉遺文』四巻二四九四号、陸奥新渡戸文書）や、「津軽平賀郡内平賀郷曾我五郎次郎[4]沙汰方所知事、任二親父曾我小五郎之時例一」て、「別納請所」と為すことを安堵した承久四年（一二二二）三月十五日北条義時袖判御教書（同五巻二九三二号、陸奥斎藤文書）などを踏まえた記述であったと思われる。

津軽曾我氏についての詳細は、岡田清一「元弘・建武期の津軽大乱と曾我氏」（『鎌倉幕府と東国』第十章、続群書類従完成会、二〇〇六年。初出一九九〇年)や、注※所引・湯山学『相模武士』四、「第一部曾我氏」1・2項を参照されたいが、「広忠」や「惟重」(注4)といった実名は、「祐(助)」を通字とする曾我兄弟の継父祐信の系統と同族とするにはやはり違和感を拭い去れない。仁治三年(一二四二)十月二十五日北条時頼(経時カ)袖判下文から、「平光弘」[5]の名と、惟重が「親父」であったことが知られ(『鎌倉遺文』八巻六一三〇号、陸奥新渡戸文書)、光広(光弘)の段階で「広忠」系と「惟重」系とが一本化したようである。それでもよく分からないのが、光広以降、泰光—光頼—資光・光高(湯山、二二頁「系図3」参照)と「光」が通字となっていることで、津軽で活動した得宗家被官の曾我氏を祐信・祐綱父子一族の同族と捉えるにしても、かなり遠い関係にあったのではないか。[6]

一方、祐信・祐綱の子孫は、相模国「曾我郷」を「本領」としてなお存続しており(後述)、建長二年(一二五〇)には閑院殿造営の雑掌として、築地「二条面二十本」のうち二本が「曾賀入道跡」の負担となっている(『吾妻鏡』同三月一日条)。同様に、建治元年(一二七五)「六条八幡宮造営注文」に拠ると、「相模国」に類別された御家人として「曾賀入道跡　五貫」と記載されている(三七三頁)。また、『太平記』は、執事長崎入道円喜が、大力の聞こえのある「嶋津四郎」を烏帽子子に引き立て、万一を慮って相模入道高時の警固に当てていたが、嶋津は新田義貞勢が進入するとあっさり降参してしまったとする逸話を伝えている(巻十、第一冊三三七—三三八頁)。

この逸話を引いたのは、三三七頁頭注四二に、今出川家本・北条家本・相承院本・南都本には、「嶋津四郎」の個所に「曾我奥太郎時久とある」とし、続けて「曾我氏系図に拠れば、曾我奥太郎時助は久明親王に仕え、その子小次郎時之は守邦親王に仕えたから、時久は時之の誤か」とする説明が見られるからである。『続群書類従』一四六、『曾我系図』は祐信からいきなりこの「奥太郎」時助に飛び、「自㆓祐信㆒至㆓時助㆒而五六代歟、此間家伝紛失而難㆑詳㆑之」とあって(系図部。第六輯上、二六二—二六三頁)、編纂に当たって『太平記』の記事が素材になったようである。『曾我系図』に時之の子として見える師助は、高師直の「一揆衆」に編成されており(『南北朝遺文』中国四国編、一巻七八九号、「周防吉川家中并寺社文書」建武五年八月日小早川氏平軍忠状写。「曾我左衛門尉」とある)、その名乗りは、師直から与えられた「師」字と通字「祐」の音通「助」を組み合わせたものであったろう。曾我氏嫡流(祐信・祐綱系)は、北条氏(得宗家)とさまざまな次元で結ばれながら、御家人としての地位を全うし、南北朝期を迎えたと言うことができる。

暦応五年(康永元・一三四二)「左衛門尉師助」は、「重代相伝□(之)本領」「曾我郷内田畠等」三段を、「一族与一左衛門尉」を「猶子」として譲与している(『南北朝遺文』関東編、二巻一三三五号、「陸奥斎藤文書」同年卯月二十九日付譲状。註※所引・湯山『相模武士』四、二五・二八頁)。嫡流が「本領曾我郷」をなお維持していたことが知られるが、与一左衛門尉の実名は「貞光」[7]で、先に名のみ挙げた津軽曾我氏の光頼の子、光高と同一人物とされる[8]。師助は、猶子とした貞光(光高)を「一族」と表現しており、そうとすると、嫡流とは如何に遠い関係にあったとしても、津軽曾我氏を同族と観念していたことになる。師助は、この後、観応の擾乱に際し、師直—尊氏・義詮方の立場を貫き[9]、上野介の官途を得(上野は親王任国)[10]、観応三年(文和元・一三五二)六月十七日、足利尊氏は、「そかの上野介」(師助)に充てて御内書(写)を発給し、「さかみの国そかの郷の年貢みくた(うカ)し(御公事カ)御めん(免)、并しゆこの使ちやうし(停止)せらるゝなり」と、本領曾我郷に対して守護使不入の特権を与えている(『南北朝遺文』関東編、三巻二二八〇号、和簡札経第五)。湯山は、「師助の子孫(氏助—(中略)尚祐)は、将軍家の近習として代々幕府に仕え、とくに尚祐は室町時代の書札礼に関する「和簡礼経」を著わしたことで知られて」いるとする(『相模武士』四、二八頁)。

注

(1)『新編相模国風土記稿』巻三八、村里部・足柄下郡一七、曾我里、「曾我太郎祐信屋敷跡」項に、「正治二年七月卒」

とする記事が見える（二巻、二七〇頁。「祐家」とするが、「其子小太郎祐綱跡を襲ぎ」とあることから、祐信の誤りであることが分かる（祐家とは、同書二六八頁に拠ると、祐信の父の名である））。

（2）嘉禎三年四月二十二日（時頼元服）条に、「南条七郎左衛門尉〈時貞（員）〉」とある。

（3）『吾妻鏡』承久三年六月十八日条所載「六月十四日宇治橋合戦討レ敵人々」及び「六月十三日十四日宇治橋合戦手負人々」交名。前者に「曾我八郎・同八郎三郎」の名も見える。

（4）貞応二年八月六日北条義時袖判安堵状に「津軽平賀本郷内曾我五郎次郎惟重知行分村々事」とあって、実名が知られる（『鎌倉遺文』五巻三一四四号、陸奥曾我文書）。

（5）宝治元年七月十八日北条時頼袖判下文は「平光広」と表記する（『鎌倉遺文』九巻六八五六号、陸奥斎藤文書）。

（6）『伊東大系図』（七二〇―七二一頁）や『伊東系図』（七四〇頁）は、工藤維永の子維景（第一節一項参照）の弟維信を、それぞれ「曾我祖」・「号二曾我一」とする。あるいは、五郎次郎惟重はこの流れかも知れず、そうとすれば藤姓である（本文で後述する『曾我系図』に拠ると、祐信・祐綱系は良文流の平姓になる（第一節六項））。

（7）貞和三年五月日「曾我余一左衛門尉貞光」申状土代に拠る（『南北朝遺文』東北編、二巻九五〇号、南部光徹氏所蔵遠野南部文書）。

（8）鈴木由美は、小口雅史「津軽曾我氏の基礎的研究」（『弘前大学国史研究』八九号、一九九〇年）を引いて、「曾我光高は建武二年頃、名を貞光と改め、曾我光貞とも同一人物であるという」とする（「先代・中先代・当御代」『日本歴史』七九〇号、二〇一四年、九八―九九頁註一八）。

（9）『太平記』巻二七（第三冊七〇頁）、巻三〇（同一六九頁。「相模国住人ニ曾我左衛門ト云ケル者」）。

（10）『太平記』巻三一（第三冊一七七―一七八頁、曾我「上野守《（ママ）》・子息兵庫助（氏助）」、巻三一（同一八八頁）。

〔付記二〕『延慶本平家物語』の古態性

第三節二項において、田辺旬の労作「『平家物語』と頼朝挙兵」（明治大学『古代学研究所紀要』一四号、二〇一〇年）を取り上げた。氏は、頼朝「七騎落」説話は、平家諸本のうち、「最も古態を示すといわれている延慶本『平家物語』が、より古い説話の形を伝えている」と考えられること（四六頁）、北条時政や土屋宗遠の甲斐派遣に関しては、『吾妻鏡』のように、頼朝の安房渡海に従ったのちに、安房国や下総国から甲斐国へ赴いたと考えるよりも、延慶本『平家物語』のように、石橋山合戦の直後に相模国から甲斐国へ赴いたと考える方が、自然であろう」こと（五一頁）等を指摘しており、私なりに氏説に従うべきことを裏付けたつもりである（但し、時政・義時父子に関しては、頼朝から派遣されたのではなく、箱根山中を彷徨った挙げ句、「山伝に甲斐国へ」（『延慶本』）逃走したというのが真相であろうとした[1]）。

田辺の『延慶本』の記述に関する高い評価は、別の論文で、頼朝と、捕虜となって東下した平重衡とが対面した場を問題にした個所においても示されている（「鎌倉幕府成立後の源頼朝と伊豆国」二、『鎌倉』一〇三号、二〇〇七年）。『吾妻鏡』に拠ると、寿永三年（元暦元・一一八四）三月、頼朝は十九日夜から北条に滞在し、伊豆で狩猟を行っていた。一方、重衡は二十七日に伊豆国府に着き、翌日に北条邸の「廊」において頼朝との対面が実現する（以上、十八・二十・二十七・二十八日の各条[2]）。田辺は、読み本系では『延慶本』・『長門本』・『四部本』・『盛衰記』を、語り本系として『覚一本』・『屋代本』の各記事を検討し、「最も古態を示すといわれている延慶本『平家物語』は、『吾妻鏡』とは日程に相違点があるものの、対面場所を伊豆北条としており、内容は『吾妻鏡』とほぼ共通するので、史実としての対面場所は伊豆北条であったと考えられる」とする(一二〇頁)。

一方、『盛衰記』を除く他の諸本はすべて「対面場所を鎌倉として」おり、「伊豆北条についての言及は一切な」い(一二一頁)[3]。興味深いのは『盛衰記』(巻三九「頼朝重衡対面事」)で、「重衡は伊豆国府から北条へ向かった上で、狩猟をしていた頼朝が対面を見送ったため、鎌倉に連行され、鎌倉で頼朝と対面したとしている」。氏は、『延慶本』の記載と他の諸本のそれとの「合理化をはかった可能性がある」と捉えている(一二一頁)。

田辺は、『延慶本』について「最も古態を示すといわれている」とするのみで、具体的な論拠を示してはいない。これはむしろ、中世史研究者の通念と言うべきであろう。掲載誌の字数制限もあってか、私が日本中世史研究に手を染め始めた一九七〇年代初頭、平家物語諸本に関する一般常識は、語り本系から読み本系への流れであり、中でも屋代本が古態とされ、そこへ、国文学界の現状は、読み本系の四部合戦状本こそ古態とする学説が主流だと聞きかじるに及んで、門外漢の学生にとっては目を白黒させるばかりであった。四部本や源平闘諍録を「初期増補本系」と呼び、延慶本・長門本・源平盛衰記は「後期増補本系」とする分類など、私にとっては、青春の郷愁を呼び覚ます響きさえ感じさせる用語となっている。

山田孝雄『平家物語考』(一九一一年)以前、古く福地桜痴(源一郎)は、「平家物語を愛読するあまり二十余種に及ぶ諸本を参照・考定し、長門本・延慶本が古い姿を留めているとの考えを表明していた」という[4]。長いブランクを経て、四部本古態説批判＝延慶本古態説は、国文学の水原一や歴史学の赤松俊秀らによって、漸く一九六〇年代末頃から提起され始めた。私が赤松論文に接した初めは、『日本歴史』二五七・二五八号に掲載された「延慶本平家物語について―平家物語の原本について続論―」(上・下、一九六九年)であったが、一読した時期は七〇年代の前半であったかと思う。赤松は、日本中世史の大家であり、その影響力には決定的なものがあった。爾来私は、史料として平家諸本を引用する場合、延慶本古態説を意識して用いてきたし、田辺や金澤正大（注1）に見るように、多くの中世史研究者もまたそうであったのではないか。

赤松が延慶本古態説を提起した処女論文は、「平家物語の原本について」（『文学』三五巻二号、一九六七年。以下、「原本」と略記）で、右記「延慶本平家物語について」など、その後に続く関係論文を含めて『平家物語の研究』に収められた（法蔵館、一九八〇年。以下、引用は同書に拠る）。「原本」の要旨は、第二論文「得長寿院落慶供養について―平家物語の原本について続論―」（『文学』三六巻一〇号、一九六八年）冒頭に、氏自ら記しており、やや長くなるが、ここに引用しておきたい。

『平家物語』の原作者・成立年時は、『徒然草』の所伝が歴史的事実を伝えていること。原本は延慶本にすこぶる近いこと。その論拠は、蓮華王院落慶供養をめぐって頂点に達した、後白河上皇・二条天皇父子の不和対立についての延慶本の記事とほぼ同文が慈円著の『愚管抄』に存すること。従来の研究では、『愚管抄』は『平家物語』より先出と主張する見解が支配的であって、両書に同文が存するのは『平家物語』がのちにこれを取り入れたのである、と見られていたが、事実はその逆であること。その理由は、『愚管抄』の記事のなかで平家に関係するもののうちには、『平家物語』を参照することによって、著者が言おうとしていることが初めて明確になる部分があること。またそのうちには『平家物語』の虚構を言外または明確に否定しているところが三箇所も存すること。延慶本は以上の理由により承久乱前に成立した原本に最も近いと認められるが、それに収められている文書のうちには、源平争克期の貴重なものを見いだされること（二九―三〇頁）

赤松の主張の前提に氏の『愚管抄』に対する理解がある。同書は、「著者慈円が広く人に読まれることを好まなかったために、容易にそれに近づきその内容を写し取ることはできなかった」もので（「原本」、九頁）、国学者伴信友（『比古婆衣』)すら慈円著述説を否定していた事実があった。(5) 赤松は、慈円著述説が確定したのは、三浦周行が一九二〇年に執筆した論文「愚管抄」(6) によるものとし、赤松の表現を用いると、「著述の時期については信友の説を排して、一二二〇(承久二)年、すなわち承久の乱の前年に一応成稿したとし、その後の書き継ぎは皇帝年代記の部分に限られている、とした」(7)。三浦(周)以前に、津田左右吉の乱後成稿説が提起されていたが、村岡典嗣の批判などもあり、三浦(周)説が今日に至る『愚管抄』理解のベースになったことは赤松の指摘のとおりであろう(8)。赤松が、「原本」で自ら記しているところに拠ると、延慶本古態説を提起する契機となったものは、日本古典文学大系第二期に収められた『愚管抄』(一九六七年刊)の注釈の作業であったという(五―六頁)。

留意しておきたいことは、「慈円が『愚管抄』を執筆するにあたって、『平家物語』、特に延慶本の祖本と思われるものを座右に置き、その記事を参照して『愚管抄』の本文を書いた」とあるように(「原本」、一四頁)、「慈円が愚管抄を著わした時に参照した平家物語は延慶本そのものではな」く(前掲「延慶本平家物語について」、五九頁)、現行延慶本には「承久乱後に増補されたことが確実な章句もいくつか存在する」ことを赤松自身が認めていることである(「平家物語の原本研究について」、四三八頁。初出一九六九年)。では、「延慶本の祖本」とは何であったろうか。赤松は、東山文庫所蔵の御物で、仁治改元(延応二年・一二四〇(七月十六日改元))直前に藤原定家が書写した『兵範記』紙背文書中に(『鎌倉遺文』八巻五五九五号)、「治承物語六巻〈号㆓平家㆒〉」とあることを根拠に、「六巻本の「治承物語」が現存の延慶本の祖本と考えられる」とした(「虚構と史実〈祇園女御・青侍夢・治承物語〉―平家物語の原本について続論―」、一八三―一八五頁。初出一九七〇年)。

此度、『曾我物語』に関する国文学関係の著書を読み進んでいくうちに、曾我物語研究が根本的には平家諸本研究の動向に左右されていることを、遅蒔きながら自覚するに至った。そこで、諸本研究の言わば《平均値》を理解しよ

う と思い、岩波講座日本文学史第5巻『13・14世紀の文学』(一九九五年)に収められている日下力「軍記物語の生成と展開」を一読してみた。氏はそこで、『保元物語』・『平治物語』・『平家物語』・『承久記』という軍記物語の「四つの作品が踵を接するように、一二二〇年代から三〇年代にわたり成立してきた蓋然性」を問題にする(五二頁)。平家について言うと、『四部本』が「古態を残存させる」(五四頁)となお古態説の陰を引きずり、「かつて承久の乱(一二二一年)以前成立説が提唱されたこともある『平家物語』は、とうにその論拠を失い」と、恐らく赤松説(あるいは水原一説か)に対してはにべもない(五二頁)。

赤松説に対して冷淡な国文学界の中で、私の知る限り、次のような尾崎勇説は特異な存在であろうか(『愚管抄の言語空間』、汲古書院、二〇一四年)。即ち、「東山文庫蔵御物の藤原定家書写『兵範記』紙背文書」(先述)[9]に見える「「平家と号(なづ)」けられた『治承物語』を便宜上、再編『治承物語』と仮称」し、「紙背文書の書写時期(仁治改元直前＝引用者)と『平家物語』生成から、延慶二・三年(一三〇九・一三一〇)に転写された『平家物語』すなわち延慶本と再編『治承物語』とが諸本では最も近接している」ことに注目する(第Ⅱ部第七章「治承物語と西山の空間」、二八〇頁。初出二〇一〇―一一年)。そして、「かつて赤松俊秀は『治承物語』を延慶本の祖本と考え、「慈円は『平家物語』の虚構を熟知しており、それを批評する意図」があるとして『愚管抄』と比較対照をおこなった。十五世紀の応永年間書写当時の語彙や説話がまじっているとの研究が公表され、現在の研究では赤松説はあまり顧みられることはない」。しかしながら、「『愚管抄』自体が九条家以外にあまり流布していない事実に配慮すれば、若干の条件や制約を付けて赤松説を大筋では容認して差し仕えない。『治承物語』に籠めた慈円の思念や方法が『愚管抄』に影響していると思われる」からだと(二八一頁)、赤松説に対しては、批判的に継承する立位置にあることが知られる。

尾崎説に関しては、実は「語り」との関係で、一部、第二章第二節三項で触れた。氏はまず、『徒然草』二二六段[10]

に窺われる「「平家と号」けられた『治承物語』以前」の慈円企画本を、ひとまず『治承物語』と呼び（二八〇頁）、『『平家物語』生成の初期過程に洛外西南の西山に組織された慈円圏と洛中東南の法性寺に（九条道家によって＝引用者）組織された慈円周辺圏との二つがあった」とみなす（同、第十一章「兼好の平家物語成立に関する伝聞的考証」、五〇二頁。初出二〇一一年）。そして、「慈円圏で創出された『治承物語』は転写や増補を繰り返しながら、慈円寂後の九条道家が主導する慈円周辺圏で六巻本『治承物語』へと大大的に再編されている。現存の最古とされる鎌倉時代末期の延慶二・三年（一三〇九・一三一〇）書写を伝える延慶本の基本形態は六巻本であるのと確かに照応している」と、結論付けるのである（四七五頁）。つまり、『治承物語』（慈円企画本）→『愚管抄』[11]→再編『治承物語』六巻本（九条道家主導の慈円周辺圏で成立）→『延慶本』初期六巻本、という構想で、学説史の上では、修正赤松説ということになろうか。

ここで、赤松説全体を論ずる余裕も準備もないが、一点だけ指摘しておきたいのは、赤松の言う平家物語の虚構の一つで、文覚が頼朝にもたらしたとされる後白河院の院宣の問題である（「原本」、一九頁）。『吾妻鏡』は、頼朝の挙兵に正当性を付与した権原を以仁王（高倉宮）令旨としており、「前伊豆守正五位下源朝臣」仲綱を奉者として、治承四年（一一八〇）四月九日付で発布され（当時、仲綱は伊豆守見任）、同月二十七日に、「八条院蔵人行家」によって「北条舘」にもたらされた（四月二十七日条）。石橋山合戦において、軍旗上端の横木に結い付けられていたのはこの以仁王令旨である（同、八月二十三日条）。ところが、赤松が指摘するように、平家物語諸本は、以仁王令旨とともに、近臣藤原光能の奉じた後白河院の院宣を挙げ、それは、伊豆に配流中の文覚が隠密裡に頼朝の許にもたらしたものとする。[12]『愚管抄』に、「又光能卿院ノ御気色ヲミテ、文覚トテアマリニ高雄ノ事ス、メスゴシテ伊豆ニ流サレタル上人アリキ。ソレシテ云ヤリタル旨モ有ケルトカヤ。但コレハヒガ事ナリ」とあって（巻五・安徳、二五二頁）、赤松は、慈円が『愚管抄』執筆に当たって延慶本の「祖本」を参照したとする一つの論拠としたのであるが、[13]問題は平家物語の虚構の動機にある。この課題に応えたのが、「文覚説話が意味するもの―平家物語の原本についての続論―」（初出一九七〇年。以下、「文覚」と略記）、及び「頼政説話について―平家物語の原本についての続論―」（初出一九七二年。以下、「頼政」と略記）であった。

それに拠ると、平家物語は「頼政を文武にすぐれたものとして描いて」いた。ところが、「その頼政が一敗地にまみれたのはなぜであるか」。頼政の「挙兵は平家に対する私憤から出発した」ばかりか（以上、「文覚」、一三九頁）、「朝敵」ともなったわけで、「朝敵」は古来、「一人として素懐を遂げたものはなかった」（「頼政」、一九五頁）。翻って、頼朝の場合はどうか。清盛にとっては、「頼朝は朝敵であり」、池禅尼の重恩をも裏切った「忘恩者であ」って、「その挙兵が成功するはずはない」。「現実の頼朝は以仁王令旨を得たことによって」、「勅免に浴して朝敵の汚名が取り消された」と主張する。しかしながら、「以仁王の挙兵を理由がないことと評価する『平家物語』がその令旨によって頼朝の挙兵を正当化する」わけにはいかない。赤松は、「このようにして福原院宣の虚構が案出され、いち早く頼朝に謀反を勧めたことで頼朝の生存中に傍若無人に行動した文覚が物語に登場することになる」と看破したのである（以上、「文覚」、一四一―一四二頁）。

赤松の慧眼に目を見張るばかりであるが、氏は更に、「文覚が伊豆国への船中で至孝報恩の意義を強調する意味」を問題にする。「頼朝が亡父の無念を晴らすための企ても」、文覚が「八大竜王の本誓を強調する」ことによって正当化されるが、その点に触れるのは、「延慶・長門両本と『盛衰記』だけで、他の諸本がすべて省略して」おり、しかも、長門本は「以仁王・頼政批判の記事をすべて省略している」（以上、「文覚」、一四二頁）。頼朝は「朝敵」であり、「朝敵が勝利を占め」ただけに「問題は一層深刻であった」。「頼朝の挙兵は至孝報恩を意図したものであって八大竜王の本誓にかなっている。後白河法皇から院宣を与えられたのは朝敵処分が取消されたことを示している。これが平家物語が「虚構を必要とした」理由であるが、この「原作者の解答」が「とにもかくにも維持されているのは、延慶・長門両本と『盛衰記』だけであ」る。「朝敵が勝利を占めることが以前ほど問題でなくなった鎌倉時代末期から南北朝時代にかけて成立が推測される四部本・『闘諍録』・語り系諸本の文覚説話は先行三本とかなり異なってい」て、「これらの諸本でも福原院宣は存するが、至孝報恩の意義強調は、背後に退いている」とする（以上、「頼政」、一九五—一九六頁）。「頼政非難を意識的に削除した」長門本（「文覚」、一四三頁）が、両者の橋渡しの位置を占めるということになろうか[14]。

最後に、一つだけ補足すると、『延慶本』四ノ二一「室山合戦事付諸寺諸山被レ成二宣旨一事付平家追討の宣旨の事」（六七四—六七六頁）に、寿永二年（一一八三）「十一月九日、諸寺諸山の神社仏寺、如レ元可レ致二香花之勤一之由、被レ下二宣旨一けり、彼状云」として、「左中弁」の奉ずる同日付の宣旨を収めている。それは、「東海東山道諸国内神社仏寺院宮王臣諸司諸家庄領」の濫妨停止を命じたもので、「但尚有二違監（濫）之所一者、仰二前右兵衛佐頼朝一、巌（厳）加二禁制一、速令二遵行一」とする但書条項が付け加わっていた[15]。

上横手雅敬は「延慶本平家物語の中で、十月宣旨の原形に近い史料を発見することができた」とし、「延慶本平家物語には、我々が求めてやまなかった幻の重要史料、十月宣旨が収められているといって悪ければ、十月宣旨の原形に最も近い史料が収められている」と評価した（注13所引「寿永二年十月宣旨」、一四五・一四七頁）。これについては批判もあるが、当該宣旨が、『延慶本』の祖本（尾崎の言う慈円企画本『治承物語』）が成立した後に、増補された素材とはおよそ考えられないであろう。平家物語諸本の展開の中で、ストーリーに無関係なものとして、真っ先に削除されていったに違いない。中世史研究者の『延慶本』に対する関心は、まさにこうした点にあると言えるが、現行の『延慶本』がいつ、どこで成立し、その構想が如何なるものであったかという、国文学者の、平家諸本論における系統論ないし作品論に対するモティーフとの溝は、まずは相互の立場を尊重することから埋められていくのではなかろうか。

注

（1）最近、金澤正大は、石橋山と続く椙山合戦の経過について、『吾妻鏡』と『延慶本』とを詳細に検討し、「両書の記述は『延慶本平家物語』に信憑性があ」ることを明らかにしている（「石橋山合戦」『政治経済史学』五九九・六〇〇号、二〇一六年。引用は三九頁）。
（2）重衡の身柄は、四月八日伊豆から鎌倉に移された。既に伊豆滞在時から「狩野介」宗茂の召預かりとなっていたが、鎌倉移送後も「狩野介一族郎従等、毎夜十人令₂結番₁」め、重衡の警固に当たった（『吾妻鏡』三月二十八日・四月八日条）。
（3）その他、『闘諍録』も同様である（八之下、三五七頁）。
（4）久保勇「明治期の『平家物語』研究―福地桜痴から館山漸之進、山田孝雄へ」（『千葉大学人文社会科学研究』二五号、二〇一二年）。牧野淳司「学界時評・中世」（『リポート笠間』五四号、笠間書院、二〇一三年、一七頁）に拠る。
（5）赤松俊秀「鎌倉文化」（前岩波講座『日本歴史』中世1、岩波書店、一九六二年、三二八頁）。
（6）『日本史の研究』第五編第一章二（岩波書店、一九二二年。一九八一年分冊、第一輯下、所収）。
（7）注5に同じ（三二八―三二九頁）。
（8）同右、三二九―三三二頁。
（9）「最新の解読」について、第Ⅱ部第九章「再編された六巻本治承物語と九条道家」、四三八頁（初出二〇一二年）に説明がある。
（10）新日本古典文学大系『方丈記　徒然草』（一九八九年、二九五頁）。

(11) 尾崎は、赤松同様、『愚管抄』を叙述していく際に、この『治承物語』が取り込まれた」と明記する(同、第八章「治承物語の復元」、三六六頁。初出二〇一二年)。

(12) 「令旨」に触れているものは、『延慶本』(二中ノ八、二八一―二八二頁)、『長門本』(巻七、二四九頁)、『盛衰記』(巻一三、上五九五―五九九頁)、『覚一本』(但し、「北条」下着記事のみ。巻四、上二八一頁)で、「院宣」に関しては、「七月六日」付とするものに、『延慶本』(二末ノ八、三九八―四〇〇頁)、『長門本』(巻一〇、三三六―三三七頁)、『四部本』(巻五、上一八二―一八四頁)があり、『盛衰記』は同「五日」付(巻一九、中五五―五八頁)、『覚一本』は同「十四日」付(巻五、上三六四―三六六頁)とする。

『曾我物語』を見ると、真名本には、令旨が「四月廿三日の暁」に発せられ、十郎義盛(行家)の手によって、二十八日に北条にもたらされたとし、七月には流人「文学」(文覚)が院宣を届けたとあった(『東洋文庫真名本』1、巻三、一六一―一六三頁。第三章第一節七項)。ところが仮名本の場合は、「四月廿四日」に「院宣」が下され、五月八日に「御使・十郎蔵人行綱《ママ》」が北条に下着したとして(巻二、七二頁。使者名、「流布大系本」では「行家」と訂正されている(同、一二二頁))、令旨と院宣との混乱が窺われる。

(13) 上横手雅敬は「正式の院宣は出ていないとしても、文覚の教唆に法皇や光能の意志が働いている可能性は強いと思う。そして頼朝を挙兵にふみきらせたのは、直接には以仁王の令旨よりも、むしろ文覚の勧告だった」と、『愚管抄』が「ヒガ事」だとした院宣の存在を肯定している(「院政期の源氏」、御家人制研究会編『御家人制の研究』、吉川弘文館、一九八一年、一八四頁)。氏は、それ以前に、頼朝の「寿永」年号採用時期が寿永二年二月であったことを指摘していたが(「寿永二年十月宣旨」『日本中世政治史研究』第二章第一節、塙書房、一九七〇年、一五八―一六二頁。初出一九六七年)、治承四年の「院宣」を前提にすれば、後白河院を治天の君とする後鳥羽朝の元号を採用する時期が、もっと早まってもよかったのではないか。

(14)　本来、儒教の専売特許とも言うべき「至孝報恩」の教義について、赤松は、「十二世紀末に源空によって首唱された専修念仏は、儒教と同じく「孝養父母、奉事師長」の宗教的意義を重視した」として、「源空の宗教が在家仏教として第一歩を踏み出した意義は、このことに存する」ことを強調した(「文覚」、一三八頁)。『曾我物語』真名本の副題「報恩」「謝徳」の歴史的前提である。

(15)　「十月宣旨」の問題については、拙著『鎌倉守護』論考、第二章第一節、四五―四七頁参照。

〔付記三〕相模国一、二宮制と惣社

これまで、私が発表した中世諸国一、二宮制、及び惣社（総社）に関する論稿のうち、
a「諸国一宮・惣社の成立」（『日本歴史』三五五号、一九七七年）
b「諸国一宮制の展開」（『歴史学研究』五〇〇号・特集「国家と宗教」、一九八二年）
が、理論的考察を試みたものであり、
c「一宮制の成立と概要」（季刊『悠久』八四号・特集「一宮の信仰」、二〇〇一年）
d「総社の成立と展開をめぐって」（季刊『悠久』九一号・特集「国府総社の信仰と祭り」、二〇〇二年）
が、その後に発表した総括的な論稿ということになる。また、別稿で一宮制に関する私見の要旨をまとめているので、まずそれを紹介したい（「遠江国一宮について」『先人の足跡』、静岡県周智郡森町、二〇〇五年、一九九頁）。

（ア）一宮とは、国司によって国内第一等の社格を与えられた「国（第一）鎮守」であり、伊勢神宮・石清水八幡宮など中央の二十二社に対する中世的地方神社制度を言う。

（イ）一宮は、平安末期の十一世紀末から十二世紀初頭頃に、神社の過去の伝統と国ごとの条件に規定され、多様性を帯びながら成立した。（一宮は令制下、必ずしも国内最高位の神位神階を持った神社ではない。）

（ウ）成立期一宮の本来的性格は、国の役所である国衙（こくが）の行政実務を担当した在庁官人の守護神たる点に求められ、在庁官人が社司を兼ねるなど、国衙と密接な関係に置かれた。

(エ)一宮の典型的モデルは、①国府に近い、②令制下の神社から国衙との関係で成立する、③「一宮」の呼称が定着する、などに整理できる。

(オ)十二世紀半ば頃、一宮は荘園・公領の存在を越えた国家的神社制度へと転化する(一宮の二次的性格)。

(カ)モンゴル襲来を契機に、鎌倉幕府による一宮政策が展開し始め、一宮は国家的神社制度として「再生」する。幕府の意図は、一宮を結集核として、守護を統率者に、御家人を国単位に編成しようとするものであった(鎌倉末期以後、一宮が交代する国も見られた)。

(キ)室町時代以降、守護や戦国大名の支配の下で、一宮の地域的特性はますます顕著となっていくが、行政区分としての「国」が政治的意味を持ち続ける限り、一宮の政治的・宗教的機能は生命を保った。

なお、(オ)の点を補足すると、これは保元の乱直後に発布された「保元新制」第五条に示された国家意志に基づくもので、その実現を目指したのが平氏であった(c、二〇―二一頁)。また、二、三宮については、一宮と一対となった神社も存在したが、一宮の「国鎮守」に対して、「郡鎮守」が一般的形態であった(c、一九頁)。これに対して、惣社は、「惣社并国分寺」と一括され(『吾妻鏡』)、国府内か府域に近接した地に鎮座するやはり中世的神社制度であって、一、二宮制の矛盾を解消するために設けられた。

それぞれの地域と結び付いた国内の神社に、一宮や二、三宮の待遇(社格)を与えたのは国司である(ア)。一宮は在庁官人の守護神であり(ウ)、国衙＝在庁官人の下に国住人(武士層)を統合するイデオロギー機能を有していた。ところが、郡鎮守＝郡郷司層の守護神に、国司自ら、一宮との相対性において二、三宮の待遇(社格)を与えたとすれば、それはむしろ彼ら非在庁系の武士層の国衙からの「自立」化傾向に拍車をかけるものとなろう。そこで、国司としてはこの自家撞着を断ち切るために、一宮や二、三宮の祭神を国衙に統合する宗教施設が必要になったわけで、これが惣社であった。その後、一宮が国家的神社制度としての二次的性格を帯びるに至った十二世紀半ば以降(オ)、惣社の機能は一宮に吸収され、二、三宮も次第に存在意義を失っていった。惣社は、単に「国吏安穏・留守所泰平」(「常陸総社宮文書」)を祈念する「府中鎮守」(「尾張大国霊神社文書」)とのみ観念される宗教施設に矮小化されていったのである(d、三二一―三二三頁)[1]。

一、二宮制と惣社に関する一般的理解は以上にとどめ、主題である相模の問題に移る。『吾妻鏡』建久三年(一一九二)八月九日条は、実朝誕生に当たり、早朝、政子が産気づいたということで(「巳剋」＝午前十時頃誕生)、安産を祈る加持が行われたほか、鶴岡宮寺及び「相模国神社仏寺」二十七か所に対しては神馬を奉納し、読経が命ぜられた。このうち、当面の考察に関わる六社を抄出すると次のとおりである。

惣社〈柳田〉　一宮〈佐河大明神〉　二宮〈河匂大明神〉　三宮〈冠大明神〉　四宮〈前取大明神〉　八幡宮

一、二宮制成立期からおよそ一世紀遅れるとはいえ(要旨イ)、鎌倉初期に、『吾妻鏡』という第一級の史料によって、相模国に一宮―四宮が存在したことが確認され、これは全国的に見ても稀有の事例である。この、国衙に対する言わば「非求心性」とも表現し得る特徴は、一つには相模固有の多様な中小武士団の割拠に基づくものであり、いま一つに、国府移転の問題が考えられる。相模国府が、(A)高座国府→(B)大住国府→(C)余綾国府と三遷したとするのが大方の見方であるが、比定地については諸説があって定まらない。最も有力な説のみ挙げれば次のとおりである。

(A)高座国府　『新編相模国風土記稿』巻二、建置沿革・府庁国衙項に、「高座郡に国分村ありて、今尚国分寺旧刹遺れり、彼寺多くは、国府に建らる、是に拠れば、天平の昔は、国府、高座郡に在しとも云ふべし」と見える(第一巻、一九八〇年、一三頁)。今日、国分寺跡は神奈川県海老名市国分南に、尼寺跡は同市国分北に所在する。

(B)大住国府　源順が編纂し、承平年間(九三一―九三八)に成立したとされる『和名抄』に、「国府在㆓大住郡㆒」と見える（日本地理志料巻一五、一九二頁）。元慶二年（八七八）あるいは弘仁十年（八一九）に移転したとされ、比定地としては、伊勢原市三ノ宮説・平塚市四之宮説・平塚八幡宮説などがある（『神奈川県の地名』「相模国」項、二四五頁）[2]。

（C）余綾国府　天養年間（一一四四—四五）から保元三年（一一五八）の間に移転したとされ、中郡大磯町国府本郷に当てられている（右に同じ）。

注目されるのが、（A）高座国府の比定地と、「一宮佐河大明神」＝寒川神社（高座郡寒川町宮山）とが近接しており、（C）余綾国府と「二宮河匂大明神」＝川匂神社（中郡二宮町川匂）も同様で、（B）大住国府に至っては、比定地に、「三宮冠大明神」＝三ノ宮比々多神社、「四宮前取大明神」＝前鳥神社、そして後世、五宮に位置付けられた平塚「八幡宮」と、三—五宮が相当することである。こうしたことが、柳田の「惣社」＝六所神社の性格を根本的に規定しており、私は、当社の「国府祭（こうのまち）」こそ惣社の本質を伝えるものとして、a（二五—二六頁）以来注目してきたが、dでやや詳しく紹介した（三二頁）。

『新編相模国風土記稿』巻四〇、村里部・淘綾郡二「六所明神社」項、及び、巻六二、同・高座郡四「寒川神社」項に拠ると、相模国では毎年五月五日に、一宮寒川神社、二宮川勾神社、三宮冠神社（比々多神社）、四宮前鳥神社、五宮平塚八幡宮の各神輿が、惣社「国府六所宮」の「社地神揃山（かみそろいやま）」に集合し、今日「国府祭」と呼ばれる神事が執り行われていた（第二巻、三〇一頁。第三巻（一九八一年）、二九九頁）[3]。その際、一宮と二宮の神主との間で座問答が展開されるが、この神事に注目した岡田荘司は、「大住国府から余綾国府へ移り惣社を創建するに際して、国府に最も近い距離にあった二宮川勾神社が一宮への昇格をねらっての争いが儀礼化したものであろう」としている（「地方国衙祭祀と一宮・惣社—若狭彦神社「詔戸次第」を中心に—」『平安時代の国家と祭祀』第四編第三章、続群書類従完成会、一九九四年、六〇二頁。初出一九七七年）。平安末・鎌倉初期における、一宮に拠る大庭・梶原氏等の鎌倉党と、二宮を紐帯とした二宮氏を含む中村一族(中村・土肥・土屋氏など)との競合・対立が背景にあったものかも知れない。

最後に、要旨(オ)の補足として指摘した一宮と平氏との結び付きの問題に触れておきたい。旧稿b(五二頁)・c(二一頁)で、具体的な事例として、尾張国真清田神社・信濃国諏訪大社・備中国吉備津神社・備後国吉備津神社・安芸国厳島神社・阿波国一宮神社及び大粟神社・豊前国宇佐神宮等を挙げることができた。これに、相模国の事例を加えることが可能かどうか。(4) そのためには、大庭景親が、平氏との関係で、大庭御厨西隣の寒川神社領を所領化したことを論証しなければならない。第三節三項で述べたように、現在のところは、鎌倉初期において、一宮が鎌倉党庶流の梶原景時の本領となっていた事実に基づく推測の段階にとどまっている。

注

(1) かかる私見に対しては、井上寛司氏からご批判を頂いた。同氏の近著『日本中世国家と諸国一宮制』序章、第一章第一・二節等(岩田書院、二〇〇九年)を参照されたい。

(2) 鈴木靖民氏は、伊勢原市域の三ノ宮は「古墳分布からみて(相武=引用者)国造の本拠地か」とし、大住「国府の中心部は平塚市四之宮地区である」とする(「古代の相模国―郡家・国府をめぐる地域史像―」『相模の古代史』、高志書院、二〇一四年、一七五・一七八頁。初出二〇〇四年・講演)。

(3) 同様の惣社神事は、美濃(神輿渡式)・和泉(五社宮祭礼)にも窺うことができるが(d、三二一―三三頁)、これに筑後の事例(朝妻「鎮在ヶ辻」神幸)を追加する(藤本頼人「中世国衙の一側面」『日本歴史』六六五号、二〇〇三年、一〇頁、参照)。

(4) 備前国吉備津彦神社の事例を付加できることは、第五章第一節三項で後述する。

第五章　「建久四年曾我事件」と『吾妻鏡』

第五章では、「建久四年曾我事件」の経緯をたどりながら、主な論点を、『吾妻鏡』を中心的素材に据えて、『曾我物語』、特に真名本との異同に留意しながら検討を進める。最初に、建久四年（一一九三）五月二十八日、富士の裾野において、曾我兄弟に殺害された工藤祐経から見ていく。

第一節　工藤祐経

一　「大宮」侍所一﨟

『吾妻鏡』工藤祐経卒去の記事は、

左衛門尉藤原朝臣祐経／工藤滝口祐継男

と簡潔で、年齢表記もなく、曾我五郎が拘禁されて以後は、死骸を、侍所の別当と所司[1]、和田義盛と梶原景時が検分したとするのみである。『吾妻鏡』における初見は、鎌倉に護送された平重衡を饗応した元暦元年（一一八四）四月二十日条で、「工藤一﨟祐経」とあった。これ以前の動向はやはり『曾我物語』、特に真名本に拠るほかはない。

既に、第三章第一節二項で述べたように、父の助継（祐継）が四十三歳で死去したのは永暦元年（一一六〇）七月十三日。時に童名を金石と言った助経（祐経）は九歳で、仁平二年（一一五二）の生まれであった。真名本に拠ると、十三歳で元服して「宇佐美宮藤次助経」と名乗り、翌年秋に叔父伊東次郎助親（祐親）とともに上洛を遂げ、平重盛に「見参」して、「本家大宮」（藤原多子）に祗候することになったという（『東洋文庫真名本』1、巻一、一九―二〇頁）。重盛「見参」の年代は永万元年（一一六五）のこととなるが、仮名本（巻一）は元服を十五歳としており（二五頁）、永万元年秋から仁安二年（一一六七）秋に至る幅をもって捉えるのが穏当かも知れない（第四章第一節四項）。

真名本に従えば、「十四歳の年より武者所の末座に候ひて礼儀を正しうするに依て、人皆これを感じて、「田舎侍の中には心苦（にく）し」とぞ申し合ひける。廿一にて武者所の一郎（﨟）（上席）を経て宮藤一郎助経とぞ呼ばれける」とする（巻一、二〇頁）。仮名本（巻一）はより詳細に、「定に公所を離れず、奉行所にを（お）ゐて見栄をうたせ、沙汰の善悪を分別して理非に迷はず、諸事に心を互（わた）し、手跡普通に越え、和歌の道に心をかけ、遊宴の筵に推参して、その衆に列なりしかば、伊東の優男とぞ賞されける。十五より武者所に参り、礼儀正しくして、男柄尋常なりければ、田舎侍とも見えず、心にくしとて、廿一にして武者所の一﨟へて、工藤一﨟とぞ申しける。かくて廿五まで給仕怠らざりけり」と描写している（二六頁）。実は『吾妻鏡』に祐経を評して、「是生二数代勇士之家一、雖レ継二楯戟之塵一、歴二一﨟上日之職一、自携二歌吹曲一」と見え（文治二年四月八日条）、仮名本の描写を裏付けている。

祐経が祇候したのは、後白河院の「武者所」のこととされる。[2] 祐経は重盛に「見参」した家人でもあったが、この点は『吾妻鏡』に「往年候二小松内府一」とする明証があり（元暦元年四月二十日条。第四章第一節四項）、重盛のもつ後白河院近臣としての側面を考慮すれば、[3]『曾我物語』の記述に矛盾はない。ところが、平家物語諸本には「大宮の侍の一﨟」と見えている。[4] 石井進は、女院の侍所として「八条院侍所関係の文書三通」を挙げ、「八条院侍所のメンバー」として「後白河院の近臣が多い」ことを指摘しており、[5] そうとすれば、祐経が後白河院武者所に籍を置きつつも、現実には「大宮」（藤原多子）侍所出仕といった関係になろうか。[6] 私は、真名本に、祐経が楠美荘の「本家大宮に私候（祇候）」したとし、また「大宮大進遠頼朝臣に付て」、叔父祐親との訴訟を試みたとしていること（巻一、二〇頁）等の記述から、祐経は、現実には「大宮」多子の侍所に奉公し、仮名本に見える「伊東の優男」という評判も、「手跡」や「和歌の道」といった京武者的素養も「大宮」侍所における奉仕で培ったものと考えている。

『伊東大系図』は、祐経の嫡男祐時（童名犬房）及び弟の祐長（童名金法師）の母を「千葉介平常胤女」とする（七二四—

七二五頁）[7]。『義経記』に「祐経が妻女」について、「千葉介が在京の時儲けたりける京童の娘」で重盛に仕えた「冷泉殿の御局」とし、重盛死去（治承三年〈一一七九〉七月二十九日）の後、祐経に伴われて東国に下ったとする記述がある（巻六「静若宮八幡宮へ参詣の事」、二八七頁）。祐時は、建長四年（一二五二）六月十七日、六十八歳で没しており（『吾妻鏡』）、元暦二年（文治元・一一八五）の誕生であるから[8]、常胤の娘との結婚は、『義経記』の逸話にもかかわらず、実際は祐経鎌倉来住後の可能性が高い（四項、注8参照）。

注

（1）『吾妻鏡』正治二年二月五日条に記された、建久三年における別当・所司の交替（第四章第三節三項、史料e）が制度的・恒久的なものでなかったことが確認できる。

（2）五味文彦は、武者所職員の具体的な事例に、「後白河院の武者所」として工藤祐経を挙げている（『国史大辞典』第一三巻、「武者所」項、一九九二年、六一五頁）。

（3）五味（文）は、「重盛は一貫して院司として（後白河＝引用者）院に奉仕していた」と捉え、その代表的人物が「重盛と成親だった」とする（「平氏軍制の諸段階」、一二一―一四頁）。

（4）『延慶本』四ノ一六（六六三頁）。他に、『長門本』巻一五（五二二頁）、『覚一本』巻八（下一三七頁）、『盛衰記』巻三三（中六八九頁）、『闘諍録』八之上（二三九頁）。

（5）石井進「源平争乱期の八条院周辺―「八条院庁文書」を手がかりに」（『石井進著作集』七巻、岩波書店、二〇〇五年、二九五・三二二頁。初出一九八八年）。

（6）在俗時の文覚に関して、「上西門院の衆にて、後には武者所に参りたりければ、遠藤武者とぞいひし」とある『長門本』の記述が参考になる（巻九、三一五頁）。

（7）祐時・祐長兄弟の童名は、『東洋文庫真名本』2、巻九、二一〇頁に拠る。

（8）真名本は、祐経が殺害された建久四年時点の犬房の年齢を「九つ」としており（同右、二一二頁）、やはり元暦二年（文治元）生となる。

二　鎌倉殿「稠者」

先述したように、『吾妻鏡』における祐経の記事の初見は元暦元年（一一八四）四月二十日条であったが、祐経がいつ鎌倉に来住し、頼朝に仕えたか、正確な年次は分からない。『日向記』は、「元ヨリ小松殿ニ昵近シテ京都ニアリシカ、小松殿ウセ玉ヒテ後ハ平氏ノ近侍モ心ウキコトニ思ヒケルニ、伊藤入道（祐親）モ討レテ本領モ頼朝公ノ御手ニ入シカハ、叔父狩野介茂光[1]・宇佐美三郎祐茂[2]附属ニシテ鎌倉ニ下リ頼朝公ニ謁見シ奉ル」とする（『伊東市史』史料編　古代・中世、第四章第一節二五号・巻一「祐経工藤中興ノ事」、一九九頁（以下、『日向記』の引用は、同書第四章に拠る））。あるいは、『吾妻鏡』初見記事が示すように、重衡下向と行を共にした可能性もあると思うが、祐経が仕えた重盛没後の小松家嫡男維盛は、同年（寿永三年）三月、屋島を出奔しており[3]、二月七日の一谷戦前後のことではあるまいか。

重衡の饗応に当たって、祐経は「打レ鼓歌二今様一」い、「官女」千手前[4]琵琶を弾じ、重衡は横笛を和したという。文治二年（一一八六）四月、静が鎌倉に召喚され、鶴岡宮廻廊で、例の「よし野山みねのしら雪…」などの歌を吟じ舞を舞ったとき、祐経は鼓を、畠山重忠が銅拍子を打った（『吾妻鏡』同八日条）。頼朝が、永暦元年（一一六〇）三月、十四歳で伊豆に流罪となった当初、配所が伊東館であったことは第四章第二節二項で論じ、既に坂井孝一が指摘していたように、祐経が上洛するまでの数年の間、頼朝は、やがて七月に父を失うことになる九歳の少年と交流を持った可能性が高いとした。父を亡くした者同士の心の襞の通い合いが、五歳違いの二人を結び付けていたに違いない。「馴㆓京都㆒之輩」を重用し（『吾妻鏡』元暦元年六月一日条）、「愛㆓京洛客㆒」した頼朝は（同、養和二年〈寿永元〉正月二十三日条）、「大宮」侍所の奉仕で培った祐経の京武者的素養に目を見張ったことであろう。経緯は不明ながら、前述の『吾妻鏡』文治二年四月八日条が「左衛門尉」の官途の初出であり、[5]真名本は、「先年河津三郎助通を討ちたりし宮藤一郎（藺助経も同じく左衛門尉になりつつ鎌倉殿に奉公して、謂れなく押領されたりし伊藤荘を賜る上に、その外の荘苑（園田畠太多賜りて配領しつつ、随分の稠者[6]にて夜も日も御身を離れず」と描写している（『東洋文庫真名本』1、巻四、二〇三頁）。

都で磨かれた京武者的洗練さに加えて、鎌倉殿の「稠者」としてのプライドが驕りを生んだ。『吾妻鏡』は次のようなエピソードを伝えている（建久元年七月二十・二十一日条）。御所で双六会が催され、頼朝の対手に佐々木盛綱が召された。遅れてやって来た祐経は座がないのを見て、父の傍らに居た盛綱の嫡男、当時十五歳の信実を抱きかかえて横に移し、自分がその跡を占めたというのである。顔色を変えた信実は、礫を探して祐経を襲い、頼朝の怒りに出家を遂げ逐電する。嫡男召喚の命に、盛綱は、行方知れずなので永く義絶を致し、信実には「立㆑針地」も譲与しない旨言上したが、[7]頼朝はなお祐経に対する直接の謝罪を求める。盛綱の返答は、祐経に対して個人的な「宿意」を懐いているわけではない。しかし、祐経に「陳謝」することは「勇士本意」ではないから、頼朝から宜しき様に伝えてほしいというものであった。御使から盛綱の意を聞き伝えた祐経は、「思㆓事濫觴㆒、信実道理也、随而小冠所為、更無㆓確執㆒、況於㆓盛綱㆒、不㆑存㆓異心㆒乎」と答えたという。

祐経の頼朝側近としての傍若無人な振る舞いがよく表現されている。この逸話は、盛綱の凛とした「勇士」としての矜持とは対照的に、祐経の、わざわざ御使まで賜った頼朝に対する卑屈さと、加害者の少年に人間的包容性を示すことによって、かえって、祐経の、言わば二重人格的性格を浮かび上がらせる描写になっている。(8)『保暦間記』は、「頼朝ノ気色ヨクテ、(中略)人ヲモ人トモセサリケル」祐経の姿勢が、結局曾我兄弟による仇討を招いたとさえ述べていた(七〇頁)。「東国」御家人社会の祐経評の根柢に、その武人としての資質の問題があった。元暦元年(一一八四)六月十六日、一条忠頼が御所に招かれ誅殺された時(『吾妻鏡』)、祐経は「討手」を命ぜられており、銚子を持った手が震えていたのであろう、『吾妻鏡』は甲斐源氏の「殊武将」に対して「顔色頗令レ変」と描写している。その場は小山田有重父子が取り繕い、結局、かつて伊東祐親を生け捕りにし、後には比企能員を刺殺することになる天野遠景の出番となった。『吾妻鏡』は、遠景が「承二別仰一」っていたと記しており、祐経は端から目眩まし要員であった如くである。

平家追討に当たっては範頼に従軍し(『吾妻鏡』元暦元年八月八日条)、困難を極める戦闘の中で、北条義時・小山朝政・比企朝宗らとともに、祐経も中核をなす十二人の御家人の一人として、頼朝から「慇懃御書」が送られている。(9)しかし、天野遠景や加藤景廉・新田忠常らと違って武功が一向に記録されることはなく、叔父の祐親と断絶した祐経にとって、「東国」の山野で武技を鍛錬する機会があったとも思われない。傍輩の羨望や嫉妬と蔑みの目とが交錯する中で、祐経の地位はますます高まっていった。建久元年(一一九〇)頼朝の初度上洛に際し、十一月七日の入洛の行列において、頼朝の直後に従う五番に編成された「著二水干一輩」の一員に(『吾妻鏡』同日条。以下同じ)、十一月九日の院参供奉の場合は「布衣侍六人」(10)、十二月一日の「右大将御拝賀」供奉の折は「布衣」の「侍七人」(11)に、それぞれ選抜された。

祐経にとっての不幸は、北条時政の微妙な視線を自覚できなかったことにある。時政は、伊東祐親の旧領を幾分かでも継承し、伊豆における地盤の拡大を願っていたであろうが、横合いから祐経が現れ、笠松宏至が指摘する「一族地闕所の同族給与」・「闕所地に対する潜在的本主権」という中世社会通有の慣習法に従って(第四章第三節三項、注19所引論文)、伊東荘をはじめその主要部分を伝領してしまった。当時の時政にとって、本貫伊豆における勢力の拡大がなお基本的課題であったろうし、御家人社会の動向に敏感な彼が、山木合戦や石橋山の絶望的な戦いを共有することもなかった旧小松家の家人が、今や鎌倉殿の「likely稠者」に成り上がったことに対する微妙な空気を感じ取らなかった筈がない。その時政は、在庁官人としても下級の、しかも庶流の出身であった(第四章第二節一項)。祐経は、時政が今や頼朝の舅で頼家・実朝の外祖父となった現実を直視できず、依然として、頼朝挙兵以前の目線から抜け出していなかったのではないか。

注

(1)『尊卑分脈』(第二篇、四九九—五〇〇頁)・『伊東大系図』(七二四頁)等、茂光を例外なく祐経の父祐継(祐次)の弟としているが、工藤(狩野)介家こそ伊豆工藤一族の嫡流であったこと、茂光は既に石橋山戦で自害していたことは、第四章第一節二項で指摘した。

(2)祐茂は、頼朝挙兵前「当時経廻士」の一人で(『吾妻鏡』治承四年八月六日条)、一般に祐経の弟とされるが、異説もある(第四章第一節三項、同、注4参照)。『尊卑分脈』(第二篇、四九九—五〇〇頁)・『伊東大系図』(七二四頁)、いずれも祐経の弟とする。

(3)『延慶本』は「三月十日」のこととするが(五末ノ一〇、八一三頁)、『覚一本』(巻一〇、下二六七頁)・『盛衰記』(巻三九、下二三一頁)には「三月十五日」とある。

(4)文治四年四月条には「御台所御方女房」とあり、重衡に対する「恋慕之思」が祟って、二十四歳で死去したとある(二十二・二十五日条)。塚崎進は、平家物語諸本における「千寿(手)と言ふ白拍子の描き方」の相違を問題にし、「各々別の語り手に語られた事」を示しているとする（「曾我物語伝承論」その一、C大成『義経記・曾我物語』、一四七―一四八頁。初出一九五五年）。

（5）「工藤一﨟」表記の最後出は文治元年十月二十四日条である。

（6）第三章第一節七項、注7参照。

（7）この後、信実は、『吾妻鏡』承元三年（一二〇九）十二月十九日条に「佐々木兵衛太郎入道西仁」として登場し、これ以前に宥免されていたことが分かる。承久の乱に際しては、北陸道大将軍に名を列ね（承久三年五月二十五日・二十九日条、六月八日条）、乱後、備前守護として、「豊岡庄児嶋」（児島郡）に配流された冷泉宮頼仁親王の警固を勤めた（同七月二十五日条。拙著『鎌倉守護』国別、第八章備前項、三六六―三六七頁）。

（8）坂井もこのエピソードを取り上げ、「都仕込みの特異な能力や経験を通じて有力御家人に成り上がった祐経に対し、東国武士たちが微妙な反発感情を抱いていたことは十分にあり得る」と評している（「御家人としての工藤祐経」、第二部第四章、二三八頁）。

（9）伊豆の関係者は、義時以下、加藤二景廉・工藤一﨟祐経・宇佐美三郎祐茂・天野藤内遠景・新田四郎忠常と、十二人中の半数を数える（『吾妻鏡』元暦二年〔文治元〕三月十一日条）。一条忠頼誅殺の場合もそうであったが、伝統的な河内源氏譜代の家人と切り離された頼朝にとって、大豪族が存在しない伊豆国御家人は、言わば親衛軍の役割を果たしていたと思われる。文治五年（一一八九）七月から翌年初頭にかけての奥州戦において、狩野五郎親光（第四章第一節二項、注22）、宇佐美平次実政・大見平次家秀（同三項、注6）と、名のある伊豆国御家人が三人も戦死していることが、その点を裏付けていよう。

（10）六人とは、宇都宮左衛門尉朝綱、八田右衛門尉知家、工藤左衛門尉祐経、畠山次郎重忠、梶原平三景時、三浦（佐原）

十郎義連（義澄弟）、いずれも幕府を代表する大名である。

（11）七人は次のとおり。三浦介義澄、千葉新介胤正（常胤嫡男）、（工藤）左衛門尉祐経、（足立）前右馬允遠元、（後藤）前左衛門尉基清、葛西三郎清重、八田太郎朝重（知家嫡男）。祐経の位置が理解できよう。

三　祐経と王藤内

『吾妻鏡』は大事件の前に、夢などにしばしば示現する予兆を語る。[1] 祐経殺害の場合は次のようなものであった。即ち、鎌倉の祐経の家に、雄の雉のような「怪鳥」が飛び込んできた。卜筮は「慎不レ軽」という結果であった（建久四年正月五日条）。また四月には、新造の家が、入居後三十八か日というように焼け、それも他に延焼はなかったという。祐経自身は那須野の狩に随行し、家を留守にしており、もちろん、失火か放火かは分からない（同、十九日条）。これらは『曾我物語』に見えない逸話であったが、富士野の狩庭における問題としてはあと二つ触れておかねばならない。第一は、祐経の宿館の位置についてであって、第三章第三節四項、注1で触れたように、真名本に拠ると、その「屋形」は、「御所（頼朝の宿館）の巽（東南）の角の御縁の際、妻戸の腋（脇）」にあった（『東洋文庫真名本』2、巻八、一五九頁）。まさに頼朝の「稠者」・「御寵物」（『吾妻鏡』建久四年五月二十九日条。五郎の言）に相応しい配置である。

第二に、曾我兄弟による敵討の当夜、祐経の「屋形」に同宿していた「王藤内」の問題がある。『吾妻鏡』は次のように説明している（同右、二十八日条）。

又有二備前国住人吉備津宮王藤内者一、依（令脱）レ与二于平家家人瀬尾太郎兼保一、為二囚人一被二召置一之処、属二祐経一謝二申無レ誤之由一之間、去廿日返二給本領一帰国、而猶為レ報二祐経之志一、自二途中一更還来、勧二盃酒於祐経一、合宿談

話之処、同被ㇾ誅也

また、真名本の記述は次のとおりであった（『東洋文庫真名本』2、巻八、一五五頁）。

（五郎、十郎に）備前国の住人に貴（吉）備津の宮往（王）藤内は、今年まで七箇年の間所領を召し込められつつ、皆召され候ひしに、適ま御勘当を免（ゆ）りて下る者が、余りに（助経に）追従して神原（蒲原）より打還りつつ、我らが手に懸て定めて失せんずる者かな

仮名本も同趣旨であるが、祐経が「この三箇年、取り持つて申しつる間」（巻八、二四一頁）と、訴訟が三年に及んだことと、「王藤内」が、祐経とほぼ同年齢の「四十有余の男」（巻九、二六七頁）であったことを補足している。

王藤内が与していたとされる「平家家人瀬尾太郎兼保」（妹尾兼康とも）の名は、既に『半井本保元物語』に、清盛の「手勢」の一人として「備中ノ瀬尾太郎兼康」と見えていた（上、四三頁）。野口実は、備中「妹尾郷（現在の岡山市南区妹尾付近）を本拠地とする武士」で、「備中国東南部の開発領主として評価される存在」であったとする（「平家と瀬戸内の武士」『芸備地方史研究』二八二・二八三号、二〇一二年、五頁）[2]。一方、王藤内について、榎原雅治は、藤井駿「曾我兄弟と王藤内」（『吉備地方史の研究』、法蔵館、一九七一年、所収）を踏まえ、「「王藤内」とは、備前一宮吉備津宮の社務を鎌倉期以来世襲する大森氏代々の当主の通称であり、ために大森氏は王藤内家とも別称されていた」とする（「備前松田氏に関する基礎的考察」『日本中世地域社会の構造』第二部第二章、校倉書房、二〇〇〇年、二四六頁・二六一―二六二頁注三〇・五三。初出一九八八年）[3]。

私は、旧稿「諸国一宮制の展開」（『歴史学研究』五〇〇号、一九八二年。第四章第三節、〔付記三〕参照）において、「平氏と西国一宮との深い結び付き」を指摘し、その論拠として、壇ノ浦で討死にした人数の中に「備中吉備津宮神主」が含まれていたこと（『醍醐寺雑事記』上之下〔『続群書類従』九二三、雑部。第三一輯下、四七〇頁〕）、「備後国・吉備津宮」

が平家没官領に数えられていたこと(『吾妻鏡』建久三年十二月十四日条)等の事例を挙げた(五二頁)。遺憾ながら、備前一宮について具体的に論証することはできなかったが、榎原が指摘するように、「備前(岡山市北区一宮・吉備津彦神社＝引用者)と備中(同吉備津・吉備津神社＝同)の吉備津宮はわずかに一キロほどを隔てるのみ、祭礼構造にも類似点が多く」(前掲論文、二五六頁)、備中・備後(広島県福山市新市町宮内・吉備津神社)と同様の関係を想定し得ることは、備前国守と平氏との関係を見ても確認できる。

即ち、永久元年(一一一三)十月には平正盛の備前守見任が知られ(大日本古記録『殿暦』同一日条、一九六八年)、大治二年(一一二七)十二月の除目で忠盛が国守に任ぜられた(増補史料大成『中右記』同二十日条、一九六五年)。平家物語劈頭を飾る「殿上闇討」は、鳥羽院御願得長寿院造進の功によって、忠盛が武人最初の内昇殿を聴されたことから惹起こされたもので、造進は忠盛の備前守在任時の蓄財に基づいていた。(4) そして、治承三年(一一七九)十二月当時は、清盛の懐刀＝五条邦綱の知行国であったし(『山槐記』同十四日条)、治承五年(養和元・一一八一)三月には、後白河院御分の下で、邦綱の聟であった重衡(5)が国守を務め(『玉葉』同六日条)、更に自身が知行国主に任ぜられている(『吉記』同二十六日条)。このように、正盛以降、連綿と続く平氏の知行を考慮するならば、備前一宮吉備津宮が、備中・備後と同様、平氏の強い影響下に置かれたことに疑いはあるまい。

「王藤内」＝備前一宮吉備津宮社司大森氏と瀬尾兼保(妹尾兼康)とは、国を隔てているとはいえ、備前一宮と備中妹尾郷とは近距離であり(現在はともに岡山市内)、二人は平氏の、恐らく小松家の家人として、工藤祐経とも、野口の言う「一所傍輩のネットワーク」で結ばれていたのであろう。(6) 平氏に関わりをもち、所領を収公された者にとって、今を時めく鎌倉殿「稠者」祐経は頼りになる存在であった。曾我兄弟の敵討のため思いを適えられなかった腹癒せに、五郎を「鈍刀を以て昇首に」して頼朝の怒りを買い、最後は狂ひ死にしたという「筑紫の仲太」もその一人で、彼は所領回復の訴訟を「左衛門尉（祐経）に付て」試みていたのであった（『東洋文庫真名本』2、巻九、二一八―二一九頁。第三章第三節五項）。[7] 王藤内は本領が返給され、余程嬉しかったのか、蒲原（静岡市清水区）まで下ったものの、また富士野に引き返し、祐経に「盃酒」を献じたことが文字どおりの命取りになった。

問題は、「備前国住人吉備津宮王藤内」を平家与党＝謀叛人として、その「本領」を没収し、七年もの間「囚人」とした原判決が、祐経によって覆されたわけであるから、原判決を下したのは誰であったかということになる。『曾我物語』に拠ると、身柄召預けの期間が七年、その後宥されて、祐経を介し、幕府に本領返付の訴訟を提訴して三年が経過したというのであるから、原判決は十年前、即ち、寿永三年（元暦元・一一八四）に下されていたことになる。この年の二月十八日、頼朝は、梶原景時を播磨・美作を管轄する「専使」＝頼朝直轄の「近国惣追捕使」に、土肥実平を備前・備中・備後三か国の同職に任じた（拙著『鎌倉守護』論考、第二章第二節「播磨・美作／備前・備中・備後」項。同・国別、第八章各項。本書第四章第三節三項、注4）。この場合も直接の論拠ではないが、類似の事案として、同年（元暦元）十二月、備中国吉備津宮の供僧が「西海合戦」により没倒された同宮仏事用途料田の回復を訴えたことがあって、頼朝は、当時備前に駐屯していた実平に「相㆓尋子細㆒、可㆓成敗㆒之由」を命じている（『吾妻鏡』同十六日条）。私は、実平のこの、「専使」＝「近国惣追捕使」としての権限を、謀叛人跡没官措置と同じ範疇の検断事案として把握できることを示唆した（前掲、拙著・論考、七五頁）。

恐らく、王藤内に対する没官措置も実平（もしくは「代行」遠平）によって講じられたものであったろう。それが、十年を経て、実質的に祐経によって否定されたのである。何とも皮肉なことに、祐経の最初の妻は、伊東祐親の二女「万劫」で、彼女は祐経と離縁した後、土肥遠平の妻となっていたのであって（『東洋文庫真名本』1、巻一、一九―二〇・二二頁。巻二、九一頁。同2、巻六、一七頁。第三章第一節二・三・五項。第四章第一節八項。同第三節二項）、両者の間には端からわだかまりがあったのではないか。実平はその後、芸防長各惣追捕使（「代行」遠平）を兼務したと考えられ（拙著『鎌倉守護』論考、第二章第二節「安芸・周防・長門」項。同・国別、第八章各項）、山陽道諸国が平家の強固な地盤であっただけに、土肥氏の祐経に対する感情は私憤に公憤が入り交じる複雑なものとなっていったであろう。

注

（1）既に新田忠常のケースで言及している（第四章第二節付項）。

（2）兼保（兼康）の動向については、平家諸本に詳しいが、関係する人名・地名などの表記に微妙な出入りがあり、『延慶本』に拠って要点のみ摘記すると、源頼政敗死後、「大和国の検非違所」に任ぜられ、南都鎮圧に臨んだが、逆に衆徒に敗北して都に逃げ帰った（それが、結果として、重衡による南都焼き討ちを惹き起こすことになる〔二末ノ四〇、四五六―四五七頁〕）。その後、加賀国に出陣し木曾義仲勢に敗れて、捕虜となるが（三末ノ一二、五七八頁）、義仲の山陽道進攻に当たり、偽って先導役を勤め、故郷の備中で自害を遂げて平家に殉じたという（四ノ二〇、六七〇―六七四頁）。『四部本』は兼康を「平家随分ノ鬼ト憑レタリ」と表現している（巻七、上二九四頁）。

（3）建治元年「六条八幡宮造営注文」、「備前国」項に、「王藤内小太郎跡　五貫」とあって（三七七頁）、遅くとも鎌倉後期には御家人化した一族の存在が知られる。

（4）『中右記』天承二年（長承元・一一三二）三月十三日条。

（5）『愚管抄』は、「重衡ハ、邦綱ガヲトムスメニ大納言スケ（典侍）トテ、高倉院ニ候シガ安徳天皇ノ御メノトナリシニムコトリタル」としている（巻五、二六七頁）。

（6）野口実前掲論文、八―九頁註三。「一所傍輩のネットワーク」とは、同著『源氏と坂東武士』に見える用語であるが、要約すると、《「京武者」（在京軍事貴族）と在地武士との間に、都で結ばれた様々な形態の人脈・人的関係》となろうか

（吉川弘文館、二〇〇七年、一四〇頁）。

（7）『吾妻鏡』は、簡潔に「以㆘号㆓鎮西中太㆒之男㆖、則令㆓梟首㆒」とのみ記している（五月二十九日条）。

四　祐経の子孫―「妙本寺本」の歴史的前提―

『吾妻鏡』も『曾我物語』も父の敵工藤祐経を討った曾我兄弟を称讃し、頼朝は、とりわけ五郎の武勇を称えていた。しかしながら、史実はどうであったろうか。坂井孝一説に対する疑問の一つに、北条時政が、「頼朝の了解を得」て、「曾我兄弟を導いて工藤祐経を討たせ」たとする点があって（「源頼朝政権における曾我事件」、第一部第六章、一六〇頁。本書第一章第四節四項）、それでは余りに、頼朝の態度が掌を返したようで納得できない。翌年の三月、頼朝は、鶴岡若宮別当坊において児童の郢曲を観覧する機会を持ったが、「此間、故祐経于㆑今令㆓存命㆒者、定入㆑興歟之由、被㆓仰出㆒、頗有㆓御落涙之気㆒」というのである（建久五年三月十五日条）。

所詮、地の文ではないかと思われるかも知れないが、「稠者」「御寵物」を失った頼朝の怒り・悲しみが最もよく表れているのは、遺児犬房の元服を急がせた事実に求められる。敵討から三年近くが経過した建久六年（一一九五）三月、十二日の東大寺供養に赴く「供奉人行列」が『吾妻鏡』十日条に記載されていて、うち「後陣／随兵」四十一番各三人の四十番に、「伊東三郎　天野六郎　工藤三郎」と見える。「天野六郎」とは遠景の嫡男政景であり、「工藤三郎」は宇佐美三郎祐茂ではあるまいか[1]。そして、「伊東三郎」こそ、『伊東大系図』に「童名犬房丸、左衛門尉、三郎」と記された、祐経の嫡男祐時のことであって（七二五頁）、僅か十一歳の少年であった（一項。注8参照[2]）。伊豆国御家人三人が並び、最後列は、常胤の子「千葉四郎」＝大須賀胤信と、「同五郎」＝国分胤道（胤通）、及び景時の子「梶原平次左衛門尉」景高、そして「後陣」最末に、侍所所司「梶原平三」景時と「千葉新介」胤正（胤政）が続く。[3] つまり、十一歳の少年の進軍としては、極めて重い位置を占めていたことが分かる。

同系図・祐時条に頼朝の「烏帽子子」とあって（『伊東系図』も同じ）、元服は頼朝の主導によるものであった。頼朝は、亡き祐経とその遺児に対する思いから、いささか年少の嫌いはあるが、東大寺の供奉という御家人の晴儀に同行させたかったのであろう。しかも、その実名に注目するならば、通字「祐」に、伊東（工藤）一族としては極めて稀有な「時」字が組み合わされている。それを北条時政が与えたことはまず疑いなく、そうとすれば、頼朝はすべてを呑み込んだ上で、敢えて伊東・北条の和解を演出したものと考えられる。時政は結局祐経の旧領に食い込むことができず、「建久四年曾我事件」は時政の完敗で幕を閉じている。

『吾妻鏡』における伊東一族の記事は、そのほとんどが将軍側近としての動向で、枚挙に暇がない。家督祐時の官途は、「兵衛尉」（建保四年〔一二一六〕七月二十九日条）、「左衛門尉」（同六年六月二十七日条）を経て、寛喜元年（一二二九）には検非違使に任官しており（八月十五日条）、同三年には従五位下の位を得て、[4]「大夫判官」と称されている（貞永元年四月十一日・七月十五日条）。そして、嘉禎二年（一二三六）、将軍頼経の若宮大路御所への移徙に「御後五位六位」の一人として供奉し、時に「大和守」と表記され（八月四日条）、これが先途となった。[5] 祐時が、建長四年（一二五二）六月十七日、六十八歳で没したことは先述したが（一項）、『吾妻鏡』卒去条に「大和守従五位上藤原朝臣祐時」とあった。

一方、弟の金法師は、元服後「六郎祐長」と称し（『吾妻鏡』初見は建暦三年〔建保元・一二一三〕二月十六日条）、「安積」名字の初見は嘉禎二年（一二三六）八月四日条である。「安積」とは、『日向記』に「奥州浅香郡ヲモ領」すとあるように（巻二「再日向国地頭職之事」〔一〇六号、二四一頁〕）、祐経が「奥入り」大手軍に従軍しており（『吾妻鏡』文治五年七月十九日条)、その恩賞に由来するものであろう。福島県郡山市安積町荒井所在の宝光寺境内板碑は、「弘安六年〈癸未〉(一二八三)四月廿八日」、藤原祐重が「先考和泉荘(前カ)司禅門(祐長の嫡男安積祐能)」百ケ日忌に当たって建立したもので(『伊東市史』、口絵55・第五章一号、六一八頁)、この板碑は、阿武隈川寄りの安積町日出山所在の「安養寺跡にあったものを移したもの」とされる。第五章の「解説」に拠ると、寺跡が発見された荒井猫田遺跡付近に安積伊東氏の本拠があったと考えられている(六一三頁)。

祐長も薩摩守の官途を得ており[6]、建治元年(一二七五)五月日六条八幡宮造営注文の「鎌倉中」には、「伊東大和前司(祐時)跡　六十貫」/「伊東薩摩前司(安積祐長)跡　卅五貫」とあって(三七〇頁)、祐経の子孫が、鎌倉の御家人社会に確固たる地位を築いていたことが分かる。

いま一つ例を挙げると、蔵人所に属する滝口が「無人」となって、朝廷よりしばしば滝口衆上番の要請があった(『吾妻鏡』承元四年五月十一日条［A］。寛喜二年閏正月二十六日条［B］)。諸国守護＝「天下守護之職」を分有する幕府としては(第四章第三節三項、注5)、これに応えるのが当然の職務で、「経歴輩之子孫」に命ぜられることとなった(［B］)。［A］・［B］で若干の出入りが見られるが、一族ごとに整理すると次のようになる(［A］を基準に、記載順にまとめている)。

［A］	小山	千葉	三浦	秩父	伊東・宇佐美	後藤	葛西		
［B］	小山・下河辺	千葉	三浦	秩父	伊東			鎌倉	宇都宮・氏家	波多野

［A］に「家々十三流」とあったが、右「十三流」こそ、鎌倉幕府の基幹となる武官系の家々で[7]、伊東家はその一つであった。

南北朝以降の伊東氏の動向を考える上で、祐経が鎌倉初期に日向に所領を得たことが大きな意味を持った。(8) 建久元年(一一九〇)に祐経・祐時父子が「日向国地頭職」に任ぜられたとする伝承は論外であるが、(9) 建久八年六月に作成された「日向国図田帳」(写)には故祐経の地頭領が記載されていて、関係個所を抄出すると次のとおりである(『鎌倉遺文』二巻九二三号、島津家文書。『伊東市史』史料編 古代・中世、第四章第一節一〇五号、二四〇―二四一頁)。

日向国／住(注)進国中寺社庄公惣図田町《ママ》／

社領田代二千百六町

宇佐宮(ウサミヤ)領千九百十三町

県(アガタ)庄百三十丁、右臼杵郡内(宮崎県延岡市)、地頭故勲藤原衛門尉、不レ知二実名一

富田(トンダ)庄八十丁、右同郡内(日向市)〈地頭同人〉

田嶋庄(タシマシヤウ)九十丁、右同郡内(宮崎市佐土原町)、地頭故勲藤原左衛門尉、不レ知二実名一

諸県庄(ムラカタノシヤウ)四百五十丁、右諸県郡内(宮崎県東諸県郡国富町)〈地頭同人〉

鎮西九か国の建久図田帳は、幕府の命を受けて各国衙の在庁官人が作成したものであり(拙著『鎌倉守護』論考、第三章第五節四「田文調進」、二八八―二九〇頁・三〇五―三〇六頁注六)、「地頭故勲藤原」(工藤の音通表記「勲藤」と本姓「藤原」とを混同している)や「不レ知二実名一」とする表記は、伝写上の問題も考えられるが、「東国」の事情に疎い日向の在庁官人の実情がよく表れている。日向と言っても、地頭領は中央部以北に分布していたが、それらは、やがて祐時の子孫によって分割されていくことになる。そこで次に、『日向記』(巻二「祐時男子各別事」〔二二号、三〇八―三〇九頁〕)に拠り、祐時の子息について、子孫が日向に定住することになる子を中心に一瞥しておこう。

「嫡子次郎祐朝、母ハ土肥左衛門尉遠平女ナリ」とある(安芸国「早川殿」)。

「次男」は「六郎左衛門尉祐盛」と称し、石見国稲用（安濃郡。現島根県大田市長久町）を領して「稲用殿」と呼ばれた[10]。

「三男」は祐綱で「土肥腹」とある（備前国「三石殿」）。

「四男七郎左衛門尉祐明」の母は「佐伯殿女」で、「日向国田嶋ヲ領シテ下向」し「田嶋殿」と呼ばれたとする。佐伯氏とは鎮西（豊後？）の住人であろうか。

「五男」祐氏（播磨国「長倉殿」）。

「六男八郎左衛門尉祐光」は、「母三浦殿女」（『伊東大系図』「三浦介女尼空智」〔七二六頁〕）で、『伊東大系図』に「使従五位下、八郎左衛門尉、信濃守」と見え（同右）、将軍家の命により「家ノ惣領」となったとする。『吾妻鏡』の初見は、建長二年（一二五〇）十二月日付で、六番に結ばれた将軍近習結番交名、三番に名が見えている（二十七日条。「伊東八郎左衛門尉」とある）。

「七男ハ九郎祐景、母千葉介女　左衛門尉ニ任シ」たとする。「富田庄〔ヲ〕譲得、重テ日向国県庄ヲ領シテ下向」し、「門川殿」と称された。門川の地は今日の東臼杵郡門川町で、県荘（延岡市）と富田荘（日向市）のちょうど中間に位置する[11]。

「八男余一祐頼、母堂祐光ト一腹ニテ刑部左衛門尉ニ任シテ、日向国諸県庄内絹分ヲ領シテ木脇殿ト申也」とある。木脇は今日、東諸県郡国富町の地名に残る。

「九男十郎祐忠」（石見国「稲用殿」。次男祐盛流の祐家滅亡後〔注10〕、家を嗣いだか）。

以上であるが、八郎祐光、及び、同腹の弟祐頼について補足しておく。弘長元年（一二六一）五月、伊東荘に流罪となった日蓮を召預かったのが地頭「伊東八郎左衛門尉」祐光で（祐時の家督を嗣いだことが確認できる）、配流地に建立されたのが、今日の伊東市役所北に隣接する日蓮宗海光山仏現寺であったことは、既に第二章第一節二項で述べた（注17参照）。妻に、二階堂行義の「女子」（『尊卑分脈』乙麿卿孫・二階堂。第二篇、五一五頁）と、嫡男祐宗の母となった「後藤佐渡前司基綱女」が知られ（『伊東大系図』、七二九頁）[12]、祐時・祐光父子の幕府内における地位の高さを窺い知ることができる。祐頼は兄の「名代」として日向に下向し、兄の没後、諸県荘内に「祐時・祐光父子ノ為ニ」祐光寺を建立したとされる（『日向記』巻二「祐宗祐頼相論事」〔三〇七号、三六六頁。三三〇号、三七五頁〕。国富町深年所在〔現廃寺〕）。

正応六年（永仁元・一二九三）三月、刑部左衛門尉祐頼は、当時一番引付頭の任にあった北条時村（政村嫡男）[13]の、「若宮大路」「宿所」の前で何者かに殺害された（『鎌倉年代記裏書』は二十三日とし〔五六頁〕、『親玄僧正日記』は二十四日のこととする〔『中世内乱史研究』一五号、一九九四年、六八頁〕。日付が変わった夜中の出来事であったろう）。『日向記』は「世ノ人口ニハ内々祐頼・祐宗中悪カリケレハ」、甥の祐宗が叔父を討たせたと噂された（三三〇号、三七六頁）。祐頼は、自分こそ兄祐光の「猶子」で祐宗は「庶子」だとして、「鎌倉ノ評定所」に訴えたが、最後は「将軍家ノ御沙汰」によって「伊東ノ惣領職」は祐宗に決した（同右）。まるで、祐経による河津三郎殺害を彷彿させる出来事であり、同時に、十四世紀に入ってますます深刻となる一族内の嫡庶争いを先取りするような事件でもあった。

南北朝動乱期を迎え、家督六郎左衛門尉祐持は、中先代の乱に際し、いったん北条時行に与力したが、建武二年（一三三五）八月十四日、駿河清見関合戦において足利尊氏軍に敗れ、「降人」となって、以後尊氏に属した（「国立国会図書館所蔵文書」〔後欠〕足利尊氏関東下向宿次・合戦注文『南北朝遺文』関東編、一巻二七〇号）。『日向記』巻二「祐持属将軍方ニ事」〔第二節三七四号、四〇三頁〕）[14]。祐持は検非違使に任ぜられ、貞和四年（一三四八）六月に上洛したが、翌七月七日京都で没した（『日向記』巻二「祐持逝去祐熙押領并防州ニテ溺死事」〔四三七号、四四一頁〕）。

○伊東氏関係系図（『伊東大系図』より）

祐経─┬─祐時─┬─祐光──祐宗─┬─貞祐─┬─祐持──祐重（氏祐）──祐安
　　　│　　　　│　　　　　　　　│　　　　└─祐藤
　　　│　　　　│　　　　　　　　└─祐守──祐煕
　　　│　　　　└─祐頼（木脇）──祐広──祐氏
　　　└─祐長（安積）──祐能──祐重

これに先立つ康永四年（貞和元・一三四五）八月二十九日、尊氏・直義兄弟が列席した天龍寺供養に、嫡流家の「備前権守」祐藤は列順に納得せず、「先陣」随兵を辞退し、従父弟の「大和八郎左衛門尉」祐煕に交替した（『園太暦』同日条〔続群書類従完成会、一九七〇年〕。同右『日向記』巻二、四二三号、四三六頁）[15]。嫡流家の中心的存在であった祐宗（慈証）が、貞和五年二月、八十四歳で死去すると、祐藤が伊東荘に入部する。折から観応の擾乱が勃発し、祐藤が「錦小路殿（直義）祇候ノ侍」であったため、子の代になって尊氏方に荘を追われた。『日向記』は「夫ヨリ石堂[16]知行申サレケリ、此時ヨリ伊豆ノ国伊藤ノ庄他ノ所〔領〕トハ成ニケリ」とする（巻三「伊藤庄祐藤押領事」、〔四四五号、四四七頁〕）。

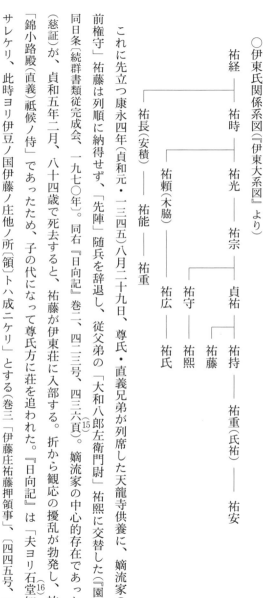

祐煕は祖父祐宗（慈証）の養子となっていたが、祐持早世の後、祐藤、祐煕、祐持の子虎夜叉（後の祐重）三者間で家督争いが生じ、祐宗の上訴によって、漸く「祐煕一期ノ後ハ虎夜叉ニ譲ヘキノ由慈証ノ判ヲ取リ、祐重ニ玉ワ」って落着を見た。ところが貞和四年、日向に向かう祐煕の乗船が周防下松沖で沈没し、祐持が没した翌八月に水死してしまったのである（前出『日向記』巻二、四三七号〔四四一―四四二頁〕）。

一方、日向の状況に目を転じると、祐持は恩賞に賜った都於郡（宮崎県西都市）に、建武二年（一三三五）の末頃下向したようであるが、木脇祐広や田島氏など庶流の多くが新田方(宮方)であった(『日向記』巻二「依二西国宮方蜂起一祐持日向国下向事」、三七九号、四〇五―四〇七頁)[17]。翌建武三年三月の筑前多々良浜における尊氏の勝利以降、摂津湊河合戦など尊氏に従軍しており、なお日向に落ち着いたわけではない。この間、木脇祐広の嫡子祐氏(守永下野守)は都於郡を押領したというが、嫡流家の家督争いが祐熙の水死によって落着し、貞和四年(一三四八)十二月、虎夜叉は富田荘日智屋(日向市)に上陸し、六郎三郎祐重(後、尊氏から一字を賜り、氏祐と改名)と名乗った(同「祐重日州下向之事」、四四二号、四四三―四四四頁)[18]。その後、「守永野州」祐氏の聟となって都於郡を回復し(同巻三「祐重改二氏祐一付都於郡遷居事」、四四四号、四四七頁)、当地に「居住」することになった(『伊東市史』史料編 古代・中世、「補遺」一七号、「定善寺文書・伊東氏系図」、八四〇頁)。嫡男祐安の母について、同系図に「宮崎遠江守(伊東泰祐)女豊夜叉御前与申、法花道場日知屋山定善寺開山日睿上人之御旦那也」とあったことは第二章第一節二項、注6で指摘している。

従って、祐重(氏祐)の段階で、嫡家による日向進出は軌道に乗ったと言えるが、日向の戦況は錯雑を極め、動乱初期の「国大将」でのち守護となった畠山義顕(直顕と改名)が、観応の擾乱に当たって足利直冬方となり、伊東祐重(氏祐)も直顕と結んでいる[19]。山口隼正は、日向が、応永七年(一四〇〇)七月に将軍家の「料国」化する動きの障碍として、一つに畠山直顕の「領国形成の志向」と、今一つ「在地領主伊東氏の諸地域への進出」を挙げ、「伊東氏は、元来、中央幕府権力(鎌倉北条氏、室町将軍家)の所領のない当国宇佐宮領地域が本拠であったが、やがて幕府関係所領のある島津荘・国富荘の地域への押妨～押領行為をなした」ことを指摘している(「前期室町幕府による日向国「料国」化」『日本歴史』三二九号、一九七五年、四八頁)[20]。

その後、戦国期にかけて、都於郡・佐土原に拠る伊東氏は、北の門川地域を国人土持氏に侵され、南からは守護島津氏の圧迫を受け、天正五年(一五七七)十二月、日向を没落して豊後に遁れた。しかしながら、同十五年、豊臣秀吉の九州進攻によって島津氏が屈服し、当時の家督祐兵（すけたけ）は、「嶋津征伐戦功」によって「日州旧領之内」「那賀・宮崎両郡」千七百余町の地を得て、曾井城主に返り咲いた（『伊東大系図』、七三七頁）[21]。そして、跡を継いだ祐慶（すけのり）が、元和三年（一六一七）徳川秀忠より「日州宮崎郡五万七千八十石余」を安堵され、近世飫肥藩の歴史が始まることになる（同右）。伊東氏は関ヶ原戦においても徳川方に立ち、石田三成方となった島津氏に対する戦いの歴史と、薩摩藩を睨んだ飫肥の地政学的位置故に、伊東家は近世大名として生き延びることができたと言えるだろう。

注

（1）三月十二日、供養当日の「先陣随兵」中に「宇佐美三郎祐茂」の名が見えるが、この表記は十日の隊列中に見出せない。

（2）『鎌倉遺文』二巻九八五号、「日向伊東文書」建久九年六月二十九日源頼朝下文案は「伊東三郎祐時」に充てたもので、編者の注記に「本文書、検討を要す」とするが、充書の表記まで疑う必要はあるまい。

（3）「先陣」の場合は、「畠山二郎」重忠と、侍所別当「和田左衛門尉」義盛が勤めた。

（4）『民経記』寛喜三年二月五日条（『大日本史料』第五編之六、二三三―二三四頁）。『明月記』同六日条。

（5）同年十一月十五日条に「大和前司」とあるが（誤記カ）、翌嘉禎三年六月二十三日条に「大和守祐時」と記され（最後出は、嘉禎四年（暦仁元）正月一日条）、同二月二十八日条以降「大和前司（祐時）」と表記される（同日条に、姓を欠く「大和守景朝」の名が見える）。

（6）『吾妻鏡』宝治元年（一二四七）六月六日条に「薩摩前司祐長」と見える。第三六、寛元二年（一二四四）八月十五日条には「安積六郎左衛門尉祐長」とあり、翌年の八月十五日条は、嫡男の祐能を「薩摩七郎」と記しているから、祐能の名乗りが事実を反映したものであれば、祐長の薩摩守補任は、寛元二年八月十五日から一年の間ということになる。祐長の没年は不明であるが、建長六年(一二五四)正月一日条が最後出である。

(7) 建長二年十二月、「新造閑院殿遷幸之時滝口衆」について、幕府は「任㆓寛喜二年潤(閏)正月之例㆒(=B)、各可㆑進㆓子息㆒由、召㆓仰可㆑然之氏族等㆒」ている(二十九日条)。

(8) 祐経が、「鎮西守護人」とする史料も伝えられる千葉介常胤の聟となったことも(一項)、何らかの関係があったかも知れない(拙著『鎌倉守護』国別、第十章「西海道・はじめに」、四六六―四六七頁注五)。

(9) 「工藤左衛門尉祐経」充て建久元年正月二十六日頼朝下文案(『鎌倉遺文』一巻四四三号)、「伊東参郎祐時」充て同年六月二十九日同案(同四六〇号)が偽文書であることは、拙著『鎌倉守護』論考、第二章第三節二項、一二〇―一二一頁注一八で述べている。建久元年六月の時点では、「参郎祐時」はなお元服以前の筈である。

(10) 『伊東大系図』に「三郎左衛門」と見える子の祐家は(七二五頁)、建治の頃、石見国の守護に任ぜられたが、安達泰盛の与党で、霜月騒動で亡びたらしい(拙著『鎌倉守護』国別、第七章石見項、三三八頁・三三九―三四〇頁注三)。

(11) 『伊東大系図』に「日向国富田庄地頭并領㆓県庄㆒門河下向」とある(七二六頁)。これに拠ると、門川は県荘内か。

(12) 『吾妻鏡』寛喜三年正月九日条に拠ると、将軍家鶴岡参詣に「官人大夫判官基綱・伊東判官祐時」がともに供奉しており、二人の官位昇進はほぼ併行していたものの、基綱が一歩先んじていた(注4参照)と言うことができる(年齢も基綱が四歳年長であった〔同、寛喜元年三月二十六日条参照〕)。

(13) 佐藤進一『鎌倉幕府訴訟制度の研究』(岩波書店、一九九三年版)、「附録　鎌倉幕府職員表復原の試み」、正応五年・永仁元年項(二三五―二三七頁)。

(14) 祐持の父貞祐は、当時既に早世していたものと思われるが、祖父祐宗(法名慈証)が健在で、伊東に在住していた(本文『日向記』巻二)。

(15)『伊東市史』、四一七―四二三号に、一連の史料がまとめられている。なお、「帯剱」して尊氏らの左右に供奉した一員に「曾我左衛門尉」師助がいた(『園太暦』など。第四章第三節四項参照)。

(16)石塔義房と思われるが、義房は直義方であった(佐藤進一『室町幕府守護制度の研究』上、伊豆項、東京大学出版会、一九六七年、参照)。

(17)尊氏より「建武二年三月四日御袖判直ニ被レ下」、都於郡に下向したとするが(四〇六頁)、祐持が尊氏に従ったのは、中先代の乱における八月十四日の駿河清見関合戦以後のことであるから、この日付は疑問である。

(18)「虎夜叉殿甲子ノ御誕生ニテ今年廿五歳ニ成玉フ」とある。これによると、元亨四年(正中元＝甲子・一三二四)の誕生となるが(『伊東大系図』、永和四年〔一三七八〕二月二十八日、五十五歳で死去とする記述と符合する〔七三〇頁〕)、二十五歳に至るまで童名でいたとは考えられず、生年に誤伝があるか。

(19)『南北朝遺文』九州編、三巻三五〇七号、「日向伊東家古文状」観応三年十二月日(北朝は九月二十七日「文和」と改元)「伊東大和守氏祐」軍忠状写(直冬証判)。

(20)南北朝動乱期日向の状況については、本文・山口論文のほか、佐藤進一『室町幕府守護制度の研究』下、日向項(東京大学出版会、一九八八年)を参照されたい。

(21)曾井城跡は宮崎市恒久に所在。南北朝期に門川党の曾井氏が築城したと伝える。祐兵は、翌年飫肥城(日南市)へ移った(『宮崎県の地名』「曾井城跡」項、四〇二―四〇三頁)。

第二節　敵討への途

一　五郎の元服

『吾妻鏡』に十郎の元服に関する記述はなく、真名本に拠れば、「兄の一万は十三と申す十月中半のころ、男になしつつ、継父の片名を取り、曾我十郎助成」と名乗ったとあった（『東洋文庫真名本』1、巻四、二一一頁）。十郎の生年は承安二年（一一七二）であったから、元暦元年（一一八四）のこととなる。一方で、真名本は「一万は十三、筥王は十一」の年（二〇九頁）、弟の筥王は「霜月中半のころ」に箱根に入山し、その時期を「元暦二年〈乙巳〉」と明記していた（二一二頁）。

この矛盾について第三章第二節一項（〇［d］）で詳しく検討し、①一万元服と筥王の入山は同年のこととしなければならないこと、②一万に「片名」の「助」（祐）を与えた「継父」曾我助信（祐信）は、元暦元年（四月十六日、寿永三年を改元）当時、源範頼の指揮下で、恐らく平家追討戦に従っていたと考えられること、③真名本は筥王の入山を「元暦二年〈乙巳〉」と明記していたから、元服と入山の事実は、兄弟十四歳・十二歳の出来事であったこと、④「元暦二年」は、既に八月十四日文治と改元されており、一万の元服は、真名本に言う「十月中半のころ」ではなく、平家が滅び助信（祐信）が帰国した四月以降、八月十四日の改元以前になされたと推測できること、等の諸点を指摘した。

五郎元服に関する論点を検討するに先立ち、十郎祐成・五郎時致という兄弟の名乗りについても触れておきたい。芥川龍之介の随筆のタイトルとなった「お宗さん」は、「曾我の五郎と十郎とは一体どつちが兄さんです？」と尋ねたが（「緒言」。第二章第三節四項）、この不思議な通称について言及しているのは、管見の範囲では土肥経平の『春湊浪話』くらいのものである。(1)

鎌倉時代、人の嫡子より次を太郎二郎三郎と次第に名付ける。なべての事なり。曾我十郎祐成、同五郎時宗と名乗し事、人ごとに不審する事なり。今按るに、十郎が元服せし時は、祖父伊藤（東）祐親は三浦介（義澄）に預けられて存生なるべければ、祐成を祐親が子とし、其末子伊藤九郎祐清が弟に准じて、十郎とは呼ける成べし。五郎は文治六年（四月十一日、建久と改元）九月七日に北条時政の亭にて元服して、五郎時致と名乗よし、東鑑に見へたれば、其時に時政の子として時致と名乗らせ、江島（馬カ）小四郎義時の弟に准じて、五郎とは称せしにぞ。東鑑に時致とも、時宗とも書たり。実は時宗なるを、後に北条時宗出来より、是を諱て所々時致と書改しものなる歟（巻三「曾我十郎、同五郎」項。日本随筆大成第三期第一〇巻、四三七頁）

『春湊浪話』が、十郎元服時、祖父祐親存生と見た根拠が分からないが、同書は『吾妻鏡』に拠って論を立てており、それに拠ると、祐親は養和二年（寿永元・一一八二）二月十四日に死去したことは動かないであろうし（第四章第一節四項）、子の九郎についても、寿永二年（一一八三）五、六月頃、北陸道で木曾義仲勢と戦い討死したこともまず確かと言わねばならない（同九項）。十郎の元服が、文治元年（一一八五）ではなく元暦元年であったとしても、祐親及びその子九郎は既に死去しており、しかも父子は、頼朝にとって「謀叛」人であって、曾我祐信がこの「謀叛」人父子に義理立てをして十郎と名付けたとは到底考えられない。

五郎についても、「小四郎義時の弟に准じ」たとする説は明白な失考である。なぜなら、『春湊浪話』は五郎時房の存在を無視しているからである。時房は、時政の「三男」で初名を時連と言った。文治五年四月十八日、十五歳で元服を遂げ、加冠役を勤めた佐原十郎義連の一字を取って、「五郎」時連と称したのである（『吾妻鏡』）[2]。筥王（曾我五郎）が兄に伴われて時政邸を訪れたのは、北条「五郎」時連元服の翌年九月のことであった[3]。

その『吾妻鏡』における五郎元服の記事であるが（建久元年〔一一九〇〕九月七日条）、予め十分認識しておく必要があるのは、坂井孝一が指摘しているように、「『吾妻鏡』に見える元服記事はほとんど北条氏の事例」で[4]、相模国御家人の、継子でしかも庶子の元服事例が記載されることなど、普通はあり得ないということである。全文は既に第一章第四節一項で引用したとおりであるが、条文が「今夜儀強不ㇾ及二御斟酌一云々」と結ばれていることにそもそもの問題があった。

また、真名本は次のように記載していた（『東洋文庫真名本』1、巻五）。

（a）建久元年庚戌年神無月中半のころ、曾我十郎助成は弟の筥王を引き具して、年来通ひて遊びける北条殿の御宿所に入りつつ、男になさんずる由を申し入れて、名をば北条五郎時宗とぞ呼びにける（序、二五三頁）

（b）そもそも、十郎は北条四郎時政の宿所に入りつつ、子息の小四郎義時を以て北条殿に申しけるは、（中略）北条殿御対面有て、（中略）やがて御前にて本鳥を取り挙げ、名をば北条五郎時宗とぞ着（付）けられける。酒宴も過ぎければ、やがて鹿毛なる馬に白伏輪の鞍を置て賜びにけり（二五三―二五四頁）

（c）北条殿の昔の姫、鎌倉殿の御台盤所（政子）の御母、時政の先の女房と申すも、これら（兄弟）のためには父方の伯母なり。さてこそ、北条殿も昔の縁を忘れ給はずして、（五郎を）元服の子となしつつ、かやうに引き立てけり（二五八頁）

坂井が指摘していたように、『吾妻鏡』と真名本（巻五）とでは、確かに「記事の文言・表現」における「近似性が極めて強い」[5]。一方、『吾妻鏡』の独自性は末尾部分にあって、これこそ、三浦周行が、事件は敵討にとどまるものでなく、曾我兄弟を使嗾して事に当たらせた北条時政を、頼朝暗殺を目論んだクーデターの黒幕と断じた最も重要な論拠であった(第一章第四節一項)。そして、八代国治も同様の見方をしており(同、注4)、石井進が、三浦(周)の議論を支持した最大の理由もこの点にあった(同右、二項)。当該部分に関して、三浦(周)「曾我兄弟と北条時政」は次のように述べていた―『吾妻鏡』に「往々北条執権の為めに舞文曲筆の跡」があるとはいえ、「我等はこれを読んで、時政自身の口から、兄弟の仇討には無関係であるとの態とらしき申訳を聴くやうな気分がしてならぬ。彼れにして果して中心疚しきところがなくば、何にもさう事々しく加冠の斟酌には及ばざる理由を説明せんでもよからうではないか」と。

一方、真名本の記述で、私が注目したいのは(c)の段にあり、これは『吾妻鏡』にない真名本独自の主張であって、仮名本にも見えない。第四章第二節一項で、真名本は伊東氏と北条氏とを「左右の翅」と表現していたが(『東洋文庫真名本』1、巻二、九一頁)、頼朝挙兵以前の実態は「左右の翅」どころか、対比の対象にすらなり得なかったとして、時政の先妻(政子の母)が曾我兄弟「父方の伯母」であるとか(cの段)、祐親の子伊東九郎の「元服の親」(烏帽子親)が時政であったとする如き所伝は(巻二、一〇二頁)、「史実として信頼できるかどうか、いささか疑問である」ことを指摘した。そうとすれば、(c)の「北条殿も昔の縁を忘れ給はずして、(五郎を)元服の子となしつつ、かやうに引き立てけり」とした記述も、時政が五郎の烏帽子親を勤めた事実に対する「言い訳」であって、仮名本にそれがないのは最早弁明する必要がなかったからだとも考えられる。

『吾妻鏡』は、なぜ、見苦しい「言い訳」を追記してまで五郎の元服を叙したのであろうか。末尾部分「斟酌」する主語は、接頭語「御」が冠せられている以上頼朝であって、時政が、「謀叛」人の孫の烏帽子親を勤めたことを頼朝から追求されなかったと、わざわざコメントした訳である。『吾妻鏡』の成立時期に諸説あったが、《公約数》的に言えば、十三世紀末—十四世紀初頭と見ることにまず異論はない筈で（第一章第四節、（付記一））、それは、佐藤進一の言う「得宗専制」の時代に相当していた。[6] 叙述の特色について、八代は「北条氏の悪事に至りては、一も之を記さゞるのみならず、善事に至りては、如何なる零細の出来事と雖ども之を記し」とし（『吾妻鏡の研究』に拠る（同、付記一））、三浦（周）は、先に引用した如く「往々北条執権の為めに舞文曲筆の跡」があると述べていた。そうとすれば、一御家人の継子の元服など、何もわざわざ記事にする必要などなかった訳で、後世、日本中世史学の先駆者らによって、隠蔽した筈のクーデター計画の存在が掘り起こされる糸口を提供することもなかったであろう。

北条時政は、「謀叛」人伊東祐親の孫の烏帽子親を買って出て、自分の一字をも与えた。かといって、兄弟を御家人に推挙するでもなく、手許で飼殺しにした挙げ句、兄弟を使嗾して、実父河津三郎の敵であった頼朝の「稠者」工藤祐経—丸谷才一の表現を用いれば、「まづ「身代わりである生贄」ないし「贋の王」としての祐経を殺し」、それを突破口に「「王である生け贄」としての頼朝」殺害を図る（『忠臣蔵とは何か』、一五一頁より（第一章第二節四項））。時政のクーデター計画に利用され、斃死した兄弟に対する同情と鎮魂の思いが「東国」御家人社会に広く浸透していたに違いない。北条氏に対する反発と裏腹のこの世評を、『吾妻鏡』は結局無視できなかったのである。そして、「東国」御家人社会に、十郎・五郎兄弟に対する同情と鎮魂の世評をもたらしたものこそ、書かれた曾我の物語と、曾我の「語り物」であったことは言うまでもない。その物語にすら、時政の「言い訳」が用意されていたことは記憶にとどめておいてもよいだろう。

最後に取り上げておきたいのが、元服の時日に関する『吾妻鏡』と真名本とのズレの問題である。即ち、『吾妻鏡』は建久元年「九月七日」とし、真名本は同年の「神無月中半のころ」としていた（a）。河津三郎の暗殺をはじめ、『曾我物語』を飾る劇的な事件やエピソードには、なぜか秋から冬にかけてのものが多く（第三章第二節一項、注6）、しかも、恐らく事実ではあるまいとした一万(十郎)の元服の時日「十月中半のころ」と同時期に設定されていた。そうであれば、真名本の創作の可能性を否定できないと思うが、逆に、『吾妻鏡』の時日が創作であり、真名本の記載こそ史実に近く、十郎元服の記事は、五郎元服の時日に合わせて作為されたとすればどういうことになろうか。

建久元年の冬と言えば、頼朝の初度上洛の年であり、頼朝は十月三日に鎌倉を発ち、十一月七日に「六波羅新御亭」に入った(『吾妻鏡』各日条)。この間、時政は鎌倉の留守を命ぜられており、「伊豆国寺宮庄」(所在地未詳)が充行われ、「御留守兵士」役を勤めた(九月二十一日条)[7]。頼朝ばかりでなく、鎌倉から主要な御家人がいっせいに姿を消した時期に、恐らく伊豆の北条邸で五郎の元服が行われたとすれば、時政に対する疑念はますます増幅されるに違いない。その行動に弁明是努める『吾妻鏡』としては、詮索が今以上に拡大するのを恐れて、元服の時日を一と月繰り上げたのではなかろうか。その限りでは、『吾妻鏡』よりも、むしろ真名本に記された時日に合理性が認められる。

但し、五郎の元服を「神無月中半のころ」とする真名本の説の難点は、同書に義時の名が見られることで、彼は頼朝の上洛に供奉していなければならない[8]。真名本の不注意か潤色でなければ、やはり『吾妻鏡』の九月説を採用すべきことになる。仮に、『吾妻鏡』が事実を伝えていたとしても、頼朝の十月上洛は決定事項であって、既に七月十二日に六波羅宿所造営のため、使節法橋昌寛が京都に派遣されており、五郎元服直後の九月十五日には上洛「諸事奉行人」が定められていた(各日条)。従って、九月七日当時、鎌倉中が上洛の準備に忙殺されていたと言ってもよく、伊豆の一隅で起きた時政の私事なぞに、頼朝をはじめとして、注意を払う者は誰もいなかったであろう。

注

(1)『大日本史料』第四編之四、三八八―三八九頁に収載され、丸谷才一『忠臣蔵とは何か』も触れている(二八―二九頁)。『春湊浪話』三巻は考証随筆で、安永四年(一七七五)に成立した(日本随筆大成第三期第一〇巻、吉川弘文館、一九九五年新装版、所収)。著者土肥経平(宝永四―天明二(一七〇七―八二))は岡山藩の重役で、明和元年(一七六四)朝鮮通信使の来朝に伴う備前邑久郡牛窓(岡山県瀬戸内市)出張中、部下の不祥事の責めを負って蟄居を命ぜられ、余生を書物の蒐輯と研究に送ったという(日本随筆大成第一期第一〇巻、『風のしがらみ』解題に拠る(一九九三年新装版、三―四頁))。

(2) 建仁二年(一二〇二)六月二十五日から九月十日の間に、北条五郎時房と改名した(『吾妻鏡』に拠る)。

(3) 真名本に記された筥王の名乗り「北条五郎時宗」(本文後述)に関し、坂井孝一は『春湊浪話』と同様の見方をしている。そして、「名字を「北条」としているのは単純な誤りであろうが、あるいは「真名本」の作者に、五郎と北条氏との密接な関係を示そうとする意図があった、と考えられないこともない」とする(「能「曾我物」の成立」、第三部第二章、三二〇頁)。

(4) 坂井孝一「源頼朝政権における曾我事件」(第一部第六章、一四五頁)。

(5) 前注に同じ。

(6) 佐藤進一「鎌倉幕府政治の専制化について」(『日本中世史論集』、岩波書店、一九九〇年、六九頁。初出一九五五年)。

(7) 頼朝の鎌倉帰還に当たり、時政が「黄瀬河宿」で「駄餉」を献じている(『吾妻鏡』十二月二十六日条)。時政は、当時駿河国の「国務沙汰人」を務めており、その職掌と考えられるが(拙著『鎌倉守護』論考、第一章三項、三四―三五頁)、おおむね、黄瀬河宿に近い伊豆国北条に滞在していたのではあるまいか。

(8) 「北条小四郎」義時は、頼朝本隊の直前、「六十番」に編成された「先陣随兵」の最後尾にあって、「小山田三郎」稲毛重成・「小山兵衛尉」朝政という要人と隊列を組んで入洛した(『吾妻鏡』十一月七日条)。なお、「山内先次郎」政宣・「佐々木三郎」盛綱とともに、「四十六番」に編成された「筥王丸」とは誰か。気になる名前であるが、実名は明らかでない。

二　三原野の狩

頼朝は、後白河院「御一廻忌辰」を待ち兼ねていたようである。この間、諸国の狩猟が禁じられていたからで、建久四年(一一九三)三月十三日、鶴岡や伊豆山・箱根山などで営まれた「千僧供養」が、言わば忌明けとなった(『吾妻鏡』三月四・十三・二十一日条)。ところが、既に三月九日に、那須野の狩「経営」用途料として、那須太郎光助に「下野国北条内一村」(1)が充行われ、十五日には駿河「藍沢之屋形」(2)の那須野移設が命ぜられている(同、各日条)。そして、二十一日、頼朝の一行は、「下野国那須野・信濃国三原等狩倉」に向け進発した(同日条)。一方、真名本は、頼朝が三原野に向けて鎌倉を発った日付を「四月下旬」としており(『東洋文庫真名本』1、巻五、二八四頁。第三章第二節二項)、両書には一か月のズレが見られた。この点は、第六章第一節三項で言及する。

『吾妻鏡』に戻り、まず、那須野の狩を終えて、頼朝が鎌倉に帰還するまでの日程を整理しておく(典拠は、いずれも同書各日条)。

三月二十一日　頼朝、鎌倉を発つ
　　二十五日　武蔵国入間野で追鳥狩を行う
四月　二日　那須野の狩庭に着く
　　二十三日　那須野の狩が終わり、「藍沢屋形」を駿河に運ぶ
　　二十八日　頼朝、新田義重(入道上西)「新田館」に立ち寄り、鎌倉に帰る

三原野の狩の記述がないのはどうした訳であろう。三月は小の月であったから、武蔵入間野から移動期間六日のう

ちに、上信国境の三原野で狩猟を催し、那須野に向かうことなど不可能である。古く黒板勝美は、那須野に次いで、「信濃の三原でもやる企があつた」として、日程を合理的に解釈しつつも、三原野の狩実施に疑いを懐いていたようであるが（第一章第一節一項、『日本及日本人』六五二号、Ⅰ‐4「富士の巻狩」）、後藤丹治もまた、「果してそこで狩をしたか詳かでない」としていた（「曾我物語に於ける史実の検討」、三四二頁）。最近では、木村茂光が、『吾妻鏡』が「三原野の狩りについてはまったく触れていない」ことに注意を向け（同第四節六項、「富士巻狩りの政治史」）、山本隆志は「頼朝は武蔵入間野から下野那須野に直行した」とする（同編著『那須与一伝承の誕生』、ミネルヴァ書房、二〇一二年、五三頁）。

興味深いのは、国文学の二本松康宏の議論で、「信濃国三原野の狩りは実施されなかったのだろうか」と疑問を投げかけ、『吾妻鏡』が必要とした事実＝意義は頼朝が新田義重の館に立ち寄ったことに尽きる」と見ている（「法皇宿逗留譚の風景―曾我物語を育む環境」、第二編第三章、一五三頁。初出二〇〇四年）。真名本の記述に関しても、「真名本『曾我物語』は那須野の狩りにまったく興味を示さないのである。それよりも宇都宮の宴を生き生きと描く。三原野の狩りでも海野と梶原の連歌や和歌、所々の名所めぐりが詳しく描かれていた」。その一方で、「狩りの場面を詳しく述べたのは富士野の狩りだけである。おかしな言い方だが、そこに富士野の狩りの異様さがある」と、建久四年の一連の狩の本質を衝いた分析を行っている（「三原野と那須野をめぐる狩庭の祭祀者たちの名誉」、第一編第二章、六五頁。初出一九九五年）。のち五郎は、頼朝の尋問に、「信濃の浅間の腰（山裾）・長倉・三原・離山、上野の伊賀（香）保・赤城、下野の那須野に至るまで、所々の狩庭に付き廻りつつ伺ひ候へども、運尽きざる程は少しの隙も候はざりき」と答えたが（『東洋文庫真名本』2、巻九、二〇七頁）、『吾妻鏡』の場合は、「凡此間毎二狩倉一、相二交于御供之輩一、伺二祐経之隙一、如二影之随一レ形」と抽象的な記述で（五月二十九日条）、兄弟が那須野に向かったかどうかすら疑問がある。(3)

話題を三原野の狩に戻す。実はその虚構性を逆説的に語る史料がある。石井進が紹介した「小代伊重置文」がそれで（以下、「置文」と略記）、「伊重七三歳の時に書かれたというから、鎌倉時代末、一四世紀の一〇年代から二〇年代くらいの作」とされる。[4] まず、関係部分を抄出する（氏による区分3に当たる）。

一、右大将ノ御料（頼朝）、信濃国三原ノ狩ヲ御覧ノ為メニ御下向〈于レ時建久四年也〉、武蔵国大蔵ノ宿ニ付給ヒテ、「小代八郎（行平）ハ参リタルカ」ト御尋ネ有処ニ、梶原平三景時御前ニ候ケルガ、「行平ハ御堂〈興仏寺是也〉造立、明日供養ニテ候間、彼ノ営アルニ依リテ、遅参仕マツリテ候」由ヲ申上ゲタルニ、「其儀ナラバ近隣ノ者ノハ皆ナ、行平ガ御堂供養ニ逢ヒテ後チ参ル可キ」由ヲ、梶原ニ仰セ下ダ被ル、上へ梶原ノ三郎兵衛尉宗家（景茂カ）ヲ御使ニテ、黒キ御馬ヲ給ハル、（中略）御定ノ旨ニ任セテ、御堂供養過ギテ後チ、行平并ニ御堂供養ニ逢タル人々、上野国山名ノ宿ニ馳セ参ル、御料鎌倉ニ入ラセ給ヒテ後チ、行平参リテ、御馬ヲ給ハリタル面目ノ子細ヲ申上タル処、免田十二町充テ給ハリテ、弥面目ヲ施コシタリ、且ハ彼免田事、十二町トテ充給ハリタレドモ、内検広ク、屋敷数ケ所有リ、仍テ供□□（僧等カ）数輩有間、御願所トシテ長日ノ上ノ御祈禱ヲ（致シ脱カ）御巻数ヲ奉者也（二八六―二八七頁）

「御堂」（興仏寺）とは、本貫「入西郡勝代郷」（今日の埼玉県東松山市正代）内の「阿弥陀堂」のことで、[5] 行平は私事である「御堂供養」のために狩に遅参し、「上野国山名ノ宿」で追いついたとするが、「信濃国三原ノ狩」の様子は描かれていない。石井進は別の著書で、『吾妻鏡』や『曾我物語』に小代氏の名が見られないことから、「この伝承は、まるでその理由を弁解するために用意されたものであるかのようにさえ思われる」と述べている。[6] 小代氏は「置文」が語るように、武蔵国児玉党の武士団で、行平の鎌倉幕府御家人としての動向は、一谷戦に当たり範頼大手軍に（『吾妻鏡』寿永三年（元暦元）二月五日条。同書初見）、「奥入り」の場合は頼朝中央軍に（同、文治五年七月十九日条）それぞれ属し、また、建久元年頼朝初度上洛の際は「後陣随兵」二十二番の隊列で入洛している（同、十一月七日条）。降って、建治元年（一二七五）「六条八幡宮造営注文」に拠ると、「武蔵国」項に類別され、「小代人々　十貫」とあって、党的構造を維持しつつ堂々たる中堅武士団の姿を示していた（三七四頁）[7]。行平は伊重の高祖父に当たるが、「置文」が那須野や富士野の狩に触れないのはなぜであろうか。

既述のように、『吾妻鏡』や『曾我物語』諸本に、小代行平が、建久四年の一連の狩に従ったとする徴証はない。「置文」は三原野の狩に際し、「上野国山名ノ宿」で追いついたとしていたが、真名本「大倉が宿」・「児玉の宿」の場合は無論のこと、「山名・板鼻・松井田宿」警固人の名寄せに、その名を見出すことはできない（『東洋文庫真名本』1、巻五、二八七頁）[8]。『曾我物語』が、「語り」の影響によって、「人物名や地名を列挙する「揃い物（名寄せ）」という記述法」を採っていたことは一連の狩庭廻りに窺うことができたが（第三章第二節二項。引用は、『伊東市史』史料編　古代・中世、第一章、九一頁、に拠る）、坂井孝一は、「聞き手は「語り」の中に、自分と関係のある人名・地名などが出てくるのを耳にして楽しんだ」ことを指摘していた（第三章第三節三項、注6）。そして、曾我の物語・「語り」の普及に伴って、言わば《曾我人気》が増大し、一部に伊豆や武蔵を含みながら、おおむね主要な相模国武士団が曾我兄弟の親族に位置付けられるという結果を生んだ（第三章第二節一項。第四章第一節八項）。

小代行平が建久四年の一連の狩に不参加であったことは、児玉党をはじめ、武蔵の住人には知れ渡っていたであろうから、「置文」は、誰に対して、また何を目的として「三原野の狩」参加を主張したかったのであろうか。小代氏は、行平の孫の平内右衛門尉重俊が、宝治合戦における「子息重康」（重泰とも。伊重の父）の戦功によって、「肥後国野原庄」（玉名郡。今日の熊本県荒尾市野原辺）地頭職を得ていた（『鎌倉遺文』九巻六八四五号、「肥後小代文書」宝治元年六月二十三日将軍九条頼嗣袖判下文）。文永八年（一二七一）九月、モンゴル来襲の危機が迫る中で、幕府は鎮西に所領を有する「東国」御家人に、自身もしくは代官の下向を命じたが、『中世法制史料集』第一巻が「法制参考」一〇条として採用したのは「小代文書」同十三日関東御教書であり、「小代右衛門尉(重俊)子息等」に充てて、「早速自身下二向肥後国所領一、相二伴守護人一、且令レ致二異国之防禦一、且可レ鎮二領内之悪党一」きことを指示したものである(拙著『鎌倉守護』論考、第三章第二節二項、一六六頁)。

こうして、モンゴル来襲の危機を契機に、「東国」御家人一族の「西国」の所領、特に鎮西への移住が促され、以後、南北朝動乱期にかけての、列島全体を巻き込む人間の移動と物流を生み出していくことになる。行平の孫＝小代重俊の子孫が、庶子を中心に、肥後国野原荘に移住し、やがて今日に伝わる「小代文書」を残すことになるのだが、「東国」御家人は鎮西の住人に対して、言わば進駐軍であって、[9]彼らの統治の「精神的」正統性はどのように担保されたのであろうか。ここで私は、「東国」で生まれた曾我の物語と「語り」が、御家人の西遷とともに、驚くべき速さで鎮西に至る「西国」に普及していき、南北朝・室町期における全国的規模での仮名本展開の契機となった事態を想定しない訳にはいかない。そうであればこそ、狩猟の起源は富士野の巻狩であり、頼朝は梶原景時を派遣して、阿蘇大明神の祭式に残る狩の作法故実を尋ねさせたとする伝承が生まれ、今日に至るも豊後や日向の山村にこうした伝承が伝えられたのである(千葉徳爾『狩猟伝承研究』本論第二章、二八四頁)。

那須野や富士野の狩の名寄せに、多くの「東国」御家人の名が記された中で、伊重の高祖父小代行平が何故登場して来ないのか。詰問とまでいかないにしても、如何なる形のものにせよ、曾我の物語に触れたか「語り」を耳にした鎮西の住人から後ろ指をさされた伊重は、統治の正統性どころか、「東国」御家人としての由緒をも疑われたことに狼狽したに違いない。[10]折から、ある集団によって「三原野の狩」の存在が主張され、驚くべきことに『吾妻鏡』がそれを採用するに至った。「置文」の作成に当たって、伊重はこの情報に飛びついたのではなかったか。「置文」は、存在しない狩に、「御堂」供養という私事のために遅参するという物語的構文を展開し、しかも、それによって、頼朝から馬と免田十二町を賜ったとするなど、明らかに現実の曾我の物語や「語り」に取材しているとしか考えられないだろう(11)。

那須野の狩は、後述するように、北関東の武士団を対象に催されたものであったから、歴史の問題としては、小代行平ほどの中堅御家人が、なぜ富士野の狩に不参加であったかを明らかにしなければならない。伊重が、鎮西の住人に対して、行平の「三原野の狩」参加を《捏造》しなければならなかった動機である。

『吾妻鏡』建久四年二月九日条に、「武蔵国丹・児玉党類有二確執事一、已欲レ及二合戦一之由、依レ有二其聞一、可二相鎮一之旨、被レ仰二付畠山次郎重忠一云々」との記事が見える。命を受けた重忠は、両党の「確執」を「制止」したが(同十八日条)、彼は当時、武蔵国惣検校職の地位にあり、私の言う「検断沙汰人」の武蔵国における存在形態であった(拙著『鎌倉守護』国別、第一章武蔵項、四九頁。同・論考、第一章三項、三四—三五頁)。丹・児玉両党の「確執」が何を意味したか、この点も具体的には明らかでないが、時期が時期だけに、行平が何らかの役割を果たしており、その結果、頼朝の叱責を受けた可能性が高い(12)。『吾妻鏡』に拠ると、建久元年(一一九〇)頼朝の初度上洛に供奉してより(既述)、暫くその名が消え、建久六年三月十日条、再度上洛時における南都に向かう頼朝の行列、「先陣・随兵」中に「小代八郎」とあって、この時までに復活を遂げていたことが分かる。富士野の狩が催されたのは丁度行平の『吾妻鏡』ブランクの時期に当たっていた。

注

(1)「那須北条郡」のことで、新川武紀に拠ると、『和名抄』段階の那須郡が「まず北条・南条の二郡に分れ」、北条郡から伊王野郷が属する那須上荘などが分出したとする(講座日本荘園史『東北・関東・東海地方の荘園』所収「下野国／

那須荘」、吉川弘文館、一九九〇年、一〇三頁)。

(2)「近日依レ可レ有二那須野御狩一所レ被レ構藍沢之屋形等、以二宿次人夫一壊二渡下野国一云々」とある。「藍沢之屋形」が狩猟に供される恒常的なものか、あるいは臨時の施設であったか。後者とすれば、富士野の狩は従前からの計画であったことが分かるが、那須野の場合は突然に発案された印象を受ける。

(3) 真名本は、鎌倉を発って最初の宿泊地である武蔵国関戸宿より、那須野の狩を終えて品河宿に至るまで、祐経襲撃の機会を伺っていたとするが、おおむね「少しの隙こそなかりけれ」とする、言わば定型句で結んでいる(『東洋文庫真名本』1、巻五、二八六頁。2、巻六、一〇頁、など)。なお、祐経が那須野の狩に随行していたことは、『吾妻鏡』に事件の予兆として記された新造の家火災記事から知ることができた(四月十九日条。第一節三項)。

(4) 石井進「武士の置文と系図―小代氏の場合―」。一九八六年初出の論文であるが、「置文」を一部校正し、『鎌倉武士の実像』(平凡社、一九八七年)に収められた。本書では、平凡社版に、諸本の異同や詳細な補注が加筆された『石井進著作集』第五巻(岩波書店、二〇〇五年)に拠っている(引用は、二八五頁)。「置文」は、江戸時代後期、大石真磨の編纂した「肥後古記集覧」に収められているとされる(三〇三頁注三、三〇四―三〇五頁補注一・二)。

(5)『鎌倉遺文』三巻一八三二号、「肥後小代文書」承元四年三月二十九日「沙弥行蓮」(小代行平)譲状。今日、遺称地として「香仏寺」の小字名が残るとされる(石井進、三〇三頁)。

(6) 石井進『中世武士団』、一五六頁。

(7) 建長の閑院殿造営に当たって、「裏築地/油小路面三十一本」のうち二本は「小代人々」の負担であった(『吾妻鏡』建長二年三月一日条)。

(8) 仮名本(巻五)は、武蔵国「大倉・児玉の宿」・「上野国松井田の宿」の警固人を、それぞれ「七党の人々」・「山名・里見の人々」とする(一四九頁)。

(9) 幕府は、「右大将家(頼朝)御時、拝㆓領地頭職御下文㆒之輩、被㆑補㆓惣地頭㆒之日、令㆑安㆓堵名主職㆒、号㆓小地頭㆒者鎮西之例也」とあるように(『鎌倉遺文』一〇巻六九九八号、「室園文書」宝治二年九月十三日関東下知状案)、鎮西の御家人に対してすら、「東国」御家人との間に存在した身分的差別に、鎌倉末期に至るも何らの変革をも加えなかった(拙著『鎌倉守護』論考、第三章第二節二項、一七二頁)。

(10) 『保暦間記』にも、「同(建久)四年ニ、頼朝、(中略)所々ノ狩ヲシテ遊レケリ。信濃ノ御原、下野ノ那須ノ狩ナント有ケリ。其後、富士ノ奥野ノ狩アリ」とあって(七〇頁)、「信濃ノ御原」を載せる。

(11) 例えば、真名本に拠ると、頼朝は、信濃国住人海野小太郎行氏と梶原景時に対し、三原に向かう道すがらの「連歌の引出物」にそれぞれ馬を与え、「大渡」で利根川を渡河する際の「歌の引出物」の場合は、「梶原には駿河国に久能拾弐郷」、「海野には越中国に宮崎十八郷」を賜与したとする(『東洋文庫真名本』1、巻五、二八七―二九〇頁)。

(12) 重忠の「郎従」(『吾妻鏡』文治五年八月九日条、元久二年六月二十二日条)とも、「乳母子」(『盛衰記』巻二一、中一三六頁。『長門本』巻一〇、三五四頁)とも言われた榛澤六郎成清は、「丹党」の武士であった(太田亮『姓氏家系大辞典』第三巻、「榛澤・1丹治姓丹党」項、角川書店、一九六三年、に拠る。四八四七―四八頁)。また、『盛衰記』には、重忠、「丹ノ党ヲ宗トシテ、五百余騎」とする記述も見える(巻三五、中七八三頁)。このように、畠山重忠が丹党と関わりが深かったのに対し、児玉党の流れである小代氏と、当時は結び付きの強かった比企能員(拙著『鎌倉守護』論考、第七章「比企能員」、四七三頁・四八七頁補注①、等参照)は、武蔵国「国務沙汰人」の具体的存在形態である御分国「奉行人」の地位にあった(同、第一章三項、三四―三五頁)。従って、丹・児玉両党の「確執」とは、武蔵国統治をめぐる、重忠・能員の言わば代理戦争の可能性も想定され、事件が畠山ペースで処理され、行平が犠牲になったかも知れない。

三　那須野の狩

那須野の狩について、真名本は、「鎌倉殿の御屋形」をはじめ、「一千五百余家の屋形どもを七日が内に程なく造り調（そろ）へ」、頼朝が賞賛した「宇津宮の女房」（宇都宮朝綱の妻）の賢女ぶりや、曾我兄弟が宿泊した河原崎の「小家」の母娘の哀れさを語り、説話的印象が強いが（『東洋文庫真名本』1、巻五、二九一―二九三頁。同2、巻六、三―九頁）、三原野のケースと異なり、その実施に疑問はない。即ち、狩の準備に関しては先述したとおりで、『吾妻鏡』に拠ると、頼朝の狩庭到着は建久四年（一一九三）四月二日。真名本は「五月上旬のころ」としていたから（巻六・序〔2、三頁〕）、やはり一か月のズレがある。小山朝政・宇都宮朝綱・八田知家という北関東の大名が各々「千人勢子」を出し、狩庭の設営を委任された那須光助が頼朝に駄餉を献じた（同日条）。

頼朝は、鎌倉進発以来、「馴二狩猟一之輩」を随伴させ、「其中令レ達二弓馬一、又無二御隔心一之族」二十二人を選抜して、特別に「弓箭」の携帯を許可した。その二十二人を分類して、記載順に示すと次のとおりである（『吾妻鏡』三月二十一日条）。

〔源氏、姻族〕江間四郎（北条義時）、武田五郎（信光）、加々美二郎（小笠原長清）、里見太郎（義成）

〔伊豆〕新田四郎（忠常）、狩野介（宗茂）、宇佐美三郎（祐茂）

〔相模〕三浦左衛門尉（佐原義連）、和田左衛門尉（義盛）、渋谷二郎（高重）、梶原左衛門尉（景季）、土屋兵衛尉（義清）

〔武蔵〕榛谷四郎（重朝）

〔下総〕下河辺庄司（行平）[1]、千葉小太郎（成胤）、葛西兵衛尉（清重）
〔甲斐〕工藤小二郎（行光）
〔信濃〕諏方大夫（盛澄）、藤沢二郎（清親）、望月太郎（重義）
〔下野〕小山七郎（結城朝光）
〔その他〕佐々木三郎（盛綱）

勢子を負担した大名のうち、小山朝政と宇都宮朝綱の孫頼綱は富士野の狩にも従ったが（同、五月二十九日条）、八田知家は参加していなかった。多気義幹以下常陸平氏一族は、いずれの狩にも参加の形跡がないが、富士野の狩の場合は、知家や義幹らは、当時着手されていた鹿島社造営に専念せよという頼朝の指示に従ったものと思われる[2]（第六章第五節二項後述。但し、「常陸国久慈輩」は富士野の狩に参加していた（六月三日条））。また、真名本には那須野の狩に参加した者の中に、「佐貫四郎太夫」をはじめ、「大胡・大室・深栖・山上・新田・鳥山・苑（薗）田」など上野国御家人の名が窺われるが（『東洋文庫真名本』2、巻六、九―一〇頁）[3]、その多くが、同書が三原野から那須野に向かう途中で行われたとする赤城山麓の狩における警固人と重複しており、史実性に疑問がある。鎌倉からの随行者を除いて、それぞれの狩における招集基準はいま一つ明確でない。

注

（1）別に、下河辺六郎行秀の参加が知られる（『吾妻鏡』天福元年五月二十七日条。五項・同、注2参照）。但し、行秀が惣領行平の家子として参加したのか、あるいは同族小山氏との関係で参加しているのか、本文で後述するように、参加の基準が定かではない。

（2）嘉禎四年（暦仁元・一二三八）、下総国「香取造営間、大介不㆑出㆓国境㆒」として、千葉介時胤は将軍頼経「御京上御

共」を止められ、在国を命ぜられた事例がある（拙著『鎌倉守護』国別、第一章下総項、七三頁）。また、弘安六年（一二八三）の『宇都宮家式条』に拠ると、神官等は鎌倉滞在時、同社神事に際し、京都大番役勤仕を唯一の例外として帰国して従うべきものとされていた（同・論考、第五章「京都大番役覚書」、三七四頁）。

（3）「大胡・大室・深栖・山上・寺尾・長野・那波・大類・新田・鳥山・佐野・佐貫・佐井・苑田の人々」とある（『東洋文庫真名本』1、巻五、二九〇頁）。

四　富士野の狩（1）源頼家と山神・矢口祭

那須野の狩を終えた頼朝は四月二十八日に鎌倉に帰還した。その直後、駿河国狩倉の準備として、「御旅舘」設営以下の作業を「伊豆・駿河両州御家人等」に命ずるよう、北条時政と狩野介宗茂に指示が出され、五月二日、時政は駿河に向けて出立した（『吾妻鏡』各日条）。時政は豆・駿（カ）両国の「国務沙汰人」で、伊豆国「検断沙汰人」を宗茂と分掌していた（拙著『鎌倉守護』論考、第一章三項、三四―三五頁）。軍役の賦課は「国務沙汰人」の職務であったからら（同右）、狩庭設営・警固の本奉行は時政であり、宗茂は相奉行という関係にあった（1）。

そして八日、早くも頼朝は駿河に向けて鎌倉を発ったが（『吾妻鏡』）、「富士野・藍沢夏狩」が周到に準備された計画であったことが分かる。一方、真名本は、曾我兄弟が敵討の決意を固め、「曾我の屋形」をあとにした時日を「建久四年〈癸丑〉五月下旬のころ」とし（『東洋文庫真名本』2、巻七・序、六五頁。第三章第三節二項）、富士野の狩庭到着も同様の「建久四年〈癸丑〉の五月下旬のころ」と記す（巻八・序、一一九頁）。

この時、五十人の御家人が頼朝に随行したとされるが、その交名を分類して『吾妻鏡』記載順に整理する（＊印を付した者は、那須野の狩に当たり、選抜された「二十二人」を表す）。また、富士野の狩招集対象の理解に資するため、五月二日条から六月三日条にわたり参加が明らかな者を《　》内に記す（随行者五十人の《　》は、後段の表記である）。

〔源氏、姻族〕＊江間殿（北条義時）、上総介（足利義兼）、伊豆守（山名義範）、＊里見冠者《義成》、＊小笠原次郎（長清）、
　＊武田《伊沢》五郎（信光）、《北条殿（時政）》

〔伊豆〕工藤左衛門尉《祐経》、加藤太[2]（光員）・同藤次（景廉）、《＊狩野介（宗茂）、堀藤太[3]、＊新田四郎忠常、大見小
　平次（カ）》

〔駿河〕《吉香（川）小次郎（友兼）、岡辺弥三郎（カ）、原三郎（清益）[4]》

〔相模〕三浦介（義澄）・同平六兵衛尉（義村）、＊三浦《佐原》十郎左衛門尉（義連）、＊和田左衛門尉（義盛）、＊土屋兵衛尉（義清）、梶原平三（景時）・＊同源太左衛門尉《景季》・同平二《景高》・同三郎兵衛尉（景茂）・同刑部丞（朝景）・同兵衛尉（景定）、糟屋藤太兵衛尉（有季）、波多野五郎（義景）、河村三郎（義秀）、愛甲三郎《季隆》、渋谷庄司（重国）、《大友左近将監能直、曾我太郎祐信、新開荒次郎（実重）》

〔武蔵〕畠山二郎（重忠）、稲毛三郎（重成）、＊榛谷四郎（重朝）、《平子野平右馬允（有長）》

〔下総〕＊千葉太郎（成胤）、＊下河辺庄司（行平）

〔常陸〕完（宍）戸四郎（家政）、《久慈輩》

〔甲斐〕市河別当（行房）、工藤庄司《景光》・＊同小次郎（行光）

〔信濃〕海野小太郎《幸氏》、＊藤沢二郎（清親）、望月三郎（重隆）、祢津二郎（宗直）、中野小太郎（助光）

〔上野〕佐貫四郎大夫（広綱）

〔下野〕小山左衛門尉（朝政）・同《長沼》五郎（宗政）・＊同《結城》七郎（朝光）、浅沼二郎（阿曾沼親綱）、小野寺太郎（道

綱）、《宇都宮弥三郎（頼綱）》

〔その他〕岡部三郎（好澄（駿河・武蔵未詳））、土岐三郎（光衡）、沼田太郎（上野・相模未詳）、＊佐々木三郎（盛綱）・同
五郎（義清）、《臼杵八郎（鎮西）、宇田五郎（鎮西）、豊後前司（毛呂季光）》

藍沢の夏狩は、那須野から移築された宿館が既に復元されており（既述）、比較的短期間に終わったようで、頼朝は、十五日には「富士野御旅館」に入った（同日条。以下同じ）。『吾妻鏡』は二十八日条にも「富士野神野御旅館」とするのみで（「神野」は神聖な狩庭の意カ）、真名本のように「伊出の屋形」と地名を明記しない（『東洋文庫真名本』2、巻七、一〇四頁。第三章第三節三項、注1）[5]。狩庭は、富士の西南麓で、今日の静岡県富士宮市・富士市一帯であり、下りの緩斜面が続く原野であったろうから、南に面した「五間仮屋」が頼朝の宿館であった（周辺に、御家人の宿館が甍を連ねて建てられていたという）。この日は、殺生を忌む斎日であったから、狩猟はなく、手越（静岡市駿河区）や黄瀬河の遊女が招かれ、終日酒宴が催された。

明けて十六日。いよいよ「富士野御狩」が始まり、その初日に当たって、「将軍家督若君」頼家が、弓射の「故実」に通じた愛甲季隆の指導宜しきを得て、見事に鹿を射止めた。この日はそこで狩を打ち切り、晩景「山神・矢口」祭が行われることになった。矢口祭は「箭祭餅」・「箭口餅」祭とも言われ[6]、折敷一枚に黒赤白三色の餅を三つ重ねて三方に置き、折敷は三枚用意されて、選ばれた「射手三人」が、餅を山神に供え、且つ共食するのである。足利義兼や三浦介義澄らの宿老が居並ぶ中（梶原景季・工藤祐経・海野幸氏といった近習が介添えを命じられている）、「一口」を工藤庄司景光、「二口」は、今日の功労者愛甲三郎季隆が勤めた。「三口」は曾我太郎祐信で、頼朝ははじめの二人の作法に不満であったらしく、どうも自分に委ねることを期待していた節がある。ところが祐信は、同様の仕儀でさっさと食してしまい、頼朝は「無㆓左右㆒令㆓自由㆒之条、頗無念」と側近にぼやいたという。この三人は「鞍馬・御直垂等」

を賜り、逆にまた「馬・弓・野矢・行縢・沓等」を頼家に献じた。そして「踏馬・勢子輩」にも、狩野介宗茂が用意した「勢子餅」が供されたのである。

真名本は、「三日の巻狩」の二日目に、「鎌倉殿の御子息少将の御料」頼家と、「御合手」＝畠山重忠の「嫡子に六郎重泰（保）」による狩を記すが、その位置は、続いて、二十番に結ばれた御家人の行装・狩の様子が、いわゆる「武者揃い」の形式で延々と語られる場面の、言わばマクラ＝導入部でしかない（『東洋文庫真名本』2、巻八、一三二―一三三頁。第三章第三節三項）。それと、今一つ、『吾妻鏡』との大きな違いは、兄弟の継父曾我太郎助信が使者として甲斐に派遣されていて、富士野の狩には不在であったとしていた点である（巻十、二四〇頁。同第四節一項）。

この「山神・矢口」祭の意義について、「生れてはじめて野獣をしとめた男子が、山神に対する感謝の意をあらわすもの」で、「おそらく成年式の意味があった」とする千葉徳爾の卓見がある（『狩猟伝承研究』本論第二章）。氏の所論に関しては、既に第一章第四節五項で触れたが、この問題は、改めて第六章第一節三項で検討する。

注

（1）駿河国「検断沙汰人」岡辺（部）権守泰綱が加わっていないのは、彼は「建久四年曾我事件」に際し時政に与したものの、六月二十二日に至ってもなお多気義幹を召預かっており（第六章第五節一・二項後述）、失脚はこの直後と推測されるから、『吾妻鏡』の編者が泰綱の名を落とした可能性も考えられる。

（2）真名本は「伊勢国の住人に加藤太郎」とする（『東洋文庫真名本』2、巻九、一九六頁）。

（3）五月二十八日条、いわゆる「十番切」、八番に登場する名である。『吾妻鏡』初見は、文治元年十月二十四日条、南御堂供養、「随兵（西方）」としてであるが、「奥入り」に当たっては「堀藤太・同藤次親家」と併記され（同五年七月十九日条）、また、建久元年の頼朝初度上洛の場合は、「先陣随兵」四十五番に「堀藤太」、五十八番に「堀藤次」の名が見える（十一月七日条）。最後出は「十番切」の場面で、あるいは藤次親家の兄であったろうか。

（4）「原三郎」について、真名本は「遠江国の住人」とするが（『東洋文庫真名本』2、巻九、一九六頁）、既に、一谷戦に義経に従軍しており（『吾妻鏡』寿永三年（元暦元）二月五日条）、建久四年の富士野の狩当時、遠江国はなお国守安田義定の統治下に置かれていたから（拙著『鎌倉守護』論考、第八章「安田義定」、四九六頁）、入江一族で駿河国の御家人と考えるべきであろう（もちろん、義定の失脚後に、遠江国内に所領を得た可能性は十分想定される）。

（5）『保暦間記』は、「井出ノ屋形ニテ、資（祐）経討レヌ」とする（七〇頁）。

（6）『吾妻鏡』は、元服前の北条泰時が、伊豆で小鹿一頭を射獲した際行われた祭祀を「箭祭餅」とし（建久四年九月十一日条）、のち、北条経時が藍沢の狩庭において、始めて鹿を射止めた時に行われた折の祭祀を「箭口餅」祭と記している（嘉禎三年七月二十五日条）。

五　富士野の狩（2）工藤景光の怪異

「山神・矢口」祭を叙した『吾妻鏡』五月十六日条も十分物語的であったが、二十七日条に記された工藤景光の怪異はいっそう説話的で、工藤祐経の怪異（第一節三項）同様、『曾我物語』に記載のない事件の凶兆である。即ち、「無双大鹿一頭」が馬上の頼朝目がけて突進してくる。この時、工藤庄司景光は頼朝の左方に控えていたが、頼朝の許しを得て矢を放った。「本自究竟之射手」で、人々が注目する中、三の矢まで放ったに関わらず射損じてしまった。景光が弁解するには、自分は「十一歳以来、以㆓狩猟㆒為㆑業、而已七旬余、莫㆑未㆑獲㆓弓手物㆒、而今心神惘然太迷惑、是則為㆓山神駕㆒之条無㆑疑歟、運命縮畢、後日諸人可㆓思合㆒」と予言した。日が落ちて、その通り「発病」したというのである。

真名本では、巻狩の第三日、「大鹿の大王」に直面したのは曾我兄弟の方で、頼朝目がけて突き進んできたのは「猪の大王」であった。真名本は、猪に「逆様」に乗りかかり、尻尾を「手縄」(たづな)にしてこれを退治した新田四郎忠経(常)の武勇譚を描いたが(『東洋文庫真名本』2、巻八、一四五―一四六頁。第三章第三節三項・同、注7参照)、これを忠常にとって凶兆としたのは仮名本(巻八)である。(1)

頼朝の面前で、指示された獲物を射損じたということは大変な失態で、那須野の狩の折、下河辺六郎行秀(三項、注1)は、勢子たちが追い込んだ大鹿一頭を射損じ、代わりに小山朝政が射止めた。頼朝の「厳命」によっただけに、失態を恥じて狩庭で出家を遂げ、逐電して行方知れずになったという(『吾妻鏡』天福元年五月二十七日条)(2)。一族の伝統に泥を塗ったという悔恨の意識もあったろうし、若年者特有の潔癖さも考えられる。一方、七十を越えた工藤景光は老獪で、失態の原因を「山神」に帰し、「発病」したとされるものの、気が狂れたわけでもなく、即死したのでもない(3)。弁護の余地があるとすれば、動体視力に衰えを生じる老齢の故であろう。『吾妻鏡』は景光の失態を、彼の弁解どおり、山神に対して弓を引いた祟りとし、曾我兄弟の敵討の予兆として位置付けたのであった(4)。

五月二十七日条は次のように結ばれる。

仰云、此事尤怪異也、止レ狩可レ有二還御一歟云々、宿老等申二不レ可レ然之由一、仍自二明日一七ケ日可レ有二巻狩一云々

頼朝は、「ハツヤ」(5)を射た頼家の武勇を称え「山神・矢口」祭を挙行したが、事もあろうに、祭の行事筆頭者の狩庭における大失態が、「将軍家督若君」の前途を汚したことに憮然とした思いであったろう。「宿老等」が誰を指すか明らかでないが、恐らく狩庭の設営者で、警固に当たる時政が含まれていたと思われ、そうとすれば、彼は頼朝の危惧に、逆に焦りを感じたのではないか。老武者のかかる些事如きで頼家の祝儀が滞ってはならない、参加した御家人に

とっても、頼朝の面前で武技を披露し得るハレの舞台ではないですか―恐らく、そうした意味の説得に努め、狩の、言わば定型句になっている「七ヶ日」に意味があったかどうか分からないが、兎にも角にも巻狩続行という方針に落ち着いた。

五月二十七日条が実録を踏まえているのか、全くの虚構なのか、あるいは、一部に潤色が混じっているにせよ、基本的に信頼できる記述なのか。解釈はいろいろできようが、私は、「申二不レ可レ然之由一」して頼朝の懸念を拭い去った「宿老等」の行為は尋常なものではなく、巻狩続行とする方針に御家人らの意思が強く滲み出ているように思われてならない（富士野の狩に参加できなかった小代氏の無念を想起すべきである）。頼朝としても、彼らの思いに応えてこそ頼家の前途が開けて来ることを理解していた。しかしながら、翌日の夜には、祭の行事「三口」を担った曾我祐信の継子たちによって、惨憺たる事件が惹き起こされることになった。頼朝の危惧が現実のものとなったのである。「しかるを何ぞ、伊豆の国の住人・伊藤次郎助親が孫子、曾我十郎助成・同五郎時宗兄弟ばかりこそ、将軍家の陣内を憚らず、親の敵を討て、芸を当庭に施し、名を後代に留めけれ」とした真名本の記述（『東洋文庫真名本』1、巻一、一四頁）は、正鵠を射たものであった。

注

（1）仮名本は、猪を「富士の裾、かくれいの里と申す所の、山神」であったとし、のち忠常が亡んだ所以を「富士の裾野の猪の咎め」に求めていた（二三二―二三三頁）。

（2）四十年が経過した貞永二年（天福元・一二三三）三月七日、智定房と名を変えた行秀は、熊野那智浦より補陀落山目指して渡海したとされる。下河辺氏は射芸に長けた一族で、惣領の庄司行平は、藤原秀郷の流れを汲む者として、流鏑馬に関する「譜第口伝故実」を伝え（『吾妻鏡』建久四年八月九日条）、頼家の「弓師」をも務めた（同、文治六年〔建久元〕

四月七日条）。嘉禎三年（一二三七）七月十九日条に、頼朝の御前で、「秀郷朝臣以来九代嫡家相承兵法」を伝える西行（佐藤兵衛尉憲清）（同、文治二年八月十五日条）が語る故実に「頗甘心」したという「八人之射手」の名が記されている。一人はこのエピソードを北条泰時に披瀝した海野左衛門尉幸氏で、他の七人とは、「下河辺〈行平〉・工藤〈景光〉両庄司、和田〈義盛〉・望月〈重隆〉・藤澤〈清親〉等三金吾、并諏方大夫〈盛隆（澄）〉、愛甲三郎〈季隆〉等」であった。いずれも本文既述の「五十人の御家人」に含まれる。四項、注6、「箭口餅」祭の折、指名された三人は「一口三浦泰村、二口小山長村、三口下河辺行光」とあったが、行光は「故実射手」とされ、生まれ育った「太田・下河辺等田畔」では鍛えられない山野での狩猟のため、毎年「那須狩倉」で調練に励んだという（仁治二年九月二十二日条）。

（3）景光の子小次郎行光は、頼家将軍に対し、「被レ追二罰平家一以降、亡父景光赴二戦場一、入二万死一出二一生一十ヶ度、（中略）行光又継二家業一也」と語っており（『吾妻鏡』正治二年十月二十一日条）、景光の死去からそれ程時間が経過していない印象を受ける。

（4）なお、福田晃は、甲斐国住人庄司景光を「伊藤・工藤家一門の長老」と誤認し（B「東洋文庫解説」、三二三頁）、山西明も、甲斐工藤氏や得宗御内人工藤氏を、すべて同族として一括りに捉えた所論を試みている（「真名本『曾我物語』冒頭をめぐって―鬼王安日のこと―」、第四章。初出一九七三年）。

（5）千葉『狩猟伝承研究』本論第一章、二一八頁。

六　敵討（1）「十番切」

五月二十八日深夜、日付が変わろうとする「子剋」（午前零時頃）に、曾我十郎祐成・五郎時致兄弟は、父の敵工藤祐経を討った。同宿していた備前国吉備津宮の社司王藤内も犠牲となった(『吾妻鏡』。第一節三項)。当日の天候であるが、『吾妻鏡』は「小雨降、日中以後霽」と記し、襲撃時には「雷雨撃レ鼓、暗夜失レ燈殆迷二東西一」うほどの土砂降りとなったとする。真名本は「ころは五月廿八日の夜半の事なれば、雨は居に居て雨る、[1]暗さは暗し」とし(『東洋文庫真名本』2、巻九、一九七頁)、「流布大系本」は「ふる雨は、車軸のごとくなり」と形容していた(巻九、三五七頁)。興味深いのは舞曲「十番切」で、「宵には晴れてありけれど、敵討ちける其時刻に、空かき曇り、五月雨卯の花腐(くだ)しぞ降りに降る」との描写が見える(『舞の本』、五五一頁)。

ここで、天候について云々しているのは、坂井孝一が「〈曾我の雨〉は史実としては甚だ疑わしい」と記していたからで(「『吾妻鏡』の曾我関係記事の原史料—その性格と史料価値について—」、第一部第三章、八〇頁。初出一九九八年)、氏の目的は、『吾妻鏡』当該条の原史料の追求にあった。坂井は、五郎の元服を叙した建久元年(一一九〇)九月七日条、「甚雨」の記載と、『玉葉』同年八、九月の天候の記述とを比較して、「九月七日の伊豆地方に「甚雨」が降ったとは考えにくい」とし(七四頁)、また、敵討ち後の『吾妻鏡』建久四年六月二十日条に、「炎旱渉レ旬、民黎思レ雨」とあることなどから(七六頁)、右のように結論付けたのである。[2]

確かに、『吾妻鏡』でも真名本でも、劇的な事件にはしばしば雨が伴っていた。『吾妻鏡』には、五郎元服ばかりでなく、石橋山合戦の場合も「入レ夜甚雨如レ沃(そそぐ)」と記され(治承四年八月二十三日条)、[3]真名本の場合は、伊豆奥野の狩、河津三郎が殺害された当日、「雨積不積(ふりみふらずみ)定めなく」、時雨が降ったり止んだりの天気で(『東洋文庫真名本』1、巻一、四〇頁)、十郎と虎の山彦山峠での別れの日は、「五月雨の天の物憂き今朝の空しも、五月雨茂く雨連(ふりつづ)いて」とあった(2、巻六、二八頁)。

坂井は、『吾妻鏡』五月二十八日条の天候記載に関して、「この雷雨という激しい表現と、はじめ小雨が降っていたが、日中以後は晴れたという（中略）表現との間には違和感がある」としたが（「『吾妻鏡』における曾我事件の記事―建久四年五月二十八日条の構成と編纂方法―」、第一部第二章、六七頁。初出一九九八年）、典拠が定かでないにせよ、既述の舞曲「十番切」の表現が最も分かりやすい。『吾妻鏡』の記載は時間的推移とも受け取れるし、「日中以後霽」というのは鎌倉の記録で、夜中の富士山麓の天候が「雷雨」というのも有り勝ちのことである。箱根を境に天気が大きく変化することも、我々は日常よく経験することであるし、況んや所は富士の裾野であった。天候の記述から、『吾妻鏡』と原『曾我物語』との関係を探求しようとした坂井の着眼点は瞠目に値すると思うが、氏が下した結論に無条件に従うことはできない。

さて、『吾妻鏡』五月二十八日条に戻ると、祐経らと同宿していた遊女の手越少将、黄瀬川の亀鶴らが、恐怖の余り喚き叫び、兄弟は、異常な体験に基づく神経の高ぶりからか、「討二父敵一」と「高声」を発した結果、辺りは騒然となった。兄弟は、走り出て来た「宿侍」と刃を交え、「平子野平右馬允（有長）・愛甲三郎（季隆）・吉香（川）小次郎（友兼）・加藤太（光員）・海野小太郎（幸氏）・岡辺弥三郎・原三郎（清益）・堀藤太・臼杵八郎」らに手傷を負わせ、「宇田五郎」を殺戮した。所謂「十番切」の場面であるが、無論『吾妻鏡』にこの名称はなく、真名本も、一番と二番との間に、和田義盛と畠山重忠の行動が挿入され、「十番切り伝承」はなお「成熟していなかった」と考えられている（『東洋文庫真名本』2、巻九、二二六頁注三〇）。仮名本では、内題に窺われるのみならず、「二番」から「十番」までその語が明記されている（巻九「十番斬りの事」、二七〇―二七一頁）。但し、内題が本来のものか、ある段階で後補されたか、私には知見がない。既述の幸若舞曲「十番切」は、独立したものだけに、その名称が室町時代には確立していたことを表していよう。

『曾我物語』は、十郎から始まって、原則、兄弟が交互に斬り結ぶ形式で叙しているが、相手と順序が、『吾妻鏡』・

真名本・仮名本・幸若舞曲で微妙に異なっている。それについては、既に『東洋文庫真名本』2、巻九、二二七頁注三〇に整理されているので（但し、仮名本は「流布大系本」に拠っている）、再述しない。[4] 坂井孝一は、F『曾我作品宇宙』に収められた「鼎談　曾我物語の作品宇宙」で、富士野で死傷した「御家人たちというのは、源平の合戦、奥州の合戦を戦ってきた、いわば歴戦の強者たち」であって、「実戦経験の無い二人の若者が、果たしてそういう歴戦の強者を十数人も傷つけることができるのであろうか」と発言している（一四頁）。

　永井路子は、「部隊長格の御家人」がたった二人の兄弟によって、やすやすと傷つけられることなどあり得ないとして、「相模、伊豆の御家人の勢力争い」論を展開したが（第一章第四節三項）、坂井もまた、事態を、「かねてより頼朝の体制に不満を抱く大庭景義・岡崎義実や常陸の久慈の武士たち」と、「時政を中心とした伊豆の御家人たちとの間に武力衝突が起こり、一時は頼朝の身にも危険が迫った」と捉えた（「源頼朝政権における曾我事件」、第一部第六章、一六〇頁）。それぞれの問題点は、第一章第四節・各項で指摘したが、諸書が一致して二番に五郎と戦ったとする、永井の言う「部隊長格」の一人、愛甲三郎季隆のケースを検討してみよう。[5]

　真名本に、「横山党に愛敬（甲）三郎」と見えるように（『東洋文庫真名本』2、巻九、一九六頁）、愛甲氏は、海老名氏や糟屋氏と同様、相模国に蟠踞した横山党の流れで（『小野氏系図・横山』〔『続群書類従』一六六、系図部。第七輯上、七七頁〕）、名字の地は愛甲郡愛甲荘である（神奈川県厚木市愛甲辺）。「流布大系本」には、「一番に、これら（曾我兄弟）が姉聟横山党愛甲三郎」とあったが（巻九、三五六頁）、兄弟の姉は、「渋美の地頭二宮太郎（朝忠）の婦妻」となった「二宮の姉」以外、知られていない（『東洋文庫真名本』1、巻五、二六〇頁。第四章第一節七項）。

　既述のように、季隆は、頼家の鹿狩りを指導し、その功によって「山神・矢口」祭の行事「二口」を勧めるなど（四項）、広く「弓馬堪能」の「衆」としての評価を得ていた（『吾妻鏡』建久五年十月九日条）。[6] そもそも『吾妻鏡』における初見が、新造なった大倉御所の弓始の儀に、下河辺庄司行平とともに「一番」の射手に任ぜられるなど（治承四年十二月二十日条）[7]、同書における季隆関係の記事は、極論すればその見事な射芸を称讃するものばかりであったと言ってよい。興味深いのは、近習として供奉した場合、常に弓箭を帯する調度懸に任じていることで[8]、射芸ばかりでなく、頼朝の厚い信頼を得ていたことが分かる。頼朝死後のことになるが、その実力が遺憾なく発揮されたのは、自らが放った矢で、畠山重忠を射殺したことである（元久二年六月二十二日条）[9]。

五郎が、いかに朝夷（朝比奈）三郎義秀に匹敵するだけの力自慢であっても、かかる愛甲季隆と戦って、季隆の方が「五郎が打つ太刀に右の肩を切られて引き退く」（真名本巻九）ような事態が起こり得るかどうか。そもそも、季隆をはじめ十番の対手の名は、諸書に異同が見られる以上、何を根拠に記載されているのであろう。例えば、『吾妻鏡』九番の「臼杵八郎」は、真名本では十番に鎮西の住人として登場し（一九七頁。落命）、「流布大系本」も「十番に、日向国の住人」とする（三五七頁。落命）[10]。また、『吾妻鏡』十番の「宇田五郎」（落命）の場合は、真名本、九番「鎮西の住人」（一九七頁）、仮名本に、「九番に、伊豆国住人宇田小四郎」（「太山寺本」、二七一頁。「流布大系本」、三五七頁。共に落命）とする[11]。

『吾妻鏡』と『曾我物語』に共通するのは、九番と十番のいずれかに「臼杵八郎」と「宇田」某の名が記され、いずれかが兄弟に討たれていることである。それ以外に死者は出ていない。「臼杵八郎」の名字が、「流布大系本」が示唆するように、日向国臼杵郡に由来するとすれば[12]、同郡内の県荘・富田荘・田嶋庄の各地頭は工藤祐経であったから（第一節四項）、彼は御家人などではなく、祐経の郎従と考えられないだろうか。また、「宇田」某が、鎮西の住人とも伊豆国住人ともされていたことは、同様に祐経郎従を示唆しているのではないか。そうとすれば、この二人は、兄弟が祐経の宿所を襲撃した折に、既に死傷していた可能性が高い。祐経ほどの要人に、警固の者がいなかったとは考えられないからである。

一方、一番から八番のうち、永井の言う「部隊長格」の筆頭に位置するのは「加藤太」光員であろうが、彼は承久の乱に当たって、京方の武将を務めていた(『吾妻鏡』承久三年六月三日条)。光員に次ぐ位置を占めるのは愛甲季隆になろうが、季隆は、和田合戦に義盛方として討死を遂げていた(同、建暦三年(建保元)五月六日条)。『吾妻鏡』が「部隊長格」の代表として、輝かしい経歴の最後に、反北条(義時)の立場に立って、あるいは失脚し、あるいは討死を遂げたこの二人を据えたということに作為がなかったかどうか。曾我兄弟が彼らを死傷させたとする非現実的な描写の紙背から、「合理」的に「真相」を探ろうとした永井や坂井の所論に疑問があったとすれば(第一章第四節・各項)、「十番切」は、『曾我物語』の生成過程におけるごく初期の段階で創作された逸話が、『吾妻鏡』にも採用されたということにならないだろうか。

祐経の宿館は、真名本に拠ると「御所(頼朝の宿館)の巽(東南)の角の御縁の際、妻戸の腋(脇)」にあって(『東洋文庫真名本』2、巻八、一五九頁。第一節三項)、頼朝の「祠者」に相応しい配置であった。ところが、いざ宿館を襲ってみると祐経は不在で、真名本のプロットは、「侍近ければ、御殿居をぞ仕たるらむ」とする十郎の推測に従い、二人は「侍」に踏み込んだとする(巻九、一八九頁)。即ち、祐経は宿直のために「侍」に詰めていたのであり、そこは祐経の宿館にも近く、職務上「御所」=頼朝の宿館に隣接していたか、もしくはその一郭を占めていたに違いない。そうとすれば、祐経襲撃後の兄弟にとって、時間的にも空間的にも「十番切」を行う余地など存在しなかった筈である。

坂井は、「曾我兄弟が工藤祐経を殺すことができたというのは、時政の手引きがあったからだとしか考えられない」と発言しているが(前掲「鼎談 曾我物語の作品宇宙」、一八頁)、非御家人である兄弟は、狩野介宗茂とともに、狩庭設営の責任者であり、かつ狩庭警固の本奉行=北条時政の支援なくして、頼朝の「御所」はもとより、その至近距離に位置する祐経の宿館に近づくことさえ不可能であったろう。[13]そして、祐経殺害後は、そのまま「御所」目がけて突き進んだのであり、時間的にも空間的にも「十番切」の場面を想定することはできない。要するに、私は、「十番切」譚は『曾我物語』の創作であり、『吾妻鏡』が初期の段階の逸話を採用したものと考えているが、無論そこに、一方からの流れだけでなく、相互の交流を想定しても差し仕えない。

注

(1)『東洋文庫真名本』の注三六に、「「居に居て雨る」は「沃(い)に沃て降る」で、雨があびせかけるように激しく降ること」とある(二二八頁)。

(2)坂井が指摘しているように、建久四年の場合は、『玉葉』が五月二十一日以降九月までの記事を欠き、『明月記』・『鶴岡社務記録』は同年の全体を欠いている(本文・前掲論文、七六頁・九三頁註七。『鶴岡社務記録』は、『改定史籍集覧』二五冊・新加別記類に拠る〔一九八四年復刻版、一頁〕)。

(3)『長門本』に「くらさはくらし、雨はいたくふる」とある(巻一〇、三四七頁)。なお、山木合戦の場合は、前日まで降り続いていた雨も止み、当日は「快晴」であった(『吾妻鏡』治承四年八月十六・十七日条)。

(4)村上美登志「「十番斬り」攷―太山寺本の在地性に絡めて―」に、「吾妻鏡・真名本・太山寺本・流布本系・幸若舞曲・謡曲(観世流小書)」諸本異同一覧表が収められている(『中世文学の諸相とその時代』Ⅱ、和泉書院、二〇〇六年、九七頁〈表2〉。初出二〇〇一年)。また、『曾我両社八幡宮縁起』も、「一番」から「十番」まで対手の名を記している(『続群書類従』六九、神祇部。第三輯上、四〇〇頁)。

(5)「太山寺本」のみ、五郎が「一番に、横地太郎・愛甲三郎」の二人と戦ったとする(巻九、一七〇頁)。横地氏は遠江の住人で、遠江国は、当時なお国守安田義定の統治下に置かれており、横地氏は義定の郎従であっても、幕府の御家人に編成されていたとは考えられない（拙著『鎌倉守護』論考、第八章「安田義定」、四九六頁）。

（6）「弓馬堪能」の「衆」の中には、「山神・矢口」祭の行事「一口」工藤景光の子小次郎行光や、「三口」曾我太郎祐信も含まれていた。

（7）愛甲季隆が、下河辺行平同様、「八人之射手」と評価されていたことは、五項、注2で指摘している。

（8）文治元年十月二十四日条、建久二年三月十三日条、同四年十一月二十七日条、同五年八月八日・十二月二十六日条、同六年三月十二日条。

（9）『渋柿』所収、（年欠）正月十七日付の「泰時御消息」にも、「愛甲三郎」季隆らの優れた「射手」に関する逸話が記されている（『群書類従』四七五・雑部。第二七輯、一六一―一六二頁〈『渋柿』については、拙著『鎌倉守護』国別、第四章近江項、二〇一頁注四参照〉）。

（10）舞曲は、「九番に筑紫武者、臼杵の七郎師重」とし（『舞の本』、五五三頁）、注4所引『曾我両社八幡宮縁起』には、「十番豊後人臼杵八郎維信」とあった。

（11）『曾我両社八幡宮縁起』は「九番伊豆人宇田五郎信重」とする。

（12）『曾我両社八幡宮縁起』には、「豊後人」とあったが（注10）、範頼軍の豊後渡海を支援した者に、「豊後国住人臼杵二郎惟隆・同弟緒方三郎惟栄」がいた（『吾妻鏡』元暦二年〈文治元〉正月十二・二十六日条）。この場合の「臼杵」名字は、海部郡臼杵荘（大分県臼杵市）に由来している。

（13）幸若舞曲「夜討曾我」は、「御舅北条殿（時政）、五郎が烏帽子親なれば、色かねて覚り、「何事ありと、今夜は左右なく走り出づるな」と、忍び〳〵に、触れらるゝ。心得たる屋形には、東西ひつそりとしたりけり」と、時政関与説を展開する（『舞の本』、五四五頁）。なお、那須野の狩の場合はこうした条件を欠いており、私は、「兄弟が那須野に向かったかどうかすら疑問がある」とした（二項・同、注3参照）。

七　敵討（2）新田と堀

『吾妻鏡』五月二十八日条は、いわゆる「十番切」の記述のあと、次のように続いていく。

十郎祐成者、合㆓新田四郎忠常㆒被㆑討畢、五郎者、差㆓御前㆒奔参、将軍取㆓御剱㆒、欲㆓令㆑向㆑之給㆒、而左近将監（大友）能直奉㆑抑㆓留之㆒、此間小舎人童五郎丸搦㆓得曾我五郎㆒、仍被㆑召㆓預大見小平次㆒、其後静謐、（和田）義盛・（梶原）景時奉㆑仰、見㆓知祐経死骸㆒云々

真名本は、五郎が、十番に「臼杵八郎」を殺害したあと、更に「用樹（下野国茂木カ）三郎」と、甲斐国住人「一河（市川）別当次郎宗光」とに手傷を負わせたとする（『東洋文庫真名本』2、巻九、一九八―一九九頁）。私は、第三章第三節四項で、「歌舞伎調の華麗な「十番切」の舞台が終わり、真名本の記述はいささかなりともリアルな描写を取り戻す」と述べたが、真名本が十二番とした戦いを創作と見て、仮に括弧で括るとすれば、記述は『吾妻鏡』同様、十郎と新田四郎忠経（常）との戦いの場面に移る（一九九―二〇〇頁）。

新田忠常が、頼朝に近侍しその護衛を任としていたことは富士野の狩庭で、「猪の大王」が頼朝目がけて突進してきた時、「御前近く」に控えており（巻八、一四六頁。第三章第三節三項）、今また、十郎の接近に「屋形口に伏し」ていたとされる（第四章第二節付項）。永井路子は、忠常を時政の「腹心」と見なし、十郎が忠常に殺害されたことは、「祐経を討った後、十郎自身が白刃をふりかざして、北条時政の宿舎に突込んでいったことを意味しないか」と述べたが（第一章第四節三項）、永井説の問題点の淵源は実にこの点に求められる。

では、忠常は誰の警固に当たっていたのであろうか。後述するように、頼朝の警固責任者は堀藤次親家であったから、忠常の警固対象は頼家であったことにならないだろうか。そうとすれば、兄弟は頼朝・頼家同時暗殺を企てたことになる。『愚管抄』は、忠常を「頼家ガコトナル近習ノ者」と評したが(巻六、三〇〇頁)、頼朝はこの信頼する若者[1]を「家督の若君」警固の任に抜擢したのであろう。ところが、彼は、一方で、永井が時政の「腹心」とし、私が旧稿で、時政とのキャリアの違いと年齢差に無頓着に「盟友」と表現したような[2]、時政と親密な関係にあった。北条の地と本貫の仁田郷とは近接しており、恐らく忠常は時政の推挙によって頼朝への近侍を果たしたのであろう(第四章第二節付項)。忠常は、この偉大な《恩人》から、頼朝・頼家同時暗殺というクーデター計画を耳打ちされ、これに何某かの協力を求められていたのではないだろうか。

頼家の警固を任とする忠常がまず為さねばならないことは、十郎を生け捕りにし、陰謀を自白させることであり、彼ほどの勇士であれば赤児の手をひねるが如き容易な業であったろう。にも関わらず、忠常は十郎を殺害した。彼は、頼朝・頼家父子と時政との狭間で悩んだに違いない。比企能員殺害時にも見られた忠常の優柔不断さ(第四章第二節付項)を、老獪な時政が利用したとも思える。「荒事」の五郎に「和事」の十郎とする類型は、江戸歌舞伎で定型化したものであるが(第二章第三節四項)、既に真名本に萌芽が見られた(第三章第三節二項)。忠常は、十郎の柔弱とも思える精神が、拷問に堪えきれなくなる事態を懸念したのであろう。そこへ、真名本に拠ると、四番に五郎と戦って負傷した「原三郎」清益(『吾妻鏡』では七番)が斬りかかってきた。忠常は、十郎が原に取り押さえられる事態を恐れ、一気に殺害したと私は考えている。後に、頼朝からその点を問われたとしても、暗闇の中で咄嗟のことでしたから、さすがの私も慌てました、とでも弁明すれば済むことである。忠常は十郎を見捨て、頼家と時政を同時に守り抜いたのであった。

兄弟の間で役割分担が決まっていたのであろう。武技に勝る五郎が頼朝を目指した。『吾妻鏡』は「御所」警固の責任者の名を記さないが、真名本に拠ると「堀藤次」親家で、[3]そのキャリアからすれば、彼に勝る適任者はいない（第四章第二節付項）。親家は、新田忠常と違い、自らの職務を忠実に遂行した。比企能員殺害時における忠常の行動と比較すると（同右）、親家には時政との格別な関係があったとも思われず、クーデターは寝耳に水の出来事であったろう。真名本は、五郎の乱入に、「堀藤次これを見て昇伏してぞ（ほうほうの態で）逃げたりける」と記し、のち、頼朝から「そもそも何事を存じ、御前近くは参りける」と問われたのに対し、五郎は、堀に付いていっただけのことで、「堀藤次にこそ御尋ね候はめ」と嘯いている（『東洋文庫真名本』2、巻九、二〇一・二〇九頁）。親家の計略にはまって、おめおめ捕縛されたことが余程悔しかったのであろう。

捕らえられた五郎は、『吾妻鏡』に拠ると、伊豆の御家人と思われる「大見小平次」に召預けとなったが（先述）、真名本は、御馬屋の下部・惣追捕使の小平次国光に預けられたとする。国光は、五郎を馬屋の柱に縛り付け（同右、二〇三頁）、翌日の尋問を迎えることとなった。

注

（1）仮名本（巻九）は、忠常の当時の年齢を「廿七歳」とする（「太山寺本」、二七三―二七四頁〈新田四郎忠経〉）。「流布大系本」、三六〇頁〈新田四郎忠綱〉）。忠常の年齢記載に関する問題点については、第四章第二節付項参照。

（2）同右、付項、注8参照。

（3）第三章第三節四項、注6参照。

第三節 「事件」の展開

一 五郎尋問

捕らえられた五郎は、恐らく厳しい拷問にかけられたと思われるが、五郎の過酷な二十年の生涯はその体力・胆力を鍛え上げ、それ故に、時政は五郎を頼朝暗殺に差し向けたのであったろう。『吾妻鏡』建久四年五月二十九日条に拠ると(以下同じ)、夜が明けて、頼朝臨席の下、裁判の場に引きずり出されることになった。宿老が左右に居並び、多数の御家人が群参する中、中央に、和田義盛・梶原景時・狩野介宗茂・新開実重が座を占めた。義盛・景時は侍所の別当・所司であり、工藤祐経の検死(同、二十八日条)や事件の探索に当たっても、五郎は非御家人であったから、彼らが直接裁判を担当することはない。刑事裁判の立会人といったところであろう。

結果的に、予審判事の役割を果たすことになった「狩野介」宗茂は、在庁の系譜を引く伊豆国「検断沙汰人」で(拙著『鎌倉守護』論考、第一章三項、三四―三五頁、同・国別、第一章伊豆項、三二頁)、曾我兄弟を「伊豆国ノ住人」とする通念が存在しており(『保暦間記』、七〇頁)、住国の犯科人に対する裁判は、本来国衙在庁官人の職務であった。また、兄弟は、相模国曾我荘を本貫とする曾我祐信の継子であったから、相奉行には「相模国住人」(仮名本、巻九、二七八頁)「新開荒次郎」実重が任ぜられた(真名本も、「鹿野介・新貝荒次郎」が尋問に当たったとする『東洋文庫真名本』2、巻

九、二〇四頁〕）。実重は土肥実平の近親で（第四章第三節二項）、当時相模の在庁官人ではなかったかと推測される。(1)

ところが、宗茂は工藤（狩野）介茂光の嫡男で（第四章第一節二項）、兄弟の母は茂光の娘であったから（同五項）、宗茂は五郎母方の伯叔父に当たる。また、兄弟の実父河津三郎の烏帽子親は土肥実平であり、三郎の姉妹は実平嫡男遠平の妻「万劫」＝五郎父方の「早河の伯母」であったから（同八項）、実重の縁者ということになる。鎌倉幕府の裁判においては、所務・検断・雑務の如何を問わず、「退座分限」と言って、訴論人（原告・被告）と関係のある親類縁者が裁判官を務める事態を忌避する幕府法が存在していた。(2)そして「退座分限」の慣行が、鎌倉初期においても、武士社会の「道理」＝慣習法として存在していたとすれば、宗茂・実重の二人を指名した頼朝の意図は那辺に求められるであろうか。恐らく頼朝は、この時点では、事件を単なる曾我兄弟の敵討＝一族間のトラブルと捉え、五郎は、縁者に対してならば真情を吐露するのではないかとの思いがあったのではないか、ということが考えられる。しかし、追い詰められた五郎には、もはや頼朝以外目に映らなかった。

宗茂・実重から「夜討宿意」を問われたのに対し、五郎は怒りの余り、「祖父祐親法師被レ誅之後、子孫沈淪」し、目通りも許されなかった。「最後所存」ばかりは直接、鎌倉殿に言上したい。「早可レ退」と声を荒らげ、ここで、非御家人に対する裁判であったにもかかわらず、頼朝自らが乗り出すことになった。かえって、底深い頼朝の怒りを感じるが、それは、事もあろうに、「山神・矢口」祭の行事「一口」工藤景光の失態に加え、「三口」曾我祐信の継子兄弟による「御所」乱入が頼家の前途を汚し、「稠者」工藤祐経を失った憤怒に発していた。そして幾分かは、拷問に堪えた被告人が、伊東祐親の孫であったことに対する関心が混じっていたかも知れない。

まず、五郎は、敵討が兄九歳、自分は七歳の時からの素志であったとし、(3)なぜ「御所」に乱入したかとの問いかけには、「祐経匪レ為二御寵物一、祖父入道蒙二御気色一畢、云レ彼云レ此、非レ無二其恨一之間、遂二拝謁一、為二自殺一也」と、頼朝殺害の意図を否定した。人々は五郎を称え、彼が兄の遺体を確認した後、頼朝は、五郎は「殊勇士」であるとして、内心宥免の気持ちが芽生えたという。ところが、祐経遺児の犬房丸が愁訴した結果、二十歳の五郎は「鎮西中太」なる者に梟首されたとする。狩庭とはいえ、鎌倉初期の公的裁判の場に、当時九歳の遺児が居合わせたなど、到底事実とは思われないし、『吾妻鏡』は、歯切れの悪かった真名本に比して(第三章第三節五項)、プロットは同じながら、その記述はもっと曖昧である。そもそも、五郎を梟首したのがなぜ「鎮西中太」なのか、これは真名本を参照しない限り理解できない。そこには、「筑紫の仲太」なる「御家人」が登場し、彼が、祐経を通して試みていた本領回復の訴訟を反古にされた遺恨の余り、処刑を買って出たとあった(『東洋文庫真名本』2、巻九、二一八頁。同右、五項)。つまり、両書の素材は共通のものと推測されるが、真名本は潤色を加え[4]、『吾妻鏡』は骨子のみを記述しているのである。

『吾妻鏡』と真名本は、五郎の遺恨として、共に、伊東祐親子孫の「沈淪」と工藤祐経の栄華を対比し、後者は、ともかくも五郎に「君一人を汚し進せつつ、後代に名をば留め候はむと存じ候」と言わしめていた(同右、二一〇頁)。ところが、『吾妻鏡』の読者は、「聞者莫ㇾ不ㇾ鳴ㇾ舌」とか、頼朝が「五郎為㆓殊勇士㆒之間、可ㇾ被ㇾ宥歟」と内心思ったなどとする記述の飛躍に、違和感どころか、かえって白々さを懐くであろう。『吾妻鏡』は頼朝・頼家同時殺害というクーデターの存在を完全に封殺した。一方、ターゲットとなった頼朝は、「敵討」の背景を十分に調査することもなく、冷静な日常の言動とは裏腹に、加害者を即日処刑するという感情的な処断を下した。後継者頼家の問題が関係するだけに、怒りばかりでなく、一抹の不安が脳裡をかすめたかも知れない。五郎は「敵討」の素志以上の意図を語らず、烏帽子親の時政は、恐らく五郎の陳弁を裏付ける証言に是努め、自らの保身も手伝って、激怒する頼朝の宥め役に終始したことであろう。我々の手許に残された材料からは、永井路子や坂井孝一が想定した御家人集団の抗争(第一章第四節三・四項)が入り込む余地は、私にはどこにもないように思われる。

この後、手越少将らが喚問され、二十九日の裁判は終わった。三十日には、鎌倉の政子の許に事件の通報がなされた（『吾妻鏡』同日条。以下同じ）。『保暦間記』が、留守役を務めていた範頼が動揺する政子に、「範頼左テ候ヘハ、御代ハ何事カ候ヘキトナクサメ申」したとするのは（七一頁）、この時のことである。頼朝は、時間の経過につれていささかなりとも冷静さを取り戻したかに見え、この日、兄弟が母に送った書状の提出を求めている。(5)『吾妻鏡』は、「自二幼稚一以来欲レ度二父敵一之旨趣」が書かれた書状に、「将軍家拭二御感涙一覧レ之、永可レ被レ納二文庫一」と、頼朝の人間的な寛容さを描くが、兄弟の書状は証拠物件であり、事件の背景に関する追求が本格化し始めたのである。

注

（1）石井進は、中村庄司宗平を相模国の在庁官人とするが（「相武の武士団」『鎌倉武士の実像』、平凡社、一九八七年、八四頁。初出一九八一年）、中村一族の存在形態に関する「その勢力域が国府（大磯町）に隣接し、国府の湊である国府津（二宮町）を含み込んでおり、また土肥郷真鶴崎も（中略）湊であって、相模湾の海上交通の要衝を掌握して」いたとする菱沼一憲の指摘を念頭に置くと（「源頼朝独裁権力への道のり」『中世地域社会と将軍権力』第五章1節、汲古書院、二〇一一年、一六四―一六五頁〔初出二〇〇六年〕）。拙著『鎌倉守護』国別、第一章相模項、四五頁注二）、宗平の嫡男土肥実平もまた在庁の可能性がある。そしてその地位は、恐らく、実平の甥とも子ともされる実重（第四章第三節二項）に継承されていったのではないか。

（2）『沙汰未練書』、「退座分限親類縁者等事」項に、「祖父母　養父母　養子孫　兄弟　姉妹　聟　舅　相舅　師範　伯父〈叔父〉　甥　夫妻　従父兄弟　烏帽子々等」と見える（『中世法制史料集』第二巻、附録一、三七三頁）。

（3）十郎九歳・五郎七歳時は治承四年のことである。真名本は、九月十三夜に雁を見て亡父を偲んだ周知のエピソードを、養和元年、「一万は九つ」、「筥王は七歳」のこととしたが（『東洋文庫真名本』1、巻四、二〇四―二〇五頁）、私は、この明月の場面は、やはり養和元年が相応しく（兄弟の年齢は、十歳・八歳となる）、五郎の陳述は、祖父伊東祐親が捕らえられ、継父曾我祐信が頼朝に降った治承四年こそ、実父を失った安元二年に次ぐ運命の第二の転機と捉えていたことを示すものとした（第三章第二節一項）。

（4）「筑紫の仲太」に関して言えば、五郎に対する憎悪から、「鈍刀」を用いて酷い殺し方をした結果、頼朝の怒りを買って、筑紫へ逃げ帰ったものの、五郎の祟りで、帰着の後、「七日と云ふに狂ひ死に」したとする後日談を付加している（巻九、二二八―二二九頁）。

（5）兄弟が「最期に、富士野より送りたる文」に関する仮名本の記述については、本文、二項後述。

二　弟の僧、曾我祐信、大磯の虎

真名本が「御房殿」、後に「伊藤禅師」と表現した十郎・五郎の実弟を、『吾妻鏡』六月一日条は単に「五郎弟僧」、七月二日条は「号二律師一」とする。北条本に拠ると、父の死の五日目に、吉川本は五十五日目の誕生としており（六月一日条、本文及び頭注）、伝写の過程に起因する異説と考えられる（第四章第一節九項）。叔父伊東九郎（実名を「祐清」とする）の妻（比企尼の三女であったことは、真名本同様、『吾妻鏡』も触れない）が引き取って養育したが、九郎が平氏に従い、北陸道で木曾義仲勢と戦って戦死した後、彼女の再婚相手である武蔵守源義信の「養子」となった。兄たちに同意したとする「祐経妻子」の訴えによって、出頭を命じる使者が義信の許に派遣された。弟の僧は、当時、養父に従って「武蔵国府」（東京都府中市）に滞在していたらしい（六月一日条）。

ところが七月二日条には、義信「養子僧」（「律師」）が越後の国上寺（新潟県燕市）[1]に在住していたため、鎌倉来着が遅延したとある。漸く一日の夜に到着したものの、二日に、「梟首」の噂を聞いて甘縄辺で「自殺」した。頼朝は、ただ、兄たちに同意したかどうかを確かめたかっただけだと悔やんだとする。真名本は、「武蔵の国府」に滞在していた禅師が出頭命令を受けて、「持仏堂」で自殺を図ったが未遂に終わり、鎌倉に運ばれて後、頼朝の尋問に「疾く疾く首を召すべし、と申して死にけり」と、曖昧な形で結ぶが、死去の日を六月十三日と明記していた（『東洋文庫真名本』2、巻十、二五〇―二五一頁。第四章第一節九項）。仮名本（巻十）も、ほぼ同様の展開であるが、頼朝に放言した結果、「斬られ」たとある（二九七―二九八頁。同右項）。真名本と仮名本が近く、『吾妻鏡』とはプロットが微妙に異なっていた。こうした、「弟の僧」に関する諸本の記述には、何か釈然としない印象を拭い去ることができない。

曾我兄弟の継父曾我太郎祐信は、「弓馬堪能」の「衆」の一人で（第二節六項、注6）、頼家を祝う「山神・矢口」祭の際、行事「三口」を勤めていた。恐らく事件は寝耳に水の出来事であったろうが、継子の兄弟に「同意支証」が見られないということで宥免された（『吾妻鏡』六月一日条）。六月七日、頼朝は、長かった富士野の狩を終えて鎌倉に帰還したが、祐信は頼朝に随行し、途中より暇を給わって曾我に向かった。この時、「祐成兄弟夢後」を弔うため、「曾我庄乃貢」が免除された。『吾妻鏡』は「是偏依㆘令㆑感㆓彼等勇敢之無㆒㆑怠給㆖也」とする。真名本は、「鎌倉殿の御使」として甲斐に派遣されていたため、富士野の狩に不参加であった助信が、事件後鎌倉に召喚され、「肝を消しつつ」も、「謀叛」に無関係であった由の陳弁が認められ、剰え、兄弟の供養に充てるため、「曾我の荘の年貢」以下、母への「公役御免の御教書」が下されたとしていた（『東洋文庫真名本』2、巻十、二四〇・二四八―二四九頁。第三章第四節一項）。基本的に、両書のプロットは同じと見てよい。但し、第四章第三節四項でも述べたが、「事件」の背後関係の追求が続いている最中、頼朝が、曾我兄弟の供養料として曾我荘の年貢・公役を免除するなど、およそ史実としては想定できない措置である。

「曾我十郎祐成妾大磯遊女〈号レ虎〉」が召喚されたのは六月一日のことである。尋問の結果、疑いが晴れて釈放された（同日条。以下同じ）。その後、虎は、十郎「三七日忌辰」を迎えた十八日に箱根に登り、「別当行実坊」で仏事を営んだ。その折の虎の容相を『吾妻鏡』は「雖レ不二除髪一着二黒衣袈裟一」と描写しており、これについては、塚崎進と福田晃が関説していた（第二章第二節四・五項）。仏事に当たって、虎は「和字諷誦文」を捧げ、十郎が形見として与えた「葦毛馬一疋」を別当への布施としたとある。布施物が形見の「馬・鞍」であったことは真名本にも見えており（『東洋文庫真名本』2、巻十、二五五頁）、仮名本は、「彼等（兄弟）が最期に、富士野より送りたる文の裏」が、供養の「御経」に用いられたとする（「太山寺本」巻十、三〇二頁。「流布大系本」巻十一、三九一頁。第三章第四節三項・同、＊4参照）。

このように、『吾妻鏡』と真名本とでは共通する内容も見られるが、最も大きな相違は、十郎（兄弟）の追善供養を、前者が「三七日忌辰」に当たる六月十八日に行ったとするのに対し、後者は九月八日の百箇日忌としている点で、虎の出家の場所（箱根山）も年齢（十九歳）も同じながら、出家の日付はそれぞれの忌日とする点に違いがあった（二五四・二六八―二六九頁）[2]。そして、『吾妻鏡』が出家の後、直ちに善光寺に向かったとしているのに対し、真名本は、兄弟が命を失った「伊出の屋形」に赴いたとし、善光寺へは、翌年の「一周忌の仏事」を終えて参詣したとする点にも相違が見られた（二七二・二七四頁）。時日の記載が相違する場合、無批判に『吾妻鏡』の内容を重視する一般的傾向が見られるが、五郎の元服の場合も指摘したように（第二節一項）、私は、むしろ真名本の「百ヶ日の孝養（供養）」（九月八日）を重視している。『吾妻鏡』に、非御家人の「妾」の記事が存在すること自体が問題であり、しかも、六月十八日には、なお「事件」の後始末が終わっていないのに対し、九月八日には「事件」がほぼ落着していたからである。

注

（1）『吾妻鏡』は「久我窮(躬カ)山」と表記しており、編纂者にとって馴染みの薄い地であったことが推測される。
（2）「流布大系本」における、虎が箱根の仏事以前に尼姿で登場する巻十一冒頭の記述と、巻十二冒頭、真名本・「太山寺本」同様、「百ヶ日の仏事のつゐ(い)でに」出家したとある記述との「照応の乱れ」(村上學)は(第二章第一節三項。第三章第四節三項、＊5)、前者が、『吾妻鏡』六月十八日条もしくはその記事の素材を意識していたとすれば、「合理」的に理解できる。

三　源範頼と京の小次郎

「事件」が急展開を見せたのは八月に入ってのことで、『吾妻鏡』に、突如、範頼が起請文を提出した記事が現れる(二日条)。「企二叛逆一」てたなど、何の根拠もないことを訴えたものだが、署名に「参河守源範頼」とあった。頼朝は、「載二源字一、若存二一族之儀一歟、頗過分也」と決め付けたのである。六日に、「故左衛門尉祐経横死之後、殊可レ候二昵近一」との下命を承けて、実弟とされる宇佐美三郎祐茂が伊豆国より参上した(同日条)。そして、十日には、範頼の「殊被二相憑一之勇士」である「家人当麻太郎」の不可解な行動が明らかとなり(同日条)、十七日、範頼は伊豆下向を命ぜられ、狩野介宗茂と宇佐美祐茂の預かりとなった(同日条)。『吾妻鏡』は「偏如二配流一」とするのみであるが、『鎌倉年代記裏書』建久四年条、五月の曾我兄弟による敵討を記した後段に、「八月、三河守範頼被レ誅〈依下寺田太郎・志賀摩五郎等欲上レ伐二右幕下一(頼朝)也〉」と明記されている(三七頁)。『保暦間記』にも「同八月、三河守範頼、被レ誅」とあって(七一頁)、狩庭の事件に動揺する政子を慰めた言動が(一項前出)、「サテハ世ニ心ヲ懸ケタルカト」と疑われたとし、「不便ナリシ事也」との感想が付されていた(関係個所の全文は「緒言」で引用した。また、第六章第三節二項後述）。

裾野の「敵討」と範頼配流とを結び付けたのは、千葉徳爾や永井路子であった（第一章第四節五・三項）。永井は、更に、『吾妻鏡』八月二十四日条の「大庭平太景義・岡崎四郎義実等出家」とする記事に注目し、彼らを、反頼朝・反北条のクーデターの主謀者としたが、範頼の位置付けが明確でなかった。これに対し、坂井孝一は、景義・義実らは「頼朝を廃し、範頼を擁立するという行動を起こ」したものと推測している（第一章第四節四項）。問題は、「故曾我十郎祐成一腹兄弟」である京の小次郎が、「参州（範頼）縁坐」を理由に、八月二十日に誅殺されていることで（『吾妻鏡』同日条）、真名本では、十郎と五郎の「敵討」にあれほど非協力的で、範頼との関係も曖昧であった小次郎が（『東洋文庫真名本』1、巻五、二五九頁以下。2、巻十、二五二頁）、実は「建久四年曾我事件」を解明するキーパーソンであったことが分かる。この点は、更に、第六章第三節二項で考察を深めたい。

四　常陸の状況

「建久四年曾我事件」は八月、範頼配流（→誅殺）をもって、事実上落着したが、実はこれより以前、今一つ「常陸」でも事件が起こっており、裾野の「敵討」と結び付けたのは永井路子であった（第一章第四節三項）。『吾妻鏡』六月三日条には、次のような不可解な記事が見える。

御狩之間、常陸国久慈輩候二御共一之処、怖二祐成等夜討一逐電畢、仍被レ収二公所帯等一云々

「久慈輩」とはどのような人々を言うのであろう。『和名抄』段階の久慈郡は（日本地理志料巻二〇、三〇一頁）、中世には、おおむね久慈川を挟んで東西二郡に分かれ、「奥（七）郡」に属した。本来佐竹氏の所領で、名字の地佐竹郷は

久慈東郡に存する(『吾妻鏡』治承四年十一月八日条、文治三年十月二十九日条。『茨城県史』中世編、第一章第三・四節、一九八六年、三七・四六頁〔執筆網野善彦〕)。また、「祐成等夜討」を怖れて狩庭から「逐電」したというのは、彼らが兄弟の側に立っていたというのか、夜討のターゲットになっていたのか曖昧であるが、「所帯」を「収公」されている以上、兄弟の側の可能性が高い。両者を結び付けていた者が誰か、あるいは何か、これだけでは理解のしようがない。

そして二日後、共に「常陸国大名」とされ、富士野の狩には参加していなかった八田知家と(1)、多気太郎義幹との間に、「国中騒動」とまで言われた抗争(「常陸政変」)が起こり(六月五日条)、義幹は二十二日に鎌倉に召喚され、「筑波郡・南郡・北郡等領所」を収公された。常陸の事件は、一部十二月まで尾を引くが(2)、常陸平氏惣領の義幹が、駿河国「検断沙汰人」岡辺権守泰綱に、この日、召預けとなったことによっておおむね落着したものと見てよい(六月二十二日条。拙著『鎌倉守護』論考、第一章三項、三四―三五頁。同・国別、第一章駿河項、二四頁)。「建久四年曾我事件」における常陸の問題は、第六章第五節(各項)で改めて考えていきたい。

注

(1)　知家の子(小田知重弟)の「完(宍)戸四郎」家政が、五十人の一人として頼朝に随行していた(『吾妻鏡』建久四年五月八日条。『尊卑分脈』道兼公孫・宍戸〔第一篇、三六九頁〕。第二節四項)。

(2)　九月一日に、多気義幹の所領所職が、重ねて馬場資幹に与えられており、十二月十三日には、下妻四郎広幹(弘幹とも)が、八田知家に梟首された(『吾妻鏡』)。

第六章　建久期鎌倉幕府の諸問題

――『曾我物語』の歴史的深層――

第六章では、『曾我物語』を生み出した、史実としての「建久四年曾我事件」の歴史的背景を明らかにするため、事件が、どのような歴史的状況の下で、誰によって、何を目的に惹き起こされたか、また、それは、如何なる経緯をたどり、どのような歴史的意義を有したのか、さまざまな角度から検討していく。最初に、建久元年（一一九〇）初度上洛後の源頼朝が目指した幕府政治の問題を取り上げる。

第一節　源頼朝

一　「前右大将家」政所下文

治承四年(一一八〇)末、「東国」軍事政権として成立した鎌倉幕府は、文治元年(一一八五)の「惣追捕使・地頭制」勅許によって全国政権に転化した。そして、文治五年の「奥入り」合戦による「奥州羽州地下管領」(『吾妻鏡』同年十二月六日条)という軍事的実績を踏まえて、源頼朝は、翌建久元年(一一九〇)十一月、挙兵後初めての上洛を果たす。同二十四日、頼朝を右近衛大将に任ずる宣旨が下され(十二月一日「拝賀」。三日辞職〈同、各日条〉)、それを契機として、幕府は諸国守護=「天下守護之職」を分有する機構として国制に位置付けられることになった(以上、拙著『鎌倉守護』論考、第二章第四節、一二五—一二九頁)。

頼朝の鎌倉帰還が暮れの二十九日(『吾妻鏡』)。明けて建久二年、歳首の椀飯は(1)、元日=千葉介常胤、二日=三浦介義澄、三日=小山右衛門尉朝政と、それぞれが一族一門を挙げて頼朝を饗応した様子が記録されており(『吾妻鏡』各日条。四日条を欠き、五日は宇都宮朝綱が勤めた)、整備された幕府御家人の序列を窺い知ることができる。そして、十五日条は、

政所　問注所　侍所　公事奉行人／京都守護　鎮西奉行人

と、同書としては珍しく、現在のハンドブック宜しく整然とした鎌倉幕府官制表を掲げている。この日、「前右大将家」政所吉書始が行われ、「前々諸家人浴二恩沢一之時、或被レ載二御判一、或被レ用二奉書一、而今令レ備二羽林上将一（近衛大将）給之間有二沙汰一、召二返彼状一、可レ被レ成二改于家御下文一」とする方針が示された。(2) 佐藤進一は、「生まの人格の結合としての主従関係なる思想を排し」、「非人格的抽象的存在としての家務機関「政所」の下文に改めることによって」、「客観的な権威的存在としての棟梁と御家人の支配服従関係に改め、かつこれを御家人に認識させる」ことこそ、「頼朝の新方針であった」と説明している（日本歴史叢書『日本の中世国家』、岩波書店、一九八三年、九九―一〇〇頁）。

　こうした「頼朝の新方針」を、私は「幕府のシステム化」と表現するが、それは二つの方向から実現されていった。一つは、幕府内部の統治機構の整備であり、大幅な吏僚層の登用を伴うものであった。右『吾妻鏡』建久二年正月十五日条に示されている官制表に拠ると、「京都守護」一条能保を除き、「政所」職員は「別当」中原（大江）広元、「令」二階堂行政、「案主・知家事」各一人、「問注所執事」三善康信、「公事奉行人」は藤原（中原）親能以下六人、計一二人が吏僚層で占められていたのに対し、武士は、「侍所／別当」和田義盛、「所司」梶原景時、「鎮西奉行人」天野遠景、三人に過ぎず、それも相模・伊豆の御家人に片寄っていた。第二に、「鎌倉殿」の地位の組織的・体制的確立が求められ、これが実現したのが、実は建久四年の一連の狩催行を通してであったことは後述する。そして、「幕府のシステム化」実現に賭ける頼朝の意欲をいったん頓挫させたものこそ、鎌倉の大火と、それに続く後白河院の死であったことは木村茂光の指摘に詳細であった（第一章第四節六項、「富士巻狩りの政治史」）。

　建久二年（一一九一）三月四日丑刻（午前二時頃）、「小町大路辺」から出火した火災は、御家人の屋敷「数十宇」が焼亡したほか、(3)「鶴岡馬場本之塔婆」や「若宮神殿廻廊経所等」悉く灰燼と化し、「幕府」もまた罹災するという大火となった（『吾妻鏡』同日条。以下同じ）。出鼻を挫かれた頼朝の打撃は大きかったろうが、彼はこの試練を前向きに乗り越えようとする。鶴岡宮について見ていくと、早くも八日、二階堂行政らを奉行に、仮殿造営を開始し（十三日「遷宮」）、四月二十六日には、やはり行政を奉行に任じて、「鶴岡若宮上之地、始為レ奉レ勧二請八幡宮一、被レ営二作宝殿一、今日上棟也」とされ、八月二十七日に「鶴岳若宮并末社熱田・三嶋社廻廊等上棟」と進んだ。そして、和田義盛・梶原景時らに率いられた「随兵」が警固する中、「鶴岡八幡宮并若宮及末社等遷宮」神事が挙行されたのは、年内の十一月二十一日のことであった。

治承四年（一一八〇）十月、鎌倉に入部した頼朝は、大庭景義に命じて、由比郷の「下若宮」を「小林郷之北山」に勧請し、新たに「宮廟」を創建した。これが、右再建記事に見える「鶴岡若宮」であり、由比郷の「下若宮」とは、かつて「伊与守源朝臣頼義」が安倍貞任を征伐した際、康平六年（一〇六三）秋八月に、石清水を勧請した「瑞籬」であったという（『吾妻鏡』同十二日条）(4)。頼朝が、大火後の再建に当たって、「若宮上之地」に改めて石清水八幡宮を勧請した「鶴岡八幡宮」を新造した意味は何であったろうか。治承四年の「若宮」は、造営の目的が「為レ崇二祖宗一」（同右）の河内源氏の氏社であったのに対し、石清水は伊勢と並ぶ国家の霊廟であって(5)、頼朝は、大火を奇貨として、首都鎌倉に、改めて国家神を勧請したということになる。新造の「鶴岡八幡宮」こそ、国制に確固とした位置を占めた鎌倉幕府を象徴する宗教施設となっていく。

さて、「頼朝の新方針」（佐藤）の問題に戻ると、佐藤進一は別の論文で、将軍が「公事奉行人とよばれる京都下りの下級貴族およびその亜流によって囲繞され」た結果、「鎌倉幕府創設の原動力であった東国の豪族領主層御家人は遠く政治の中枢部から除外され」ることとなり(6)、そのような「初期幕府政治の体制」を「将軍の独裁制」と呼んだ（「鎌倉幕府政治の専制化について」『日本中世史論集』、岩波書店、一九九〇年、六七頁。初出一九五五年）。そして、幕府政治が、将軍独裁制→執権政治→得宗専制と推移したとする氏の所論は（六八―六九頁）、時期区分に若干の異論が見られるにしても、まず定説と理解してよいだろう（注1所引、村井「執権政治の変質」参照）。しかしながら、私は、古今東西を問わず汎用される政治用語として「独裁」とか「専制」概念を日本史に適用することにためらいがあり、一九九三年に発表した「比企能員と初期鎌倉幕府」において、佐藤の言う幕府初期の「将軍独裁制」を「将軍親裁」と表現した（拙著『鎌倉守護』論考、第七章、四七七頁）[7]。

　鶴岡の地に「八幡宮」が新造され、「若宮」や末社の遷宮神事が遂行されて一月余、後白河院は病に臥し、『玉葉』建久二年閏十二月十二日条には「御不食之上、御痢病相㆓加之㆒、大略憑少之躰令㆑存歟」と見える。明けて、建久三年（一一九二）三月十三日、院は六条殿に六十六年の生涯を閉じた（『大日本史料』第四編之四）。鳥羽院の第四皇子（母は待賢門院、崇徳院の実弟）であったが、父帝からは「即位ノ御器量ニハアラズ」と期待もされず（『愚管抄』巻四・後白河、二一六頁）、信西は「和漢之間、少㆓比類㆒之暗主」と酷評したという（『玉葉』寿永三年〈元暦元〉三月十六日条）。一方で、清盛と義仲による二度にわたったクーデターを、頼朝に「日本国第一之大天狗」（『玉葉』文治元年十一月二十六日条）[8]と評された政治力で乗り切り、他方、「ツネハ舞・猿楽ヲコノ」んで（『愚管抄』巻六・後鳥羽、二七八頁）、『梁塵秘抄』を撰するなど、時代の転換期に生きた異才の持ち主であった。

　頼朝は、同年五月八日、「法皇四十九日御仏事」を南御堂（勝長寿院）に修し（『吾妻鏡』同日条。以下同じ）、その「供養後一カ月を経た途端、頼朝の政治は積極的にな」った（木村、前掲論文）。その最初が、六月三日の「有㆓恩沢沙汰㆒、或被㆑加㆓新恩㆒、或被㆑成㆓改以前御下文㆒」とする施策で、七月十二日に征夷大将軍に補任された結果（同、二十日条）、八月五日に「将軍家」政所始が行われて、前年一月の「前右大将家」政所始で示された新方針（既述）が実行に移されていく（木村、前掲論文）。『吾妻鏡』に拠ると、御家人の筆頭とも言うべき千葉介常胤はこれに激しく抵抗し、「謂㆓政所下文㆒者、家司等署名也、難㆑備㆓後鑑㆒」として、「於㆓常胤分㆒者、別被㆑副㆓置御判㆒、可㆑為㆓子孫末代亀鏡㆒之由」を申請した。苦り切った頼朝の表情が目に浮かぶようであるが、結局、政所下文への更改という基本方針を変更することなく、「下総国住人常胤」に充てて、「可㆔早領㆓掌相伝所領・新給所々地頭職㆒事」とする頼朝の袖判下文を、別途授与することで折り合いを付けた(以上、八月五日条)。

『吾妻鏡』は、続いて九月十二日条に、「常陸国村田下庄〈下妻宮等〉」に充て、「左衛門尉藤原(小山)朝政」を地頭職に補任するとした同日付の「将軍家政所下」文を収める。(9) 一方、別に「下野国日向野郷住人」に充てた地頭職補任の同日付「将軍家政所下」文とともに、同じ九月十二日付で、「可㆘早任㆓政所下文旨㆒、領㆗掌所々地頭職㆖事」を「下野国左衛門尉朝政」に伝える頼朝袖判の下文が存在する(『鎌倉遺文』二巻六一八・六一九号、松平基則氏旧蔵文書)。常胤の場合と同様のケースと考えられるが、「家司等」署判の政所下文が前提になっていることを忘れてはならない。総括的な本領安堵及び新給地頭職補任状として、頼朝の袖判下文が別途発給されたのは、まず常胤や朝政といった豪族に限定され、彼らのプライドをくすぐる例外措置であったと考えねばなるまい。(10)

なお、木村は、「政所下文の定式」として、「関東開闢皇代并年代記」が、「「将軍家政所下文」ではなく、建久三年の「前右大将家政所下文」」(『鎌倉遺文』二巻五九七号)を掲げていることに注目しているが(第一章第四節六項・同、注5参照)、氏が整理している「前右大将家政所下文と将軍家政所下文の変遷」表に拠ると、確実な「将軍家政所下文」は、建久五年二月二十五日付「肥前龍造寺文書」(『鎌倉遺文』二巻七一五号)で姿を消し、「検討の要あり」とされる同七年七月十二日付「肥前青方文書」(同八五六号)を挟んで、復活した確実な「前右大将家政所下文」の初見として、同年十月二十二日付「高野山文書・宝簡集」(同八六七号)を挙げる(前掲論文、一四三頁・表6)。

石井良助はじめ、『尊卑分脈』頼朝伝を踏まえて、征夷大将軍は「臨時の職」で、頼朝は、建久五年十月十日に辞職したとしていた(「鎌倉幕府職制二題」一、『大化改新と鎌倉幕府の成立』増補版・第三、創文社、一九七二年、八八頁・

九四頁注八。初出一九三一年）。その後、昌平坂学問所旧蔵『内閣文庫本公卿補任』（明暦四年〔万治元・一六五八〕作成）に、「同（建久）五年十十七辞二将軍一、同年十一十七重上状、同年十二月日被レ返二遣辞状一」とする記事を見出し、「朝廷側では辞表の返還によって頼朝の辞職願を却下したものと解した」が、「かれは二度も征夷大将軍の辞表を提出した以上、朝廷がこれを許可せられるや否を問はず、すでにかの職を去ったものと考えた。したがってかれは、その後将軍家政所下文の形式を廃して、前右大将家政所下文をもってこれに代えた」と改めた（「再び「征夷大将軍と源頼朝」について」、前掲書・第四、一二四―一二五・一二八―一二九頁。初出一九三三年）。

一方、相田二郎は、「恐らく建久六年三月頼朝上洛の折辞退したものであらう」とし（『日本の古文書』上、岩波書店、一九四九年、二八四頁）、佐藤進一もまた、「建久六年三月から七月にかけて上洛した際に彼は将軍職を辞し、以後再び元の前右大将家政所下文に戻る」と見ている（『古文書学入門』、法政大学出版局、一九七一年、一二四頁）。この相田・佐藤説に従えば、将軍職の辞退は大姫入内問題と連動していたことが推測できるが、それが辞職のきっかけとなったことは確かであろう。[11] しかしながら、「御成敗式目」に頼朝を指して、「右大将家」（第三条）、「右大将家以後代々将軍并二位殿（政子）」（第七条）と表現されたことは何を意味するか。確かに「将軍」は「武家の棟梁」として相応しい称号であったろうが（石井［良］、前掲「鎌倉幕府職制二題」、九一―九二頁）、現実には、幕府の御家人の長たる「鎌倉殿」の地位を表すに過ぎず、国制に確固たる位置を占めた諸国守護＝「天下守護之職」を分有する機構の長の呼称としては、むしろ「（前）右大将家」が定着していったのではないだろうか。

注

（1）村井章介に拠ると、原義は「椀に盛った飯」のことで、「公家では諸行事のさいに殿上人以下に支給した食膳をさしたが、鎌倉幕府において重臣が将軍を饗応する儀式として発展し、もっとも重要な年中行事として正月の三が日に行なわれるようになった」とする(「執権政治の変質」『日本史研究』二六一号、一九八四年、三頁)。

(2)　黒川高明は、建久二年以降、頼朝の袖判下文や袖判奉書(御教書)が発給されなくなることを明らかにしている(「源頼朝の疑偽文書に関する二、三の考察」『鎌倉遺文研究』三号、一九九九年、二四―二五頁。本書第一章第四節六項・同、注1参照)。

(3)　北条義時・相模守大内惟義(源義信の子)・比企能員・同朝宗・佐々木盛綱・新田忠常・工藤行光らの屋敷が焼けており、大内惟義や比企朝宗・能員らを除き、『曾我物語』にしばしば登場した頼朝と関わりの深い人々の屋敷が集中していたことが分かる。

(4)　その後、嫡男の義家が、永保元年(一〇八一)二月に修復を加えたとする。前九年の役は康平五年に終わり、頼義は、その功により、翌六年二月に伊予守に任ぜられた(『百錬抄』同二十七日条、など)。また、『奥州後三年記』上は、「永保三年の秋、源義家朝臣陸奥守になりてにはかにくだれり」と記し(『群書類従』三六九、合戦部。第二〇輯、三六頁)、『吾妻鏡』に拠ると、後三年の役は同年九月に始まったとする(治承四年十月二十一日条)。なお、「下若宮」とは、現在「元八幡宮」と称する小社で、本来の官道(東海道)と考えられている大町大路(『鎌倉市史』総説編、吉川弘文館、一九五九年、二六三頁。執筆高柳光寿)沿線に近い今日の鎌倉市材木座の地に鎮座している。

(5)　諸国一宮制が中世的地方神社制度であったのに対し、中央の国家的神社制度を二十二社制と言う(第四章第三節、〔付記三〕、一宮制の要旨ア)。これは「国家的大事に際しての臨時奉幣対象社」として、院政期「白河朝に定ま」ったもので(岡田荘司「二十二社の成立と公祭制」『平安時代の国家と祭祀』第二編第六章、続群書類従完成会、一九九四年、三五三―三五四頁。初出一九九二年)、その頂点に位置していたのが伊勢神宮と石清水八幡宮であった(「保元新制」第六条『兵範記』保元元年閏九月十八日条)。石清水について、なお仮名本(巻二)に、「本朝の宗廟として、源氏を守り給ふとかや」とあった（七七頁）。

（6）例えば、正治元年、梶原景時弾劾状を将軍頼家の上覧に供するに当たって、和田義盛ですら、中原（大江）広元に取り次ぎを依頼する必要があった（第四章第三節三項）。

（7）「得宗専制」については、これに代わる用語を見出し得ず、本書でも「　」を付して用いている。

（8）龍福義友「源頼朝「大天狗」書状小考」参照（『日本歴史』六九一号、二〇〇五年、二九・三三頁）。氏に拠ると、『吾妻鏡』文治元年十一月十五日条の記事は「使えない」という。

（9）政所下文の本文に、「去寿永二年（一一八三）、三郎先生（志太）義広発二謀叛一企二闘乱一、爰朝政偏仰二朝威一、独欲二相禦一、即待二具官軍一、同年二月廿三日於二下野国野木宮辺一合戦之刻、抽以致二軍功一畢、仍彼時所レ補二任地頭職一也、庄官宜承知不レ可二違失一」とあって、『吾妻鏡』第二が、治承五年（養和元・一一八一）閏二月二十三日条に懸けて記載した野木宮合戦が、実は寿永二年二月二十三日の出来事であったことを『吾妻鏡』（第一二）自体が裏付ける貴重な史料となっている（石井進「志太義広の蜂起は果して養和元年の事実か」『石井進著作集』第五巻、岩波書店、二〇〇五年、一八九―一九一頁（初出一九六二年）。拙著『鎌倉守護』論考、第六章「上総権介広常」、四四九頁）。

（10）川合康は、「本領安堵の地頭職を成立させることが困難であった西国では、下文更改と全く同趣旨のもとに交名の作成によって御家人の確定が行われ、平時に存続しうる主従制の再編・明確化がはかられていった」ことを指摘している（「奥州合戦ノート―鎌倉幕府成立史上における頼義故実の意義―」『鎌倉幕府成立史の研究』第二部第五章、校倉書房、二〇〇四年、一八九―一九〇頁。初出一九八九年）。

（11）石井進は、「かつて後白河法皇が強硬にこばみつづけ、その死後、最初に（九条＝引用者。以下同じ）兼実がかれ（頼朝）におくった征夷大将軍の称号」の返却は、「法皇の旧側近、丹後局（高階栄子）―（源）通親ラインへの接近の手みやげ」

であったとしている（日本の歴史『鎌倉幕府』、中央公論社、一九六五年、一三四頁）。

二　建久四年の狩(1)　御家人制の再編

建久四年（一一九三）三月、頼朝は、十三日の後白河院一周忌法要を待ち兼ねていたように、しかしながら、事実としてはその四日前に一連の狩の実施に踏み切っていたことは、既に第五章第二節二項で指摘した。その意義について、もはや存在しなかった「三原野の狩」を考慮に入れる必要はなく、結局、那須野と富士野の狩とが問題なのであった。当時、遠江は、なお国守安田義定の統治下に置かれており、それは勅院事沙汰という国家の収取システムに支えられたものであって（拙著『鎌倉守護』論考、第八章「安田義定」、四九七頁）、そうとすると、当時の鎌倉幕府直轄地域における北と西の境界で狩が催されたことになる。下野国那須野の狩の場合、勢子を負担した大名のうち、小山朝政と宇都宮朝綱の孫頼綱は富士野の狩にも従っており（第五章第二節三・四項）、八田知家は、恐らく頼朝の指示で不参加であったが（第五章第二節三項・同、注2参照。第六章第五節二項後述）[1]、第一義的には、新占領地であった奥羽土着の住人に対する示威の意味があったであろう。また、駿河国富士野と連動して捉えるならば、それはすぐれて幕府の内部問題となる。川合康は、前項で触れた「建久期の下文更改の頼朝の意図」が、「内乱期の主従制をあらためて編成し明確化すること」が目的であったと述べていたが（一項注10所引「奥州合戦ノート」、一八九頁）、木村茂光が、一連の狩の意義を、「関東武士団の頼朝への忠誠心を確認し、さらにその忠誠心を実戦の場で再度確かめる機能を果たした」ことに求めていたことも、御家人制再編という同じ文脈上の理解と見てよい（第一章第四節六項、「富士巻狩りの政治史」）。

頼朝は、那須野の狩進発に当たって「馴㆓狩猟㆒之輩」を随伴させていたが、「其中令㆑達㆓弓馬㆒、又無㆓御隔心㆒之族、被レ撰二二十二人一、各令レ帯二弓箭一、其外縦雖レ及二万騎一、不レ帯二弓箭一、可レ為二踏馬衆一」きことが定められていた（第五章第二節三項）[2]。この「令レ達二弓馬一、又無二御隔心一之族」という表現は、治承五年（養和元・一一八一）四月七日条に、頼朝の寝所近辺祗候衆（近習）を定めた際にも、「御家人等中、撰下殊達二弓箭一之者、亦無二御隔心一之輩上」とあって、あるいは建久四年の記事を遡って引き写したのではないかとも思われる。こちらは以下の十一人であった。

江間四郎（北条義時）　下河辺庄司行平　結城七郎朝光　和田次郎義茂　梶原源太景季　宇佐美平次実政　榛谷四郎重朝　葛西三郎清重　三浦十郎義連　千葉太郎胤正　八田太郎知重

このうち、和田義茂（義盛の弟）は、『和田系図』に「落馬死去」とあって（『続群書類従』一三八、系図部。第六輯上、二四頁）、湯山学は、「寿永元年（一一八二）十二月、頼朝に近侍した記事を最後に「吾妻鏡」から見えなくなる」ので（同、七日条）、「それから間もなくして落馬のため死んだと思われる」と見ている（『相模武士』二、戎光祥出版、二〇一一年、一六六頁）。また、伊豆国住人であった宇佐美実政は、文治六年（建久元・一一九〇）一月に、大河兼任らの反乱軍との戦いで戦死した（同、六日条。第四章第一節三項、注6）。残る九人は、自身家督かもしくはその嫡男、あるいは庶流といっても有力者の子弟であって、彼らは、「東国」武士団と頼朝とを結ぶ絆であり、同時に「東国」武士団に打ち込まれた楔でもあった。

河内源氏の伝統を継承できなかった頼朝にとって、戦時における親衛軍の役割を担ったのが伊豆国御家人であり（第五章第一節二項、注9）、近習の選定は、室町幕府奉公衆の如き、平時における親衛軍創設の意味を持った。特に注目されるのは、四郎義時・七郎朝光・十郎義連が、頼朝によって創設された、それぞれ江間（江馬とも）家[3]・結城家・佐原家の祖となっていることである。この間の事情を比較的よく理解できる朝光（小山朝政・長沼宗政の弟）の場合を見ると、建久六年（一一九五）の頃、「不レ称二小山一、号二結城七郎一」しており、その所領は亡父政光の遺跡ではなく、頼朝に仕えて後「数ヶ所領主」になったものという（『吾妻鏡』建久六年三月十二日・正治元年十月二十七日条）。彼が、梶原景時失脚のきっかけをつくった「忠臣不レ事二二君一」とする言動も、それを『吾妻鏡』地の文が「朝光、右大将軍（頼朝）御時無双近仕也」と評したのも理由のあることであった（正治元年十月二十五日条。第四章第三節三項）。

その朝光（「結城上野入道日阿」）が、後に足利義氏（「左馬頭入道正義」）との間で「書札礼」をめぐる相論となった時、自らの主張を裏付ける「右大将家御時、注レ為二宗之家子侍交名一、被レ載二御判一之御書」を証拠書類として提出したことがあった（『吾妻鏡』宝治二年閏十二月二十八日条）。この相論の顚末を紹介した細川重男・本郷和人「北条得宗家成立試論」は、「交名」によって、頼朝期の御家人に、「「門葉」「家子」「侍」の区分があった」ことが知られ（六頁）、「門葉」とは「清和源氏一門（頼朝の血族）を指」し（同）、「侍」は「将軍と血縁のない従者」のことであったとした（七頁）。その上で、「家子」については、当時、江間小四郎と称した北条義時が「家子専一」とされていたことから、既述の治承五年四月七日条に記された「十一人が後に「家子」とされたグループの原型にあたるのではないだろうか。頼朝の「家子」とは、御家人、或いは御家人の子弟の中から、特に頼朝と個人的に親しい者を選抜して作られたグループであり、頼朝個人の親衛隊ではなかったか」との指摘を行っている（七頁）。

興味深いのは、「右大将家（頼朝）御時」に定められたとされる「随兵」に関する伝えで、「随兵」は、「譜代勇士・弓馬達者・容儀神妙者」とする「三徳」を兼ね備えていなければならないという（『吾妻鏡』建保六年十二月二十六日条）。建久四年の「二十二人」の選抜は、これに「無二御隔心一之族」、即ち木村が強調した頼朝への忠誠心という要素を加えて、親衛軍（「家子」）の中核となるエリート層を創出しようとするものであった（二十二人の交名は、第五章第二節三項に分類して掲出した）。問題は、後半の「其外縦雖レ及二万騎一、不レ帯二弓箭一、可レ為二踏馬衆一」とある「踏馬衆」の存在である。[4] 騎馬は許されても、恰も二十二人のエリート層の従者の如く、弓箭を携帯できないなど、誇り高き「東国」

武士にとってこれほどの屈辱はなかろう。のち富士野の狩においても「踏馬・勢子輩」の存在が知られるが(同、五月十六日条)、恐らく囂々たる非難が沸き起こる中で、頼朝としても、武蔵国入間野の「追鳥狩」(同、三月二十五日条)後はその範囲を縮小せざるを得なかったのではないか(後述)。

そして、「富士野・藍沢夏狩」実施に当たっては、おおむね、先の「二十二人」を含む五十人の随行者を指名し、「其外為二射手一輩」と選別した(同、五月八日条。交名は、第五章第二節四項に分類して掲出した)。五十人以外の御家人にも弓箭の携帯が許されており、「踏馬」輩の規模が縮小されたことが分かる。五十人の随行者には、先に見た「門葉」に分類される足利義兼や山名義範らが含まれる一方、「二十二人」のうち、宇佐美祐茂・渋谷高重・葛西清重・諏方盛澄・望月重義の名が見えない。何らかの事情によるものと思うが、渋谷二郎高重・望月太郎重義の場合は、それぞれ父庄司重国と近親の三郎重隆が加わっていた。而してこの随行者五十人というのは、「二十二人」のエリート層を親衛軍の中核に据えて、新たに「門葉」「家子」を再編成した御家人集団ということになろう。

建久二年以降、頼朝は、「鎌倉殿」の地位の組織的・体制的確立を図るため、「鎌倉殿」を支えるシステムの構築を目指した。本領安堵・新恩給与(＝地頭職補任)を将軍家(前右大将家)政所下文に統一し、それに伴う御家人制再編のために、頼朝は、建久四年一連の狩を催したのであった。紆余曲折は見られたが、結局、一部のエリート層を頼朝親衛軍の中核に据え、その周縁に、一般の「東国」御家人から選別された、数十人から成る「門葉」「家子」集団が構築されたのである。のち、建久六年(一一九五)の東大寺供養に際しての供奉人を見ると、「門葉」「家子」「侍」に選別された御家人の見事なまでの序列が知られ(『吾妻鏡』三月十二日条)、ここに、頼朝将軍期における御家人編成の到達点を窺うことができる。まず「門葉」であるが、朝臣を除き、頼朝「扈従」の御家人はすべて源氏の一族に限られ、次の四人であった。

蔵人大夫（源）頼兼、相模守（大内）惟義、上総介（足利）義兼、伊豆守（山名）義範[5]

また、「侍」に該当するのは、「数万騎」とされた「随兵」のことで[6]、雨の中「辻々并寺内門外等」の警固に当たった[7]。

問題は、「家子」であるが、この場合は、「惣門」の内に入った頼朝に供奉した[8]「只廿八騎」と特任の七人、計三十五人を指していると考えられる。以下、分類して、原則記載順に整理して掲出する（＊は特任者を示し、括弧内に当該任務を略記する）。

〔源氏〕里見太郎義成、加々美二郎（小笠原）長清、武田五郎信光、浅利冠者長義

〔北条／比企〕北条小四郎義時／比企右衛門尉能員

〔千葉／下総〕千葉新介胤正、千葉二郎（相馬）師常／葛西兵衛尉清重、下河辺庄司行平

〔三浦／相模〕三浦介義澄、三浦十郎左衛門尉（佐原）義連、＊和田左衛門尉義盛（侍所）／＊梶原平三景時（侍所）、梶原源太左衛門尉景季、岡崎与一太郎（実忠カ）、土屋兵衛尉義清、＊愛甲三郎季隆（調度懸）[9]

〔小山／下野〕小山左衛門尉朝政、＊小山五郎（長沼）宗政（剱持）、小山七郎（結城）朝光／氏家太郎公頼

〔佐々木〕佐々木左衛門尉定綱、＊佐々木中務丞経高（着甲）、佐々木三郎兵衛尉盛綱

〔伊豆〕宇佐美三郎祐茂、天野民部丞遠景、加藤二景廉

〔武蔵〕畠山二郎重忠、稲毛三郎重成、江戸太郎重長

〔常陸〕八田左衛門尉朝重

〔上野〕佐貫大夫広綱

〔信濃〕＊海野小太郎幸氏（惣門射手）、＊藤沢二郎清親（同）

私は、別格の「門葉」を除き、「家子」＝選抜された御家人集団と、「侍」＝一般御家人とを選別して序列化する頼朝

将軍期における御家人編成の帰結が、建治元年（一二七五）「六条八幡宮造営注文」における「鎌倉中」と「国」別に類別される御家人の類型に収斂されていくと考えている（「在京」人は「鎌倉中」に準じる）。「国」別に類別された「東国」御家人は、法制的には「西国」御家人と同列の位置に立つことになったが、現実には、その間に抜きがたい差別が存在したことは、第五章第二節二項において、「武蔵国」に類別された小代氏について指摘したとおりである（注9参照）。

文治三年（一一八七）八月、鶴岡放生会流鏑馬神事に当たって、武蔵国の御家人熊谷二郎直実は的立役を命ぜられたことがあった。ところが、彼はこのハレの神事役に憤り、「御家人者皆傍輩也、而射手者騎馬、的立役人者歩行也、既似ㇾ分㆓勝劣㆒」とこれを拒否し、所領の一部を没収されるというペナルティを科せられた（以上、『吾妻鏡』同四日条）。武士とは弓馬の士であり、武士である御家人相互の間に、差別などあってはならないというのが直実の主張であった。のち、建久三年（一一九二）十一月、「姨母夫」久下権守直光との「境相論」御前沙汰において、十分な陳弁のできなかった直実は対決の場から「逐電」したので（同、二十五日条）、翌年の狩に参加することはあり得ないが、禁句のｉｆ…を敢えて用いると、「踏馬衆」に編入されることは必至であり、直情径行な彼としてはその屈辱にどう反応したであろうか。

直実のような、「六条八幡宮造営注文」の分類を適用すれば、「東国」御家人であっても、「国」別に類別されることになる「侍」＝中小の御家人にとって、「御家人者皆傍輩也」とする思いが、言わばマグマの如き存在として地下に伏流していたことが考えられる。しかしながら、富士野の狩庭において彼ら「侍」層は、頼朝と頼家の面前というハレの場で、自らの弓射の芸を披瀝することを誇りとし、マグマが地上に噴出することはなかった。

注

（1）但し、八田知家の子(小田知重弟)の「完(宍)戸四郎」家政が、五十人の御家人の一人として、小山朝政同様、頼朝に随行し、藍沢を経て富士野に赴いている(第五章第二節四項・第三節四項、注1)。

（2）真名本(巻五)は、曾我兄弟は、馬を武蔵の関戸から帰し、「弓矢を持たずして太刀ばかりにて」一行を追尾したと記していた(『東洋文庫真名本』1、二八六頁)。

（3）細川重男・本郷和人「北条得宗家成立試論」に拠る(五頁)。

（4）千葉徳爾は、「踏馬がどのような役目をしたかも明確ではないが、「東鑑」に記載されたところから判断すると、人が乗って野獣を追いかけ包囲する任務であったらしく、乗る者は弓箭は携えなかったようである」と説明している(『狩猟伝承研究』本論第二章第一節、二八〇頁)。

（5）その他、「豊後守(毛呂)季光」を挙げなければならないが、彼は、「大宰権帥(藤原)季仲卿孫」で、既に文治二年二月の段階で、関東御分豊後国の国司に推挙されており(『吾妻鏡』同二日条。『尊卑分脈』実頼公孫〔第二篇、五頁〕)、源氏の国司に準じた待遇を得ていたと考えられる。

（6）『皇代暦(流布本)』四・後鳥羽天皇、「裏書」には「其勢二千騎許」とある(『大日本史料』第四編之四、八七五頁)。

（7）久野修義は、『愚管抄』(巻六、二八〇頁)を踏まえて、「東大寺供養の日、雨をものともせず武士達が護衛の任を勤めていたもようを慈円は深い感慨をこめ生彩ある筆致で語っている」と評した(「東大寺大仏の再建と公武権力」、上横手雅敬監修『古代・中世の政治と文化』、思文閣出版、一九九四年、一四九頁)。

（8）『吾妻鏡』に言う「惣門」とは南大門のことと思われるが、久野は、「南大門の上棟は正治元年六月のことであるから、このときはまだ再建されていない」とコメントしている(同右、一七一頁注二六)。なお、氏は、「頼朝は南大門の内側であっても中門の中で行なわれている供養の儀式には参加していないと考えられる」とする指摘を行って、注意を喚起している(一六三頁)。

(9)　第五章第二節六項参照。

三　建久四年の狩(2)　家督頼家の元服

建久二年(一一九一)以降、頼朝は、「鎌倉殿」の地位の組織的・体制的確立を図るため、「鎌倉殿」を支えるシステムの構築を目指し、建久四年の一連の狩催行を通して御家人制再編を試みたが、その総仕上げが、「将軍家督若君」(『吾妻鏡』同年五月十六日条)頼家を、「鎌倉殿」の後継者として諸御家人に周知させることであった。富士野の狩の問題として、この点をはじめて明確に指摘したのは千葉徳爾である(第一章第四節五項、『狩猟伝承研究』本論第二章第一節)。狩の初日(五月十六日)、頼家が初めて鹿を射止め、頼朝がそれを祝う「山神・矢口等」祭を挙行した問題である(『吾妻鏡』同右。第五章第二節四項)。即ち、千葉は、「山神・矢口」祭には、事実上、頼家の「成年式の意味があった」こと、この儀礼によって、頼家が示した「幕府をうけつぐ資格」は、富士の山神に祝福されたものとなったこと、その故に、曾我兄弟の仇討事件の始末が付くや、範頼を「電撃的に流罪に処し」たこと、等を指摘したのであって、「建久四年曾我事件」の研究史に、新たに《頼朝の後継者としての頼家》の問題を提起したのであった。

では、千葉の言う、富士野の狩庭における「成年式」を、頼家の元服と見てよいのであろうか(1)。実は『吾妻鏡』には、頼家の元服に関する記事が一切見られない(2)。二年後の建久六年(一一九五)、頼朝の再度上洛時における頼家の参内に当たって、同書は「将軍家若公〈一万公、歳十四(3)／布衣〉御参内」と記しており(六月三日条)、これに従えば、頼家は当時なお垂髪の少年であったことになる。そこで、頼家の任官時期を見ていくと、『公卿補任』に「建久八年十二(月)十五(日)従五上、同日右少将」とする記載がある(正治二年条〔第一篇、五四六頁〕)。頼家十六歳)。藤本頼人は、「建久四年の富士野の巻狩と同六年の上洛」は、頼朝の「後継者の確定を公武双方に明示する、重要なデモンストレーションであった」としつつ、「頼家の元服自体は、従五位上・右少将となった建久八年十二月(中略)か、それをさほど遡らない時期だと思われる」と見なした(「源頼家―「暗君」像の打破―」、野口実編『中世の人物』第二巻、清文堂出版、二〇一四年、二八三頁)。

しかしながら、十六歳というのは、頼朝家督の元服年齢として遅きに失している感が否めず、しかも、いきなり従五位上・右近衛少将というのは摂関家の子弟並の昇進である。ほぼ同時期の九条良経と近衛家実のケースを見ていくと、年長の良経の場合は、十一歳で元服した治承三年(一一七九)、従五位上に叙せられ、右近衛少将に任ぜられたのは養和元年(一一八一)十三歳の時であった(『公卿補任』文治元年条。第一篇、五一一頁)。また、同世代の家実は、建久元年(一一九〇)十二歳で元服し、正五位上・右近衛少将に叙任している(同、建久二年条〔五二四―五二五頁〕)。同時期の摂関家の子弟は、十一、二歳で元服を遂げ、ほぼ同時に叙任した官途に、頼家は数年遅れて跡を追っていることになる。『鎌倉年代記』(六頁)、『武家年代記』(七二―七三頁。「右近衛権少将」とある)も、『公卿補任』と同様の記載であり、そうとすると、元服年齢をここまで引き延ばさなければならないかどうかという問題になろう。

藤本が触れていた建久六年の再度上洛時に、頼朝が頼家を帯同したのは、後継者として朝廷に披露するためであったとする見方は、既に五味文彦も言及していた(大系日本の歴史『鎌倉と京』、小学館、一九八八年、一七五頁。本書第一章第四節六項、注6)。これに対し、木村茂光は、頼家の元服問題とリンクさせて、十四歳の頼家が後鳥羽天皇と謁見し、剱を下賜されたことが「頼家の元服の儀式の意味合いをもって」おり、「頼家の元服は天皇の認知(謁見と剱の下賜)によって実現した」と見なした(第一章第四節六項、「建久六年頼朝上洛の政治史的意義」)。

頼家拝謁に関する『吾妻鏡』の記事とは、次のようなものであった（六月三日条）。

将軍家若公〈一万公、歳十四／布衣〉御参内、駕二網代車一給、左馬頭（源）隆保朝臣相具、為レ加二扶持一也

供奉人　○「相模守（大内）惟義」ら十二名の交名を記す

於二弓場殿一被レ賜二御剱一、宰相中将（花山院）忠経伝レ之云々

これを、木村のように解釈できるとするならば、最も大きな疑問は、頼家側近中の側近であるはずの比企能員の名が十二人の「供奉人」に含まれていないことである(4)。頼朝生前における頼家最後出の記事は、同年の十月二十七日条であるが（『吾妻鏡』は、周知のように、建久七年から頼朝死去の十年〔正治元〕一月に至る間を欠いている(5)）、やはり「若公」とあって、頼家の名を記さない。そうすると、上洛時の建久六年六月三日、頼朝の従母兄弟である源隆保の(6)「扶持」があったとはいえ、元服以前の「一万公」が単独で参内し、頼朝不在のまま、木村が指摘するように、頼家「元服の儀式」が行われたなどと考えられるであろうか。しかも、通常は「四・五位、中・少将・侍従など」が常用する「網代車」を用いての参内であった（『大辞林』第三版・同項、三省堂、二〇〇六年、四三頁）。

源氏三代の将軍のうち、元服の実年齢が判明するのは実朝の場合のみで、建仁三年（一二〇三）十月八日、北条時政の名越亭で元服の儀が執り行われた。「理髪」時政、「加冠」役には「前武蔵守（源）義信」が当たり、実朝は十二歳となっていた（『吾妻鏡』(7)）。『吾妻鏡』に命名に関する記載が見えないのは、既に後鳥羽上皇から「実朝」の名を賜っていたことによるが、近衛家実はその間の事情を次のように記している（『猪熊関白記』同年九月七日条〔大日本古記録、一九八〇年〕）。

関東征夷大将軍従二位行左衛門督源朝臣頼家去朔日薨去之由、今朝申レ院云々、日者所労云云、生年廿二云々、故前右大将頼朝卿子也、件頼家卿一腹舎弟童（千幡）〈年十二云々〉、今夜任二征夷大将軍一、叙二従五位下一(8)、名字実朝

云々、自レ院被レ定云々

北条時政が主導する幕府の申請に基づく叙任であったが、当時、頼家は存命で、[9]事実を知った家実が、「関東左衛門督頼家逝去僻事云々、但出家如レ無云々」と追記したのは、同三十日のことであった（『猪熊関白記』）。従って、実朝の元服年齢十二歳というのは、偶然的要因に左右されていたことは否めない。

次いで頼朝の場合であるが、保元三年（一一五八）二月三日、上西門院立后に際し、十二歳で「皇后宮権少進」に任官しており（『兵範記』。『公卿補任』元暦二年（文治元）条（第一篇、五一〇頁））、『兵範記』に拠ると「正六位上」に叙されていた。[10]従って、頼朝の元服は、叙任以前の十一、二歳であったことが推測できよう。富士野の狩が催された建久四年当時、頼家は十二歳で、父や、たとい偶然的要因に基づいていたとしても弟の元服年齢に達していた。「将軍家督若君」が、二年後の上洛、あるいは四年後の任官時まで元服を延期しなければならない必然性を想定することには無理があるのではないか。[11]建久四年以降、『公卿補任』等に記事の欠落がなければ（公家の日記等の存在を考えると、この可能性は低い）、頼朝は端から摂関家の子弟並の叙任を要求していたことになる。先例のない過大な申請を拒み続けたのは九条兼実ではなかったかと思われ、その兼実が七年十一月の政変で失脚した後、[12]建久八年十二月、土御門大納言源通親が主導する廟堂において、漸く頼家の従五位上・右近衛少将叙任が実現したとは考えられないだろうか。[13]

私は、千葉の言う「成年式」こそ、やはり頼家の元服の儀であったと考える。建久四年、富士野の狩庭において、愛甲季隆の適切な指導もあり、当時十二歳の「家督若君」は「始令レ射レ鹿給」い、頼朝の後継者としての能力を天下に示した。その故にこそ、「山神・矢口等」祭が盛大に行われたのである（『吾妻鏡』同年五月十六日条）。『吾妻鏡』は、頼朝が喜びの余り、鎌倉の政子の許に、梶原景高を使者として派遣し、政子が「為二武将之嫡嗣一、獲二原野之鹿鳥一、強不レ足レ為二希有一、楚忽専使、頗有二其煩一歟」と景高を叱責したとする有名なエピソードを伝えている（同二十二日条）。これについては、古くから、頼朝の親バカさと政子の賢女振りとが対比されてきたようだが、[14]『吾妻鏡』が殊更に記した政子の素気ない対応こそ、自分の与り知らぬところで、家督の元服が執り行われた故の憤りであったと思う。この点について、別の視点から考えてみよう。

それは、頼朝・頼家父子の実名の問題である。頼朝の場合、「朝」字は父から受け継いだものに違いないが、「頼」は、「頼義の故実をことさらに重視し、鎌倉において頼義直系の地位を誇示した」頼朝にとって、[15]文治・建久期の主張は五代前の祖頼義の名を継承したというものであったろう。しかしながら、元服当時の保元二、三年（一一五七、五八）頃の状況を振り返ると、義朝と関わりの深かった藤原信頼[16]が烏帽子親であり、事実は信頼から「頼」字を賜ったのではないだろうか。信頼について、『新大系本平治物語』は、「文にもあらず、武にもあらず、能もなく、又、芸もなし。たゞ朝恩にのみほこりて」と酷評している（上「信頼・信西不快の事」、一四七頁）。

しかしながら、元木泰雄は、信頼が「無能」な人物などではなく、知行国（武蔵・陸奥）を通して義朝と「密接な関係を有していた」とする（中公新書『河内源氏』、二〇一一年、一七一―一七二頁）。私が頼朝の烏帽子親を信頼と推測する所以であるが、頼朝は、鎌倉幕府成立以後の文治・建久期に至って、一族を奈落の底に引きずり込んだ平治の「謀叛人」の名を持ち出すわけにはいかなかったであろう。では、頼家の場合はどうか。自らを「頼義」に擬えるならば、家督の一万（万寿）は、「通レ神人」と言われた「義家」でなくてはならない（『尊卑分脈』清和源氏、義家条〔第三篇、二二四頁〕）。

頼義が石清水八幡宮に参詣した折の「感夢」がきっかけとなって誕生した義家は、七歳の春、石清水の社壇において「加二首服一、号二八幡太郎一」した（同右）。この義家伝説は、真名本にも、「頼朝が先祖八幡太郎義家は、（頼義）男山石清水参籠の時の示現にて大菩薩の御子となりつつ、八幡太郎と云ふ名を得たり」と記されており（『東洋文庫真名本』

1、巻二、一〇四頁)、鎌倉時代には一般化していたことが分かる。義家は石清水(八幡大菩薩)の社壇において首服を加え、今、その名を受け継いだ頼家は、富士の「山神」(「富士浅間の大菩薩」(『東洋文庫真名本』2、巻七、一〇二頁))に祝福されて元服を遂げたのである。『愚管抄』は、「太郎頼家ハ又昔今フツニナキ程ノ手キ、ニテアリケリ」と、父子共に狩の「手キ、」(手利き)であったと評し(巻五・後鳥羽、二七一頁)、『皇帝紀抄』七・土御門院も「武器超二武家一」と、武将としての資質は頼朝をも超えるとしている(『群書類従』三五、帝王部。第三輯、三八四頁)。そして、『吾妻鏡』ですら、弓の師下河辺行平の「扶持」によって「始射二小笠懸一」た頼家を、「其芸稟二性於天一給」と高い評価を下していた(建久元年四月十一日条)。

『吾妻鏡』富士野の記述は、「山神・矢口等」祭を記した五月十六日条のあと、二十二日条で、頼朝の報せを聞いた政子の憤りに触れ、次いで、二十七日条の工藤景光の怪異へと飛ぶ(第五章第二節五項)。その間、狩の記載はなく、主に頼家元服の祝宴が続いていたのであろうか。しかしながら、「鎌倉殿」の地位の世襲化は「幕府のシステム化」の総仕上げであっても、御家人の思いにはさまざまなものがあったろう。先に、所領給与における政所下文への更改に触れ、それは、主従関係が「生まの人格の結合」から、「非人格的抽象的存在」としての政所を媒介とした「棟梁と御家人の支配服従関係」に転換した意味を伴っていたとした(一項。引用部分は佐藤進一に拠る)。下文更改に抵抗した千葉介常胤や小山朝政ら豪族にとって、家督頼家の棟梁たる資質を、自らが主体的に判断してこそ「鎌倉殿」として奉戴するのであって、それはかつて上総権介広常を「反乱」に駆り立てた「鎌倉殿」=「養君」観そのものであった(17)。この「養君」観は、豪族でなくとも、特に石橋山以来の古参の御家人にとって、抜きがたい意識となっていたのではなかろうか。

最後に、第五章第二節(二項、他)において保留した、『吾妻鏡』と真名本との日程のズレの問題を考えていきたい。まず、それぞれを整理した表を掲げる。

○那須野の狩	吾妻鏡	真名本
鎌倉出立	三月二十一日	四月下旬(巻五)
入間野追鳥狩	三月二十五日	(巻五)
那須野到着	四月　二日	五月上旬のころ(巻六序)
同狩終了	四月二十三日	(巻六)
鎌倉帰還	四月二十八日	(巻六)

○藍沢・富士野の狩	吾妻鏡	真名本
鎌倉出立	五月　八日	(巻七)
兄弟曾我出立	／	五月下旬のころ(巻七序)
藍沢の狩終了	五月　十五日	(巻七)
富士野到着	同	五月下旬のころ(巻八序)
山神・矢口祭	五月　十六日	／
工藤景光の怪異	五月二十七日	／
敵討・十郎死	五月二十八日	五月二十八日(巻九・十序)
五郎尋問・死	五月二十九日	五月二十九日(巻十序)
鎌倉帰還	六月　七日	五月二十九日(巻十)

既述のように、頼朝の那須野の狩出立・狩庭到着の日程に関しては、真名本にほぼ一月遅れのズレが見られた(第五章第二節二・三項)。また、「富士野・藍沢夏狩」の場合も、『吾妻鏡』は出立を五月八日としていたのに対し、真名

本が「兄弟二人打列れて曾我の屋形を出でける」とした日程は、「建久四年〈癸丑〉五月下旬のころ」と(『東洋文庫真名本』2、巻七・序、六五頁)、やはり半月程度の遅れを見せている。この点に言及した福田晃は、「期日を繰り込ん」で、「切迫した状況のなかの仇討として叙することで、兄弟横死の無惨さを強調するものであった」と、あくまで叙述上の表現の問題と捉えていた(注1所引「曾我御霊発生の基層」、八九―九〇頁)。

しかしながら、右の表を通覧すると、工藤景光の怪異譚など真名本に見られない伝承も窺われるが、最も大きな差異は、富士野の狩初日に、頼家が鹿を射て、その結果、「山神・矢口等」祭が挙行されたとする『吾妻鏡』五月十六日条に対応する記事が、真名本には全く欠落していることであった(仮名本も同様である)。真名本は、「鎌倉殿の御子息少将の御料」頼家と、「御合手」畠山重忠の嫡男重保との狩を叙することでお茶を濁したが(『東洋文庫真名本』2、巻八、一三一―一三三頁)[18]、それは所詮、続く、御家人の行装・狩の様子を二十番にわたって「武者揃い」形式で語る場面の導入部でしかなかったことは、第五章第二節四項で述べた。そうとすると、真名本は、頼家の存在を無視して、『吾妻鏡』以上に、五月十六日の頼家元服の儀という史実自体の抹殺を図ったことになる。日程のズレは、結果的に表現上の効果が得られたにしても、意識的に行われた作為であったと考えねばなるまい。

注

(1)　福田晃は、「元服祝にも準ずるもの」で、「頼朝にとって若公の矢口祭は、家督相続者の確認を意味」したとする(「曾我御霊発生の基層―狩の聖地の精神風土―」、第二編第一章、一一五頁。初出一九九八年)。

(2)　拙著『鎌倉守護』論考、第七章「比企能員」、四八五頁注八。

(3)　誕生は、寿永元年(一一八二)八月十二日のことであった(『吾妻鏡』)。なお、頼家の童名であるが、文治四年(一一八八)七月十日条(頼家着甲始)には「万寿公／七歳」とある。また、新訂増補国史大系本『吾妻鏡』巻首、「目録」十六巻に、「頼朝一男十万」とあり(島津家本も同じ)、『鎌倉年代記』(六頁)・『武家年代記』(七二頁)も、同様に「童名十万」、『盛衰記』巻三四にも「十万殿」と見える(中七五二頁)。頼家長子の童名は「一幡」であり(『愚管抄』巻六、三〇〇頁。『吾妻鏡』建仁三年八月二十七日・九月二日条)、父の名を踏襲したこともあり得、さまざまな事情が想定できようが、確かなことは分からない。

(4) 能員は、千葉常秀とともに、頼朝上洛の先遣隊として二月十二日に先発し(頼朝の六波羅亭入御は三月四日〔『吾妻鏡』各日条〕)、三月十二日の東大寺供養の際には、「惣門」内に入った頼朝に供奉した「廿八騎」の一員として、「後陣随兵」役を勤めた(二項)。

(5) 第一章第四節、〔付記一〕「『吾妻鏡』の成立時期」参照。

(6) 隆保は、村上源氏の祖師房の流れで、師経の子。母が熱田大宮司藤原季範の娘で、頼朝の母の妹であった(『尊卑分脈』第三篇、四九四頁。第二篇、四七六頁)。頼朝死後の、いわゆる「三左衛門」事件に連座し、土佐国に流罪となったが、建仁三年、本位に復した(『百錬抄』建久十年〔正治元〕五月二十一日条、建仁三年六月二十五日条。『愚管抄』巻六・後鳥羽、二八四—二八五頁〔「タカヤス」とある〕)。

(7) 誕生は、建久三年(一一九二)八月九日のことである(『吾妻鏡』)。

(8) 十月二十四日には、「右兵衛佐」に任ぜられている(『公卿補任』承元三年条〔第一篇、五七三頁〕。『鎌倉年代記』、七頁)。

(9) 頼家が、幽閉されていた修禅寺で誅殺されたのは、翌年の元久元年七月十八日のことである(『愚管抄』巻六・順徳、三〇一頁)。『鎌倉大日記』元久元年条に、「七月十八日薨ㇾ於㆓修禅寺㆒、廿三歳、於㆓浴室中㆒被ㇾ害」とある(一九三頁)。

(10) 皇后宮職は令外官で、中宮職に準じたものとすると、中宮大進の官位は従六位上、少進は従六位下相当であった(『官

位令義解』一、従六位条〔新訂増補国史大系『律 令義解』、一九六六年、一三一―一四頁〕)。

(11) 近松門左衛門は、「曾我虎が磨(いしうす)」冒頭で、頼家の元服に触れ、「御嫡子万寿君十二歳。源の頼家と名乗」とし、勅使として藤原定家が鎌倉に下着したと語らせている(『近松全集』第七巻、岩波書店、一九八七年、一〇九頁。同書「解題」に拠ると、「正徳元年［宝永八・一七一一＝引用者］正月二十一日以前(推定)」、竹本座で上演されたという〔二〇六頁〕。なお、第一章第一節一項において、「論評に値しない」ものと斥けた〔注2参照〕、木村鷹太郎「曾我兄弟の高等研究」〔Ⅲ-6〕に指摘されていた〔二四〇頁〕)。近松の創作か、何らかの根拠に基づいたものか明らかでないが(『明月記』は建久四年条を欠いている)、もしこれが正しいとすると、頼朝が富士野に頼家を同道したことは、元服を終えた頼家の、言わば初陣の意味を持つことになろう。

(12)『大日本史料』第四編之五、建久七年十一月二十四日・二十五日・二十六日条。

(13) 通親が、のち、頼朝の死を隠し、頼家に対して「摂関家の子弟のみに許されてきた五位中将という特権的地位を与え」たとする元木泰雄の指摘については(「源頼朝―天下草創の光と影」、前掲『中世の人物』第二巻、一八三頁)、本書第四章第三節三項で触れている。

(14) 石井進『中世武士団』、六六―六七頁。

(15) 一項、注10所引、川合康「奥州合戦ノート」、二一〇頁。

(16) 第三章第一節三項、注15参照。

(17) 拙著『鎌倉守護』論考、第六章「上総権介広常」、四五五―四五六頁。

(18) 仮名本(巻八)に頼家は登場しておらず、真名本にはない、畠山六郎重保と梶原源太景季との狩庭における「鹿論」を収める(二二八―二三〇頁)。

第二節　北条時政

一　文治元年上洛後の時政

三浦周行説の骨子は、「建久四年曾我事件」が、曾我兄弟による単なる敵討にとどまるものではなく、源頼朝暗殺を企図したクーデターの存在を想定し、北条時政黒幕説を展開したことにあった。そして氏は、その動機として、「頼朝の治世中彼れは余り多く時政の功労に報いた形跡がない」点を挙げていた（第一章第四節一項）。三浦（周）が提起した時政黒幕説は、石井進や五味文彦によって継承され、反対に、永井路子や坂井孝一はこれを否定した。永井に拠ると、《頼朝あっての時政》であって、「頼みの綱である頼朝を亡きものにできるわけがないではないか」ということになる（同、各項）。それに対し私は、第一章第四節四項で、三浦（周）の「頼朝暗殺を企図したクーデター＝時政黒幕説をいま一度蒸し返す必要」を述べ、第五章第二節七項では、クーデターの目的が、曾我兄弟を実行者とする頼朝・頼家同時暗殺であったことを新たに指摘した。

頼朝の時政に対する評価が一変するのは、文治元年（一一八五）十一月の上洛が契機となった。これより以前、十月十七日、土佐房昌俊が源義経襲撃に失敗して後（『吾妻鏡』）、情勢はめまぐるしく変転する。十八日、頼朝追討宣旨発布（『玉葉』十九日条）、二十九日、頼朝親征軍進発（『吾妻鏡』）、十一月三日、義経・行家ら西海下向（同）、六日、摂津大物浜で義経らの乗船転覆、一行離散(同)、八日、頼朝、黄瀬河より帰還(同)、十二日、義経・行家追討の院宣発布(『玉葉』)、十九日、土肥実平上洛(『吾妻鏡』)、そして二十四日、時政は「勢千騎」を率いて京に入った(『玉葉』)。二十八日、再度の奏聞[1]に及んだ折の様子を九条兼実は次のように記している(同)。

　伝聞、頼朝代官北条丸、今夜可レ謁二(吉田)経房一云々、定示二重事等一歟

兼実は時政の実名を把握しておらず、二十四日条に「頼朝妻父、北条四郎時政」とあるのは追記と考えられる。

　兼実が「北条丸」と蔑んだ時政は、たとい武力を背景としたものであっても、海千山千の堂上貴族を対手に、恐らく頼朝の予想を上回る粘り強い交渉力を発揮し、その故に、頼朝は舅に警戒心を懐き始めたのではないか。一般に、時政の奏請に基づいて「文治国地頭」職が設置されたとされ、例えば義江彰夫に拠ると、「国地頭」は荘郷地頭職を設置する権限を有し、その地位は「頼朝を介することなく直接院に」結び付くものであったとする。[2]私は、播磨国矢野別符(別名)地頭の海老名四郎能季の事例を根拠に氏説を否定したが(拙著『鎌倉守護』国別、第八章播磨項、三五六—三五八頁注四)、大山喬平もまた時政の独自行動に注目していた(「文治国地頭をめぐる源頼朝と北条時政の相剋」『京都大学文学部研究紀要』二一、一九八二年)。文治二年(一一八六)三月当初の「七ヶ国地頭辞退」(『吾妻鏡』同一・二・七日条)が、時政の自主的判断か頼朝の指示によるものか、必ずしも明らかになっていないが、既に、二月二十七日に帰還命令が出されており(『吾妻鏡』)、辞退は頼朝の指示に基づいたものと考えねばなるまい。当時は、それこそ、《頼朝あっての時政》の時代であった。

　頼朝が時政の帰還を急がせた理由として、いま一つ考えられるのは、洛中検断の問題である。時政は「群党十八人」を、検非違使庁に引き渡すことなく、六条河原で処刑した事実があった(『吾妻鏡』文治二年二月一日条)。これについて大山は、頼朝は「使庁の沙汰」とする原則を打ち出しており、時政との「方針」の違いを強調する(前掲論文、二九

頁）。しかし、群盗の処刑は時政の出先における判断を示したものであって、氏の言う「時政と頼朝の方針」の違いといったものではなく、事実、彼は処刑の直後、事の次第を頼朝に報告しているのであり（『吾妻鏡』同十三日条）、殊更に、両者の「方針」ないし政策上の相違を強調する必要はないと思われる。のち、幕府が国制に位置を占めた時期の建久二年（一一九一）十一月に至って、六条河原における使庁官人から幕府方への「京中強盗」の身柄引き渡し、及び関東送致（→「夷島」配流）という原則が確立した。この死罪停止方針は頼朝の奏請に基づくもので、『都玉記』は「人以甘心」すと記している（同二十二日条『大日本史料』第四編之三、七四二頁、歴代残闕日記三〇）。時政による武断的措置が、都人士に余程評判が悪かったのであろう（以上、拙著『鎌倉守護』国別、第六章山城項、二六四頁、二六五―二六六頁注一・二）。

一般に「文治守護・地頭」と表現されている、「文治」勅許の「惣追捕使・地頭職」に対し（拙著『鎌倉守護』論考、第二章第三節三項参照）、文治二年（一一八六）を迎えると、兵粮米催徴等をめぐって、公家側の反発が激しさを増した。頼朝は時政召喚を決意し、時政は、三月二十三日に参内する。『吾妻鏡』は「在京頻叶㆓叡慮㆒之間、雖㆘令㆓拘留㆒御㆖含二品（頼朝）御旨㆒已欲㆓帰国㆒」と記すが（同日条）、一抹の真実が含まれているとすれば、京都の治安の問題で[3]、時政は帰還に当たり、北条時定[4]以下、洛中警衛に当たる三十五人の「勇士」を京に留めたのである（同、二十七日条）。時政の鎌倉帰着は四月十三日のことであったが（同日条）、『吾妻鏡』は五月十三日条に、「北条殿（時政）被㆑帰㆓関東㆒之後、洛中之狼藉不㆑可㆓勝計㆒、去月廿九日夜、上下七ヶ所群盗乱入云々」とする地の文を載せ、帰還を促した頼朝への皮肉を込めて、時政の政治力を印象づけた。

『吾妻鏡』には、帰着後の時政に関して、政治的動向に触れた記事を見出すことができない。そもそも時政は、頼朝期の御家人の三区分―「門葉」「家子」「侍」のうち、「侍」は最初から除外してよいが、源氏の一門ではないので

「門葉」ではあり得ず、義時が「家子専一」であっても時政には当てはまらない（第一節二項）。要するに、「御家人」の範疇に相当しないのである。上横手雅敬は、時政の椀飯勤仕に注目し、「頼朝時代、かれは歳首の椀飯を進めたことはな」く、「時政は別格扱いだった」とした（「椀飯について」『全譯吾妻鏡四・月報』4、新人物往来社、一九七七年、二―三頁）[5]。

それでは、一般に考えられているように、時政は将軍家の「外戚」故に権勢を振るうことができたかと言えば、細川重男・本郷和人「北条得宗家成立試論」に拠ると、「頼朝在世時についていうのなら、時政が政治的に重きを為していたという積極的な証左はな」く、政子についても、頼朝存生中は「彼女の存在を過大に評価するのも、（中略）的外れ」とする（三―四頁）。この見方は、両氏の言う「外戚」に対する理解に基づいており、そもそも「外戚」とは、

1、ある権勢の家Aに、A家の次代をになう子を産むための女性を、安定して供給する家。

2、条件1を満たしながら、A家とあまりに身分が隔絶していない家。

の二条件を具備するものでなければならないが、北条氏はいずれも満たしていないとする（四頁）。

頼朝に警戒心を懐かせただけに、「御家人の列外」（注5、奥富に拠る）という中途半端な位置のまま時間が経過したが、文治五年（一一八九）七月の「奥入り」に際し、頼朝中央軍の軍士交名に、久し振りにその名（「北条四郎」）を見出すことができた（『吾妻鏡』同十九日条。もちろん軍功が特記されることはない）[6]。翌建久元年（一一九〇）は、頼朝生涯のハレの舞台となった上洛の年であったが、文治元年（一一八五）時政在洛時の実績が生かされる筈もなく、逆に彼は鎌倉の留守を命ぜられることになった（同、九月二十一日条）。この頼朝不在の時期に行われたのが曾我五郎の元服であって、私は、九月七日とした『吾妻鏡』よりも、むしろ「神無月中半のころ」とする真名本に記された時日に合理性が認められると考えた（第五章第二節一項）。但し、その場合の問題点として、兄十郎の元服も「十月中半のころ」に行

われていたとあることと（巻四、二一一頁。十郎元服の記事が、五郎元服の時日に合わせて作為されたとも考えられる）、頼朝の上洛に供奉していた筈の義時の名が記されていることであったが、『吾妻鏡』の九月説を採用したとしても、鎌倉中が上洛の準備に忙殺されていた状況の下で、伊豆の一隅で起きた時政の私事なぞに誰も注意を払う者はおらず、頼朝から「斟酌」されることもなかったのである。

この時期の時政は、あるいは、実父の敵を討って、祖父の旧領回復を焦る曾我兄弟を利用して、工藤祐経殺害を図ることまでは案の内であったかも知れない。時政にとって、本貫伊豆における勢力の拡大がなお基本的課題であって、伊東祐親の旧領を幾分かでも継承することを望んでもいたであろうが、その主要部分は祐経が伝領してしまった。時政の鋭敏な政治的嗅覚は、今や鎌倉殿の「禰者」に成り上がった旧小松家の家人に対する嫉妬や蔑みが入り交じった、御家人社会の微妙な空気を感じ取っていたに違いない（第五章第一節二項）。しかしながら、「幕府のシステム化」が推進されるのは、頼朝が鎌倉に帰還した後、建久二年（一一九一）以降の問題であり、頼朝「親裁」に対する御家人の反発が表面化する状況には、なお至っていない。

注

（1）拙著『鎌倉守護』論考、第二章第三節、九〇―九一・九四―九五頁、参照。

（2）義江彰夫『鎌倉幕府地頭職成立史の研究』第三編第二章第一節（東京大学出版会、一九七八年、六七一―六七二頁）。

（3）当時、使庁の弱体化が進み、「在京守護武士合力」がなければ事態が立ち行かないことは、後白河院も認めざるを得なかった（『吾妻鏡』文治三年十月三日条所載、九月二十日付院宣。拙著『鎌倉守護』国別、第六章山城項、二六四頁）。文治三年九月、先に入洛した下河辺庄司行平は、千葉介常胤の到着を待つことなく、「不レ相二触使庁一、任二北条殿（時政）之例一」せて、「群盗」を処刑したという（『吾妻鏡』同年十月八日条）。

（4）第四章第二節一項・同、注3参照。
（5）奥富敬之も時政の椀飯勤仕に触れ、「頼朝存生中は（中略）一般御家人の列外にあった」としている（『鎌倉北条氏の興亡』、吉川弘文館、二〇〇三年、四一頁）。なお、時政は、上横手が指摘しているように、「頼家の代となって最初の正治二年（一二〇〇）の新年には、（中略）元日の椀飯を献じ」ている（本文・前掲論文に同じ）。
（6）この軍士交名は、源氏一門に続き、「北条四郎（時政）、同小四郎（義時）、同五郎（時房）」を挙げており、時政らに「～主」や「～殿」といった敬称を付していない点で、一次史料に基づく編纂と考えられる。

二　実朝誕生

建久三年（一一九二）七月十二日、頼朝が征夷大将軍に任ぜられ（『吾妻鏡』同二十日条）、鎌倉中が喜びに包まれるなか、一月後の八月九日には頼朝の第四子（政子腹）が誕生した。童名千万（千幡とも）、後の実朝である（同日条）(1)。実朝誕生は、時政にとって、娘の政子が流人頼朝と結ばれたことに次ぐ第二の転機となった。

頼家と実朝は、ともに政子が生んだ兄弟であったが、その境遇はまるで違ったものになった。まず、安産祈願の対象であるが、頼家の場合は、「伊豆・筥根両所権現并近国宮社」に「奉幣御使」が発遣されている（『吾妻鏡』寿永元年八月十一日条）。御使は、「伊豆・筥根両所権現」が、それぞれ「土肥弥太郎」遠平・「佐野太郎」基綱であり、「近国宮社」に関しては、次のとおりであった。

相模一山（宮）　梶原平次（景高）　三浦十二天　佐原十郎（義連）　武蔵六所宮　葛西三郎（清重）
常陸鹿嶋　小栗十郎（重成）　上総一宮　小権介（上総）良常　下総香取社　千葉小太郎（成胤）

安房東条庤　　三浦平六（義村）　　同国洲崎社　安西三郎（景益）

即ち、当時の幕府勢力圏である相模・武蔵・安房・上総・下総・常陸六か国の主な神社に、頼朝の近習を中心に、それぞれ国を代表する御家人のうち、やがて頼家の支柱となるであろう、言わば第二世代とも言うべき若手が奉幣使に選抜された（拙著『鎌倉守護』国別、第一章安房項、六〇―六一頁）。一方、実朝に関しては、「鶴岡」、及び、国分寺・高麗寺・大箱根や惣社、一宮〜四宮（第四章第三節、〔付記三〕参照）といった「相模国神社仏寺」に「神馬」が奉献され、読経が命ぜられた（『吾妻鏡』建久三年八月九日条）。「神馬」奉献使として、「鶴岡」へは「千葉平次兵衛尉」（常秀）・「三浦太郎」（佐原景連）といった近習が派遣され、その他は、梶原景季・三浦義村を奉行に、それぞれ「在所地頭」が任じられたもので、二人の処遇の差は歴然としていた。

次に産所の問題であるが、頼家は「比企谷殿」で生まれ（同、寿永元年七月十二日条）、実朝の場合は、「名越御館〈号二浜御所一〉」で誕生した（建久三年七月十八日・十月十九日条）。頼家の生まれた「比企谷殿」というのは、頼朝の乳母＝比企尼と、尼の甥で猶子となった能員の屋敷であったが、比企尼は、平治の乱後、頼朝が伊豆に配流されると、武蔵国比企郡を請所となし、同郡の「少領」（郡司）であった夫の掃部允とともに下向、治承四年（一一八〇）の挙兵に至るまで二十年もの間、頼朝の生活の面倒をみてきたという、頼朝にとっては掛け替えのない恩人であった（寿永元年十月十七日条。『吉見系図』範頼条（『続群書類従』一一七、系図部。第五輯上、四三五頁）。拙著『鎌倉守護』論考、第七章「比企能員」、四七〇・四七三―四七四頁）[2]。一方、実朝は、時政の屋敷のある（『吾妻鏡』建仁三年九月二日条）名越の「浜御所」で誕生し、元服の儀も「遠州（時政）名越亭」で執り行われた（同、建仁三年十月八日条。第一節三項）。

頼家と比企氏との結び付きは、乳母の選定にも窺うことができる。頼家誕生後、「乳付」に参上したのは、河越太郎重頼の妻であり、彼女は比企尼の「二女」であった（同、寿永元年八月十二日条。同右『吉見系図』。同右・拙著、四七一・四七四頁）。『吾妻鏡』に拠ると、乳母として他に、能員の妻と妹が知られる（寿永元年十月十七日、文治四年七月十日条）[3]。能員の妻というのは、のち建久九年（一一九八）、頼家の長子一幡[4]を生む若狭局の母であった『愚管抄』に言う「ミセヤノ大夫行時ト云者ノムスメ」と思われるが（注3所引『愚管抄』巻六。『吾妻鏡』建仁三年八月二十七日・九月二日条。同右・拙著、四七二―四七三・四七六頁、四八七頁補注①）、妹とは、武蔵守源（平賀）義信の妻のことで、彼の曾我兄弟の実弟伊東禅師を養育した伊東九郎の元の妻、比企尼の「三女」であって、いずれも尼の係累である（『吾妻鏡』文治四年七月十日条。同右『吉見系図』。同右・拙著、四七一―四七二・四七四頁。第四章第一節九項）[5]。一方、実朝の誕生に伴い、「乳付」として参上したのは「阿野上総妻室〈阿波局〉」で（『吾妻鏡』建久三年八月九日条）、彼女は、頼朝の異母弟阿野全成の妻で、北条時政の娘（政子の妹）であったのである[6]。

兄は「比企氏の頼家」であり、十歳年少の弟は「北条氏の実朝」であったことが分かるが、鎌倉初期における比企氏と北条氏との力の落差は、源氏一門との婚姻関係からも窺うことができる。まず、比企氏の関係者を挙げると、次の三名である。

〈源範頼〉正室は、頼朝の伊豆以来の側近安達盛長と比企尼の「嫡女」（丹後内侍）との息女であった（前掲『吉見系図』）。

〈源義経〉正室は、河越重頼と比企尼の「二女」との息女であって、頼朝の命による婚姻であった（前掲『吉見系図』。『吾妻鏡』元暦元年九月十四日条）[7]。

〈源（平賀）義信〉比企尼の「三女」が、義光流信濃源氏出身の義信（『尊卑分脈』清和源氏・平賀。第三篇、三五四頁）に再嫁したことは先述した。彼は、平治の乱に義朝方として従軍した経緯もあって[8]、頼朝の信任厚く、田中稔は、義信が「源氏一族中でも、（中略）最も上席に置かれていた」ことを明らかにしている[9]。一門の中で、範頼（三河守）等とともに、最も早期に国守（武蔵守）に任ぜられた一人であった（任元暦元年六月五日（『吾妻鏡』同二十日条））。

一方、北条氏の姻族は次の二人である。

〔全成〕九条院雑仕常磐（常葉とも）を母とする義経の同母兄で、治承四年（一一八〇）十月、頼朝の許に参上した（『尊卑分脈』清和源氏・阿野（第三篇、三〇一頁）。『吾妻鏡』治承四年八月二十六日・十月一日条）。北条時政の娘（阿波局）を妻とし、彼女が実朝の乳付に選ばれたことは先述したとおりである。

〔足利義兼〕義康[10]の子で、母は、熱田大宮司藤原季範の娘（頼朝の母の妹）とも、季範の子の範忠の娘とも伝える（『尊卑分脈』清和源氏・足利（第三篇、二五〇頁）。貞嗣卿孫・熱田大宮司（第二篇、四七二頁））。治承五年（養和元・一一八一）北条時政の娘を妻としたが、『吾妻鏡』に「依㆓別仰㆒今及㆓此儀㆒」とあって、頼朝の命であったことが知られる（二月一日条）。同書には、政子の「御姉妹」とあり（文治三年十二月十六日条）、全成の妻（阿波局）と同様、政子と同腹の妹であったと思われる。文治元年（一一八五）八月十六日、「源氏六人受領」の一人として上総介に任ぜられている（『吾妻鏡』同二十九日条。同右『尊卑分脈』、第三篇（上総は親王任国））。

頼朝の弟（範頼・義経／全成）ばかりでなく、義信と足利義兼との位置付け[11]からも明らかなように、頼朝の姻族として比企氏を一流とすれば、北条氏は所詮二流の存在に過ぎなかった。誕生後間もない「嬰児」の実朝に対し、『吾妻鏡』に頼朝の「鍾愛殊甚」とあって（建久三年十二月五日条）、木村茂光は「頼朝の千幡への寵愛は特別だったようである」とするが（前掲「富士巻狩りの政治史」、一四〇頁）、地の文でもあり、頼家や比企氏に否定的な立場に立った同書編纂時の潤色を考えないわけにはいかない。

一方で、頼朝は、二人の男子にとって《藩屏》とも言うべき比企氏と北条氏との提携に意を注いだ。実朝の誕生後間もない建久三年（一一九二）九月、頼朝の命で、「江間殿」義時と、「姫前」と言った「幕府官女」比企藤内朝宗の息女との婚姻の儀が執り行われた。彼女は「当時権威無双之女房」であったというが（以上、『吾妻鏡』同二十五日条）、朝宗は、比企尼の亡夫掃部允の弟と考えられており、比企一族の惣領であって、息女の「権威」は一族の勢力に根ざしたものであったろう（前掲、拙著・論考、第七章、四七五・四七二頁）。[12]

二人の間に生まれた嫡男（義時次男）は朝時であり（『系図纂要』五〇、平氏五・北条『大日本史料』第五編之二、三一三頁・同一八、四三八頁）、建久五年の誕生であった。[13]朝時は、父方の祖父時政から「名越亭」を相続し（『吾妻鏡』脱漏、安貞元年十二月十四日条。同二七、同二年十二月十二日条、等。これが家の名字となる）、母からは、祖父朝宗の分国であった北陸道のうち若狭・越前を除く諸国を継承した（前掲、拙著・論考、第七章、四八五頁注七。同・国別、第五章「北陸道」）。建永元年（一二〇六）の元服（注13）は「御所」で行われており、実名「朝」字は実朝から賜ったものと推測され、時政は「この孫を後継者に考えていたのではないか」とする説もある（細川・本郷「北条得宗家成立試論」、五頁）。また、弟の重時（義時三男）は建久九年（一一九八）の誕生で（『吾妻鏡』弘長元年（一二六一）十一月三日、卒去条、「年六十四」に拠る）、母が「比企藤内朝宗女」であったことは『鎌倉年代記』に明証がある（一六頁。その他、『大日本史料』第五編之二、三一一頁、『前田家本平氏系図』）。長く重時流の守護分国であった信濃は、「木曾分国」に由来し、比企朝宗・能員が実質的に国務・検断沙汰を分掌した歴史があった（拙著・国別、第二章信濃項、一〇六―一〇八頁）。

いま一つ、比企尼の「三女」の生んだ源義信の子が、北条時政の後妻牧ノ方腹の「ムスメノ嫡女」の聟となった事例が挙げられる。義信の子とは、「頼朝ガ猶子」となってその一字を賜った平賀朝雅（朝政とも）である（以上、前掲『吉見系図』。『愚管抄』巻六・順徳、三〇三頁）。朝雅の生年が未詳なので、婚姻が何時のことか、遺憾ながら推測も不可能であるが、時政にとっては、「当時寵物牧御方腹愛子」政範が文治五年（一一八九）に生まれており（『吾妻鏡』元久元年十一月五・十三日条）[14]、実朝誕生とともに祝い事が重なったのである。[15]

しかしながら、政範の誕生は私事であり、比企氏との提携は頼朝の主導によるものであって、文治二年(一一八六)の鎌倉帰還後、連綿と続いた八方塞がりの境遇に、もし風穴を空けるとすれば、やはり実朝の誕生を除いて他には考えられないだろう。建久四年(一一九三)三月十三日の後白河院一周忌を迎えるまで、諸国の狩猟は禁止されていた(『吾妻鏡』同十三・二十一日条)。直後に始まった一連の狩のスムーズな進行を見ると、計画は前年のうちに着手されていたに違いない。富士野の狩が立案された時点で、時政の腹は固まったのではないか。狩庭における武器の携行は不自然でなく、況んや富士野では、自らが狩庭の設営と警固に当たることが予測できたからである。こうして時政は、自分と一族の命運を賭けた頼朝の挙兵に続く第二の賭けに挑んでいったものと思う。

「建久四年曾我事件」の「中心」に北条時政がいたとし、「時政の本当の狙いは範頼を次の将軍にすることではなく、頼家の弟実朝を後継者に据えることにあった」と、「頼朝の後継者をめぐ」る時政の「思惑」を問題にしたのは五味文彦である(第一章第四節七項、『曾我物語』の世界」)。「家督頼家」の位置付けに、なお曖昧さを残していたが、五味(文)によって、はじめて曾我の事件と「後継者」実朝との関係が提起されたと言ってよいだろう。(16) しかし、「幕府のシステム化」を通じて「将軍親裁」を実現しつつある頼朝と、後継者「比企氏の頼家」を同時に倒し、「北条氏の実朝」を鎌倉殿に据えることは、所詮は私欲に基づく謀叛でしかない。それを、公憤に基づくクーデターに転化するにはどうすればよいか。

まず、建久期に入ってからの「幕府のシステム化」の動きから疎外された人々の支持を得なければならないが、「鎌倉殿」頼朝に対する信頼は厚く、頼朝との「生まの人格の結合」(佐藤進一)を切断された、とりわけ古参の御家人への働きかけがせいぜいではなかったろうか。しかも、一歳や二歳の嬰児が後継者では誰も付いては来ない。ここに中継ぎの存在が要請されるが、聟の全成を仮に還俗させるにしても、平家追討戦等に御家人と辛苦を分かち合った実績がない。結局、範頼を擁立する以外の選択肢は考えられないであろうが、範頼とは格別親しい間柄であったとも思われない。それに、時政がこれまで何かの折にと扶持してきた曾我兄弟の思いは実父河津三郎の敵討であって、所詮それは「贋の王」(丸谷才一)工藤祐経殺害に向けた情念でしかない。難題は、兄弟の情念を、如何にして「王である生け贄」(丸谷)の頼朝や頼家暗殺に結び付けるか、モチベーションの問題である。

曾我兄弟の祖父伊東祐親の死に関して、『吾妻鏡』と真名本は、自殺説・誅殺説を併記していた(仮名本は一貫して誅殺説である。第四章第一節四項〔以下同じ〕)。祐親の死は、政子の懐妊が明らかになった養和二年(寿永元・一一八二)二月十四日のことであり(『吾妻鏡』)、坂井孝一が、「頼家の誕生に関わる(中略)祝賀ムードの中で、処刑が執行されることはまずない」と見て、自殺説を「妥当」としていたように(『曾我物語の史実と虚構』)、事実は自死であったと思われる。誅殺説は、『吾妻鏡』の場合、捕らえられた五郎の口を通じて発せられたものであり(建久四年五月二十九日条)、真名本(巻四)は、敵討を思いとどまらせようとした母の教訓に窺うことができた。

母は、鎌倉幕府が成立して「怖しき世」に変わった有様を繰り返し語り、「汝らが祖父伊藤入道(助親)は、当鎌倉殿の若君千鶴御前とて三歳にならせ給ひしを松河の淵に沈め奉りし故に御敵となりて、先年伊藤の館において失はれ奉りぬ」として、「己らかかる謀叛人の孫子共なれば」、以前にも「鎌倉へ召され」たことがあったではないかと口説く(巻五。第三章第二節一項)。兄弟は「謀叛人の孫子」故に、どこまでも頼朝から追求され、鎌倉に召喚されたというのであるが、真名本に該当する記述はなく、(17)仮名本の、いわゆる「切兼曾我」の場面が対応する(同右、*2)。しかしながら、兄弟の鎌倉召喚は史実として考えがたく、『吾妻鏡』に拠ると、五郎は、「祖父祐親法師被レ誅之後、子孫沈淪」すと怒りつつ、「祐経匪レ為二御寵物一、祖父入道蒙二御気色一畢、云レ彼云レ此、非レ無二其恨一」と、「御寵物」に成り上がった祐経と対比して、謀叛人の「子孫」として「沈淪」した「恨」みを陳じているに過ぎない。

兄弟の祖父伊東祐親が「謀叛人」であるというのは、『吾妻鏡』の場合、要するに頼朝に敵対したという事実以上のものではなかったが、母の口を通して語られる真名本の論理は、頼朝が祐親の三女との間に儲けた愛児千鶴を殺害された私怨に基づいていた。私は、第三章第一節五項で、愛子を失った頼朝の激しい怒りに触れ、『曾我物語』は二つの敵討を重層的に描き出してはいるが、祐親の死＝頼朝の敵討の成就について、その描写はまことに淡泊であって、「この落差はどこから生じているのか」、「残された課題である」と追求を保留していた（第四章第一節四項）。

治承四年（一一八〇）頼朝が兵を挙げた当初、平家方の指揮官は、相模国大庭景親、伊豆国は伊東祐親であった（第四章第一節四項、『山槐記』）。大庭景親は、同年十月二十三日、降人として出頭し、頼朝方の侍大将格である上総広常に預けられたものの、三日後に「梟首」されている（同第三節一項、『吾妻鏡』）。これに対し祐親は、鯉名泊で天野遠景に捕縛され、十月十九日に黄瀬河の頼朝本陣に送致されて、娘聟の三浦義澄に召預けられることになった（『吾妻鏡』）。そして、養和二年（寿永元・一一八二）二月十四日の「自殺」に至るまで一年半近い時間が経過しており、坂井は、大庭景親らのケースと比較して、その間、頼朝は「なぜ処刑しなかったか」を問題にしていた（「鼎談・曾我物語の作品宇宙」）。

ここで言えることは、頼朝の祐親に対する、言わば寛大さは、当時比企尼の「三女」の夫であった伊東九郎に対する恩義があったにせよ、愛児千鶴の殺害は真名本の創作ではなかったかということである。私は、白拍子静の産んだ義経の「男子」が「由比浦」に沈められた出来事が（『吾妻鏡』文治二年閏七月二十九日条）、千鶴事件のモデルになったのではないかと臆測しているが、「愛子の敵伊藤入道が首を取て我が子の後生の身代りに手向けむ」と激しい怒りを懐いた筈の頼朝が、一年半近くも祐親を処刑しなかった理由が納得できないからである。そもそも国家的重罪人である頼朝を、祐親が私的に成敗することなどあり得ない話で、私は、九郎に助けられた伊東館からの逃亡を、上洛した祐親が清盛や重盛と打ち合わせた上での頼朝暗殺計画に因るものと解した（第四章第二節二項）。

『吾妻鏡』や真名本に記された祐親誅殺説は、事実は自殺であった祐親の死を、時政が兄弟を洗脳するために行った捏造に由来しているのではないか。頼朝は謀叛人である祐親を憎悪し、兄弟にも何時追及の手が及ぶかも知れない。そもそも頼朝が、兄弟の実父を殺害した祐経を信頼し重用している以上、兄弟が御家人に取り立てられて、祖父の旧領を回復することなど、頼朝の在世中は永遠にあり得ない。時政は繰り返し繰り返し、兄弟の心の襞に、「謀叛人の子孫」としての出口の見えない絶望的境遇を擦り込んでいった。十郎は、別れの夜、虎に敵討の「本意」を打ち明け、次のように語っていた（巻六。第三章第三節一項）。「祖父伊東入道は謀叛の身にてありしかば、我らまでも鎌倉殿の御勘当深き人の末なれば、君にも召し仕はれず、先祖の所領をも没取せられ奉て亡郷（旧領）の一所をも知らざれば、尋常なる馬の一匹をも飼」うことのできない「貧道無縁」の身に陥ったと。都合の良いことに、兄弟が実父河津三郎の敵と狙う工藤祐経は、今を時めく頼朝の「稠者」であって、時政は、「贋の王」祐経殺害を槓桿に、兄弟のモチベーションを、真の敵である「王である生け贄」の頼朝や頼家暗殺にまで高めようと図ったのである。

注

（1）〔第一子大姫〕治承三年（一一七九）生（第四章第二節二項・同、注9参照）。建久八年（一一九七）七月十四日没（『愚管抄』巻六、二八三頁）。〔第二子頼家〕（童名「万寿」「一万」「十万」）寿永元年（一一八二）八月十二日生（『吾妻鏡』。第一節三項、注3）。〔第三子乙姫〕（「三幡」）文治二年（一一八六）生。正治元年（一一九九）六月三十日没（同。「御年十四」とある）。

（2）尼の夫比企掃部允は、頼朝の挙兵以前に死亡していた（『吾妻鏡』治承四年八月九日条）。なお、『吉見系図』には、頼朝の「伊豆国流罪之時、平家恐二権威一、国人不レ与二一食一」とする記述が見られる。

(3)『愚管抄』は、頼家の「一ノ郎等」とされる梶原景時の妻も乳母であったとする(巻六、三〇一頁。第四章第三節三項、注8)。

(4) 一幡の乳母は、「頼家ガコトナル近習ノ者」(『愚管抄』巻六、三〇〇頁)、新田四郎忠常の妻であった(『保暦間記』、七五頁。『鎌倉年代記裏書』建仁三年九月二十二日条〔三九頁〕。第四章第二節付項)。

(5) 建仁二年(一二〇二)三月、「金吾(頼家)乳母入道武蔵守源義信朝臣亡妻追福」のために永福寺多宝塔供養が営まれ、政子と頼家が参列している(『吾妻鏡』同十四日条)。比企尼「三女」の死は、この仏事をそれ程遡るものではなかろう。

(6) 第四章第三節三項、注17参照。

(7) 拙著『鎌倉守護』論考、第六章、四六七―四六八頁補訂一・第七章、四八七頁補注④参照。

(8)『吾妻鏡』文治元年九月三日条。また、『新大系本平治物語』に、「義朝たのむ所のつはものどもには、(中略)信濃源氏平賀四郎義信」とあり(上、一八六頁)、時に十七歳であったから(中、二〇五頁)、康治二年(一一四三)の誕生で、頼朝より四歳年長であったことが知られる。

(9) 田中稔「大内惟義について」(『鎌倉幕府御家人制度の研究』、吉川弘文館、一九九一年、一八八頁。初出一九八九年)。

(10) 保元の乱に際しては、義朝と別軍を構成し、共に鳥羽院の遺命を承けて後白河天皇方であった(『兵範記』保元元年七月五日条。十一日条に、「清盛三百余騎」・「義朝二百余騎」・「義康百余騎」とある)。翌二年五月二十九日に死去した(『兵範記』。「大夫尉義康」と見える)。

(11) 文治五年七月の「奥入り」における頼朝中央軍の軍士交名は、先に、一次史料に基づく編纂と考えられるとしたが(一項、注6)、冒頭に記された源氏「受領」の順位は次のようなものであった(『吾妻鏡』同十九日条)。

武蔵守義信　遠江守(安田)義定　参河守範頼　信濃守(加々美)遠光　相模守(大内)惟義　駿河守広綱

上総介義兼　伊豆守(山名)義範　越後守(安田)義資　豊後守(毛呂)季光(第一節二項、注5参照)

(12)『吾妻鏡』における朝宗最後出の記事は建久五年十二月十日条であって、間もなく死去したものと考えられており(前掲、拙著・論考、第七章、四七二頁)、この後、比企一族の惣領は能員が継承する。

(13)『吾妻鏡』寛元三年(一二四五)四月六日、朝時卒去条に「年五十三」とあり、それに従うと建久四年生となる。ところが、『関東評定衆伝』一(二八七頁)及び『尊卑分脈』桓武平氏・北条は、「五十二」歳死去としており、建久五年誕生となるが、これは『吾妻鏡』元服の記事、建永元年(一二〇六)十月二十四日条、「年十三」に符合するので、本書では、没年齢「五十二」歳・建久五年誕生説を採る。

(14)政範は、元久元年(一二〇四)十一月五日、在京中に十六歳で病没した。

(15)のち、元久二年閏七月、実朝を殺害して、平賀朝雅を将軍に擁立しようとした、いわゆる牧ノ方の「奸謀」とされる事件が起こった(『吾妻鏡』同十九日条。『愚管抄』巻六、三〇三頁)。『明月記』は、「不レ知二実否一」としつつも、「時政嫡男相模守義時背二時政一、与二将軍実朝母子一同心、滅二継母(牧ノ方)之党一」ぼさんとしたとする「或説」を記録している(同二十六日条)。時政は十九日に出家し(六十八歳)、翌日「伊豆北条郡」に下向した(『吾妻鏡』)。下向先について、同右『明月記』は「如二頼家卿一、被レ幽二閉伊豆山一」と記し、『鎌倉大日記』は「被レ押二籠修禅寺一」(一九四頁)、『保暦間記』は「伊豆国ノ奥山ナル所ニ押籠メツ」(七七頁)とする)。朝雅は在京中で、同二十六日、在京人に討たれた(同右『明月記』『吾妻鏡』。拙著『鎌倉守護』国別、第三章伊勢項、一六一頁・伊賀項、一七一頁、第七章伯耆項、三二三頁等参照)。牧ノ方の処断について、『保暦間記』は「牧女房ヲモ同国(伊豆)へ則流サル、ト聞ヘシカ、後ハ不レ知」とするが(同右)、実は『吾妻鏡』に何らの記述も見えない(第四章第二節一項所引・杉橋隆夫「牧の方の出身と政治的位置」、一九二・一七六頁参照)。

(16)　坂井孝一は、「建久四年五月の時点で実朝は二歳の幼児であり、時政が頼朝・頼家・比企氏を一気に排除して実朝を擁立することなど不可能であ」り、「こうしたことからも、時政が曾我兄弟をけしかけて頼朝の命を狙ったという論が成り立つ可能性は極めて低い」とする(『源頼朝政権における曾我事件』、第一部第六章、一六五頁)。確かに、二歳の実朝を「一気に」鎌倉殿に擁立することは「不可能」であろうが、そのためにこそ、時政は、実朝の元服以前、範頼を中継ぎの「後見」とする政権構想を模索する必要があった。また、比企氏との関係について言えば、当時義時と比企朝宗娘との婚姻が成立して一年も経過しておらず、この段階の時政は、比企氏「排除」まで構想する余裕はなかったのではないか。

(17)　強いて言えば、巻七末尾の、兄弟が見抜いたとする頼朝の赚しの段がこれに近い。

(18)　治承五年(養和元)には閏二月がある。

第三節　源範頼と土肥実平

一　冤罪の三人

三浦周行や石井進（本書第一章第四節の各項〔以下略〕）の段階ではなお曖昧であった、曾我兄弟の敵討と源範頼の失脚（流罪→誅殺）との関係を直接結び付けたのは、千葉徳爾（本章第一節三項、『狩猟伝承研究』本論第二章第一節）と、永井路子（『つわものの賦』第八章）であった。更に、坂井孝一は、「頼朝を廃し、範頼を擁立するという行動を起こ」したのは大庭景義や岡崎義実であったとし（「源頼朝政権における曾我事件」、第一部第六章）、五味文彦は、北条時政は「当面は範頼を表面に押し立て」たが、「本当の狙いは範頼を次の将軍にすることではなく、頼家の弟実朝を後継者に据えることにあった」と述べた（本章第二節二項、「『曾我物語』の世界」）。

頼朝の異母弟範頼が、『吾妻鏡』をはじめ文書・日記等にその言動が記録されることは少なく、信濃前司行長を『平家物語』の作者に挙げた周知の『徒然草』二二六段には、次のように記されてあった（新日本古典文学大系『方丈記徒然草』、一九八九年、二九五頁）。

この行長入道、平家の物語を作りて、生仏といひける盲目に教へて、語らせけり。さて、山門のことをことにゆゝしく書けり。九郎判官（義経）のことは詳しく知りて、書き載せたり。蒲の冠者（範頼）の方はよく知らざりけるに

や、多くのことども記し漏せり

こうした見方の背景には、「蒲冠者(範頼)ノ軍将ノ様、九郎御曹司(義経)ニハ雲泥ヲ論シテ劣リ給ヘリ」(『盛衰記』巻三六「源氏勢汰事」、下二五頁)とする共通認識があった。

『曾我物語』には、頼朝が源平の争乱を回顧し、「御敵となりて誅せられ奉る侍共」を語る件があって、諸本によって表記に微妙な相違があるが、三人の者を冤罪であったと後悔する場面は真名本・仮名本に共通する(『東洋文庫真名本』1、巻三、一七〇―一七一頁／「太山寺本」巻二、七七頁。「流布大系本」巻二、一二九頁)。今、真名本を引くと、

鎌倉殿も折々に、「頼朝が殺生の罪業は僅かに三人なり。その外は皆、自業自得果なり。その三人と云ふは一条次郎忠頼・参河守範頼・上総介広常なり。さればこれらがためには、毎日読誦の法華経を手向くるなり」と仰せられける

とあって、「流布大系本」はこの三人を「寃貶(ゑんへん)の者」と明記していた。これが、『曾我物語』における範頼初見記事であるが、平家一門や義経・義仲らが「帝王の仰」に反逆した「朝敵」であったのに対し、範頼ら三人は「私のかたき」＝頼朝の私的制裁の対象であって、それも冤罪だったというのである[1]。範頼の問題に入るに先立ち、予め他の二人、特に、真名本にも特筆されていた上総広常(第四章第一節四項、注11)について触れておきたい。

私が一九八一年に発表した広常に関する旧稿は(拙著『鎌倉守護』論考、第六章「上総権介広常」)、上総武士団の存在形態を踏まえて、寿永元年(一一八二)の末から翌年初頭にかけての広常による「隠された反乱」の事実を明らかにし、広常父子は木曾義仲追討軍の鎌倉出立前夜に誅殺されたことを指摘したものであった。これに対し、『史学雑誌』「回顧と展望」誌上で石井進氏から手厳しいご批評を頂いたが(九一編五号、一九八二年、八五頁)、特に私が用いた「血の儀式」なる表現に触れて(拙著、四五五頁)、「ただし義仲追討軍の出陣に当って、捕えられていた広常らをわざわざ

宮中に呼び出して殺害したのは勝利の前祝いとしての荘重な「血の儀式」であった、と結論されるに至ってはいささか首をかしげざるを得ない。この辺に氏の斬新な着想のほころびが見えるようである」と批判された。

私が述べた「血の儀式」とは、平家物語等、軍記物語に見える敵の首を「軍神（いくさがみ）にまつる」作法と、いわゆる「血祭にあげる」行為とを結び付けて表現したもので、それなりの論証を要することから、原論文では、字数の関係もあって一切コメントを省略した。せめて簡単な注でも付すべきであったとの反省もあるが、「軍神」と「血祭」との脈絡がうまく説明できず、結局前著に再録するに当たっても、補注を見送ってしまった経緯がある。いずれノートの形でも発表して石井氏のご批判に応えねばと思っていたところ、灯台もと暗しの例えで、『仮名本曾我物語』に実に的確な記述があることに、遅蒔きながら気付いた。即ち、「流布大系本」巻四、五郎の言葉に、

いざや、この事もれぬ先に、（京の）小二郎が細首うちおとし、九万九千《ママ》の軍神の血まつりにせん

とあるのがそれで（一八二頁）、真名本に対応する個所はなく、「太山寺本」巻四は、右引用文の末尾を「九万八千の軍神の祭りにせん」としており、この件においても、「太山寺本」に古態性が窺われることが分かる。[2]

とこうするうち、佐伯真一氏の「「軍神」（いくさがみ）考」（『国立歴史民俗博物館研究報告』一八二集、二〇一四年）の存在に気付いたが、氏は既に仮名本の当該記事に触れて、次のように指摘していた（一二二頁）。

その用法は、工藤祐経を討つという大願の前に、小次郎の首を打ち落として軍神の血祭りにするというのだから、先に見た軍記物語の、戦いの初めに首を「軍神にまつる」という表現に極めて近い。これは、軍記物語に見えた「軍神にまつる」という観念と、兵法書などに見えた「九万八千の軍神」という概念の結びついた例と考え得るのではないだろうか。また、「血祭り」という概念を、軍記物語に見えた「軍神にまつる」という言葉の後継者としてとらえることができるのではないか。

私の描いていた覚書の構想など比較にならないまことに明快な議論であって、私の言う広常誅殺の「血の儀式」に対して、現在であれば佐伯論文を引用することで、十分説明ができるものと確信している[3]。なお、「血祭」について、氏は『日葡辞書』[4]や『日本国語大辞典』(第二版)[5]などに触れ、それらを踏まえた立論であることを付記しておく(二二頁)。

旧稿は何人かの研究者に引用して頂いたが、私の提起した「広常の反乱」自体に関しては何らの論評もなく、ほぼ無視され続けている状況にあると言ってもよい[6]。そこで、改めて要点のみ確認しておきたいが、梶原源太景季と佐々木四郎高綱が、対義仲戦、頼朝から賜った名馬を駆って宇治川渡河の先陣を競ったとする平家諸本の伝えるエピソードと、広常誅殺についての「景時ガカウミヤウ(功名)」を、慈円が、「マコトシカラヌ程ノ事也」と皮肉交じりに『愚管抄』に記した率直な感想とが、私の問題意識の原点となった(拙著『鎌倉守護』論考、第二章第一節、四七―四八頁・五〇頁注五)。

広常誅殺に関する通説に疑問が芽生え始めた頃、『吾妻鏡』文治六年(建久元・一一九〇)正月十三日条、

千葉新介胤正承㆓一方大将軍㆒、爰胤正申云、葛西三郎清重者殊勇士也、先年上総国合戦之時、相共遂㆓合戦㆒、今度又可㆓相具㆒之由欲㆑被㆓仰含㆒云々

の一節が目に飛び込んできた(拙著・論考、四五一―四五二頁)。これは、藤原泰衡の「郎従」大河兼任らの反乱に際し、「一方大将軍」を命ぜられた新介胤正が、当時奥州に留まっていた葛西清重を同道したい旨、頼朝に願い出たもので、申請は認可されている。問題は、千葉氏と葛西氏という下総を代表する御家人が共に戦ったという「先年の上総国合戦」とは一体何であったかということに尽きる。これが、私が広常「反乱」の事実を確信するに至った経緯で、孤立した史料の断片から、左のような「反乱」の史実を掘り起こすことができた訳である。

「反乱」は、頼朝の挑発によって、寿永元年（一一八二）末に始まり、翌二年一月中に広常の屈服を以て終わった。後に、千葉胤正が「先年上総国合戦」と呼んだこの「反乱」は、志太義広（義仲父義賢の同母弟）・木曾義仲と反頼朝包囲網の結成を目指したものであったが、頼朝は各個撃破を試み、広常に次いで、寿永二年（一一八三）二月、義広を屈服させ（第一節一項、注9参照）、三月には義仲を挑発して和議を結んだ（本節三項参照）。義仲・義広は、この後北陸道に転じ、七月に上洛を果たすことになるが、翌寿永三年（元暦元）一月、範頼・義経の率いる鎌倉勢に敗北した。かかる義仲追討軍出立の前夜、十二月二十二日に、一月末以来召預けとなっていた広常父子が「営中」に呼び出され、誅殺されたのであって（以上、拙著・論考、四五二―四五五頁）、私が「血の儀式」と呼んだのは、義仲追討戦の勝利を祈願するための「軍神」に祀る軍の作法であった。

私が「芝居」と評した、追討軍の出征で空白となった「東国」で演じられた「治承六年（寿永元）七月日」付広常三ヶ条願文《発見》の経緯といい（拙著・論考、四五三―四五五頁）、建久元年（一一九〇）初度上洛の折、頼朝が後白河院に広常誅殺の一件をわざわざ話題にして、それが慈円の耳にまで達したことといい（第四章第一節四項、注11）、鎌倉幕府成立後、最初の試練となった広常の「反乱」が、頼朝にとって長く尾を引いた余程のトラウマと化したことが推測されるのである。

広常誅殺から半年近くが経過した元暦元年（一一八四）六月五日、頼朝知行国となった駿河国守に、源範頼（三河守）・源（平賀）義信（武蔵守）らと並んで、源三位頼政の孫広綱（仲綱の子）が任ぜられた（『吾妻鏡』同二十日条、建久元年十二月十四日条）。その除書が鎌倉に到着する直前の十六日、一条次郎忠頼が「営中」（御所）に招かれ誅殺されたが、『吾妻鏡』はその理由を、「振㆓威勢㆒之余、挿㆓濫㆑世志㆒之由有㆓其聞㆒」と、はなはだ抽象的にしか説明していなかった[7]。はじめ「討手」を命じられたのは工藤祐経であったが、埒が明かず、結局、天野遠景の出番となったことは先述した

（第五章第一節二項）。

『吾妻鏡』は、治承五年（養和元・一一八一）閏二月四日に平清盛が没した直後、武田信義に頼朝追討を命じる院庁下文が発せられたという風聞が伝わり、信義は鎌倉に赴いて「異心」なき旨「陳謝及二再三一」んだという記事を収めている（三月七日条）。拙著『鎌倉守護』論考、第八章「安田義定」で、「当時の頼朝に、甲斐源氏棟梁を屈服させるだけの権威と実力が備わっていたかどうか疑問がある」とし、『吾妻鏡』の閏二月条といえば、頼朝の叔父志太義広蜂起の記事が収められており、これが実は寿永二年（一一八三）の時日比定の錯誤」であって、「同様の錯誤の可能性も否定できない」ことを指摘した（四九二頁）。また私は、既述のように、広常・義広・義仲三者を結ぶ反頼朝包囲網の結成と、頼朝による各個撃破の成功を主張した。このうち、木曾義仲挑発の引き金になったのが、信義の子で一条忠頼の弟、伊沢「五郎信光ノ讒言」であったという『保暦間記』の記述（三六頁）を媒介させると、元暦元年六月の忠頼誅殺と父信義の連座（『吾妻鏡』文治二年三月九日、信義卒去の条）も一連の事件として、甲斐源氏が反頼朝包囲網と何かの関わりをもっていた可能性が想定されるのである。そして、治承五年（養和元・一一八一）六月の信濃横田川原の戦以来義仲に従っていた信濃源氏井上太郎光盛が、元暦元年七月十日、忠頼「同意」を理由に駿河国蒲原駅（静岡市清水区（旧庵原郡蒲原町））で誅殺されていることが（『吾妻鏡』）、その点を裏付けていると思う（以上、前掲、拙著・国別、第一章駿河項、二三一—二四頁）。

木曾義仲を介して、間接的に広常と関わる一条忠頼の誅殺もまた、「営中」における騙し討ちの要素の強いものであっただけに、頼朝にとっては寝覚めの悪い思いが持続したのであろう。なお、平家物語諸本は、忠頼は安田義定の聟であったが、その死後、義定は兄武田信義追討の為に甲斐に発向したとしている（『延慶本』五末ノ二一、八三七頁。『盛衰記』巻四一、下二九八頁。前掲、拙著・論考、第八章、四九四頁）。頼朝によって打ち込まれた伊沢五郎信光の楔は猛威を振るい、甲斐源氏は切り裂かれた。やがて、曾我兄弟の敵討の起こった建久四年(一一九三)の十一月、安田義定の子越後守義資が突如加藤景廉に梟首され、十二月に義定失脚、翌年八月に誅殺されることになる(『吾妻鏡』建久四年十一月二十八日・十二月五日条、同五年八月十九日条。同右、拙著、第八章、四九八―四九九頁)。

注

(1)「帝王の仰」・「朝敵」、「私のかたき」の表記は、『覚一本』巻十「千手前」に拠る(下二六二―二六三頁)。

(2)「流布大系本」の頭注に拠ると、軍神の数の表記、彰考館本・万法寺本・南葵文庫本も「太山寺本」と同様「九万八千」とする(一八二頁頭注九)。

(3)佐伯は、軍記物語に見える「軍神」について、合戦の「手始めに敵の首を取って」、「軍神」に「生贄として」捧げ、「勝利を祈る行為と解することができよう」と要約している(一〇頁)。なお、『仮名本曾我物語』に記された「九万八千の軍神」とは、兵法書の言わば常套句で、氏に拠ると、尊経閣蔵『兵法秘術一巻書』(偽書)が最古の写本で、「正和三年(一三一四)の本奥書と、文和三年(一三五四)の識語」を有するとしており(一五―一六頁)、兵法書が仮名本成立以前の存在であることが知られる。

(4)土井忠生・森田武・長南実編訳『邦訳日葡辞書』「チマツリ(血祭)」項(岩波書店、一九八〇年、一二二頁)。

(5)第八巻、「血祭」項(小学館、二〇〇一年、一三八九頁。用例に仮名本や日葡辞書などを引く)。

(6)最近、金澤正大氏は、論稿「寿永二年春の源頼朝と源義仲との衝突」において、「広常の反乱」そのものではないが、氏の主題に沿って、「但し」書付きながら「卓見」とする評価を頂いた(『政治経済史学』五九二号、二〇一六年、四七頁)。

(7)『盛衰記』は忠頼を「武田太郎信義カ嫡子」とするが(巻三五、中八一五頁)、『尊卑分脈』清和源氏・武田に拠ると、有義が「信義一男」とされていた（第三篇、三三五頁）。五味文彦（「平氏軍制の諸段階」、六―七頁・一〇頁註一三）は、左兵衛尉有義を「武田氏の嫡流」とする（『吾妻鏡』文治四年三月十五日条。『玉葉』治承五年〈養和元〉正月八日条）。

（8）正治二年一月、武田有義は梶原景時との「約諾」が露顕して逐電したが、それを密告したのも五郎信光であった（『吾妻鏡』同二十八日条）。信光は、頼朝将軍期の御家人の分類で言えば「門葉」に違いないが、建久四年三月、加々美二郎（小笠原長清）とともに「令レ達二弓馬一、又無二御隔心一之族」二十二人に選抜されており、「家子」（近習）の性格を併せ持っていたと考えられる（第一節二項）。平家との戦いにおいて、範頼充て頼朝書状に「甲斐の殿原の中には、いさわ殿（信光）・かゝみ殿（小笠原長清）、ことにいとをしくし申させ給へく候」とあって（同、元暦二年〈文治元〉正月六日条）、頼朝によって甲斐源氏に打ち込まれた楔の役割を担っていた（第一節二項）。五味（文）は、信光が「これ以後、武田と称す」としているが（注7前掲論文、一〇頁註一三）、有義失脚の後、伊沢五郎信光は武田氏嫡流の位置を獲得したものであろう（以上、拙著『鎌倉守護』国別、第一章甲斐項、三五―三六頁〈三六頁三行目「正治元年」は正治「二」年の誤り〉）。

（9）拙著『鎌倉守護』国別、第二章信濃項、一〇六頁・一一四―一一五頁注四。真名本巻一に、「信濃の国に井上源氏」と見えていたが（第三章第一節一項・同、注11参照）、『保暦間記』は、「建久元年（文治六・一一九〇）正月」、藤原泰衡家人の大河兼任が誅殺されたと「同比」、井上光盛も「謀叛ニ依テ誅セラレ」たとする（六七頁）。

二　範頼の生涯

『曾我物語』が冤罪であったとした上総広常・一条忠頼・源範頼三人の誅殺は、トラウマとなって長く頼朝を苦しめた。その政治的意味は、マクロ的に言えば、「鎌倉殿」のあり方をめぐる頼朝との葛藤の所産と言えるが、甲斐源氏は鎌倉幕府からなお「自立」的であったし、広常の場合は、「東国」の住人を「鎌倉殿」の「御家人」として再編成しようと企図する頼朝に対し、「鎌倉殿」を「養君」と位置付け、豪族を基盤に据えた幕府のイメージを構想しており、いずれも鎌倉幕府成立過程における問題であった（拙著『鎌倉守護』論考、第二章第一節、四二―四三頁）。一方、範頼の場合は、幕府が国制に位置を占めた時期の「建久四年曾我事件」の問題であって、「幕府のシステム化」に伴う「将軍親裁」化の進展に起因していた（第一節一・三項）。

範頼に関して、『吾妻鏡』はもとより、平家物語が「多くのことども記し漏」した（『徒然草』二二六段）ことも手伝ってか、平治の乱後、彼がどこで、どのような生活を送っていたのか、そして、いつ頼朝の許に参上したのか、実はよく分かっていない。他の兄弟と比較すると、範頼のこの特異性が理解できる。乱後、生存の確かな義朝の男子六人のうち、範頼を除く五人は、頼朝挙兵当時、それぞれの所在が知られ（頼朝＝配所伊豆、希義＝配所土佐／全成＝醍醐寺、義円＝園城寺、義経＝平泉）[1]、頼朝の許に参上したか（全成、義経）[2]、平家方に討ち取られたか（希義、義円）[3]、生死の違いはあってもその動向は明らかであった。そして、生年が未詳なのも範頼一人に過ぎない。『尊卑分脈』清和源氏（第三篇、二九八―三〇一頁）が、兄弟の順を生年に従って記載しているとすれば、兄希義は仁平二年（一一五二）誕生、弟とされる全成の生年は同三年であったから、範頼はいずれかと同年齢の可能性が生じる。

範頼は誰に庇護され、どこに身を潜めていたのであろうか。三つの説がある。

（A）遠江国蒲御厨生育説　『尊卑分脈』清和源氏・吉見に、「母遠江国池田宿遊女／於二遠江国蒲生（蒲）御厨一出生之間、号二蒲生（蒲）冠者一」と見える（第三篇、二九八頁）。『静岡県史』通史編1原始・古代は、「範頼の蒲冠者の号は、彼が蒲御厨に育ったことを示す」とし（第三編第二章第四節、八七九頁。執筆石上英一）、これが古くからのオーソドックスな説である。彦由一太は、「治承寿永の動乱過程で遠江国蒲御厨に挙兵し」、「初期の同盟軍」は頼朝ではなく安田義定であったとしている。(4)

蒲御厨(長上郡。現静岡県浜松市東区)は、「嘉承三年(一一〇八)注文」と「永久三年(一一一五)宣旨」に記載された内宮領の御厨で、「五百五十丁」の田積を持ち、「三十石」の上分米を負担していた(『鎌倉遺文』二巻六一四号、「神宮雑書」建久三年八月日伊勢大神宮神領注文。『神鳳抄』(『群書類従』九、神祇部。第一輯、三一八頁)。『静岡県史』通史編1原始・古代、第三編第二章第五節、八九九―九〇一頁〔執筆石上英一〕。同2中世、第二編第四章第四節〔執筆永村眞〕)。後に、御厨惣検校職と、現蒲神明宮(浜松市東区神立町)神主とを相承した「蒲氏(源姓)の祖によって開発され」たとされている(同右、『県史』通史編2、五四七頁)。御厨惣検校の源姓蒲氏は「清」を通字とする一族で、鎌倉時代に北条氏が地頭に補任されると、「地頭代職」を世襲することになった。(5) 池田宿(豊田郡。現静岡県磐田市池田)は、今日と異なり、天龍川の西岸に位置し、背後をなす池田荘の嘉応三年(承安元・一一七一)二月日立券状案(『平安遺文』七巻三五六九号、松尾神社文書)に拠ると、四至、「限二東天龍川一」、「限二西長田・長上両郡境一」とあって、郡域を跨ぐが長上郡の蒲御厨とは地続きであった。この池田荘立券状に署判した荘官の「惣検校」も源姓であった。

範頼の母が「池田宿遊女」で、彼が蒲御厨で生育したとすれば、母の一族、もしくは「池田宿」長者等が、当時は地続きであった蒲御厨と何等かの関係があったものと想定される。蒲御厨「惣検校」(鎌倉時代の地頭代)と、池田荘「惣検校」とが仮に同族であったとしても、範頼や母の一族、あるいは「池田宿」長者等との関係は定かでない。しかしながら、範頼は生年未詳ながら、希義・全成のいずれかと同年齢の可能性が高く、平治元年(一一五九)当時、七、八歳の少年であったと推測され、少なくともこの時点まで蒲御厨で暮らしたとすれば、範頼を庇護したのは在地土豪である源姓蒲氏を措いて他に考えられないであろう。但し、(A)説の問題点は、遠江の国守が、保元三年(一一五八)

から永暦元年(一一六〇)に至るまで、重盛・宗盛・基盛と平氏が占め(安元元—二年、頼盛、権守兼任〔『公卿補任』、第一篇、四八一・四八三頁〕)、頼朝等の挙兵直後、甲斐源氏と激戦を交えた駿河国目代橘遠茂は「遠江・駿河両国之軍士」を動員していたから(『吾妻鏡』治承四年十月一日条)、遠江における平氏勢力には根強いものがあったと考えられることである(注4所引拙著・論考、第八章、四九〇・四九六頁)。しかも、池田宿は天龍川西岸の渡河地点に立地し、東海道の要衝であっただけに、往時の義朝ばかりでなく、平氏との結び付きも強く[6]、蒲氏としても、範頼をいつまでも秘匿し続けることは困難であったに違いない。

(B)武蔵国吉見居住説　『吉見岩殿山略縁起』に次のように見える(注4所引『源範頼』第4部源範頼関係資料所収、埼玉叢書二、三六九頁)。

二条院の御宇に丁(あた)つて、左馬頭源の義朝の七男、蒲の御曹子範頼、平治の乱に依て放たれて此所にあり、弱冠の頃当山に生長せり、頼朝義兵を挙るに逮(およ)んで大軍を催して加勢す、(中略)範頼三河の守に任ずといへども、纔に吉見の庄を領知して此地に蟄居す、里民押貴んで吉見御所と称す、範頼大信心在て所領の半を当山に寄附し、伽藍を建立す、(中略)建保五(丁脱カ)丑正月十八日卒す、行年六十四歳

当縁起は、吉見観音で知られる岩殿山安楽寺(埼玉県比企郡吉見町御所)に伝えられたもので、『新編武蔵風土記稿』巻一九七、横見郡之二・下吉見領、「御所村」項に紹介され、同書は、古く吉見観音の別当であった息障院(吉見町御所)を範頼の館跡であったとする(一〇巻、一九八一年、五七—五八頁。日本歴史地名大系『埼玉県の地名』「息障院」・「安楽寺」項、一九九三年、五六一—五六二頁)。範頼が建保五年(一二一七)に死去したとする伝は俄に信じ難いが、「行年六十四歳」とあって、生年は仁平四年(久寿元年・一一五四)となる。これに拠ると、範頼は、全成の一歳下、義円の一歳年長となり、「義朝の七男」であったとする点はそれなりに筋が通っている。

大護八郎は、平治の乱後、範頼は「義父範季（高倉。Ｃ説の段で後述する＝引用者）の配慮によって東国に潜居するようにな」り、「稚児僧として身を託したとの所伝は、吉見町安楽寺と息障院以外にはなく、しかもそこは高野渡に後年馳せつけるに程遠からぬ位置にある」と、『縁起』の所伝を肯定する（「源頼朝の挙兵と武蔵・源範頼の生立ち」、前掲『源範頼』第1部Ⅰ、一一八・一二〇頁。初出一九七八年）。「一説としてはこの地に館を構えて居住したのは範頼の子の代から」と留保しつつも、範頼が「少年期から成年期にかけて、この吉見町で過ごしたとみられる公算が大きい」と結論付けた（一二一・一三一頁）。

（Ｂ）説のヴァリエーションに野口実の旧説がある（『坂東武士団の成立と発展』第二章第一節二（二）「小山氏一族の族的結合および野木宮合戦における小山氏の軍事力」、弘生書林、一九八二年）。即ち、『吾妻鏡』が治承五年（養和元・一一八一）閏二月条に懸けて記載した志太義広との戦闘における範頼の参戦は「援軍の類にすぎず」、「範頼の所領は武蔵国吉見と考えられ、（小山＝引用者）政光の猶子（吉見＝同）頼綱が範頼の近親である可能性も認められる」と主張する（九五頁・一〇〇頁註三二）。

私が、範頼の吉見居住に疑問を懐くのは、『吉見系図』範頼条に次のような記述が見られるからである（『続群書類従』一一七、系図部。第五輯上、四三五—四三六頁）。

建久四年八月範頼生害之時、嫡子六歳ニテ同生害。二男・三男、四歳・二歳、二人子有レ之、（母は安達＝引用者補足［以下同じ］）盛長妻丹後内侍女ナレバ、比企禅尼（曾祖母）幷内侍（祖母）命申請、則二人令二出家一、比企之内慈光山之別当トナル、範円・源照是也、雖レ然凡僧ニテ不レ守二戒法一、在レ子、比企禅尼比企郡六十六郷之（領主脱カ）也、其子吉見庄与、号二吉見三郎為頼一（為頼条、「二」郎）、吉見先祖是也

即ち、「吉見」を名乗ったのは、範頼の孫（範円の子）二郎為頼からとし、『尊卑分脈』にも、「吉見二郎」と号した為

頼について、「依二外家所領相伝一、号二吉見一」とあった（第三篇、二九八頁）。吉見荘「外家」相伝とは、比企禅尼（高祖母）→「嫡女」丹後内侍（曾祖母＝安達盛長の妻）→盛長の娘（祖母＝範頼の妻）→範円（父）→為頼という相続を指すと考えられる。しかも、野口が、範頼「近親」の可能性を示唆した小山政光の「猶子頼綱」であるが、『吾妻鏡』文治五年（一一八九）七月十九日条、「奥入り」頼朝中央軍の交名に「小山兵衛尉朝政・同五郎（長沼）宗政・同七郎（結城）朝光・下河辺庄司行平・吉見次郎頼綱」と一族が列記され、二十五日条には、確かに、政光「子息朝政・宗政・朝光并猶子頼綱等」と記されていた(7)。問題は、頼朝中央軍の交名、冒頭の源氏一門（「門葉」）中に、別途「参河守範頼」の名が見えることであり、「吉見次郎頼綱」は文治三年にも、畠山重忠の旧領伊勢国沼田御厨を充行われているから（『吾妻鏡』同十月十三日条）、生前、範頼が吉見荘を領し、当地に居住していたと見ることはできないと思われる。

（B）説に関する根本的な疑問は、平治の乱後、武蔵国司に、永暦元年（一一六〇）の平知盛補任以降、知重（頼盛の子）・知度（知盛の弟）・知章（知盛嫡男）と平氏一門の国守が続き、更に仁安元年（一一六六）当時は清盛が、治承三年（一一七九）の政変後は知盛が、それぞれ知行国主であったと推測されており（拙著『鎌倉守護』論考、第五章「京都大番役覚書」、三七六頁）、武蔵国住人に対する一門の家人化が進行していたことである。熊谷直実が知盛直属の家人となったほか（同右、拙著、三七六—三七七頁）、平治の乱に義朝方として従軍した長井斎藤別当実盛は（『新大系本平治物語』上、一八六頁など）、平家方として木曾義仲軍と戦い、伊東九郎らとともに加賀国篠原で討死した経緯がある（第四章第一節九項、注4）。また、比企尼の「二女」と結婚した河越重頼も（前掲『吉見系図』、四三五頁）、三浦義澄の姉妹を母とする畠山重忠も（『三浦系図』、一四頁、など）、「平氏重恩」に応えるため、挙兵当初の頼朝に敵対した事実を考えると（『吾妻鏡』治承四年八月二十六日条）、範頼が、武蔵の一角に潜伏するなど、余りに危険な賭けではなかったか。

（C）高倉範季養子説（京洛辺潜伏カ）　『玉葉』元暦元年（一一八四）九月三日条に、「早旦（高倉）範季朝臣来、参河国

司範頼〈件男幼稚之時、範季為レ子養育、仍相親云々〉」とあって、野口実は、範季が「蒲冠者範頼の養育者でもあって、「範頼の名前の一字の「範」は、範季から与えられた」と指摘している(『武門源氏の血脈』第四章2「義経の支援者たち」、中央公論新社、二〇一二年、一九二頁〔初出二〇〇四年〕)。以下、野口新説と表記する)。「範」字は、河内源氏の実名としては皆無ではないが(新田義重の子山名義範など)、極めて稀有な名乗りであって、氏の新説は十分首肯できるものである。また、『玉葉』文治元年(一一八五)十一月八日条には、範季の子の範資が「蒲冠者範頼」と「親昵」であったとする記事が見える。私は二人の親交が少年期からのものとの印象を受けるが、範頼の義仲追討に伴う上洛以後に芽生えた関係であることを否定するだけの材料はない。

高倉範季の経歴について、野口の説明を藉りると、「当時右大臣だった九条兼実の家司をつとめるとともに、後白河院にも祗候しており、また、その妻は平教盛の娘で、平家とも深い関係を持っていた」(一九一—一九二頁)一方で、義経とも交渉があった。金売り吉次の後身とされる堀弥太郎景光は義経の「家人」であったが、その「白状」に拠ると、範季との連絡係を務めていたという(『吾妻鏡』文治二年九月二十二日・二十九日条)。氏は、範季が「安元二年(一一七六)正月に陸奥守になり、さらに同じ年の三月に鎮守府将軍を兼任し、任地に下ったことも明らかな人物で、当時平泉にいた義経と旧知の間柄であった可能性がきわめて高い」とする(一九一頁)。文治二年十一月、義経同意の罪を問われ、解官された(『吾妻鏡』同十七日条。『公卿補任』建久八年条〔第一篇、五三七頁〕)。

一方、「後鳥羽院ヲヤシナイマイラセ」(『愚管抄』巻五・後鳥羽。以下、引用は二五七—二五八頁に拠る)、平教盛女子との間に儲けた息女(重子)は後に順徳天皇の母となり(修明門院)、実兄で養父となった範兼(前掲『公卿補任』)の娘(範子・「刑部卿ノ三位」)の前夫能円(平時子・時忠の弟)との間の息女(在子)は、母が再婚した源通親の養女として入内し、後に土御門天皇の母となった(承明門院)。また、「刑部卿ノ三位」の妹兼子(「卿ノ二位」)は、「ヒシト」後鳥羽院に

「ツキマイラセテ」、後年、慈円が、北条政子と並べて、「女人入眼ノ日本国」と評した辣腕を振るうことになる（『愚管抄』巻六・順徳、三〇四頁）。範季は、「日本国ノ乱逆」が続いた「ムサノ世」にあって（『愚管抄』巻四・鳥羽崇徳、二〇六頁）、まさに歴史の表舞台・裏舞台の第一線で活動したほとんどの主役級と関わりを持っていたと言ってよい。ただ、義経とは余りにも密接な関係を結び、範頼も失脚した結果、頼朝との関係のみは浮上して来ない。

かかる「特異」な人物であった範季が、「平治の乱の謀反人義朝の子範頼を養子とした」（菱沼、前掲『源範頼』総論、一三頁）ということは、それなりの経緯と理由がなくてはならない。そもそも、『吾妻鏡』における範頼初見記事は、治承五年（養和元・一一八一）閏二月二十三日、志太義広勢との合戦の条であったが、戦いの事実が寿永二年（一一八三）二月二十三日であったことは繰り返し述べてきたところである（第一節一項、注9参照）。範頼が次に登場するのは、寿永三年（元暦元）正月二十日条、木曾義仲追討戦の記事であるから、治承五年（養和元）閏二月からでは余りに間隔が空き過ぎる。

範頼初見の『吾妻鏡』治承五年（養和元）閏二月二十三日条は、まず、志太義広の進撃を小山勢が防いだ野木宮（栃木県下都賀郡野木町）合戦を叙し、続いて

又下河辺庄司行平・同弟四郎政義、固二古我・高野等渡一、討二止余兵之遁走一云々、（中略）蒲冠者範頼同所レ被二馳来一也

と記していた。即ち、義広方の敗残兵が、当時の利根川本流沿いに遁走するのを防ぐため、「古我（茨城県古河市）・高野（埼玉県幸手市上高野、北葛飾郡杉戸町下高野）等渡」を固めた下河辺勢の支援に駆け付けたというものであった。この範頼出撃について、『保暦間記』は「頼朝、舎弟範頼ヲ差遣候テ」と（三一頁）、頼朝の命によるものとし、野口旧説は、「範頼の参加」自体、「援軍の類にすぎず」、「この合戦の主将はあくまでも小山朝政」であったと述べていた

（前掲『坂東武士団の成立と発展』、九四―九五頁）。

一方、大護八郎は、「『吾妻鏡』の文面からは、範頼が頼朝の命を受けて鎌倉から派遣されたとは受けとれない」とし（前掲論文、一〇〇頁）、菱沼は「範頼は頼朝の意思とは無関係にこの乱に参加している。つまりこの段階まで、範頼は頼朝の指揮下に入っていない」とする（前掲『源範頼』総論、一七―一八頁）。『闘諍録』五に、頼朝と上総広常の対立後、「蒲（カマ）ノ冠者範頼モ尋下リ、悪禅師モ出来ル」とする記述がある（二〇三頁）。「悪禅師」全成が頼朝の許に参上したのは治承四年（一一八〇）十月のことであったが（注2）、広常が頼朝に屈服するのは寿永二年（一一八三）初頭で（二項）[8]、二月に起こった志太義広との戦闘以前に参上していたわけで、同書に拠る限り、大護・菱沼説は成立しないことになる。

寿永元年（一一八二）末から翌年初頭にかけて起こった、鎌倉幕府成立後、最初の試練となった上総広常の「反乱」は、頼朝にとって長くトラウマとなったもので（一項）、広常の「反乱」と連動して起こった二月の志太義広の蜂起に、当時の幕府軍主力＝伊豆・相模・武蔵等南関東勢を動員する余裕など、頼朝にはなかったであろう。私は、範頼が、むしろ出陣を買って出たものと見なしている。既述のように、野口旧説は、小山政光の「猶子」となった吉見次郎頼綱を介して、範頼と小山氏との関係を指摘し、菱沼も小山氏が「範頼を担ぎ上げた」と捉えていた（前掲論文、三三頁）。

一方、『吾妻鏡』の記事に基づいて、範頼が馳せ着けたのは高野渡であったことに注目した指摘がある。いずれも（B）説であるが、大護は、吉見が「高野渡に後年馳せつけるに程遠からぬ位置にある」と述べていたし（先述）、何よりも『新編武蔵風土記稿』巻一九七が、「急卒の間馳来るときは、（中略）当所（吉見）より高野辺までは相距こと遠からず、当時範頼当所に居しにや」と主張していた（一〇巻、五八頁）。

鎌倉を発った範頼が、頼朝の名代として高野渡に向かったのは、地理的に近いばかりでなく、そこに下河辺庄司行平兄弟が在陣していたからである。下河辺氏は小山氏と同族の秀郷流藤原氏で、本来、源三位頼政の郎等であった。行平の父行義(『尊卑分脈』藤成孫・下河辺。小山政光の弟とする〈第二篇、四〇四頁〉)は、平治の乱、頼政に従い、「悪源太(義平)が郎等」山内首藤滝口俊綱を射殺しており[9]、行平自身は、治承四年(一一八〇)五月十日、配所の頼朝に使者を派遣し、「入道三品(頼政)用意」の密事を伝えている(『吾妻鏡』)[10]。

頼政との関係と言えば、「参州(範頼)縁坐」を理由に誅殺された「故曾我十郎祐成一腹兄弟」京の小次郎の実父が、「源三位入道頼政の嫡子、伊豆守仲綱の乳母子」で、「国司代」(目代)の「左衛門尉仲成」であったことを想起しない訳にはいかない(第五章第三節三項。第四章第一節七項)。真名本は、十郎が敵討の意思を小次郎に伝え、協力を求めたのに対し、拒否したばかりか母に告げ口をしたとし、仮名本に至っては、五郎に「いざや、この事もれぬ先に、(京の)小二郎が細首うちおとし、九万九千の軍神の血まつりにせん」と語らせていた(「流布大系本」巻四。一項既述)。しかしながら、不得要領の記述ではあったが、真名本には範頼との関係を示唆する逸話が記され(第三章第四節二項)、小次郎が「参州(範頼)縁坐」を理由に誅殺されたとする『吾妻鏡』の記述には重いものがある。

自らが擁立されたクーデター計画に、京の小次郎が、実行役としての異父弟十郎祐成・五郎時致と疎遠な関係を装い、彼らとの連絡に当たっていたとすれば、範頼の小次郎に対する信頼はどこから生まれたものであったろうか。『金刀本平治物語』は、頼政が平治元年(一一五九)十二月の除目で「伊豆国を給」ったとしていたが、仲綱の伊豆国守在任を示す確実な徴証は『兵範記』仁安二年(一一六七)七月七日条であった。一方、曾我十郎(一万)の誕生は承安二年(一一七二)のことであり、私は、十郎らの母と「国司代・左衛門尉仲成」との婚姻は、仲綱が離任する仁安二年十二月以前(同、三十日条)でなければならないと見なした(以上、第四章第一節二・五項)。従って、小次郎は十郎の数年年長ではあるが、若輩に変わりなく、そうとすれば、範頼との結び付きは、実父の「伊豆守仲綱の乳母子」で、「国司代・左衛門尉仲成」にまで遡るのではないか。

以下は、私の推測に過ぎないが、範頼が「幼稚之時」、高倉範季が「為レ子養育」したこと（『玉葉』）、京の小次郎が範頼「縁坐」を理由に誅殺されたこと（『吾妻鏡』）、この二つを結び付けるのは、小次郎の実父で、頼政嫡男の「伊豆守仲綱の乳母子」仲成であって、次のような状況が想定できるものと思う。仲成の上下向が、海路でなく海道を経由したものであったとすれば、天龍川の渡河地点、遠江国池田宿において、蒲御厨惣検校の源姓蒲氏から、手蔓を求め範頼保護の依頼を持ちかけられたことがあったのではなかったか。寝耳に水の頼政は、自らが引き取るだけの自信と度量はなく、日頃その行動に目を見張っていた範季を頼った—私はこうした場面を想像する。

では、頼政と範季とはかかる密事を談合できる間柄であったのであろうか。『尊卑分脈』貞嗣卿孫から抄出した略系図を左に示すと（第二篇、四六〇・四七〇—四七一・四七六—四七七・四八〇頁）、二人は、実は従父母兄弟の関係にあったことが知られる。

実範━┳━季兼━━季範━┳━範忠《熱田大宮司家》
　　　┃　　　　　　　　┗━女子━━頼朝
　　　┗━季綱━━友実━┳━能兼━┳━範兼
　　　　　　　　　　　　┃　　　　┗━範季（後、範兼養子）《高倉》
　　　　　　　　　　　　┗━女子━━頼政

高倉範季は、熱田大宮司家とも遠縁の関係にあったが、ここでは考慮に入れなくてもよいであろう。範季は、頼政の懇請を容れて、範頼という宝木を京洛という森の中に秘匿し、頼政・仲綱が密かにこれを平氏の手から保護していた。(11) 範頼は、自らを遠江から救い出してくれた仲成に感謝し、その故に、京の小次郎を手許に置いていたのであろうし、元服後は頼政郎等下河辺行義・行平父子との接触も始まっていったのではなかったろうか。治承四年（一一八〇）五月二十六日、宇治平等院の戦で頼政・仲綱父子が自害した後、範頼は、恐らく下河辺行平に伴われて、頼朝の許に参上したかと思われる。

範頼は、時として失敗もあったようであるが、(12) 頼朝の信頼は厚く、対義仲戦においても平家追討軍にあっても、「大手大将軍」は常に範頼が勤めていた（『吾妻鏡』寿永三年（四月十六日「元暦」と改元）正月二十日・二月五日・九月十二日条。元暦二年（文治元）正月二十六日条）。平家物語諸本に酷評されたが（注12）、範頼軍の行く手を阻んだものに「無レ船糧絶」という状況があった（『吾妻鏡』元暦二年（文治元）正月六日条）。寿永三年（元暦元）二月二十二日付諸国兵粮米停止の宣旨は、少なくとも義経の了解の下に発布されたようであるが、範頼軍に深刻なダメージを与えることになった（拙著『鎌倉守護』論考、第二章第二節「播磨・美作／備前・備中・備後」項、七四―七五頁。「安芸・周防・長門」項、七七頁）。そもそも「西国」は養和の飢饉状況からなお回復しておらず、安芸国開田荘（安芸郡）においては源平両軍の「乱入」により「庄民悉以逃散」と言われ、周防では「源平合戦之時、（中略）払レ地損亡」という状況が展開しており、長門国は飢饉により「無レ粮」とされ、範頼軍は安芸に撤退せざるを得なかったのである（同右、七七頁）。

頼朝は、とかく「自専」の振る舞いが目立ち（『吾妻鏡』元暦二年（文治元）四月二十九日条）、自信過剰な義経よりも、範頼の篤実さを愛でた。蒲冠者という通称とは裏腹の、頼朝好みの京育ち（青年期）の匂いを感じ取ったのかも知れない。戦場の範頼に送った書状には、「千葉介」常胤や、朝政ら「小山の者共」など豪族に対する格別な配慮を伝え、「かまへて〳〵国の者共ににくまれすしておはすへし」とか、「構々て、筑紫の者ともににくまれぬやうに、ふるまはせ給へし」といった細やかな指示を与えている（同、正月六日条）。「兵粮闕亡間、軍士等不二一揆一、各恋二本国一、過半者欲二逃帰一」という戦況に（同右）、とかく範頼の将器が問われがちであるが、頼政の郎等時代から結び付きのあった下河辺庄司行平は、「粮尽而雖レ失レ度、投二甲冑一買二取小船一、最前棹」さして、絶えず「先登」を心がけていたし（同、二十六日条）、侍所別当たる和田義盛の人となりを語る素材としてしばしば引き合いに出される、豊後渡海後、「民庶悉逃亡之間、兵粮依レ無二其術一」り、義盛らが「推而欲二帰参一」したとする逸話も、「工藤一﨟」祐経らの名と共に記されていることからすれば（同、三月九日条）、二人を決して好意的に描くことのない『吾妻鏡』編纂者の「目」も心に留めねばなるまい。

元暦元年（一一八四）六月五日、一条能保（讃岐守）・源広綱（駿河守）・源義信（武蔵守）等とともに、頼朝の関係者としては最も早期に、三河守に任ぜられ（『吾妻鏡』同二十日条）、正室には、頼朝の伊豆以来の側近安達盛長と、頼朝が最も信頼する比企尼の「嫡女」（丹後内侍）との息女を迎えた（前掲『吉見系図』、四三五頁）。頼朝の満幅の信頼を窺うことができる。従って、信頼に一条のひびが生じると、これはもう修復不可能な事態に陥ってしまう。『保暦間記』に、文治元年（一一八五）十月、義経出奔に続けて、「三河守範頼モ、義経追討ノ打手ニ上ケルカ、九郎（義経）カマネスナト頼朝ニ云ハレテ、今度ハ留テ左右申サレケレ共、終ニ是モ打レケリ。是モ平家追罰ノ報トソ申ケル」との記述がある（六五頁）。実は平家諸本にも類話があって、土佐房昌俊の義経襲撃失敗の後、『延慶本』は、「鎌倉殿の弟三川守範頼を大将軍にて、六万余騎にて上せらる、（中略）二位殿（頼朝）宣けるは、和殿も九郎（義経）か様に二の舞し給なと宣けれは、三川守小具足脱置て、争か其儀候へき、起請仕るへしとて逗留し給て、一日に十枚つゝ千枚の起請を、百日の間に書て、二位殿に奉給たりけれとも用給はす、終に三川守も討れ給にけり」として、範頼は十一月の北条時政上洛以前に誅されたとしている（六末ノ一〇「参河守範頼被レ誅給事」、九四三頁）[13]。

建久四年（一一九三）五月二十八日の曾我兄弟による敵討事件の真相究明のため、六月から七月にかけて、大磯の虎や弟の僧(伊東禅師)といった関係者が召喚され、継父の曾我祐信も尋問を受けた(『吾妻鏡』六月一日条、七月二日条)。そして、『吾妻鏡』八月二日条に、突如、謀叛を疑われた範頼の起請文の記事が現れる(第五章第三節三項)。右、平家諸本の逸話は、「建久四年八月　日」付、「参河守源範頼」署名の起請文の存在をヒントにしたと思われるが、諸本が、範頼は文治元年(一一八五)十～十一月の間に誅殺されたとしていたのに対し、後出本の『盛衰記』のみは「範頼暫宥ラレケリ」として(注13)、史実との辻褄を合わせた。

九州に在陣していた範頼に帰還命令が出されたのは元暦二年(八月十四日、「文治」改元)七月十二日のことであり(『吾妻鏡』)、九月二十七日入洛、南御堂(勝長寿院)供養の導師本覚院僧正公顕を伴って鎌倉に帰ったのは十月二十日のことであった。『吾妻鏡』は、「彼朝臣(範頼)今夜即参二二品(頼朝)御所一申二日来事一」とするが、上洛した「相模国住人」糟屋有久の話を伝え聞いた九条兼実は、「範頼并公顕僧正」が鎌倉に下着したのは二十二日のことで、それも範頼は「成レ憚直不レ申、粗披二露傍輩一」と、頼朝に怯えた様子を書き留めている(『玉葉』文治元年十一月十四日条)。範頼が鎌倉に帰還した時期は、十七日の土佐房昌俊による義経襲撃失敗(『吾妻鏡』)、十八日の頼朝追討宣旨発布(『玉葉』十九日条)直後のことであり、頼朝と義経・行家との関係は一触即発の状態にあった。事実、二十四日に南御堂(勝長寿院)供養を終えた頼朝は、二十九日に親征軍を進発させ(『吾妻鏡』)、右『玉葉』には、頼朝が「已超二足柄関一」えたとする伝聞が記されていた(事実は、十一月八日に黄瀬河より帰還(『吾妻鏡』))。この間、範頼が討たれたとする『保暦間記』や平家物語諸本の逸話は、頼朝と義経の間に挟まって困惑する範頼と、先述した建久四年八月の起請文とを結び付けて創作された虚構であったと思われる。

さて、範頼の起請文のことである。彼は無実を訴えたが、頼朝は、署名に「載二源字一、若存二一族之儀一歟、頗過分也」と責めた。範頼は、頼朝の建久元年(一一九〇)上洛の折、十二月一日の任右大将拝賀に当たって「前駆」を勤めたことがあった(『吾妻鏡』)[14]。頼朝が京を離れた十四日の明け方、範頼の国守就任と同時に駿河守に任ぜられていた、伊豆守仲綱の子源広綱が「逐電」するという事件が起こっている(同右)。翌年六月には、神護寺の文覚から、「遁世」して今は「上醍醐」に居るとの情報が伝えられた(同、建久二年六月二十四日条)。その後、広綱「童」の法師が幕府に参って語ったところに拠ると、「怨恨」故の逐電であったという。それは、拝賀の際の供奉人の撰定基準が「馴二京都一輩」であったはずで、「広綱自二幼稚一住二洛陽一之上、謂二官位一者、又就二最初御吹挙一任之間、於二一族一為二上臈一」、供奉の「前駆」としては最適であったにもかかわらず、撰に漏れて面目を失ったというのである。伝え聞いた頼朝は、「前駆」は後白河院より定められたもので、範頼を撰んだのは「兄弟」故と答えている(同、十一月二十七日条)。

言わば間接話法であるが、二人の対話は非常に興味深い。広綱は範頼に対して、明らかに上から目線でものを言っている。それは、母の出自を措くとしても、かつて祖父頼政や亡父仲綱の扶持があったが故に、高倉範季の許で生き延びられたのではないかとする、範頼に向けた優越意識である。一方の頼朝は、範頼を評価し、「兄弟」意識を強調しており、起請文に「参河守源」と署名した弟に対し、「存二一族之儀一」ずるなど「過分」の思い上がりだと決め付けた頼朝とは隔世の感がある。クーデターの首魁に擁立された実直な弟の人の好さに愕然とし、それだけに、怒りが込み上げてきたに違いない。範頼は起請文に、「雖レ為二御子孫将来一、又以可レ存二貞節一者也」と記していた。妻が、安達盛長と比企尼「嫡女」丹後内侍との娘であった関係で、範頼が頼家に対してどのような思いでいたか、無論定かには分からないが、自分が将軍になるつもりなどなく、「御子孫」の実朝(若しくは頼家)の後見を務めますよ、と言っているようなもので、『吾妻鏡』編者の創作でなければ、まさに範頼の人柄がストレートに滲み出ている[15]。

鎌倉中が騒然とする中で、範頼の「家人」で「殊被二相憑一之勇士」であった当麻太郎が、頼朝の寝所の下に潜み、様子を伺うという不可解な事件が起こった。近習の結城朝光らの尋問に、当麻は「参州(範頼)被レ進二起請文一之後、一切無㆓重仰旨㆒、迷㆓是非㆒」った挙げ句、自分の意思で頼朝の様子を探ろうとしただけだと強弁した（以上、『吾妻鏡』八月十日条）。十七日に、範頼は伊豆下向を命ぜられ、狩野介宗茂と宇佐美三郎祐茂[16]の預かりとなった。『吾妻鏡』には「偏如㆓配流㆒」とあり、当麻太郎も薩摩に流されることとなったが、同書は、わざわざ「折節依㆓姫君（大姫）御不例㆒、被㆑緩㆓其刑㆒」との追記を付している（同日条。以下同じ）。翌日には、「家人」の「橘太左衛門尉・江滝口・梓刑部丞等」が、結城朝光・梶原景時父子・新田忠常らに討たれ、二十日、既述のように、「参州（範頼）縁坐」を理由に、十郎・五郎「一腹」の兄、京の小次郎が誅殺された。以上が『吾妻鏡』の描く範頼失脚の顛末であるが、京の小次郎の誅殺は、『吾妻鏡』自身が、曾我兄弟による富士野の敵討と範頼失脚とが連動しており、実は一連の「建久四年曾我事件」として把握されなければならないことを語るものであった。

伊豆配流後の範頼の動向について『吾妻鏡』は沈黙していたが、『鎌倉年代記裏書』建久四年条には「八月、三河守範頼被㆑誅」と明記されていた（三七頁）。『吾妻鏡』に記載のない家人の「寺田太郎・志賀摩五郎等」が「右幕下」（頼朝）を討とうとしたことが理由だとしているが、むしろ『吾妻鏡』の記述のように、範頼配流後の動きであったろう。このように見てくると、事件の真相を語る素材は、結局『保暦間記』に帰着する（関係部分の全文は「緒言」に記載した）。

富士野の狩の折、範頼は鎌倉の留守を預かっていたが、狩庭で頼朝が討たれたとの急報がもたらされた。範頼は、動揺する政子に「範頼左テ候ヘハ、御代ハ何事カ候ヘキトナクサメ申」したというのであるから（七一頁。以下同じ）、この落ち着き様はまるで頼朝の死を予見していた如くである。「サテハ世ニ心ヲ懸ケタルカト」と疑われたことは、宜なるかなと言うべきであって、この辺り、範頼はどうも演技ができない人物のように見える。偉大なる兄鎌倉殿と、才気に満ちた異母弟の義経に挟まれて、彼なりに身の処し方に腐心したであろうが、頼朝・頼家に対して一部御家人の間にわだかまっていた不信感を何者かが囁き、範頼に《自分も義朝の子ではないか》とする自覚が芽生えた時、「建久四年曾我事件」のシナリオができあがったものと思う。

なお、範頼終焉の地については、『城方本』が語っていたように、一般に伊豆国修善寺とされているが、前掲『吉見系図』は、「其後建久四年八月日、家人当麻依二逆心一、範頼伏レ罪、豆州号二流罪一、於二武州金沢一、父子二人・郎従四人、以上六人被レ誅、其廟在二金沢一」と（四三五頁）、伊豆配流の途次、実際は武蔵金沢で誅殺されたとする。「其廟」について、前掲『新編武蔵風土記稿』一五一に、「範頼の葬地は久良岐郡六浦太寧寺にあり」とあったが（八巻、四八頁）、同寺（横浜市金沢区片吹）は今日、臨済宗建長寺派の寺院で、境内に範頼の墓とする五輪塔が存する。

注

（1）頼朝の流罪及び配所の問題は、第三章第一節五項・第四章第二節二項既述。希義は、頼朝の同母（熱田大宮司藤原季範の娘）弟で、土佐国介良荘（現高知市介良）に配流された。仁平二年（一一五二）生、頼朝の五歳年少である（『清獬眼抄』凶事〔『群書類従』一〇八、公事部。第七輯、五九二頁〕）。『吾妻鏡』寿永元年九月二十五日条。『新大系本平治物語』下、二七三頁）。「九条院（美福門院・摂政忠通養女で、近衛帝中宮呈子）雑仕常磐」（常葉とも）所生に三人の男子がおり、その長子が全成（童名今若丸）で、仁平三年生。醍醐寺に学び、「悪禅師」の異名をとった（『尊卑分脈』清和源氏〔第三篇、三〇一―三〇三頁〕。『新大系本』中、二二〇―二二一頁・下、二七六頁。第二節二項参照）。次子を義円（童名乙若丸）と言い、園城寺に登り、八条宮円恵法親王（後白河院皇子）に仕えてその坊官となった。久寿二年（一一五五）生、通称「卿公」は諸書に見られる（『尊卑分脈』、三〇二頁。『新大系本』中、二二一頁。舞曲「常葉問答」〔『舞の本』、二八七頁〕）。末子は義経（童名牛若丸）で、平治元年（一一五九）生。母が再嫁した一条大蔵卿長成に扶持された後、鞍馬寺に登って沙那王と呼ばれたが、承安四年（一一七四）十六歳の折、同寺を出奔し、奥州平泉に逃れた（『吾妻鏡』治承四年十月二

十一日条。『新大系本』下、二七六・二七九頁。第四章第一節五項、注2、本章第二節二項参照）。

（2）全成は石橋山合戦の直後「東国」に下り、佐々木兄弟と出会って暫く渋谷重国に匿われていたが、治承四年十月、「鷺沼御旅館」（千葉県習志野市）に滞在していた頼朝の許に参上した（『吾妻鏡』八月二十六日・十月一日条）。また、同書に拠ると、義経は浮島ヶ原の戦（富士川合戦）の翌日（治承四年十月二十一日）、「黄瀬河」宿（静岡県沼津市）の頼朝の陣に参上したとし、『新大系本』は合戦直前に、「相模の大庭野」（神奈川県藤沢市）で対面を果たしたとする（下、二八六頁。平家諸本の異同は、『新大系本』、二八六頁脚注一に詳細である）。

（3）希義は、頼朝挙兵の後、土佐国住人「故小松内府（平重盛）家人蓮池権守家綱」らの襲撃を受け、殺害された（『吾妻鏡』寿永元年九月二十五日条・元暦二年（文治元）三月二十七日条）。その時期に関する問題は、上横手雅敬「院政期の源氏」（御家人制研究会編『御家人制の研究』、吉川弘文館、一九八一年、一八六頁注一五）参照。義円は、治承五年（養和元・一一八一）三月十日、叔父の十郎蔵人行家に従って、重衡・維盛らの率いる平家軍と墨俣河辺（岐阜県大垣市墨俣町）に戦い、討ち取られた（『吾妻鏡』）。

（4）彦由一太「十二世紀末葉武家棟梁による河海港津枢要地掌握と動乱期の軍事行動―商業貿易業者及びアウトロー集団と「遊女」所生貴胤の歴史変革期に於ける政治経済的機能―」（菱沼一憲編著『源範頼』第1部Ⅲ、戎光祥出版、二〇一五年、一七一頁。初出一九七四年）。氏の所論にはいくつかの疑問があるが、本文に引用した部分のみについて言えば、範頼が蒲御厨で挙兵したとする根拠が明らかでなく、また、安田義定が、範頼と提携し、もしくは彼を推戴・利用した痕跡を全く窺うことができない（拙著『鎌倉守護』論考、第八章「安田義定」参照）。

（5）北条氏領としての初見は、「蒲神明宮文書」建久八年六月日時政袖判下文（『鎌倉遺文』二巻九二一号）であるが、のち時房に伝えられた（同、嘉禄三年十月十二日袖判下文（同、六巻三六七二号））。北条氏領として幕末まで存続したことは、

「由良文書」元弘三年七月十九日後醍醐天皇綸旨（同、四一巻三二三七一号）に、蒲御厨地頭職が「（北条）泰家法師（高時の弟）跡」とあることから知られる。

（6）『覚一本』巻十「海道下」に、宗盛が国守として赴任した折、池田宿の「長者ゆや（熊野）がむすめ、侍従」が召されたとするエピソードが収められている（下二五八―二五九頁。世阿弥の謡曲『熊野』では熊野当人が召されたとする〔『謡曲集』下、三七六頁以下〕）。また、『山槐記』治承三年正月六日条に拠ると、当時の知行国主は「大宮権大夫入道俊盛」であって、遠江が実質的には「大宮」多子の分国であったことが知られる（『吉記』同五年〔養和元〕三月二十六日条、「遠江介」除目尻付に「大宮国替」と見える〔勅使河原拓也「治承・寿永内乱後の東海地域における鎌倉幕府の支配体制形成」『年報中世史研究』四二号、二〇一七年、四―五頁・二四頁注一六、に拠る〕）。

（7）『秀郷流系図　結城』（『続群書類従』一五五、系図部。第六輯下、一三五頁）・『結城系図』（同一五六、二〇五頁）に、政光の子「頼経」条、「吉見三郎／武州住人、但養子也」とあって、次郎頼綱と同一人と見てよいかどうか、なお検討の余地があるように思われる。

（8）広常が誅殺されたのは、義仲追討軍出立前夜の寿永二年十二月二十二日のことであったから（一項）、この後に範頼が参上したと見ることはできない。

（9）『新大系本平治物語』中、二〇〇頁。「兵庫頭（頼政）が郎従／下総国住人下河辺庄司三郎行泰」とある（『金刀本』は「頼政が郎等、下総国住人下河辺藤三郎行吉」とする〔中、二三四頁〕）。

（10）『永享記』は、古河公方成氏（持氏の子）の居城は下河辺庄司行平の「旧館」であったとし、「三位入道（頼政）於二平等院一自害之後、郎等下河辺三郎行吉と云人」がその首をもたらし、「此舘の鎮守に奉レ祝」った。これが、今「城南東方に龍崎と云所」にある「源三位頼政之廟〈一説伊豆守仲綱〉」の「由来」であるとする伝承を伝えている（古河城の事

『続群書類従』五七五、合戦部。第二〇輯上、一九九頁〕）。

(11)　大護八郎は、「義父範季の配慮」で、範頼が武蔵に「潜居」したと見なしていた（先述）。範季は、藤原成親の嫡子成経と相聟で（共に、妻は平教盛の娘）、また、平惟盛室は成親女子であったから（『尊卑分脈』末茂孫〔第二篇、三六八―三六九頁〕）、安元三年（治承元）六月の鹿ヶ谷謀議（『百錬抄』同一日条、など）以降、範季と平氏嫡流（清盛・宗盛流）との関係は次第に疎遠になっていったのではないか。そうとすれば、時代状況は範頼に味方したに違いない。

(12)　寿永二年十二月、木曾義仲追討に向かう行軍の途中、尾張国墨俣渡において御家人等と先陣争いを演じ、頼朝から叱責を受けている（『吾妻鏡』寿永三年〔元暦元〕二月一日条）。また、平家物語諸本には、元暦元年九月、平家追討に出陣後、「急き屋嶋へも不㆓責寄㆒、西国にやすらひて、室（兵庫県たつの市御津町室津）・高砂（同高砂市）の遊君遊女を召集、遊ひ戯てのみ月日を送けり、国を費し民を煩すより外の事なし」と酷評されている（『延慶本』五末ノ三一、八四三頁）。『長門本』はほぼ同文の記述のあとに、「十二月廿日比までは、三河の守のりより、西国にやすらひて、しいだしたる事もなくて、今年も暮れにけり」と追い打ちをかけ（巻一七、六四八・六五一頁）、『闘諍録』に至っては、室・高砂の件を叙した後、「同十一月廿八日、梶原平三景時、窃ニ九郎判官（義経）之許ニ参向シテ申シケルハ、三河守殿（範頼）大将軍トシテハ、年月ヲ経ト雖モ、更ニ平家ヲ追落スベカラズ」と、事もあろうに景時に言わせている（八之下、三六八頁）。

(13)　『長門本』巻一九、七一七頁（「三河守はきられ給ひぬ、切給ふ心を人これを知らず、大名小名怪みをなす」と結ぶ）。『四部本』巻一二、一二二頁（「是モ梶原ノ讒言トソ聞ヘシ」とする）。『覚一本』巻一二「判官都落」、下三八九―三九〇頁。『盛衰記』巻四六「土佐房上洛事」、下六一〇頁（範頼が起請文を書いた後に、「範頼暫有ラレケリ、義経誅戮ノ為ニ、北条四郎時政・土肥次郎実平上洛スヘキノ由評定アリ」と続く）。なお、前掲『源範頼』第4部源範頼関係資料に、『城方本平家物語』（国民文庫刊行会）が収められている（三六四―三六五頁）。

京上の途次、暫時修善寺駐屯を命ぜられていたが、義経との合流を恐れた梶原景時の献言によって、景時父子の勢に攻められ、「ある坊」で自害したとする。

(14)「前参河守範頼」と記されている。範頼は、かつて、「其身在二九州一」として国守の辞状を提出したことがあった（『吾妻鏡』元暦二年（文治元）四月二十四日条）。但し、同書における「前」司記載は、当日条のみである。なお、『神皇正統記』には、「範頼ガ三河守ナリシハ、頼朝拝賀ノ日地下ノ前駆ニメシクワ（ハ）ヘタリ。オゴル心ミエケレバニヤ、コノ両弟（範頼と義経）ヲモツキ（ヒ）ニウシナヒニキ」との所伝が見える（一七九頁）。範頼の突然の誅殺がさまざまな憶測を呼んだことが知られよう。

(15) 名字の地は、相模川沿岸に近く、現在、八王子街道の走る神奈川県相模原市南区当麻と思われるが、当地は、遊行二祖他阿真教の創建した時宗当麻派の旧本寺無量光寺（今日では藤沢の清浄光寺を本山とする）で知られる。

(16) 八月六日に、「故左衛門尉祐経横死之後、殊可レ候二昵近一」との下命を承けて参上し、十日には、結城朝光・梶原景季らとともに、早速、当麻太郎の尋問に当たっていた（『吾妻鏡』）。

三　大庭景義と岡崎義実

『吾妻鏡』は、建久四年（一一九三）八月の範頼伊豆配流（十七日）、同「家人」追討（十八日）、同「縁坐」による京の小次郎誅殺（二十日）に続けて、二十四日条に「大庭平太景義・岡崎四郎義実等出家」の記事を載せる。「雖レ無二殊所存一、各依二年齢之衰老一、蒙二御免一、遂二素懐一畢」との追記があるが、範頼失脚と連動した強要された出家であったことは、余りにも明らかであろう。この点をはじめて明確に指摘したのは永井路子であって、氏は、「裾野の事件の主謀者」は景義と義実で、事件は「相模、伊豆の御家人の勢力争い」であったとした（『つわものの賦』第八章。曾我兄弟は反北条＝景義・義実側である）。また、坂井孝一も、景義・義実ら「頼朝が推し進める体制に乗り遅れ（中略）不満を抱える御家人」たちが、「頼朝を廃し、範頼を擁立するという行動を起こ」し、「時政を中心とした伊豆の御家人たちとの間」の「武力衝突」にまで至ったものと捉えた（「源頼朝政権における曾我事件」、第一部第六章。曾我兄弟は北条側である）。

既に第一章第四節三・四項で指摘したように、私は、両説に共通する問題点として、大庭景義と岡崎義実とが「事件の主謀者」たるだけの実力を持ち合わせていたかどうか疑問であるとし、「相模、伊豆の御家人の勢力争い」とする観点も、当時の武士団が、「国」という令制に基づく行政単位でまとまる必然性自体に疑問があるとした。永井説の核心は、曾我兄弟を反北条のクーデター側に位置付けたことにあったが、坂井が、工藤祐経殺害が可能であったのは時政の手引きがあったからだとした批判はそのとおりであるにしても、説自体に筋は通っている。一方の坂井説は、氏の描く事件の全体像から、どうも曾我兄弟の敵討が浮いてしまっている印象を拭えず（第五章第一節四項）、十郎・五郎が、いわゆる「十番切」のあとに、新田忠常や堀藤次ら「伊豆の御家人」と刃を交えていることをどう理解したらよいか。何より、範頼が景義らに「擁立」されていたとすれば、範頼「縁坐」で誅殺された京の小次郎と、十郎・五郎の「一腹」の兄弟たちは、相互に敵対する側に立っていたことになるが、そうした理解でよかったのかどうか。私は、第一章第四節四項で、永井・坂井両氏の説は、三浦周行説を否定したことにそもそもの問題点が存したことを指摘していた。

さて、大庭景義（景能とも）であるが、真名本の前半部において重要な役割を演じていた。巻一、伊豆「奥野の狩」の段、余興として催された相撲の場で、弟の俣野五郎が二番続けて河津三郎に敗れ、両方が険悪となる中で、「老（をとな）」の「懐島の平権守景義」と「土肥次郎実平」が出て仲裁に入り、事なきを得たという場面があった（第三章第一節三項）。また、巻三では、「治承二年〈戊戌〉年（一一七八）」十一月のある夜、頼朝や安達盛長らが伊豆山に参籠した折に見た夢を景義が「合せ」（夢占）、「御先祖八幡殿（義家）の御跡を継ぎ、東国を靡かし」、やがて「日本秋津嶋の大将軍とならせ給ふべき御示現」と解いた（同六項）。そして、頼朝の治世が実現すると（巻四）、「夢合せ」を行った「引出物」として、「若宮の俗別当になされて、神人の惣官を賜」り、「その上に大庭の厨屋は先祖の本領なりけれども、代々の時、太多に分たれたりしを今度束ねてこれを賜る。（中略）随分と稠者にて朝恩に誇りける」とする（同七項・同、注4参照）。

真名本巻四、「引出物」の記述はなかなかに興味深いものがあったが、「代々の時、太多に分たれたりし」大庭御厨を、景義が「束ねて」賜った、つまり惣領地頭の権限が安堵されたとする点は如何であろうか。景義の本拠の懐島は大庭御厨の南西部に偏していた（第四章第三節一項・同、注11参照）。頼朝挙兵前における大庭氏は、弟の三郎景親が家督を務め、その本拠は一宮館に置かれていたと推測されるが、一宮館を継承したのは梶原景時であり、鎌倉党の中心は、本来庶流であった梶原氏に移っていたものと考えられる（同右、及び三項・〈付記三〉）。

一方、「若宮の俗別当になされて、神人の惣官を賜」ったとする点は『吾妻鏡』の裏付けがあって、治承四年（一一八〇）十月、鎌倉に入部した頼朝は、景義に命じて、由比郷の「下若宮」（現在の鎌倉市材木座「元八幡宮」）を「小林郷之北山」に勧請し、新たに「宮廟」を創建した。これが鶴岡「若宮」で（第一節一項・同、注4参照）、同書は「令㆓景義執㆒行宮寺事」とする（以上、同十二日条）[1]。

景義は、石橋山合戦従軍の後（治承四年八月二十日条）、鎌倉の地との歴史的関係から[2]、鶴岡若宮造営と併行して、頼朝の「鎌倉御亭」造作をも命じられており（同、十月九・十五日条）、十二月には、大倉郷の「新造御亭」（大倉御所）

の「御移徙之儀」奉行を勤めた（同十二日条）。翌年の「小御所御厩等」営作に関しても、本奉行として、梶原景時・一品房昌寛らとともに関わっているが（治承五年〈養和元〉五月二十四日条）、元暦元年（一一八四）八月、公文所造営の奉行には三善康信と二階堂行政が任ぜられており、「新造公文所」に門が建てられた当日、参集した中原広元や康信らに、景能の経営として酒が振舞われているのは（同二十四・二十八日条）、幕府の公的施設の造営奉行が、鎌倉の地に所縁の深かった景義から、次第に吏僚層の手に移行していく過渡的形態を示すものとして意義深いものがある。

文治五年（一一八九）の「奥入り」は、鎌倉幕府の全国的総動員体制に基づく出陣であった[3]が、景義自身は鎌倉の留守を命ぜられた（同、七月十七日条）。これより先、若宮の傍に造営が進んでいた塔婆の落成供養が同年六月九日に行われたが、造営奉行は公文所の二階堂行政を中心に、「公事奉行人」（同、建久二年正月十五日条）の筑後権守藤原俊兼・民部丞平盛時らが勤め、供養の儀は、やはり「公事奉行人」の隼人佐三善康清と梶原景時が担当しており、もはや景義の出番はなかった（同、文治五年三月十三日、五月八・十九日、六月九日条）。そして、第一節一項既述のように、建久二年（一一九一）三月四日の大火後の若宮再建や、改めて石清水を勧請した新造の「鶴岡八幡宮」の造営は、政所「令」（同、建久二年正月十五日条）の二階堂行政が中心となって進められていく（同、三月八日、四月二十六日条）。

保元の合戦で負傷し「缺（カタ）ワ者」（『源威集』。第四章第三節一項・同、注10参照）となった景義にとって、平家追討にも「奥入り」合戦にも従軍しておらず、彼は鎌倉の地所縁の者として、ひたすら大倉御所や鶴岡若宮造営に自己の居場所を見出すことになった。ところが、文治末年の頃から、公文所（政所）を中心とした幕府機構が次第に整備されていったのに伴い、建久以降、鶴岡八幡宮や幕府の造営は、完全に専門職である吏僚層の手に移っていった。建久二年（一一九一）八月一日、大火後再建された新造の御所で、景義は、千葉介常胤・小山朝政・三浦介義澄といった錚々たる大名を前に（その中に、岡崎義実も混じっていたが）、保元合戦の折、既に伝説的英雄と化していた鎮西八郎為朝と直接対峙した武勇を語った（『吾妻鏡』）。もはや景義に残されたアイデンティティーは、為朝に膝を射られた代償に会得した「勇士只可レ達二騎馬一事也」という兵法の極意のみであったと言えよう。

永井路子・坂井孝一両氏が相模側の主謀者の一人と見た岡崎四郎義実は、『曾我物語』にほとんど登場しない。真名本では、せいぜい、「岡崎四郎義実の女房も、北条（時政）の先の女房に御妹なれば、彼ら（曾我兄弟＝引用者）がためには岡崎も伯母聟なり」とする記述であったが（巻五）、他にそれを裏付ける史料はなかった（第四章第三節二項、注9）。「三浦庄司義継四男」（義明末弟）で、妻は「中村庄司宗平女」（土肥実平らの姉妹）であった（『吾妻鏡』正治二年六月二十一日条、建暦三年（建保元）五月三日条。『三浦系図』、一二頁。『千葉上総系図』、三七頁。「二男」義清は、宗平の子（実平弟）土屋三郎宗遠の養子となった）。義朝・頼朝と二代にわたり、相模における河内源氏の忠実な郎等（家人）であった三浦氏と中村一族との接点に義実が位置していたと言えよう。

義実は配所の頼朝の許に参候し、相模の住人としては土肥実平と並んで、数少ない「当時経廻士」の一人で、子の佐那田余一（与一とも）義忠とともに石橋山合戦に従軍し、義忠を失った（『吾妻鏡』治承四年八月六日条、二十・二十三日条）。義実は正治二年（一二〇〇）六月二十一日、八十九歳で没したから（同日条）、天永三年（一一一二）の生まれで、治承四年（一一八〇）当時は既に六十九、老齢の域に達していた。頼朝の「七騎落」説話に名を印し（第四章第三節二項）、その後、頼朝と木曾義仲との関係が一触即発の事態に陥った寿永二年（一一八三）三月、『長門本』（巻一三、四四三―四四六頁）や『盛衰記』（巻二八、中四三三―四四〇頁）に拠ると、天野遠景とともに使者として派遣され、[4]二人は、義仲の子、清水冠者義高（十一歳）を同道して鎌倉に帰還したとする。

理由は不明ながら、平家追討軍の交名に義実の名を見出すことができないが、[5]文治五年（一一八九）の「奥入り」には頼朝中央軍の一員として従軍し（『吾妻鏡』同年七月十九日条）、翌年の頼朝初度上洛に当たっても、「先陣随兵」十四番として入京を果たしている（同、建久元年十一月七日条）。

大庭平太景義と岡崎四郎義実は、建久四年（一一九三）八月二十四日、源範頼失脚に連座して出家を強要された。建仁元年（一二〇一）三月十日、地震後に起きた火災によって「懐嶋平権守旧跡」が焼けており（同）、景義は、懐嶋の本拠を残し、恐らく所領とともに、鎌倉の屋敷も没収されたものと思われる。建久六年二月、款状を捧げ、「自二義兵最初一」の「大功」を申し立てて、「三ヶ年」の鎌倉追放を許され、「列二今度御上洛供奉人数一、可レ備二老後眉目一」きことを庶幾った（同、九日条）[6]。願いは許され、南都に向かう「先陣・随兵」に加えられたばかりか、牛車に乗る将軍の直前、「三騎相並」んだ随兵六人のみを順に抄出すると、「下河辺庄司」行平・「八田右衛門尉」知家・「三浦（佐原）十郎左衛門尉」義連／「懐嶋平権守入道」景義[7]・「北条小四郎」義時・「小山（結城）七郎」朝光と、近習待遇の行軍である（三月十日条）。次項は、承元四年（一二一〇）四月九日条、「懐嶋平権守景能入道於二相模国一卒（卒）」とする記事であった。

一方、岡崎義実は、建久五年（一一九四）二月二日、泰時元服に当たり、「西侍・着座」の御家人中にその名が見え、景義より一年早く厚免されたものと思われる（『吾妻鏡』。但し、入道号を記しておらず、検討の余地を残す）。そして、景義同様、南都に向かう行列の「後陣・随兵」に加えられた（建久六年三月十日条。「岡崎四郎」とあって、景義の場合と異なり、これにも入道号を記さない）。

亀谷の寿福寺境内は義朝の旧跡で、当時義実の実子土屋次郎義清の所領であったが、そこに義実は、義朝の恩に報いるため「草堂」を設けていた。政子の御願として寿福寺造営が始まったのを機に、義実は、「不レ幾恩地、為レ訪二義忠冠者夢後一、有下施二入仏寺一之志上、所レ残僅立レ針、是更難レ覃二子孫安堵計一」と、政子に泣いて懇願したという。政子は「石橋合戦之比」の「大功」を思い、頼家に「充二賜一所一」るよう伝えることを約束した（以上、正治二年閏二月十二日・十三日条、三月十四日条）。義実も大半の所領を失っていたことが分かるが、この半年後の正治二年（一二〇〇）六月二十一日、八十九歳で死去した。「岡崎四郎平義実法師卒」とある（同日条）。

　大庭景義も岡崎義実も、建久以降進展する、吏僚層の抜擢に伴う「幕府のシステム化」の動きから取り残され、挙兵以来の絆を自負していた頼みの頼朝からも次第に敬遠され始める。その間隙に付け入ったのが北条時政であったが、時政としても、富士野のクーデター自体余程寝覚めが悪かったか、伊東祐親・大庭景親らの没後を弔うための「如法経十種供養」を伊豆国願成就院で修したのは建久五年（一一九四）三月二十五日のことであった（『吾妻鏡』）。私には、永井路子・坂井孝一両氏が主張するように、二人がクーデターの主謀者であったなどとはとても理解できない。厚免された二人の最後を飾るハレ舞台が、建久六年三月、南都に向かう頼朝供奉の「随兵」役であったことは、結局、彼らが頼朝との絆を断ち切れなかったことを示している。時政の目論見は失敗であったが、景義も義実も（義実の場合は理由が不明ながら）平家追討に出陣せず、従って、範頼とは長期にわたる困難な戦いを共有していなかった。坂井は、景義・義実らが「頼朝を廃し、範頼を擁立するという行動を起こ」したとしたが（先述）、二人が「範頼を擁立する」だけの親密な関係にあったとは思われない。

注

（1）関係記事が、治承五年（養和元）五月十三日・養和二年（寿永元）四月二十四日・寿永元年九月二十六日・文治二年十一月十二日・同四年十月二十日の各条に収められている。

（2）『吾妻鏡』文治元年八月二十七日条に、「御霊社鳴動、頗如二地震一、此事先々為レ怪之由、景能驚二申之一」とする記事が見えるが、今日の鎌倉市坂ノ下の御霊神社は、大庭氏や梶原氏などの鎌倉党が祖先と仰ぐ鎌倉権五郎景正（景政）を祀っている。

（3）拙著『鎌倉守護』論考、第二章第四節、一二二―一二五頁、一三二―一三三頁注一―九参照。

（4）両本ともに、「岡崎の四郎は三浦介（義明）が弟、東国にはおとな也、天野藤内はかまくら殿のきりもの也」とする（引用は『長門本』、四四四―四四五頁に拠る。『盛衰記』、四三八頁）。

（5）『四部本』巻九に、義経に従い、「播磨路」へ向かったとする記事があるが、前段に見える「侍大将軍」土肥実平の誤りと考えられる（下五四・三〇頁）。

（6）『吾妻鏡』建久五年十二月二日条は、「御願寺社被レ定二置奉行人一訖」として、「鶴岳八幡宮〈上下〉」の筆頭に「大庭平太景能」の名を記す。「入道」号が記されず、しかも当時は鎌倉追放の期間に当たっていたから、八代国治の言う「切張の誤謬」であろうかと思われる（「付記一」）。

（7）景義にのみ詳細な注を付し、「カチン（褐）ノ直垂、サキ（鷺）ノミノケ（蓑毛）ニテト（綴）ツ、押入烏帽子／弓手鐙ハスコシミシカシ、保元ノ合戦ノ時イラル、故也」とある。

四　土肥実平と嫡男遠平

北条時政が、実朝元服までの中継ぎとして、あるいは実朝の後見として範頼を擁立しようとする場合、大庭景義や岡崎義実に期待できないとすれば、誰を頼ったらよいか。その人物は、「システム化」が進行する幕府の現実から疎外され、且つ範頼とは深い信頼で結ばれており、慎重な範頼にとっては、説得に耳を傾けるだけの誠実な人柄の滲み出る者でなくてはならない。時政が着目したのは土肥実平以外に考えられないが、範頼と実平との結び付きに言及したのも永井路子であった（第一章第四節三項、『つわものの賦』第八章）。

二人の関係を伝えるものに、『吉見系図』に記された安芸国の米山寺（広島県三原市沼田東町納所）伝承があって、範頼が「為二頼朝名代一、西国合戦之時為二大将一、平家追討。帰陣時於二芸州一土肥次郎実平令二相談一、令レ建二立一寺一、号二米山寺一〈豊田郷ニ有。真露山〉。於二于今一範頼・実平之木像在二彼寺一」というものである（『続群書類従』一一七、系図部一二。第五輯上、四三五頁）。米山寺は、実際は、嘉禎元年（一二三五）、安芸国沼田荘地頭小早川茂平が建立した「不断念仏堂」に由来し、新盧山「巨真山寺」と称した氏寺で、隆景のとき現寺号に改称したとされる（現曹洞宗）[1]。氏寺は一族の結集を図るためのものであり、家の祖土肥実平を祀るとともに、実平が安芸国に進出したのは、「頼朝名代」大将軍範頼との深い絆によったものとする歴史認識に基づいた伝承であったと言えよう。

ところが、「建久四年曾我事件」における範頼と実平との関わりを想定する場合、忽ちに困難に直面する。既に永井が指摘していたように、『吾妻鏡』における実平最後出の記事は、建久二年（一一九一）七月十八日条、岡崎義実を相奉行とする「内御厩」造営奉行としての活動で、実平が「すでに死んでしまった」（永井）可能性があるからである。不思議なことに、『吾妻鏡』には、大庭景義や岡崎義実の場合と異なり、実平程の人物に関する卒去の記事がない。

大日本古文書『小早川家文書』之二、「小早川家系図」二号・沼田小早川家系図（実平条）に諸説が引かれていて、一つは、「相模国足柄下郡土肥堀之内村有二城願寺一、伝二言土肥家菩提所一、該寺所伝為二建久元年庚戌三月廿五日逝一、法名実渓大真也」とするものである。城願寺（神奈川県足柄下郡湯河原町城堀）の所伝は、『新編相模国風土記稿』巻三一、村里部・足柄下郡一一、早川庄・土肥堀ノ内村、同項にも見られ、『吾妻鏡』右建久二年の記事等を根拠に「寺伝謬なること知らる」と断じていた（二巻、一七二頁）。第二は同系図の記載で、「毛利元一所蔵家系」に依り、「建久二年〈辛亥〉十一月廿五日逝、法名通玄院仁山義公」とする。同系図の伝える「芸州米山寺」の所伝に「承久二年」とするのは、既に『新編相模国風土記稿』が指摘するように、建久の「誤写」であろう。系図の「建久二年」没説は、『吾妻鏡』最後出の記事に引きずられた可能性が推測され、「室源頼朝公女」とある点も、かえって系図の信憑性に疑問を投げかけるものとなっている。(2)

『吾妻鏡』建久六年(一一九五)七月十三日条に拠ると、「土肥後家尼」が参上して頼朝に拝謁している。彼女は、前掲『新編相模国風土記稿』、及び湯山学『相模武士』三(戎光祥出版、二〇一一年、七四頁)ともに「実平の妻」としており、実平は、建久二年七月から同六年七月の間に死去していたことが分かる。では、いま少しこの期間を詰められないかというと、建久六年三月十日、南都に向かう鎌倉方の行列において、牛車に乗る将軍に扈従の者として、「相模守」大内惟義・「源蔵人大夫」頼兼・「上総介」足利義兼らの源氏一門や、「三浦介」義澄・「比企右衛門尉」能員・「藤九郎」安達盛長らと並んで、「土肥荒次郎」の名が記載されている(『吾妻鏡』)。彼は実平の甥とも子ともされる新開荒次郎実重のことで(第四章第三節二項。第五章第三節一項)、一族を代表していたとすれば、実平は既に死去していた可能性が高い。更に遡って、建久五年十二月、薬師堂落慶供養に当たる導師下向の伝馬役が、実平の嫡男、「小早河弥太郎」遠平に課せられており(同十五日条)、当公事は相模国御家人役であって、他の負担者を見ると、「三浦介」義澄・「和田左衛門尉」義盛・「梶原平三」景時・「渋谷庄司」重国らの名が並んでおり(第四章第一節六項)、やはり実平死去が想定される。(3)

前年の建久四年と言えば富士野の狩が催された年であるが、『吾妻鏡』に実平の名はなかった(遠平の名も記載されていない)。ところが『曾我物語』は、真名本・仮名本ともに狩に参加していたとし(『東洋文庫真名本』2、巻八、一五七頁／「太山寺本」同、一四七頁。「流布大系本」同、三三一頁〔「土肥二郎父子」〕)、真名本に至っては、敵討の直前、曾我兄弟に「種々の酒菜を副へて」、前祝いとしての酒まで送り届けている(一五五頁)。真名本の記載を無条件に信頼する訳にはいかないが、実平(父子)が富士野の狩に参加したか否かは、実平と「建久四年曾我事件」との関わりを考察する本項にとって本質的な問題であって、以下、この点に留意しながら検討を進めて行きたい。

土肥実平は、相模国住人としては岡崎義実と二人、配所の頼朝の許に参候した「当時経廻士」で、第四章第三節二項で詳述したように、石橋山合戦自体が実平のテリトリーで戦われたものであった。頼朝の安否を心配する政子の許に、嫡男遠平が派遣されたのは、土地の事情に通暁していた故であったろう。

治承四年（一一八〇）十月、武蔵に入った頼朝は、江戸重長を言わば「武蔵国諸雑事」沙汰人に任じたが（同五日条）、重長の権限は限定的で、国内寺社に対する狼藉停止を実平が下知し、国住人の本知行地主職の安堵は時政と実平が施行した（同、十一月十四日・十二月十四日条。拙著『鎌倉守護』国別、第一章武蔵項、四七—四八頁）。武蔵は依然として半ば敵国であって、鎌倉方の占領地行政を必要としていたからである。この間、駿河黄瀬河宿に来訪した九郎義経を案内したのは実平であり、実平や土屋宗遠・岡崎義実らの中村一族が頼朝の本陣を固めていたことが知られる（同、十月二十一日条）。また、実平は、召預かっていた梶原景時を伴い頼朝に参候させた（同、治承五年〔養和元〕正月十一日条）。鎌倉幕府の誕生期において、土肥実平に対する頼朝の信頼は絶大なものがあった。

寿永二年（一一八三）十二月に鎌倉を発った木曾義仲追討軍において、実平は範頼指揮下の大手軍に属したが、(4)翌寿永三年（元暦元）二月の一谷戦に際しては、田代信綱とともに義経搦手軍に配属され、(5)合戦後、捕虜となった平重衡の警固を勤めた。(6)重衡の離京と前後して、甲斐源氏板垣三郎兼信を「一方追討使」とし、実平が従軍する平家追討軍先遣隊が西海に向かった（兼信使者の報告に拠ると、出京は三月八日であった〔『吾妻鏡』同十七日条〕）。それより以前、二月十八日に梶原景時と土肥実平は、「専使」＝「近国惣追捕使」に任ぜられている（『吾妻鏡』同二月十八日条、元暦二年〔文治元〕四月二十六日条）。担当は景時が播磨・美作二か国、実平は三備諸国であり、(7)これこそ、「西国」で成立した鎌倉幕府守護制度の直接の淵源をなすものであった（拙著『鎌倉守護』論考、第二章第二節「播磨・美作／備前・備中・備後」

項。同・国別、第八章各項）。

「御門葉」（源氏一門）に列なる「一方追討使」板垣兼信は、実平の地位と権限を理解できず、「実平乍レ相二具此手一、称レ蒙二各別仰一、於レ事不レ加二所談一、剰云二西海雑務一、云二軍士手分一不レ交二兼信口入一、独可二相計一之由、頻結構」と不満を頼朝に直訴した（『吾妻鏡』寿永三年（元暦元）三月十七日条）。頼朝は、兼信の訴えを「許容」しなかったが、その根拠は、実平の「貞心」という心ばえばかりでなく、「守二眼代器一、委二付西国巨細一訖」と、実平の立場が「蒙二各別仰一」った頼朝直轄の「眼代」であって、「西国巨細」＝「西海雑務、軍士手分」事務は、頼朝自らが「委付」したものであったことを明言している。

また、野口実氏は、実平の補任理由について、伊藤は「梶原景時と同様に「相模の中堅武士団としての実力」に求めているが（中略）、東国には土肥氏クラスの武士は他にも多く存在しているから説得力に欠ける」として、「実平もまた、三備地方に利権を持つ京都の権門と私的な関係を有していた可能性が認められ、それが惣追捕使登用の理由と考えられる」と私見を批判されている（「平家と瀬戸内の武士」『芸備地方史研究』二八二・二八三号、二〇一二年、一一頁註四）。これは、私が、従来の鎌倉方占領地域における行政官である「国務・検断沙汰人」には在庁官人や頼朝側近が任用されたのに対して、平家に直接対峙する最前線の軍事指揮官に、景時や実平が抜擢された理由を述べたものであって、この「専使」＝「近国惣追捕使」にこそ、「後の鎌倉幕府守護制度の直接の淵源」を見い出すからに他ならない（拙著・論考、四四・七三―七四頁）。なお、源義朝と軍事行動をともにした中村庄司宗平（第四章第三節一項）を父にもつ実平が、内乱期以前、氏の言われるように「京都の権門と私的な関係」を結ぶ事態などおよそ想定できる状況になく、また、当時の頼朝が、軍事力を期待して要職に抜擢する場合、挙兵以来の伊豆・相模の御家人に限られ（梶原景時は例外であるが、彼も相模の住人であった）、頼朝が信頼する「武士は他にも多く存在してい」たとは思えない。

さて、平家方と最前線で対峙する三備諸国の「専使」＝「近国惣追捕使」に任ぜられた実平にとって、常在戦場の日々が続いており、元暦元年（一一八四）六月には、嫡男の「早川太郎」遠平が指揮する「備後国之官兵」が平家軍に追われ、播磨の梶原景時の軍勢が備前に向かったとする情報が京都にもたらされている（『玉葉』同十六日条）(8)。範頼が率いる幕府軍一千余騎が鎌倉を発ったのは八月八日のことで（『吾妻鏡』）、範頼は「追討使官符」を賜り（二十九日）、九月一日から翌日にかけて、平家軍の掃討を目指し西国に下向した(9)。平家物語諸本のうち、『四部本』に「九月二日、参河守西国へ趣ク。今度ハ土肥次郎（実平）ヲ侍大将軍ト為シ、山陽道ヲ経テ、長門国へ下ラントス」と見え（巻一〇、下一三九頁）、『盛衰記』も「九月二日、参河守範頼平氏追討ノ為ニ、西海道ニ下向ス」として、「土肥次郎実平父子」の従軍を記す（巻四一「屋島八月十五夜付範頼西海道下向事」、下三三二頁）。ところが、諸本の多くが余程実平と義経とを合体させたかったらしく、屋島もしくは壇ノ浦合戦の直前における義経と梶原景時の争いを描き、止め男として実平を登場させている(10)。

事実は、幕府軍の進駐に伴い新たに占領下に置かれた諸国に、「追討使」源範頼の軍政が布かれ、その解除後、三備諸国に次いで芸防長三か国もまた土肥実平が惣追捕使に任ぜられたのであって、この間の事情が最もよく知られるのは長門の場合である。即ち、『長門国守護職次第』（『続群書類従』九一、補任部。第四輯上、三六四頁）に、

八　三河守殿〈範頼、没収跡地頭職御知行、被レ任二佐渡守一〉

九　土肥次郎実平〈号二惣追捕使一、代官土岐次郎〉

とする記事があって、「追討使」範頼による占領地軍政最大の課題が平家方所帯跡の没収と、同書に言う「地頭職」の補任であったことが確認できる。平家滅亡後の元暦二年（文治元・一一八五）四月、範頼は「暫任二九州一、没官領以下事、可レ令三尋二沙汰之一」と命ぜられているから（『吾妻鏡』同十二日条）、実平の長門国「惣追捕使」補任もこの頃の

ことで、最も重要な職務は「追討使」の軍政を引き継ぐことにあったろう(以上、拙著『鎌倉守護』論考、第二章第二節「安芸・周防・長門」項。同・国別、第八章各項)[11]。従って、「追討使」範頼と後任の「惣追捕使」実平との間に、状況の認識に食い違いが生じてはならず[12]、後の安芸国米山寺伝承が伝える二人の絆は、戦況が厳しさを増すが故に、いっそう緊密の度を増していったものと思う。

壇ノ浦戦後、実平は、現地に遠平を残し、生捕りの平宗盛・時忠らを引率するという重責を担って京都に入った(『吾妻鏡』元暦二年〔文治元〕四月二十六日条)。文治元年十月には鎌倉に帰っており、土佐房昌俊が義経襲撃に失敗した後[13]、幻に終わった頼朝親征軍の「先陣」を勤め、そのまま、北条時政に先立ち、上洛することになる(同、十月二十九日条、十一月十九日条)。その後、「奥入り」合戦に、父子ともに頼朝指揮下の中央軍に従い(同、文治五年七月十九日条)、建久元年(一一九〇)、頼朝の初度上洛時においても「先陣随兵」を勤めている(同、十一月七日条)。注目されるのは、頼朝の「右大将御拝賀」に当たって「随兵七騎」に撰ばれていることであり、その交名は次のとおりであった(十二月一日条)。

北条小四郎(義時)　小山兵衛尉朝政　和田太郎義盛　梶原平三景時　土肥次郎実平　比企藤四郎能員　畠山次郎重忠

そして、『吾妻鏡』最後出となる、既述の建久二年七月十八日条、「内御厩」本奉行の記事へと続くことになる。先に見た「小早川家系図」のように、実平が同年十一月二十五日に死去したとすれば、なぜ『吾妻鏡』に記載がないのか、納得できないものがあろう。

実は文治以降、頼朝との関係に僅かなひび割れが生じ[14]、建久に入って、取り分け二年の後半から修復不可能な亀裂に増幅していった可能性が推測される。その点で気にかかるのは、実平・遠平父子ともに、石橋山以来の困難な戦いの中で実績を残しながら、何の官位も得ていないことである。建久元年の上洛時に、頼朝は御家人十人の任官を申請した(『吾妻鏡』同十二月十一日条)[15]。そのうち、例えば三浦介義澄や梶原景時の場合、自身の賞を子の義村や景茂に譲っているので、実平が無官であったとしても、父子が候補にすら上らなかった理由が分からない。

今一つ触れなければならないのは、私は、拙著『鎌倉守護』国別において、「西国」で成立した守護制度の展開に関し、寿永三年(元暦元・一一八四)一月の木曾義仲滅亡後の平家追討を目的とした「惣追捕使」制をⅠ期、文治元年(一一八五)十一月に勅許された義経・行家追捕を目的とした「惣追捕使」制をⅡ期、建久元年(一一九〇)十一月の頼朝初度上洛時以降に成立した守護制度をⅢ期として考察を進めた(「緒言」、六頁)。実平の場合、備前以西の山陽道諸国、及び出雲に在職徴証が得られたが、推測を含め、いずれもⅠ期・Ⅱ期の「惣追捕使」に限られていた(第八章各項〈長門はⅠ期のみ。「代行」は遠平が勤めた〉。第七章出雲項〈Ⅱ期のみ〉)。実平と同時期に、播磨・美作の「専使」=「近国惣追捕使」に任ぜられた梶原景時が、そのままⅢ期の守護に移行しているのとは対照的である[16]。

厚い信頼関係に結ばれていた頼朝と実平との間に、文治以降、徐々に亀裂が生じたとすれば、少なくとも三つの理由が考えられる。第一は、範頼と実平との絆が、「無レ船粮絶」た絶望的戦況故に緊密になればなる程、頼朝の疑心が増幅していったのではないかと考えられることである。第二に、実平が進出した山陽道諸国の問題がある。当該地域には公家及び京都や南都近辺の大寺社の荘園が集中しており、例えば、実平が「内大臣」徳大寺実定家領備中国大嶋荘(浅口郡)を「押妨」したとか(『吾妻鏡』文治二年六月十七日条。拙著『鎌倉守護』国別、第八章備中項、三七四頁)、賀茂別雷社領備後国有福荘(甲奴郡)「実平狼藉」(同、文治二年九月五日条)といった事態は、当時は一般的に有り勝ちの現象で、いずれも兵粮米催徴に関わるトラブルであったと考えられる。むしろ注目すべきは、公家や大寺社に言わば《土肥人気》とでも言うべき世評が見られたことである。

先に、平家物語諸本が、屋島や壇ノ浦合戦における実平の義経従軍を記していたことを指摘したが（典拠は注10参照）、これは言わば人気の高い者同士を組み合わせ、読者の受けを狙った通俗小説的技法とも言うべきものであった。『盛衰記』にはまた、南都側との交渉、重衡処刑に立ち会ったのは実平であったとする「南都ヨリ出」た伝承が見られる。[17]これは恐らく、一谷戦の後、捕虜となった重衡を実平が召預かったことや、壇ノ浦戦後に、平宗盛・時忠らを率いて入京した事実（いずれも先述）とを混同したもので、実際、鎌倉から重衡を護送したのは、頼兼ら源三位頼政の子孫であり、[18]その点、『盛衰記』に言う「世ニ流布ノ本」に記された「異説」のとおりである。こうした《土肥人気》は、『愚管抄』にも窺われるところで、石橋山から箱根にかけて敗走を重ねる頼朝の「傍」を離れることがなかった「フルキ者」実平は、頼朝に「大将軍」としての作法を示したとして、「イミジキ事ドモフルマヒケルトカヤ」と特筆されていた（巻五・安徳、二五二―二五三頁。第四章第三節二項）。

公家や大寺社に広まった《土肥人気》に、範頼との関係も加わって、頼朝は義経に対してと同質の危惧を実平に懐いたようである。頼朝が牙を剝いた最初は備後国大田荘（世羅郡）が舞台であった。大田荘に関しては数多い研究業績の蓄積があり、ここでは永原慶二の総括的論文に拠って、簡単に触れておきたい（講座日本荘園史『中国地方の荘園』所収「備後国／大田荘」、吉川弘文館、一九九九年）。当荘は、永万二年（仁安元・一一六六）正月、平重衡の寄進によって成立した後白河院領で、平家滅亡後、当然「没官領注文」に編入されるべきところ、院は、文治二年（一一八六）五月、高野山金剛峯寺根本大塔領に寄進した。永原は、「平氏没官領とされることをさけるための緊急措置と解」している（一六二―一六三頁）。[19]備後国「惣追捕使」土肥実平（遠平は「代行」として在国）は、謀叛人跡として大田荘を収公し、自らの知行下に編成していた。「惣追捕使」として当然の職務である。頼朝は、院と高野山の圧力から実平父子を守り抜くどころか、逆にその圧力を槓桿に、実平父子に圧迫を加えた節がある。七月にかけて、実平の知行は停止され、遠平は現地から退出させられる結果を招いた。[20]遠平と、開発領主の流れを汲む下司橘兼隆・大田光家との結び付きが頼朝の琴線に触れたようであるが（永原、一六四頁）[21]、国住人の御家人編成は「惣追捕使」の基本的職務であった（前掲、拙著・論考、第二章第二節、七五頁）。景時が、「国人播磨国惣追捕使芝原太郎長保」を自らの「与党」に編成したことと余りに大きな隔たりがある（『吾妻鏡』正治二年二月二十日条。拙著、右に同じ）。のち建久七年（一一九六）のことになるが、頼朝は、下司の兼隆・光家を「謀叛之咎」によって鎌倉に召喚し、吏僚層の頂点に位置する三善康信を、「謀叛人之跡」を理由に地頭として送り込んだ（永原、一六五頁）[22]。頼朝の真の目的が垣間見える。

頼朝と実平との間に生じた亀裂として想定される第三の問題は、実平が進出した山陽道諸国が、同時に平氏の基盤であったことに基づく。その点を象徴しているものが、安芸国厳島社をはじめとする平氏の一宮支配と、有力家人、備中の瀬尾兼保（妹尾兼康とも）であって、この接点に位置していたのが「備前国住人吉備津宮王藤内」であった（第五章第一節三項。以下同じ）。そして、王藤内の「本領」を平家与党＝謀叛人跡として没収し、七年もの間「囚人」とした原判決を下したのは、備前国「惣追捕使」土肥実平以外には考えられなかった。「王藤内」＝備前一宮吉備津宮社司大森氏（榎原雅治）の場合は、恐らく小松家の家人で、「一所傍輩のネットワーク」（野口実）で結ばれ、今や鎌倉殿の「稠者」となった工藤祐経を介して再審を依頼し、「本領」を回復することができたのである。同様の事例は他にも想定でき、そうであればあるほど、実平の立場と内乱期の実績が失われていくことになる。厄介なことに、祐経の最初の妻は、伊東祐親の二女「万劫」で、彼女はその後遠平の妻となっていたのであるから、土肥氏の祐経に対する感情には複雑なものがあり、結局祐経を重用する頼朝不信へと向かわざるを得なかったであろう。私は、『曾我物語』に接した当初、祐経と同宿しただけの「王藤内」を曾我兄弟はなぜ執拗に殺害したのか疑問に思っていたが、土肥実平・遠平父子を介在させることによって、兄弟による「王藤内」殺害にはそれだけの必然性が存在していたことを理解したのである。

土肥氏は、文治以降、次第に頼朝から疎まれ、「幕府のシステム化」が加速度的に進行した建久二年（一一九一）の後半に入って、幕府中枢の位置から完全に疎外されていった。そこに、北条時政が、実力者であっただけに、大庭景義・岡崎義実以上に実平に着目した根拠があり、翌年八月の実朝誕生後は、成人に至る中継ぎもしくは後見として範頼を擁立するキーパーソンとして期待するようになった。しかも、実平父子は、自分が手元に置く曾我兄弟とさまざまな縁で結ばれている。今や工藤祐経は兄弟と共通の敵と化したばかりか、真名本に拠ると、そもそも彼らの亡父河津三郎の烏帽子親が実平であり（第三章第一節三項）、遠平の妻は、兄弟の祖父伊東祐親の二女で、河津三郎の遺児兄弟を何かと気遣ってくれた「早河の伯母」その人であった（第四章第一節八項）。敵討そのものに対する実平の助力について、真名本は、敵討の直前、曾我兄弟に「種々の酒菜を副へて」、前祝いとしての酒を送った程度のことしか記していなかったが（『東洋文庫真名本』2、巻八、一五五頁）、実平・遠平父子は、何くれとなく兄弟に手を貸したとされる和田義盛や畠山重忠より、余程兄弟との関係が密であったのである。実平は「建久四年曾我事件」と深く関わっていたと考えざるを得ない。

『吾妻鏡』は実平卒去の条を欠いており、あるいは建久四年（一一九三）五月の富士野の狩以前に死去していたかも知れないし、『曾我物語』記載のとおり実際に狩に参加していたとすれば、範頼が失脚する八月以前に病死したか、場合によっては自害したかも知れない。しかしながら、私が実平の事件への関わりを確信するのは、『吾妻鏡』における嫡男遠平関係の記事にも裏付けられている。即ち、建久三年十一月二十五日条、永福寺供養に赴く将軍供奉の「先陣随兵」中にその名が見えていたが、次項は、先に実平死去を示すとして引用した、導師下向の伝馬役に関する建久五年十二月十五日条まで飛んでしまい、建久四年の記事を全く欠いていることである。中村一族で言えば、土屋義清や新開実重の名が窺われる富士野の狩に（五月八日・二十九日条）、遠平が参加しなかった筈がなかろう[23]。遠平の事件への関与が積極的なものであったか、父の連座程度に過ぎなかったか、確かなことは分からないが、彼が処罰の対象とされたことに間違いはあるまい。遠平が、この後、『吾妻鏡』に登場するのは、正治二年（一二〇〇）正月十三日条、頼朝一周忌に当たる当日、頼家に椀飯を献じたとする記事と、建仁二年（一二〇二）五月三十日条、早河荘を中分して、土肥弥太郎遠平の「預所」職を停止し、箱根山に寄進したとするもので、土肥氏の決定的没落を物語る記事が最後出となった[24]。そして、承元四年（一二一〇）六月三日条に、丸子河（酒匂川）辺で、「土肥・小早河之輩」と「松田・河村一族」との「喧嘩」の記事があって、原因は「先祖武功之勝劣」を争ったものであったという。両者ともに、まさに《貧すれば鈍す》と言うべき時代に変わっていた。

『小早川家文書』之二、「小早川家系図」一号、万寿冠者「景平」条に、「平賀殿（源義信）御子息一人可ㇾ奉ㇾ養之由、遠平以㆓書状㆒申入」たところ、頼朝から「神妙」だとする御返事を頂いたとする記述がある。遠平と義信との関係は、義信の室が比企尼の三女で、前夫伊東九郎と遠平の妻はともに伊東祐親の子であったという以外になく（第四章第三節二項、注8参照）、恐らく処罰が解かれた建久五年以降に、頼朝の歓心を買うための申し出であったろうか。興味深いのは、鎌倉後期の安芸国沼田荘に関する小早川嫡家と庶流との相論において、「安直・（沼田）本庄・新庄以上三箇所者、右大将家（頼朝）御時、高祖父土肥太郎遠平為㆓勲功賞㆒令㆓拝領㆒畢、遠平養子小早河二郎景平相伝」と記した訴状に、論人側の嫡家は異論を唱えていないことで[25]、鎌倉時代の小早川氏は意識的に実平の名を出すことを憚っていた節がある。

遠平以後も一族には苦難が続き、養子の景平は、恐らく元久二年（一二〇五）の実兄平賀朝雅（朝政）失脚（第二節二項、注15参照）に連座し、所領が収公されていた可能性を捨て切れず、遠平の実子惟平の場合は、「和田合戦」で義盛方に与し梟首されていた（第四章第三節三項）。但し、この時は景平系は罪を免れることができたようである。[26] 景平の嫡男茂平は、沼田荘の領家西園寺公経家との関係を踏まえて、[27]「在京」人として活動の舞台を京都に移し、美作守の官途を得て、小早川氏が室町・戦国の世を安芸国国人として生き延びていった素地を築いた。[28]

注

（1）大日本古文書『小早川家文書』之一、「小早川家証文一」三五号、応永五年十月八日小早川宗順（春平）巨真山寺置文案写。同四号、嘉禎四年十一月十五日西園寺公経家政所下文案写（『鎌倉遺文』七巻五三二二号）。茂平は、嘉禎四年、「為レ奉レ祈二三代将軍之頓証菩提一」に、「塩入荒野」を開発して、念仏堂の「仏餉灯油并修理料」施入を願い出て、領家西園寺家の認可を得た。石井進『中世武士団』（一八二―一八五頁）、日本歴史地名大系『広島県の地名』「米山寺（べいさんじ）」項（一九八二年、四二九頁）参照。

（2）『小早川家文書』之二、「小早川家証文二」六二号、永享五年六月日小早川氏知行現得分注文写に、「常建（則平）知行分」として「霊山実平墓所」の記載が見える。高橋昌明は、「霊山」の地とは、「京都東山の八坂の一角霊山（りょうぜん）坂のことで」、「この頃霊山（霊鷲山）の一帯が墓域であった」とし、「実平の没後若干の年月の後、土肥郷より分骨された遺骨をもとに追善のための墓が京都東山霊山の地に設けられたといった事態を想定して」いる（「西国地頭と王朝貴族―安芸国沼田荘地頭小早川氏の場合―」『日本史研究』二三二号、一九八一年、一七―一八頁）。正嘉二年（一二五八）七月十九日小早川本仏（茂平）譲状案（「息男（竹原）政景分」）に拠ると、「霊山不断念仏時衆六口」の存在が知られ（『小早川家文書』之一、「竹原家証文一」、五二号。『鎌倉遺文』一一巻八二六八号）、「霊山実平墓所」は、「在京」人であった茂平（遠平の養子景平（第四章第三節二項、注8）の嫡男。建治元年「六条八幡宮造営注文」、三七一頁）によって建立されたものであろう。

（3）『吾妻鏡』建久三年二月五日条に、「土肥弥太郎」遠平を、「相模国早河庄」の「惣領」地頭とする記事が見える。早河荘（神奈川県小田原市）は近衛基通家領で（同、文治四年六月四日条）、本来早川流域の山間部に成立した牧が発展し、東部の山王川流域を中心に展開した荘園であった（『神奈川県の地名』「早川牧・早川庄」項、六八四頁）。『吾妻鏡』の記事は、実平の建久二年死去説を裏付けるものの如くであるが、その本貫は「土肥郷」（足柄下郡湯河原町）であって、実平の生死はここからは判断できない。

（4）『延慶本』五本ノ七、七一〇頁。『盛衰記』は巻三四に、富士川渡河に当たって、「蒲御曹司（範頼）宣ケルハ、軍ノ談議ヲハ土肥次郎（実平）ニ申合スヘシトコソ、佐殿（頼朝）ハ仰有シカハ、彼ヲメセトテ召レタリ」とあるが（中七六五頁）、巻三五「範頼義経京入事」の段では、「土肥次郎実平・嫡子弥太郎遠平」は義経搦手軍に属して宇治に向かったとする（七七〇頁）。

（5）『吾妻鏡』寿永三年（元暦元）二月五日条。『延慶本』五本ノ二〇、七四二・七四五頁。『盛衰記』は「関東ノ評定ニハ、梶原平三（景時）ハ侍大将軍ニテ九郎義経ニ付、土肥次郎（実平）ハ侍大将軍ニテ蒲冠者（範頼）ニ相従ヘシト定ラレタリケルニ、実平ハ範頼ヲ捨テ、九郎義経ニ付、景時ハ義経ヲ離テ、五百余騎ヲ引分テ、蒲冠者ニ属ニケリ」とする（巻三六、下二四頁）。

（6）『吾妻鏡』に拠ると、明石浦において重衡を生捕りにしたのは梶原景時らであったが、実平が牛車に同乗して推問に当たり、西海発向を命ぜられたため、身柄を義経に引き渡したとする（二月七・十四日条、三月二日条）。

（7）『闘諍録』に、「然ル程ニ、源氏、八嶋ヲ迫メントスレドモ、船無ケレバ、土肥次郎実平・梶原平三景時ヲ以テ、播磨・美作・備前・備中・備後等ヲ守護セシメ、山陽道ヲ守ル」とある（八之下、三六七―三六八頁）。

（8）『盛衰記』に、「備前児島ノ城ハ、去冬（元暦元年冬）土肥次郎実平、塩干ニ渡瀬ヲ求テ、暗ノ夜五十余騎ヲ率シテ、攻寄テ鬨ヲ発シケレハ、(中略)其後ハ備中・備前ノ輩、悉官軍ニ相従ケル処ニ、此春(元暦二年〔文治元〕春)又平氏二百余艘ノ兵船ヲ調テ、夜半ニ彼城へ寄テ合戦シケル程ニ、実平軍敗テ、息男遠平創ヲ被リ、家人多ク討捕レケリ。船軍ノ事、西国ノ賊徒ハ自在ヲ得タリ。東国ノ官兵ハ寸歩ヲ失テ、実平毎度ニ敗ラレケリ」とあって(巻四二、下三五七—三五八頁)、困難な戦いを強いられていたことが分かる。

(9)『吾妻鏡』同年九月十二日条、元暦二年(文治元)正月六日条。『百錬抄』九月二日条。

(10)〔屋島〕『延慶本』「源太(梶原景季)をは土肥次郎実平懐たり」(六本ノ三、八五五頁)。『盛衰記』「土肥次郎実平ハ源太(景季)ヲ抱」(巻四一、下三四九頁)。〔壇ノ浦〕『長門本』「判官(義経)の馬の口に土肥の次郎実平・三浦介義澄、左右の輿に取付て」(巻一八、六六八頁)。『覚一本』「梶原(景時)には土肥次郎つかみつき」(巻一一、下三一八頁)。

(11)『長門国守護職次第』については、拙著・国別、第八章長門項、四〇一頁参照。

(12)『吾妻鏡』に、「参州(範頼)日来在二周防国一之時、武衛(頼朝)被二仰遣一云、令レ談二于土肥二郎(実平)・梶原平三(景時)一、可レ召二九国勢一」とあった(元暦二年(文治元)二月十四日条)。

(13)『長門本』に拠ると、昌俊は元興福寺「西金堂衆」であったが、悪行により「大番衆」であった実平に預けられ、その後、「土肥と親しく成」り、「土肥と云合せて北条に下て兵衛佐(頼朝)に奉公す」とする(巻一、三二頁。『延慶本』一本ノ一一、三三頁)。

(14)「奥入り」合戦時、頼朝軍の平泉進駐の後、泰衡が赦免を求めたことがあった。それに対する処置をめぐって、『吾妻鏡』は、実平の進言が却下されたことをわざわざ記していた(文治五年八月二十六日条)。

(15)真名本巻四にも関連の記述がある(『東洋文庫真名本』1、二〇二—二〇三頁)。『吾妻鏡』に記された十人を、人名のみ順に抄出すると、「千葉介常胤　梶原景時　八田知家　三浦介義澄　葛西清重　和田義盛　三浦(佐原)義連　足立遠

元　小山朝政　比企能員」となる。一方、真名本は、「十人」としつつ実際は十一人の名を記しており、梶原源太景季の左衛門尉任官が付け加わっている。

(16) 景時は、その他、淡路国Ⅰ期「惣追捕使」に任ぜられており(第九章同項、四三〇頁)、弟の朝景が土佐国Ⅱ期「惣追捕使」を勤めた(同、四五八頁)。

(17) 巻四五「内大臣京上被レ斬付重衡向二南都一被レ斬并大地震事」。下五五五頁に、「已上ハ南都ヨリ出タリ、次ノ説ハ世ニ流布ノ本也、異説ニ云」とする記述が見られる。

(18) 『吾妻鏡』元暦二年(文治元)六月九日条。『吉記』同二十二日条。『愚管抄』巻五、二六六―二六七頁。

(19) 仁安三年、「御調郡内尾道村田畠伍町」を大田荘「倉敷」とすることが認められた(『平安遺文』七巻三四七八号、「高野山文書」宝簡集、同年十月日大田荘下司・沙汰人等愁状及び国司外題等)。今日、広島県尾道市の浄土寺は真言宗泉涌寺派の寺院であるが、かつての高野山との関係を窺うことができる国宝多宝塔などが遺存している。

(20) 『鎌倉遺文』一巻一二五号、「高野山文書」又続宝簡集、「文治二年」七月七日後白河法皇院宣案。一三一／一四九号、「高野山文書」宝簡集、「文治二年」七月二十四日／八月一日頼朝書状。『吾妻鏡』同七月二十四日条(「為二仙洞御願一、為レ被レ宥二平家怨霊一、於二高野山一被レ建二立大塔一、自二去五月一日一、被レ行二厳密御仏事一」とある)。拙著『鎌倉守護』国別、第八章備後項、三七八頁・三八〇頁注二。

(21) 高野山側は、「下司兼隆・光家等」が、「号二遠平知行之時所レ給門畠門田一、押二領百余町田畠一、不レ令レ弁二済合夕所当一事」を「非法」として、院庁に訴えている(『鎌倉遺文』一巻四九五号、「高野山文書」宝簡集、建久元年十一月日金剛峯寺大塔供僧等申状案)。

(22) 『鎌倉遺文』二巻八六七号、「高野山文書」宝簡集、建久七年十月二十二日前右大将家政所下文案。同一〇七八号、

「高野山御影堂文書」、「正治二年」九月八日関東御教書案。

(23) 真名本に拠ると、鎌倉への帰途、頼朝は「佐河(酒匂)の宿に着き給ひしかば、土肥弥太郎遠平を以て曾我太郎(祐信)を召され」たという(『東洋文庫真名本』2、巻十、二四八頁)。遠平の参加が事実としても、頼朝が、一族の新開実重に五郎の尋問を命じたのは、遠平の妻が五郎にとって「早河の伯母」という余りにも近い関係にあったが故であろう。

(24) 義朝の乳母であった「摩々局」や、頼朝誕生の折、乳付として参上した「摩々尼」はともに早河荘に住み、その「惣領地頭」が遠平であった。野口実は、「中村氏一族の出身あるいは縁者である」としたが(第四章第三節一項、注6)、比企尼をはじめ数多い頼朝の乳母のうち、ただ一人『吾妻鏡』に出身が明記されなかった所以であったろう。

(25) 『小早川家文書』之一、一一五号、『椋梨家什書二』文永三年四月九日関東下知状(『鎌倉遺文』一三巻九五二一号)。訴人は、「新庄」椋梨家の竹王丸(後の定平のことで、祖父は景平の子季平であった)で、論人が景平の嫡男、「本庄」嫡家(沼田家)の美作前司茂平(法名本仏)である。

(26) 以上、『広島県史』中世、I二「地頭領主の成長」(一九八四年、二七—二八頁。執筆錦織勤)参照。

(27) 注1参照。また、注25、関東下知状所引の竹王丸訴状に、「本仏(茂平)子息政景参ニ候故今出河入道太政大臣(西園寺公経)家ニ」と見える。

(28) 建治元年「六条八幡宮造営注文」、「在京」人項の筆頭に、「小早河美作入道(茂平)跡　十五貫」とある(三七一頁)。本項冒頭に記した安芸「米山寺」伝承(『吉見系図』)が語られ始めるのも、京都に「霊山実平墓所」(注2)が設けられたのも茂平期と思われるが、注25所引関東下知状を踏まえると、それが家の外に伝えられることはなかったであろう。

第四節　三浦氏

一　『曾我物語』と『吾妻鏡』に見る三浦氏

事件が起こった建久四年(一一九三)の『吾妻鏡』正月二十日条に、「三浦介一族等、背二義澄支配一之由、依レ有二其聞一、早可レ令二叙用一之旨、被二仰下一云々」とする不可解な記事が見える。これについて、庶流による「独立」の動きと見る理解が一般的であり(1)、坂井孝一は、その点を踏まえながら、氏の言う曾我事件の相模側の主謀者岡崎義実を想定して、次のように述べる。「この記事でより重要なのは、相模国という幕府の拠点となる地において武士団内部の紛争・対立の火種が醸成されつつあったこと」で、三浦一族の場合、和田義盛や岡崎義実など「独立性の強い有力御家人が多」く、「彼らと惣領義澄との間に何らかの確執・摩擦が生じていたことを示唆するものである」と(「建久四年の狩りの前提」、第一部第四章、一〇九頁。初出二〇一〇年)。果たして、「建久四年曾我事件」と関連のある記事なのかどうか。関連するとしても、岡崎義実に相模側の主謀者たる力はなく(第三節三項)、三浦義明の末弟であったにせよ、頼朝の挙兵以来、中村一族の一員として行動してきた義実(第四章第三節二項、注11)に関わるものなのかどうか、なお検討を要しよう。

一方、『曾我物語』、特に仮名本には、三浦氏(一族)に対する言わば《悪意》としか思えないような逸話が見られる。

その典型的なものが巻六「盃論」に描かれた和田義盛であったが、夙に津田左右吉が、幸若舞曲「和田酒盛」などについて指摘していたように、それは「曾我物」の展開に関わる問題であった（第一章第二節一項。第三章第二節一項、＊3）。曾我兄弟の敵討に、あれ程親身になって手を貸していた義盛が、巻六では、突如虎を挟んで十郎と恋の鞘当てを演ずるという敵役に変じ、我々をはなはだ困惑させるが、山西明に拠ると、「盃論」は、「現存の仮名本系諸本のすべてが有する話」であったという（同右、＊3）。

また、仮名本巻四には、真名本には見えない、十郎と三浦氏とのトラブルを示す二つのエピソードが収められていて、同右＊3でも概述したが、一つは、三浦義村との軋轢である（一三六―一三八頁）。義村の妻は土肥遠平の娘であったが、[2]物語は、「従姉妹」の関係にあった十郎と義村の妻との幼い時からの淡い恋情を語る。ところが、その仲を知らない遠平が、やはり「従姉妹」同士の義村との縁談を進め、その結果、十郎と義村との間に、遠平の娘をめぐる三角関係が生じたとするものであった。そしていま一つ、日頃から兄の遺児兄弟を気遣ってきた「三浦の伯母」が関係したトラブルを挙げる（一三八―一四〇頁）。義村の父義澄に仕える片貝という美女を、義澄から遠ざけようとした伯母の策動から、十郎が、誤解した義澄の郎等にあやうく討たれそうになったとするもので、怒った義澄は伯母を「離別」したとする。[3]仮名本は、なぜ事々しく、かかる真名本にないトラブルを語るのか。『曾我物語』の三浦氏に対する言わば《悪意》を象徴していた人物が「三浦余一」であったが、これについては次項で改めて考える。[4]

さて、『吾妻鏡』の三浦氏に関する記述であるが、事件の翌建久五年（一一九四）一月からおよそ一年の間に、次のような頼朝渡御の記事が頻出する。

将軍家渡㆓御三浦介義澄家㆒（建久五年正月十五日条）

将軍家渡㆓御三浦㆒、令㆑相㆓伴右武衛㆒（一条高能）給、是於㆓三崎津㆒、可㆑被㆑建㆓御山庄㆒之故也、上総介（足利）義兼・

北条殿(時政)以下、扈従満レ巷云々、(中略)三浦介義澄経営(後略)(閏八月一日条)

将軍家渡二御于三浦三崎別業一(九月六日条)

将軍家渡二御三浦三崎津一、有二船中遊興等一云々、義澄一族等儲二駄餉一云々(建久六年正月二十五日条)

頼朝は、鎌倉の義澄邸ばかりか、三浦氏の本貫三崎津に「山庄」(「別業」)を建てて、しばしば足を運んだ。これはもう三浦一族に対する示威以外の何物でもないが、一方で、《アメ》を提供することも忘れてはいない。即ち、三浦介義明追福のために三浦矢部郷内に堂舎を建立すべく、建久五年九月に「公事奉行人」中原仲業[5]にその地を巡検させている(二十九日条)。運慶作とされる義明像で知られる満昌寺の由来である(横須賀市大矢部。『新編相模国風土記稿』巻一一三、村里部・三浦郡七、衣笠庄、大矢部村・同項(第五巻、一九八〇年、二八五頁))。また、泰時(初名太郎頼時)の元服に当たって、義澄を召し「孫女之中撰二好婦一」び聟とするよう命じている[6]。これは建久五年二月二日のことであったが、本節冒頭に記した建久四年正月二十日条を含めて全体を俯瞰すると、三浦氏に、「幕府のシステム化」の進展に伴い一族の結束を乱す出来事が起こり、「建久四年曾我事件」とも何らかの関わりがあったことが推測され、頼朝は、硬軟両様の形で対処した。三浦氏が、諸豪族の中で鎌倉に最も近い位置に本貫を有し、幕府の死命を制する鍵を握っていたからに他ならない。

また、『吾妻鏡』建久五年四月二十二日条には、「相模国中寺社恒例仏神事、如レ旧可二執行一之旨、被レ仰二含三浦介一(義澄)云々」とあって、私は、以前、義澄の「三浦介」(相模権介)としての立場に由来する国務沙汰分掌を示す事例として着目したが(拙著『鎌倉守護』国別、第一章相模項、四二頁)、なぜ、この時点で、義澄に「国中寺社恒例仏神事」沙汰を、「如レ旧可二執行一」とする命が下されたか、その点に触れていなかった。義澄は、分掌する国務沙汰権を、全部ではないにせよ、一時期停止されていたことが推察され、もしそうとすれば、「建久四年曾我事件」との関わり以外には想定できないだろう。そして、事件との関係と言えば、『曾我物語』に登場する「三浦余一」について改めて検討を加える必要が生じるのである。

注

（1）伊藤一美「三浦義澄小考」（峰岸純夫編『三浦氏の研究』第一章所収、第二期関東武士研究叢書、名著出版、二〇〇八年、八九—九〇頁。初出一九九六年）。湯山学『相模武士』二（戎光祥出版、二〇一一年、一七〇頁）。

（2）『佐野本系図』一三・三浦上に、義村の子、小太郎「朝村」の「母土肥弥太郎遠平女」とあり、駿河次郎「泰村」（「兄朝村先レ父死、故継二家督一、為二三浦棟梁一為二大名一」とする）、及び童名を「駒若丸」といった弟の「光村」の「母同上」とする（『大日本史料』第五編之二二、一三三一—一三六頁）。

（3）曾我兄弟は、真名本・仮名本ともに、敵討の決意を固めて「三浦の伯母の屋形」から出立したとしており（第三章第三節一項、及び＊1）、「離別」は仮名本巻四の創作である。

（4）三浦義明の死に関し、平家物語諸本には、仮名本に見られたと同様の三浦氏に対する《悪意》が窺われる。『吾妻鏡』に拠ると、義明は「吾為二源家累代家人一、幸逢二于其貴種再興之秋一也、（中略）今投二老命於武衛一（頼朝）、欲レ募二子孫之勲功一」という名言を遺し、本拠の衣笠城（神奈川県横須賀市衣笠町）で討死した（治承四年八月二十六・二十七日条）。しかしながら、平家諸本の描写は『吾妻鏡』とまるで異なっていた。『延慶本』（二末ノ一五「衣笠城合戦之事」）、『長門本』（巻一〇）、『盛衰記』（巻二二「衣笠合戦事」）、いずれもストーリー展開は同じで、義明は一族の者に、安房に逃れて頼朝を尋ねよと命じ、自らは城中に留まって自害するつもりでいたところ、その身を案じる子や孫らが、無理矢理城から逃した。ところが、敵勢が接近すると、雑色らは手輿を捨てて逃亡、義明は衣装を剝ぎ取られた上、江戸太郎重長に首を切られたとする惨めな最期を語り、安房へ逃れた義澄や義盛らの対応を批判する描写となっている。

（5）『吾妻鏡』建久二年正月十五日条。第四章第三節三項、注12参照。
（6）泰時と義澄の「孫女」＝三浦義村女子との結婚は建仁二年八月二十三日のことである（『吾妻鏡』）。義村女子は嫡男時氏を生んだが、泰時と別れ、後、一族の佐原盛連（義連の子）と再婚して、光盛（佐原家々督）・盛時（宝治合戦で泰村滅亡後、三浦介を嗣ぐ）・時連らの母となった。「三浦矢部別庄」に住み、矢部禅尼と呼ばれた女性である（嘉禎三年六月一日条）。

二　「三浦余一」と義村

真名本巻六に拠ると、十郎は「三浦余一」（仮名本巻五の表記は「与一」〔一五六頁〕）に助経を討つ「本意」を伝えて助力を求めたが、「余一」は拒んだばかりか、幕府に上訴しようとさえした（鎌倉に向かう途中、和田義盛・畠山重忠らに制止されることになる）。曾我兄弟とは、京の小次郎同様、余程近しい関係にあったものと思われるが、真名本は、「かの三浦余一と申すは、平六兵衛義村には一腹の兄なり。父は鹿野（狩野）の宮藤（工藤）四郎茂光なり。余一が母も曾我の人共のためには伯母なり」とし（第三章第三節一項）、仮名本は父について「伊東の工藤四郎」と記していた（同右、＊2）。既に、同項、○［f］で詳しく検討したが、「余一」の母は、義村とは「一腹」の関係であるから、伊東祐親の長女で、三浦義澄の妻（「三浦の伯母」）であったことは確かである。父に関し狩野介茂光では年代的に不可能にしても、工藤狩野介一族の、通称を「四郎」とする某との間に一子を儲けた可能性までは否定できないであろうし、仮名本に従えば、祐親の長女は最初、近親の四郎某に嫁したことになる。

仮名本は、「与一」の実名を「義直」としていたが（同右、＊2）、『吾妻鏡』や系図等に登載されることなく、その経歴等も未詳」の人物であった（『東洋文庫真名本』2、巻六、四八頁注一七）。『曾我物語』には、物語としての性格上、創作されたとしか思えない多くの人名が登場するが、三浦名字としては珍しい存在と言わねばならない。「余一」が三浦義村の「一腹の兄」とすると、それは、曾我兄弟の「一腹の兄」であった京の小次郎と余りにもよく似た境遇である。小次郎が実在の人物と考えられるのに対し、「三浦余一」の名は、要するに『曾我物語』以外には見出せないのであるから、『曾我物語』が、京の小次郎とのダブルイメージで創出した虚構の人物であった可能性を否定できないだろう。物語の中で、結局十郎・五郎に手を貸さなかった小次郎が、事実の上では、範頼と曾我兄弟との連絡に当たっていたとすれば、「三浦余一」の行動も、物語の字面どおりに信じてよいかどうか疑いが生じる。

敵討が成就し、十郎は殺害され五郎が処刑された後、真名本に拠ると、「三浦余一」は、兄弟にとって「眼前の（まぎれもない）従父」であったにも関わらず、「これ程に吉かりける者共を頼朝に訴へて首を刎らせんと計りける条、返す返すも奇恠なり」と頼朝に疎まれ、「御勘当を蒙」って出家し、高野山に遁れたとする（真名本巻十。第三章第四節二項(1)）。この時の頼朝の「余一」評であるが、真名本は、「頼朝が詮（理念）に合ふべき者にてはなし。もし世は他人に返らば（時勢が変るような事態になれば）、我がためにも後背（うしろめたな）かるべし（油断がならぬ人物となるであろう）。さやうの不覚人を世にあらせては何にかはせん。云ふに甲斐なき者をば切り捨つるにはしかじ」と仰せられたが、罪一等を減じ勘当処分となったとする（『東洋文庫真名本』2、巻十、二五二―二五三頁）。

私が興味を持つのは、右傍点部分に恰好の人物が三浦氏に実在することで、それは、『曾我物語』真名本・仮名本共通して「一腹」の弟とする義村のことである。私は、「三浦余一」は義村の分身（コピー）として創作されたものと推測しているが、右傍点部分の表記が、藤原定家の義村評「八難六奇之謀略、不可思議者歟」（『明月記』嘉禄元年十一月十九日条）と通ずるからに他ならない。義村を、『仮名手本忠臣蔵』における高師直（＝吉良上野介義央）ほどでないにしても、梶原景時・景季父子のように、直接に批判できなかったとすれば、曾我物語の原型が、梶原父子の滅亡後、かつ三浦義村の生前、少なくとも三浦氏嫡流が滅んだ宝治合戦（宝治元年〔一二四七〕）以前に成立した可能性が生まれるものと思う。そして、仮名本に三浦氏に対する露骨な《悪意》が窺われたとすれば、少なくとも当該エピソードの部分は宝治以降に作成されたことが考えられよう。

さて、三浦義村のことである。義村は、延応元年（一二三九）十二月五日、「大中風」で「頓死」したが、『吾妻鏡』に年齢記載がなく（「前駿河守正五位下平朝臣義村卒」とある）、従って生年が不明で、第四章第一節八項では、長寛元年（一一六三）の誕生であった北条義時と、恐らく同世代、もしくはやや年少と考えた。承久元年（一二一九）十一月十三日、駿河守に任じ[2]、嘉禄元年（一二二五）創設時よりの評定衆の一員として幕府の重鎮であった[3]。『吾妻鏡』に「傍若無人」と見え（嘉禎三年八月十五日条）、慈円は「ヨキハカリ事ノ物」と記していて（『愚管抄』巻六・順徳、三〇三頁）、定家の人物評と共通する。間接的方法ではあるが、「三浦余一」＝義村の分身（コピー）説を裏付けるために、鎌倉前期を彩る諸事件において義村が演じた役割を、いま少し掘り下げてみたい。

①〔梶原景時　正治元—二年（一一九九—一二〇〇）〕　第四章第三節三項既述。なお、北条時政・義時父子であるが、事件に火を付けた阿波局は時政の娘で、実朝の乳母であって（本章第二節二項）、事件の背後に時政の影を見出すことができても、父子が表舞台に登場することはなかった[4]。

②〔源頼家・比企能員　建仁三年（一二〇三）〕　病に倒れた頼家を幽閉し、頼家を支えた比企能員を滅ぼして、実朝擁立に突っ走ったのは北条時政・義時父子と政子であった（拙著『鎌倉守護』論考、第七章「比企能員」、四七九—四八〇頁。本章第一節三項）。頼家が病に倒れたのが七月二十日、直後の八月四日、義村は「土佐国守護職」に任ぜられた（『吾妻鏡』）。鎌倉幕府の死命を制する力を持った三浦氏の、今や家督を継承した義村に対する露骨な懐柔策である。

比企氏の問題を考える上で、見落としてならないのは、能員は安房の出身で[5]、三浦一門の待遇を得ており、比企尼自身も、安房の出身で、三浦氏と本来的な関わりが想定されることである（同右、拙著、四八〇―四八二頁）[6]。惣領義澄の死後、一門の結束が揺らぎ始め、そこに北条氏が楔を打ち込んだことが分かる。『吾妻鏡』を見ると、実朝を、時政の屋敷から御所に迎え取ったのは、政子・阿波局姉妹を中心に、義時・義村、それに結城朝光らであった（九月十五日条）。

③〔畠山重忠（秩父一族）元久二年（一二〇五）六月〕　佐藤進一は、武蔵国において、国務を掌握していた国守平賀朝雅（朝政）と豪族畠山重忠との対立を指摘したが（『日本の中世国家』、岩波書店、一九八三年、一〇四頁）、重忠は、当国「検断沙汰人」の存在形態である惣検校職の地位にあったから（拙著『鎌倉守護』国別、第一章武蔵項、四八頁）、一般的には国守と在庁官人との対立と捉えることができる。ややこしいことに、朝雅は北条時政の後妻牧ノ方腹の「ムスメノ嫡女」の聟で（『愚管抄』巻六・順徳、三〇三頁。本章第二節二項）、重忠は「時政前妻之聟」であった（『鎌倉年代記裏書』元久二年条、三九頁）[7]。

『吾妻鏡』は、畠山討滅を、朝雅と重忠の子六郎重保との諍論に端を発した牧ノ方の遺恨に起因するとして（元久元年十一月二十日条、同二年六月二十一日条）、事件に対する北条義時・時房の行動を受動的に描いている。二人は父を諌めたものの、「重忠謀叛」発覚の報告を受けて結局父に従った（同右、六月二十一日条）。しかし、重忠の弟や親類の大半は地方にいて合戦に加わっておらず、「重忠謀叛」というのも「虚誕」か「讒訴」によるものとして、「悲涙難㆑禁」しと義時を弁護するのである（同、二十三日条）。ところが、合戦に当たって、義時・時房は「大将軍」として、同胞の義兄弟畠山重忠討伐に積極的であり（同二十二日条）、武蔵進出は北条氏にとっての悲願であったことが分かる。

義村であるが、まず別命を受けて、由比浜に向かう六郎重保主従三人を討ち、次いで「大手大将軍」義時の下で、

「武蔵国二俣河」(横浜市旭区)における重忠との会戦に臨んだ(二十二日条)。翌日、重忠の従父兄弟榛谷四郎重朝(重忠の父重能の弟＝小山田有重の子)父子を、「重廻二思慮一、於二経師谷口一、謀兮討」ち、一門の大河戸三郎[8]が、重朝の兄稲毛三郎重成入道を誅殺した(二十三日条)。『吾妻鏡』は、「今度合戦之起、偏在二彼重成法師之謀曲一」と決め付けたが(同右)、杉橋隆夫は「重成の妻はおそらく牧の方の腹で、彼も時政・牧の方グループの一員だったと目され」るとする(第四章第二節一項所引「牧の方の出身と政治的位置」、一九四頁注六)。義村は、義時＝政子のラインで行動していたことが知られるが、北条氏は事実上秩父一族を無力化することに成功し、武蔵進出の礎を築いたということができる。

④〔北条時政・牧ノ方　元久二年(一二〇五)閏七月〕　その後間もなく、実朝を殺害して、朝雅を将軍に擁立しようとした、いわゆる牧ノ方の「奸謀」とされる事件が発覚した(『吾妻鏡』閏七月十九日条。本章第二節二項、注15)。『明月記』は、義時が父に背き、政子と「同心」して、「継母(牧ノ方)之党」を滅ぼそうとしたとする「或説」を記録している(同二十六日条。同右、注15)。『吾妻鏡』は、実朝を急遽時政亭から義時の屋敷に避難させることになり、政子の命を受け、迎えに出動した近習の武士として、「長沼五郎宗政(小山朝政の弟)・結城七郎朝光(同)・三浦兵衛尉義村・同九郎胤義(義村の弟)・天野六郎政景(遠景の子)」五人を挙げる(閏七月十九日条)。ここにも、朝光と並んで義村の名が見られたが、生々しいのは『愚管抄』の描写である(巻六・順徳、三〇三頁)。即ち、「実朝ヲウチコロシテ、コノ友正(朝雅)ヲ大将軍ニセント云コトヲシタクスル由ヲ聞テ、母ノ尼君(政子)サハギテ、三浦ノ義村ト云ヲヨビテ、(中略)義村ヨキハカリ事ノ物ニテ、グシテ義時ガ家ニヲキテ」云々とあって、政子の信頼は尋常ではない。時政は十九日に出家し(六十八歳)、翌日「伊豆北条郡」に下向した(『吾妻鏡』)。

⑤〔和田義盛　建暦三年(建保元・一二一三)〕　第四章第三節三項既述。義盛は、三浦義明の長子杉本義宗の嫡男で、「和田合戦」により六十七歳で落命したから(『吾妻鏡』同年五月三日条)、頼朝と同じ久安三年(一一四七)の誕生であっ

た。一方、義村は、北条義時（長寛元年（一一六三）生）より若干年少とすると（先述）、義盛よりほぼ二十歳年下の従父兄弟ということになる。従って、義村は、嫡家の家督といっても、周囲から、三浦一族の惣領としての敬意を払われてはおらず、それだけに義盛に対する鬱屈した感情を懐いていたのではなかったか。(9) 義盛の蹶起に対し、『吾妻鏡』には「三浦平六左衛門尉義村・同弟九郎右衛門尉胤義等、始者与二義盛一成二一諾一、可レ警二固北門一之由、乍レ書二同心起請文一、後者令レ改二変之一」とあり、義盛「出軍之由」を義時に密告した（五月二日条）。(10)

「和田合戦」の結果、相模の情勢は激変し、北条氏の勢力拡大が一段と進んだ。義盛との約諾を反故にした代償は余りにも大きく、勇猛な和田一族を失った一門の打撃に加え、義村は、御家人社会の厳しい世評にさらされることになった。『古今著聞集』巻一五・闘諍二四、五〇五「千葉介胤綱三浦介義村を罵り返す事」に次のような説話が収められている（日本古典文学大系、一九六六年、四〇三頁）。即ち、「鎌倉右府将軍（実朝）家に、正月朔日大名ども参りける」折節、「座上」に席を占めた三浦介義村のあとから、若い千葉介胤綱がやって来て、義村の更に上座にすわった。義村が「下総犬はふしどをしらぬぞとよ」と怒ると、胤綱は平然として「三浦犬は友をくらふ也」と言い返したという。同書は「輪田左衛門（和田義盛）が合戦の時のことをおもひていへるなり」と記しているが、梶原景時に対しては、比企能員・和田義盛・三浦義村が結束し、次に能員が殺害され、和田合戦で義盛が討たれるという構図であり、「友をくらふ」三浦の犬の伝統と言ってもよい程である。

胤綱は、父成胤が建保六年（一二一八）四月十日に死去した（『吾妻鏡』）跡を承けて、十一歳で家督となり、安貞二年（一二二八）五月二十八日、二十一で没している（『千葉大系図』、七八頁）。もとより説話ではあるが、実朝が殺害されたのは建保七年（承久元・一二一九）一月二十七日のことであるから（『吾妻鏡』）、仮に事実とすると、同年の元日のことで、義村は、千葉介といえども十二歳の少年に恥部を衝かれたということになる。石井進『中世武士団』（一一六四—一一六七頁）に拠ると、『古今著聞集』の編者橘成季は、はじめ九条道家、次いで西園寺公経に仕えたという。また、安芸国沼田荘の当時の領家は西園寺家であり、惣地頭は小早川茂平であった（本章第三節四項）。氏は、和田合戦で「一族の何人をも殺された茂平の姿が、千葉介胤綱のするどい三浦義村批判の背後にみえがくれするように思われてならない」と指摘している。

⑥〔源実朝　建保七年（承久元・一二一九）〕　三代将軍源実朝が殺害されたのは、任右大臣拝賀の儀が鶴岡八幡宮で行われた一月二十七日の夜のことで、刺客は「討二父敵一」と叫んだというが、頼家の遺児で、宮寺の別当阿闍梨公暁、二十歳の青年であった（『吾妻鏡』。以下、断りのない場合は同日条に拠る）。新井白石『読史余論』以来、背後で若い貴公子を操っていた黒い手を義時とする見方が定着し、三浦周行も、富士野の事件における時政黒幕説の、言わば状況証拠として、頼家・実朝殺害の主謀者に時政・義時父子を想定していた（第一章第四節一項・同、注5参照）。これに対し、永井路子は、『炎環』（一九六四年）所収「覇樹」において三浦義村主謀者説に立ったストーリーを展開し、中世史家石井進の高い評価を得た（同右、三項・同、注1参照）。従来は、『吾妻鏡』を主な典拠として事件を捉えてきたが、『愚管抄』（巻六・順徳、三一一―三一三頁。以下同じ）の記述をより重視すべきであった。公暁による「一ノ刀ノ時、「ヲヤノ敵ハカクウツゾ」ト云ケル、公卿ドモアザヤカニ皆聞ケリ」とあるように、慈円が供奉の「公卿」、「大納言（坊門）忠信」（実朝室の兄）や「中納言（西園寺）実氏」（公経の子）らから直接取材した可能性があるからである。

『愚管抄』は義村を公暁の「一ノ郎等」と記したが、公暁（善哉）の乳母は義村の妻であり（『吾妻鏡』建永元年十月二十日条。義村の妻とは、泰村・光村兄弟の母である土肥遠平女子を言うか〔一項、注2〕）[11]、息男駒若丸（後の光村）は公暁の「門弟」に列なっていた（『吾妻鏡』）[12]。義時黒幕説の根柢に、行列が宮寺の楼門にさしかかった時、「前駆」を勤めていた義時が俄に「心神御違例」となって、実朝の侍読・文章博士源仲章[13]に捧持していた剱を渡して、小町の屋敷に帰ったとする『吾妻鏡』の不可解な記述があった。ところが、『愚管抄』に、「義時ハ太刀ヲ持テカタハラニ有ケルヲサヘ、中門ニトヾマレトテ留メテケリ。大方用心セズサ云バカリナシ」とあって、義時が殺害現場に居合せなかったのは、義時の体調を慮った実朝の指示によったことが分かる。しかも同書は、「コノ仲章ガ前駆シテ火フリテアリケルヲ義時ゾト思テ、同ジク切フセテコロシテウセヌ」と記しており、公暁の目的が実朝と義時の同時暗殺にあったことが知られるのである。

『愚管抄』の記述を続けると、公暁「一ノ郎等トヲボシキ義村三浦左衛門ト云者ノモトヘ、ワレカクシツ。今ハ我コソハ大将軍ヨ。ソレヘユカント」する伝言を聞いて、義村は、一方で事の次第を義時に通報し、他方で刺客を送り公暁の口を塞ごうとした。傷を負いながら奮戦し[14]「義村ガ家ノハタ板ノモトマデキテ、ハタ板ヲコヘテイラントシケル所ニテウチト」られた公暁には、自分を消そうとした相手が最後まで分からなかったのではないか。公暁が実朝の首を獲たことで満足しきっていたのに対し、義村は、公暁が義時を討ち漏らした時点で、自ら播種したクーデターを自ら摘まねばならぬ必要性を感じたに違いない。義村にはクーデターを貫徹できる自信がなかったものと思う。

⑦〔承久の乱　承久三年（一二二一）〕　五月十九日の昼過ぎ、急を報らせる京都守護伊賀光季の「十五日飛脚」に続き、西園寺公経の家司三善長衡の同日付「飛脚」が到着して、公経・実氏父子が院御所に召籠められたこと、光季が討たれたこと、義時追討の宣旨が五畿七道に下されたこと等を伝えた。同時に、義村の弟胤義の「私書状」が義村の許に届けられ、それには「応㆓勅定㆒可㆑誅㆓右京兆㆒（義時）、於㆓勲功賞㆒者可㆑依㆑請」と書かれていたが、義村は返事をすることなく使者を追い返し、書状を義時に提出した（以上、『吾妻鏡』に拠る）。

『慈光寺本承久記』に拠ると、後日、胤義は戦場で兄に向かい次のように語ったという。「サテモ鎌倉ニテ世ニモ有ベカリシニ、和殿（義村）ノウラメシク当リ給シ口惜サニ、都ニ登リ、院ニメサレテ謀反オコシテ候ナリ。和殿ヲ頼ンデ、此度中合文一紙ヲモ下シケル。胤義、思ヘバ口惜ヤ。現在、和殿ハ権太夫(義時)ガ方人ニテ、和田左衛門(義盛)ガ媒シテ、伯父ヲ失程ノ人ヲ、今唯、人ガマシク、(中略)和殿ニ見参セントテ参テ候ナリ」と(下、三五一頁)。胤義は、約諾を反古にして義盛を討ったことが余程トラウマになったらしく、その目には義時に諂って権勢を振るっているとしか映らない兄に我慢ならなかったのであろう。六月十五日、胤義は西山木嶋(京都市右京区木島神社辺)において自殺を遂げたが、義村はその首を泰時に届けたという(『吾妻鏡』)[15]。

一方、義村は、時房・泰時の率いる東海道軍の重鎮として、いささかの揺ぎもなく、娘聟である泰時に従って美濃摩免戸(前渡)から(『吾妻鏡』六月五日条)、宇治を経て(子の駿河次郎泰村従軍)、淀渡に向かった(同、六月七日条)。そして、芋洗を抜いたやはり娘聟の毛利季光(入道西阿。同、宝治元年六月五日条など)とともに、十四日に泰時と合流する。時房・泰時勢が六波羅に到着したのは、胤義が自殺を遂げた十五日のことであった(同書)。「東国」の代表的豪族である義村にとって、院と結ぶことなど端から選択肢になかったのではないか。

⑧〔伊賀氏の変　貞応三年(元仁元・一二二四)〕　三浦義村が彼らしい存在感を示した最後の光芒は、終生のライバル北条義時死去直後に起こったいわゆる伊賀氏の変であった。まず、『保暦間記』に拠ってその概略を抄出しておく(八二―八四頁。《　》部分は、『群書類従』本の表記を示す(巻四五八、雑部。第二六輯、四五―四六頁))。

元仁元年六月《十》三日、〈《于ㇾ時》六十三歳〉左京大夫義時、思《ノ》外ニ、近習ニ召仕ケル小侍ニツキ害サレケリ。(中略)其比、義時嫡子武蔵守泰時、彼《ノ》叔[《伯》]父相模守時房、折節、六波羅ニテ在京シタリケリ。此事ヲ聞テ馳下ル。爰《ニ》、伊賀式部丞藤原光宗〈光季《ノ》舎弟〉、義時後室ニハ兄弟也。此腹ノ義時カ子息左京大夫政村〈于ㇾ時式部丞〉、彼《ノ》母儀ノ後室并光宗、宰相中将実雅〈義時聟、茂時《ママ》《次》男〉、彼等カ計トシテ、泰時ヲ討テ、舎弟政村〈後室腹子、光宗甥〉ヲ、将軍家ノ執権ヲサセント計ケリ。是ニ依テ鎌倉静ナラス。泰時且ク伊豆国ニ逗留シテ、時房先鎌倉へ下テ、陰謀ノ族ヲ尋沙汰シテ後、同廿六日、泰時鎌倉へ入。時房、随分ノ忠ヲ致シケリ。二位家ノ御計トシテ［《トゾ》］、泰時モ義時ノ跡ヲ継テ将軍家ノ執権《ス》。同閏七月廿三日、実雅卿、越前国へ流《サル》。同廿九日、光宗、政所ノ執事ヲアラタメテ、所領五十二箇［《ケ》］所召離《サ》レテ、信濃国へ流罪セラル。舎弟朝行・光重等、鎮西へ流サル［《被レ流》］。政村ハ無二子細一ケリ。彼母儀《ハ》、義時ノ後室〈トモノへ［《へノ》］女房〉、二位殿ノ御計トシテ、伊豆北条へ流サル

『吾妻鏡』との喰違いも見られるが、まず、義時死去の日付は『群書類従』本のとおり六月十三日で、『吾妻鏡』には「六十二」歳で死去したとあり、本書はこれに従っている[16]。また、その死因に関し、『保暦間記』は近習刺殺説を陳べたが[17]、『吾妻鏡』は「日者脚気」を患っていたところへ、「霍乱」(暑気あたりか)によって病死したとする。『百錬抄』に「去十二日頓病、翌日死去之由風聞」とあって(六月十七日条)、突然死であったことが分かるが、『太平記』には「頓死」の余り「譲状」さえ準備されていなかったとする記述がある(巻三五「北野通夜物語事付青砥左衛門事」、第三冊三二〇頁)。その他、妻(伊賀氏か)による毒殺説があって、嘉禄三年(安貞元・一二二七)六波羅に送致された承久院方の中心人物尊長(一条能保の子で、六月七日に捕縛されて自殺したとされる(『吾妻鏡』脱漏、同十四日条))は、「只早頸をきれ、若不レ然は、又義時か妻か義時にくれけむ薬、われに是くはせて早ころせ」と叫んだという(『明月記』同年六月［カ］十一日条〔『大日本史料』第五編之三、八四二―八四三頁に拠る〕)。尊長の弟実雅は伊賀氏の生んだ義時の娘を妻としており(後述)、上横手雅敬は、「妻女による毒殺説は、容易に黙殺し得ぬものがある」と見ている(「執権政治の確立」『日本中世政治史研究』第三章第四節、塙書房、一九七〇年、三九〇頁)。

六波羅北方泰時は十七日に、南方時房は十九日に京を発ち(『吾妻鏡』同二十六日条)、『保暦間記』に拠ると、時房が「先鎌倉へ下」り、泰時は暫く「伊豆国ニ逗留シテ」様子を観望した上で鎌倉に入ったが、その日付を二十六日と

する点は両書一致している。また両書ともに、政子の指示で泰時が執権職を継いだことを記すが、『吾妻鏡』は「相州(時房)・武州(泰時)為二軍営御後見一、可レ執二行武家事一」きこと、即ち、ここで執権・連署制が成立したとする(二十八日条)。ところが、上横手に拠ると、「吾妻鏡にいう元仁元年六月の時房の連署就任」は事実ではなく、「複数執権制＝連署制の成立は、義時の没した元仁元年六月の事件ではなく、政子の没した嘉禄元年(一二二五＝引用者)七月の事件であり、換言すれば政子のアイディアではなく、泰時の発案だった」という(同右、三八九頁)。従うべき見解である(18)。

義時の死去後、泰時の出京は弟らを討ち亡ぼすためであるとか、「世上巷説縦横也」という混沌とした状況にあったが、いわゆる伊賀氏の変と言われる陰謀が進行していたとする点で、両書は一致している(『吾妻鏡』は二十八日条)。朝時・重時の母となった比企朝宗の娘(第二節二項)の勢力が比企能員滅亡(建仁三年・一二〇三)とともに後退した後、義時の正室に、佐藤伊賀前司朝光の娘が迎え入れられたものと思われる。朝光は、母が、源氏の一族として早くに下総国守に任ぜられた源邦業(19)の娘で、自身、二階堂行政の娘を妻とし(義時室・光季・光宗らの母)、あるいは行政の子(猶子カ)とも言われており(『吾妻鏡』建保五年二月十九日条。『尊卑分脈』乙麿卿孫・二階堂／藤成孫・伊賀(第二篇、五〇八／三九八頁)。『秀郷流系図・佐伯』(『続群書類従』一五五・系図部。第六輯下、一六四・一六五頁))、政所人脈の中で地位を固め、承元四年(一二一〇)に伊賀守に任じたが、建保三年(一二一五)九月十四日に急死した(『吾妻鏡』)。娘は、元久二年(一二〇五)六月二十二日、畠山重忠・重保父子が滅んだ当日、義時の四男を生み(同)、建保元年(一二一三)十二月二十八日、元服を遂げて四郎政村と名乗った(九歳)。実名から推察されるとおり、加冠を務めたのが義村であった(同)。

また、朝光の娘を母とする義時の「嫡女」は、承久元年(一二一九)十月二十日、一条能保の末子「伊予中将実雅(20)」

と結婚し、実雅は、義時「居所傍」の「大倉家」に迎えられた（『吾妻鏡』）。陰謀は、泰時を討って（『保暦間記』）、この実雅を将軍に、政村を執権に擁立し、義時後室伊賀氏の兄弟である光宗らが「武家成敗」に当たるというものであった（『吾妻鏡』二十八日条）。光宗は、母が二階堂行政の娘であって（先述）、承久元年九月六日、行政の嫡男行光が病により政所令（執事）を辞任すると（二日後死去）、その後任に補せられていた（『吾妻鏡』）。『保暦間記』には、クーデターの黒幕＝三浦義村の名が一切登場して来なかったが、『吾妻鏡』は政村と光宗がさかんに義村の許に出入りし、「密談」を凝らしたとする「風聞」を記す（七月十七日条）。膠着した事態を打開したのはやはり政子の行動力であって、七月十七日、密かに義村の屋敷を訪れ、「関東棟梁」は泰時であることを説いて、義村に決断を迫った。義村は政村に全く「逆心」はなく、事は光宗らの企てであると誓ったのである（『吾妻鏡』）。この後、義村と政村には何らの処分もなされなかった。(21)

三浦義村が鎌倉幕府の主役に躍り出る機会は二度存在した。公暁による実朝殺害時と今回の伊賀氏の変とである。義村は二度とも野望を貫徹できず、義時と政子に屈した。『明月記』に「八難六奇之謀略、不可思議者歟」とあったように、その謀略の才と「傍若無人」な人柄は人々の支持を得られず、義村の評価を落とした和田合戦においては、波多野忠綱と先登の功を争うなど（第四章第三節三項、注22）、およそ豪族三浦氏の惣領としての風格に欠ける行動である。自らが「東国」御家人社会から支持されていないという強迫観念が、結局義村の行動にブレーキをかけたものと思われる。

本節の冒頭に取り上げた、三浦一族の結束の乱れは、先学が指摘したような庶流による「独立」の動きなどではなく、私は、「幕府のシステム化」に伴い、相対的に勢力を後退させていく一族の焦りであり、和田義盛にせよ岡崎義実にせよ、そして、忘れてならないのは義村の動きであるが、積極的な対抗策を講じようとしない惣領義澄への不満であったのではないかと考えている[22]。前年の建久三年（一一九二）八月から九月にかけて、本領安堵・新恩給与に関する「将軍家」政所下文への更改に伴い、千葉常胤や小山朝政といった豪族には、例外的に「所々地頭職」の総括的補任状である頼朝の袖判下文が別途発給されていた（第一節一項）。三浦義澄に対しても同様の袖判下文の存在が推測されるが、これを裏付ける史料は伝存していない。三浦一族の混乱や頼朝の対応を見ると、史料散佚の次元の問題として済ますことができるかどうか、判断に迷う難問である。義村は、「建久四年曾我事件」に関わった節があり、三浦氏を憚った『曾我物語』は、義村の分身（コピー）として「三浦余一」なる創作上の人物を造型した。曾我十郎・五郎の「一腹の兄」京の小次郎が、物語と違い、事実として事件に深く関わっていたように、義村の「一腹の兄」とされる「余一」もまた、事件に関係していたと見ない限り、翌年の、三浦氏に対する硬軟両様に亘った頼朝の対応（一項）を理解できないであろう。三項では、別の観点から、義村の事件との関わりを考えていきたい。

注

（1）仮名本（巻十）は、簡潔に「三浦与一も、いく程なくして、御勘当を蒙り、出家してんげり」とのみ記している（二一九九頁）。

（2）『関東評定衆伝』一、延応元年条（二八九頁。前任北条泰時）。義村は貞応二年（一二二三）四月十日付で守を辞した（後任は北条重時）。また、正五位下叙任は嘉禎二年（一二三六）十二月十八日のことであった。なお、同書は卒去の日付を延応元年十二月「十五」日とする。

（3）同右、嘉禄元年条（二八三頁）。

（4）景時父子が亡んだ直後の正治二年一月二十三日、義村の父三浦義澄が死去した。享年七十四歳（『吾妻鏡』）、大治二年（一一二七）の誕生であった。

(5) 『愚管抄』に「阿波国ノ者也」とするが(巻六・順徳、二九九頁)、「安房」の誤りである(本文所引、拙著・論考、四八〇―四八一頁)。

(6) 能員の屋敷「比企谷殿」(『吾妻鏡』寿永元年七月十二日条)が、現在の「妙本寺」(日朗比企谷門流〔第二章第一節二項、注8〕)の地に位置していたとすると、小町大路に面し、大町大路との交差点にも近い。大町大路は、名越坂を経て三浦半島に通じる本来の官道(東海道)であって、能員は、政治的・軍事的に、そして交通上も頼朝と三浦氏とを結び付けていたことになる(拙著、四八三頁)。

(7) 『保暦間記』に、「重忠ハ二位殿〈尼御台所/頼朝後室〉・義時以下ノ前ノ妻ノ一腹ノ聟也」と見える(七六頁)。

(8) 大河戸氏については、拙著『鎌倉守護』国別、第一章安房項、六二―六三頁注三を参照されたい。

(9) 『愚管抄』は、義盛を「三浦ノ長者」と評し(巻六・順徳、三〇五頁)、『明月記』には、義村が「本自与二叔父《(ママ)》一違背、為二仇讐一」と見える(同五月九日条)。

(10) 山本みなみは、注9所引『明月記』の記載を重視し、義村が「北条氏の内通者として行動していた可能性が高い」ことを強調する(「和田合戦再考」『古代文化』六八巻一号、二〇一六年、五二頁)。これは、『吾妻鏡』が記す《寝返り》に対する批評であるが(他に、五七頁参照)、『明月記』の記事も所詮伝聞に基づくもので、後述する合戦後の世評を考慮するならば、『吾妻鏡』の記述にも無視できないものがある。

(11) 条文に、「左金吾将軍(頼家)御息若君〈善哉公〉依二尼御台所(政子)之仰一、為二将軍家(実朝)御猶子一、始入二御営中一」とある。

(12) 他に、建保六年九月十四日条参照。

(13) 他に、建保五年三月十六日条参照。

（14）公暁の母は、賀茂六郎重長の娘＝「為朝孫女」であって、彼は、頼家と為朝双方の血を受け継いでいた。義村の期待が肯ける。

（15）『古活字本』には、高野山に遁世したかつての郎従と出会って、首を義村に届け、「云はん様は、「一家を皆失ふて、一人世に御座こそ目出度候へ」と申（べし）」とて、西に向十念唱へ、腹掻切て臥ぬ」とある（下、一二六頁）。

（16）『鎌倉年代記』（八頁）、『武家年代記』（七四頁）は『吾妻鏡』と同じであるが、後者に「応保二（一一六二）生」とあって、これだと六十三歳となって矛盾が生じる（誕生は翌長寛元年）。また、『鎌倉大日記』に六月十五日・六十一歳没（一九七頁）、『尊卑分脈』桓武平氏・北条に六月十六日没（年齢記載なし〔第四篇、一七頁〕）、『吾妻鏡』巻首・目録には六十歳没（但し「関東執権次第」項は「六十二才」死去とする）などの異説が見える。

（17）『鎌倉大草紙』も「召仕ける童子」に殺害されたとする（『群書類従』三八二、合戦部。第二〇輯、六八二頁）。

（18）岩田慎平は、義時没後、「泰時が鎌倉で義時の後継者となり、時房は在京活動を継続することが政子の描いた構想だったのではあるまいか。時房が鎌倉に戻るのは、政子の死後である」としている（「北条時房論―承久の乱以前を中心に―」『古代文化』六八巻二号、二〇一六年、四五頁）。

（19）文治二年二月、頼朝は「御一族功士」として御分国の下総国司に挙申しており（『吾妻鏡』同二日条）、建久元年初度上洛時における任右大将拝賀の際、範頼とともに、頼朝の「前駆」を勤めた（同、十二月一日条）。また、同三年八月五日、将軍家政所始に当たっては、中原広元とともに別当に任ぜられている（同日条）。

（20）『尊卑分脈』頼宗公孫・一条に、西園寺公経の猶子とする（第一篇、二六〇頁。『保暦間記』〔本文前引〕が父を「茂時」とした理由が分からない）。元仁元年当時二十九歳であり（『公卿補任』同年条〔第二篇、五〇頁〕。建久七年生）、「母家女房」（『尊卑分脈』）であった。

(21) 九月五日に義村の「西御門家」が焼けた(『吾妻鏡』)。政子・泰時側の「脅し」の意味があったかどうか、時期的に微妙な問題である。処分に関しては『保暦間記』の記述と矛盾はなく、実雅は、閏七月二十三日に鎌倉を去り、十月二十九日、解官の後、越前に配流となった(『吾妻鏡』は、安貞二年(一二二八)四月二十九日、三十歳で死去とするのみであるが(五月十六日条)、注20所引『公卿補任』・『尊卑分脈』は、四月一日、三十三歳で、河に沈められて死去したと伝える)。また、光宗は政所執事職を罷免され、所領五十二か所を没収された(『吾妻鏡』閏七月二十九日条。のち、信濃国配流(八月二十九日条)。翌嘉禄元年十二月、厚免され、本領八か所が返付された(二十二日条。これより前、弟の朝行・光重ら厚免)。七月十一日に死去した政子追福のための恩赦という(八月二十七日条))。また、義時後室は、政子の命で、伊豆国北条郡に「籠居」することとなった(八月二十九日条)。

(22) 『吾妻鏡』などから窺われる義澄の個性は容易に捉えがたいが、私は「あるいは長者然とした包容力のある人物でもあったろうか」と評したことがある(本文前掲、拙著・論考、第七章「比企能員」、四八七頁注一九)。それだけに、勇猛果敢な甥の義盛や、針の如き鋭利な頭脳を持った嫡男の義村には歯がゆかったのではないか。

三　大磯宿と虎

第三章第四節三項で、『曾我物語』(真名本)の構成を能舞台に例え、論理的には二場曲で、後ジテは大磯の虎御前であるとしたが、歴史的存在として虎を捉えようとする場合、差し当たり、日々の生業の場であった大磯宿の性格を理解することがその手掛かりとなろう。南北朝初期のことであるが、足利尊氏は「三浦介平高継」に充てて、「父介入道々海(時継)跡本領(1)」として、「相模国大介職、并三浦内三崎・(中略)大磯郷〈在二高麗寺俗別当職一〉(後略)」を安堵した（「宇都宮文書」建武二年九月二十七日尊氏袖判下文『大日本史料』第六編之二、六〇九頁。『南北朝遺文』関東編、一巻二九〇号）。「高麗寺俗別当職」の付随する「大磯郷」が、三浦介の「本領」として認識されていたことが分かるが、どの時点まで遡ることができるであろうか。これについては、二つの異なった見解が知られる。

一つは石井進説で、「東海道の宿駅で、余綾郡の新しい国府[2]にもまぢかい大磯郷と、古刹として知られる高麗寺の俗別当（寺務をつかさどる俗人の別当）の地位をふくめて」、「多分平安時代末期以来」、三浦氏が支配していたとする（「相武の武士団」『鎌倉武士の実像』、平凡社、一九八七年、七五頁。初出一九八一年）。いま一つは安池尋幸の見解で、「根本所領ではなく、交通の要衝地を抑えるために、鎌倉末期ないし建武政権下にて与えられたのではないか」とするもので、福田以久生の研究を引いて、三浦氏が「鎌倉時代を通じて当所大礒郷の地頭であったとは考えにくい」とする（「十一・二世紀における相模の国衙軍制と三浦一族」、峰岸純夫編『三浦氏の研究』第一章所収、名著出版、二〇〇八年、七七頁。初出一九九五年）。

実は拙著『鎌倉守護』国別、第一章相模項で、私は、文治四年（一一八八）六月の三浦介義澄による「大礒駅」管理（『吾妻鏡』同十一日条）、及び、建長四年（一二五二）三月の宗尊親王下向の際、「おゝいそ」の宿雑事を「みうらのすけ」盛時が担当した（『宗尊親王御下向記[3]』）事実を指摘し、こうした東海道諸国の「駅路行政」に関する職務は、「国中寺社恒例仏神事」沙汰（一項）と同様、「三浦介」（相模権介）としての立場に由来する国務沙汰分掌を示す事例であることを明らかにしていた（四二―四三頁。また、拙著・論考、第三章第五節二「管国駅路行政」・三「仏神事経営・寺社修造」項参照）。従って、安池説は成立しないが、石井進説はどうか。

氏は、義村が別荘を構えていた田村の地も[4]、「平安末期までさかのぼ」って三浦氏が支配していたとする（前掲論文、七四―七五頁）。真名本巻七に、富士野に向かう曾我兄弟が「田村大道」に差し掛かる場面が描かれていたが、既に第三章第三節二項で記したように、田村(大住郡。現神奈川県平塚市)は、一宮寒川神社の対岸に位置する相模川の渡河地点で、交通上の要衝であった。湯浅治久(コラム「三浦氏の迎賓館―田村館」、動乱の東国史『蒙古合戦と鎌倉幕府の滅亡』、吉川弘文館、二〇一二年、三九―四一頁)も、石井進と同様の理解である。

義村は更に「大庭館」をも有し(『吾妻鏡』安貞二年四月二十二日条)、『闘諍録』には、平良文の四男村岡平大夫忠道(忠通)について、「村岡ヲ屋敷トシテ、鎌倉・大庭(八)・田村等ヲ領知ス、鎌倉ノ先祖是也」とする記述があった(一之上、一一頁)。湯山学はこれらを踏まえ、「田村郷は鎌倉党の領地であったのである」(『相模武士』一、戎光祥出版、二〇一〇年、二〇四頁)／「義村が館・別業を構えた相模国大庭・田村は、いずれも古代末期まで鎌倉党の武士が在地領主であり、(中略)かつての鎌倉党の領地が没収されて三浦氏の嫡流に与えられたことを示している」(同二、二〇一一年、一七三頁)と指摘している。そうとするならば、大磯郷についても、平安末期以来の伝領とする石井進らの見解にもまた疑いを懐かざるを得ない。

源義朝の長子義平に従って平治の乱を戦った三浦氏が[5]、在庁官人の地位に何の変動もなかった筈がなく、拙著で「その「豪族的領主」としての圧倒的地位の確立は、頼朝挙兵直後の義明討死の犠牲の上に、嫡男の義澄が三浦介の地位を安堵されて以後のことであったと考えられる」と述べた(『鎌倉守護』論考、第一章二項、二八―二九頁)。平安末期、国府に近い大磯郷や、交通の要衝田村郷が既に三浦氏の所領と化していた程の勢力を誇示していたならば、何も危険を冒してまで頼朝の挙兵に一族の命運を賭ける必要などなかった筈である。その点で興味深いのは、義朝に次いで、頼朝の挙兵に最初から従った三浦氏と土肥氏(中村一族)が、いずれも伊東祐親の娘と婚姻関係を結んでいたことである(長女＝三浦義澄の妻、二女＝土肥遠平の妻)。伊東氏は、伊豆工藤一族の中では新興勢力であって、嫡流の在庁官人狩野介氏に対抗する戦略の上で相模国の両武士団と提携し、他方、三浦氏と土肥氏は、平氏と結び次第に勢力を拡大しつつある「東国ノ御後見」大庭景親を牽制する必要に迫られていた（第四章第一節八項）。

話題を三浦氏と大磯郷の問題に戻す。宝治元年（一二四七）六月五日、宝治合戦で、義村の子泰村・光村兄弟を中心とする三浦氏嫡流が滅んだ直後、『吾妻鏡』に次のような記事が見える（五日・十九日条）。

豊田源兵衛尉法師子息太郎兵衛尉・次郎兵衛尉兄弟二人為二囚人一也、日来半面云々、依二高麗寺衆徒等之告一、所レ被二生虜一也(6)

三浦方与党の探索が続く中で、恐らく大磯宿周辺に隠居していた「豊田源兵衛尉法師子息」兄弟(7)が、「高麗寺衆徒等」の密告によって生け捕られたというのである。高麗寺は「衆徒」を擁する堂々たる寺院であって、少なくとも宝治合戦に至るまで、三浦氏は「高麗寺俗別当職」を有していたことが確認できる。衆徒の密告は、自らが三浦氏とは一枚岩でない証しとしての保身行為と解せられよう。

大磯宿や高麗寺に対する三浦氏の支配は、「三浦介」（相模権介）としての権限に基づく国務沙汰として、頼朝挙兵後の治承四年（一一八〇）十月二十二日、義澄の「三浦介」の地位が安堵されて以来（『吾妻鏡』）、一貫して揺るぎのないものであった(8)。従って、出会いが「建久二年〈辛亥〉年（ママ）（一一九一）十一月上旬のころより」とされる十郎と、三浦氏の管理下にある「大磯宿」の遊女との交際もまた、改めて問い直す必要が生じて来る。即ち、虎は義村の密偵として曾我兄弟の動静を通報していた可能性が生まれ、あるいは、兄弟と義村との連絡係を務めていたとも想定されるからである。虎が、例えば平塚宿や酒匂宿などではなく、「大磯宿」の遊女として物語や「語り」に導入されたことは、「余一」に仮託された義村の事件への関与を暗示させ、それだけに義村に対する言わば《脅し》の効果を生むことになろう。真名本における「三浦余一」はネガティヴな存在として描かれたが、それは義村に対する《脅し》であり、かつ曾我物語原型の成立が宝治合戦以前であったことを示唆している。三浦氏に対する《悪意》ある描写は、嫡流滅亡後に成立した仮名本では更に露骨になった。

『曾我物語』に登場する遊女の名というのは、敵討の当夜、工藤祐経・王藤内と同衾していたとされる「手超（越）の少将」や「木（黄）瀬河の亀鶴」とか、虎の実母は「平塚の宿・夜叉王」で、養母となったのが「大磯宿の長者・菊鶴」であった（『東洋文庫真名本』1、巻五、二七二・二七四頁）。これらに比すると、虎の名は異様で、その点に着目した柳田國男の慧眼にはただ驚くばかりである。即ち、氏は、大磯の虎と「虎が石」の伝承について、虎御前は「諸国に行脚をして石の話を分布した」遊行者で、トラやトウロとは、本来「石の傍で修法をする巫女の称呼」であったことを明らかにした（「老女化石譚」一九一六年。本書第一章第二節二項）。福田晃に拠ると、高麗寺宿河原を本拠とした遊行比丘尼（高麗比丘尼）の「象徴的存在が、虎子石・虎地蔵による虎比丘尼」で、恐らく「高麗権現を奉ずる修験山伏に従うものであった」という（「『曾我語り』の世界―真名本曾我物語の原風景―」一九八九年。本書第二章第二節五項・（3）大磯Ⅱ）。

二十歳の青年曾我十郎と、十七歳の「大磯宿」遊女との三年に及ぶ交際は、交通の要衝で祐経をめぐる情報を入手したい十郎と、義村の依頼を受けた虎との相互に打算的なものであったかどうか[9]。たとい出会いがそうであったにせよ、敵討に臨む本意を語ることのできない十郎に、「まことに童（私）と申すは大磯の遊女にて、浅猿き身なれば世の常の女の数には思ひ給はじ」と言ってさめざめと泣いた虎の姿がまことであったか（真名本は、「これ程に（虎の）真実の志を思ひ知らずして」と悔やんだ十郎が、真情を吐露し、「ただ思ひ出なきを思ひ出とする悲しさよ」と語りかける感動的な場面展開となる（第三章第三節一項））、無論真相は霧に包まれ、我々には知る由もない。本来のヨリマシ（ヨリシロ）であった石と関わりのある（石占を言うか？）巫女集団（＝柳田説「トラ」）が、やがて大磯宿高麗寺周辺に住んで、口碑として宿の遊女の間に伝えられていた伝説的ヒロインを、自らの集団名である「トラ（虎）」と命名し、兄弟の鎮魂を目的として、善光寺をはじめ各地を遊行廻国したとすれば、それは、三浦氏による大磯宿や高麗寺に対する支配に緩みが生じた宝治合戦以後のことであったに違いない。

注

（1）宝治合戦後の「三浦介」の地位は、盛時（一項、注6）→頼盛→時明→時継（法名道海）→高継と、父子の間で相承された（『三浦系図』、一七―一八頁）。

（2）いわゆる「余綾国府」（神奈川県中郡大磯町国府本郷）のことで、「大住国府」からの移転については第四章第三節、〔付記三〕参照。

（3）佐藤進一『増訂鎌倉幕府守護制度の研究』尾張項、東京大学出版会、一九九八年第四刷、四三頁、に拠る。

（4）『吾妻鏡』貞応二年四月二十九日条（義村「自二田村一帰参」）。同年十月四日条（「義村田村別庄」）。安貞二年六月二十二日条（「義村田村家」）、二十五日条（「田村舘」）。同年七月二十・二十三日条（「義村田村山庄」）。

（5）『新大系本平治物語』に拠ると、義平は、「三浦介二郎義澄・渋谷庄司重国・足立四郎馬允遠元・平山武者所季重」ら、相武の武士団を従えていたとする（上、一八八頁）。

（6）『日本国語大辞典』第二版、第一一巻「平面」③項、「（―する）隠れ忍ぶこと」とある（二〇〇一年、小学館、九七頁）。

（7）湯山は「鎌倉党の大庭一族で相模国豊田庄を本領とした豊田氏と推定される」とするが（『相模武士』五、二〇一二年、二四九頁）、そうであれば「平」姓で、父の通称「源兵衛尉」をどう理解したら良いか、疑問が残る。

（8）「国中寺社恒例仏神事」沙汰が、「建久四年曾我事件」との関わりで一時期停止されていたとすれば（一項）、「駅路行政」関係についてもその可能性は否定できないが、ここで問題にしているのは事件前夜の「大磯宿」の有り様である。

（9）富士野の狩庭における曾我兄弟の行動が、北条時政の支援を受けていたように、大磯宿における情報活動が可能であったのは、従父母兄弟である義村から便宜を得ていたからだとも考えられる。そうとすれば、虎の立場は両者の連絡係ということになる。なお、仮名本巻六「大磯の盃論」や幸若「和田酒盛」の素材となったと考えられる真名本巻五の和田義盛の振る舞いであるが（第三章第二節一項、＊3）、三浦氏の管轄下にある大磯宿内での行動は比較的容易であろうから、わざわざ「建久四年〈癸丑〉四月中旬のころ」とする記述（『東洋文庫真名本』1、二七四頁）を鑑みると、一族の義村や十郎の動きを探索する侍所（別当）の職務によるものとの解釈もできるのではないか。従来から謎とされてきた仮名本や幸若舞曲における義盛像こそ、案外史実を背景にした「小説」的虚構であったかも知れない。

第五節　常陸の動向

一　奥郡と佐竹氏

石井進が個別に検討していた曾我兄弟の敵討と常陸の状況とを結び付けたのは永井路子であって、永井は北条時政の主導的な役割にも言及した（第一章第四節三項、第五章第三節四項）。その点を更に掘り下げた坂井孝一は、兄弟による工藤祐経殺害の混乱に乗じて、いわゆる「常陸の政変」と呼ばれる頼朝・時政・八田知家らの策謀が開始されたとし、これが事件の核心であったとする主張を展開した（第一章第四節四項）。既に、第五章第三節四項で説いたように、『吾妻鏡』建久四年（一一九三）六月三日条には、狩庭からの「常陸国久慈輩」逐電に関する謎掛けのような記事があって、事件と常陸との結び付きに疑問はない。問題は「久慈輩」で、『和名抄』段階の久慈郡は、中世には、おおむね久慈川を挟んで東西二郡に分かれ、本来佐竹氏の勢力下にあった「奥（七）郡」(1)を構成していたことである（佐竹氏の名字の地佐竹郷は久慈東郡に存する（第五章第三節四項））。まず、佐竹氏に焦点を当てて、頼朝挙兵前後の常陸の状況を一瞥しておく。

常陸介には（常陸は親王任国）、久安三年（一一四七）十一月、平家盛が任ぜられて以降(2)、保元・平治の乱を挟みながら、同母弟の頼盛(3)、異母兄経盛・教盛と、若干の断絶があっても平氏一門の国司が続き、その後も、恐らく教盛が知行国主であったらしく、聟の高倉範季（第三節二項参照）や嫡男の通盛が常陸介に任じている（『茨城県史』中世編、第一章第三節、一九八六年、四一・四四頁。執筆網野善彦（以下、網野『県史』と略記））。こうした中で、河内源氏義光流の嫡宗を誇る佐竹氏は平氏と結び、頼朝が挙兵した治承四年（一一八〇）当時、家督の四郎隆義は「平家方」として「在京」していた（『吾妻鏡』同十月二十一日条、十一月四日条）。

遡って承安四年（一一七四）のこと、隆義の父昌義（義光の孫、義業の子）[4]と子の雅楽助大夫義宗が、「濫行」を働いた「蓮華王院御領常陸国中郡庄下司（大中臣）経高」を、「在庁等」とともに追捕に当たっている事案が知られる（『吉記』同三月十四日条）。在地の佐竹氏と「在庁等」に中郡荘下司召喚を命じたのが、当時は知行国主から外れた平教盛であって、重盛に充てた仁安二年（一一六七）五月十日付「海賊追討」宣旨を、「出発点」と見るか（五味文彦「平氏軍制の諸段階」）、「確認」に過ぎないものと捉えるにせよ（元木泰雄・高橋昌明）、平氏の持つ諸国軍事警察権の発動であった[5]。佐竹氏の権限であるが、野口実は、佐竹氏が「当国の追捕・検断権を掌握して」いたと、常陸国検断システムの問題として捉え（『坂東武士団の成立と発展』第三章一、弘生書林、一九八二年、一八六頁・一九七頁註五）、網野『県史』は、「このころ国守の権限を現地において代行し、在庁を指揮するほどの勢威を持っていた」とする（四四頁）。私は、佐竹氏が「在庁等」とともに、中郡荘下司に対する追捕を、「諸国の軍事警察権」を掌握する平氏（五味文彦に拠る。この場合は教盛）に命ぜられた個別的事案であって、佐竹氏が、常陸国の追捕・検断権をシステムとして掌握していたことを示すものでも、国司に代わって在庁を指揮する権限を有していたわけでもないと考えている。

治承四年（一一八〇）十月二十日、平惟盛を総大将とする追討軍と実質的には甲斐源氏軍との駿河浮島ヶ原の戦（富士川合戦）に際し、『闘諍録』五に、平家方「先陣ノ押領使ハ、常陸国住人佐谷（サヤ）ノ次郎義幹（モト）・上（下）総国住人印東次郎常茂也」とする記述がある（一八九頁）。野口は、この常茂と『吾妻鏡』同日条「印東次郎常義」とを同一人物とし、「佐谷義幹の下向も史実」と見る。そして、「佐谷は南郡に属して国府にも近く」、鎌倉時代、大掾家が相伝しており、佐谷義幹とは「当時常陸大掾の地位にあった多気義幹と同一人物である可能性は強」いとしている（前掲書、一八七―一八八頁）[6]。もっとも、『長門本』に拠ると、「常陸国の住人たけの次郎よしとも（多気の次郎義幹「よしもと」カ）」の「下人」が「主の使に文持ちて京上する」とあって（巻一一、三七三頁）、義幹は在国していたことになるが、いずれも、常陸平氏の嫡流が平家に従っていたとする点で一致している。

この後、平家軍を「追攻」しようと焦る頼朝に対し、「（千葉）常胤・（三浦）義澄・（上総）広常等」豪族は、「先平二東夷一之後、可レ至二関西一」との論理で頼朝を諌め（『吾妻鏡』同十月二十一日条）、実質的には広常の主導の下に佐竹追討を断行した（拙著『鎌倉守護』論考、第六章「上総権介広常」、四四四―四四五頁）。「佐竹者、権威及二境外一、郎従満二国中一」とされる勢威を誇示していたが、昌義の子「太郎義政」は大矢橋辺で広常によって誅殺され（『吾妻鏡』同十一月四日条）[7]、次子の「佐竹蔵人」（『尊卑分脈』「義弘」〔第三篇、三一七頁〕。注19参照）は頼朝に従った（十一月五・七日条）。『尊卑分脈』が彼らの弟とする家督四郎隆義の嫡男が秀義で（第三篇、三一七―三一八頁）、『吾妻鏡』には、常陸進攻が「是為レ追二討佐竹冠者秀義一也」（十月二十七日条）とか、「冠者秀義者、其従兵軼二於義政一／佐竹冠者、於二金砂一（旧久慈郡金砂郷町。現常陸太田市）築二城壁一、固二要害一」（十一月四日条）とあるように、追討の主目標は、在京中の隆義に代わる嫡男の秀義に置かれていた。ところが、義政（忠義）が討たれ、蔵人（義弘）の造反が明らかとなるに及んで、秀義は奥州に逃亡し、同書は、その所領「奥七郡并太田（常陸太田市）・糟田（茨城県那珂市）・酒出（同）等所々」が没収されたとする（十一月五・六・八日条）[8]。

しかしながら、事はこれで終わらなかったようで、『玉葉』翌治承五年（養和元・一一八一）二月三日条には、「伝聞、頼朝寄二攻常陸国一之間、始一両度雖レ被二追帰一、遂伐平了云々、是又実否難レ知、一昨日自二彼国一上洛之者説云、縦横之説、随二聞及一注レ之」とあるが、四月二十一日条に、「四十余日」をかけ、北陸道を廻って常陸より上洛した関係者の「下人」の話として、「佐竹之一党三千余騎、引二籠常陸国一、依レ思二其名一、一矢可レ射之由令レ存云々」とする伝聞が記されている。これより先、治承四年十二月三日条を見ると、「上野・常陸等之辺、乖二頼朝一之輩出来云々」とあって、北関東全体がなお流動的な状況下に置かれていたことが分かる。こうした中で、『延慶本』に、治承五年「四月廿日兵衛佐頼朝を可レ奉レ誅之由、常陸国住人佐竹太郎隆義か（ママ）許へ院庁下文をそ申下たる、其故は（中略）平家彼の国の守に隆義を以申任す、依レ之隆義頼朝と合戦を致しけれとも、物ノまねと散々と被二打落一て奥州へ逃籠にけり」とする記述があった（三本ノ二五「頼朝与二隆義一合戦事」、五三二頁）。

『尊卑分脈』（第三篇、三一七頁）の他、隆義が、藤原秀衡（任陸奥守）、城資長・資職（任越後守）[9]とともに、常陸介に任ぜられたとする記事は平家物語諸本に窺われる。[10]ところが、『玉葉』及び『吉記』養和元年八月十五日条に、「藤原秀平／藤原朝臣秀衡」が陸奥守に、[11]「平助職／平朝臣助職」（城資職）が越後守に任ぜられたとあるが、佐竹隆義の任常陸介の記事は見られない。頼朝包囲網の形成を目指したこの人事について、兼実は「天下之恥、何事如レ之哉、可レ悲々々」と記し、[12]吉田経房は「秀衡・助職事人以嗟歎、故不レ能二記録一」と追記した。渡辺滋は、「平氏から出た」この人事案が、国司任用に当たっての「本籍廻避の原則の放棄を象徴的に示すもの」であったが故の批判と捉えているが（「日本古代の国司制度に関する再検討―平安中後期における任用国司を中心に―」『古代文化』六五巻四号、二〇一四年、九頁）、[13]平宗盛の提示に、後白河院から諮問を受けた当時の右大臣兼実は、「両国空失了之条、実可レ有二思慮一」と慎重な対処方を要請していた（『玉葉』同六日条。渡辺、九頁）。ここで、私が注目したいのは、宗盛の人事案にはじめから常陸は含まれておらず、隆義の常陸介補任は、物語の創作でなければ、例えば大庭景親が「東国ノ御後見」と認識された（第四章第三節一項）と同じ、平氏レベルの私称に由来するものと見るべきであろう（注10参照）。

この後も佐竹氏を中心とした平家方の抵抗は執拗に続いていたらしく、『吾妻鏡』元暦元年（一一八四）八月十三日条に、なお「奥郡内、有二叛逆之輩一」とする記事が見える。[14] しかしながら、寿永元年（一一八二）から翌年にかけて、常陸の焦点は次第に頼朝の叔父志太義広の動向に移っていった。佐竹追討に当たって、同書に「今日、志太三郎先生義広・十郎蔵人行家等参二国府一（茨城県石岡市）謁申」とあったが（治承四年十一月七日条）、彼らの貢献を窺うことはできない。そもそも、義広の平治の乱後の動向にしても、範頼以上に明らかでなく、本書では、『吾妻鏡』に従って義広と表記しているが、実は実名も定かとは言い難い。[15]

『金刀本保元物語』に為義従軍とあり（上「新院為義を召さるる事」、七八頁（義憲））、『新大系本平治物語』は義朝従軍とするが（上「待賢門の軍の事」、一八六頁（義章））、元木泰雄はいずれも非とする。乱後の保元三年（一一五八）、河内源氏の地盤であった河内国長野における活動が知られ（注15所引『山槐記』）、平治の合戦に当たっては「具体的な逸話もなく、参戦していれば厳しい処罰は免れな」かったからである（『河内源氏』中公新書、二〇一一年、一五二・一六四頁）。更に氏は、東宮帯刀先生として、「兄義賢失脚後の体仁親王（のちの近衛天皇）か、久寿二年（一一五五）に立太子した守仁親王（のちの二条天皇）のいずれかに仕えたことにな」り、それぞれ美福門院の皇子・養子であったから、「その縁故で美福門院、さらにその皇女八条院に祗候し、摂関家に近い父為義、後白河に近い長兄義朝のいずれからも距離を置くことになったのではない」かとする（一六四―一六五頁）。氏の見解にはなお検討の余地があるように思われるが、[16] 義広が土着したとされる常陸国信（志）太荘（以下、引用部分を除き、「信太」と表記する）は八条院領であった。[17]

『覚一本』に高倉宮（以仁王）の令旨を帯した行家が、「信太三郎先生義憲は兄なればとらせんとて、常陸国信太浮嶋へくだる」とする記述がある（巻四「源氏揃」、上二八一頁）。信太荘（茨城県稲敷郡美浦村〔「信太」の地名が残る〕・阿見町、土浦市辺）は信太西条に所在し、浮嶋（稲敷市）は東条にあって、網野『県史』は、『覚一本』の記述が「事実ならば義広は信太郡全体にその勢力を伸していたことになる。しかし義広の名字の地をこの信太荘としてよいかどうか疑問が残り、信太荘と公式の関係があったとしても、下司より上級の預所のような立場にあったのではなかろうか」とする（五八頁）。義広の信太荘ないし信太郡土着の時期は明らかでないにしても、頼朝による佐竹追討後、次第に常陸にまで勢力を浸透させつつあった上総権介広常と、少なくとも鹿島社領を媒介とする接触が生じていった（前掲、拙著・論考、第六章「上総権介広常」、四四九―四五〇頁）。

広常が頼朝に屈服した後、義広が、同母兄義賢の子木曾義仲との合流を目指して蜂起したのは寿永二年（一一八三）二月のことであって（拙著、四五四頁。本章第一節一項、注9参照）、「三郎先生義広謀叛之時、常陸国住人等、小栗十郎重成之外、或与㆓彼逆心㆒、或逐㆓電奥州㆒」（『吾妻鏡』元暦元年四月二十三日条）とされる事態に発展し、影響は下野から上野に及んだ（同、治承五年〈養和元〉閏二月二十八日条）。佐竹追討に際しては、恐らく日和見を決め込んでいた常陸平氏は、小栗重成[18]を除き、積極的にか消極的にか義広の反乱に与し、石井進は、乱の結果、「八田（小田）氏が所領（信太荘＝引用者）を獲得したのは、おそらくこの時を契機としてであった」としている（「鎌倉時代の常陸国における北条氏所領の研究」『石井進著作集』第四巻所収、岩波書店、二〇〇四年、八九頁。初出一九六九年）。『吾妻鏡』元暦元年十一月十二日条に、「常陸国住人等、為㆓御家人㆒可㆑存㆓其旨㆒之由、被㆓仰下㆒云々」とあって、八田知家（後述）の投入によって、常陸国住人の御家人化が漸く軌道に乗り始めた。しかしながら、「奥州」問題が解決を見ない限り、反乱→奥州逐電というサイクルを断ち切ることができなかったと思われる。

ここで、本節冒頭に記した富士野の狩庭から逐電した「久慈輩」の問題に立ち返る。彼らは佐竹氏の関係者であったろうが、如何なる経緯で、北条時政が企図したクーデターに参画した（第五章第三節四項）のであろうか。私が注目したいのは、追討時、頼朝に従った佐竹蔵人（義弘）である[19]。暫く源氏の一門として「門客」に列なっていたが、頼朝の不興を買い、文治三年(一一八七)三月、駿河国に流され、「岡辺権守泰綱」に召預けとなった(『吾妻鏡』同二十一日条)。岡辺(岡部とも)泰綱は、幕府の駿河国「検断沙汰人」を務めていた在庁官人である(拙著『鎌倉守護』論考、第一章三項、三四―三五頁。国別、第一章駿河項、二四―二五頁)。泰綱はまた、建久四年(一一九三)後述する多気義幹を召預かったが(『吾妻鏡』同六月二十二日条)、義幹は翌五年十一月以前に、伊豆国「検断沙汰人」狩野介宗茂に預け替えとなっている(同、十九日条。前掲、拙著・国別、第一章駿河項、三〇頁注四。伊豆項、三二頁)。泰綱の『吾妻鏡』最後出の記事は、右建久四年六月二十二日条で、まもなく失脚したものと推測されるが、拙著では、高橋典幸の指摘を参考に、手越家綱との対立を挙げるのがせいぜいであった(高橋典幸「鎌倉幕府と東海御家人―東国御家人論序説―」『鎌倉幕府軍制と御家人制』第二部第二章、吉川弘文館、二〇〇八年、一九四―一九五頁〔初出二〇〇五年〕。前掲、拙著・国別、駿河項、二四―二五・二八―二九頁)。

しかしながら、氏が泰綱失脚の契機として指摘した手越家綱の丸子新宿設置申請は文治五年(一一八九)のことであって(『吾妻鏡』同十月五日条)、それが勢力失墜の契機になったとしても、泰綱は、なお建久四年六月に至るも、「検断沙汰人」としての職務を遂行していたわけで、失脚はこの時より、翌五年十一月以前のこととしなければならない。駿河国の「国務沙汰人」が北条時政と考えられることから(前掲、拙著・論考、第一章三項)、失脚の時期を考慮すると、「建久四年曾我事件」と結び付くものであり、北条時政＝岡辺(部)権守泰綱＝佐竹蔵人(義弘)という連携が浮かび上がって来はしまいか。この推測に誤りがないとすると、頼朝は、六月二十二日に至るもなお時政の関与を把握していなかったことになる。但し、私の推測に障害となるのは、建久八年四月、頼朝の発願により、「駿河人岡部権守泰綱ヲ奉行トシ」て曾我両社八幡宮が造営されたとする所伝の存在である(『曾我両社八幡宮縁起』〔四〇二頁〕。第二章第三節一項)。

しかし、曾我両社八幡宮が、建久八年、兄弟鎮魂のため頼朝によって発願されたとする縁起の内容に必然性はなく、しかも、当社（現在の静岡県富士市厚原〔旧鷹岡村〕曾我八幡宮）が仮名本（「流布大系本」巻十一）に言う「勝名荒人宮」に通ずるものとすれば、造営は「ようぎやう上人」の進言に基づくもので、そもそも建久年間における遊行上人の活動などあり得ない（同右、第二章第三節。第三章第四節五項）。一般に、兄弟の敵討を支え、『曾我物語』に特筆された者の多くが、鎌倉幕府の成立過程、就中、北条氏の勢力伸長の過程で犠牲になった人々であった。「物語」や「語り」が、和田義盛・畠山重忠、あるいは土肥実平や大庭景義らの鎮魂をも意図していたとすれば、『曾我両社八幡宮縁起』における「駿河人岡部権守泰綱」も同様に理解してよいのではなかろうか。私は、当縁起に泰綱の名が特記されたことが、かえって事件との関わりを示唆しており、多気義幹を預かった建久四年六月二十二日以降、恐らく範頼失脚に至る八月までには事件に関与した事実が露顕したものと思う。

佐竹氏の関係者と考えられる「久慈輩」は所領を収公されたが、私が時政との仲立ちをしたと推測した佐竹蔵人（義弘）は、クーデターの失敗を見極めると、いち早く出家したらしく、『尊卑分脈』には「遁世」と記されてあった（注19）。また、網野『県史』に拠ると、多賀、久慈東・西、佐都東・西の「五郡には佐竹氏の支配が強くおよんで」おり、「この五郡では自立した郷の形成度も低く、荘、保も全く見出すことができない」一方、同じ奥郡であっても、「常陸平氏の勢力圏吉田郡に接する」那珂東・西両郡の場合は事情が異なり、「東郡からは奥七郡唯一の保、国井保が分立し」たとされる（四六頁）。国井保（水戸市上・下国井辺）の成立事情は明らかでないようであるが、「国井」を名字としたのは源頼信の五男義政流で、『尊卑分脈』清和源氏・国井は、孫の「国井源八」政広のとき「住二常陸国一」とする（第三篇、二一一頁）。この政広は、仁安二年（一一六七）、「南郡橘郷にも屋敷を設け、万雑事免除の裁定を留守所から得」ていた（網野A・第二節、四五八頁。B・二、四〇六頁）。

右、政広の南郡橘郷（茨城県小美玉市小川、行方市玉造辺）進出は、当郷をめぐる孫の「国井八郎太郎政俊」（訴人）と鹿島社大禰宜（論人）との相論において、訴人の提出した解状から知られるものであるが、訴人の政俊は次のように証言している（『鎌倉遺文』六巻三七四五号、「鹿島大禰宜家文書」安貞二年五月十九日関東下知状）。

如二政俊申一者、先祖証文者、源八政広〈政俊祖父〉蒙二参河守（範頼）勘当一之刻、追捕之庭令二紛失一畢

菱沼一憲は政俊の証言に注目し、「曾我兄弟の仇討」と関わるものであるとして、次のように解した（同編著『源範頼』総論、戎光祥出版、二〇一五年）。①久慈郡の支配者は佐竹氏であったが、頼朝の攻撃により「凋落しており、隣接する国井氏が進出していた可能性」がある。国井氏は「あるいは近隣であるので久慈郡の武士と誤認されたのかもしれない」。つまり、「巻き狩りの場から逃れた「久慈輩」とは国井政広か、その関係者ではなかろうか」（七九頁）。②「富士の巻狩りに参加していた政広は、鹿島社との訴訟に備えて家伝の証文を鎌倉へ持参していた。ところが巻狩り場で刃傷沙汰が起こり、常陸へ引き返してしまった。鎌倉で留守を預かっていた範頼は、この行動に反応して政広の宿を追捕・探索して証文を失わせた」（八〇頁）。③なぜ政広は「範頼の勘当を蒙って追捕されたのか」と言えば、「政広が範頼に私的制裁を受けるような立場、すなわち範頼に従属していたからで」、「国井政広の訴訟を仲介していた範頼は、自身への影響を恐れて、その失態を叱責するとともに、裁判のために持参していた証文類をとりあげてしまった」、以上が菱沼説の要旨である（八一頁）。

氏説で目を惹くのは、まず第一に、富士野の狩庭から逐電した「久慈輩」を「国井政広か、その関係者」であるとした点であり、その根拠として、政広の本貫（国井保）が、「近隣であるので久慈郡の武士と誤認された」ことを挙げているが、かかる事態があり得るかどうか。そして、第二に指摘しなければならないのは、氏説の核心部分である、政広が「範頼に従属していた」とする問題で、範頼が、清和源氏の一族を「私的」に「従属」させることなど、頼朝

に許される筈もなく、その点、範頼も十分承知していた筈である。「蒙二参河守勘当一」の部分、氏は、政広が範頼の「勘当」を蒙ったと解したが、そうではなく、私は、頼朝によって「範頼が勘当を蒙った」、即ち、建久四年八月の範頼失脚を指しているものと思う。更に、氏は「追捕の庭」を鎌倉と捉えている（七八頁）。「久慈輩」が狩庭から逐電した事実が判明したのが六月三日で、氏説に従い、留守を預かる範頼が政広の鎌倉の宿所を「追捕」したとすれば、どんなに早くとも五日以前ではあるまい。頼朝が鎌倉に帰還するのは七日であったから（『吾妻鏡』）、鎌倉では、範頼の「追捕」自体が大事件となっていたことが推測される。

私は、安貞二年（一二二八）の関東下知状に引用された訴人国井政俊の証言は、「建久四年曾我事件」に、範頼と常陸の住人とが直接に関わっていたことを示す貴重な史料であると考えている。恐らく、岡辺（部）泰綱がなお駿河国「検断沙汰人」に在任していた建久四年六月二十二日以降、範頼が起請文を提出した八月二日ないし伊豆配流となった十七日の前後（『吾妻鏡』）、常陸における範頼与党が「追捕」される事態が起こり（以下、一連の過程を「参河守（範頼）勘当」事件と呼ぶ）、政俊の祖父源八政広はその渦中に「証文」を「紛失」してしまった。「追捕」は、安貞二年の訴訟における論所の南郡橘郷周辺ではなく、「久慈輩」逐電と併せ考えるならば、久慈郡から国井保に至る奥郡一帯に展開したに違いない。問題は政広の立場であるが、重代の「証文」を「紛失」するほどの事態は、政広自身が追捕の対象であったと考えると分かりやすいが、安貞二年の訴訟において、論人側がその点を衝いていないことを考慮すると、久慈郡近隣の国井保（那珂東郡）が「追捕」の動きに巻き込まれたと捉えるのが穏当ではなかろうか。

注

（1）「奥（七）郡」とは、多賀郡、及び、佐都東・西郡、久慈東・西郡、那珂東・西郡を言い（『吾妻鏡』文治三年十月二十九日条）、多賀郡を除く東・西の郡界は、おおむね佐都川（現里川）、久慈川、那珂川によっている。

（2）『本朝世紀』久安三年十一月十四日条。「宗盛」と表記されているが、同五年二月十三日条に「常陸介平家盛」とあって、「家盛」の誤りであることが分かる。家盛（忠盛の子）は藤原宗子（池禅尼）腹の嫡男であったが（『尊卑分脈』桓武平氏〔第四篇、三四頁〕）、同三月十五日に見任のまま死去した（同日条。病を押して、鳥羽法皇の熊野詣に扈従した帰途であった）。

（3）同右書に拠ると、頼盛が任ぜられたのは、家盛死後の久安五年六月四日のことであるから、久安三年十月二日条に見える頼盛見任の記事は、六年（カ）の誤りであろう。

（4）『尊卑分脈』清和源氏・佐竹は、昌義に「住二常陸国一」と注し、「母常陸住人（吉田）清幹女」とする（第三篇、三一五頁）。網野善彦は、昌義が「本拠としたのは久慈川、佐都川の合する要衝、太田（現茨城県常陸太田市＝引用者）の近辺だったと考えられ、一方の清幹が吉田を名字とし、その子孫が吉田郡の諸郷にひろがっている点を、それにあわせてみると、（和名抄の那珂郡から＝同補足）吉田郡をのぞいた奥七郡という一括した単位が成立する時期と過程をほぼ推測することができよう」とする（『日本中世土地制度史の研究』第二部第四章〔以下、網野Aと略記する〕第二節「荘園・公領と諸勢力の消長」、塙書房、一九九一年、四五六頁〔初出一九七二年〕。『網野善彦著作集』第四巻、Ⅱ・「常陸国」〔以下、同Bとする〕二、岩波書店、二〇〇九年、四〇四頁）。

（5）前田英之「平家領の形成と領有構造」（『史学雑誌』一二一編八号、二〇一二年、四八―四九頁、に拠る）。事件の経緯については、本文所引、五味（文）、一〇頁註一八、及び、前田の所論に詳細である。

（6）「金沢文庫文書」徳治二年五月日「常陸大丞《（ママ）》次郎平経幹」申状案に拠ると、「高祖父常陸大丞《（ママ）》（馬場）資幹墓所」の所在地は「佐谷郷」（茨城県かすみがうら市）であったとする（『鎌倉遺文』三〇巻二二九七七号）。

（7）『尊卑分脈』（第三篇、三一七頁）や平家諸本などでは「忠義」とする。義政（忠義）が誅殺されたとされる大矢橋とは、

「現在の小美玉市と石岡市の境を流れる園部川」の架橋という（宮内教男「金砂合戦と常陸佐竹氏」、高橋修編『実像の中世武士団―北関東のもののふたち―』Ⅲ所収、高志書院、二〇一〇年、二〇二頁）。義政（忠義）の子らは奥州に逃れ、藤原泰衡滅亡の後も「逐電」したとあって、鎌倉幕府に執拗に抵抗を続けた（『吾妻鏡』文治五年十一月八日条）。

（8）『吾妻鏡』「奥入り」の記事に、頼朝が宇都宮「古多橋駅」を出立した当日、「佐竹四郎」が「自㆓常陸国㆒追参加」したと見える（文治五年七月二十五・二十六日条）。この「四郎」について秀義・隆義両説あるが（網野A・第二節、五一九頁注二一〇。B・二、四六九頁注二七六）、『源威集』下に、「（頼朝）宇都宮ニ着給フ、小田橋ノ路頭ニヲヒテ、初テ佐竹別当秀義見参ニ入」とあって（三四四頁）、秀義と思われる（拙著『鎌倉守護』国別、第一章常陸項において「隆義」に比定したが〔八五頁〕、訂正しておきたい）。

（9）城氏に関する表記の出入りについては、拙著『鎌倉守護』国別、第二章信濃項、一一四頁注二を参照されたい。

（10）但し、秀衡・資長らの場合は「除目」を挙げるのに対し、隆義は、本文前出『延慶本』のように、「院庁下文」による補任としていた（他に、『長門本』巻一二、四二八頁・『四部本』巻六、上二六三頁〔四月二十八日付〕）。

（11）『吾妻鏡』文治三年十月二十九日、秀衡卒去の条に、「養和元年八月廿五日任陸奥守」とある。

（12）兼実は、秀衡（「奥州夷狄秀平」）が鎮守府将軍に任ぜられた折も、「乱世之基也」と感想を漏らした（『玉葉』嘉応二年五月二十七日条。同右、『吾妻鏡』は「廿五日任」とする）。

（13）「遅くとも寿永元年（一一八二）には安芸国守に補任されるに至っ」た厳島社神主佐伯景弘や、「大宰権少弐・対馬守を経て治承四年（一一八〇）には豊前守に至った」宇佐宮大宮司宇佐公通の場合も（拙稿「諸国一宮制の展開」『歴史学研究』五〇〇号、一九八二年、五二頁）、平氏によって推進された本籍地豪族の国守任用である。「西国」一宮社司と、「東国」の武士＝「夷狄」とは同列に扱えないという公卿の意識であろうか。

(14) これは地の文であるが、「楓軒文書纂」に、鹿島社「奥郡」内神領に関する同日付の源頼朝袖判下文(写)が収められており(『平安遺文』八巻四一九五号)、「奥郡輩、依二謀叛一不レ致二沙汰一」とあった。

(15) 『山槐記』保元三年九月三十日条に「源義範〈故為義三男〉」、『尊卑分脈』に義憲「号二志田三郎先生一／母同二義賢一(木曾義仲の父)」(第三篇、二九一頁)、『玉葉』寿永三年(元暦元)正月十九日条に「義広〈三郎先生〉」とあって、初名「義憲(義範)」、後に「義広」と改名したということになろうか。真名本巻一には「義憲」とあるが、巻三は「義兼」とする(『東洋文庫真名本』1、一二頁、一六三―一六四頁)。なお、『延慶本』五本ノ七(七一〇頁)、『長門本』巻一六(五五三頁)、『盛衰記』巻三五(中七七一頁)、『闘諍録』八之上(二六七頁)に、「方等三郎先生」とする記載がある。「方等」とは、「帯刀」を「刀帯」と読んだ誤写・誤伝(?)に因ろうか。

(16) 平家諸本に「義朝養子」説が見られる(『延慶本』二中ノ八、二八〇頁。『長門本』巻七、二四七頁。『盛衰記』巻一三、上五九二頁。いずれも実名「義憲」)。

(17) 『平安遺文』一〇巻五〇六〇号、「内閣文庫蔵山科家古文書」安元二年二月日八条院領目録(「常陸国信太」)。『吾妻鏡』文治四年六月四日条(「八条院領／同(常陸)国志太庄」)。

(18) 佐竹追討の帰途、頼朝は「小栗十郎重成小栗御厨八田舘」(茨城県筑西市)に立ち寄っている(『吾妻鏡』治承四年十一月八日条)。これに拠ると、重成は挙兵の早い段階から頼朝に従っていたことが分かる。

(19) 私は、『尊卑分脈』に従い実名を「義弘」としたが(第三篇、三一七頁)、『大日本史料』第四編之一は、諸家系図纂所収『革島系図』を引き、『尊卑分脈』(三一八頁)に弟の「五郎」とあった「義季」としている(八八六―八八七頁)。『尊卑分脈』には、義弘「遁世」とあったが、『革島系図』に、義季「有レ故退二関東一、因二近衛普賢寺基通公一、蟄二居于城州葛野郡革島一」と記されている。

二　八田知家と多気義幹

恐らく「久慈輩」を含む奥郡一帯の「追捕」（「参河守（範頼）勘当」事件）が建久四年六月二十二日以降にずれ込んだのは、その間、幕府としては、曾我兄弟による敵討事件の処理と、いわゆる「常陸政変」の対応とに忙殺されていたからである。「常陸政変」とは、ともに「常陸国大名」と言われた八田右衛門尉知家と、常陸平氏の嫡流多気太郎義幹との争いが（『吾妻鏡』建久四年六月五日条）、義幹の失脚に帰結した幕府の陰謀である。これについては、「常陸平氏の勢力削減」を目的として、曾我兄弟による敵討の「混乱に乗じて」仕掛けられた源頼朝・北条時政・八田知家による策謀と捉えるのが坂井孝一の説であったが（第一章第四節四項）、大方の見方は、石井進が述べているように、「曾我兄弟の敵討をきっかけとして」政変が起こったとする理解である（『中世武士団』、一八七頁。傍点石井）。「政変」の経緯については、右、石井進著書（一八七―一八九頁）をはじめ、網野『県史』（九四―九六頁）、高橋修「「常陸守護」八田氏再考―地域間交流と領主的秩序の形成―」（地方史研究協議会編『茨城の歴史的環境と地域形成』、雄山閣、二〇〇九年、一二四―一二七頁）等に詳細であり、ここでは繰り返さない。

「政変」の一方の当事者である知家について、『尊卑分脈』道兼公孫・小田は「号二八田四郎一」し、八田権守宗綱の子で、宇都宮朝綱の弟とし、また「実者下野守源義朝子」であったとも記している（第一篇、三六八・三六〇・三六二頁）。『吾妻鏡』は、宗綱を「八田武者」と表記し[1]、息女（朝綱・知家の姉妹）は「小山下野大掾政光妻」（結城朝光の母）で、頼朝の乳母の一人「寒河尼」であった（治承四年十月二日条）。高橋修は、父子二代にわたる名字の地を、「常陸国新治郡小栗御厨と伊佐郡（新治郡北条）との境界に所在した八田の地（現茨城県筑西市）」に比定し、当地は「宇都宮と常陸府中とを結ぶ最短ルート上にある」町場で、「町場そのものを基盤とした在地領主」は「「長者」的な領主と規定」される（前掲論文、一一六・一一八—一一九頁）。そして、八田氏は当ルートを通して「宇都宮に進出し、都市支配の主導権を握り、宇都宮氏を分出する」、つまり「八田氏から宇都宮氏が生まれた」と見るのである（一二一頁）。

示唆に富んだ魅力的な新説であるが、私としては、『半井本保元物語』、保元の乱・義朝従軍に「下野国ニハ八田四郎」とある記述にこだわりがある（上、四二頁）。義朝が下野国守に任ぜられたのは、仁平三年（一一五三）三月二十八日のことで（『兵範記』）、乱後の保元元年（一一五六）十二月二十九日には、「造日光山功」によって重任されており（同）、無論、知家誕生が義朝の国守補任前のことにせよ、「下野守源義朝子」とする『尊卑分脈』の所伝を捨てがたいからである。(2)

高橋修はまた、「建久四年常陸政変の本質」について、網野(3)が知家による守護支配の展開と捉えていると批判し、知家が「宇都宮・常陸府中ルートに関する拠点や利権の独占を計った」、「領主間競合の帰結」だとした（一二六頁）。しかしながら、八田（小田）氏が、「「守護」と称し」、「常陸国内行政権を主張した」とする点は（一二七頁）、如何であろうか。確かに私も、知家については、「管国軍事指揮権」を掌握していたことが事実としても、「鎌倉幕府の職制上、正式に守護職に補任されていたかどうかは明らかでない」と留保した（拙著『鎌倉守護』国別、第一章常陸項、八五頁）。但し、子の知重（朝重とも）が「守護」を自称した「早い事例」として高橋修の挙げた安貞二年（一二二八）の関東下知状（一項所引『鎌倉遺文』六巻三七四五号、鹿島大禰宜家文書）は、知重の「守護人」としての地位と、その「守護所」が検断沙汰を分掌したことを踏まえた幕府の発給文書であって、知重の常陸守護としての公的地位は余りにも明らかであると言わねばならない（拙著、八六頁）。鎌倉幕府成立期の常陸には、「東国」の中では例外的に、「西国」的状況が展開していた（拙著、八四頁）。

「政変」のもう一方の当事者で、通説が「常陸大掾」とする多気義幹についても高橋修の理解はユニークである。即ち、「在庁の最有力ポストとして大掾職が現れるのは、十二世紀末、没落した多気義幹の旧領を継承した馬場資幹の時代のこと」で、常陸平氏一族が「在庁官人を従える大掾職を、平安期以来世襲してきたとみることはできない」という（「「常陸平氏」再考」、一項注7所引『実像の中世武士団』Ⅳ所収、二二五頁）。私も、前掲拙著で義幹を大掾としたが（八五―八六頁）、弟の下妻広幹（弘幹とも。以下、引用部分を除き、広幹の表記に統一する）は「悪権守」と通称され（三項後述）、嫡流の義幹が在庁官人でなかったとは考えられない。現存の大掾氏関係の系図の場合、馬場資幹流を嫡系とする立場で編纂されており、義幹らの大掾の地位が故意に抹殺された可能性はないのであろうか。鎌倉時代、大掾職は「公家・関東御代官」（一項注6所引『鎌倉遺文』三〇巻二二九七七号）、「□(公)家・武家兼帯(人々)」（『茨城県史料』中世編Ⅰ、一九七〇年、「常陸国総社宮文書」二三号、「□(常)陸国惣社敷地知行人数并田畠坪付」注文断簡[4]）と認識されていた（前掲拙著、九六頁注六）。幕府（「関東」・「武家」）の口入が可能であったのは、義幹が謀叛人として「大掾職」を収公されたが故のことと考えられる。

「政変」は頼朝・知家側が仕掛けたと言ってよく、鹿島社二十年に一度の「造替遷宮」に当たって、「多気太郎義幹已下社領知行輩等」の怠慢により造営が遅引し、幕府側の「造営奉行」であった伊佐為宗・小栗重成等が頼朝の叱責を受けた。その結果、建久四年（一一九三）五月一日、新たに八田知家が加わることになったのである（以上、『吾妻鏡』）。諸国一宮の祭祀組織は、本来、在庁官人を中心とする伝統的・保守的なもので[5]、鹿島社の祭祀・造営の場合、常陸平氏を中心とする国住人[6]によって営まれてきたシステムの重要な変更を意味した[7]。那須野の狩を担ったのは、小山朝政・宇都宮朝綱・八田知家という北関東の大名たちであったが（第五章第二節三項）、このうち、小山朝政と宇都宮朝綱の孫弥三郎頼綱は富士野の狩にも参加しており（同四項）、知家の不参加は「政変」のシナリオが準備されていたことを推測させる。(8) やはり参加の形跡のない義幹をはじめとする常陸平氏ともども、鹿島社造営に専念せよ、というのが頼朝の指示であったろう（第五章第二節三項・同、注2参照）。恐らく、知家は、義幹を先頭とした国住人の激しい反発に、打開策を見出し得なかったと思われるが、空しく一月が経過しようとした二十八日の夜、偶々曾我兄弟の敵討事件が勃発した。知家はその報せをまさに天佑として受け取ったに違いない。そして、既に六月四日には、義幹に対して攻勢をかける準備を終えていたのである（『吾妻鏡』同二十二日条）。

この結果、義幹は後手に廻らざるを得ず、両者の板挟みとなって、早期に頼朝に従っていた小栗重成は心身に異常を来し（造営奉行解任）、駿河国に配流となった義幹に代わって、大掾職を継ぎ、新たに「当国内大名」となった常陸平氏の庶流（吉田流）の馬場小次郎資幹が「鹿島造営行事」に任ぜられた（『吾妻鏡』同六月二十二日・七月三日条）。高橋修は、頼朝が馬場資幹を抱き込んで、「国衙在庁最上位の大掾職を与え」、鹿島社「七月大祭の執行に常陸大掾が関与する道をつけようとした」とする重要な指摘を行っている（前掲「「常陸平氏」再考」、二三六・二三八頁）。氏は、鹿島社七月大祭大使役の「常陸平氏」七流（大掾・真壁・小栗・吉田・東条・鹿島・行方の各氏）巡役化が、頼朝によって創出された体制（システム）であったと主張するが（二三六・二三八―二四〇頁）、それが頼朝による組織の再編を意味しても、当時の幕府（頼朝―知家）に、一宮祭祀組織を「創出」するだけの力があったかどうか疑わしい。しばしば誤解されているようであるが、幕府が任命した鹿島社造営奉行人の職掌は、役所の地頭御家人を統率し、彼らに催促を加え造営を完遂することが任務であり、(9) 鹿島社役の催促にしても、守護が行使できるだけの権限はなかった。(10)

鎌倉に召喚された多気義幹が、『吾妻鏡』に拠ると、「被レ収二公常陸国筑波郡・南郡・北郡等領所一、(11) 被レ召二預其身於岡辺権守泰綱一」た後、所領は馬場資幹に与えられたという（建久四年六月二十二日条）。ところが、網野善彦は、「南郡は本来（下妻＝引用者）広幹の所領で、すでに下河辺政義に与えられており、筑波郡、北郡を資幹が知行した証拠は全くない」として、但し「南郡のうち、義幹の手中にあったと見られる府郡を資幹流が与えられたことは確実であり、恐らくこのことを根拠に、後年、常陸大掾を世襲するようになった資幹流の人々の提出した資料に基づいて、『吾妻鏡』はこの記事を記したのであろう」と説明している（『県史』、九五頁）。そして、残る「筑波郡・北郡」は、「すべて知家に給与された」としたが（同）、とりわけ、多気を含む筑波郡北条（注6）は「常陸平氏本宗の本拠」で、「常陸平氏の祖平国香以来のこの一族の根拠地であり、いわば本領中の本領」であった。知家は「この地に居館をかまえ」、子の知重以降小田（つくば市）を名字の地とするに至るのである（A・第二節、四六九―四七〇頁。B・二、四一七頁）。

一項で、志太義広の反乱後、信太荘を知家が獲得したのではないかとした石井進の推測に触れたが、網野も「恐らく的を射たもの」としており（A、四七四頁。B、四二一頁）、知家は巨大な所領を得て、「常陸国大名」として群を抜く存在となった。そして、子の知重の代に至るも、執拗に「大掾職」を競望し続けたが、さすがの幕府もこれを斥け、八田（小田）氏の府中進出が実現することはなかった（前掲、拙著・国別、常陸項、八六頁）。幕府（北条氏）が、八田（小田）氏のこれ以上の勢力拡大と、常陸平氏一族の伝統とを恐れたからである。では、坂井が、「〈常陸の政変〉においても首謀者の一人であった」と見た北条時政は、「政変」にどのように関わっていたのであろうか。項を改めて考えていきたい。

注

（1）高橋修は「白河院か鳥羽院の武者所に伺候していた経歴がうかがえる」とする（本文前掲、「「常陸守護」八田氏再考」、一一五頁）。

（2）建久元年、頼朝の初度上洛に当たって、知家は、千葉（大須賀）胤信とともに「御厩」奉行に任ぜられた。出立の当日、遅参という失態を犯した知家を、頼朝は進発を遅らせてまで待ち、陣容についての事前確認を求めた（『吾妻鏡』同九月十五日、十月三日条)。これについて、高橋修は「知家が、京の作法に通じた御家人として、頼朝から信頼されていたことがわかる」と評したが(注1に同じ)、知家に対する厚遇はいささか度を越しており、義朝の実子とする点はともかく、あるいは義朝の「猶子」ということも考えられるのではないか。
(3)　網野A・第一節「南郡惣地頭職の成立と展開」(初出一九六八年。B・一)。
(4)　この部分を抹消し、「在庁」として「大掾時幹」「大掾次郎経幹」等の名を記している。
(5)　拙稿「諸国一宮・惣社の成立」(『日本歴史』三五五号、一九七七年、二二―二三頁)、「諸国一宮制の展開」(『歴史学研究』五〇〇号、一九八二年、五三頁)等参照。
(6)　常陸平氏嫡流多気義幹の本貫は、多気を含む筑波郡北条(茨城県つくば市)であり、常陸平氏一族の小栗重成は新治郡小栗御厨(筑西市)が名字の地で、伊佐氏の出自は諸説あるが、新治西郡北条(伊佐郡。現筑西市)を本拠とした(網野A・第二節、四六九・四六五―四六六頁。B・二、四一七・四一三―四一四頁)。
(7)　網野善彦は、「常陸一宮鹿島社の造営に守護知家が責任を持つ形こそ、自然なあり方といわなくてはならない」としたが(『県史』、九六頁。傍点、引用者)、在庁官人でない守護の関与は極めて稀有な特例であって、「システムの重要な変更」であったことに留意する必要がある。
(8)　但し、知家の子(小田知重弟)の「完(宍)戸四郎」家政が、頼朝に随行していた(第五章第三節四項、注1)。
(9)　拙稿、注5所引「諸国一宮制の展開」、五四頁。
(10)　拙著、前掲、国別・常陸項、九七頁注一二。
(11)　網野に拠ると、令制の茨城郡のうち、南野牧と小鶴荘を除いた部分が南北に分割され、「平安末期、北郡は多気義幹、南郡は下妻広幹が郡司の職にあ」ったとする(A・第二節、四六二頁。B・二、四一〇頁)。

三　下妻広幹と北条時政

北条時政は、自身と一族の命運を流人の聟に賭けた時、少なくとも伊東祐親の旧領を継承するつもりでいたろうが、横合いから現れた旧小松家の家人祐経に奪われてしまった。「一族地闕所の同族給与」・「闕所地に対する潜在的本主権」という中世社会通有の法理（笠松宏至）に抗うことは不可能に近く、加えて頼朝は、伊豆配流当初の数年間、少年期の祐経と故（ふるなじみ）でもあった（第四章第二節二項、第五章第一節二項）。曾我兄弟による敵討を仕掛けたのも、初志貫徹の思いがなかったわけではあるまい。しかし、時政の野望は既に本貫を越えて広く「東国」一帯に視野が広がり始めていた。なお武蔵・相模に手が届く段階ではなく、時政が最初に着目したのが、「西国」的状況が展開する常陸であったのではなかろうか。手掛かりは、駿河国「検断沙汰人」の岡辺（部）権守泰綱の預かりとなった佐竹蔵人（義弘）との出会いであったと推測されるが、いま一つ、信太荘の問題があった。

貞応二年五月三日「安嘉門院庁資忠注進」抄に拠ると、[1] 信太荘の本主は「藤原宗子」で、仁平元年（一一五一）十二月に、恐らく美福門院に寄進されたことが推測される。[2] 右注進抄、宗子の割注に「宗兼女、（平）忠盛室、（平）頼盛母」とあるように、彼女は池禅尼のことで、時政の後妻牧ノ方の伯叔母であった（第四章第二節一項）。私は、時政と牧ノ方との結婚は、『吾妻鏡』初見の寿永元年（一一八二）十一月（十日条）をそれほど遡るものでないと考えたが（同）、志太義広が、小山朝政や下河辺勢に敗北し、木曾義仲の許へ逃れたのは翌年二月のことであった。時政は、「一族地闕所の同族給与」・「闕所地に対する潜在的本主権」を楯に、妻牧ノ方の信太荘伝領を主張したものと思う。ところが、「三郎先生義広謀叛之時、常陸国住人等、小栗十郎重成之外、或与二彼逆心一、或逐二電奥州一」（『吾妻鏡』）とする状況を打開するために、石井進や網野善彦が指摘したように(既述)、頼朝は信太荘を八田知家に与え、佐竹氏や、取り分け常陸平氏に対抗し得る勢力の育成を急いだ。時政の願望はまたしても実現することはなかったのである。(3)

坂井孝一は、時政を「常陸の政変」の「首謀者」と捉え、知家と「意思の疎通、陰謀の合意があ」ったとしたが、第一章第四節四項で指摘したように、時政と知家との関係についての具体的記述はなかった。私は、むしろ両者は相交わることのない存在と理解しているが、義朝実子説のある知家は、頼家に対しても忠実であった。頼家が病に倒れ(『吾妻鏡』建仁三年七月二十日条)、比企能員が時政に討たれる(同、九月二日条)前夜、頼家と時政との間にすさまじい心理戦・神経戦が展開しており、時政の娘で実朝の乳母「阿波局」を妻に持つ全成が犠牲となっている。即ち、全成は御所内に監禁され(『吾妻鏡』同年五月十九日条)、常陸に流された後(同、二十五日条)、頼家の命を受けて、知家が「於二下野国一」、全成を誅殺した(同、六月二十三日条)。(4)知家は頼家の命を忠実に履行しており、「常陸政変」においても、時政との間に「意思の疎通、陰謀の合意」などなかったものとしなければならない。

「常陸政変」が起こった当時、時政が支柱とした常陸の住人は下妻広幹であった。実朝が誕生した当日、若君に「御護刀」が献上され、『吾妻鏡』にその交名が記されている(建久三年八月九日条)。即ち、

江間四郎殿(北条義時)　三浦介義澄　佐原十郎左衛門尉義連　野三刑部丞(小野)成綱　藤九郎(安達)盛長　下妻四郎弘幹〈号二悪権守一〉

の六人で、弘幹(広幹)を除く五人は、幕府を代表する豪族か頼朝の側近ないし近習の者ばかりで、(5)広幹の名はいささか異質に映る。既にこの記載に注目した網野善彦は、「頼朝、政子の側近に進出し」たものと解した(『県史』、九四頁)。もしそうであれば、八田知家を媒介にしない筈がなく、知家と広幹の関係もまた見出し難い以上、この見解には従いがたい。「実朝」と時政との関係に着目するならば、広幹を抜擢し、頼朝に推挙したのは時政であったと思われる。

『常陸大掾系図ノ二』に拠ると、「下妻四郎」広幹は、多気太郎義幹の弟で、「悪権守」と通称され（『続群書類従』一三九、系図部。第六輯上、四四頁）、右『吾妻鏡』の記載と符合する。『吉記』承安四年（一一七四）三月十四日条に、「常陸国下津真庄下司広幹乱行事」と見え（これが通称の由来カ）、名字の地下妻荘（新治郡。現茨城県下妻市）の下司であったことが分かる。また広幹は、南郡に属する「橘郷并吉景郷」郷司であったことが知られ、網野は、「南郡の二つの郷の郷司である広幹」が南郡郡司で、「権守を称し、大掾義幹の弟たる弘（ママ）幹こそ、国府の所在郡、南郡の郡司職に最もふさわしい人」とする（A・第一節、四二九・四三六頁。B・一、三八五・三九二頁）。

既に、本章第一節一項で触れたが（注9参照）、『吾妻鏡』建久三年九月十二日条に、「常陸国村田下庄〈下妻宮等〉に充て、小山朝政を地頭職に補任するとした同日付の将軍家政所下文が収められていて、下文本文に、「去寿永二年（一一八三）、三郎先生（志太）義広発二謀叛一企二闘乱一、爰朝政（中略）、同年二月廿三日於二下野国野木宮辺一合戦之刻、抽以致二軍功一畢、仍彼時所レ補二任地頭職一也」とあった。石井進は、「「下妻宮」が大宝八幡宮をさすという『新編常陸国誌』（中略）の説は正しい」として、「現明野町（今日の筑西市＝引用者）村田付近を中心とする村田庄は下妻庄と小貝川をはさんで境を接して」おり、「大宝郷（下妻市＝同）をふくむ下妻庄の庄域」が当時「村田下庄」と呼ばれていたとする（前掲「鎌倉時代の常陸国における北条氏所領の研究」、七四頁）。

「村田下庄」＝下妻荘地頭職が、寿永二年二月、野木宮合戦の戦功によって小山朝政に与えられたとすると、本主は下妻広幹で、彼は志太義広に従い、所領を没収されたことが分かる。そして、網野が注目した広幹の南郡郡司職は、「治承七年」（寿永二）、「勲功之賞」として下河辺四郎政義に与えられ（『鎌倉遺文』三四巻二五九九五号、「常陸塙不二丸氏所蔵文書」正和五年閏十月十六日野本時重申状案）、幕府ではこれを「南郡惣地頭職」補任と認識していた（『吾妻鏡』文治元年八月二十一日条。網野A・第一節、四二八頁。B・一、三八四頁）。政義は下河辺行平の弟で、志太義広蜂起の際には「古我(古河)・高野渡」の防衛に当たったことが知られるから(『吾妻鏡』治承五年〔養和元〕閏二月二十三日条。第三節二項)、その点からも広幹の義広従軍が確認できるのである(在庁「権守」の地位はなお保持していたか)。

では、常陸進出の野望を秘めた時政と、復活を期する広幹との接触時期をいつの頃と考えたらよいであろうか。もとより確かなことは分からないが、「初テ佐竹別当秀義」が頼朝に「見参」したのは「奥入り」出征時の宇都宮においてであって(一項注8所引『源威集』下)、また、浜通りを北上する「(東)海道大将軍」八田知家に、「多気太郎(義幹)・鹿嶋六郎(頼幹)・真壁六郎(長幹)」らの常陸平氏一族が従っており(但し、小栗重成は頼朝中央軍従軍『吾妻鏡』文治五年七月十七日、八月十二日・二十二日条)、時政も出陣した「奥入り」合戦の前後ではなかったろうか。実朝誕生はこの四年後のことである。今や、佐竹蔵人(義弘)と下妻広幹を従えた時政の、「建久四年曾我事件」における陰謀目論見は次のようなものではなかったろうか。十郎・五郎による頼朝・頼家同時暗殺の後、佐竹氏の関係者と考えられる「久慈輩」が常陸に帰国し、奥郡で事を起こす。次いで広幹が、嫡流の兄多気義幹を説き伏せ、頼朝という後ろ楯を失って動揺する八田知家を挑発する。義幹・知家という言わば竜虎の戦いによって両者がともに疲弊し、その結果、下妻広幹が大掾職を襲って、知家旧領は主に佐竹氏と広幹・時政の三者で分割する。おおよそ、こういった筋書きが推測される。

しかしながら、現実は、頼朝・頼家同時暗殺に失敗し(先に、佐竹蔵人はいち早く出家し、舞台から降りたとする推測を述べた〔一項〕)、狼狽した「久慈輩」は狩庭から逃亡、所領は収公された(六月三日)。範頼が失脚する八月にかけて、奥郡の関係者が「追捕」され、国井源八政広は、この時騒動に巻き込まれて重代の「証文」を「紛失」している。一方、八田知家は、曾我兄弟による敵討の混乱を利用することによって、予て準備されていた「常陸平氏の勢力削減」(坂井孝一)を目的とする陰謀を実行に移し、嫡流多気義幹を失脚させることに成功した(「常陸政変」)。頼朝は、大掾職を「より無害・従順な」庶流(吉田流)の馬場資幹に継がせ(網野A・第一節、四三七頁。B・一、三九二頁)、十二月に知家に命じて、不満を露わにしていた下妻広幹を「梟首」したのである。保身に汲々たる時政には、傍観するより他何もできなかったであろう。『吾妻鏡』は、「是於二北条殿一(時政)有下挿二宿意一事上、常咲中鋭レ刀、只心端以レ簧(6)、而近日自然露顕之故也」と記している(以上、十三日条)。例によって、同書特有の時政を弁護する釈明記事とも読めるが、この場合は、真相をすべて知り抜いた頼朝が、幕府にとっても危険人物と化した広幹を「梟首」したのは、舅殿のためでもあるのですよと、時政を威嚇しているようにも受け取れる内容となっている。網野は、「常陸で、知家に対抗しうる最後の一人も、ついに消された」とする(『県史』、九六頁)。

注

(1) 『鎌倉遺文』五巻三〇九七号、東寺百合文書へ(同一六巻一二三三六号。『大日本史料』第五編之二、一八七頁)。

(2) 安嘉門院とは、後高倉院守貞親王の皇女邦子内親王のことで(『女院小伝』〈『群書類従』六五、伝部。第五輯、三六五頁〉)、八条院領の継承者であった(帝室林野局『御料地史稿』第四章第二節、一九三七年、一七五頁)。信太荘は八条院領で(一項、注17)、鳥羽院皇女八条院の生母は美福門院得子であって(『女院小伝』、三六二頁)、当時の常陸国司見任は平頼盛という関係にあった(一項、注3)。

(3) 信太荘の北条氏領化は鎌倉後期のことである(一項前掲、石井進「鎌倉時代の常陸国における北条氏所領の研究」、七七―七八頁)。

(4) 頼家は、建仁三年六月、北条氏との関係が緊迫する中、牽制の意味もあってか、父の建久四年の狩庭廻りにならい、伊豆奥野と駿河富士野において巻狩を挙行した(『吾妻鏡』同五月二十六日・六月一日条、三日・四日・十日条)。ところが、これは山神の納受するところとならず、鎌倉帰還の後、俄に発病して危篤状態に陥った(七月二十日条)。頼家は、伊東崎山中の「大洞」や富士山麓の大谷「人穴」探検を、それぞれ和田胤長と新田忠常に命じたが、二人はともに神々の怒りをかい、北条氏に滅ぼされた者たちであって（忠常については第四章第二節付項を、胤長は同項、注6を参照）、一連の怪異譚は、豆駿という得宗分国において、北条氏は「浅間大菩薩」などの神々に擁護された特別の存在であることを主張しようとしたものと考えることができる。

（5）「野三刑部丞成綱」は、武蔵横山党小野氏の一族で、尾張国の「守護人」を務めた。娘は、景時の子梶原平次景高の妻となっている（拙著『鎌倉守護』国別、第三章尾張項、一五四頁）。

（6）音はコウ、一般に、「した。ふえの舌」の意であるが（鎌田正・米山寅太郎『大漢語林』、大修館書店、一九九二年、一〇七一頁）、「笛の舌を鼓動させるように、たくみに人をあざむく」とする意味がある（白川静『字通』、平凡社、一九九六年、五四四頁）。

第七章　「建久四年曾我事件」と『曾我物語』の成立

第一節 「建久四年曾我事件」の歴史的意義

第一節では、第六章までの考察を踏まえて、「建久四年曾我事件」の全体像を総括し、その影響を展望することによって、「事件」の歴史的意義を明らかにしていく。

一 「事件」の原点―安元年間の伊豆―

建久四年(一一九三)五月二十八日の夜、富士の裾野で起こった曾我兄弟による実父河津三郎の敵＝工藤祐経殺害が、単なる敵討にとどまるものでなく、頼朝暗殺を企図した未遂に終わったクーデターであったことを明らかにしたのは三浦周行である(「曾我兄弟と北条時政」一九一五年)。氏は、時政を「曾我兄弟を幇助し使嗾して頼朝に対する大それた陰謀の下手人とした」と捉えたが、その動機を、幕府成立期における時政の「偉勳は鎌倉史の上に輝いて居る」にも関わらず、「頼朝の治世中彼れは余り多く時政の功労に報いた形跡がない」ことに求め、祐経に対する「兄弟の憎悪の念を煽」り、「両人の怨を頼朝に嫁する手段として、祐経の君寵を有力の武器とするを忘れなかつた」と説いた(第一章第四節一項)。最早、多言を要しない周到な分析である。

曾我十郎祐成・五郎時致兄弟の敵討は、「建久四年曾我事件」の序章に過ぎず、「事件」は、安元年間における伊豆国内で起こったさまざまな出来事に胚胎していた。これまで繁雑な考証を繰り返してきたが、まずこの点を整理することから始めたい。

真名本のプロットは、巻一で、「武蔵・相模・伊豆・駿河、両四箇国の大名たち」五百余騎が伊東祐親の館に集まり、「伊豆の奥野の狩」が催されたことを叙し、狩が終てそれぞれが帰路に赴く段、巻一の末尾から巻二にかけて、祐経の「郎従」大見・八幡による河津三郎殺害を記す。そして、三郎死後の諸々の始末に触れて、一転して配所の頼朝に話題を移し、祐親三女との契り、千鶴誕生、祐親の帰国、千鶴殺害、祐親による頼朝殺害の企てと続き、巻三にかけて、頼朝の北条の館への逃亡[1]と「万寿御前」（政子）との出会いを叙す。

これを『吾妻鏡』と対比すると、河津三郎殺害の時日について、建久四年五月二十九日条［ア］に、

此兄弟者、河津三郎祐泰〈祐親法師嫡子〉男也、祐泰去安元二年十月之比、於二伊豆奥狩場一、不レ図中レ矢墜レ命、是祐経所為也、于レ時祐成五歳、時致三歳也

とあり、これは真名本巻二・序［甲］の

安元弐年〈丙申〉神無月十日余りの事なるに、河津三郎助通、生年三十一にて八幡三郎が手に懸り、伊豆の奥野の口、赤沢山の麓、八幡と岩尾山との裾、児倉追立と云ふ巌石にて、露の命の消えける

とする記述と完全に符合する。即ち、「安元二年（一一七六）十月」という時日は「物語内時間の始発点」（稲葉二柄）であり、「建久四年曾我事件」においても研究の出発点でもある（第四章第一節四項、注8）。

では、頼朝の北条館への逃亡はどうか。『吾妻鏡』養和二年（寿永元）二月十五日条［イ］に拠ると、

武衛（頼朝）御二（座脱）豆州一之時、去安元元年九月之比、祐親法師欲レ奉レ誅二武衛一、（伊東）九郎聞二此事一、潜告申之間、武衛逃二走湯山一給

とあって、祐親が頼朝を討とうとしたこと、しかし、頼朝は祐親の子九郎の密告によって伊東を逃れたとする点は両

書に共通するが、頼朝殺害を企図した祐親の動機が明らかでなく、逃避先も「走湯山」とあって北条ではなかった。一方、真名本はと言うと、巻二［乙］は頼朝の北条への逃亡と政子との出会いを「治承元年(一一七七)八月下旬」の頃とし、巻三・序［丙］には政子との出会いが、［乙］より早い「安元弐年〈丙申〉年(一一七六)三月中半のころ」とあって、記述に混乱が見られた。実は、こうした相互に矛盾・混乱を孕む記述内容の検討を通して、さまざまな史実を理解することが可能となるのであり、ここに、私が『曾我物語』、特に真名本に史料としての価値を見出した根本的な意味が存する。

まず指摘しておきたいのは、頼朝が伊東館を逃れた、『吾妻鏡』［イ］の「安元元年(一一七五)九月之比」とする時日に関してである。これを疑うに足る合理的理由はなく、真名本(巻一)が翌年十月のこととした「奥野の狩」に頼朝が参加することなどあり得る筈がなかった。そもそも「奥野の狩」自体、『曾我物語』が創作した壮大かつ華麗な虚構であって、恐らく、山寄りの相模国西部を中心にした住人による狩猟の伝統と、河津三郎の殺害(［ア］・［甲］)とを『曾我物語』が、《狩庭の物語》としての構想に基づいて結び付けたものと思う。

次に、『吾妻鏡』［イ］が頼朝の逃避先を「走湯山」(伊豆山権現)と記していたことに注目したい。[2] 宇佐美の山越えを必要とするが、北条より遥かに近く、大衆の武力も期待できる。「走湯山住侶文陽房覚淵」(『吾妻鏡』[3])との師檀関係が前提になっていたかも知れない。一方、真名本［乙］の言う「北条の館」の場合、時政が、祐親の子九郎の「元服の親」(烏帽子親)であったとする所伝自体に疑問があり(注1)、しかも、喜んで頼朝を迎え入れた筈の時政が、義時を残してさっさと上洛するというプロットに整合性が見受けられなかった。ではなぜ、頼朝の逃避先を［イ］が「走湯山」と明記していたにも関わらず、ほとんど注目されてこなかったかと言えば、所詮地の文であり、恐らく頼朝の配所の問題がネックになっていたものと推測される。

真名本巻二は、永暦元年（一一六〇）三月、頼朝は「伊豆国北条郡蛭小嶋」に流されたとし、国府（静岡県三島市）にも近い田方郡北条近傍の「蛭小嶋」（伊豆の国市四日町）配所説は通説であったが、ではなぜ同書は、伊東を追われた頼朝を迎えて、わざわざ「これぞ北条の運の開くる始め」と記したのか、説明がつかないことになる。これに対して、石井進や五味文彦は伊東配流説を唱え、[4] 坂井孝一は「頼朝が最初の配流地である伊東から北条へ逃れたのは安元元年（一一七五）の秋であった」と、［イ］を踏まえて伊東配流説を全面的に展開した（「流人時代の源頼朝」二〇一二年）。氏が指摘するように、頼朝は、配流当時九歳の少年であった祐経と、彼が十四歳で上洛するまでの数年間接触した可能性が生じ、脳裡にこの利発な少年の記憶が刻み込まれたに違いない。

頼朝が、十四歳から二十九歳に至る十五年半、流人として青春時代を送った伊東を離れ、いきなり北条に逃避する必然性はない。いったん「走湯山」に逃れたとすると、実は真名本［乙］・［丙］の記述の混乱とされる事態が解消する。［丙］の「安元弐年〈丙申〉年（一一七六）三月中半のころ」というのは、頼朝が「走湯山」に逃れて半年後のことであり、これこそ配所が、新たに北条（「蛭小嶋」）に定まった時期であって、［乙］の「治承元年（一一七七）八月下旬」の頃に、頼朝と政子との出会いが求められるのではないか。『長門本』（巻一〇）や『延慶本』（二末ノ一〇）に拠ると、長女大姫の誕生は治承三年のことであった。

そもそも、祐親が頼朝を討とうとした動機は何であったろうか。『吾妻鏡』［イ］は沈黙し、真名本（巻二）は、「世になし源氏の流人」が三女に通じ、「千鶴」という子まで生したことに対する祐親の私怨に原因を求めていた。一方で同書は、「愛子の敵伊藤入道（祐親）が首を取て我が子の後生の身代りに手向けむ」と八幡大菩薩に祈念した頼朝の激しい怒りを叙したが、現実の祐親は、治承四年（一一八〇）十月十九日、天野遠景に捕縛され、その後、長女の聟三浦義澄に預けられて、一年半近くが経過した養和二年（寿永元・一一八二）二月十四日、「自殺」を遂げていた（『吾妻鏡』）。この落差は、祐親による「千鶴」殺害が真名本の創作ではなかったかとの疑いを懐かせるに十分な論拠である。

では、祐親の真の動機は何か。平治の敗戦によって、頼朝は、新任尾張国守平頼盛の目代に生け捕られ、「身柄は一貫して池家の手中に保持され続けた」（杉橋隆夫「牧の方の出身と政治的位置」一九九四年）。しかも、当時の伊豆知行国主は源頼政であり（国守仲綱）、在庁官人狩野介茂光がその統治を支えていた。ここで、考えておかなくてはならないことは、頼朝は謀叛人であり、祐親が私怨によって、国家的重罪人を私的に成敗することが果たして許されるであろうかという問題である。上洛中、頼朝と三女との関係を耳にした祐親は、恐らく清盛や重盛と密々の打ち合わせを済ませた後に帰国したのであろう。それは、娘との関係を奇貨とする暗々裡の頼朝暗殺計画であり、比企尼の三女を妻に持つ九郎にすら打ち明けることができなかった、頼盛と頼政とを意識した無謀な計画であった。

配所から預かり人が逃亡したという急報が都にもたらされ、国元でも、狩野介茂光を中心に、当事者である祐親や伊豆山を交えた談合が進められたことであろう。公的には無論のこと、私的にも祐親の失策であって、この問題に関する彼の発言権は低下し、北条時政が、《善意の第三者》として、新しい預かり人に浮上したのではなかったろうか。それは、真名本［丙］のいう「安元弐年〈丙申〉年（一一七六）三月中半のころ」のことであり、頼朝は「走湯山」（伊豆山）を出ていよいよ「蛭小嶋」に向かい、同書の表現を用いれば、「これぞ北条の運の開くる始め」となる状況が生まれた（巻二）。一方、公私ともに失策を犯した祐親にとって、頼朝が北条（「蛭小嶋」）に移ってわずか半年の後に追い打ちをかける悲劇が続いた。「安元二年（一一七六）十月」（［ア］［甲］）の嫡男河津三郎殺害である。在京中の祐経はかかる機会を待ち、祐親の逆境に便乗して仕掛けた事件であったと思う（以上、第一章第四節二・四・七項、第三章第一節三・四・五・六項、第四章第二節二・四項、同第二節一・二項、第六章第二節二項、に拠る）。

注

（1）真名本（巻二）は、頼朝が、祐親の子九郎（「伊藤九郎助長」とある）の密告によって伊東を逃れ、「北条（時政）も助長がためには元服の親」故に、北条を頼れとする九郎の勧めに従って「北条の館」に向かったとする。しかしながら、九郎の「元服の親」（烏帽子親）が時政であったとする所伝は、伊東と北条とを「左右の翅」と捉えた虚構に基づくもので、史実として信頼できないことは、第四章第二節一・二項で述べたとおりである。

（2）『長門本』（巻一四）も「伊豆の御山」とする。

（3）真名本（巻三）は、「聞性坊」（「今の密厳院」）の「卿の律師」とする。

（4）石井進の根拠は、伊東氏の祖祐隆が「在庁官人の一人」であったとする推測と結び付いていたと思われる。なお、近世日向飫肥藩主伊東家の関係史料である『伊東大系図』（祐清条）や家譜『日向記』（巻一）の他、仮名本（巻一）が配所伊東説を主張していた。特に、仮名本の場合、真名本の記事の一部に、「合理」的改変を加えた特色を窺うことができる（第二章第一節四項）。

二　「事件」の総括―北条時政の陰謀―

「建久四年曾我事件」の背景に、頼朝が鎌倉に帰還した建久二年（一一九一）以降の「幕府のシステム化」＝「将軍親裁」体制確立の動きがあった。北条時政が頼朝・頼家同時殺害を企図したきっかけは、実朝の誕生（建久三年八月九日生）であり、中継ぎもしくは後見として範頼を擁立するために、範頼の信頼の厚い土肥実平への接近を図った。周到に準備された建久四年の一連の狩の計画を耳にしたとき、時政の腹は固まったのではないか。

同年三月九日、頼朝は那須太郎光助に那須野の狩の準備を発令した。後白河院一周忌を迎える四日前のことで、なお狩猟が禁止されていた期間である。頼朝は二十一日に鎌倉を発ち、行軍の編成と、途中、武蔵国入間野で行った追鳥狩などを通じて、御家人制再編の試行錯誤が積み重ねられた。その試みは富士野の狩に至って一段と整備され、頼朝親衛軍の中核に一部のエリート層を据えて、その周縁に、一般の「東国」御家人から選別された数十人から成る「家子」集団（一部、源氏の一族である「門葉」を含む）が構築された。のち、建久六年（一一九五）の東大寺供養に際しての供奉人編成を見ると、「門葉」「家子」「侍」に選別された「東国」御家人の見事なまでの序列が窺われる。別格の「門葉」を除き、「家子」＝選抜された御家人集団と、「侍」＝一般御家人とを選別して序列化する頼朝将軍期における御家人編成の帰結が、建治元年（一二七五）「六条八幡宮造営注文」における「鎌倉中」と「国」別に類別される御家人の類型に収斂されていったと考えられる(1)。

「三原野の狩」は現実に存在せず、四月二日、頼朝の一行は那須野の狩庭に到着した。下野の那須野と駿河国富士野の狩は、当時の鎌倉幕府直轄地域における北と西の境界で催されたもので(2)、前者の場合、第一義的には、新占領地であった奥羽土着の住人に対する示威の意味があったであろう。「千人勢子」を負担したのは、小山朝政・宇都宮朝綱・八田知家といった北関東の大名で、このうち、小山朝政と宇都宮朝綱の孫頼綱は富士野の狩にも従っており、知家の子宍戸四郎家政も頼朝に随行したが、知家自身と、多気義幹をはじめとする常陸平氏の不参加は、折から着手されていた鹿島社造営に専念せよという頼朝の指示によるものであったと思う。

頼朝が鎌倉に帰還した直後の五月二日、北条時政は、決意を秘めて駿河に下った。伊豆国「検断沙汰人」であった狩野介宗茂とともに、「伊豆・駿河両州御家人等」に命じて、藍沢や富士野の狩庭を設営するよう指示されたからである（時政は、豆・駿〔カ〕両国の「国務沙汰人」であり、その職務に軍役の賦課があった。また、伊豆国「検断沙汰人」に関しては宗茂と権限を分掌した）。坂井孝一が注意を促したように、時政の支援なくして、十郎・五郎の兄弟は頼朝の宿所に近づくことはもちろん、非御家人の彼らが狩庭を自由に往来することさえ不可能であったろう。のち捕縛された五郎は、頼朝の尋問に、「凡此間毎二狩倉一、相二交于御供之輩一、伺二祐経之隙一、如二影之随レ形一」と答えたが（『吾妻鏡』）、兄弟が那須野に向かったかどうかすら疑問がある。

頼朝は、八日に鎌倉を発ち、十五日には藍沢（静岡県御殿場市）の夏狩を終え、「富士野神野御旅館」に入った。富士野の狩庭とは、今日の静岡県富士宮市・富士市一帯の富士西南麓に展開した原野である。[3] 十六日、狩の初日に当たって、頼家は、愛甲季隆の指導宜しきを得て、見事に鹿を射止めた。頼家は、後に慈円が「昔今フツニナキ程ノ手キ、」（『愚管抄』巻五）と評した武将としての器量の片鱗を示し、頼朝は喜びの余り、「山神・矢口」祭が行われることになった。「山神・矢口」祭とは、「箭祭餅」・「箭口餅」祭とも言われ、千葉徳爾は「生れてはじめて野獣をしとめた男子が、山神に対する感謝の意をあらわすもの」で、「成年式の意味があった」ことを明らかにした（『狩猟伝承研究』）。頼朝は、「幕府のシステム化」の組織的・体制的総仕上げとして富士野の狩を催行し、居並ぶ「東国」の諸御家人を前にして、頼家こそ「鎌倉殿」の後継者であることを宣言したのである。『吾妻鏡』は頼家の元服に関する一切に沈黙したが、この「山神・矢口」祭を通して、当時十二歳となっていた頼家の元服の儀が執り行われたのであり、自分が与り知らぬところで、家督が元服したことに政子が怒ったのである。幕府成立以後、自らを頼義に擬えた頼朝（川合康に拠る）の家督は、頼朝（＝頼義）と、頼義の嫡男義家の名を受け継いで頼家と名乗り、男山（石清水）八幡大菩薩の申し子として誕生した義家（『尊卑分脈』、真名本巻二）に倣い、頼家は富士の「山神」に祝福されて「鎌倉殿」頼朝の後継者となったのである。

真名本は、『吾妻鏡』が三月二十一日とした頼朝の鎌倉出立を「四月下旬」（巻五）とし、四月二日那須野到着を「五月上旬のころ」（巻六序）と一月遅れで記述した。藍沢・富士野の狩の場合は、『吾妻鏡』に五月八日出立、十五日富士野到着とあったが、真名本は、兄弟の曾我の屋形出立・狩庭到着をともに「五月下旬のころ」(巻七・八序)として描いた。この記述のズレの原因は明確で、真名本が、頼家の存在を無視し、『吾妻鏡』以上に、五月十六日の頼家元服の儀という史実自体の抹殺を図ったからである。頼朝の思いとは裏腹に、下文更改に抵抗した千葉介常胤や小山朝政ら豪族にとって、家督頼家の棟梁たる資質を、自らが主体的に判断してこそ「鎌倉殿」として奉戴するのであって、それが世襲化されるものとは考えていなかった筈である。頼家の元服が「鎌倉殿」の世襲化を意味したことに、「幕府のシステム化」の動きから疎外されていった、取り分け石橋山以来の古参の御家人たちは激しく反発した。

『吾妻鏡』は大事件の前に、夢などにしばしば示現する予兆を語る。同書に、敵討の前日(二十七日)、馬上の頼朝目がけて突進してきた「無双大鹿一頭」を、工藤庄司景光が射殺に失敗したとする『曾我物語』にない逸話が収められている。頼朝の面前で、指示された獲物を射損じたということは大変な失態であったが、老獪な景光は、原因を「山神」に帰し、「発病」したとされるものの、気が狂れたわけでもなく、即死でもない。この逸話が注目されるのは、頼家の元服を祝福する矢口祭の主役に撰ばれた行事三人が、いずれも射芸に長けた者であり、その筆頭が景光であったことである。家督頼家の将来に水を差す結果となったが、他の二人とは、功労者愛甲三郎季隆と曾我太郎祐信であり、翌日の夜には、祐信の継子たちによって、惨憺たる事件が惹き起こされることになった。頼朝の不安と怒りが弥増し、真名本巻一は、「しかるを何ぞ、伊豆の国の住人・伊藤次郎助親が孫子(まご)、曾我十郎助成・同五郎時宗兄弟ばかりこそ、将軍家の陣内を憚らず、親の敵を討て、芸を当庭に施し、名を後代に留めけれ」と記したが、『吾妻鏡』も頼家に対してはどこまでも冷淡である(以上、第一章第四節五項、第五章第二節各項、第六章第一節各項、に拠る)。

五月二十八日の夜、十郎祐成・五郎時致の兄弟は、十八年の辛苦の末、実父河津三郎の敵、同族の工藤祐経を討った。同宿していた「備前国住人吉備津宮王藤内」が巻き添えとなったが、彼は、河津三郎の烏帽子親土肥実平や、嫡男で「早河の伯母」の夫遠平にとっては許しがたい存在であり、殺害は予定の行動であったかと思われる。祐経の宿館は、真名本(巻八)に拠ると「御所(頼朝の宿館)の巽(東南)の角の御縁の際、妻戸の腋(脇)」にあって、頼朝の「禰者」に相応しい配置である。ところが、いざ宿館を襲ってみると祐経は不在で、宿直のために「侍」に移動していた。そこは祐経の宿館にも近く、「御所」に隣接していたか、もしくはその一郭を占めていたに違いない。そうとすれば、兄弟にとって、祐経襲撃の後、『吾妻鏡』をはじめ諸書に見られるいわゆる「十番切」を行う余地など、時間的にも空間的にも存在しなかった筈である。

諸書によって、兄弟が斬り結んだ相手と順序が微妙に異なっていたが、注意しておきたいのは、『吾妻鏡』と『曾我物語』に共通して、九番と十番のいずれかに「臼杵八郎」と「宇田」某の名が記され、いずれかが兄弟に討たれていることである。それ以外に死者は出ていない。「臼杵」名字が、「流布大系本」(巻九)が示唆するように、日向国臼杵郡に由来するとすれば、同郡内の県荘・富田荘・田嶋庄の各地頭は工藤祐経であったから(「日向国図田帳」)、彼は御家人などではなく祐経の郎従であり、「宇田」某が、鎮西の住人とも伊豆国住人ともされていたことは、同様に祐経郎従を意味していたのではなかろうか。この二人は祐経の警固に当たっており、兄弟の襲撃を受けて既に死傷していた可能性が高い。真名本巻九は、実際十二番に及ぶ兄弟の戦いを描いたが、すべて創作(あるいは脚色)として、仮に括弧で括るとすれば、記述は『吾妻鏡』と同様、十郎と新田四郎忠経(常)との戦いの場面に移行する。

新田忠常は、十郎の接近に「屋形口に伏し」ていたとされ、忠常を時政の「腹心」と見なした永井路子は、十郎が忠常に殺害されたことは、十郎自身が「時政の宿舎に突込んでいった」と理解した。忠常は頼家の警固に当たっていたのであり、時政の狙いは頼朝・頼家同時暗殺にあった。頼家の警固を任とする忠常がまず為さねばならないことは、十郎を生け捕りにし、陰謀を自白させることであり、彼ほどの勇士であれば赤児の手をひねるが如き容易な業であったろう。にも関わらず、忠常は十郎を殺害した。なぜであろうか。永井が誤解したように、忠常は時政と親しく、クーデター計画を耳打ちされたことがあったのではないかと思う。「荒事」の五郎に「和事」の十郎とする類型は、江戸歌舞伎で定型化したものであるが、既に真名本に萌芽が見られた。時政と忠常の二人が恐れたのは、捕らえられた十郎が拷問に堪えきれなくなる事態である。忠常は十郎を殺害することによって、頼家と時政とを共に守った。頼朝の信頼厚い忠常は、後に「頼家ガコトナル近習ノ者」(『愚管抄』巻六)に抜擢されていく。

頼朝討ちは、「朝夷(朝比奈)三郎」義秀との草摺引譚(仮名本巻六)で知られた「荒事」の五郎が受け持った。『吾妻鏡』は「御所」警固の責任者の名を記さないが、真名本巻九に拠ると「堀藤次」親家で、山木合戦以来のキャリアからすれば、彼に勝る適任者はいない。親家は、新田忠常と違って時政との距離があり、自らの職務を忠実に遂行した。真名本は、五郎の乱入に、「堀藤次これを見て昇伏してぞ(ほうほうの態で)逃げたりける」と記し、のち五郎は、頼朝の尋問に、堀に付いていっただけのことで、「堀藤次にこそ御尋ね候はめ」と嘯いていた。五郎は、親家の計略にはまって、おめおめ捕縛されたことが余程悔しかったのであろう。かくして、頼朝・頼家同時暗殺という時政の狙いは完全に失敗した。頼朝挙兵以来、数々の修羅場をくぐり抜けてきた親家や忠常と、実戦経験を持たない二十歳そこそこの若者とでは、結果は初めから明らかであり、祐経と王藤内を討ち果たしたことで、兄弟の復讐心はほぼ燃え尽きていたのではなかろうか(以上、第一章第四節三項、第二章第三節四項、第三章第二節一項・第三節二項、第四章第二節付項・第三節三項、第五章第一節二・三・四項、同第二節各項、第六章第三節四項、に拠る)。

敵討の翌二十九日、五郎を直接尋問した頼朝は、五郎を「勇士」(『吾妻鏡』)、「男子の手本」(真名本巻九)と称え、兄弟の供養のために、「曾我庄乃貢」を免除するとか(『吾妻鏡』)、「曾我の荘の年貢」以下、母への「公役御免の御教書」を下す(真名本巻十)といった、「鎌倉殿」頼朝の人間的な寛容さが強調される。しかも、頼朝は、「ようぎやう上人」の進言に基づいて「勝名荒人宮」を造営し(「流布大系本」巻十一)、兄弟の鎮魂を発願した。それが今日の静岡県富士市厚原(旧鷹岡村)の曾我八幡宮に通ずるものであるとすれば、建久八年(一一九七)四月、「駿河人岡部権守泰綱ヲ奉行トシ」て造営されたことになる(『曾我両社八幡宮縁起』)。しかしながら、そもそも建久年間における遊行上人の活動などあり得ず、駿河国「検断沙汰人」岡部(岡辺とも)権守泰綱は、時政の陰謀に与し、建久五年十一月以前に失脚している。人間的な寛容さを語る「鎌倉殿」頼朝像は、後世に創作された虚構であり、実存するのは、敵討の翌五月二十九日に五郎が処刑されたという事実のみである。

非御家人に対して、頼朝は、自ら尋問に当たり、敵討の背景を十分に調査することもなく、冷静な日常の言動とは裏腹に、五郎を即日処刑するという感情的な処断を下した。「稠者」工藤祐経を殺害された怒りはもとより、家督頼家の前途を血で汚した祐親の孫たちに対する怒りは尋常なものではない。いま一つ、事件の関係者に対する頼朝の確かな言動が知られるのは、祐経に対する思いである。坂井孝一は、時政が「頼朝の了解を得」て、「曾我兄弟を導いて工藤祐経を討たせ」云々としたが、『吾妻鏡』に、頼朝が祐経を偲んで涙したとする記事があった。これも地の文に違いないが、事実として、建久六年三月、同書に記載された東大寺供養に当たっての「供奉人」交名・「後陣／随兵」四十一番中、四十番という重い位置に「伊東三郎」の名を見出すことができる。彼こそ、祐経の嫡男祐時(童名犬房丸)であって、僅か十一歳の少年に過ぎなかった。『伊東大系図』に、祐時は頼朝の「烏帽子子」とあって、頼朝は、亡き祐経とその遺児に対する思いから、元服を急がせたのである。

『保暦間記』は、兄弟が「便宜アラハ、将軍ヲモ思懸奉ントニヤ」と、頼朝襲撃の意図を明記し、真名本巻九では、五郎が「助成が最後の詞」を代弁する形で、「便宜吉くは御前近く打上て(中略)、君一人を汚し進せつつ、後代に名をば留め候はむ」と語った。頼朝襲撃の意図がやや曖昧と化したが、『吾妻鏡』に至って、五郎は「敵討」の素志以上の意図を語らず、頼朝・頼家同時殺害というクーデターの存在は完全に封殺された。五郎の烏帽子親時政は、恐らく五郎の陳弁を裏付ける証言に是努め、自らの保身も手伝って、激怒する頼朝の宥め役に終始したに違いない（以上、「緒言」、第一章第四節四項、第二章第三節一項、第三章第三節五項・第四節五項、第五章第一節四項、同第三節一・二項）。

クーデター第二幕の舞台は常陸に移る。時政と佐竹氏との仲立ちをしたと推測される佐竹蔵人（義弘）は、頼朝暗殺の失敗を見極めると、いち早く出家したものと思われ、『尊卑分脈』に「遁世」と記載されていた。佐竹氏の関係者と考えられる「久慈輩」は、動揺の余り狩庭から逐電し、所領を収公された（六月三日）。一方、八田知家は、五月初め、鹿島社造営奉行に就任したものの、多気義幹を先頭とした国住人の激しい抵抗に、有効な打開策を見出し得ないまま一月が経過しようとしていた。その矢先、偶々曾我兄弟の敵討事件が勃発し、報せが常陸にもたらされた。知家にとってはまさに天佑であり、六月四日、一気に義幹に攻勢を掛ける準備が整った（「常陸政変」）。義幹は、謀叛の疑いで鎌倉に召喚され、身柄は、駿河国「検断沙汰人」岡辺権守泰綱に召預けとなり（翌建久五年十一月十八日以前に、伊豆国「検断沙汰人」狩野介宗茂に預け替えとなっている）、所領は収公された（以上、『吾妻鏡』）。

裾野の事件に関しては、六月に入って、恐らく侍所を中心に、大磯の虎や伊東禅師ら関係者の召喚・尋問が始まり（七日、頼朝は鎌倉に帰還）、七月中には事件の全貌が明らかになったようである。『吾妻鏡』は八月二日条に、唐突に、「叛逆」を企てたとする範頼起請文の記事を掲げ、狩野介宗茂と宇佐美三郎祐茂の預かりとする十七日の伊豆配流へと続く。ところが、『鎌倉年代記裏書』や『保暦間記』は範頼が誅殺されたとし[4]、『吉見系図』に至っては、伊豆配流の途次、武蔵金沢で誅殺されたとする異伝を収めている。次いで、「参州（範頼）縁坐」を理由に、十郎の「一腹兄」京の小次郎も誅殺され（二十日）、大庭平太景義と岡崎四郎義実は出家を強要された（二十四日）。

『吾妻鏡』が記す関係者の処罰は、範頼及びその家人を除いて、右三人のみであるが、私は、土肥実平・遠平父子もまた、事件に重要な役割を果たしたものと考え、その根拠として、同書における建久四年の関係記事の欠落を挙げた(但し、実平は、富士野の狩の直前、もしくは範頼の配流以前に死没したか、自害した可能性が想定される)。(5) また、「政変」が一段落した跡を承けて、常陸における範頼与党が「追捕」される事態が起こった。この時、久慈郡近隣の国井保(那珂東郡)を本貫とする国井源八政広が、その渦中に「証文」を「紛失」しており、「追捕」は奥郡一帯に展開したものと思われる。国井政広の「証文紛失」を語る安貞二年(一二二八)関東下知状(「鹿島大禰宜家文書」)は、「追捕」が「蒙二参河守(範頼)勘当一之刻」に起こったとし、「建久四年曾我事件」に範頼と常陸の住人とが直接に関わっていたことを示す貴重な史料であった(以上、第六章第三節二―四項、同第五節各項、に拠る)。

頼朝が、七月中に事件の全貌を把握した時、真の主謀者が範頼などではなく、舅の北条時政であったことも判明していた筈である。頼朝は、範頼がこれまでの信頼を裏切って時政の陰謀に加担したことを許せなかったが、義経と違って、その余りの無邪気さに後味が悪かった思いが伝えられたものか、『曾我物語』は、真名本(巻三)・仮名本(巻二)ともに、上総広常・一条忠頼と並んで、範頼を《冤罪の三人》に数えていた。また、時政については、頼家と実朝の将来を考え一切を不問に付し、一連の陰謀を「参河守(範頼)勘当」事件と見なすことによって、曾我兄弟の敵討から切り離した。クーデターの史実そのものを抹殺したのである。しかも、頼朝は、事あるごとに時政の頸根を押さえることを忘れなかった。

「常陸政変」で、常陸平氏嫡流の多気義幹を失脚に追い込んだ頼朝は、大掾職を「より無害・従順な」(網野善彦)庶流(吉田流)の馬場資幹に継がせ、同年十二月には八田知家に命じて、不満を露わにしていた時政与党の下妻広幹を「梟首」した。『吾妻鏡』は、「是於二北条殿一(時政)有下挿二宿意一事上、常咲中鋭レ刀、只心端以レ簧、而近日自然露顕之故也」と記し、例によって、同書特有の時政を弁護する釈明記事とも読めるが、この場合は、真相をすべて知り抜いた頼朝が、幕府にとって危険人物と化した広幹を「梟首」したのは、舅殿のためでもあるのですよと、時政を威嚇しているようにも受け取れる内容となっている。また、頼朝は、亡き祐経に対する思いから、遺児犬房丸(当時九歳)の元服を急がせた。東大寺供養の供奉という御家人の晴儀に同行させたいという頼朝の強い意思を考えると、元服は、祐経一周忌を終えた建久五年六月から、頼朝が鎌倉を発つ翌六年二月以前に執り行われたに違いない(二月十四日出立、三月四日入京)。問題は、祐時というその実名で、通字「祐」に、伊東(工藤)一族としては極めて稀有な「時」字が組み合わされている。それが北条時政から与えられたことはまず疑いなく、そうとすれば、頼朝はすべてを呑み込んだ上で、敢えて伊東・北条の和解を演出したものと考えられる。「建久四年曾我事件」は時政の完敗で幕を閉じた(以上、第五章第一節四項、第六章第三節一・二項、第五節各項、に拠る)。

北条時政を主謀者して、頼朝と頼家同時暗殺が企てられたクーデター(未遂)を、頼朝は、曾我兄弟の敵討と「参河守(範頼)勘当」事件とに意識的に切り離し、史実の抹殺を図った。クーデターの背景に、初度上洛を終えて鎌倉に帰還した建久二年(一一九一)以降推進してきた「幕府のシステム化」=「将軍親裁」体制に対する御家人層の一定の反発を感じ取ったからである。それでも時政のクーデターは失敗した。その原因として、差し当たり三つのことが指摘できよう。第一は、多くの中小御家人層にとって鎌倉殿頼朝は絶対的存在であり、暗殺など所詮は絵空事に過ぎなかったことである。結局、クーデターに参加したのは、「幕府のシステム化」の動きから疎外された一部古参の御家人のみであった。第二は、「比企氏の頼家」に替えて、「北条氏の実朝」を鎌倉殿に据えるという、時政の私欲が際立ち、御家人大衆の支持を得られる状況になかったことである。問題は鎌倉殿と御家人との関係であり、その世襲化が問われていた筈である。そして第三に、「幕府のシステム化」を象徴する「政所」下文への更改に猛反発した筈の豪族の参加が得られなかったことである。ただ、「余一」に仮託された三浦義村の何らかの関与が想定され、惣領の義澄も巻き込まれた可能性が高いが、具体的なことは明らかでない。豪族の参加のないクーデターなど成功する筈もなかった(以上、第六章第一―四節、に拠る)。

注

（1）「在京」人は「鎌倉中」に準じた類型である。「国」別に類別された「東国」御家人は、法制的には「西国」御家人と同列の位置に立つことになったが、現実には、鎌倉時代を通して、その間に抜きがたい差別が存在した。

（2）遠江は、当時なお国守安田義定の統治下に置かれており、それは勅院事沙汰という国家の収取システムに支えられたものであった。

（3）「神野」は神聖な狩庭を意味する普通名詞と思われ、『吾妻鏡』は、真名本(巻七)のように「伊出(富士宮市上井出・狩宿辺)の屋形」と地名を明記しない。

（4）範頼終焉の地は、『城方本平家物語』などが伝える伊豆国修善寺説が通説となっている。

（5）景義は、建久六年二月、款状を捧げ、「三ヶ年」の鎌倉追放を許されたばかりか、頼朝の上洛に供奉する栄誉を与えられた。義実は、建久五年二月、既に宥免されていた可能性があり、景義同様頼朝の上洛に供奉した。一方、土肥遠平は、建久五年十二月以前に処罰が解かれたと思われるが、翌年の頼朝上洛に従った形跡はない。

三　「事件」の影響―「将軍親裁」から「執権政治」へ―

「建久四年曾我事件」に対して、殺害の対象となった頼朝や、クーデターの主謀者時政は、それぞれ何を省み、如何なる教訓を学んだのであろうか。

頼朝にとって、《火元》が予想だにしていなかった時政や範頼であっただけに、「事件」はやはり衝撃であり、樹立されつつある「将軍親裁」体制の脆弱さが明らかとなった。この弱点を補強するために、頼朝が行った対策はなおいっそうの朝廷への接近であり、東大寺の大仏再建供養参列を公式目的として、建久六年（一一九五）、再度の上洛を果たす。その真の意図は、従来から指摘されているように、長女大姫の入内問題であり、盟友とも言うべき九条兼実との関係が「万ヲボツカナク」（『愚管抄』巻六・後鳥羽、二八〇頁）なった反面[1]、兼実の政敵源通親が院司を務める宣陽門院（後白河皇女覲子内親王）及びその母「丹後二品」（高階栄子）に、政子ともどもさかんに伺候した（『吾妻鏡』同年三月十六・二十九日条など）。入内問題に関し、佐藤進一は、「それは一般に考えられているような頼朝の天皇家の外戚たらんとする野望ではありえず、頼朝の外孫として生まれるであろう後鳥羽の皇子を鎌倉に迎えることであった」としたが、これは氏の言う「両主制の構想」と結び付いた見解で[2]、私は、頼朝はやはり「清盛」を目指したものと思う。ところが、肝心の大姫が、建久八年（一一九七）七月十四日、「久クワヅライテ」病没し（『愚管抄』、二八三頁）[3]、それでも頼朝は「次ノムスメヲグシテ」（同右）、三度目の上洛を志したようであるが、彼女（三幡）も、父の跡を追うように、正治元年（一一九九）六月三十日、十四年の短い生涯を閉じた（『吾妻鏡』）。

いま一つの上洛の目的を、木村茂光は「頼家の元服」と捉えたが（第一章第四節六項）、朝廷に、「鎌倉殿」次代の後継者を披露することにあった。頼家の官位は、建久八年（一一九七）十二月十五日、従五位上・右近衛少将叙任からスタートする（『公卿補任』）。当時頼家は十六歳で、頼朝の場合の十二歳、正六位上・皇后宮権少進（『兵範記』、『公卿補任』）と比較すると、「鎌倉殿」の家督としては年齢が遅きに失しており、しかも官位は摂関家の子弟並である。恐らく頼朝は、端から摂関家の子弟並の叙任を要求し、先例のない過大な申請を兼実によって拒まれていたのではなかろうか。頼朝は上洛を機に、直接任官工作を試みたものと推測されるが、在洛中に実現を見なかったのは、兼実ばかりでなく廷臣の反発によるものであったろう。結局、兼実が建久七年十一月の政変で失脚した後、土御門大納言源通親が主導する廟堂において漸く頼家の任官が実現したのである（第六章第一節三項）。

私は旧稿で、頼朝は鎌倉帰還（七月八日）後まもなく、「源氏の長老義信を、将軍家の最高顧問として位置付け」（『吾妻鏡』同十六日条）(4)、次いで、同二十日条、

若公（頼家）御方御厩始立、御馬三疋、比企藤二奉二行之一（以下、千葉介常胤・小山左衛門尉朝政・三浦介義澄三人による馬の献上について記されている）

を踏まえて、「頼朝が次代幕府体制を内外に宣言したもの」とする指摘を行った（『鎌倉守護』論考、第七章「比企能員」、四七五—四七六頁）。

頼朝は在洛中に、家督頼家を「鎌倉殿」の後継者として朝廷に披露し、鎌倉に帰還すると、諸御家人に対して、時政不在の場で(5)、改めて次代頼家体制を宣言した。朝廷の意向でもあることを強調した訳である。しかし、大姫と、続く三幡の入内問題で通親に籠絡され、兼実を切り捨てた代償は大きかった。『愚管抄』は、頼朝が死を迎える建久十年（正治元・一一九九）初頭、兼実に「今年必シヅカニノボリテ世ノ事サタセント思ヒタリケリ。万ノ事存ノ外ニ候」とする書を送ったとする（巻六・後鳥羽、二八三—二八四頁）。仮に、頼朝が落馬した歳末の二十七日(6)以前に認められたものとしても、慈円が兼実の同母弟だけに、信頼してよいかどうかやはり疑問が残る。跡を継いだ頼家「親裁」を支えた「一ノ郎等」梶原景時と、吏僚層の筆頭中原（大江）広元とは、いずれも通親派であった（兼実は、景時を「積悪之輩」と罵倒していた。第四章第三節三項）。建仁二年（一二〇二）十月二十一日、通親が頓死し、後鳥羽上皇は、十一月から十二月にかけて、兼実の嫡子左大臣良経に内覧・氏長者の宣旨を下し、摂政に任じた（『愚管抄』巻六・土御門、二八六頁）、『百錬抄』、など）。幕府では、時政は、翌年九月、病に倒れた頼家を廃して、後ろ盾となっている比企氏を滅

亡させ、待望の実朝を将軍に就けた（第六章第一節三項・第四節二項、②の段、参照）。「祖父ノ北条ガ世ニ関東ハ成」って（『愚管抄』巻六・順徳、三〇二頁）、時政としては、ここで「建久四年曾我事件」の《宿題》を果たしたのである。

やがて、実朝は、後鳥羽上皇の院政と向き合うことになるが、慈円は「事ノ外ニ武ノ方ヨリモ文ニ心ヲ入レタリケリ」と評し（『愚管抄』巻六・順徳、三〇五頁）、義時と広元は、「武芸為レ事、令レ警二衛　朝庭一給者、可レ為二関東長久基一」と諫言せざるを得なかった（『吾妻鏡』承元三年十一月七日条）。そして、小山朝政の弟長沼宗政は、「当代者、以二哥鞠一為レ業、武芸似レ廃」と実朝を批判した（同右、建暦三年〈建保元〉九月二十六日条）。一般に、蹴鞠に興じていたとして悪評の高い頼家（同右、建仁元年九月二十日条、など）と変わりないことになる。御家人等が思い描く鎌倉殿のイメージは、治承・寿永の内乱時に、頼朝との直接的な触れ合いによって築かれたものであり[7]、「幕府のシステム化」に伴う鎌倉殿の世襲化と、「将軍親裁」体制は、実朝が殺害される以前から、既に御家人等の心を離れていたと言えよう。

次に、時政の問題を考えたいが、私は第四章第三節三項で、「六十六人」の御家人が署名した梶原景時弾劾状に触れ、千葉介常胤や三浦介義澄らの豪族が加わっていること、時政・義時父子は表舞台に姿を見せることなく、御家人大衆の動員に成功したことなど、「「建久四年曾我事件」の反省を踏まえた行動であった」と見なした。しかし、これには、なお検討を要する微妙な問題がある。それは、景時が滅んで数年後の、いわゆる牧ノ方の「奸謀」とされる事件における時政の行動と比較すると、余りに大きな乖離が見られるからである。

事件は、時政らが実朝を殺害して、平賀朝雅（朝政とも）を将軍に擁立しようとしたとされる陰謀で、時政は出家し、「伊豆北条郡」に下向を余儀なくされた（第六章第二節二項、注15、第四節二項、④の段、参照）。朝雅は、彼の源義信の子で（母は比企尼の「三女」）、「頼朝ガ猶子」となってその一字を賜り、のち、牧ノ方腹の「ムスメノ嫡女」の聟となった。朝雅は在京人に討たれたが、問題は、彼が、山門の堂衆追討など、「幕府を介することなく、直接（後鳥羽＝引用者)上皇の命のままに行動し」た「院の近臣」であったことである(上横手雅敬「幕府と京都」『鎌倉時代政治史研究』第一章二、吉川弘文館、一九九一年、七二頁。初出一九七一年)。これでは、時政は、「建久四年曾我事件」の教訓を学習したどころか、再度の上洛から帰着した後の晩年の頼朝や、源通親と結んだ梶原景時の行動と変わりないことになる。

そもそも義時は、「建久四年曾我事件」の折、如何なる行動を取っていたのであろうか。義時は、別家「江間(江馬とも)家」を建てており、頼朝の「家子専一」とされる近習であった(細川重男・本郷和人「北条得宗家成立試論」二〇〇一年。本書第六章第一節二項)。寿永元年(一一八二)十一月、頼朝が、「寵女」亀前の住居を破却した牧三郎宗親に恥辱を加えた事件が起こった。時政は、これに抗議して伊豆に帰国したが、義時はなお鎌倉に留まり、頼朝は義時の行動を大いに称讃した(『吾妻鏡』同十・十二・十四日条)過去の経緯があった。[9]時政は、かかる義時にクーデター計画を打ち明けたかどうか。私は、かつて、頼朝殺害を企てた伊東祐親の動きを頼朝に密告した、子の九郎の先例が時政の脳裡をかすめたのではないか、仮に義時が計画に気付いていたとしても、頼朝には伝えなかったものと思う。[8]義時は、まさに注9、『吾妻鏡』記載のとおりの人物であったに違いない。

このように見てくると、正治元年(一一九九)十月の景時弾劾から翌年一月の滅亡に至る緻密な計画は、実は義時によって案出されたのではなかったかという可能性が浮上しよう。事件の発端となったのは、頼朝の「無双近仕」結城朝光の言動であり、窮地に陥った朝光が相談した相手が「断金朋友」三浦義村であった。留意しなければならないのは、朝光もまた、頼朝への近習奉公によって、小山氏から分出した結城家の祖となった人物であり(第六章第一節二項)、比企能員滅亡直後、時政の屋敷から実朝を御所に迎え取ったのも、義時・義村・朝光の三人であった。「建久四年曾我事件」の教訓を《学習》したのは義時であって、仮に時政が発案者であったとしても、義時の緻密な計画に同意したものと思う。以後、義時は、御家人の動向を慎重に見極めながら、鎌倉の死命を制する地を本貫とする豪族で、かつ野心的な三浦義村を味方に引きずり込んで、建仁三年（一二〇三）九月に比企能員を、元久二年（一二〇五）六月に畠山重忠ら秩父一族を滅ぼした事件では（第六章第四節二項、②・③の段参照）、強引とも見える時政の力業に追従し、北条氏の武蔵進出の基礎を築いた。そして、当然に生じるであろう御家人層の反発を、老いた父時政と、後妻で、政子や義時の継母牧ノ方の「奸謀」に帰して彼らを失脚させた（元久二年閏七月。同右、④の段）。建暦三年（建保元・一二一三）五月の和田合戦においては、自ら力業を行使して義盛を滅ぼし（同、⑤の段）、三浦氏を除く伝統的な相模国御家人の勢力を削いだが、それは《緻密に計算された力業》とでも表現し得るものであった。

時政・義時父子が「建久四年曾我事件」から学んだ教訓としていま一つ指摘しておきたいのは、当「事件」が「幕府のシステム化」＝「将軍親裁」に対する御家人層の反発に起因していたのに対し、「事件」後の父子は、むしろ「将軍親裁」を支えた吏僚層に食い込もうとしたことである。北条氏と、通親派であった中原（大江）広元との提携は、景時弾劾を契機に始まっていたと思われるが、実朝を将軍に擁立した後の政所吉書始において、時政は広元とともに別当の地位に就いた（『吾妻鏡』建仁三年十月九日条）。これより以前、頼家将軍代替わり後、最初の歳首椀飯は元日に北条時政が勤め（同右、正治二年正月一日条）、頼朝の時代と異なり、時政が「明瞭に家臣（御家人）ナンバーワンにランクされた」（上横手雅敬）。そして、時政は、梶原景時が滅び、遠江国「国務・検断沙汰人」を務めた景時の「朋友」加藤景廉が失脚した、頼家「親政」にとって初発の躓きとなった時期の、正治二年（一二〇〇）四月一日付で遠江守に任ぜられ、源氏一族を除き御家人最初の国守となった（『吾妻鏡』同九日条。拙著『鎌倉守護』論考、第八章「安田義定」、四九九—五〇〇頁。同・国別、第一章遠江項、一三—一四頁）。

元久二年（一二〇五）閏七月の時政失脚後、政所別当の地位は義時に引き継がれたが、史料上、将軍家政所下文の位署書に、義時が「別当」と署判した初見は、実朝が従三位に叙せられ、正式な政所開設資格を得た後の承元三年（一二〇九）十二月十一日付「詫磨文書」である（『公卿補任』同年条〈四月十日叙任、第一篇、五七三頁〉。『鎌倉遺文』三巻一八二一号）。そして、和田義盛を滅ぼした後、建暦三年（建保元・一二一三）五月五日、その跡を襲い、侍所別当を兼ねた（『吾妻鏡』）。政所ばかりでなく、侍所をも押さえた義時は、吏僚層のみならず、御家人のナンバーワンとしての立場から執権政治を展開していくことになる。その基調は、時政失脚後の元久三年（建永元）一月二十七日に定められた「故将軍御時拝領之地者、不レ犯二大罪一者、不レ可二召放一」（『吾妻鏡』）とする「御家人保護の基本方針」（上横手）に示されていた。[10]

ところで、我々は北条氏の嫡流を「得宗」と呼ぶが、細川・本郷「北条得宗家成立試論」に拠ると、これは宛字で、本来は時頼によって贈られた義時の禅宗系の追号「徳崇」であったとする（九頁）。同「試論」にも引用されている『平政連諫草』（『鎌倉遺文』三〇巻二三三六三号、尊経閣所蔵）[11]に、北条貞時の「先祖右京兆員外大尹（権大夫）」＝義時とあって、北条氏の系譜から時政が除外されている。これは、北条氏嫡家を「得宗家」と表現する意識と共通のものであり、「将軍親裁」に代わる「執権政治」が義時によって樹立されたとする歴史意識に基づいている。義時は、挙兵前から頼朝に近侍し、その政治手法を学ぶ機会に恵まれたが、私は、取り分け頼朝と父時政との間で、恐らく内に秘めた葛藤があったであろう「建久四年曾我事件」の教訓が、義時の政治活動の礎となったものと考えている。

注

（1）兼実は、『玉葉』建久六年四月一日条に「頼朝卿送二馬二疋一、甚乏少、為二之如何一」と記した。

（2）日本歴史叢書『日本の中世国家』（岩波書店、一九八三年、七〇・一〇五―一〇六頁）。

（3）治承三年（一一七九）誕生とすると（第四章第二節二項・同、注9参照）、十九歳であった。

（4）武蔵守源（平賀）義信と言えば、十郎・五郎の同母弟伊東禅師の養父であったが、禅師が兄たちの「謀叛」の結果、養父を介して鎌倉に出頭を命ぜられた時、どこにいたか、また、どのようにして死去したか、諸書まちまちであって、第四章第一節九項で整理した。義信ほどの実力者が、禅師を庇おうとする姿勢を示さなかったのは保身のためであり、厄介者を追い払った感が深い。

（5）当時、時政・義時父子は、稲毛重成の妻となっていた時政の娘（杉橋隆夫に拠ると、牧ノ方腹か）の死去に伴い、軽服のため伊豆に下向し、鎌倉を留守にしていた（『吾妻鏡』建久六年七月四日・十日条）。

（6）建久九年十二月二十七日、頼朝は、稲毛重成が亡妻（注5）追福のために建立した相模川の橋供養からの帰途落馬し（『吾妻鏡』建暦二年二月二十八日条。『鎌倉大日記』、一九二頁）、年が明けた一月十三日に、五十三歳で死去した（『鎌倉年代記』、三頁、など）。

（7）慈円は、頼朝を「ヌケタル器量ノ人」（『愚管抄』巻六・後鳥羽、二七六頁）、「コノ源氏頼朝将軍昔今有難キ器量ニテ」（同・順徳、三〇四頁）、「頼朝ユ、シカリケル将軍カナ」（同、三一二頁）と評した。御家人にとっても頼朝は別格であり、『吾妻鏡』が、頼朝死去と、建久七・八・九、三か年を欠巻とした意味は重い。

（8）『吾妻鏡』建久二年十一月十二日条に「北条殿室家（中略）、兄弟武者所（牧）宗親」とある。牧ノ方の父の誤りとすれば（第四章第二節一項・同、注12参照）、官途が記載されなければならず、後考を俟ちたい。

（9）頼朝の称讃に、「江間殿」義時は「不㆑被㆑申㆓是非㆒、啓㆓畏奉之由㆒、退出給」（十四日条）と、冷静沈着そのものであるが、無論地の文である。

（10）上横手は、『吾妻鏡』当該条を引いて、「執権政治は（中略）、御家人保護の基本方針を明示し、御家人の支持をとりつけた。この方針には、頼朝の晩年に見られた公家政権への従属政策を克服する方向が含まれていた」と評価している（「鎌倉幕府と公家政権」、新岩波講座『日本歴史』中世1、一九七五年、五二頁（前掲『鎌倉時代政治史研究』再録、一八頁〕）。この「御家人保護の基本方針」は、やがて、「右大将家（頼朝）以後代々将軍并二位殿（政子）御時所二充給一所領等」に関する不易法として、「御成敗式目」第七条に成文化されることになる。

（11）佐藤進一に拠ると、『諫草』は「執権退職後の北条貞時（崇演）に対して書かれたもの」で、日付「八月　日」の肩に「徳治三」（一三〇八。十月九日、延慶と改元）とする年附があるが、「後人の書入れと見られる可能性が大き」く、厳密には「徳治二、同三（延慶元）、延慶二の三ヶ年中の或る年」に成ったものとする。また、記者の政連について、氏は「引付奉行の一人」と推定している（「鎌倉幕府政治の専制化について」『日本中世史論集』、岩波書店、一九九〇年、一〇九頁補注一）。

第二節　原曾我物語の成立と北条泰時

一　原曾我物語

『曾我物語』の成立に関する基本的理解は、①建久四年（一一九三）五月二十八日夜の裾野の事件後まもなく、②曾我兄弟の「御霊」を鎮魂するために、③まず、遊行巫女らによる女語り＝「語り物」として発生し、④やがて箱根山を中心とする唱導僧の手によって「物語」化されていった、とするプロセスが定説であった（「緒言」）。ところが、軍記物語研究にほぼ共通して見られる「語り」先行説は、その根拠が必ずしも確かなものではなく（第二章第二節）、「曾我語り」と物語との関係については第三節で改めて検討することにして、第二節では、『曾我物語』の成立を一応「語り」と切り離して考察する。

論理的に措定された現行真名本（十巻本）や仮名本（十巻本、十二巻本）の原型を、ここでは、仮に原曾我物語と呼ぶことにしたい[1]が、独語や英語であれば、まず単数形とするか複数形で表記するか、最初に問われる問題である。手掛かりは『吾妻鏡』の関係記事の位置付けにある。例えば、五郎の元服や、捕縛された五郎を頼朝が尋問する件等は、最も古態を示すとされる現行真名十巻本（「妙本寺本」）にもほぼ同様の記述が見られ（第五章第二節一項、第三章第三節五項・第五章第三節一項）、共通の原拠が想定されるが、事件の予兆を語る工藤祐経や工藤庄司景光の怪異譚などは『吾妻鏡』

固有の伝承であった（第五章第一節三項、同第二節五項）。

そもそも、鎌倉幕府の公的記録である『吾妻鏡』に、非御家人である五郎の元服や、十郎の「妾」、大磯宿の遊女虎の出家の記事（第五章第三節二項）が収められていること自体が異例なのである。こうしたことから、『吾妻鏡』における曾我関係記事の素材を、角川源義は「中間的真字本」と呼び、福田晃は「前・曾我物語」と言い（その一本に、事件を客観的に叙述した〈曾我記〉があるとする）、史家である坂井孝一は「実録的でない物語的な」仮称「曾我記」とした（第一章第三節一・二項、同第四節四項）。これらが真名本の祖本と如何なる関係に立つか、実は微妙な問題があるが、ここでは、複数の原曾我物語の存在を想定し、従って、欧語で表現する場合は複数形で表記されることになる。

では、原曾我物語は、いつ、どこで成立したのであろうか。まず、「どこで」について言えば、これは作者像とも結び付けて論じられてきた。津田左右吉が論拠としたテキストは恐らく仮名本（流布本系）であったろうが、既に、祖本＝鎌倉時代成立説を展開し、「作者は箱根か伊豆あたりの僧徒では無からうか」としていた（第一章第二節一項）。国文学の分野では、江波熙が、江戸時代中期の伊勢貞丈（「武器考証」）や山崎美成（「曾我物語考」）の作者＝叡山僧説を批判し、真名本が関東の地理に詳しいことを踏まえて、箱根山僧説を提起した（注1所引「曾我物語に就いて(2)」）。以後、『曾我物語』（真名本）が箱根山との何らかの関わりの中で成立したことに異論は出されていないと思う。問題は「いつ」にあるが、「語り」のみならず、「作品としての曾我物語が一応の成立をみたのも、恐らくは兄弟の仇討事件後、ほど遠からぬ頃のことかと思われる」とする福田晃の見解（B「東洋文庫解説」、三一二頁）が通説を代表していよう。

しかしながら、私がかかる通説に疑問を感じるのは、曾我兄弟の敵討が、それにとどまらず、北条時政を主謀者として、源頼朝・頼家同時暗殺を企図したクーデターに連動していたからである。頼朝は、一連の陰謀を曾我兄弟の敵討と、「参河守（範頼）勘当」事件とに切り離し、クーデターの史実そのものを抹殺した。「稠者」工藤祐経を殺害され、

「鎌倉殿」の後継者頼家の前途を血で汚した伊東祐親の孫たちに対する激しい怒りを思うと(以上、第一節二項)、物語が「兄弟の仇討事件後、ほど遠からぬ頃」に成立した(福田晃)とする客観的条件はどこにも存在しない。まして、物語成立の場が箱根山であったとすれば、曾我兄弟の仇討を口に出すことすら憚られたであろう。文治四年(一一八八)一月、頼朝が参拝して以降、箱根山は、歴代将軍の公的行事となる「二所(同山及び伊豆山権現。実際はこれに伊豆国一宮三島社が加わる)参詣」の対象とされ、幕府と取り分け深い関係にあった(第三章第二節一項参照)。そして、時政にとって失敗に終わったクーデターは、頼朝が不問に付しただけに、長く疼きとなって、一族の歴史に影を落とすことにもなるのである。

原曾我物語の成立時期について、最も古態を残す現行真名十巻本(「妙本寺本」)の内部徴証から明らかになった点を振り返ると、巻四「今の世には城殿」とある記述を手がかりに、「城殿」＝安達泰盛が亡んだ弘安八年(一二八五)十一月の「霜月騒動」を真名本成立の下限とした山西明説が想起される(第一章第三節三項)。一方、大括りに上限を捉えると、兄弟の敵討に何かと手を差し伸べたとされる和田義盛と畠山重忠が、真名本(巻五)に言う「母方の伯母聟」とか「女房(兄弟の母)方」の縁者などでなかったとすれば(3)、物語が兄弟ともども、「東国」御家人社会における追憶に支えられてのことであろうが、二人の鎮魂を意図して人物像を設定したものと推測される。北条氏によって二人が滅ぼされたのは、重忠＝元久二年(一二〇五)六月、義盛＝建暦三年(建保元・一二一三)五月であったから(第一節二項)、物語成立の上限として、ひとまず後者の建暦三年(建保元)に線引きすることができる。

では、いま少し上・下限それぞれを詰められないかというと、私は、第六章第四節二項で、「三浦余一」(与一)が義村の分身(コピー)で、実在の義村を憚って仮託された物語上の人物と捉え、物語の原型は、義村の生前(延応元年〔一二三九〕十二月五日没)か、少なくとも三浦氏嫡流が滅んだ宝治合戦(宝治元年〔一二四七〕六月)以前に成立した可能性が生じるとした。山西の真名本成立弘安八年下限説との関連が問題になるが、山西説が現行本（「妙本寺本」）に関してのものであるのに対し、私は、原曾我物語の成立時期を問題にしている。氏は更に、仮名本には見られなかった、巻三「政子の夢見」の段に（第三章第一節六項参照）、

その（頼朝の＝引用者）後家として、二位家の御代とて、承久兵乱の時も京方を討ち亡ぼしつつ、後鳥羽の院を取り奉て隠岐の国へ流し奉り給ふ。その後は、隠岐の院と申す

とある記述に注目し、「後鳥羽」という「贈名に改める旨の使者が立てられた仁治三年（一二四二）七月八日」が、真名本成立の「上限となる」と指摘していた（第一章第三節三項）。法皇は延応元年（一二三九）二月二十二日、隠岐で崩じ（『百錬抄』）、いったん「顕徳院」と諡名されたものの（同、五月二十九日条）、仁治三年七月に至って「後鳥羽院」と諡号が改められたものである（同、八日条）。この背景には、当時の幕府首脳の相次ぐ突然死があり（三浦義村＝既述、連署北条時房＝延応二年（仁治元）一月二十四日、執権北条泰時＝仁治三年六月十五日）、故院の荒れ狂う怨霊によると噂された（詳細は、本節二項、注5後述）。

故法皇は、鎌倉末期の『花園天皇宸記』（元亨四年（正中元）二月二十二日条（増補史料大成、一九六五年））や、『増鏡』（三「藤衣」、二九一頁）に「後鳥羽院」と記され、少なくとも朝廷の関係者の間で追号が定着しているかに窺われるが、右記真名本の表記は、後の加筆とも解釈でき、一方で、崇徳院が長く讃岐院と通称されたように、「隠岐の院」の呼称も一般に長く用いられていたことを推測させる記述となっている。従って、「後鳥羽院」への諡号改称を以て、山西のように真名本成立の「上限」とすることに、なおためらいがあり、むしろ、「三浦余一」＝義村分身（コピー）説を唱えた私の観点からすると、義村の死去と「後鳥羽院」追号の時期とがほぼ重なっていることが注目される。いま一つ、山西が引用した真名本の記述で注目されるのは、「二位家の御代とて」とあって、前段で「将軍家の後家として」、

日本国を知行」することが予見されていたことである。実朝が殺害されて後（建保七年〔承久元・一二一九〕一月二十七日没）[4]、九歳の九条頼経が征夷大将軍に任ぜられる以前（嘉禄二年〔一二二六〕一月二十七日任）[5]、「将軍」の中継ぎを務めたのは政子であった（嘉禄元年七月十一日没）[6]。

即ち、現行真名本の内部徴証から推測される原曾我物語の成立時期は、上限を政子が事実上、将軍職を代位することになった建保七年（承久元・一二一九）二月、下限は「余一」に仮託された三浦義村が死去する延応元年（一二三九）十二月か、もしくは三浦氏嫡流が滅んだ宝治元年（一二四七）六月、に絞られるとするのがこれまでの一応の結論である。

『曾我物語』は、「余一」と並んでいま一人、本来は三浦義村の密偵ではなかったかと推測される大磯宿の遊女を、十郎の愛人「虎」として造型した（第六章第四節三項）。彼女は、建久四年六月十八日、十九歳で出家し（『吾妻鏡』）、六十四歳で大往生を遂げた訳であるから、生没年は、承安五年（安元元・一一七五）―嘉禎四年（暦仁元・一二三八）となる（第三章第二節一項、注8。同第四節五項）。注目されるのは、その死が義村死去の前年とされていたことで、その点でも、大磯の「虎」は三浦義村（＝「余一」）と深く関わっていた。

真名本（巻五）は、虎を次のように描く（『東洋文庫真名本』1、二七二―二七五頁）。

かの虎と申す遊君は、母もとより平塚の宿の者なりけり。その父を尋ぬれば、平治の乱の時誅されし悪右衛門督（藤原）信頼卿の舎兄に、民部権少輔基成[7]とて奥州平泉へ流され給ふ人の御乳母子に、宮内判官家長と云ひし人の娘なり。（中略）相模の国の住人に海老名源八権守季貞[8]と云ふ人に都にて芳心する事ありける間、その宿所を憑みて居たりける程に、（中略）平塚の宿に夜叉王と云ふ傾城のもとへ通ひける程に女子一人儲けたり。寅の年の寅の日の寅の時に生れたりければ、その名をば三虎御前とぞ呼びにける。かくて賞（もてな）し遵（かしづ）きし程に、この子五歳と申しける年、宮内判官家長も空くなりぬ。父死しての後は、母に副ひつつ宿中に遊びけるを、形の

よきに付けて大磯の宿の長者に菊鶴と云ふ傾城の乞ひ取りて、我が娘とぞ遵きける

仮名本(巻四)には、「母は大磯の長者」で、父は東国へ流罪となった「伏見大納言」(一四一頁。「流布大系本」は実名を「実基卿」とする(一九四頁))とあって、史実からますます離れていくように見える。真名本の所伝も信を措きがたいが、「寅の年の寅の日の寅の時に生れた」とする個所は注意を惹く。生年の承安五年(安元元)の干支は「乙未」であったからである。幼名「三虎御前」の由来を語ろうとしたものであろうが、後藤丹治は、夙に、「的証はないが、或は藤原頼経の幼名三寅御前に胚胎するのではあるまいか」と指摘していた(「曾我物語に於ける史実の検討」、三四五頁)[9]。

承久元年(一二一九)七月十九日、僅か二歳で鎌倉に下向した頼経は(『吾妻鏡』)、関白九条道家の「三男」(『鎌倉年代記』、一一頁)で、「正月寅月ノ寅ノ歳寅時」に生まれたことから(『愚管抄』巻六・順徳、三一五頁)、童名を「三寅」と言った(『鎌倉年代記』)[10]。そして、大磯の虎が没した嘉禎四年(暦仁元・一二三八)は、頼経将軍の時代であり、頼経の生涯の晴儀となった上洛の年でもあった[11]。しかし、どのように考えても、大磯宿の遊女と高貴な将軍との接点はない。頼経に、征夷大将軍補任の宣旨が下されたのは嘉禄二年(一二二六)一月二十七日のことで(注5)、前年(嘉禄元)七月十一日に、事実上将軍職を代位していた「二位家」政子が亡くなり、更に一年前の貞応三年(元仁元)六月十三日には北条義時が死去していた。その直後に起こった「伊賀氏の変」の渦中で、政子の指示により、執権の地位に就いたのは泰時であり(第六章第四節二項、⑧の段)、その死(仁治三年(一二四二)六月十五日)に至るまで、頼経将軍の下で執権の職に在った。

『曾我物語』は、「三浦余一」と「大磯の虎」という二人の人物を造型し、共通の幼名を持った虎と頼経将軍との関わりを暗示させ、まるで判じ絵のように、頼経将軍期に執権を務めた北条泰時の存在を炙り出させるような絡繰り仕掛けになっているのではないか。泰時は、実名では物語に一切登場しなかったが、先に検討した、現行真名本の内部

徴証から得られた原曾我物語の成立時期―上限を政子が事実上、将軍職を代位することになった建保七年(承久元・一二一九)二月、下限は「余一」に仮託された三浦義村が死去する延応元年(一二三九)十二月か、もしくは三浦氏嫡流が滅んだ宝治元年(一二四七)六月、とする―に、泰時の執権期間が収まるのである。大磯の虎と頼経将軍との関わりが、泰時の存在を炙り出すための一種のメタファー(隠喩)であったとすれば、原曾我物語の形成に、何らかの形で泰時が関わっているのではないかという作業仮説が設定できる。そこで、二項でこの仮説を取り上げ、検証を試みることにしたい。

注

(1)　D曾田実「軌跡と課題」(九頁)に拠ると、「現存真名本の原本、すなわち原曾我物語のあったろうことを推定」したのは、江波熙が最初のようである(「曾我物語に就いて」『国語と国文学』三巻一〇号、一九二六年)。

(2)　塚崎進「曾我物語伝承論―その二―」(C大成『義経記・曾我物語』、一七三頁。初出一九五五年)・村上學、序篇第一章「諸本研究史」(二四頁)、に拠る。

(3)　『東洋文庫真名本』1(二五八・二五九頁)に拠るが、他に裏付けとなる事実はなく、両人ともに、兄弟とは、伊東祐親の長女(「三浦の伯母」)を妻とする三浦義澄を介した間接的な関係に過ぎなかった(重忠の母は義澄の姉妹『三浦系図』、一四頁)。

(4)　大庭景義の夢占では、頼朝の「御子孫三代まで」と予見されていた(『東洋文庫真名本』1、巻三、一五八頁)。

(5)　『公卿補任』貞永元年条(第二篇、七九頁)。同日、正五位下・右近衛大将に叙任された。

(6)　『吾妻鏡』建保七年(承久元)七月十九日条に、「有㆓政所始㆒、若君(頼経)幼稚之間、二品禅尼(政子)可㆑聴㆓断理非於廉中㆒云々」と、『将軍執権次第』には「平政子」が、「不㆑蒙㆓将軍宣旨㆒、頼経卿年少之間、為㆓彼代官㆒所㆓成敗㆒也」(『群

書類従』四八、補任部。第四輯、二五〇頁）等と見え、「御成敗式目」第七条（不易法）には、「右大将家（頼朝）以後代々将軍并二位殿（政子）御時」とあった。

（7）　信頼の異母兄で、康治二年（一一四三）四月一日、陸奥守に任ぜられ、六月二十九日の臨時除目で鎮守府将軍を兼ねた。久安六年（一一五〇）十一月三十日には陸奥守に復任し、武蔵守見任の信頼と相並んだ。なお、この間、基成の女子は藤原秀衡の妻となり、嫡男の泰衡を生んでいる（『本朝世紀』。『尊卑分脈』道隆公孫〔第一篇、三一五—三一六頁〕）。

（8）　『半井本保元物語』に拠ると、「海老名源八季貞」が源義朝方として従軍しており（中、五九頁。上には、「源太季定」とある〔四一頁〕）、真名本（巻五）の記述を参照すると、義朝と信頼双方に関わりがあったことが分かる。但し、『新大系本平治物語』にその名を見出すことができず、石橋山合戦においては、「平家被官之輩」として頼朝に敵対し（『吾妻鏡』治承四年八月二十三日条。北条本は「源三」とするが、吉川本に「源八季貞」とある）、誅殺された（『東洋文庫真名本』1、巻三、一七〇頁）。

（9）　角川源義は、虎の幼名を「三寅御前などといったのは、藤原頼経の幼名の三寅御前を思い出させる。（中略）寅年に生まれた女性が神秘な力を持つものと考えられている習俗と思い合わせたい」（第三篇第二章「語り物と女性」、四二九頁）と、「民俗学」的な観点で把握しようとしている。

（10）　頼経は、「建保六年（一二一八）正月十六日寅刻」に誕生した（『吾妻鏡』承久元年七月十九日条）。『慈光寺本承久記』は、「寅歳寅日寅時ニ生レ給ヘレバ、童名ヲ三寅ト申」とするが（三〇四頁。『盛衰記』〔巻一七、上七九五—七九六頁〕も同じ）、『鎌倉年代記』に「建保六〈戊寅〉正十六〈戊子〉寅刻誕生」とあるように（一一頁）、「子」の日の誕生となる。頼経の童名は、本文『愚管抄』記載のように、誕生年（戊寅）・誕生月（「寅月」＝正月の異称）・誕生時刻（午前四時頃）に由来したものである。頼経は、父方からも（道家の母は、一条能保の嫡女。能保の妻が頼朝の妹であった）、母方からも

（母は西園寺公経息女の綸子で、その母が能保女子の全子であった）源義朝の血を継承した稀有な存在であった。

（11）『吾妻鏡』に拠ると、鎌倉出立が一月二十日、六波羅到着二月十七日、帰京十月十三日、鎌倉帰還は同二十九日という日程であった。

二　北条泰時の祈り

中世において、執権政治を確立した北条義時・泰時父子に対する評価は高い。「建武式目」（建武三年〔一三三六〕十一月七日上申）は、「遠訪二延喜・天暦両聖之徳化一、近以二義時・泰時父子之行状一、為二近代之師一」と、父子の「政道」を、長く理想の世と観念されてきた醍醐・村上帝の治世に例えた（『中世法制史料集』第二巻、七頁）。そして、日蓮すら「故権大夫殿（義時）・武蔵前司入道殿（泰時）の御まつりごといみじくて、暫く安穏なるか」と評している（『鎌倉遺文』一七巻一三〇九二号、「日蓮上人遺文」〔弘安元年〕六月二十五日日蓮書状）。興味深いのは『神皇正統記』で、北畠親房は、承久の乱を惹き起こした後鳥羽院を批判し、反対に、「義時久ク彼ガ権ヲトリテ、人望ニソムカザリシ」とか、「頼朝ト云人モナク、泰時ト云者ナカラマシカバ、日本国ノ人民イカヾナリナマシ」とさえ断じた（一六〇・一六三頁）(1)。『太平記』は泰時の二大治績として、「貞応ニ（中略）日本国ノ大田文ヲ作テ庄郷ヲ分」ち、「貞永ニ五十一箇条ノ式目ヲ定テ裁許ニ不レ滞」ることとを挙げた（巻三五「北野通夜物語事付青砥左衛門事」、第三冊三一九頁）。「貞応ノ大田文」とは、承久乱後の「西国」における所領と御家人の動向を幕府が把握しようとした土地台帳で、石見・伊予・淡路の事例が知られる（拙著『鎌倉守護』論考、第三章第五節四「田文調進」、二八九―二九〇頁）。周知の「御成敗式目」制定には、やはり乱後、特に「西国」に設置された新補地頭をめぐる所務相論の頻発という状況があったが、それればかりでなく、例えば『百錬抄』が「自二去春一天下飢饉、此夏、死骸満レ道、治承以後未レ有二如レ此之飢饉一」（寛喜二年六月条）と表現した寛喜飢饉の惨状があった。[2]『太平記』は後段で、「寛喜元年（一二二九）ニ、天下飢饉ノ時、借書ヲ調ヘ判形ヲ加ヘテ、富祐（フクイウ）ノ者ノ米ヲ借ルニ、泰時法ヲ被レ置ケル」と泰時の対策に触れたが（同右、三二一頁）、無論それだけでは雑務沙汰（奴婢・馬牛・質などの動産関係）訴訟の激増に対応できるものではない。磯貝富士男は、式目制定の背景として、泰時が、「朝廷側の飢饉対策の集大成ともいうべき新制四二条[3]の発布に触発された」とする興味深い論点を提起し、「飢饉状況の反映」が見られる「式目条文」の分析を試みている（「貞永式目の成立と寛喜の飢饉」『日本中世奴隷制論』第二部第二章第四節、校倉書房、二〇〇七年。初出一九七八年）。

泰時死去の報に接した民部卿権中納言勘解由小路経光は、全く正反対の人物評を記している。一つは、「性稟二廉直一、以二道理一為レ先、可レ謂二唐堯虞之再誕一歟」とする、言わば公式のコメントで（東洋文庫所蔵『経光卿記抄』仁治三年六月二十日条〔『大日本史料』第五編之一四、四〇一頁〕）、右記泰時評と矛盾しないが、他方、「臨終熱気」を「冥火」に例え、まるで清盛の最期と同じだとして「極重悪人」と酷評した（同二十六日条、四〇二頁）。[4]「近代朝家重事、一向彼朝臣計申之趣也」（二十日条）とする複雑な思いによるものであったろう。[5]

「近代朝家重事」をめぐる朝廷と幕府との確執は、既に、貞永元年（一二三二）十月四日の後堀河譲位＝四条天皇践祚に始まっていた。四条帝（二歳）は後堀河院の第一皇子で、母は九条道家の息女竴子（藻壁門院[6]）であった（『帝王編年記』巻二四・四条、三九四頁）。当時の朝廷は、「世上大事、一向大殿（道家）令二骨張一」という状況で（『民経記』同年閏九月二十八日条〔『大日本史料』第五編之八、三三六頁〕）、「再三被レ仰二関東一、雖レ無二分明之承諾一」も、「譲位之大礼」を強行したのである（同十月四日条、三四二頁）。その四条帝が、仁治三年（一二四二）一月九日、僅か十二歳で崩御すると（『帝王編年記』、三九七頁）、道家が順徳院の皇子忠成王（『本朝皇胤紹運録』〔『群書類従』六〇、系譜部。第五輯、七五頁〕）を皇嗣に推したのに対し、泰時は両使を派遣し、「空位」数日に及んだ末、二十日に故土御門院の皇子を践祚させた。後嵯峨天皇のことで、当時としては珍しい二十三歳の成年に達していた（以上、歴代残闕日記『後中記』同正月九日条、『経光卿記抄』同十一日条（『大日本史料』第五編之一四、四六頁）、『平戸記』同十六日条）。

泰時としては、廟堂における道家の権勢がこれ以上に増大するのを抑えたい意図があったが、公家の反発は根強く、泰時らを「東夷」（前出『後中記』・『経光卿記抄』）、「異域蛮類之身」（『平戸記』同十九日条）と蔑んだ。その中にあって興味深いのは『神皇正統記』で、親房は、泰時の決断こそ「天命」に適った「正理」であると評価した（一六一―一六二頁）。

実は、これより以前に、道家から「遠島両主」後鳥羽院と順徳院の帰還要請がなされており、泰時は「家人等一同」の意思を以て拒絶した経緯があった（『明月記』文暦二年（嘉禎元・一二三五）四月六日・五月十四日条）。「家人等一同」の意思こそ執権政治の基盤であったが、村井章介は、「権力意思の決定過程における合議制こそ、執権政治を特徴づけるもっとも重要な要素」だとして、その始期を「尼将軍北条政子の死去、両執権（執権・連署）制の発足、評定衆の設置―という重要事件の継起した嘉禄元年」（一二二五）に求めている（「執権政治の変質」『日本史研究』二六一号、一九八四年、一四頁・一六頁注二五）。そして、泰時死後の政局は、執権職を受け継いだ孫の経時・時頼の代に、廟堂の主流となった後嵯峨院―西園寺家と、巻き返しを図る九条道家・頼経との対抗を軸に、名越家や三浦氏・上総千葉氏といった豪族を巻き込んだ、村井の言う〈寛元・宝治・建長の政変〉へと向かっていくことになる（２「寛元・宝治・建長の政変」に拠る）。

以上、泰時の人となりや政治姿勢を見てきたが、実は、泰時に関する最も基本的な事柄に、よく分からない点が多々ある。第一に『吾妻鏡』であるが、その死去を含む仁治三年（一二四二）分が欠巻であった。既述のように、北畠親房が「頼朝ト云人モナク、泰時ト云者ナカラマシカバ」云々と評価した鎌倉幕府を代表する二人について、欠巻（頼朝の場合は、建久七年以降）が散佚などではなく、そもそも作成された形跡がなかったとすれば（第一章第四節、〔付記一〕）、これをどのように理解したらよいか、遺憾ながらなお明解な成案を得ない。

第二に、死去の時日については公家の日記の存在もあって、仁治三年六月十五日であることに疑いはないが(7)、没年齢に関して若干の異伝が見られ、いま生年を併記すれば以下のようになる（《　》は、泰時誕生時の義時の年齢〔長寛元・一一六三生〕を示す）。

（ア）五十九歳。寿永三年（元暦元・一一八四）生《二十二歳》(8)
（イ）六十歳。寿永二年（一一八三）生《二十一歳》(9)
（ウ）六十一歳。養和二年（寿永元・一一八二）生《二十歳》(10)
（エ）六十二歳。治承五年（養和元・一一八一）生《十九歳》(11)
（オ）六十四歳。治承三年（一一七九）生《十七歳》(12)

多数説は（イ）であるが、『経光卿記抄』と『鎌倉年代記』等が一致するからといって、幕府情報に基づいていようから、必ずしも確証とは言えない。（ウ）の『吾妻鏡』泰時元服の記事も捨てがたく、また、（オ）も一見すると常識を欠いているが、それだけに、なぜかかる異説が伝えられたのか、一応の注意を払う必要がある（但し、以下、繁雑さを避けるため、特に断らない限り、多数説のイに基づいて記述する）。

第三に、最も難問と言うべき母親の問題がある。『鎌倉年代記』は「母阿波局」とし（一〇頁）、『武家年代記』もまた「母御所女房阿波局」とする（七七頁）(13)。上横手雅敬は、「『吾妻鏡』以下のより信用しうる記録」に拠ると、「時政の娘」で、「この阿波局と別に、泰時の母の阿波局がいたとは思えない。（中略）阿波局が母のように泰時を養育したというほどのことは考えられるが、結局泰時の母が誰であったかは、知るよしもない」とし（人物叢書『北条泰時』、吉川弘文館、一九五八年〔二〇〇八年新装版第四刷に拠る。五―六頁〕）、三十七年後に発表された渡邊晴美の論文でも「全く不明」とあった（「北条義時の子息について」『鎌倉幕府北条氏一門の研究』第一部第一章、汲古書院、二〇一五年、二五頁。初出一九九五年）。私も通常であれば、上横手の著書を引いて、せいぜい阿波局が養育した可能性を示唆する程度である。しかしながら、本書にとって、泰時の出自は、言わば生命線であって、批判を覚悟の上で更に《危険水域》に踏み込まねばならない。

手掛かりは、『前田家本平氏系図』、義時の母を「伊東入道（祐親）女」とする所伝である（『大日本史料』第五編之二、三一一頁。同一四、四〇五頁）。一般に現存系図類のほとんどは、室町・戦国期から江戸時代にかけて作成されたものであり、中には明らかに『吾妻鏡』の記事を踏まえて編纂されているものも見受けられる。当該『平氏系図』の場合、真名本（巻五）、「北条殿（時政）の昔の姫、鎌倉殿（頼朝）の御台盤所（政子）の御母、時政の先の女房と申すも、これら（曾我兄弟）のためには父方の伯母なり」とする記述が前提になっているのではなかろうか。当時の時政が伊東祐親と肩を並べる存在などでなく、その記述が信頼できないことは、これまで繰り返し述べてきた（第四章第二節一項、第五章第二節一項、など）。

しかも、頼朝と祐親三女との契りを基準にすると（第三章第一節五項）、年代が整合しない可能性が生じる。既にこの点に気付いた講談社学術文庫『源平闘諍録』の〈語釈〉(14)は、祐親の娘を「時政の妻とすると世代が合わないので、或は祐親の父祐家の娘（祐親姉妹）ではあるまいか。伊豆の領主間の婚姻としては妥当であり、後の曾我兄弟と時政の関係を説明するためには適当である」としている（上、一四三頁。執筆は福田豊彦か）。「伊豆の領主間の婚姻としては妥当」とするのは私見と真逆の見方であり、しかも、祐家は「早世」したとされていたから（『曾我両社八幡宮縁起』、三九二頁。真名本巻一に同趣旨の記述がある）、「伊東入道」とはやはり祐親以外に考えられないだろう。祐親の「娘四人」について、真名本巻二（同右、九一頁）、仮名本巻二（六〇頁）はもとより、平家物語諸本（第四章第一節八項、注8参照）にも共通していたから、いくら解釈に苦しむからといって、物語に登場しない「祐親姉妹」を持ち出すのは、史料操作としては、やはり《禁じ手》であろう。

かく言う私自身、《禁じ手》を犯しているのではないかと自問しつつ、敢えて言えば、母が「伊東入道（祐親）女」とは、家格の上でバランスを欠き、かつ年代が整合しない可能性のある義時ではなく、泰時について語っているとすれば如何であろう。祐親には「四人」の娘がいて、長女は三浦義澄の妻（「三浦の伯母」）、次女は、はじめ工藤祐経の妻となったが、父に離縁させられ、土肥遠平に再嫁した「万劫」である（「早河の伯母」）。四女は真名本に具体的な記述がなく、早世したものと考えた（第四章第一節八項）。そうとすると、泰時母の可能性のある祐親の娘は三女以外に選択肢が残らない。

真名本に拠ると、頼朝の子千鶴を殺害した祐親は、「佐殿（頼朝）の最愛に思し食されける北の方（三女）をも奪ひ返し奉りて、当国（伊豆）の住人江馬次郎[15]に取らせにけり」とあり（『東洋文庫真名本』1、巻二、九八頁）、彼は祐親に従った結果、頼朝挙兵の後、「佐殿の伊藤の北の方取り奉りたりし江馬次郎も討たれにけり。子息の少き者をば、北条小四郎義時申し預て免されぬ。則て義時が元服の子となして、後に江馬の小次郎と云ふは、則ちこれなり」とする（巻三、一六九頁）。のち曾我兄弟は、鎌倉に向かう祐経の一行「五十騎ばかり」の中に、「江馬小次郎」の姿を目撃することになる（巻五、二七七頁）。仮名本も同様の展開で、「流布大系本」の表記は一貫して「江間小四郎」であるが、頼朝勢に討たれた後、「跡を北条四郎時政にたまはり、さてこそ、江間小四郎とも申けれ」と記述に乱れがある（巻二、一二八頁。巻四、一八八頁）。一方、先に「江間小四郎」とあった（注15）「太山寺本」は、「江間小太郎も討たれにけり。

その跡を北条四郎(時政)賜はつて、さてこそ江間小四郎とは名付けけれ」(巻二、七六頁)、祐経「江間小次郎打ち連れたり」(巻四、一三五頁)と表記に相当の出入りが見られる。

祐親三女を妻とした「江馬次郎」(真名本)の実名は、『闘諍録』に拠ると「近末」とあり(注15)、「近」の訓みは「親」と音通のチカであろうから、それは恐らく祐親から与えられたもので、「祐」字を名乗らない以上、江馬(江間とも)氏は伊東(工藤)一族ではなかったと思われる。江馬(江間)は、狩野川を挟んで北条の対岸西北の地にあり(現静岡県伊豆の国市(旧田方郡伊豆長岡町)南・北江間)、領主「江馬次郎」は頼朝に敵対して「討たれ」(真名本)、その跡は、新恩として北条氏に給与された。男子(母は祐親三女であろう)は義時が養育することとなり、のち義時の烏帽子子として「江馬の小次郎」と名乗ったとする(真名本)。しかし、彼が祐経に従っていたとする先の記述を除けば、その後の動向は一切不明である。気にかかるのは、新訂増補国史大系『吾妻鏡』巻首の「年譜」に、「江馬小次郎泰時」とあったことで(注9)、泰時(オ)治承三年誕生説も見られたが、後述するように、泰時元服時の加冠は頼朝自身であり、「江間太郎頼時」と名乗っているので、泰時に比定するのは、いささか無理があるように思われる。但し、義時の養子(烏帽子子)にウェイトを置くならば、「三浦余一」＝義村の例もあることであり、真名本・仮名本ともに、実在の泰時を仮託して紛れ込ませた可能性も、僅かだが想定できるのではないか。

細川重男・本郷和人「北条得宗家成立試論」は、義時が相模守に任官する(元久元年〔一二〇四〕三月六日『鎌倉年代記』、七頁、等)以前、『吾妻鏡』に、父時政らと連記される場合を除いて、ほとんどが江間(江馬)姓で表記され、泰時に至っては「一度も北条姓で呼ばれて」いなかったとする(五頁)。これは、義時が「北条氏の庶家江間氏の始祖」であったことを示すが(同右)[16]、第六章第一節二項で、江間(江馬)家は「頼朝によって創設された」ものと述べた。仮名本には「江馬次郎」の旧跡が時政に与えられたとあったが(先述)、以上の経緯を踏まえると、むしろ義時が、近侍の功により直接賜ったものと考えられよう。そして、同項で、義時のほか、同じく頼朝の近習であった小山七郎朝光と三浦十郎義連が、ともに結城家・佐原家の祖となっていることに注目し、その他、豪族で言えば、千葉介常胤の孫で上総家を創設した常秀(胤正次男で、秀胤の父)もまた頼朝の近習を務めていた(『吾妻鏡』文治二年五月十四日・十一月十二日条)。

いくら義時が「家子専一」であるからといって(同項)、朝光・義連・常秀と違い、豪族でもない弱小の北条氏に別家を建てるとは何を意味したのであろうか。「江馬次郎」の旧跡が直接義時に与えられ、所領ばかりでなく、子の「江馬の小次郎」を義時が養育していたとすれば、その母と考えられる伊東祐親の三女もまた義時が引き取ったということにならないだろうか。祐親の三女のその後の消息を記すのは『闘諍録』のみで、頼朝の命によって、「日ノ本将軍ト号スル千葉介常胤ノ次男、相馬次郎師常」と再婚したという(五、一九七―一九八頁)。この所伝は、『千葉県の歴史』通史編中世が指摘するように、「史実とするには無理がある」が(第一編第一章第一節、二〇〇七年、五一頁。執筆福田豊彦)、むしろ、『闘諍録』がなぜかかる所伝を記載したかに興味が湧く問題ではある。同書に拠ると、頼朝が三女と契りを結んだのは「廿一」歳の時というから仁安二年(一一六七)のことで(頼朝は久安三年〈一一四七〉生)、三女は「十六歳」であったという(一之上、四四頁)。そうとすると、治承四年(一一八〇)当時は、頼朝三十四歳、三女二十九歳、義時は十八歳である。三人の年齢を対照すると、頼朝が祐親の三女に対する未練を断ち切れず、義時の江間(江馬)屋敷通いが復活したと考えるのが最も自然であろう。いくら頼朝でも、牧ノ方を後妻とした時政邸に通うわけにはいくまい。

泰時の実父が仮に頼朝であったとすれば、『吾妻鏡』に収められた、言わば《泰時伝説》が「合理」的に解釈できるいくつかがある。ここでは、建久三年(一一九二)から五年にかけての三つの逸話を取り上げてみたい。

第一(建久三年五月二十六日条《泰時十歳》)。「江間殿(義時)息童金剛殿」(泰時)が歩いている横を、御家人の「多賀二郎重行」が下馬することなく通り過ぎた。これを伝え聞いた頼朝は、「如二金剛一者、不レ可レ准二汝等傍輩一」との理由で所領を収公してしまった。頼朝の怒りが尋常でなかったことが分かるが、笠松宏至は、頼朝に「北条を、傍輩の上位にランクづけようとする」意図があったと見ている（「中世の「傍輩」」『法と言葉の中世史』、平凡社、一九八四年、一四頁）。問題がそれで済まないことは、同書が泰時を、「将軍子息と同等の敬称」である「若公」と記していることで（前掲、八代国治『吾妻鏡の研究』、一六九頁）、頼朝は、多賀を弁護した泰時に、感動の余り年来所持の御剱を賜与したが、『吾妻鏡』はそれを「被レ献二御剱於金剛公一」と表現し、それが承久・宇治合戦の折の帯剱だとする後日譚まで付記している。野口実は、「若公」とか「献じた」とする表現は、「おかしいといへばたしかにおかしいけれども」、『吾妻鏡』の編者が、義時が「天下を掌握」していたとする認識に基づいて表わしたとする貫達人の理解（「吾妻鏡の曲筆」一九六九年）を紹介している（「頼朝のイメージと王権」、前掲『武門源氏の血脈』第三章・2、一四八―一四九頁。初出二〇〇四年）。

第二（建久四年九月十一日条《泰時十一歳》）。「建久四年曾我事件」に関する源範頼関係の処置が一段落した直後の九月七日、江間に滞在していた「江間殿（義時）嫡男童形」（泰時）が、伊豆国で「小鹿一頭」を「射獲」し、それを祝って、十一日に、頼朝出御の下、幕府西侍で「箭祭餅」が行われた。行事を務めたのは、一口小山朝政、二口三浦（佐原）義連、三口諏方祝盛澄で、まさに、五月十六日、富士野の狩庭で催された頼家の「山神・矢口」祭のミニ版と言うべきものであった（第五章第二節四項）。頼家は寿永元年（一一八二）の誕生であったから、泰時は一歳年下で、頼朝は二人の少年に幕府の将来を賭けていたものと思う。なお、政子は時房を伴い、岩殿観音堂に参詣していた（同、八月二十九日条）。岩殿観音堂とは、今日の神奈川県逗子市久木所在の岩殿寺（がんでんじ）であり、「箭祭餅」行事が行われた時、必ずしも断言できないが、左記泰時「元服」時同様、政子は不在であったのではないか。

第三（建久五年二月二日条《泰時十二歳》）。夜、「江間殿（義時）嫡男〈童名金剛、年十三〉」[17]の「元服」の儀が、主だった御家人参列の下、幕府西侍で厳かに執り行われた。「北条殿（時政）相二具童形一参給、則将軍家（頼朝）出御、有二御加冠之儀一、武州（源義信）・千葉介（常胤）等取二脂燭一候二左右一、名字号二太郎頼時一」とあって、頼朝手ずからの「加冠」と言い、実名に自らの片名、それも「朝」字ではなく、「頼」を与えたことと言い、まさに頼家の元服（『吾妻鏡』にその記述はなかったが）に準じた待遇である。興味深いことに、一月二十九日、政子は「伊豆・筥根両権現」奉幣に進発しており（『吾妻鏡』）、政子不在の下で泰時の元服の儀が行われていることである（帰着二月三日。六日に「江間殿（義時）亭」を訪れている〈同右〉）。

　ここから、泰時に関する不明な点の第四として、渡邊晴美も指摘していたが（前掲論文、二六頁）、頼時から泰時への改名理由及び改名時期の問題が生じる。頼朝の生前はあり得ず、『吾妻鏡』を検すると、正治二年（一二〇〇）二月二十六日条に「江間太郎頼時」と見える。頼家の鶴岡社参の折の「供奉人」の交名であり、何らかの記録に基づいて記されたものであろう。また、建仁元年（一二〇一）九月二十二日条に「江間太郎殿〈泰―（時）〉」とあるが、これは、頼家が「抛二政務一」ち、連日蹴鞠に熱中していたことを諌めた件で、「幕下（頼朝）御在世建久年中」の先例を持ち出していることから、改名には疑問がある[18]。建仁三年（一二〇三）九月十日条にはなお「江馬太郎殿」とあったが、建暦二年（一二一二）二月十四日条（「匠作（修理亮）〈泰時〉」）が「泰時」名の初見となる。恐らく、頼家は、自分の殺害を目論んだ曾我兄弟と同じ伊東祐親の孫で、ほぼ同年輩の泰時に、頼朝の期待とは裏腹に、心を開かなかったのではあるまいか。二人の関係はどこまでもよそよそしいものがある。そうとすれば、改名は実朝将軍期のことで、元久二年（一二〇五）閏七月の「牧氏の変」に伴う「庶家江間氏による本家北条氏の乗っ取り」（細川・本郷。注16参照）が契機になったのではないか。彼は、ここで頼朝・頼家及び時政とも離れ、改めて義時の嫡男としての決意を示したものと思う。

それでも、「泰」字が如何なる由来のものか、なお明らかにできない。

泰時の実父が頼朝で、母は祐親三女であったとすれば、これが、大庭景親と異なり、祐親が一年半近くも長女の聟の三浦義澄に召預けられていた根本的理由であって、養和二年（寿永元・一一八二）二月十四日の祐親「自殺」後（第四章第一節四項、第六章第二節二項）、三女をめぐる状況は徐々に変化していったのではあるまいか。十一歳の年齢差を越えて、泰時の実父がやはり義時であったとしても、母が祐親三女である限り、頼朝の泰時に対する慈しみや、政子のよそよそしさに変わりはない。

義時の正室は、「幕府官女」比企藤内朝宗息女の「姫前」で、実朝誕生後、比企氏と北条氏との提携を意図した頼朝の命による婚姻であったから、これ以前に、祐親三女は義時の屋敷から退いたか、亡くなっていた可能性が高い。比企腹の嫡男は次郎朝時であり、建久五年（一一九四）の誕生で、泰時とは十一歳の開きがあった（比企腹の次子は三郎重時で、建久九年生である。以上、第六章第二節二項・同、注13に拠る）。比企能員滅亡（建仁三年〔一二〇三〕九月）後の朝宗息女の消息も明らかでないが〔補記〕、義時は、新たに伊賀朝光の娘を正室に迎え入れ、その嫡男が元久二年（一二〇五）六月二十二日誕生の四郎政村であった（第六章第四節二項、⑧の段）。義時の死去は貞応三年（元仁元・一二二四）六月十三日のことで、突然死であったらしく、「譲状」さえ準備されていなかったという（『吾妻鏡』。『百錬抄』同六月十七日条。前掲『太平記』巻三五、第三冊三二〇頁。同右、第六章第四節）。

義時家督の有資格者は、泰時・朝時・政村の三人で、義時死去当時の年齢は、それぞれ、四十二歳・三十一歳・二十歳である。(19) このうち、政村は、義時の死直後に起こった「伊賀氏の変」で候補から外れ（同右、第六章第四節）、比企氏の血を引き、時政から「名越亭」を相続した朝時は、細川・本郷説に拠ると、政範の死後、時政の「後継者」に擬せられていたという経緯もあってか（前掲論文、五頁。本書第六章第二節二項）、政子は、結局、かつて「江間殿」と呼ばれた義時の「嫡男」として(『吾妻鏡』建久五年二月二日条)、当時、武蔵守見任で六波羅北方の重職に在った(『鎌倉年代記』など)泰時を推した。[20] かつて、あれ程泰時によそよそしかった政子は、恐らく義時の意を汲み、自らの洞察も重ね、「関東棟梁」たる泰時が、「軍営御後見」(執権)として「武家事」を執行することにいささかのためらいも見せなかった(『吾妻鏡』貞応三年〔元仁元〕七月十七日・六月二十八日条)。「伊賀氏の変」の渦中で、泰時の義時家督継承＝執権襲職を推進したのは、政子と、平盛綱・尾藤景綱・関実忠・安東光成・万年右馬允・南条時員ら義時の郎等(後の御内人)の一致した意思であった(同、六月二十八日条)[21]。

恐らく伊東祐親の三女を母として、北条氏の別家江間(江馬)家の嫡男に生まれた泰時は、頼朝にも義時にも可愛がられ、最後は政子からも手腕を期待された。才能と人柄によるもので、軍事的能力は承久の乱で、政治的統治力は六波羅探題として既に試されていた。かかる泰時の位置は、平清盛と重盛に酷似しており、忠盛の正室は藤原宗子(池禅尼)で、その腹の嫡男は家盛、弟が頼盛であった(第六章第五節一項、注2、第四章第二節一項)。また、清盛の正室は平時子で、その腹に宗盛を嫡男として、知盛・重衡という貴公子が続く。清盛と重盛はその器量故に平氏の惣領となったのであり(但し、重盛は父の生存中に死去した)、平家の都落ちに当たって、まず頼盛の池家が脱落し[22]、一谷戦後、小松家を継いだ重盛嫡男の維盛が去ったのも時子の一流との軋轢であったろう。そして、維盛の離脱は、小松家の家人であった工藤祐経の運命をも変えることになっていく(第五章第一節二項)。

泰時は、清盛や重盛の先例を知ってか知らずか、異母弟らにはなはだ気遣いを見せた。義時遺領の配分に当たって、「嫡子分頗不足」を問題にした政子に、「奉二執権一之身、於二領所等事一、争強有二競望一哉、只可レ省二舎弟等一之由存レ之」と答えて、政子をいたく感激させている(『吾妻鏡』貞応三年〔元仁元〕九月五日条)[23]。類話が前掲『太平記』巻三五にもあって、《泰時伝説》の一つであったことが知られる(第三冊三二〇—三二一頁)[24]。

泰時は、その出自もあってか、叔父時房に対して一際気を配った。執権・連署制が成立するのは、政子死後の嘉禄元年（一二二五）七月のことであったが（上横手雅敬に拠る〔第六章第四節二項、⑧の段〕。政子死去は十一日）、時房はその死（延応二年〔仁治元・一二四〇〕一月二十四日）に至るまで、執権泰時の下で、一貫して連署の地位にあった。義時の在世中から、実は泰時・時房の間に、「武蔵国支配をめぐる対立・葛藤」があったが（拙著『鎌倉守護』国別、第一章武蔵項、五二頁）、長又高夫は、「泰時が家督となったが、公式行事においては、父義時のパートナーでもあった時房を自分より上座に着けて悌順の礼を示した」とし（「北条泰時の道理」『日本歴史』七七四号、二〇一二年、一八頁）、渡邊晴美もまた、「泰時政権は時房＝泰時政権であり、幕政での主導権はむしろ時房にあった」と見ていた（前掲『鎌倉幕府北条氏一門の研究』序章、七頁）。(25)

いま、村井章介が作成した椀飯の沙汰人表を通覧すると、泰時が執権に就任して最初の正月を迎えた嘉禄二年（一二二六）と翌年こそ、彼が元日の役を勤めたものの、安貞二年（一二二八）以降、延応二年（仁治元・一二四〇）の死去（注5）に至るまで元日は時房が沙汰し、記録を欠いた年も含まれるが、二日は泰時、三日は名越朝時の勤仕を原則とした（前掲「執権政治の変質」、四―五頁表1）。「家令」の尾藤景綱らは、あくまで叔父を立てようとする泰時にもどかしい思いをしたのではないかと推測されるが、むしろ、承知で家督に席を譲ろうとしない時房の底意地の悪ささえ感じられる事案である。のち、時頼の代以降に成立する「得宗」観念は、北条氏の系譜から時政を排除するものであったが（第一節三項）、そこには時房流を排除する意図もあったのではないか。本来、時房の嫡男であった時盛を祖とする佐介家は、時盛が建治三年（一二七七）五月二日、六波羅で死去し（『鎌倉年代記』、一一―一二頁）、弘安七年（一二八四）四月四日、時宗が没した直後に弾圧を蒙って幕政から姿を消した（拙著『鎌倉守護』国別、第一章常陸項、一〇〇頁注一七。第七章丹波項、三〇五頁・三一〇頁注七）。そして、時房嫡流は、泰時の娘を妻とした、本来は庶家四郎朝直の大仏家が継承することになった（『明月記』嘉禄二年二月二十二日条。『吾妻鏡』寛喜三年四月十九日条）。[26]

泰時の私生活は、公的生活に比して、全くと言ってよいほど恵まれなかった。建仁二年（一二〇二）八月二十三日、三浦義村女子と結婚し《二十歳》（『吾妻鏡』。第六章第四節一項、注6）、翌年に嫡男の時氏が誕生した《二十一歳》（『吾妻鏡』、後述卒去の条）。しかしながら、理由は定かでないが、義村女子と別れ、[27]「安保七郎左衛門尉実員女」と再婚して、[28]建暦二年（一二一二）に「二男」時実が生まれている《三十歳》（『北条系図ノ一』、七四頁。『吾妻鏡』、後述卒去の条）。ところが、嘉禄三年（安貞元・一二二七）六月十八日、時実（十六歳）は、京の住人であった家人の高橋二郎に殺害されるという、外聞を憚るような事件が起こった《四十五歳》（『吾妻鏡』）。[29]

一方、執権の職に就いた泰時に替わって、六波羅探題（北方。南方は佐介時盛）を務めていた泰時「一男」の時氏は、気候不順が原因であったか（注2）、寛喜の飢饉の渦中で病を得て鎌倉に帰り、[30]時実の祥月命日に当たる寛喜二年（一二三〇）六月十八日、二十八歳の若さで没した《四十八歳》（『吾妻鏡』貞応三年（元仁元）六月二十九日条、寛喜二年四月十一日・五月二十七日・六月十八日条）。更に追い打ちをかけるように、同年八月四日、三浦義村の嫡男泰村の妻となっていた息女（二十五歳。元久三年（建永元・一二〇六）生）が、出産前後の「悩乱」で死去した（『吾妻鏡』）。ただ、救いと[31]なったのは、嫡男の時氏と妻の「秋田城介景盛女」（泰盛の父安達義景の姉妹。松下禅尼）との間に、「元仁元」年（貞応三・一二二四）、「嫡男」が誕生し、次いで「安貞元」年（嘉禄三・一二二七）五月十四日、「二男」が生まれたことである。泰時、四十二・四十五歳のことで、元服後、弥四郎経時・五郎時頼と名乗った二人の孫に、幕府と北条氏の将来を託すことになる（以上、『鎌倉年代記』、一五頁。『吾妻鏡』天福二年（文暦元・一二三四）三月五日条（経時元服。十一歳）。同嘉禎三年（一二三七）四月二十二日条（時頼元服。十一歳））。

寛喜の飢饉は、泰時に対して、為政者としても私的にも厳しい試練を与えた。彼は自らを省み、続く不幸の原因を思索したことであろう。その時、自分と同じ伊東祐親の孫で、従父母兄弟の間柄になる曾我十郎祐成・五郎時致兄弟の亡魂に思い至ったのではあるまいか。「建久四年曾我事件」に対しては、頼朝も時政もそれぞれの思惑から真相を隠蔽して今日まで来てしまった。兄弟に最も近い人々―彼らの母や継父の曾我祐信、あるいは「二宮の姉」・「三浦の伯母」・「早河の伯母」らによって、密かに供養が営まれていたに違いないが、責任ある立場から、何らかの公的な形で供養が執り行えないものか。思えば、実父かも知れない頼朝直系の子孫は絶え、自らの義時家督と執権の職継承を断固として推進した伯母の政子は、四人の子(第六章第二節二項、注1)を、生前すべて失い、逆縁の苦しみを生きた。実父にせよ養父にせよ、自分を江間(江馬)家の嫡男とすることに、平氏の忠盛や清盛の如く、いささかもためらいを見せなかった義時は、祖父時政を追った。三人の子を亡くした自分こそ、曾我の兄弟を修羅道から救い出すことができるのではないか。泰時は、曾我兄弟の供養を、自分と関係の深い箱根権現僧に私的に依頼することによって、一族と飢饉に苦しむ社会の安寧を祈願したものと思う。これが、原曾我物語成立の第一歩となった。

中でも泰時にとって、実父であるかも知れない頼朝への敬慕は一入であった[32]。「御成敗式目」第三条以下の幕府法に見られる「(故)右大将家(頼朝)御時之例」とする法理は、頼経将軍の下で、「新たな鎌倉殿の権威」を確立するための要請に基づいているが(上横手雅敬に拠る[33])、私には、ベースに泰時の思い入れがあったとしか思われない。『曾我物語』(真名本)は冒頭で源氏の歴史を語り(巻一)、安達盛長らの「夢見」の形式を藉りて頼朝と政子の時代を回顧した(巻三)。就中、五郎の尋問に際し、自らの殺害を試みた五郎を許し、その武勇を称讃した頼朝像(巻九)は、泰時の思い描いたイメージの投影でもあった。

それにしても、泰時は、曾我兄弟を利用して、頼朝・頼家殺害を図った時政を結局許せなかったのではないか。先にも触れた「得宗」観念は、鎌倉幕府執権の系譜から時政を排除するものであったが、義時を始祖とするのは江間

(江馬)家であり、自分はその嫡男であった。時頼の代以降に成立する「得宗」観念の原型は、既に泰時によって作られたものと思う。『吾妻鏡』も真名本も、五郎の烏帽子親を勤めた時政の弁明を描いたが、時政はまるで道化役者であり、作者(編者)の突き放した如き描写は、泰時の目線であった。「建久四年曾我事件」に、いくつかの新しい観点を提起した永井路子が、曾我の兄弟は時政を討とうとしたと《誤解》したのは、兄弟の背後に泰時の思いを感じ取ってしまったからではないかとさえ私は想像している。泰時は、事件に少しの動揺を見せなかった義時を、この点から も尊敬した。そして、いま一つ触れなければならないのは、自分と同じ伊東祐親の孫であった三浦義村の問題である。泰時は、義村がどうやら「事件」に関わりがありそうだということを承知で、曾我兄弟の供養を呼びかけたのではなかったろうか。実在の義村を憚って「三浦余一」という作中の人物が造型されたのも、泰時の意思であり、義時との数々の軋轢を乗り越えて、ともに幕府と社会の安寧を祈願しようではないですかとする、一部脅しを含んだ呼び掛けであったと思う。

自分と社会を奈落に陥れた寛喜の飢饉の最中、泰時は、同じ伊東祐親の孫である曾我兄弟の供養を思い立ち、関係の深い箱根権現僧に、恐らく私的に亡魂の供養を依頼した。これこそが、『曾我物語』成立の出発点となったが、問題は、泰時が曾我兄弟の「鎮魂」を如何なる意味で依頼したかである。この点を検討することにより、原曾我物語の《思想》を明らかにすることができるのではないか。迂遠のようであるが、原点に戻り、いま一度「御霊」の意味を問い直す作業を試みておきたい。

注

(1)　近世に入ると、朱子学的名分論の立場から、例えば新井白石は、義時が「三帝(後鳥羽・土御門・順徳)・二王子(雅成・頼仁)を流し一帝(仲恭)を廃しまいらせ」、頼家や「公暁をして実朝を」殺害したとして、「本朝古今第一等の小人、義時にしくはなし」と酷評し（『読史余論』中、「北条代々天下の権を司どる事」〔日本思想大系『新井白石』、一九七五年、三一八頁〕。第一章第四節一項、注5参照）、安積澹白も「義時は奸猾にして詭計多し」と見ていた（「大日本史列伝賛藪」巻四〔同右『近世史論集』、一九七四年、一七五頁〕）。しかし、澹白の論賛には、義時を「叛臣」伝ではなく、「将軍家臣伝」に編んだことを「蓋し亦説有り」として、承久乱後の措置に触れ、後鳥羽上皇の「不善の政」にそもそもの原因が胚胎していたとするなど（一九〇頁）、前期水戸学の健全さが示されていた。

（2）寛喜二年六月には列島を寒気が覆い、武蔵国在庁は雷雨に雹が混じっていたと伝え、美濃からは降雪が報告されている（『吾妻鏡』十一・十六日条。いずれも、九日辰刻〔午前八時頃〕のこととする）。『立川寺年代記』は、「天下一同飢饉」により「天下人種三分一失」とさえ述べていた（『大日本史料』第五編之六、七二一頁）。

（3）『鎌倉遺文』六巻四二四〇号、「近衛家文書」寛喜三年十一月三日後堀河天皇宣旨。

（4）泰時が「赤痢」を併発したとする情報は、『平戸記』（同年五月三十日条）、『経光卿記抄』（本文前掲、六月二十日条）ともに記している。泰時臨終の様子を、『平戸記』（記主民部卿平経高）も、「前後不レ覚、温気如レ火、人以不レ寄二付其傍一」と伝える（六月二十日条）。

（5）延応元年（一二三九）十二月五日に、三浦義村が「大中風」に罹って「頓死」し（『吾妻鏡』）、年が明けた同二年（仁治元）一月二十四日には、連署の北条時房が、やはり「大中風」で「頓死」した（『吾妻鏡』。『平戸記』同二十八日条）。平経高は、「偏是顕徳院（後鳥羽院）御所為」とする噂を記したが（同右）、泰時の場合も、顕徳院の「御怨念甚深」く、泰時の死はその「御霊顕現」によるとの「風聞之説」を伝えている（同、仁治三年六月二十日・二十三日・二十八日条）。その結果、七月八日に山陵使が発遣され、既述のように「後鳥羽院」と追号されることになったのである（『百錬抄』。第一章第三節三項、本節一項）。経高はかつて、義村・時房の相次ぐ「頓死」に幕府「衰微」の兆しを願望し、「偏執二世務㆒、已及㆓廿年㆒」んだ幕府「摩滅之瑞相」とする認識を記した（『平戸記』延応二年（仁治元）正月二十八日・二月二十二日条）。

（6）『吾妻鏡』に「将軍家（頼経）御姉公」とある（天福元年九月二十四日条（十八日、皇子死産により卒去））。

（7）管見の範囲では、『保暦間記』のみ「六月十七日」とするが（八八頁）、同書には、しばしば時日や年齢記載に微妙なズレが見られ、史料価値を貶める原因となっている。

（8）『武家年代記』、七七頁（異説）。『北条時政以来後見次第』（『大日本史料』第五編之一四、四〇五頁）。

（9）『経光卿記抄』仁治三年六月二十日条（『大日本史料』第五編之一四、四〇一頁）。『鎌倉年代記』、一〇―一一頁（「寿永二誕生」と明記する）。『同裏書』、四七頁。『武家年代記』、七七頁。『関東評定衆伝』一、二九一頁。『将軍執権次第』（『群書類従』四八、補任部。第四輯、二五四頁）。『吾妻鏡』巻首・年譜（「江馬小次郎泰時」とある）。『尊卑分脈』（第四篇、一七頁）。『北条系図ノ一』、六八頁。『諸家系図纂』（『大日本史料』第五編之一四、四〇六頁）。『系図纂要』（同、四〇七頁）。『北条時政以来後見次第』異説（同、四〇五頁）。なお、『五代帝王物語』は「寛元元年（一二四三）六月十五日」、「年六十」で没したとするが（『群書類従』三七、帝王部。第三輯、四三六頁）、没年は単純な誤記であろう。

（10）『吾妻鏡』建久五年二月二日条（元服、「年十三」とする）。

（11）『帝王編年記』、三九七頁。『保暦間記』、八八頁。

（12）『鎌倉大日記』、二〇一頁。

（13）『系図纂要』五〇、平氏五・北条も、「母宮（官カ）女阿波局」とする（『大日本史料』第五編之一四、四〇七頁）。

（14）『闘諍録』は一之上で、頼朝と三女との契りに触れる（四二―四七頁）。引用した〈語釈〉は関連説明である。

（15）仮名本巻二「江間小四郎」（「太山寺本」、六二頁。「流布大系本」、一〇六頁）。『延慶本』二中ノ三八「えまの小次郎」

(三五九頁)。『盛衰記』巻一八「江馬小次郎」(中二頁)。『闘諍録』一之上「江葉(マ)小次郎近末」(四七頁)。

(16) 細川・本郷は、宗時死後の時政の嫡子は牧ノ方腹の政範であったとし、元久元年十一月五日、十六歳で政範が死去した翌年に起こった「牧氏の変」は、「庶家江間氏による本家北条氏の乗っ取りという側面を有していた」と指摘している(五頁)。

(17) ウの養和二年(寿永元・一一八二)誕生説となり、これに従えば、頼家と同年齢となる。

(18) 建仁元年八月十一日、台風(「甚雨大風」)は関東を直撃し、鎌倉では鶴岡八幡宮の廻廊以下が顚倒、幕府にとって仏神事の根幹である同宮放生会が一月延期される程の被害を受けた。しかも、二十三日に台風が再度襲来し、「五穀損亡」の事態となっている。「飢饉」の不安が人々を襲うなか、頼家は、七月六日から始めた「百日御鞠」に熱中し、京都から師範を招いて「此間抛二政務一、連日被レ専二此芸一」という有様であった。一方、泰時は、諫言を試みたものの頼家の機嫌を損じ、北条に下向した。そして、出挙米の負債に苦しむ領民数十人を集め、面前で借用証文を焼き、「剰賜二飯酒并人別一斗米一」った領民は「皆合レ手願二御子孫繁栄一」ったという。まさに《泰時伝説》そのものである(『吾妻鏡』同年七月六日、八月十一・二十三日、九月七・九・十一・十五・二十・二十二日、十月一・二・三・六・十・二十一日、十一月二日、十二月十八日の各条)。なお、上杉和彦は、借用証文焼き捨ての逸話は、寛喜の飢饉の際に泰時が出挙米を下行した史実を踏まえ、『吾妻鏡』編者が「徳政行為にふさわしい泰時の美談として選択」したものとしている(「鎌倉幕府の政治と陰陽師—『吾妻鏡』の「北条泰時説話」を中心に—」(同編、生活と文化の歴史学『経世の信仰・呪術』、竹林舎、二〇一二年、一九四—一九五頁)。

(19) 金沢家の祖となる五郎実泰(初名実義(『吾妻鏡』建保二年十月三日条))は、承元二年(一二〇八)に生まれ、弘長三年(一二六三)九月二十六日に五十六歳で死去した(同。母未詳)。また、六郎有時は、『関東評定衆伝』一に拠ると、母は

「伊佐次郎朝政女」で、文永七年（一二七〇）三月一日、七十一歳で卒したとあるから（二八四頁）、正治二年（一二〇〇）誕生となる。『吾妻鏡』正治二年五月二十五日条「江間殿（義時）妾男子平産」とあるのが有時であろう。四郎政村や五郎実義（実泰）より年長で、承久の乱に当たって、鎌倉を発った泰時に最初から従軍した「十八騎」の一人として、同書に、「子息武蔵太郎時氏」に次いで「弟陸奥六郎有時」と記された（承久三年五月二十二日条）。「六郎」の通称は母の出自によるものであろうか。伊具家の祖である（『北条系図ノ二』、九〇頁）。

(20) 鎌倉における泰時の屋敷は「小町御亭」であった。頼経が居住していた「大倉館」の西方に義時の「鎌倉亭」があり、貞応二年一月、義時は在京中の泰時に既に小町亭を譲っていたが、「伊賀氏の変」の渦中、泰時は「鎌倉亭」に移る（『吾妻鏡』承元四年十一月二十日条、貞応二年正月二十・二十五日条、貞応三年〔元仁元〕六月二十七日条）。

(21) 泰時は、時政・義時の代にはなかった「家令」を置き、初代の「家令」に尾藤景綱、次いで平盛綱を任じた（同右、貞応三年〔元仁元〕閏七月二十九日条、天福二年〔文暦元〕八月二十一日条）。後に内管領と呼ばれ、得宗家公文所を主宰することになる。

(22) 平貞盛より嫡々相承の名刀「抜丸」が、頼盛に伝領されたことをめぐって、「清盛と不快なりけるとぞきこえし」（『古活字本平治物語』中、四二八頁）、「兄弟の中不快とかや」（『長門本』巻一、一四頁）といった逸話が伝えられている。

(23) それでも、名越朝時とは「日来疎遠」であったらしく、泰時の出家に続いて朝時が出家したことに対し、平経高は「世以驚」くと感想を記した（『平戸記』仁治三年五月十七日条）。

(24) 「父義時朝臣ノ頓死シテ譲状ノ無リシ」とあって、奥富敬之は、「未処分の場合の配分権は、第一に後家、次に嫡子であった」とする羽下徳彦の見解（『惣領制』一九六六年）を引き、「伊賀氏の変」は「泰時の側から仕掛けたものだった」

としている(『鎌倉北条氏の基礎的研究』、吉川弘文館、一九八〇年、一二六―一二八頁)。

(25)　岩田慎平は、「官位昇進、(中略)幕府政所別当などの諸職、御家人内部の序列においても、つねに時房は泰時に先行していた」ことを指摘している(「北条時房論―承久の乱以前を中心に―」『古代文化』六八巻二号、二〇一六年、四四頁)。

(26)　渡邊晴美は、「佐介氏は少なくとも氏祖時盛が六波羅探題南方に在任していた時期には、時房流の嫡流としての地位を保持していたであろう」が、次第に「大仏氏に圧倒されがちとな」り、時房の死後、「朝直が時房流の家督を継ぎ大仏氏の当主として自立する」としている(前掲書、序章、九頁・第三部第一章、一六〇頁補註一)。

(27)　義村女子(矢部禅尼)は、遅くとも嘉禄二年(一二二六)一月までには一族の佐原盛連(義連の子)と再婚していた(『明月記』同二十四日条)。

(28)　建治元年「六条八幡宮造営注文」、「武蔵国」項に、「阿保刑部丞(実光)跡　廿貫」とある。承久の乱、実光(『吾妻鏡』承久三年五月十九日条に「安保刑部丞実光以下武蔵国勢」と見える)は、泰時に従い、一族三人とともに戦死した(同、六月十八日条所載「六月十四日宇治橋合戦越ㇾ河懸時御方人々死日記」。『古活字本承久記』下、一一四頁(「已に八旬を越えており、溺死したとする」))。『武蔵七党系図』丹(丹治氏)等に拠ると、実員は実光の子で、「榛澤郡安保庄(現埼玉県児玉郡神川町元阿保が遺称地である)地頭」であったとする(『大日本史料』第四編之一六、二七二頁、『武蔵七党系図』・『系図纂要』号外八)。また乱後、六波羅北方に就任した泰時が、播磨守護(正員)を兼任したのに伴い、その「代行」を務めた安保右馬允は「実員の近い一族」と考えられ(拙著『鎌倉守護』国別、第八章播磨項、三四九―三五〇頁)、丹党の雄族であった安(阿)保氏が、当時見任の武蔵国守であった泰時と親密な関係を結んでいたことが知られる。なお、鈴木宏美「『六条八幡宮造営注文』にみる武蔵国御家人」(岡田清一編『河越氏の研究』、名著出版、二〇〇三年、一八七頁。初出一九九八年）参照。

（29）時実の乳母は泰時「家令」の尾藤景綱の妻であり、景綱はこの日出家した。また、高橋を捕らえたのは、「伊東左衛門尉祐時郎従」であり、高橋は腰越辺で斬刑に処された（『吾妻鏡』同日条に拠る）。

（30）時氏が鎌倉に帰着したのは寛喜二年四月十一日のことであったが、既に、三月二十六日、後任の北方として、駿河守重時（朝時同母弟）が入洛していた（『吾妻鏡』）。

（31）『吾妻鏡』嘉禎二年（一二三六）十二月二十三日条に、「駿河次郎（泰村）妻室〈武州御妹〉早世」とする記事が見られる。吉川本は「妹」を「娘」とするが（新訂増補国史大系・頭注）、前掲『北条系図ノ一』に、「三浦泰村室」とある泰時「女子」は一人のみであり、編纂上の混乱が推測される。

（32）泰時は、頼朝の忌日に「右大将家法花堂」に参拝した折、「布㆓御敷皮於堂下㆒」き、坐して「御念誦移㆑剋」したという（『吾妻鏡』貞永二年〈天福元〉正月十三日条）。

（33）拙著『鎌倉守護』論考、第三章第一節、一六二―一六三頁注七。

〔補記〕本書成稿後、森幸夫氏から「歌人源具親とその周辺」（『鎌倉遺文研究』四〇号、二〇一七年）抜刷を頂いた（一一月八日）。それに拠ると、朝宗女子は、比企氏滅亡後上洛して具親と結ばれ、元久元年（一二〇四）子の輔通を儲けていたことが指摘されている（八四頁）。

三　御霊信仰の三形態

柳田國男の「御霊」概念は「怨霊」そのものであり、それは五郎＝「御霊」とする認識に基づいていた（第一章第二節二項所引「一目小僧」一九一七年）。山田雄司は、「御霊」について「怨霊に包摂される概念であり」、「社として祀られることにより神格化された怨霊」を示しているとする（『崇徳院怨霊の研究』序章、思文閣出版、二〇〇一年、四頁）。しかしながら、例えば権五郎景正が、荒ぶる霊の力で「疫病その他の災害」（柳田）を退散させたとしても、[1]菅原道真や早良親王・崇徳院といった「怨霊」と同一範疇で把握し得るものなのかどうか。曾我の事件や物語に関わる鎌倉時代に視点を据えて御霊信仰の分析を試みていくと、ほぼ時代を追って、三つの形態に類型化できるように思う。

第一の形態を、仮にα「怨霊型」とし、具体的に「道真・崇徳院型」と呼ぶ。政治的敗者が、死霊あるいは生霊の形で、政敵に復讐を図る典型的な「御霊」の形態で、時に疫病や飢饉など、社会的制裁（祟り）として現れる場合もある。従って、政敵の側は祟りから遁れるために、怨霊を「御霊」として神に祀る場合もあった。文字に残る最も早期の怨霊は、「豊浦ノ大臣（蘇我蝦夷）ノ霊」で（『愚管抄』巻一・天智、六四頁[2]）、奈良時代に入ると、僧玄昉の生命を奪った「大宰少弐藤原広嗣之亡霊」が挙げられる（『扶桑略記』抄二、九五頁[3]）。

我が民族宗教を構成する要素にアニミズムがあるが、それはタマの信仰であり、タマとは「人間の内部から発して人間相互の間ではたらくもの」とされる（大野晋『日本語をさかのぼる』、岩波新書、一九七四年、一九一頁）。このタマが悪意に満たされたときモノ（悪霊・鬼）に転化するが（同）、『日葡辞書』「Mono モノ（物）」項にも「時に悪魔を意味する」とあって（第六章第三節一項、注4所引『邦訳日葡辞書』、四二〇頁）、長く用いられた語であったことが分かる。通常は、「モノ（怨霊）ノ（格助詞）ケ（兆候）」とする複合語で表され、「モノ（怨霊）によるケ（症状）をいう場合と「怨霊」そのものをいう場合とがあった」とされる（大野晋編『古典基礎語辞典』「もののけ（物怪）」項、角川学芸出版、二〇一一年、一二二五頁。執筆大野）。ほぼ奈良時代から見られる「怨霊」概念は、民族信仰におけるモノと、『霊異記』の正式な書名『日本国現報善悪霊異記』が象徴する仏教的因果応報思想とが習合して生まれたものと思う。

典型的なα「怨霊型」として例示した菅原道真の場合は、中世史研究者にとっては、『将門記』に、八幡神とともに、道真の「霊魂」が平将門を「新皇」の位に即ける重要な役割を演じたとしていた記事が注目されてきた（日本思想大系『古代政治社会思想』、一九七九年、二二〇・三二一頁）。従二位右大臣の地位にあった道真を大宰権帥に陥れたのが（延喜三年〔九〇三〕没。五十九歳）、左大臣藤原「時平ノ讒言」であったことは『愚管抄』ですら指摘していたことで、その早世（延喜九年。三十九歳）と言い、延長八年（九三〇）における清涼殿への落雷と言い、「天神ノ霊」が示現したものと考えられていた（巻三、一五五頁・巻二、八八頁）。その後、北野の地に私的に祀られていた道真の霊は、天徳三年（九五九）、藤原忠平（時平の弟）の子師輔によって、北野天満宮（京都市上京区）としての体裁が整えられ（『菅家御伝記』〔『群書類従』二〇、神祇部。第二輯、一七二頁〕）、一条天皇永延元年（九八七）八月五日、はじめて「官幣」に預かり（『二十二社註式』〔同右二二、二三八頁〕）、寛弘元年（一〇〇四）十月二十一日には、天皇の行幸が実現するに至った（『百錬抄』）。かくして道真の霊はすっかり《体制化》し、荒ぶる魂は換骨奪胎されて、今日なお菅家文章道の伝統が《受験生の神様》となって生き続けている。寛弘元年と言えば、内覧・左大臣藤原道長の時代で（『公卿補任』〔第一篇、二五〇頁〕）、他氏族との軋轢はもはや過去のものとなっていた。

いま一つの崇徳院怨霊は時代の転換期に猛威を振るった。これについては、福田晃の論文「崇徳院御霊と源頼朝―「夢合せ」とかかわって―」（第一編第二章。初出一九九四年）や、山田雄司の専論の著書・前掲『崇徳院怨霊の研究』が多角的に論じている。それによると、怨霊示現のピークは少なくとも二度あって、一回目は安元三年（一一七七）のこと。八月四日「治承」と改元され、それに先立つ七月二十九日、讃岐院（長寛二年〔一一六四〕八月二十六日崩御。四十六歳）に崇徳院の追号が宣下された（『百錬抄』。『愚管抄』巻五、二四六頁）[4]。再度の跳梁は寿永二年（一一八三）。木曾義仲勢の入洛が目前に迫り、平家が都を落ちる直前の、『吉記』七月十六日条に、崇徳院自筆の血書五部大乗経の記事が見える（但し山田は、その「存在ははなはだ疑わし」いとする（八九—九〇頁））。崇徳院と頼長の怨霊を祀る「神祠」が、十二月二十九日「保元戦場地」の「春日河原」に、「院中沙汰」として建立され、翌年の四月十五日に「遷宮」を迎えた（『百錬抄』。『吉記』）。後白河院が建立を決断した契機は、寿永二年十一月十九日の義仲のクーデター（法住寺合戦）であったようである。[5]

その後、建久二年（一一九一）の暮れ、後白河院が病に伏すと、またぞろ「崇徳・安徳両怨霊」に対する「鎮謝」が話題に上り（『玉葉』同年閏十二月十二・十六日条）、翌三年十一月十六日（後白河院の崩御は三月十三日）、崇徳院廟は鎮座地の名を採って「粟田宮」と改号された（『師守記』暦応三年三月五日条中原師茂勘例「粟田宮造営事」（『大日本史料』第四編之四、一八九頁））。まことに後白河院の一生を苛んだのは、清盛や義仲・頼朝というより、同母兄崇徳院の怨霊ではなかったろうか。[6]

頼朝が関わる事例として注目されるのは「南御堂」（勝長寿院）の問題がある。同御堂は、元暦二年（一一八五。八月十四日、文治と改元）四月十一日立柱、十月二十四日に落慶供養を遂げたが（『吾妻鏡』）、頼朝自ら「報㆓謝父徳㆒」するため発願したものであった（同、元暦元年十一月二十六日条）。[7]そして、後白河院の許しを得て、「東獄門辺」から「尋出」した義朝と鎌田正清の遺骨が御堂に葬られたのである（同、文治元年八月三十日・九月三日条）。「南御堂」建立は、義朝の遺骨を自らの手許に改葬することによって、跳梁する崇徳院怨霊の祟りから一族を守り抜こうとする頼朝の強い意志が投影されていると見ることができる。

道真や崇徳院以外の、α「怨霊型」御霊の他の事例としては、平安時代には貴族間の政争が続いただけに、例えば『愚管抄』を検するだけで枚挙に遑がないが、[8]平安末期から鎌倉時代にかけては、まず平家の怨霊を挙げなければならない。例えば、難産の末の竹御所死去の報に接し、定家は、僅か八歳で海底に沈んだ安徳帝を意識して「嬰児悉失レ命」と記し、平家の怨霊のせいで頼朝の子孫が絶えたと見なした（『明月記』天福二年〈文暦元〉八月二日条）。次いで、影響力の大きかった存在として後鳥羽院の怨霊がある（二項、注5参照）。本書にとって最大の問題は、それが『曾我物語』にいささかも反映されておらないことで、原曾我物語は、やはり寛喜の飢饉から時をさほど隔たらぬ頃に成立したことが分かる。『太平記』にはα「怨霊型」御霊の事例が窺われるものの、室町時代に入ると、それは歴史の第一線から退いたと見なしてよかろう。崇徳院廟＝粟田宮の末路（注6）が象徴していた。

次に、御霊の第二の形態をβ「英雄（武威称揚）型」とし、具体的に「権五郎型」と呼ぶ。今日の鎌倉市坂ノ下や梶原の御霊社に祀られた鎌倉権五郎景正（景政）のことであるが、『金刀本保元物語』に拠ると、保元の乱、源義朝方に従軍した相模国の大庭平太景義（景能）・三郎景親兄弟は、次のように名乗ったという（中「白河殿攻め落す事」、一一〇―一一一頁）。

> 御先祖八幡殿（義家）の後三年の合戦に鳥海の[9]城落されし時、生年十六歳にて、右の眼[10]を射させて、その矢をぬかずして、答の矢を射て敵をうち、名を後代にあげ、今は神と祝れたる鎌倉の権五郎景政が四代の末葉、大庭の庄司景房が子、相模国住人、大庭の平太景能・同三郎景親とは我事にて候

鎌倉権五郎景正が「神と祝れ」、「今ハ御霊ノ社ト云レタ」（『闘諍録』八之下、三二二頁[11]）のは、怨霊としての祟りを封じ込めるためではなく、目を射られながら「答の矢を射て敵をうち」取った、その異能とも言うべき武威が称揚された英雄としてである。大庭氏・梶原氏などの鎌倉党とは、権五郎景正を祖と観念して結集した武士団と言ってよいが（石井進に拠る〈第四章第三節一項〉）、真名本にも「鎌倉権五郎景正末葉大庭三郎景親」とあった如く、景正の武勇は、軍記物語諸本に、大庭兄弟の名乗りの言わば枕詞の如き定型句として用いられていた（第四章第三節一項）。もちろん、戦闘に先立つ言葉戦いを優勢に進めるためのものであったが、かかる異能な武者権五郎景正を「神と祝」った「御霊

ノ社」は、敵対勢力に対する一族の精神的紐帯であるのみならず、現実に疫病や飢饉・災害に対する守護神の役割をも果たした。

同様のβ「英雄(武威称揚)型」の事例として、いま一つ武蔵国小代氏の御霊神社(埼玉県東松山市正代)を挙げることができる。鎌倉末期に作成されたとされる「小代伊重置文」に、次のような記載があった。(12)

一、小代ノ岡ノ屋敷ハ、源氏ノ大将軍左馬頭殿(義朝)ノ御嫡子、鎌倉ノ右大将ノ御料(頼朝)ノ御兄悪源太殿(義平)、伯父帯刀ノ先生殿(義賢)ヲ討チ奉マツリ給フ時、御屋形ヲ造ク被レテ、其レニ御座ハシマシテ、仍テ悪源太殿ヲ御霊ト祝ヒ奉マツル、然レバ後々将来ニ至ルマデ、小代ヲ知行セン程ノ者ノ惣領主ト謂、庶子等ト謂ヒ、怠タリ無信心致シテ、崇敬シ奉マツル可者也

私は、児玉党小代氏の本貫が、源義賢が進出した大蔵館と、義賢側の河越氏・河越館の中間に在って、小代氏の帰趨が久寿二年(一一五五)の「大蔵合戦」における源義朝・義平(＝比企氏)側の勝利に結び付いたことを指摘したことがある(拙著『鎌倉守護』論考、第六章、四六六頁・補注③、など)。右「置文」に拠ると、合戦時、義平は「小代ノ岡ノ屋敷」に滞在しており、恐らく平治乱後のことであろうが、義平を「御霊ト祝ヒ奉」ったというのである。

義平の場合、平治の合戦後、近江国石山寺近傍に潜伏していたところを、平家の郎等難波三郎経房に生け捕られ、梟首された後、「雷となりて難波をけころし」たとする所伝がある(『新大系本平治物語』、中「悪源太誅せらるる事」、二三三―二三六頁。下「清盛出家の事并びに滝詣で付けたり悪源太雷電となる事」、二七四―二七五頁)(13)。しかしながら、小代氏の御霊社は、かかる所伝に見られるα「怨霊型」の義平の霊を祀ったものではない。恐らく平治合戦後に、木曾義仲の父義賢を討って「鎌倉悪源太」の異名をとった武勇を称揚することによって、不遇の死を遂げた義平の霊を英雄として鎮魂したβ型の「御霊」であったと考えられよう。伊重は、一族たる者、「後々将来ニ至ルマデ」、「崇敬シ奉

マツル可者也」と書き置いたが、小代氏と深い関わりを持った義平を祀った御霊社を、一族結集の精神的紐帯と位置付けている点でも、鎌倉党の権五郎社と共通している。

『新編武蔵風土記稿』（巻一九〇、比企郡五「正代村」項）に拠ると、「御霊社」は「村の鎮守なり／青蓮寺持」とあって（九巻、一九八一年、二八五頁）、現在、近傍の青蓮寺には高さ二メートルを越す板碑が存在している。これは、「弘安四年（一二八一）辛巳七月一日」付で、「奉二為　前右金吾禅門一」に「一列諸衆」が「合力」して「建立」したとあり、「聖霊」＝「前右金吾禅門」とは、小代平内右衛門尉重俊に比定されている。[14]従って、子の重康（重泰）が中心となって建碑されたことが分かるが、重康（重泰）の子が伊重であった。千々和到は、「一族の中核的部分の西国下向に直面した小代氏にとって、この大板碑の造営が同時に一族の結合を再度強化する目的もあったのではないか」としている（以上、「東国における仏教の中世的展開（一）―板碑研究の序説として―」『史学雑誌』八二編三号、一九七三年、四八―四九頁、に拠る）[15]。伊重が「置文」で、義平を祀った御霊社を、「後々将来ニ至ルマデ、小代ヲ知行セン程ノ者ノ惣領主ト謂、庶子等ト謂ヒ、怠タリ無信心致シテ、崇敬シ奉マツル可者也」と強調しなければならなかった所以である。

次いで、「御霊」の第三の形態を、γ「所領秩序維持型」とし、具体的に「（中世）崇道天皇型」と呼ぶ。「崇道天皇」とは、α「怨霊型」御霊として周知の早良親王の追号である。親王は、桓武天皇の同母弟で、皇太子の地位に在ったが、延暦四年（七八五）九月、藤原種継の殺害が、八月二十八日に死去していた中納言・春宮大夫大伴家持らの陰謀であるとして、家持は「除名」、親王は飲食を絶ち、淡路への移送途中で死去、死屍は同島に葬られたのである（『続日本紀』延暦四年八月庚寅［二十八日］・九月乙卯［二十三日］条（新日本古典文学大系、第五冊、一九九八年）。『日本紀略』同九月庚申［二十八日］条）。この後、桓武帝の皇子安殿（あて）親王（後の平城天皇）が皇太子に立てられたが病弱で、親王の母・皇后藤原乙牟漏が病没し、天皇は怨霊から遁れるため長岡京を棄てた（山田、前掲書、二一一―二一二頁）。「故皇太子早良親王」に対して「崇道天皇」の「追称」が下されたのは延暦十九年（八〇〇）七月己未（二十三日）のことであった（『日本紀略』）。(16)

清和天皇の代、貞観五年（八六三）五月二十日に神泉苑で「御霊会」が修された。「近代以来疫病繁発」という事態に、「崇道天皇」以下六人の「坐レ事被レ誅」た「冤魂」を、歌舞等の芸能によって慰撫しようとした朝廷の行事であった（『三代実録』〈新訂増補国史大系〈普及版〉、一九七一年〉）。河音能平は、「御霊会」に窺われる「御霊信仰」を、班田農民の再生産基盤を保障できなくなった旧来の自然神が「疫神化・崇り神化」することによって生まれた「民衆的宗教運動」であったと捉えたが（「王土思想と神仏習合」、新岩波講座『日本歴史』古代4、一九七六年、二七六・二八二頁）、これは、α「怨霊型」からγ「所領秩序維持型」に移行する過渡的形態を表しているものと思う。

牛山佳幸の注16所引論文は崇道天皇社に関する専論であり、主に安芸・備後に現存する崇道社・ソウドウ社の分析を通して、崇道社が系譜的には、延暦二十四年（八〇五）に設けられた「小倉」(17)に由来し、それは「実際には郡毎に設置され」、その「小倉が廃絶した跡に成立した神社」であったことを明らかにした（三九五頁）。崇道（天皇）社は「西国」各地に分布しているが、鎌倉時代の安芸国安芸郡三入荘（広島市安佐北区三入・大林辺）の事例は、中世におけるその機能を窺うことのできる貴重な存在である。(18)即ち、「熊谷家文書」嘉禎元年（一二三五）十一月十二日三入荘地頭得分田畠等配分注文（大日本古文書『熊谷家文書』、一六号。『鎌倉遺文』七巻四八四九号）(19)、「庄内諸社」の項に次のように見える。

八幡宮　大歳神／件二社者、於二庄官百姓等之経営一、恒例神事勤二行之一云々者、守二御配分之旨一、両方寄合、可レ令レ勤二行之一

崇道天皇／件社者、堀内鎮守云々、仍両方寄合、有レ限神事、任二御配分之旨一、可レ令レ勤二行之一

新宮　今宮　山田別所／件三ケ所、一向可レ為二時直沙汰一也者
若王子宮　一向可レ為二資直沙汰一也者

村落における領主と農民の視点に立って、本格的な分析を試みたのは黒田俊雄である（ａ「中世国家と神国思想」『日本中世の国家と宗教』Ⅷ、岩波書店、一九七五年〔初出一九五九年〕。ｂ「村落共同体の中世的特質―主として領主制の展開との関連において―」『日本中世封建制論』、東京大学出版会、一九七四年、所収〔初出一九六一年〕）。即ち、大歳神は「穀物の神であり田の神」で、八幡宮は「三入荘がかつて石清水社領であった因縁によるもの」であるから（ａ、二六四頁）、「農民の共同体的な村落の社」として（ａ、二六三頁）、地頭がその所領に「村落共同体の機構を包含し、従属させている」とする（ｂ、二二一頁）。一方の崇道天皇社の場合は、「地頭の堀内を守護する屋敷神ないしは氏神」であって（ａ、二六四―二六五頁）、「ここではいちおう論外」（ｂ、二二一頁）として、主題から外してしまった。

そもそも三入荘は承久没収地で、[20]崇道天皇社が新補地頭熊谷氏の「氏神」（黒田）であったならば、本貫の武蔵から勧請したことになりはしまいか。熊谷氏は、新たに入部した「西国」の荘園に自らの信仰を強要するだけの力はなく、同社が「堀内鎮守」であるとするのは、恐らく前任の下司（又は地頭）以来の伝統を継承したものであったと思う。崇道天皇社は、「民衆的宗教運動」（河音）によって変質を遂げつつ、なお、延暦二十四年「崇道天皇」の「怨霊」慰撫のために郡ごとに設けられた「小倉」の伝統を継承したものであった（牛山）。それが、鎌倉時代に入って、下司あるいは地頭の「堀内鎮守」化していたとすれば、本来は郡司の職能であった「疫神・祟り神」（河音）の鎮魂祭祀という国家的公共機能を、下司ないし地頭が継承・代位することによって、下司ないし地頭の荘園支配の手段に転化していったことを意味しよう。下司あるいは地頭は「疫神・祟り神」の鎮魂祭祀を担うことによって、所領の秩序維持を図っているのである。従って、三入荘の「崇道天皇」社は、「恒例神事」が「庄官百姓等之経営」として「勤行」される、

村落共同体固有の「大歳神」や「八幡宮」とは本来的にその機能が異なるものであったと考えることができる。私は、かかる機能を帯びた御霊神を、仮にγ「所領秩序維持型」と呼んだのである。

その後、室町時代から今日まで生き続けた多くの御霊社・御霊神は、安芸国三入荘の「崇道天皇」社と異なり、「御霊」の固有名詞を失っていったが、基本的に、地頭の「堀内鎮守」の伝統を受け継いだγ型であったと思われる。

注

(1) 今日、鎌倉市坂ノ下の御霊神社では、九月十八日の例祭に神奈川県指定無形民俗文化財の「面掛行列」が行われている。これは人々が鬼や阿多福の面を付けて町を練り歩くもので、豊作や子孫繁栄を祈願する神事である。「鬼」の面に、害虫や災害を追い払う権五郎景正の霊力の伝統が息づいているものと思う。

(2) 『扶桑略記』(第四、五七頁)。『帝王編年記』(巻九、一三二頁)。『日本書紀』斉明天皇七年五月乙未朔癸卯(九日)条(日本古典文学大系、一九六五年、下三四八―三五一頁)。

(3) 『続日本紀』天平十八年六月己亥(十八日)条(新日本古典文学大系、一九九二年、第三冊二九―三一頁)。『尊卑分脈』(第二篇、五一九頁)・『今昔物語集』本朝仏法部、巻一一ノ第六(新日本古典文学大系、一九九三年、第三冊二五―二六頁)など。

(4) 左大臣頼長には「太政大臣・正一位」の官位が遺贈され、八月二十二日には、崇徳院御願の成勝寺において、法華八講が講ぜられた。

(5) 『吉記』に、打ち続く「逆乱」は「讃岐院怨霊之所為」と見え(同日条)、『愚管抄』は「コノ木曾ガ法住寺イクサノコト、偏ニ天狗ノ所為ナリ」としている(巻五、二六三頁)。「遷宮」の翌四月十六日、「元暦」と改元された。

(6) その後、粟田宮は、嘉禎三年(一二三七)洪水の恐れから「東方」に「遷坐」したが(『百錬抄』同年四月二十七日条)、山田は「応仁の乱以降は荒廃し、天文の頃には神璽はことごとく平野社（京都市北区＝引用者）へ移した」としている（一六四頁）。

（7）造営奉行には、大庭景義ではなく、「因幡守」中原広元や「筑後権守」藤原俊兼（『吾妻鏡』建久二年正月十五日条に「公事奉行人」とある）らの公文所の吏僚が任ぜられている。

（8）竹御所は頼家の息女で、頼経将軍の正室であったが、天福二年（文暦元・一二三四）七月二十七日、死産の末亡くなった。「御年卅二」、因みに頼経は、当時十七歳である（『吾妻鏡』）。

（9）湯山は、鳥海柵（岩手県奥州市）ではなく、「金沢柵（秋田県横手市＝引用者）の誤り」とする（『相模武士』一、戎光祥出版、二〇一〇年、五九―六〇頁）。

（10）『半井本』（中、六二頁）など、「左ノ眼（目）」とする伝承も見られる。

（11）『尊卑分脈』桓武平氏・三浦、鎌倉権五郎「景正」の条に、「御霊大明神是也」とある（第四篇、一四頁）。

（12）石井進「武士の置文と系図―小代氏の場合」一九八六年（『石井進著作集』第五巻、岩波書店、二〇〇五年、に拠る。二九〇頁（第五章第二節二項参照））。

（13）二七五頁脚注二〇に「後補されたもの」とある（同書、日下力「平治物語　解説」は、『平家物語』の影響を指摘している（五八三頁））。

（14）今日、板碑は覆屋内に安置され、「小代重俊供養塔」との表示がある。

（15）小代氏の系図、関係部分は、石井進、注12所引論文、二九七頁、に拠る。

（16）牛山佳幸「早良親王御霊その後―中世荘園村落の崇道社の性格をめぐって―」（竹内理三先生喜寿記念論文集下巻『荘園制と中世社会』、東京堂出版、一九八四年、三九六頁・四〇七頁註六六・六七）。

（17）『日本後紀』延暦二十四年四月甲辰（五日）条（新訂増補国史大系〈普及版〉、一九七一年）。

（18）三入荘崇道天皇社に関する研究文献については、牛山、前掲論文、四〇四頁註三八にまとめられている。

（19）署判者の「前周防守藤原朝臣」とは、当時の守護藤原親実のことで、厳島社神主職を兼ねていた。当該史料（袖に、「武蔵守」泰時と「修理権大夫」時房連署の証判がある）は、守護による配分実務施行の事例で（拙著『鎌倉守護』国別、第八章安芸項、三八四頁・三八八―三八九頁注六）、「任二関東御教書之状一、時直（「熊谷平内左衛門二郎」直時。直実の孫直国の実子）三分二、資直（「同平内左衛門三郎」祐直。同養子）三分一、両方寄合加二実検一、所二配分一也」とある。

（20）田中稔「承久京方武士の一考察―乱後の新地頭補任地を中心として―」（『鎌倉幕府御家人制度の研究』第二編第一、吉川弘文館、一九九一年、一三五―一三六頁。初出一九五六年）。

四　原曾我物語の成立

回り道をしてしまったが、それは、原曾我物語の成立を理解する上で、「御霊」概念こそキーワードだと考えるからに他ならない。かつて、塚崎進は、大石寺本・真字本巻十において、曾我兄弟が駿河国「富士郡六十六郷の御霊の神」として祀られたとする記述と対比して、「流布本へ行くと御霊社に祀られる処ではない。虎の得道成仏などではすまぬ荒れ方をする。「巻十一」の「貧女が一燈の事」の最期の処《ママ》である」と指摘していた（第三章第四節五項、〇［g］）。氏の理解は、仮名本の「御霊」概念を真名本系のそれと連続したものとして捉える見方で、これが一般的な認識であろう。

ところが、私は、兄弟が敵討の決意を固めて富士野へ出立する段で、仮名本（巻五）の「もし、仕損ずるものならば、悪霊・死霊とも成りて、彼（祐経）が命を奪はん事、疑ひあるまじ」とする十郎の言と[1]、真名本（巻六）、「敵を我らが手に懸けずは、我らが身をも我らが命をも敵のため捨ててこそ、悪霊・死霊とも成て御霊の宮とも崇められめ。命を生きて朝夕思ひ居たるも、痛く罪深し」と語った五郎の言葉とを対比し、兄弟が「悪霊・死霊」化する意味がまるで異なっていることを指摘していた（第三章第三節一項）。仮名本は、富士野での襲撃に失敗した場合、「悪霊・死霊」となってでも祐経の命を奪うといっている訳であるから、明らかにα「怨霊型」御霊の意味であった。

一方、真名本の表現は分かりにくかったが、人々から死を覚悟してこそ事が成就し、返り討ちにあうか処刑されるか、いずれにしても死して「悪霊・死霊」となって、「御霊の宮とも崇められ」ることになろう、と決死の覚悟を語ったもので、この場合の「御霊」は、鎌倉権五郎景正や悪源太義平の如きβ「英雄（武威称揚）型」を指していた。原曾我物語の始発点が北条泰時の発願にあったとすれば、彼は、桓武天皇や後白河院のように怨霊の祟りに怯えたのではなく、同じ伊東祐親の孫である曾我兄弟の勇敢な武勇を英雄として称えることで、亡魂を供養しようとしたのである。ここに、武人としての泰時の真面目がある。現世における業の報いは現世で受けるとする「順現業」の語が、真名本では二度使われていた。即ち、巻五で、「我らが父も狩庭帰りの死去なれば、敵も狩庭帰りは定のもの（宿命）なり。順現業とて、生死は報ひありと仏もこれを説き給へり」とする五郎の言と、巻十、「左衛門尉助経は朝恩に誇て栄花の名を施すと雖も、順現業に酬ひて、終に死殺を免れず」との記述である（第三章第二節二項・同、注2）。私はこの「順現業」こそ、β「英雄（武威称揚）型」御霊に対応した原曾我物語の思想の原点であり、現行真名本（巻一）が、兄弟の行為を「将軍家の陣内を憚らず、親の敵を討て、芸を当庭に施し、名を後代に留めけれ」と総括した描写に照応するものであったと考えている。

『曾我物語』の構想を理解するキーワードが「御霊」概念であったとすれば、物語の把握に決定的な影響を与えたのは、柳田國男と折口信夫であったろう。丸谷才一は、「柳田国男と、折口信夫によつて説かれて以来、次第に滲透して、今ではもう定説となつた考へ方だが、宗教論的な層で言へば、『曾我物語』は御霊信仰の物語である」と述べていた（第一章第二節四項）。問題は、柳田・折口両説が依拠した『曾我物語』のテキストであるが、後、柳田は「真字本」の古態性に関心を示したものの（第一章第二節二項、注6）、まず当時の状況からすれば、流布本系仮名十二巻本であったに違いない。やがて『妙本寺本曾我物語』を翻刻することになる角川源義ですら、『語り物文芸の発生』に収められた初期の論文では、真名本と仮名本が同一次元に扱われ、両者の違いが十分意識されていなかったように思われる（第一章第三節一項、注2）[2]。仮名本では、曾我兄弟がα「怨霊型」御霊として、「御霊社に祀られる処ではない。虎の得道成仏などではすまぬ荒れ方」（塚崎）をした結果、頼朝の時代に「ようぎやう上人」（遊行上人）を登場させて、修羅の道から救わねばならなかった。

　ところが、真名本（巻九）にも一個所、「五郎が祟り」とするα「怨霊型」御霊の記述が見られた。祟られたのは、五郎を「鈍刀を以て昇首に」した筑紫の仲太で、頼朝の怒りを買い、「急ぎ筑紫へ逃げ下」ったが、「道々も五郎が祟とて夜な夜な悩み」続け、「筑紫へ下り付て後、七日と云ふに狂ひ死に」したというのである（第三章第三節五項）。ただ、真名本の巻九というのは、末尾に重複個所があり、五郎の処刑についても二通りの記述があって、筑紫の仲太が登場するのは、そのうちの一つに過ぎなかった（同項）。そのあたりは、真名本の生成過程で、「妙本寺本」が結局《定本》として落着しなかったことを示しており、「五郎が祟り」は明らかに増補部分と解すべきであろう。私は、『曾我物語』を能舞台に例え、論理的には二場曲で、後場（巻十）におけるシテは大磯の虎御前としたが（第三章第四節三項）、巻十にはいくつかの増補部分が見られた。

　福田晃は、角川源義が安居院流唱導の影響を強調した論点を詳細に検討して、「安居院流の唱導に従う真名本の叙述を端的に示す部分として、巻十の〔筥根にての法要〕における別当の説法」を挙げた。こうした、『神道集』との同文関係に窺うことのできる安居院流唱導の影響とされているものは、むしろ増補と想定される個所に多く見られるのではないだろうか。その意味で、安居院流唱導の影響が原曾我物語本来のものであったかどうか、慎重な検討が必要と思う(第一章第三節一項)。また、村上學に拠ると、「現真字本は、原真字本(表記形態不明)に唱導的字句を付加して成立した」が、「付加」された「唱導的字句」や「説話」として、真名本巻十「虎の説法の詞」に窺えるとして、『為盛発心因縁』を挙げていた(同四項)。

私がこれまでに指摘したものとしては、兄弟の首を「曾我の里へ送」り届けるよう命じられた、兄弟に「縁あり」とされる伊豆国住人「尾河三郎」とか(第三章第三節五項、注1)、兄弟の「骨をば頸に懸けて、(中略)曾我の里へ入」った「本は久能法師」で、兄弟の「従父」であった「宇佐美禅師」にしても(第三章第四節一項、注2)、登場が余りにも唐突で、前後に脈絡がなく、原曾我物語にある時点で増補された部分に違いない。そしてまた、十郎・五郎の実弟伊東禅師が父の死の三十五日に生まれたとする巻十の伝承は、五十日目に生まれたとあった巻二の所伝と誤記や誤写とするには異質に過ぎて、恐らく別系統の異本(異伝)に基づく増補を示しているものと考えた(第四章第一節九項)。

では、原曾我物語の構成は如何なるものであったろうか。私は第三章第四節三項で、古態を示すとされる十巻構成の仮名本＝「太山寺本」は、能舞台に例えると事実上一場曲であるとしてその末尾に注目した。即ち、虎が兄弟の母とともに箱根に登って「百箇日」の供養に臨み、仏事果てて、そのまま二人が別れるという段で事実上結ばれていたからである。仏事は、「頃は長月始め方の事なれば」とあるから、真名本同様、兄弟の百箇日忌として九月八日に営まれたということになろう。その後、真名本が、虎の伊出の屋形弔問・廻国修行に始まり、母の往生や虎の伊出の屋形への再度の出立、大往生へと展開を見せるのに比し、「太山寺本」は、はや〳〵憂き世の中を遁れ出だして、一筋に仏の道を願はんにはしかじとて、濃き墨染に袖を替へ、十郎が菩提を弔いける。昔も今も、かゝる優しき女あらじとぞ申し伝へ侍る也

と、簡潔に、出家を遂げた虎への賛歌を以て結んでいた。『吾妻鏡』すら、出家後の虎が善光寺へ赴いたと記していたのに対し、いささか物足りなさを感じさせるこの記述スタイルが、原曾我物語本来の形態を示すものではなかったろうかと思うのである。

塚崎進は、「太山寺本」は、「箱根で追善する事のみ言つて、大石寺本「巻十」流布本「巻十一」「巻十二」の部分を捨ててしまつてゐる」、「いわば一歩進んだ御霊信仰の衰微であつた」と、簡約化・省略化の過程と捉え（前掲「曾我物語伝承論」。その一、一四八頁・その二、一六四頁）、「大山寺本曾我物語に虎御前の廻国、及び兄弟の祟りの個処が無くなつた事」を指摘した（その二、一六九頁）。ところが、簡約化・省略化論は、真名本と仮名本とで、「御霊」概念を連続するものと捉えてこそ成立する議論で、そもそもβ「英雄（武威称揚）型」からα「怨霊型」への移行に、省略などあり得ない話になってしまう。

福田晃「平家物語と流布本曾我物語―その伝承関係―」（『軍記と語り物』三号、一九六五年）は、「大山寺本が流布本巻十二の相当部即ち虎・少将後日譚（ひいては各巻のさまざまな挿話までも）を切り捨てた」として（六七頁）、塚崎らと同様の簡約化・省略化論を展開していた。ところが、「「遺品語り」の行方」（第三編第三章。初出二〇〇〇年）では、「仮名十巻本（大山寺本）」は「現存真名本とは別本の真名表記本の流れを受けて成立した」との推測を前提に、次のように述べる。「原真名本」が「当初に意図した形見・遺品語りの構想」は、むしろ、「曾我大御堂の唱導法会にふれず、箱根山における兄弟の弔問法会をもって結ぶ」、「大山寺本」に窺われると見て、後出の「仮名十二巻本は、仮名十巻本に真名本における曾我大御堂の唱導法会を摸した大磯の唱導法会に関する叙述を加えている。結果的にそれは、

現存真名本と同じく形見・遺品語りの構想を不完全なものにしてしまった」というのである(二四一頁)。即ち、曾我兄弟の「形見・遺品語り」に限定した主題であるが、仮名十二巻本や現存真名本(「妙本寺本」)よりも、「現存真名本とは別本の真名表記本の流れを受けて成立した」「大山寺本」に、物語本来の構想が生かされていることを明らかにしたのである。

また、村上學は、「乙類の五郎処刑のさまに五郎の平常心が乱されなかったことを読みとる限り、物語は太山寺本のような構想で全篇を閉じていたのではないかと思われる」、「乙類の構想、特に太山寺本のそれが原態をあまり変えることなくうけついでいるのではないか」と主張した(第二篇第十三章、一一七〇・七一頁)。「そこには甲類巻十一に見られる兄弟の修羅道の苦患からの救済、神と祀られるモチーフは記されていない。(中略)そこには兄弟が死後に怨霊となり、修羅道で苦患を受けて現世に祟りをなすというプロットが生ずる余地はないのである。敢えて言えば太山寺本の筋立てには怨霊鎮魂の結果は必要ないのであった。(中略)太山寺本に宗教性が欠落しているのではなく、罪業からの救済のモチーフを必要としない」構成であったからである(「『曾我物語』の諸本」、D叢書『曾我・義経記の世界』、四三頁)。

村上學は既に、「仮名本曾我物語乙類本の位相―メモ風に―」(『軍記と語り物』八号、一九七一年)において、「太山寺本」など仮名本乙類の「共通祖本はこの文章(右に引用した「太山寺本」の結びの文章を言う=引用者)を以て篇を閉じ、虎の法門のことはなかったのではないか」として、甲類本(十二巻本)が「「兄弟神に斎はるる事」の章を、いわば本篇の終焉の章として据え、ために物語全体を御霊鎮魂のためのものと構想づけているのとは異種の匂いが、この乙類本祖型には立ちこめている」と捉えていたのである(八二・八三頁)。そして、「乙類本の形が先行し、甲類本原型と真字本との間に再度の交流があったと考えることも(中略)可能」と言い定、「現存乙類本が真字本以前の原曾我物語の構想を伝えると見るのは無理があ」ると結論付けた(九〇頁注一二)。しかしながら、ここで問題にしているのは、何も現行「太山寺本」のプロットが「原曾我物語の構想を伝え」ているかどうかといったことではなく、[3]物語の《閉じ方》を話題にしているのであって、氏の論証過程と結論との間には飛躍があると言わざるを得ない。

私には、福田晃の指摘は、『曾我物語』のプロットとして、「太山寺本」の閉じ方が最も古態を示しており、真名本巻十と、流布本系仮名本巻十二(巻十一の末尾を含めて)は相互に影響を受けて、その後に改変されたとする見方に通じると思われるのだが、氏の論述は慎重で、あくまで主題を限定的に論じていた。むしろ驚きを隠せないのは、村上學の「仮名本曾我物語乙類本の位相」(一九七一年)における論証過程と結論との飛躍で、私には、安心して乗っていた列車のポイントが急に切り替わったような、唐突な印象さえ受ける。やはり両氏は、『曾我物語』の生成過程における真名本から仮名本へという流れに捕らわれ過ぎているのではなかったろうか。

以上、述べてきたところを整理すると、次のように小括できよう。

原曾我物語は北条泰時の箱根権現僧への私的な依頼から出発した。泰時は、寛喜の飢饉という気候不順と社会的混乱の最中、私生活においても不幸に見舞われ、同じ伊東祐親の孫である曾我兄弟の亡魂供養に思い至ったのである。箱根山では、まず兄弟鎮魂の仏事が執り行われたであろうが、泰時の思いもあってか、鎮魂の供養は、次第に兄弟の事蹟を文字化し、記録化する営みへと進んでいったに違いない。箱根山もしくはその周辺で試みられた営為は、恐らく記録的な要素の濃いものから、軍記物語的なものまで複数の原本を生み、いずれも簡略なものと思うが、場合によっては、既に唱導性を帯びた説話文学的な原本も作成されていたかも知れない。

複数の存在が想定される原曾我物語が、実在の三浦義村を憚って「余一」という人物を造型したものとすれば、泰時がそれを知らなかった筈がなく、従って物語は、義村の生前に成立していたであろうことが推測される。一方、後鳥羽院の崩御は、義村の頓死（延応元年〔一二三九〕十二月五日没）以前の同年二月二十二日のことで、当時相次いで亡くなった鎌倉幕府の首脳、連署北条時房や執権泰時の死が後鳥羽院の怨霊によるとの風聞が、都を中心に吹き荒れていたにも関わらず、物語にはそれがいささかも反映されておらなかったことを考えると、原曾我物語は後鳥羽院の崩御以前には成立していたに違いない。

泰時は、曾我兄弟の事績を記録し（厳密な実録と考える必要はない）、武勇を称えることで亡魂を供養しようとしたのであって、彼らの怨霊に怯えた訳ではなかった。真名本に継承された、現世における業の報いは現世で受けるとする「順現業」こそ、曾我兄弟のβ「英雄（武威称揚）型」御霊に対応した、原曾我物語の思想の原点であった。原曾我物語の構成を伝えているものに、仮名本乙類十巻「太山寺本」の結び部分があり、原曾我物語と現行真名十巻本（「妙本寺本」）や仮名本甲類十二巻本（「流布大系本」など）との間に、論理的に設定される真名祖本や仮名祖本相互の活発な交流を想定しない訳にはいかない。[4] 現実には、そこに「曾我語り」の影響も加わっており、『曾我物語』の生成過程は、真名本から仮名本へという単系論で割り切れるほど単純なものではなかったと思う。

注

（1）「流布大系本」では五郎の言としており、その意味については、第三章第三節一項参照。

（2）但し、角川が、既に「真字本の御霊社に虎が詣でたことと、流布本の御霊社を祭るに至った動機を語る話とは大分趣が違っている」ことに注意を向けていたことはそれとして指摘しておかねばならない（「語り物と管理者」、第三篇第四章、四九六頁。初出一九四三年）。

（3）「太山寺本」は、全体のプロットからすれば仮名本そのものであり、ただ、巻の編成を見ると、例えば、真名本や「流布大系本」が巻二の途中から頼朝を登場させているのに対し、「太山寺本」の巻二は頼朝を主人公とする点で一貫しており、最も「合理」的であるだけに、この点からすると最後出本と位置付けることもできる。

（4）　村上學は、「仮名本の底本になった原初本」は、「現存真字本の底本と極めて近いものであったろう」と見なしており（第一章第三節四項）、これに拠ると、相互の「底本」（私の言う「祖本」）は、単系として成立したのではなく、相互が併存する形で形成されたということになろうか。

第三節　『妙本寺本曾我物語』の成立

一　箱根山と善光寺

前節で、原曾我物語が、北条泰時の私的な依頼を出発点として、寛喜の飢饉からさほど隔たらぬ時期に、遅くとも後鳥羽院の崩御以前（延応元年〔一二三九〕二月二十二日没）、箱根山もしくはその周辺で成立したことを述べてきた。一方、山西明は、真名本の成立下限を、安達泰盛が滅んだ弘安八年（一二八五）十一月の「霜月騒動」に置いていた（第一章第三節三項）。氏の指摘には重いものがあり、それは恐らく、真名祖本の成立を言うのであろう。(1)原曾我物語と真名祖本との根本的な差異は、能舞台に例えると二場曲に改編され、巻九の一部と巻十が後場に設定されたことに求められよう。出家した大磯の虎は「禅修比丘尼」と名を変え（巻十）、曾我兄弟の鎮魂と廻国修行に赴く後ジテとして再登場することになったのである（本章第二節四項）。

石井進は『吾妻鏡』の編纂年代に関して、「金沢氏一門による『吾妻鏡』編纂説にはなかなかに捨てがたい魅力がある」とし、安達泰盛と婚姻関係にあった金沢顕時が、霜月騒動に「連坐して下総国に配流され」ており、この事件こそが、八代国治が提起した『『吾妻鏡』前半部と後半部の編纂年代の差を説明してくれるのではあるまいか」と説いていた（「金沢文庫と『吾妻鏡』をめぐって」一九六八年。本書第一章第四節、〔付記一〕）。右の指摘を踏まえると、真名祖本と『吾妻鏡』前半部（頼朝・頼家・実朝各将軍記）とがほぼ同じ頃に成立したことになり、『吾妻鏡』建久四年六月十八日条、出家した虎が、有髪の姿で善光寺へ赴いたとする記事は、遊女虎を後ジテ＝「禅修比丘尼」に改編した真名祖本の成立時期を裏付けるものであった。

真名本巻十は虎の善光寺参詣を、『吾妻鏡』と異なって、兄弟の一周忌法要後のこととしていたが、我々が真名本を繙くとき、伊豆・西相模・富士野といった物語のホームグラウンドを別とすれば、しばしば《信濃》に関する事象が特記されていることに驚かされる。冒頭巻一、源氏の世を説く件では「村上源氏」・「井上源氏」という信濃源氏が挙げられており（第三章第一節一項）、上信の国境であるが、幻の「三原野の狩」の問題も関わっていた（第五章第二節二項）。特に善光寺（長野市）の場合、「真名本に描かれている建久四年四月下旬、源頼朝が三原・長倉の狩のために通った道」と、「大磯の虎の善光寺参り」の「道筋」とが、『宴曲抄』所収の早歌「善光寺修行」（2）の「道順」に一致していた（小島瓔禮「神道集と曾我物語との関係」一九六四年）。虎は善光寺「曼陀羅堂」に兄弟の納骨を済ませ帰途につくが、松井田の宿（群馬県安中市）において、「亭の女房」に収まっていた京の小次郎の妻女との邂逅譚まで付属している（巻十。第三章第四節四項）。五郎が緊縛された縄を「善の縄（つな）」と表現したのも（巻九）、善光寺如来との繋がりを語っていたのではないだろうか。（3）

翻って、泰時との関わりを見ると、善光寺は「年来御帰依」とされ（『吾妻鏡』延応元年七月十五日条）、嫡男の時氏三回忌に当たって供養した「新造阿弥陀三尊」とは、確証はないが、一光三尊の善光寺如来ではなかったろうか（同、貞永元年五月十八日条）（4）。延応元年（一二三九）四月末、泰時は病に臥し、その間も裁許や政務に勉めた無理がたたったのか、思いの外重病となって、六月も半ば近くを迎え漸く「沐浴」を済ませることができた（同、四月二十五・二十六日、五月二・十五日、六月十二日各条）。七月十五日、直接には「今度御不例」が引き金となって、「二品禅尼」（政子）

をはじめとする「北条氏一族の菩提を弔う」ことを目的に、[5]善光寺に「念仏衆拾弐人」を置いた。そして、「不断念仏料所」として小県郡「小泉庄室賀郷」(長野県上田市室賀)内「水田陸町陸段」を寄進し、合わせて「田疇配分事」以下「七ヶ条之式目」(『吾妻鏡』)を定めたのである。

のち、弘長三年(一二六三)三月十七日、「最明寺禅室」北条時頼が設けた十二人の「善光寺金堂不断念仏衆」によって、遡って泰時設置の「念仏衆」の実態が理解できる。時頼の場合、念仏衆とともに、「金堂不断経衆」十二人を置き、「不断経衆・不断念仏(衆脱カ)等粮料」として、善光寺近傍の「水内郡深田(凍田)郷」(長野市箱清水)を買得し、各「水田六町」、「人別五段」ずつ、それぞれ十二人の経衆・念仏衆に配分し、結番・細則を定めた訳である(『吾妻鏡』)。結番衆の交名によると、「不断経衆」は、国名(河内)を付す「公」号の者一人に対し、「房」号の者が九人おり、恐らく学僧を中心とした組織であったと思われる。一方「不断念仏衆」については、「房」号の者六人であるのに対し、「公」号の者は五人を数える。内訳は、国名(出雲・讃岐・豊後・美濃)を付す者四人、官職名(少輔)を称する者が一人である。平家物語諸本に、延暦寺について、「堂衆と申は学生の所従にて、足駄・尻切なむと丶る童部の、法師に成たる中間法師共也、借上・出挙しつ丶、(中略)行人とてはてには公号を付て、学生をも物ともせす、(中略)近頃、(中略)三塔に結番して夏衆とて仏に花を献りし輩也」云々とする記述がある。[6]

叡山の場合、本来、「学生の所従」で「中間法師」であった「堂衆」は、職掌によって「夏衆」とも呼ばれ、「行人」(修験)を指す場合は「公号」(『長門本』・『盛衰記』「公名」、『四部本』「君名」(注6))を付した者が多いというのである。五来重は、善光寺の「不断念仏衆は十二人で、おそらく二人一組で、二刻(四時間)ずつ、六組が交代で四六時中念仏を歌った」とし、「経衆と念仏衆の名(中略)を見ると、いずれも山伏身分の者で」、「国名をもってよばれる者、(中略)官職名をもってよばれる者は半僧半俗の山伏、堂衆、堂僧の身分と推定される」とし(『善光寺まいり』、平凡社、一九八八年、一六三・一九四頁）、小野澤眞は、「法華経を修める不断経衆は天台宗衆徒の原型、対する不断念仏衆は一般名詞としての時衆であり、浄土宗中衆の祖型にあてられる」ことを指摘していた（「善光寺聖の展開―信濃国を中心とする諸国の事例から―」『中世時衆史の研究』第二部第三章、八木書店、二〇一二年、二九二頁）。また、善光寺の中衆について、五来は、「最初からの譜代なので、とくに夏衆とか堂衆とよばれ、内々陣の不断燈明を不断に相続する意味では燈明衆とも呼ばれ」、本田「善光の姓と称する「若麻績」（わかおみ）姓を名乗る」。「中衆は中世に不断念仏衆になったために浄土宗に属し」たと説明していた（前掲書、一二〇・一二一頁）。

両氏の見解を踏まえると、善光寺の「不断経衆」と「不断念仏衆」は学僧の他、特に後者の場合、行人（修験）の者が多く任ぜられており、恐らく、善光寺に拠る修験の中心的・指導的存在であったろう。五来はまた、「高野聖」の発生を論じて、承仕・夏衆が行人と聖とに分化し、「行人は山岳信仰と苦行と呪術をつかさどり、聖は浄土信仰と念仏と納骨をつかさどる」と説いていた（角川新書『高野聖』、一九六五年、八一頁）。これを参考にすると、鎌倉中期、『吾妻鏡』に主に「不断念仏衆」として記録された者の多くが行人（修験）として存在しており、彼らが「一尺五寸の善光寺如来（注4所引『善光寺縁起』第四、一八八頁・「如来御長一尺五寸表示事」、一九二頁）を笈に背負い[7]、勧進聖・念仏聖として、「善光寺の縁起と如来の霊験を語りながら」（五来、前掲『善光寺まいり』、二五四頁）各地を遊行した場合、彼らは善光寺聖と呼ばれたのである。

原曾我物語は、この善光寺聖や修験の教線に乗って、「東国」各地の御家人の家々や寺社などから素材を収集し、真名祖本へと生長を遂げていったに違いない。真名本巻十の改編部分、虎が「西国」を廻国したとする地が、「熊野・太子・当麻・笠置・吉野・粉河・天王寺」とされ（第三章第四節四項）、いずれも聖の拠点や「山臥修行」の霊場であ[8]ったことが注目される。特に、「太子」（大阪府南河内郡太子町磯長廟）・「当麻」寺（奈良県葛城市）・四天王寺（大阪市天王寺区)といった聖徳太子所縁の地に留意されるが、「本田善光は信濃出身の四天王寺聖ではなかったか」と見る五来は、前掲『善光寺まいり』の第三章を「善光寺如来と聖徳太子信仰」に当てていた(引用は、一六七頁)。各地から得られた素材が箱根山もしくはその周辺で集約されたとすれば、次に箱根山と善光寺との関係を検討しなければならない。

しかしながら、管見の範囲で、箱根山と善光寺との関係を直接に語る史料を提示することができなかった。そこで、いきおい間接的方法によらざるを得ないが、既に、伊豆国走湯山の「浄蓮上人源延」が、承久三年(一二二一)善光寺如来像を鋳造した事例に触れ、「浄蓮房」が安貞三年(寛喜元・一二二九)二月当時、走湯山「管領之仁」であったことにも言及した(注4)。泰時ら幕府当局と「走湯山造営事」を協議したもので、四月末には講堂と常行堂が上棟を迎えている(『吾妻鏡』寛喜元年四月二十七日条)。真名本巻二に、「波羅奈国の源中将」の娘「常在・霊鷲」御前は、「伊豆・筥根とて日本国の垂迹として、今は関東守護の大霊現にて在す」とあり(『東洋文庫真名本』1、七七頁)、『神道集』の所伝とは若干異なるが[9]、要するに、箱根山と伊豆山(走湯山)とは、いずれも渡来神を祀った、本来姉妹の関係にあったとする本地譚である。両社の間は、「根通り」または「峰通り」と呼ばれた日金山(十国峠=十穀峠)[10]を経由する道で結ばれ、それは本来「西国方の道者」が「伊豆(山)より筥根へ参る道」であった(『東洋文庫真名本』1、巻三、一六二―一六三頁)[11]。

本来、修験の霊場として結ばれていた箱根山と伊豆山とは、鎌倉時代に入って幕府の公的行事となった将軍の「二所参詣」によってますます強く結び付いた。そして、伊豆山が善光寺と関わりを持っていたことが明らかな以上、箱根山と善光寺が無関係であったとは考えられないのである。この点を、いま一つ、親鸞伝承から検討してみたい。親鸞の曾孫(覚信尼の孫)覚如が著した『親鸞伝絵』[12]に、「聖人」が「東関の堺を出て、花城の路におもむき」、「箱根の険阻に」差しかかったとき、権現が「齢傾たる翁」に化して示現し、「聖人」の山越えを助けたとする所伝が見える

（五二七頁）。五来は、「初期の親鸞がなんらかの意味で修験道と関係があった」として、「親鸞帰洛にあたって箱根修験から手厚く遇されたこと」を論拠の一つに挙げていた（前掲『善光寺まいり』、一九二頁）。氏はまた、「越後流罪が赦免になった建暦元年（一二一一）から三年経った建保二年に上野国佐貫（群馬県邑楽郡明和町大佐貫＝引用者）に出るまでのかなりの年月を、親鸞は善光寺ですごしたはずで」、「すくなくとも関東における親鸞は善光寺聖であった」と説いていた（同、一五一頁）。箱根山と善光寺聖との関係を物語る伝承である。

また、『親鸞伝絵』は、京都「七条辺ニ居住」していた「定禅法橋」という絵仏師が夢に見た「善光寺の本願御房」と、親鸞とが「すこしもたかはすとて、随喜のあまり涙をなか」したとして、親鸞が「生身の弥陀如来」に生き写しであったとする所伝を収めていた（五二四―五二五頁）。平松令三は、かかる記載を踏まえ、「これは親鸞と善光寺勧進聖との親近性を端的に示すもので」、「親鸞の行状に、念仏聖的な面が多くうかがわれる」とし、親鸞が「越後国からおそらく信濃善光寺を経て、建保二年（一二一四）関東に入」り、「嘉禎元年（一二三五）ころ帰洛」するまでの「関東滞在二十年間はまさしく善光寺如来信仰が興って来た時期にあたってい」たことに注目した（前掲「高田専修寺の草創と念仏聖」、一〇三―一〇四頁）(13)。つまり、両氏は、「東国」在住期の親鸞自身が善光寺聖であったと言うのである。今日なお親鸞＝善光寺聖否定説が多数を占めているように思うが(14)、五来重は庶民信仰の面から「仏教民俗学」と言うべき分野を開拓した碩学であり、平松令三は高田系の真宗学者で、その学風は堅実かつ実証的であり、私は、両氏の所論から多くの示唆を得たことを付記しておきたい。

話題を箱根山と親鸞との関わりに戻すと、『新編相模国風土記稿』(15)「箱根三社権現社」下（巻二九、村里部・足柄下郡八、早川庄・元箱根下）、「別当金剛王院」内「親鸞堂〈方五間〉」に、「自作の木像を安す〈長一尺五寸〉」として、『略縁起』(16)を引いて、文暦元年（天福二・一二三四〈十一月五日改元〉）八月、帰洛の折、別当の依頼で制作したとする所伝を収める（二巻、一〇五―一〇六頁）[17]。親鸞の伝記において上洛の正確な年次は曖昧なようで、既述の平松の見解とは一年のズレが見られる。「親鸞の生涯と著述」に関する注12所引『真宗史料集成』第一巻、千葉乗隆執筆の「解説」には「六十二歳の頃、東国から京都に帰り」とあって、親鸞の生年は承安三年（一一七三）であったから（二四・九頁）、これに拠ると、天福二年（文暦元）ということになる。いずれにしても、人々が寛喜の飢饉の悪夢から漸く解放され始めた、将軍頼経＝執権泰時の時代であり、既に箱根山は、伊豆山（走湯山）とともに、修験や勧進聖・念仏聖など種々の《顔》をもった善光寺聖によって善光寺と深く結ばれていたと見なければならない。

注

（1）私が繰り返し虚構性を強調した「伊豆の奥野の狩」に参加したのは、真名本（巻一）に拠ると、「武蔵・相模・伊豆・駿河、両四箇国の大名たち」で、霜月騒動後に得宗分国に編入される上野が含まれていなかった。その点を踏まえるならば、山西説を真名祖本成立の下限と読みかえることが可能である。

（2）外村久江・外村南都子校注『早歌全詞集』「宴曲抄」上ノ五六（三弥井書店、一九九三年、一〇七―一〇九頁）。

（3）私は、二〇一三年（平成二五）五月二日、当時、善光寺の出開帳が催されていた両国の回向院（東京都墨田区）に参詣したが、その折、東日本大震災（二〇一一年三月一一日）の犠牲者を供養する回向柱が、一光三尊の阿弥陀如来と五色の綱で結ばれているのに接し、これが五郎の言う「善の綱」であることを体感した次第である。

（4）伊豆国走湯山の「浄蓮上人源延」は、承久三年、夢告によって善光寺如来を拝顔することを許され、模像を鋳造した（『善光寺縁起』第四「浄蓮上人源延如来奉㆓拝見㆒事」（『続群書類従』八一四、釈家部。第二八輯上、一八七―一八八頁）。平松令三は、「これに相当する実物が知られるわけでもないが、（中略）ある程度事実を伝えているもの、と考えていいだろう」とする（「高田専修寺の草創と念仏聖」『真宗史論攷』第二部第二章、同朋舎出版、一九八八年、一〇二頁。初出一九七二年〕)。源延は、既に義時の死後、その墳墓堂(「新法花堂」)供養の導師を勤めており(『吾妻鏡』貞応三年〔元仁元〕八月八日条)、安貞三年(寛喜元)二月当時、走湯山「管領之仁浄蓮房」が「武州(泰時)御亭」に参上して造営沙汰が議せられていた(『吾妻鏡』同二十日条)。従って、源延は、泰時とは立場上親密な関係にあったことが推測され、貞永元年「新造阿弥陀三尊」が善光寺如来であった可能性は高いと思う。

なお、網野善彦が紹介した『加藤遠山系図』(尾張蓬左文庫所蔵「諸士系図」第四冊所収)に、景員の子(光員・景廉の兄弟)として「〈伊豆山〉浄蓮房」の名が記され(「加藤遠山系図」『網野善彦著作集』一四巻、岩波書店、二〇〇九年、三二〇頁。初出一九九一年)、氏は、源延と頼朝の師であった覚淵(第四章第二節二項、注7)とを混同しているようである(三三六頁・三四一頁注三三)。因みに、角川源義は、当『縁起』を根拠に、「覚淵や景廉の兄弟に伊豆山に住んだ浄蓮房源延があり」云々とするが(「妙本寺本曾我物語攷」『角川妙本寺本』、一九六九年、三六一頁)、この点も『吾妻鏡』の記事との混同が窺われる。なお、浄蓮房は加藤左衛門尉実長の近親であったが(『吾妻鏡』貞応三年〔元仁元〕八月八日条)、仮に実長が光員・景廉の一族であったとしても、覚淵とは年代が異なる。

(5) 牛山佳幸「中世武士社会と善光寺信仰―鎌倉期を中心に―」(鎌倉遺文研究Ⅱ『鎌倉時代の社会と文化』、東京堂出版、一九九九年、所収。三四四頁)。政子が特記されているのは、寄進が忌月である七月になされたことに基づくものであろうか(祥月命日は七月十一日)。

(6) 引用は、『延慶本』二本ノ六「山門の学生と堂衆と合戦事付山門滅亡事」、一九七―一九八頁、に拠る(他に、『長門本』巻五、一七二頁。『四部本』巻三、上八二―八三頁。『盛衰記』巻九、上三九〇―三九一頁。『覚一本』巻二、上一九四―一九五頁)。

(7) 平松は、善光寺式阿弥陀三尊像が、嵯峨清涼寺釈迦如来像などの「等身」を踏襲しなかったのは、「勧進聖たちが笈に入れて、持ち運ぶのに便利だった、からではないだろうか。十三世紀における、この大きさ（「標準型」一尺五寸＝引用者）の善光寺如来像流行の最大の原因を、私はここに求めたい気持が強い」としている（注4所引論文、一〇二頁）。

（8）『新猿楽記』に、「山臥修行」の霊場として列挙されているのは、以下のとおりである。「大峰　葛木　熊野　金峰（吉野）　越中の立山　伊豆の走湯　根本中堂　伯耆の大山　富士の御山　越前《（ママ）》の白山　高野　粉河　箕尾　葛川」（日本思想大系『古代政治社会思想』、一九七九年、一四八頁）。

（9）巻二ノ七「二所権現事」（第二章第二節五項参照）。

（10）五来に拠ると、聖の苦行性を表す「五穀断・十穀断は普通におこなわれ」、「かれらのつくった道や橋は十穀（国）峠や十穀（石）橋とよばれ、おそらくもとは有料道路、有料橋であったろう」とする（前掲『高野聖』、三七頁）。

（11）「根（峰）通り」は、「山臥之巡路」（『吾妻鏡』治承四年八月二十五日条）というべき道であったが、『梁塵秘抄』巻二、霊験所歌六首中に、「四方の霊験所」として、「東国」では「信濃の戸隠」や「駿河の富士の山」と並んで、「伊豆の走湯」を挙げた歌が収められている（日本古典文学大系『和漢朗詠集　梁塵秘抄』、一九六五年、三九九頁）。『新猿楽記』にも「富士の御山」とともに「伊豆の走湯」が挙げられており（注8）、伊豆山（走湯山）が都にも聞こえた修験の霊場であったことが知られる。

（12）『真宗史料集成』第一巻・親鸞と初期教団、三ノ3（同朋社出版、一九七四年。同朋舎メディアプラン、二〇〇七年再版に拠る（以下同じ））。覚如が永仁三年（一二九五）撰述したもので、底本に東本願寺蔵の「康永本」が用いられている（千葉乗隆「解題」、六五五―六六六頁）。

（13）『親鸞伝絵』には、「定禅法橋」の「夢想は仁治三年（一二四二）九月廿日の夜」のこととあったが（五二五頁）、平松は、親鸞の「「聖」的行状は主として在関二十年間のことと考えねばならないから」、「それは在関期間の投影として理解されねばならない」としていた（一〇四頁）。

（14）小野澤は、「「善光寺聖」なる固定した職掌の成立は中世でもかなり下る」とし、「「善光寺聖」は親鸞の時期には存在していない」ものの、「親鸞が聖であることは確認でき」、「善光寺信仰を利用した蓋然性はある」と見なしたが（前掲「善光寺聖の展開」、二九八頁）、「善光寺聖」の概念規定に、「固定した職掌の成立」をメルクマールとする必要があるのかどうか疑問である。五来は、一九八八年刊行の『善光寺まいり』で、「私がこの説（親鸞を善光寺聖と見る説＝引用者）を出してから三十年になる」と慨嘆したが（一五一頁）、小山正文は、一九八一年の論文で、「近年、初期真宗門侶も宗祖親鸞自身をはじめとして、そのほとんどが天台真言密教寺社を足掛かりに諸国を遊行する勧進聖的存在であったことが明らかにされつつある」と指摘していた（「三河念仏相承日記の薬師寺」『日本歴史』四〇三号、一九八一年、六七頁）。

（15）『神奈川県の地名』「金剛王院東福寺跡」項に、「箱根権現の別当寺」とあって、現在の「箱根神社境内駐車場付近にあったと推定されている」とする。「東福寺」号は、文永五年（一二六八）と弘安七年（一二八四）の湯釜銘に「大筥根山東福寺」とあるのが史料上の初見で（いずれも、現在、箱根神社宝物殿所蔵）、「金剛王院」の場合は、慶長十七年（一六一二）徳川家康による再建時の「別当金剛王院」とある棟札が初見であった（同）。明治初年の廃仏毀釈によって廃寺となったものである（六六八―六六九頁）。なお、「金剛王院跡」とされる駐車場の脇、箱根神社本殿に向かう石段を上ると、左手に「箱根神社の矢立のスギ」があり、その上方に、兄弟を祀る摂社「曾我神社」が鎮座している。

（16）竹内尚次に拠ると、『箱根山略縁起』は、「江戸時代末期文化年間（一八〇四―一七）に、『筥根山縁起并序』（第二章第二節五項参照＝引用者）を底本としてこれを略記」したものという（「筥根権現縁起絵巻への一考」『箱根町誌』第一巻、角川書店、一九六七年、一八五頁）。

（17）現在、箱根神社宝物殿に「親鸞上人坐像」として所蔵されている。

二　諏訪社と狩猟伝承

『曾我物語』が善光寺聖や修験の教線に乗って信濃に進出した結果、諏訪社（諏訪大社上社本宮〈長野県諏訪市〉、前宮〈茅野市〉。下社春宮・秋宮〈諏訪郡下諏訪町〉）との接触を生んだ。善光寺には諏訪社の「別社」が存在したが、[1] 小野澤眞は、近世善光寺中衆が「諏訪社神官の出身」で、「善光寺のある水内郡司金刺氏は諏訪社下社大祝金刺氏と同族である」など、善光寺と諏訪社（諏訪信仰）との「強い結合」を指摘している（一項前掲「善光寺聖の展開」、二八七・二九〇頁）。

『沙石集』巻一に、「信州ノ諏方、下州ノ宇津宮、狩ヲ宗トシテ、鹿鳥ヲ手向」とあり（八「生類ヲ神明ニ供ズル不審ノ事」。日本古典文学大系、一九六六年、七八頁）、赤不浄として血の穢れを忌むわが国神社宗教の伝統からは異質な存在である。真名本（巻五）は、「三原の狩倉」に三日間逗留して、その間、「那城（なき）の松原」や「甲賀三郎諏方（よりかた）の維縵（ゆいまん）国より出されたりし神出山の奥」といった「諏訪縁起」に関わりの深い各地を廻り、七日を経て「三原・長倉の御狩」を終えたとしていた（第三章第二節二項）。小島瓔禮は、ナギの松原とは、「諏訪縁起」のうち、「兼家系の物語で、三郎が地底国（維縵国＝引用者）から出た場所の名」であるとし（「神道集と曾我物語との関係」、一二頁）、「曾我物語」の甲賀三郎譚は、「三郎の実名を諏方（よりかた）としていたから、『神道集』と同系統」であったが、「諏方が維縵国から出たところを神出山とすることは、『神道集』にはな」かったと述べていた（同、一一頁。第三章第二節二項、注5参照）[2]。

真名本巻五は、頼朝一行が三原野に向かう途中、梶原景時と「信濃の国の住人海野小太郎行氏」とが「昼狐」の「連歌」をした挿話を載せるが(同項)、『吾妻鏡』に「海野左衛門尉幸氏」の「上野国三原庄」に関する記事が散見する。一つは、「上野国三原堺以下事」に関する「庭中言上」で(建保四年十月五日条)、いま一つに、「武田伊豆入道光蓮(信光)」との「上野国三原庄与信濃国長倉保境」論があり、幸氏の勝訴となって、両使による遵行が行われたとする記事である(仁治二年三月二十五日条)。前者は、幸氏が将軍実朝に再審を直訴したもので[3]、論人が一貫して武田信光であったとすれば、幸氏は四半世紀を超える裁判闘争の末に勝訴できたことになる。裁許が泰時によってなされたものであることは、信光が泰時に「宿意」を懐いたとされることから明らかで(同右、及び四月十六日条)、「道理」が甲斐源氏棟梁の勢威に勝った判決であったのであろう。二本松康宏は、「海野氏の三原領に対する並々ならぬ執着」を指摘するとともに、「滋野氏(海野・禰津・望月氏などの一族=引用者)配下の修験・巫覡たちが諏訪明神の本地である甲賀三郎の物語を語り伝えた」としていた(「三原野と那須野をめぐる狩庭の祭祀者たちの名誉」、第一編第二章、五五―五六・五八頁。初出一九九五年)。

真名本に言う「三原の狩倉」・「三原・長倉の御狩」(巻五)は、「諏訪明神の本地である甲賀三郎の物語を語り伝えた」「修験・巫覡たち」(二本松)によって唱えられ、それが「下野国那須野・信濃国三原等狩倉」として『吾妻鏡』(建久四年三月二十一日条)に採用されていたのであるから、既に真名祖本の段階から物語化されていたことが推測できる。先に、北条泰時が設けた善光寺「念仏衆」の組織を、孫の時頼が、更に「不断経衆」・「不断念仏衆」として整備したことを述べたが、善光寺には名越氏も関わっており[4]、信濃はそもそも重時流の分国であった(拙著『鎌倉守護』国別、第二章同項、一〇八頁以下)。こうした中で、時頼は、得宗家による同国進出を一層強化する意味もあってか、既に宝治二年(一二四八)の段階で、諏訪社に「心願」ありとして願書を納め、「鶴岡別当法印」隆弁[5]が代参を果たしている（『吾妻鏡』同年三月八日、五月二日条）。こうした点を考えると、『曾我物語』が諏訪社（「諏訪縁起」）と接触する時期は、十三世紀半ばから後半にかけての時頼の時代に遡って考えてもよいかも知れない。

十三世紀後半と推測される諏訪社との接触は、『曾我物語』のプロットに、少なくとも三つの影響を与えた。第一は、『曾我物語』の骨格が《狩庭の物語》として構想されており、それは、諏訪社と「諏訪縁起」の影響と考えられることである。「狩ヲ宗ト」する同社には「鹿鳥ヲ手向」ける祭儀が伴っており（前出『沙石集』巻一）、「諏訪大明神」の本地「甲賀三郎諏方（よりかた）」は、近江国「甲賀郡ノ地頭」の三男とされながら、「縁起」が狩人そのものとして描写しているからである（『神道集』巻一〇ノ第五〇「諏訪縁起事」、二九五―二九六頁）。『曾我物語』は、富士野の狩庭で、曾我十郎・五郎の兄弟が父の敵工藤祐経を討った史実を前提に、実父河津三郎が狩庭帰りに殺害されたとする壮大な「奥野の狩」譚を創作し、剰え祐経の父＝祐継の死も、狩庭の帰途罹患したことが原因であったとするのである（第三章第一節三項）[6]。ただ一個所、構想が綻びを見せていたのは、真名本巻七、兄弟が藍沢の狩庭を捨て、箱根路経由で富士野へ直行した件で（第三章第三節二項）、物語は、箱根山別当行実を登場させることを優先した。

神人や「修験・巫覡たち」（二本松）といった諏訪社の信仰に関わる人々が主唱したのは三原野にとどまるものではなく、五郎が尋問の際に語った「信濃の浅間の腰（山裾）・長倉・三原・離山、上野の伊賀（香）保・赤城、下野の那須野に至る（中略）所々」で祐経をつけ狙ったとする狩庭は（巻九）、史実としての「那須野」を除くと、いずれも彼らの信仰圏の問題ということになる。この点、『吾妻鏡』は、兄弟による狩庭の追跡というプロットを採用しつつも、「凡此間毎㆓狩倉㆒、相㆓交于御供之輩㆒、伺㆓祐経之隙㆒」ったと、さすがに三原野を除く他の狩庭の名を掲げることはしなかった（第五章第二節二項。第七章第一節二項）。

第二は、「諏訪縁起」に見える、例の「業尽有情、…」の著名な偈との関連の問題である。曾我兄弟の英雄的武勇を称揚することによって、彼らの鎮魂を図ることが『曾我物語』の発願者とも言うべき北条泰時の意思であったが（第二節二・四項）、物語が善光寺聖や修験の手に委ねられたとき、兄弟が五戒の第一に挙げられる不殺生戒を犯した者として、「修羅闘諍の苦患」（『東洋文庫真名本』2、巻七、一〇一頁）から逃れられないのではないかという疑問が起こったのは、むしろ当然のこととしなければならない。『地蔵菩薩霊験記』は「闘諍堅固ノ修羅道」に堕ちた「曾我兄弟ノ魂霊」の苦しみを生々しく描いており、それが三河国大浜に住む善光寺聖の地蔵信仰によって救われるとするストーリーであった（第二章第三節一項）。

殺生を生業とする者に武士がおり、また狩猟者・漁りがいる。「業尽有情、…」の偈について、千葉徳爾は、「狩人たちはこの呪文を唱えては、その罪障をまぬかれる習わしを身につけていた」としていた（『狩猟伝承研究』第七章第一節「諏訪の神文」、五五七頁）。『神道集』に次のように見える(7)（三三五頁）。

明神ハ維縵国ノ御狩ノ時ノ例ニテ、狩ノ庭ヲ宗給フ《諏訪明神は維縵国での狩の時の習慣によって、狩庭を非常に大切な行事とする》。去ハ四条ノ院ノ御宇、嘉禎三年〈丁酉〉（一二三七）五（月）、長楽寺（群馬県太田市世良田町）ノ寛提《かんだい》僧正供物共ニ不審ヲ成シテ、（中略）而ルヲ何ノ強ニ何必獣多殺給ヤト申テ、伏給ヘリ、夢ニ御前ニ懸置タリケル鹿鳥魚等、皆金仏成テ、雲ノ上ヘ登リ給ヘリ、其後大明神以レ笏、御袖ヲ昇合セ給テ、

野辺ニ住ム獣ノ我ニ縁无ハ　憂（ウカリシ）闇ニ猶ヲ迷ヨハマシ

雲上昇ル仏達ヲ指差シテ、業尽有情、雖レ放不レ生、故宿二人天一、則証二仏果一ト言ヘリ《「業尽きぬる有情は放つといへども生せず。故に人天に宿して則ち仏果を証す」といった》。（中略）寛提僧正随喜ノ涙ヲ流シ、声ヲ立泣々被二下向一哀ナリ(8)

これについて、角川源義は、「哀れなことだが、業の尽きた有情（獣）は放つても助からぬ、しばらく人界、天界の

胎に宿らせて、終には仏果を証するのだ」と説明している（「妙本寺本曾我物語攷」『角川妙本寺本』、四二九頁）。無論、曾我兄弟は武士であり、祐経は鳥獣魚類の類ではない。善光寺聖たちは、「殺生は獣を成仏させるための方便」（小島瓔禮[9]）とする諏訪の偈を拠り所に、兄弟の犯した殺生に「至孝報恩の意義」を重ね合わせた（「付記二」、注14、赤松俊秀の所論参照[10]）。

五郎は、自らを緊縛した縄を「善の縄」として、「父の為に付たる縄なれば孝養報恩謝徳闘諍の名聞にてこそあらめ」と誇り（巻九）、真名本は、副題に採用した「報恩合戦謝徳闘諍」の故に、殺生を犯した曾我兄弟を善光寺の阿弥陀如来はお救いになるという論理を構築した。これに関して、村上學は、「真字本の副題にもなっている「報恩の合戦、謝徳の闘諍」の名目（中略）を引き出してくる点で重要な意味を持つ枝折山伝説と赫屋姫伝説（中略）が聖聡（浄土宗鎮西義白旗派の酉誉聖総＝引用者）の『当麻曼陀羅疏』（永享八《一四三六》年）およびその師聖冏（了誉聖冏＝同）の『古今序註（了誉註）』（応永十三《一四〇六》年）所収説話と極めて近い形になっている」ことに注目し、現行真名本の「成立年代のめやす」として十四世紀後半から十五世紀初頭を想定した（第一章第三節四項）。真名本が、現行の『妙本寺本曾我物語』（十巻）として成立した時期を、十四世紀後半から十五世紀初頭とした村上學の結論はまず動かないと思う。

第三に、『曾我物語』が下野から陸奥へと関心を向け始めたことで、それを媒介したのが諏訪社の信仰であった。山西明は、「諏訪神社に奉仕した信濃巫と真名本『曾我物語』との係わり合い」を指摘したが（「真名本『曾我物語』冒頭をめぐって―鬼王安日のこと―」、第四章、一一〇頁。初出一九七三年）、善光寺聖の教線を見落としてはならない。かつて和歌森太郎は、日光修験の誕生は中世のことであり、連山を駆け巡る回峰行は鎌倉時代の末頃になって成立したとしたが（「日光修験の成立」、同編『山岳宗教の成立と展開』、名著出版、一九七五年、所収、二五四頁以下。初出一九六九年）、私は、師の驥尾に付して、「日光山に阿弥陀信仰をもたらし、次いで修験を成立させた主体を、善光寺系の念仏聖の一群であった」と考えたことがある（「勝道と日光山」『古代文化』四一巻一一号、一九八九年、四六頁）。

「諏訪縁起」は、甲賀三郎の兄太郎が、「下野国宇津ノ宮」の「太郎ノ大明神」として、母は「日光権現」として、それぞれ示現したと説いていた（三三二―三三三頁）。先に引用した『沙石集』巻一には、「信州ノ諏方、下州ノ宇津宮、狩ヲ宗トシテ、鹿鳥ヲ手向」とあり、『続古事談』にも「宇都宮ハ（日光）権現ノ別宮ナリ、カリ人鹿ノ頭ヲ供祭物ニストゾ」と見えていた（四「神社仏寺」（『群書類従』四八七、雑部。第二七輯、六六七頁）[11]）。日光権現（現二荒山［ふたらさん］神社）も、その「別宮」とされる宇都宮（現二荒山［ふたあらやま］神社）も狩猟信仰を宗としたが、『宇都宮大明神代々奇瑞之事』に拠ると、当社は、日光山に顕現した大明神を、「温左郎麿」（小野猿丸）が「河内郡小寺峯」に奉祀したものとしていた（『群書類従』二四、神祇部。第二輯、三〇八頁）。

　私は、第一章第二節二項で、柳田國男が早くに、曾我研究の第三系列とも言うべき狩猟や諏訪、日光・宇都宮の信仰に注目し（『神を助けた話』一九二〇年）、それが小島瓔禮『中世唱導文学の研究』所収の諸論稿、a「日光山縁起と狩猟信仰」（一九六二年）、b「神道集と曾我物語との関係」（一九六四年）、c「狩猟民の伝承文芸―磐司磐三郎の系統」（一九七九年）等に継承されていったことを指摘した。主にbに拠ると、あらまし、次の諸点が明らかにされている。『神道集』（巻五ノ第二三「日光権現事」、二四「宇都宮大明神事」）から排除された小野猿麻呂（猿丸）説話[12]を主題に据えたのが日光山縁起で、猿麻呂は狩猟民の祖であり、宇都宮に祀られた神でもある。ところが、社僧の勢力の強い日光山では狩猟信仰の痕跡も残らなかったが、「東北地方の山村に、「山立由来記」などの名をもって伝わっていた、狩猟民の由緒書」に拠ると、「狩猟民は、日光の神によって保護され」、「山立すなわち狩人の元祖」は、「日光山麓」に住んでいた「万治万三郎という狩の名人」であったというのである（引用部分は、五六頁）。

「磐次磐三郎」説話は、山寺立石寺（山形市）の旧記などにも窺われ、曾我伝説の普及に伴い、弟の磐（万）三郎と、曾我十郎の従者「丹三郎」(真名本)・「道三郎」(仮名本)の名が似ているところから両者が習合したり、河津三郎が殺害された「伊豆の奥野の口、赤沢山の麓」へと続く天城山の主峰の名が万二郎岳・万三郎岳と、伝説の逆輪入現象も見られた(第一章第二節二項・第四節五項、注1)。また、位争いに敗れ、「比叡山の麓小野」(滋賀県大津市小野)に退隠した惟喬親王が木地屋(轆轤師)の祖とされる伝承も、「小野」を媒介にして猿麻呂(猿丸)と結び付く。柳田はこの点にも触れていたが、私は、この挿話が、平家物語諸本の影響を受けて、後に増補された可能性を想定したい。

かくて、史実として存在した那須野の狩を唯一の拠り所として、北に向かった『曾我物語』は「東国外の浜」へ到達し、巻一冒頭に「鬼王安日」伝説が導入されることとなった。それは、小島が指摘するように「時代相を反映」したものであり(b、二九頁)[13]、「蝦夷管領」津軽安藤氏の乱に関わるものであった。[14]『諏訪大明神絵詞』上には、「元亨・正中の頃より、嘉暦年中に至るまで、東夷蜂起して奥州騒乱する事あり」と見え(注1に同じ。五一一―五一二頁)、『鎌倉年代記裏書』元亨二年(一三二二)条に、「出羽蝦夷蜂起、度々及二合戦一、自二去元応二年一(一三二〇)蜂起云々」とある。嘉暦二年(一三二七)六月に、下野の宇都宮五郎高貞と常陸の小田尾張権守高知とが「蝦夷追討使」として下向し、翌年彼らが帰参した段階で、騒乱はひとまず鎮定されたようである(同右、嘉暦二年六月・三年十月条)。この点を踏まえれば、「鬼王安日」伝説の導入は、真名祖本成立以後の増補ということになろうか。

注

(1)『諏訪大明神絵詞』上(『続群書類従』七三、神祇部。第三輯下、五一三頁)。『一遍聖絵』巻一第三段に描かれた本堂背後の鎮守社であろうか(小松茂美編日本の絵巻『一遍上人絵伝』、中央公論社、一九八八年、二五頁)。

(2)柳田國男が注目した甲賀三郎譚(『神道集』巻一〇ノ第五〇「諏訪縁起事」)のポイントは、「鹿狩の競争と末弟成功譚」ということになるが(『物語と語り物』〔初版一九四六年〕所収「甲賀三郎の物語」一九四〇年『定本柳田國男集』第七巻、筑摩書房、一九六八年、六一・六二頁)。引用は、東洋文庫『神道集』、貴志正造「解説」、平凡社、一九六七年、三二六頁、に拠る)、『世界大百科事典』第一一巻、「三人の奪われた王女」項の執筆者小澤俊夫は、類話は黒海沿岸の小アジアに起源があると考えられており、広く全ヨーロッパに分布していることを報告している(平凡社、二〇〇五年改訂版、五三六頁)。

私は、たまたま、アメリカの言語学者、K・デイヴィッド・ハリソン著『亡びゆく言語を話す最後の人々』(川島満重子訳、原書房、二〇一三年)を手にし、そこに記されているチュルイム族の「三人兄弟」の話を読んで(第五章、一五四―一八〇頁)、ユーラシア大陸に広く分布するとされる甲賀三郎譚の類話が、シベリア西部の少数民族の間にも伝えられていることに驚きを禁じ得なかった。「三人兄弟」はチュルイム族の老女の語った物語で、三〇年以上にわたって「トムスク大学の保管庫に眠ったままだった」ロシア人研究者の手になる音声記録が、著者らの現地調査によって発見され、英語で文字化されるに至ったものであった。

この「三人兄弟」の物語も、「狩」を発端とする「末弟成功譚」であり、末弟が「憂悲苦悩ヲ身ニ受」けるのも(『神道集』巻八ノ第四九)、「本地物」の構造に合致している。違いは、彼が、末弟の妻を奪った長男が殺害されたとしているのに対し、此方は、妻の「春日姫」を奪った次郎は先非を悔いて神に転生したとしている点で、その辺り、『神道集』はどこまでも日本の説話ということができようか。

(3)「庭中」とは、「裁判手続上の過誤、例えば事件担当の奉行の依怙贔屓な審理の仕方などを訴える」、「一種の直訴制度」であった(佐藤進一『古文書学入門』、法政大学出版局、一九七一年、二〇〇・一八七頁)。

(4)一例を挙げると、寛元四年(一二四六)前年に死去した名越朝時の「遺言」に基づき、「賢息等」(光時・時章ら)が善光寺において「供養」を行っていた事実がある(『吾妻鏡』寛元三年四月六日、朝時卒去の条、及び四年三月十四日条)。

（5）『吾妻鏡』宝治元年六月二十七日条に、「今日、以㆓大納言法印隆弁㆒、被㆑補㆓任鶴岡八幡宮別当職㆒」と見える。「四条大納言隆房卿息」で、寺門の法印円意の弟子であった。文永四年（一二六七）と建治二年（一二七六。重任）園城寺長吏に任じる一方、文永八年には「善光寺供養導師」を兼ねた。弘安六年（一二八三）八月十五日寂。七十六歳（『鶴岡八幡宮社務職次第』〔『群書類従』五三、補任部。第四輯、四八一頁〕。『僧官補任』「園城寺長吏次第」〔同五五五、五五九頁〕）。なお、善光寺は「三井寺（園城寺）領」であった（『吾妻鏡』文治二年三月十二日条）。

（6）仮名本巻七、曾我兄弟の母の言に、「伊東殿の父（工藤祐継）、奥野の狩り場より、病付きて死に給ひぬ。汝が父も狩り場にて討たれぬ。（中略）狩り場ほど恨めしき事はなし」とある（一九五頁。「流布大系本」は、「狩場ほどうき所なし」とする〔二七四―二七五頁〕）。

（7）《　》部分は、注2所引、東洋文庫『神道集』、二八五頁に拠る。

（8）注1所引『諏訪大明神絵詞』、下「諏訪祭巻第一〈春上〉」に、「凡当社生贄の事、浅智の疑殺生の罪、去りがたきに似たりと云へとも、業深有情、雖㆑放不㆑生、故宿㆓人身㆒、同証㆓仏杲㆒（果）の神勅をうけ給はれば、実に慈悲深重の余りより出で、暫属結縁の方便をまうけ給へる事、神道の本懐、和光の深意、弥信心をもよをす物なり」とある（五二二頁）。

（9）「日光山縁起と狩猟信仰」、六〇頁（初出一九六二年）。

（10）佐伯真一は、「「報恩・謝徳」は、この作品のキーワード」で、「『曾我物語』作者に近い圏内において、仏教的な文脈で親への供養、孝行あるいは主君への忠義を表現する言葉であった」として、『神道集』の巻八ノ四六「釜神事」（「二親報恩」・「報恩謝徳」〔二四三―二四四頁〕）と巻一〇ノ五〇「諏訪縁起事」（「報恩謝徳」〔二九六頁〕）二例を引いている（「敵討の文学としての『曾我物語』」、F『曾我作品宇宙』、三〇九―三一〇頁）。私が興味を懐くのは、その夢見が「嘉禎三年」とあって、原曾我物語の成立期と重なっていることで、それが如何なる意味を持っているか、気にかかる点である。

(11)『続古事談』の跋文に、「建保ナ、トセノ卯月ノシモノ三日コレヲシルス」とあり(七〇二頁)、建保七年(一二一九)は四月十二日に承久と改元されているので、成立時期には疑問がある。

(12)小島は、「『神道集』にうかがわれる諏訪信仰伸張の時代」について、「はやり神的な信仰として、諏訪が二荒にとって代った」とするが(a、六〇—六一頁)、私は日光修験の成立に関わる問題だと考えている。

(13)山西明「真名本『曾我物語』冒頭をめぐって—鬼王安日のこと—」(第四章。初出一九七三年)参照。

(14)拙著『鎌倉守護』国別、第一章常陸項、一〇一頁注二〇参照。

三　聖の信仰—真宗高田「顕智ヒジリ」を中心に—

『曾我物語』を担った善光寺聖や修験たちの信仰をどのように理解したらよいか、ここでは真名祖本成立期の聖たちの信仰を考えてみたい。角川源義は、「『曾我物語』の成立を語る重要な鍵」として、「遊行上人が曾我の怨霊供養に参加」していた事実を挙げ、早くから「時衆教団」との関係に注意を向けていた(「『曾我物語』ノート」、第二篇第五章、二一四頁。初出一九六〇年)。そして、「妙本寺本曾我物語攷」(一九六九年)において真名本三段階成立論を提起し、その最終段階として、「十巻真字本」が「時衆教団」の「参加」を得て、「鎌倉末期」に成立したと論じた。「時衆教団」による物語の「管理」[1]は曾我「御霊鎮魂」を目的とし、その中心は、永仁五年(一二九七)遊行二祖他阿真教が、箱根二子山西麓の「元賽の河原」に創建した「蓋子山福田寺」(現在は神奈川県小田原市所在の時宗寺院)であったとした(以上、第一章第三節一項。『角川妙本寺本』、四〇五頁)。

角川の影響は大きく、民俗系国文学者である福田晃や二本松康宏はもとより、中世史家の石井進が、「真字本『曾我物語』の後日譚のなかにも、いたるところに時宗《ママ》の痕跡がみとめられる。「曾我大御堂」自身が、時宗の寺院だった」とするのも（『中世武士団』、七九頁）、角川説を踏まえてのことであったろう（第一章第四節二項）。

「妙本寺本曾我物語攷」の「Ⅱ・六　曾我物語の管理者」及び「Ⅲ　北関東の唱導文芸」を繙くと、『曾我物語』の「管理者」に関する角川説は、まさに「時衆教団」一元論と表現してもよい印象を受ける。その主要な根拠とされたものに、元箱根にある「元賽の河原」の石仏・石塔群があった（「妙本寺本曾我物語攷」、四〇一―四〇六頁）[2]。今日、国道一号線の東側、二子山麓の覆堂に、像高一丈余の地蔵菩薩坐像（磨崖仏）が安置され、向かって左側の岩壁の銘文に刻まれた「正安二年〈庚子〉（一三〇〇）八月八日」の年記が判読できるという（注2所引、『箱根町誌』第一巻〈以下、『町誌』と略記〉、丸尾、一三三―一三四頁。渋江、一七五頁）。角川は、かつての福田寺は、「二子山の西麓精進池を臨み巨大な石仏六道地蔵を中心として建てられてゐた」と推定している（四〇五頁）。そこから、更に北に向かうと、国道のバス停近くに、伝曾我兄弟墓（五輪塔）二基と、右方やや離れて伝虎御前墓（五輪塔）があって、後者の地輪に「永仁三年（一二九五）十二月日」と刻され、いずれも「地蔵講の供養塔」と考えられている（『町誌』、丸尾、一三一―一三二頁。赤星、一四二頁。渋江、一七八―一七九頁）[3]。

角川の論拠について、ここでは二つ取り上げるが、一つは、国道を挟んで東西に分布する（主要部は西側・精進池畔に分布）いわゆる二十五菩薩石像群の問題である。これは通称で、実数二十四、そのうち、阿弥陀如来立像一躰と飛天女像二躰を除き、「その他はすべて立姿の地蔵像」とされる（『町誌』、丸尾、一三〇頁）[4]。地蔵講結縁の衆の建立になり、年記の刻まれたものに、「永仁元年〈癸巳〉（一二九三）八月十八日　一結衆等敬白」と、「永仁三年九月廿四日比丘／尼□生及父母并自身也」が知られる（同、渋江、一七三―一七五頁）。また、「地蔵の脇に、阿弥陀、観音、地蔵諸尊の種子を陰刻してある」ものもあって（同、丸尾、一三二頁）、角川は、「阿弥陀・観音・勢至の弥陀三尊の定型をやぶり、勢至の座を排して地蔵が位置してゐる。一躰の飛天女の像があるのも、来迎引接を志向して」いると見る（四〇五頁）。氏の関心は、「真字本の管理者には難波四天王寺で行はれてゐた二十五菩薩の迎講（来迎劇）の知識があり」、「時衆教団では廿五菩薩の来迎接受《ママ》を願つて」いたことにあって（三九三・三九五頁）、出家した曾我祐信が、「十二人の供僧を定め」、「御堂の壁には廿五の菩薩行者来迎の儀の目出き変相を道場の内に移しつつ」、「不断恒例の勤め」を怠らなかったとする真名本（巻十）の記述と照応するものであった（第三章第四節四項）。[5]

金井清光の「書評・角川源義氏著『妙本寺本曾我物語』」は、総体として角川の業績を高く評価するが、その中にあって、「兄弟の死後、大磯の虎が菩提を弔って熊野・天王寺・善光寺と廻国するのが時衆教団の管理していた廻国譚であったことや曾我太郎（祐信＝引用者）が十二人の供僧を定めたことが時衆の行儀であることは容易に理解できるが、御堂の壁に二十五菩薩行者来迎図を道場に移したことが時衆の行儀と限定できるかどうか疑問がある」と、例外的な批判を行っている（『時衆と中世文学』、東京美術、一九七五年、二一九頁。初出一九六九年）。村上學は、二十五菩薩の来迎が「往生の真の証となるという鎮西義にそったもの」で、「曾我女房《ママ》が廿五菩薩行者来迎の変相を道場内に移して称名に勤めたのも、その臨終に聖衆の来迎の奇瑞があった」のも、鎮西義では「理想的な往生の様」であって、「鎮西義の人々が名越流と白旗流を中心に教義面で正統を争いながら相互に影響を与え、競争しあうことで宗学を発展させ教線を拡大する事となり（中略）、その教化のためには在地の信仰を排除せずにとり入れて行ったことも事実である」と報告している（序篇第四章、九八―九九・一〇二頁。本書第一章第三節四項・同、注2参照）。

いま一つは、精進池畔に立つ伝多田満仲の墓、石造宝篋印塔に関する問題である。台座の銘文が三面に刻まれていて、正面（北西面）には、「永仁四年〈丙申〉（一二九六）五月四日」、「大願主金剛仏子□円房祐禅」が、「精進池畔が六道の辻に当るというので、衆生の成仏得道のために」、立塔を発願した旨が、東北面には、四年後の「正安二年（一三〇〇）八月廿一日」、「心阿」[6]によって立塔され、「供養檀那」は「行意並平氏女」で「供養導師」が「良観上人」であったこと、西南面には、「武石四郎左衛門尉平宗胤」[7]以下、「結縁衆」として「この立塔に対して費用を喜捨分担した重立った人々」と、「大工大和国所生左衛門大夫／大蔵安氏」の名が、それぞれ記されている（『町誌』、赤星、一四四―一四七・一五〇頁）。問題は、「供養導師良観上人」であるが、これについては、赤星（『町誌』、一五〇頁）・角川（四〇四―四〇五頁）・福田晃（一七二頁）、いずれも鎌倉極楽寺の忍性としていた[8]。

律僧忍性は無論時衆ではないが、その地蔵信仰については、伊豆国熱海郷の曹源寺「地蔵堂」の「銅鐘」が、弘安五年（一二八二）二月十八日、「極楽律寺沙門忍性」の募縁によって造られた事実もある（『静岡県史』資料編6中世二、一〇七二号、義堂周信「空華集」五、五四五頁）[9]。小野澤眞は、「東国」の善光寺如来像と対照的に、「ほぼ畿内中心」に分布した京都嵯峨清涼寺（現浄土宗鎮西派）の釈迦如来像に注目した。そして、清涼寺の「融通念仏は唐招提寺流の律僧が主催」し、「その律僧が集住したのは清涼寺に設けられた律院地蔵院」であって、寺内には律僧「とともに時衆もいた蓋然性がある」というのである（一項、前掲『中世時衆史の研究』第二部第三章、三〇一頁・三四七頁註八七）。氏は、「律僧教団と時衆教団における信者の重複」を指摘した（同第三部第二章、五四六頁）。つまり、鎌倉末期の地蔵信仰は、時衆の専売特許ではなく、箱根山の場合は、熱海郷曹源寺の事例を踏まえると、むしろ西大寺系律僧が主導していたと考えられるのではないか。「良観上人」＝忍性を間に置けば、石造宝篋印塔（伝多田満仲墓）立塔に当たっての「結縁衆」筆頭＝千葉一族の「武石四郎左衛門尉平宗胤」と箱根山とが結び付く（注7参照）。

「時衆」の本義が、「一日を晨朝・日中・日没・初夜・中夜・後夜の六時に分け、一から六番が交代で不断念仏を修する集団」（小野澤）を指していたことは既に述べた（第三章第四節五項、注2）。次第に「遊行上人を指導者と仰ぐ僧尼の教団（時衆）を示すようにな」ったとされるが（遠山元浩。同右）、鎌倉末期における「時宗」教団の成立を説く主張は論外としても、[10]小野澤は「「時衆」は法脈ではなく、行儀・行実から認識される」として、各教団ごとに「行儀」を三〇項目にわたって一覧表にまとめている（前掲書第一部第一章、七四・五八―五九頁）。基本は「遊行・賦算・踊り[11]念仏」といった行儀の共通性にあろう（同、第二章、七九頁）。

それでも「時衆」概念になかなか共通理解が生まれないのは、一遍智真の「死後かれの原始教団は解散し」、門弟で遊行二祖となる他阿真教が「再興しているため」で、小野澤は「時宗とは一遍教団というより真教教団」なのだという（第三部第二章、五一四頁）。そうとすると、『一遍聖絵』を伝えた嫡流の聖戒（京都の六条道場歓喜光寺〔京都市山科区〕に拠る。同右）や、一遍と「同時代の遊行聖一向俊聖」（晩年、近江国番場の蓮華寺〔滋賀県米原市。現在は浄土宗鎮西派に転入〕に止住した。第一部第一章、五〇頁・第三章、一三九・一四一頁）などとの関係をどう理解したらよいか。現実には、これに既述の律僧の活動との「重複」（小野澤）が生じる訳で、善光寺聖などの聖や修験たちが、こうした諸宗混交下に置かれていた状況こそ鎌倉末期の宗教事情であった。五来重に拠ると、臨済宗法燈派の開祖＝法燈国師心地覚心（由良上人。永仁六年〔一二九八〕寂）は信濃に生まれ、高野聖の一派萱堂聖を結成したという特異な人物で、次第に「名越派（浄土宗鎮西義＝引用者）と善光寺聖と高野聖は交流し合い、重なり合」うという状況が生じ、「高野聖が南北朝時代以後、時衆化するように、善光寺聖も時衆化した」とする（『善光寺まいり』、平凡社、一九八八年、一三六・二五四―二六〇頁）[12]。角川の議論は、南北朝・室町期における、主に『仮名本曾我物語』の問題ではなかったろうか。

鎌倉末期の真名祖本成立期、『曾我物語』を担った善光寺聖や修験の信仰として、西大寺系律宗・浄土宗鎮西義（名越派・白旗派）・他阿真教系時衆などの混交した状況を考えてきた。実はいま一つ、真宗高田派の関わりを挙げなければならない。十郎・五郎の実弟伊東禅師は、真名本巻十に、「所領に付て越後の国九上（くがみ）と云ふ山寺にて法師になりける」とあって（第三章第四節二項）、越後との関係には合理的理由が介在していたものの、[13]真名祖本の作者には「国上寺」（新潟県燕市）という固有名詞が馴染み薄かったのであろうか。[14]そしてそれ以上に、『吾妻鏡』の「久我窮（躬カ）山」という表記は（第五章第三節二項、注1）、禅師の所伝が同書に採択されて余り時間が経過していない印象すら受ける。ところが、真宗には、高田専修寺の三世顕智が、稚児僧として「国上寺」に住んでいたとする伝承が存するのである。[15]

現在、真宗高田派の本山は三重県津市一身田町の専修寺である。しかしこれは、専修寺十世の真慧が、蓮如の本願寺に対抗するため、北陸・東海・畿内への布教を強化し、寛正五、六年（一四六四、六五）の頃、伊勢国奄芸郡一身田の地に建立した寺院に由来するもので、本来の専修寺は、下野国芳賀郡高田（栃木県真岡市）にあって、「本寺」と称し、高田派法主が住職を兼ねている（平松令三、a「真宗高田派本山専修寺の建築について―真宗寺院建築の一典型―」『真宗史論攷』第三部第七章、同朋舎出版、一九八八年、二九二頁（初出一九六〇年）。b「関東真宗教団の成立と展開」、同第二部第一章、七二―七三頁（初出一九八二年））。以下、専修寺というのは下野の「本寺」を指すが、「寺伝によると、嘉禄二年（一二二六）、親鸞によって草創されたと伝える」（同、c「高田専修寺の草創と念仏聖」、前掲書第二部第二章、九七頁。初出一九七二年）。ところが、新しく発見された天文十二年（一五四三）の下野国高田山専修寺再興勧進帳[16]には、「尋（ルニ）二当寺ノ元祖（ヲ）一、後堀河院ノ御宇、嘉禄年中比、親鸞上人之嫡弟真仏上人、為（ニ）二天下安全興法利生（ノ）一、始テ草二創（ス）之（ヲ）一」とあって、親鸞「上人面授口決門弟末弟共」の筆頭に記された「下野国高田住」[17]の真仏草創としていた（同、九八頁）。

平松は、「このころ親鸞の行動に、念仏聖、とくに善光寺勧進聖的性格がみられ」、「椎尾氏という武家出身の真仏が、若くして出家し、親鸞に帰依して善光寺聖に投じ、椎尾一族を語らって、善光寺如来像を祀る堂を建立したことも、十分に考えられる」とし（b、六六―六七頁）、五来は、「真仏であったかどうかは決定的でないが」、「高田にはすでに善光寺聖が住み、一光三尊の分身仏を本尊とする如来堂があって、親鸞はここに招かれて止宿したということであろう」と推測して、本校＝「常陸稲田太子堂（稲田禅房〔西念寺＝引用者〕）」、分校＝「下野高田如来堂〔専修寺＝同〕」説を唱えている（前掲『善光寺まいり』、三一〇・四二頁）。そして専修寺が、御影堂を中心とする西・東本願寺と異なり、如来堂と太子堂が並立して東面し、総門が如来堂正面の軸線上に位置するという伽藍配置で、両氏ともに、「善光寺如来の信仰と聖徳太子の信仰」を宗とする初期真宗教団の特色を今に伝えている点に注目している（平松a、二九五頁〔引用は二九四頁〕。五来、前掲書、四一―四二頁）[18]。

高田派歴代上人の事績に関する最も信憑性の高い史料に、「代々上人聞書」があり[19]、それに拠ると、親鸞を一世とし、実質的に専修寺を草創した真仏は二世とあるが、その出自について「桓武天皇四代孫大椽（ママ）国香ノ末ナリ、（中略）真仏聖人、俗名椎尾弥三郎殿ト申セリ」とする（「聞書A」、七九―八〇頁。「聞書B」〔同頁〕は、「国香ノ後胤、下野ノ国司大内ノ息男」に「大内ノ庄ヲ持チ給フ」「大内殿」がおり、真仏はその「息男」で「俗名ヲバシイノヲノ弥三郎殿ト奉レ申也」とし、「鸞上人ヨリ四年先キ立チ」、「正嘉二年戊午年（一二五八）五十歳ニシテ三月八日ニ御遷化ナリ」とする）。また、四世専空については、「高田ノ地頭大内殿ノ子息也、真仏上人ト一姓兄弟ノナカレナリ」（「聞書A」、八二頁）とあり、「法雲寺古系図　裏書」に「真仏ノ甥也」[20]と見える（注15所引『真宗史料集成』第七巻、七五四頁）。

常陸国真壁郡内に「椎尾」郷があり、郡名を名字とした常陸平氏一族に、多気義幹の弟、六郎長幹に始まる真壁氏がいた[21]。真仏の出自について、『真岡市史』第六巻・原始古代中世通史編（執筆川崎千鶴）は、「地域にある程度の権力をもつことのできた侍身分の人物と推定できるであろう。そして、初期親鸞門徒団が成立している笠間や下妻と近い距離にあたる真壁郡の筑波山の西麓に「椎ノ尾」という地名があること、真壁と高田の間がわずか一〇キロメートル程度ということを考えるならば、大内荘[22]大内氏などと関わりをもった、この近辺の人物と考えることができるのではないだろうか」とする（第一二章第二節、一九八七年、七八六頁）。

高田専修寺二世の真仏や四世専空が、常陸国真壁郡椎尾郷から下野国芳賀郡大内荘にかけての、言わば地生えの土豪クラスの出自であったのに対し、三世顕智はどうであったろうか（以下の記述は、川崎、同右『真岡市史』第六巻、七八七—七九〇頁、から多くの示唆を得た。記して謝意を表する次第である）。「聞書A」に「上人ノ生国モ在所モ知タル人ナシ、フリ人ニテ坐スト伝来ナリ」とあり（八一頁）、「聞書B」には「化生ノ人」と見える（同）[23]。しかしながら、顕智が実在の人物であったことは、建治三年（一二七七）十一月七日覚信尼大谷敷地寄進状（「けんちはう」と見える）[24]や、弘安三年（一二八〇）十一月十一日「信海・顕智・光信」連署状[25]などの確実な古文書の存在から疑いない。更に、覚如の子従覚の作成した『慕帰絵』第四巻に、「下野国高田顕智房と称するは、真壁の真仏ひしりの口決をえ、鸞上人には孫弟たりながら、御在世にあひたてまつりて面受し申こともありけり」と見えていた（『真宗史料集成』第一巻、九三一頁）[26]。

いま一つ、顕智の具体的行動が知られる第一級の史料に、貞治三年（一三六四）の年記を有する「三河念仏相承日記」（『真宗史料集成』第一巻、所収）があって[27]、「顕智ヒジリ」と明記され、師についても「真仏聖人」と記されていた。平松令三は、「『聖人』は敬称というよりも、念仏聖であったからと理解すべきであろう」とする（b、六九頁）[28]。そこには、建長八年（康元元・一二五六）十月、三河「ヤハキ（矢作）薬師寺」[29]で念仏会が営まれたこと、この時、師弟ら四人で上洛し、顕智のみ暫く京にとどまっていたこと[30]、「国中ノ道場ハンシヤウ」したこと、三河の門徒は、大谷廟堂ではなく、「顕智ヒジリノオントモシテ、高田ニマイイ」ったことなどが記されていた（一〇二五—二六頁）。まさに念仏聖の面目躍如たるものがあるが、伊勢湾を挟んだ「伊勢三日市の如来寺太子寺」（三重県鈴鹿市）は、顕智による「伊勢布教の拠点」であったという（五来重、前掲『善光寺まいり』、九六頁）。顕智の足跡は摂津の四天王寺にも及んでおり、平松は、「弘安五年（一二八二）十一月、念仏聖であった顕智が四天王寺に参詣して、聖徳太子着用といわれていた蓮糸で織った袈裟や、太子の御衣の断片をもらい受けている」ことを指摘していた（b、六九―七〇頁）。顕智には聖徳太子信仰が伴っており、師の親鸞や真仏同様、善光寺聖として把握することができよう。

さて、「聞書A」には顕智の生国に関する不思議な記述が見える。ある時、上方に向かう途中、越後を通った折、「里人」に「伊東トロド原八里ト云在所」を尋ねて涙ぐんだというのである。同書は「サテハ生国ハ越後国ニテ坐カ、ト申ナラハスナリ」と続けているが（八一頁）、「伊東トロド原八里」（「聞書B」には「イトウトロドロハラチリ」とある）が、具体的に越後のどの地を指しているか明らかでない。後世、専修寺公式の寺伝に決定的影響を与えることになる五天良空（寛文九〔一六六九〕～享保十八〔一七三三〕。伊勢国生。主著『親鸞聖人正統伝』）の『正統伝後集』（前掲『真宗史料集成』第七巻、所収）には次のように記載されている。

顕智上人姓ハ平、越後国余五将軍（平維茂）後胤、井東ノ基知カ養子也。（中略）師ハモトヨリ化生ノ人也。相伝テ富士権現ノ化身ナリト云フ。養父ニ因テ平ヲ氏トス。基知ツネニ富士ノ神ヲ信ス。或年富士山ニ詣ツ。天池ノ辺ニ一童子有テ立ツ。歳五六歳ハカリ、（中略）我ハ此嶽神ノ子也、タ、公カ児子トナラント。因テトモナヒテ家ニカヘル。（中略）一日国上寺ノ僧順範、コノ童ヲ視テ云ク、（中略）睿岳ニ致スヘシト。ミツカラ将テ彼ニオモムク。（中略）山ニ登リ、東堂（東塔）覚賢僧都ノ坊ニ入テ出家シ、国上君賢順ト号ス。（中略）住山十年、悦（タチマチ）ニ師父ヲ思テ越後ニカヘル。（中略）一時国ノ国分寺ニ遊フ。或人ソノカミ親鸞師ノ潤益ヲ語ル。賢順コレヲ聞テ感ニ不ㇾ堪、スミヤカニ野州高田ニ趨ル。（中略）真仏師二人（顕智と遠江の専信）ヲ吹挙シテ、聖人ノ御弟子トナス。スナハチ名ヲ顕智ト改ム。于ㇾ時安貞二年戊子（一二二八）五月二日也（三七五頁）／

或年下野ヨリ越後ヲ経テ、洛ニ赴ク。一村ヲ過トキ、農夫ニ問云ク、井東轟土(トロド)ト云里ヲ知リヤ。答申サク、東北ニ見亘里是也ト。顗智眺望シテ、シハシハ落涙シタマフ。師ノ故郷ナルヲ以ナリ。仁治三年(一二四二)、建長年中ニ底(=至)マテ、十余年ノ間、或ハ京師ニ在テ聖人ニ昵近シ、或ハ勢州江州東国北国ニ往テ教化ス(三七六頁)／

高田ニマシマシナカラ、京都東海北陸ニ往還シ、教勧モトモ盛ナリ。(中略)延慶三年庚戌(一三一〇)七月四日辰時(午前八時頃)野州高田金堂(如来堂)ニ入テ、焼香三礼シ畢テ、西ニ向テ去リ、忽ニ行方ヲ失ス。(中略)同日午時、勢州川曲郡三日市村如来堂ニマシマシテ説法シ、日没ニ至テ亦所在ヲ失ス。所以ニ七月四日ヲ取テ滅日ニ定ム(三七八頁)[31]

良空も「伊東トロド原」(『聞書A』)には余程閉口したものとみえ、「井東轟土(トロド)ト云里」として、「化生ノ人」であるから、土地の土豪「井東ノ基知」の「養子」とした。私は、『曾我物語』を担った善光寺聖や修験と、顗智に主導された真宗高田系の善光寺聖・念仏聖の越後における接触の場が国上山(国上寺)であり、伊東禅師譚と「化生ノ人」顗智ヒジリの生誕伝承とが習合して、顗智が「井東」氏の「養子」で、「伊東トロド原」(『聞書A』)という不思議な地名が創作されたものと推測している。『曾我物語』に三原の狩譚を導入した集団が諏訪社の神人や巫覡であったとすれば、真宗高田系の善光寺聖によって、伊東禅師の「国上山」(国上寺)伝承が生み出されていったのではないか。越後の人とされた顗智が、「富士権現ノ化身」で、富士の山神の申し子であったとする所伝も、何やら『曾我物語』を意識し、同書に無理に附会しようとする印象さえ受ける。

いま一つ、『曾我物語』と真宗との関わりを示すものに、大磯の善福寺(現浄土真宗本願寺派)をめぐる伝承がある。『新編相模国風土記稿』巻四一(村里部・淘綾郡三、二ノ宮庄)、同項に、開山了源について、伊東九郎の子や十郎祐成の子とする伝承を記し、いずれも根拠のないことを述べた上で、「初は台家の宗脈を受て、平塚入道法求と号し、花水の幽栖に在り(中略)、後高麗権現の別当職に補せられ、寛喜元年(一二二九)、更に親鸞の徒弟と成て、一向専修の徒となり、法名を了源と改む、師に随従して巡歩する事数年、師其至誠を感じて手づから太子の像(中略)及自己の寿像(中略)を刻して授与す、源歓喜の余り一宇を建立す、当寺則是なり、建長三年(一二五一)三月十二日寂す、時に八十二」と記している(二巻、三一五頁)。

この了源(善福寺)伝承からも、親鸞が聖徳太子信仰を伴った善光寺聖であったことが分かるが、箱根山(五来重は「箱根修験」としていた(一項))と大磯との関係は、親鸞＝善光寺聖の教線からも裏付けることができた。[32]しかも、善福寺の所在地は「宿河原」で、その海浜を「もろこしが原」と言い、福田晃に拠ると、そこでは「地蔵をたよりとした鎮魂の祭儀がいとなまれ」ており、その「巫覡・念仏のグループの象徴的存在が、虎子石・虎地蔵による虎比丘尼であっ」て(第二章第二節五項)、『曾我物語』に「大磯の虎」譚を増幅させた担い手として、真宗系善光寺聖たちの存在を落とす訳にはいかない。

注

（1）第一章第三節一項、注4参照。
（2）『箱根町誌』第一巻(角川書店、一九六七年)所収、丸尾彰三郎「箱根山の石仏」・赤星直忠「精進池畔の石造塔」・渋江二郎「箱根町の彫刻」、等に詳しく紹介された(角川の所論も、同書に拠っている)。また福田晃も石仏・石塔群に言及していたことは、第二章第二節五項、（4）箱根Ⅱで触れた。
（3）鎌倉末から南北朝期にかけての、箱根山における地蔵信仰の隆盛は、「湯本地蔵堂」付近が戦場となったことからも裏付けられる。当地が、多くの人々が集まる交通の要衝であったことが分かるからである(第二章第二節六項、注5所引足利尊氏関東下向宿次・合戦注文。建武二年八月十七日、中先代の乱において、「水飲・芦河上・大平下・湯本地蔵堂」と続く「筥根合戦」が戦われている）。なお、説経『をぐり』にも、「湯本の地蔵と伏し拝み」と見える（『古浄瑠璃　説経集』、二二一頁）。

（4）正応六年八月五日に永仁と改元された。十八日の日付は有り得ないことではないが、いささか不自然さを感じる。造像の段階で、遡って発願の日付を刻したものかも知れない。

（5）石井進が、「曾我大御堂」を「時宗の寺院」（本文先述）とした根拠は、この点にあったのであろう。

（6）角川は、福田寺の時宗《（ママ）》僧とする（四〇五―四〇六頁）。

（7）『千葉大系図』に、武石宗胤（四郎左衛門尉胤氏の子）、「弥四郎、左衛門尉／母千葉介胤綱女、居二于奥州領地一、正和三年（一三一四）甲寅七月三日死、年六十四」とある（四九頁）。両人は、年代に矛盾なく、通称・官途から見ても同一人物の可能性が高いと思うが、確証はなく、また、同人としても箱根山との関わりは明らかでない。

（8）渋江は、「大工大和国所生」の「大蔵安氏」について、「西大寺関係の石工で関東に下向していたという可能性を考えることができる」としていた（『町誌』、一六九頁）。

（9）伊藤克己「中世の温泉と「温泉寺」をめぐって」（『歴史学研究』六三九号、一九九二年、七頁）。また、『静岡県史』通史編2中世も、「熱海に忍性の師叡尊が復興した律宗の勢力が及んでいたことを意味しており、（中略）曹源寺は、熱海を訪れる湯治客の信仰の中心になった温泉寺であり、その活動は病気の治癒と死者の葬送供養に奉仕するものであった」としている（第一編第三章第二節、一四八頁。執筆湯之上隆）。

（10）小野澤は、「「時宗」の用字が宗派の語義で確定するのは、最大の藤沢派が寛永十年（一六三三）公儀に提出した『時宗〈藤沢遊行〉末寺帳』（中略）と考えてよい」とする（前掲書第三部第二章、五五九頁註一一）。

(11) 文永十一年(一二七四)の夏、一遍は熊野に詣で、本宮証誠殿の御前で、権現から「信・不信を選ばず、浄・不浄を嫌はず」、「南無阿弥陀仏」の六字名号を記した「札を配るべし」との神勅を受けた(二項、注1所引『一遍上人絵伝』「詞書釈文」巻三・第九段、一遍聖絵第三、三五九頁)。

(12) 五来に拠ると、高野山往生院谷の「刈萱堂でおこなわれた説教唱導」に「『かるかや』すなわち刈萱道心石童丸物語」があって、この萱堂聖は「踊念仏をさかんにし」たという(『善光寺まいり』、二五七頁。『高野聖』一六「法燈国師覚心と萱堂聖」〈角川新書、一九六五年〉)。なお、善光寺門前に「かるかや山西光寺」があって、刈萱道心の物語を伝えている)。刈萱堂から一の橋を越えて奥の院参道に入った左手に、曾我兄弟及び河津三郎墓(五輪塔)がある。仮名本巻十に拠ると、兄弟の従者道三郎と鬼丸(鬼王)は、「高野山に登」って出家し、兄弟の「後生菩提」を弔ったとあり(第三章第四節四項、*6)、善光寺聖と交流のあった高野聖の活動が窺われる。

(13) 拙著『鎌倉守護』国別、第五章越後項、二〇八頁。本書第四章第一節九項。

(14) 仮名本巻十には、「越後国国上と云ふ山寺」とある(二九六頁)。

(15) 「専修寺門室系譜」(『真宗史料集成』第七巻伝記・系図、一九八二年、七三二頁)。本文後出の五天良空「正統伝後集」、引用部分参照。

(16) 『真宗史料集成』第四巻専修寺・諸派、「一　専修寺関係」所収「専修寺文書」九二号(一九八二年、一八七―一八八頁)。( )を付した捨てガナは原文小字を示す。

(17) 「親鸞聖人門侶交名牒」(一項、注12所引『真宗史料集成』第一巻、一〇〇一頁。三河妙源寺本〈奥書「康永三〈甲申〉年(一三四四)十月廿七日」書写〉に拠る)。

(18) 如来堂の本尊は、善光寺式一光三尊仏で、平松『真宗史論攷』冒頭の口絵に写真が掲載されている。文和四年(一三五五）当時、専修寺はなお「如来堂」と呼ばれ、「萱葺」であったことが知られる（注16所引『真宗史料集成』第四巻、「専修寺文書」一一号、一六二頁〔「太子堂」の存在も知られる〕）。五来はまた、「土蔵風の祠堂に寝釈迦（釈迦涅槃像）がまつられていて、ここにも信州善光寺とのつながりがあ」り、「『一遍聖絵』に描かれた鎌倉時代の信濃善光寺そっくりな」伽藍配置に注目している（三一〇・三〇九頁。現在は、二〇〇〇年〔平成一二〕に竣工した五間四方の涅槃堂に安置）。但し、今日では、一身田の本山同様、御影堂が最大の伽藍で、親鸞像を本尊とし、左右に木像の真仏と顕智像を安置する。なお、御影堂は南面し、総門―如来堂の軸線と参道が交差する配置であるが、現在御影堂脇に存する太子堂は、如来堂と並立して往事の面影を伝えている。

（19）注16所引『真宗史料集成』第四巻所収。平松の執筆した「解題」に拠ると、天文十七年（一五四八）に、当時、教団の指導的存在であった尊乗坊恵珍が語った「完稿本」で（以下、「聞書A」とする）、いま一つ、同二十二年に成立の「再稿本」「高田ノ上人代々ノ聞書」がある（以下、「聞書B」とする。五一一―五三頁）。

（20）『鎌倉遺文』一八巻一三八二四号、「常陸税所文書」弘安二年常陸国作田惣勘文案。同三〇巻二二六九六号、「安得虎子」嘉元四年八月十日常陸国造伊勢□宮役夫工米田数注進状案。

（21）『常陸大掾系図』（『続群書類従』一三九、系図部。第六輯上、四四頁）。

（22）大内荘の荘域について、『真岡市史』第六巻（執筆田沼睦）は、「およそ芳賀町（栃木県芳賀郡＝引用者）から真岡市・二宮町（現真岡市＝同）にかけて南北に長く連らなる荘園であり、小貝川を東限とし五行川流域に狭（挟）まれた荘園であった」する（第七章第二節、四九一頁）。

（23）『日本国語大辞典』第二版、第一一巻「ふりびと【降人】」項、「天からおりたった人。天から降ったかのように、どこからともなく現われた人」とあって（小学館、二〇〇一年、一〇六〇頁）、「聞書B」の「化生ノ人」と同義であろう

（「化生」は一般に、化け物・へんげの意であるが、ここでは、仏語の「母胎や卵殻によらないで、忽然として生まれ」た人を指していよう〔同四巻、二〇〇一年、一三三七頁〕）。

(24) 前掲『真宗史料集成』第四巻、「専修寺文書」三号（『鎌倉遺文』一七巻一二八九九号）。親鸞の娘覚信尼が、亡父の「御はかところ（墓所）」＝「御めうたう（廟堂）の御ち（地）」の維持を、「井中（田舎）の御とうきやうたち（同行達）」に依頼したものである。

(25) 前掲『真宗史料集成』第一巻、本願寺「大谷廟堂創立時代文書」四号（『鎌倉遺文』一九巻一四七四二号）。信海は常陸鹿島の順信房のことで、光信は武蔵荒木門徒で、真仏門下の光信房源海又は源海房光信とされる（平松b、六三・七九頁に拠る）。

(26) 常陸光明寺本「親鸞聖人門侶交名牒」（『真宗史料集成』第一巻）、顕智の肩に「真仏　新（附カ）弟聟」とある（一〇〇七頁）。顕智が真仏の弟子で、かつ聟であったことを表していると考えられるが、「法雲寺古系図」に拠ると、真仏は「妻ハモタサルナリ」とあって（前掲『真宗史料集成』第七巻、七四八頁）、聟とする点に疑問が残る。

(27) 現真宗大谷派の太子山上宮寺（愛知県岡崎市）の所蔵で、小山正文「三河念仏相承日記の一考察」に拠ると、「貞治三年の原本ではなく、室町時代の写本」とされる（『日本歴史』三九一号、一九八〇年、五〇頁注二）。

(28) 『慕帰絵』第四巻にも「真壁の真仏ひしり」とあった（本文既述）。

(29) 一九八二年（昭和五七）、名古屋鉄道本線・矢作川橋梁の下流側右岸河川敷に位置する「矢作川河床遺跡（渡A地点）」から、「□（薬カ）師寺多宝塔」などのヘラ描き銘のある平瓦片二点が出土した（『愛知県史』資料編8・中世1、二〇〇一年、三三七・三三八号）。榎原雅治は、「三河念仏相承日記」の記述を踏まえ、右瓦片の銘文は「薬師寺が矢作西宿にあった」ことを示しているとした（「中世東海道の宿と渡の空間構成」、小野正敏・五味文彦・萩原三雄編『一遍聖絵を歩く―中世の景観を読む―』、高志書院、二〇一二年、一六八頁)。論証は省略するが、当寺は、小山正文が唱えた北野薬師寺(「三河最古の四天王寺式伽藍配置」とされる)廃寺後、平安中期以降のある時期に、ほぼ四キロメートル南の矢作西宿に移転したことを物語っていると思う(注27所引論文、及び「三河念仏相承日記の薬師寺」『日本歴史』四〇三号、一九八一年、参照)。

(30) 五来重は、顕智が「親鸞に義絶された善鸞に同情的で」あったとしたが(『善光寺まいり』、二九四頁)、川崎千鶴は、建長八年上洛の意味を、子の善鸞義絶の「あと始末」と捉えていた(前掲『真岡市史』第六巻、七八八頁)。

(31) 現在、高田専修寺では八月一日から二日にかけて、顕智の祥月命日に充てて「顕智まち」(「高田まち」)と呼ばれる法会が執り行われ、伊勢の如来寺では八月四日、夜を徹して「恩愛会」が営まれている。なお、前掲「法雲寺古系図」に延慶三年七月四日、八十五歳遷化とあり(『真宗史料集成』第七巻、七四八頁)、これに拠ると、生年は嘉禄二年(一二二六)で、『正統伝後集』が親鸞に従ったとする安貞二年には二歳となってしまう。

(32) 五来重は『新編相模国風土記稿』巻四一の記述に注目したが、氏は、活動時期を異にする善福寺開山了源と、真宗仏光寺派開祖の了源(空性)とを混同している(前掲『善光寺まいり』、二一四―二一五頁。空性房了源又は了源房空性については、平川令三・b、八一―八二頁参照)。なお、『風土記稿』が記す善福寺了源の没年は、建長四年八月十九日付親鸞消息に、「ヒラツカノ入道殿ノ御往生ノコトキキサフラフ」とあって、伝承の確かさが裏付けられる(『真宗史料集成』第一巻、「末燈鈔」二〇号、四四六頁。日付は、日本古典文学大系『親鸞集　日蓮集』、親鸞集「消息(末燈鈔)」二二号、一九六四年、に拠り訂正した)。

四　「曾我語り」の発生

真名祖本成立以後の増補と考えられる巻十の記述に、「さて置きぬ」という場面転換を表す語が見られ、その他、「咹」(あつ)と云ひて「跋」(ばつ)と咲ふ」(巻一)といったオノマトペ表現の多用は聴き手の存在を意識しており、いずれも物語と「曾我語り」との交流を推測させるものであった(第二章第二節二項)。『曾我物語』は、事件後まもなく、箱根山で、女語り＝「語り物」として発生したとするのが定説であったが(「緒言」)、それに決定的影響を与えた折口信夫は、「曾我物語は、熊野信仰の一分派とみられる箱根・伊豆山二所を根拠とする、瞽巫女の団体の口から、語りひろげられ、語りつがれたものらしい」と指摘していた(第一章第二節三項)。その魅惑的な提言の根拠として、氏の学統を継承する塚崎進や福田晃は、『吾妻鏡』建久四年六月十八日条に着目した(第二章第二節四・六項)。しかしながら、そこには、少なくとも四つの問題点が見られた。

第一に、これは、非御家人曾我十郎の「妾」＝「大磯虎」に関する記事であって、かかる存在自体が異例で、幕府の公的記録に基づくものとは考えられないことである(第五章第三節二項。第六章第四節三項)。

そして、第二に、建久四年(一一九三)六月十八日という日付に問題があった。『吾妻鏡』の記事は、虎が、十郎の「三七日忌辰」に当たり、「筥根山別当行実坊」において仏事を営み、この日出家を遂げて「信濃国善光寺」に赴いたとするものであった。六月十八日の頃というのは、幕府当局による裾野の事件の探索が続行しており、かつ、頼朝と八田知家が仕掛けたと言ってもよい「常陸政変」の渦中であって、かかる折柄、幕府と関わりの深い箱根山において、謀叛人の供養が行われることなどあり得たであろうか。むしろ、虎と「曾我の女房」(兄弟の母)とが、九月八日に、箱根の別当坊で兄弟百ヶ日供養を営んだとした真名本巻十の記述の方が説得的であった。(1)幕府当局は事件関係者に対する処断を、なお下妻広幹が残されていたとはいえ、八月中にほぼ終えていたからである（第三章第四節三項。第五章第三節二項。第六章第四節三項、第五節各項）。しかも、『吾妻鏡』が、出家した虎が直ちに善光寺へ赴いたとしていたのに対し、真名本には、兄弟の死処である「伊出の屋形」へ向かったとあって、この点も叙述に不自然さがない。

従って、第三に、福田晃が『吾妻鏡』当該記事と、『新編相模国風土記稿』の箱根駒形権現社（巻二七）、及び大磯高麗権現社（巻四一）における六月十八日の祭礼とを結び付けたことに根本的な疑義が生じることである。氏説に拠ると、六月十八日の両社の祭礼は、『吾妻鏡』成立以前から行われており、それが同書に採用されたという訳であるから、『風土記稿』が完成する五百年以上にわたって、両社は同日の祭礼を連綿と維持し続けたことになる。しかしながら、南北朝以降、西相模に相次いだ争乱を想起するならば、むしろ、両社が、『吾妻鏡』の記事に基づいて、ある時期、曾我兄弟や虎との因縁から、それぞれ六月十八日の例祭を独自に催行した可能性を考えるべきではなかったろうか（以上、第二章第二節六項）。

また、第四に、出家した虎が「雖ㇾ不㆓除髪㆒着㆓黒衣袈裟㆒」とある点を、氏は、「黒髪を剃る事の無かったらしい箱根修験比丘尼」（「駒形修験比丘尼」）に「相通じるものがある」と捉えた問題である。氏は、「箱根派修験比丘尼」とは「熊野比丘尼の類であり、修験山伏を夫にもつ比丘尼のことである」として、虎と「熊野比丘尼」との親近性を説いた訳だが、有髪の比丘尼即「熊野比丘尼」という訳にはいかないだろうし、そもそも、鎌倉初期の箱根山に「熊野比丘尼」が存在したのかどうか。これについても、福田晃は、『風土記稿』（巻二七・二八）に、「往昔（古）」芦川宿に「箱根派修験・比丘尼等」が「凡六百軒余住居」していたとある記事に結び付けた。あるいは、これが折口説の典拠の一つであったかも知れない。これに対し私は、第二章第二節六項で、「筥根山芦河宿」の存在を示す初見史料が

「円覚寺文書」康暦二年（一三八〇）のものであること、遡って、飛鳥井雅有の日記『春の深山路』、弘安三年（一二八〇）の記事に、「あしかはといふ山のなかみづ海のはた」とはあるが、記者の目を惹く町場の様子を窺うことができなかったことなどから、鎌倉末期には宿としての発展が見られたにしても、「箱根派修験・比丘尼等、凡六百軒余住居」といった「往昔（古）」とは、室町・戦国期の状況を指しているのではないだろうかと理解した次第である。

「建久四年曾我事件」の本質は、頼朝・頼家同時暗殺を画策した北条時政を主謀者とするクーデターであった。源頼朝は、「稠者」工藤祐経を殺害され、「鎌倉殿」の後継者頼家の前途を血で汚された怒りも次第に収まって、事の真相がほぼ明らかになると、陰謀を曾我兄弟の敵討と、「参河守（範頼）勘当」事件とに切り離し、クーデターの史実そのものの抹殺を図った。事件の責任を不問に付された時政が、ひたすら沈黙を貫いたのはもとよりのことである。事件がかかるものとすれば、物語にせよ「語り」にせよ、単なる流言飛語にとどまるものではなく組織的活動を要する以上、曾我兄弟による敵討の後「ほど遠からぬ頃」（福田晃）に、幕府と関わりの深い箱根山で成立したとする通説に従うことができない。私は、原曾我物語が、北条泰時の発願によって、寛喜の飢饉から余り隔たらぬ時期に、かつ、後鳥羽院の崩御（延応元年〈一二三九〉二月二十二日）以前に成立したものと考えたが（第二節四項）、残された課題は「曾我語り」との先後関係である。

「曾我語り」については、早くから女盲の語った『七十一番職人歌合』（廿五番、右「琵琶法師」の対に、左に大鼓を持った「女盲」を掲げる）や謡曲「望月」などが知られていたが、いずれも室町時代の作品であった。その存在について、年代が確定する初見史料は、能勢朝次が紹介した「貞和三年〈丁亥〉（一三四七）七月始レ之」との傍書のある『醍醐寺雑記』第四十三で、「井中目闇（メクラ）」（田舎盲）が語ったとされるものである（第二章第二節一項）。地方在住の盲人の語りであるが、記者は女盲とは記していなかった。また、絵解きも「曾我」を語っていた事例として、周知の一休宗純『自戒集』には、「エトキカ琵琶ヲヒキサシテ、烏帚ニテ、アレハ畠山ノ六郎(重忠の子重保)、コレハ曾我ノ十郎五郎ナント云ニ似タリ」とする個所があった(同右)。絵解きは無論盲人が勤まるものではなく、しかも、この場合は男の絵解きであったろう。『三十二番職人歌合』の一番と十七番に、千秋万歳法師(左)・絵解(右)の歌合せがあって、「絵解」は「絵を語り比巴ひき」、「雉の尾のさして」歌った「俗形」の者であったとする(『群書類従』五〇二、雑部。第二八輯、四五四・四五八―四五九頁)。(2)

室町期における男の「曾我語り」を前提にすれば、史料上の裏付けを持たないが、原曾我物語から真名祖本形成の過程で、物語を担った善光寺聖や修験らによる唱導を目的とした「語り」を推測しても不自然ではない。彼らの多くは、聖や修験の常として妻帯していたであろうから、妻や女性の係累が「曾我」を語り始めたことも起こったに違いない。とりわけ善光寺の場合、本田善光の妻弥生御前は、善光と、子の善佐と並ぶ「御三卿」と言われ、「善光寺巫女の開祖」でもあり(五来重『善光寺まいり』、平凡社、一九八八年、四三―四五頁)、今日に至るも、天台宗大勧進貫主とともに、尼僧である浄土宗大本願上人が並置されるなど、伝統的に巫女や尼僧の占める位置は高い。(3)

こうした動きは、北条時頼の代になって、善光寺に「不断経衆・不断念仏衆」の組織が整備され、諏訪社に対する関係強化に伴って(一・二項)、諏訪社の神人や巫覡を巻き込んで一層盛んになっていったのではないか。私は、「平家の物語」に関する『徒然草』二二六段の記述に関して、これは物語と「語り」同時発生を表していると捉えたが(第二章第二節三項)、「曾我」についても同様に考えている。むしろ「語り」の後出はあり得ても、先行説に従うことができないのは事件の持つ政治性の故であり、遊行巫女らの鎮魂の対象が曾我兄弟の「怨霊」であったとすれば、亡者の遺恨が頼朝や時政に向けられていたことになるからである。

塚崎進は、「虎と言ふ比丘尼が、熊野の信仰を説いて歩いた勧進比丘尼と同じ性質を持つてゐた」とし(「曾我物語伝承論―その一―」、C大成『義経記・曾我物語』、一四〇頁。初出一九五五年）、福田晃も、「箱根派修験比丘尼」とは「熊野比丘尼の類であり、修験山伏を夫にもつ比丘尼のことである」と述べたが、ここで、「熊野比丘尼」について少しく考えてみたい。まず、阿久津洋子に拠る簡潔な説明を引用すると、「熊野比丘尼とは、受戒した尼僧ではなく、熊野三山（熊野本宮大社・熊野速玉大社（新宮＝引用者）・熊野那智大社）に置かれた本願所を拠点として、全国各地に熊野信仰を広めた尼形の女性たちである」として、「本願所」に関して、「本願所寺院は三山の社殿堂塔の建立や修理の資金を集める勧進組織で、彼女たちは中世末期頃から勧進比丘尼として「熊野観心十界図」の地獄極楽図を絵解きながら、牛王法印の護符配札を行い熊野の霊験と利益を日本各地に説いて回った」と敷衍している（「熊野比丘尼の原像」『鎌倉遺文研究』三一号、二〇一三年、九一頁）。

つまり、「本願所」に組織された勧進比丘尼で、地獄極楽図などの「絵解き」を生業とした厳密な意味での「熊野比丘尼」の存在は「中世末期」以降ということになる。また、注2所引『熊野比丘尼を絵解く』は、関連する絵画史料・文献史料を網羅した貴重な業績であるが、その「はしがき」には、「熊野比丘尼たちが所属した本願所寺院は、熊野三山三社の構成員であった神官・衆徒・社僧とは異なる別の一職制であり、熊野山伏や俗人も一緒に居住した男女混在の複数の寺院であった。その発祥と体制組織成立の時期は必ずしもあきらかではない」としている（xx頁）。同書第六章所収の根井浄「熊野比丘尼の理解」は、起源に触れて、「仮に、熊野比丘尼を熊野巫女の別称と捉えるならば、彼女たちの原初的形態は多分に集団性を帯びていただろう。やがて彼女たちは時宗《ママ》の影響を受け」るに至ったと捉えていた（四四七―四四八頁）。

前掲阿久津論文は、「半井本『保元物語』「法皇熊野御参詣并ビニ御託宣ノ事」の章段にみえる託宣によって鳥羽法皇の死と保元の乱を予告した巫女「イワカノ板」に焦点を当て[4]、その出身の地美作国に熊野比丘尼の原初の姿を求めた」ものであったが（一一六頁）、熊野比丘尼の源流を熊野巫女（「クマノ、カウナギ」（注4、『愚管抄』））に求める点で根井と共通している。「イワカノ板」は美作の出身であったが、阿久津は更に、「彦山（英彦山（福岡県田川郡添田町・大分県中津市）＝引用者）、石鎚山（愛媛県西条市・上浮穴郡久万高原町＝同）、遊鶴羽山（諭鶴羽山（兵庫県南あわじ市）＝同）などの瀬戸内海沿岸の古代以来の山岳霊場が熊野に影響を与え、互いに深く関わりあいながら、やがて熊野がそれを統合し、熊野信仰の体制を確立していった」ことを指摘していた（一一四頁）。従って、少なくとも鎌倉前期における熊野巫女はすこぶる「西国」的存在であって、果たして箱根山や伊豆山に影響を与える状況にあったかどうか、疑問とせざるを得ない。

　前掲『熊野比丘尼を絵解く』を通覧して、まことに興味深い史料に気付いた。第二章55『比丘尼縁起』（国立公文書館蔵）で、成立年代は近世末期とされる（一五六—一六一頁）。それに拠ると、比丘尼は、釈尊の母「まやふにん（摩耶夫人）の御いもふとけうどんミ」に始まるとされ、我が国の「いせひくに（伊勢比丘尼）・熊野ひくに」の伝説的始祖を「聖武天王の御后皇（光）明皇后」に求めている。しかも、皇后は出家の後、「とらんニ（尼）」と称したとされ、柳田國男が「トラ・トウロ・トラン等は固有名詞では無くして」、「石の傍で修法をする巫女の称呼では無かつたらうか」とした著名な学説と結び付き（第一章第二節二項、第六章第四節三項）、従って、大磯の虎と熊野比丘尼とが結び付くことになる。そして、弘法大師の「御母」の菩提を弔うために「高野のふもと」に建てられた寺を「熊野妙法山」（阿弥陀寺。和歌山県東牟婁郡那智勝浦町）に遷したとする逸話を挟んで、「熊野比丘尼」の源流（「中興」とする）を次のように説いた。

　北条時頼の没後、[5]「御台所」は出家を遂げ、「さいミやうにびく（最明尼比丘）」と称した。「ときより（時頼）の御ゆいごん（遺言）にまかせ、熊野三山へさんろう（参籠）し給、本宮せうじやうでん（証誠殿）に千日参籠し、後生ほたい（菩提）

お(を)御いのり有ける夢に、(中略)なんじ(汝)必こくらく(極楽)に往生せむ、悪こう(業)の女人にねんぶつ(念仏)をすゝめよ」とする権現(本地阿弥陀仏)の告げを聞き、娘の「清山比丘尼」(小比丘尼の起源を言うか)とともに、「本宮西の石上に草庵お(を)むすひ」、これが今に続く「西光寺と申比丘尼寺」となった。また、二人は、「新宮に千日参籠し」、夢に「権現」の使いの言葉を聞いて、「神のくらの御山(神倉山)」の地に「妙心寺」と号する比丘尼寺を建立したという。西光寺は「熊野本宮の比丘尼寺」であったが、寺跡とされる川上家に寛永五年(一六二八)銘の位牌と墓碑が存する(第二章14、一一九頁)。また、「神倉本願妙心寺」(和歌山県新宮市)は「新宮本願の配下」にあって、「速玉社の元宮とされる神倉社を所管した」とされ、「本来、神倉聖たちの修験寺であった院坊が、本願職を得ていった」もので(第六章所収、山本殖生「熊野比丘尼の位置」、四五三頁)、「熊野比丘尼寺院の旗頭」であったという(第二章13「概説」、一一八頁。因みに、神倉神社の御神体は巨岩の磐座である)。

「熊野比丘尼」の系譜を、天竺「於摩(摩耶)夫人」(本人とする)―本朝「光明皇后及北条時頼之北方最明尼」と説く伝承は、文久四年(一八六四)に新宮本願所が発給した「熊野比丘尼由来証」(岐阜・只家文書)にも窺うことができ、美濃国大矢田(現岐阜県美濃市)に定着した熊野比丘尼の家に伝えられた(第四章49、二九八―二九九頁。第六章、山本(殖)、四八四―四八六頁)。また、新宮神倉の妙心寺文書に「元和八壬戌(一六二二)七月」の年記のある「妙心寺由来」があって、

一　本堂者、(中略)并由良開山法燈国師妙心寺ニ暫御入被レ成候由
　　法燈国師木像　一体／母公妙智尼木像　一体
　右者国師之御自作と申伝へ候

とする記事がある(第二章13、一一七頁)。五来重は、法燈国師心地覚心(由良上人)が、「六十歳のとき(文永三・一二六

六＝引用者）由良興国寺（和歌山県日高郡由良町＝同）の護法天狗の神託によって信州（生国＝同）に帰ると、母は健在だったので、これを伴って由良に帰った。そしてともに熊野に詣でたのち母を出家せしめて、由良の修善尼寺に置いたが、この母堂が熊野比丘尼の最初であると言われている」としている（前掲『善光寺まいり』、二五八頁）。これが、右「妙心寺由来」の記事と結び付くかどうか分からないが、時頼没後三年後のことで、神倉妙心寺系の伝承とほぼ同時代のことである。

『比丘尼縁起』などの神倉妙心寺系の伝承で、実質的な「熊野比丘尼」の祖とされた北条時頼「御台所」の「最明尼比丘」のことであるが、時頼の妻室としては次のような女性が知られている。

北条重時息女（時宗・宗政の母）(6)　禅尼妙音（出雲国仁多郡三処郷を本貫とする平姓三所（三処）氏出身で、時輔の母。本来、摂家将軍家の侍女であったと思われる）(7)　毛利季光（入道西阿）息女(8)　千田尼（千葉介成胤息女）(9)

しかしながら、「最明尼比丘」がこうした幕府重鎮の息女であったとは思われないし、その他、『津軽一統志』に見られる「寵姫唐糸」では無論なかろう。(10)

私は、『比丘尼縁起』の伝承に接して、『太平記』巻三五（「北野通夜物語事付青砥左衛門事」、第三冊三二二頁）や『増鏡』九（「草枕」、三四八頁）に記された時頼廻国譚との関連性を想像した。(11)既述のように、『曾我物語』を担った善光寺聖や修験の活動が、諏訪社の神人や巫覡を巻き込んで時頼の時代にいっそう活発化したものとすれば、『比丘尼縁起』など新宮神倉の妙心寺系の伝承は、なかなかに意味深いものがあるように思われる。五来の指摘を念頭に置くと、信濃出身の法燈国師の主たる活動は十三世紀後半であり（永仁六年（一二九八）寂＝三項先述）、一遍が熊野権現の神勅を受けたのは文永十一年（一二七四）のことで（同項、注11）、次いで、「二祖他阿真教は嘉元四年（一三〇六）六月一日『奉納縁起記』を書いて、十巻の絵巻とともに熊野本宮に奉納した」（角川源義「時衆文芸の成立—『遊行上人縁起絵』をめぐる諸問題―」、第二篇第九章、三七五頁。初出一九六八年)。つまり、十三世紀後半、活発となった善光寺聖・修験の教線に、法燈国師の組織した高野聖(萱堂聖)や熊野信仰を伴った時衆の動きが影響を及ぼし始めたということではなかったろうか。

「東国」社会に、高野聖(萱堂聖)や時衆らを通して熊野信仰の影響が強まっていった十三世紀後半は、『吾妻鏡』や『曾我物語』真名祖本の成立期でもあった。一方、大磯「宿河原」を拠り所(善福寺)とした真宗系の善光寺聖・修験は、かつて、三浦義村の密偵として送り込まれ、曾我十郎祐成の愛人となった遊女(第六章第四節三項)を物語のヒロインとして蘇らせた。この二つが結び付き、大磯宿の遊女に、熊野比丘尼の伝説的始祖光明皇后=「とらんニ」(『比丘尼縁起』)に因む、遊女としては不可思議な「虎」の名が与えられ、それが『吾妻鏡』にも記載されていた以上、十三世紀末以前の真名祖本成立期と重複していたことになる。熊野比丘尼の祖を法燈国師の母と見る五来説はともかく、北条時頼「御台所」の「最明尼比丘」とした神倉妙心寺系の伝承は、恐らく時頼廻国譚と連動し、神倉社の磐座に起源を持つ「虎ヶ石」(柳田國男)を伴って、「東国」社会に、一定程度の熊野比丘尼の進出が見られた南北朝以降に生まれたものであったに違いない。

原曾我物語のプロット本来の面影を今に伝えるのは、仮名十巻「太山寺本」の閉じ方であった。言わば一場曲であった「太山寺本」に対して、虎は、既に真名祖本の段階で廻国や唱導などに、後ジテとして縦横の活躍を見せていた(第二節四項)。一場曲への転化は、大磯に拠る真宗系の善光寺聖・修験らの妻や、熊野比丘尼を称する時衆ら女性の語り部が生み出した産物であったろう。それでも真名本は、虎が、曾我の大御堂の「大門」に近い「庭の桜」の木の下で、六十四年の生涯を閉じたとしていたのに対し(第三章第四節五項)、仮名十二巻本は、手越の少将と二人、善光寺での修行を終え、上洛して法然上人に「念仏の法門」を聴聞し、その後、「大磯にかへり、高麗寺の山の奥に入、柴の庵にとぢこもり、一向専修の行をいたし」たというのである（「流布大系本」巻十二）。恐らく、虎の死処は「高麗寺の山の奥」の「柴の庵」であって（同項、＊9）、如何に平家灌頂の巻の影響が窺われるにせよ（同節四項、＊8）、「大磯」の比重が次第に高まっていたことが理解できよう。大磯宿と三浦義村との関係に絶えず気を配っていた真名本に対し、仮名本の語り部の女性たちは、自らに仮託して、ヒロイン「大磯の虎」を語り、その造型化に努めたものと考えられる。

「曾我語り」に女性の語り部が参画した結果、曾我兄弟「御霊」の概念に決定的変化が起こった（第二節三・四項参照）。箱根山もしくはその周辺で作成された原曾我物語が善光寺聖や修験の手に委ねられたとき、彼らが懐いた筈の、兄弟を不殺生戒を犯した者とした疑念は、諏訪社の神人や巫覡が唱えていた「業尽有情、…」の偈に示唆を得て、最終的には浄土宗鎮西義の教義に拠る、兄弟の敵討を「報恩合戦、謝徳闘諍」とする論理によって合理化された（村上學に拠る。二項）。しかし、これで、『地蔵菩薩霊験記』が描いた、「闘諍堅固ノ修羅道」に堕ちた「曾我兄弟ノ魂霊」の苦しみを本当に救えるのだろうか（同項）。二人の若者がなお成仏できないでいるとすれば、その「魂霊」は怨霊となって人々に祟り、社会にさまざまな危害を加えることになるのではないか。寛喜や正嘉の飢饉、あるいは津軽安藤氏の乱（二項）はその顕著な現実であり、流言飛語にとどまっていたか否かは分からないが、頼朝の子孫が絶え、時政は子によって追放され、当の義時も不審な死を遂げた。泰時に至っては、二人の男子を早くに失っていたではないか。これは、誰もが知る事実であり、曾我兄弟の「御霊」をβ「英雄（武威称揚）型」として捉えるのではなく、α「怨霊型」として把握し直し、その鎮魂を図ることが急務と考えられた。この転換に、「ようぎやう（遊行）上人」（「流布大系本」巻十一、四〇五頁）が参画していた以上、時衆の思想と考えねばならない。

真名本にはただ一個所、巻九に、五郎を「鈍刀を以て昇首に」した筑紫の仲太が、その祟りによって「狂ひ死に」

したという記述があった（第三章第三節五項）。これに対し仮名十二巻本は、兄弟の「御霊」を全面的にα「怨霊型」として描いた。その故に、兄弟は「勝名荒人宮」に祀られねばならなかったのである（「流布大系本」巻十一）。私は、『曾我物語』における兄弟「御霊」の転換に果たした時衆の実態を、「熊野比丘尼」を称した女性の語り部と考えている。修羅道の苦しみから逃れられない「曾我兄弟ノ魂霊」を描いた『地蔵菩薩霊験記』と、絵像を掲げ、「不産女（うまずめ）」・「両婦（ふため）」・「血の池」の各地獄に堕ちた女性の苦しみを語る「熊野比丘尼」の姿が重複するからである。[13] 曾我兄弟「御霊」の転換は、恐らく、北条氏の呪縛の解けた南北朝期に本格化したものと思う。

「語り」と物語の交流について最後に取り上げておきたいのは、人名や事物を列挙するいわゆる「揃い物」（名寄せ）の問題である。『曾我物語』が、「語り」の影響によって、「「揃い物（名寄せ）」という記述法」を採っていたことは一連の狩庭廻りに窺うことができたが、取り分け絢爛たる「聞きどころ聞かせどころ」は、富士野において、「東国」十一か国の御家人を二十番に結び（射手四十人）、行装・狩の様子を、いわゆる「武者揃い」の形式で延々と語った場面であった（以上、第三章第二節二項・第三節三項、注6、第五章第二節二項）。

善光寺聖・修験の教線に沿った物語と「語り」の普及は、《曾我人気》を増大させ、一部に伊豆や武蔵を含みながら、おおむね主要な相模国武士団が曾我兄弟の親族に位置付けられるという結果まで生んだ（第三章第二節一項。第四章第一節八項。第五章第二節二項）。村上學は、仮名本との比較において「真字本のリアリティ」を強調し、その論拠として「主要な素材となった、物語の時間軸を構成する部分が鎌倉末期、まだ頼朝が政権をうちたてた時の祖先の功名談がなまなましく伝承されている時代の関東の在地武士団によって支持されていた時期に成立したのではないかと思われることによる」として、典拠に角川源義・山西明・福田晃の各業績を挙げていた。通説と言ってもよいが、物語で活躍する武士のうち、鎌倉末期に至るまで、一体どれだけの氏族が生き延びたというのであろう。いま少し、《曾我人気》の基盤を考えてみたい。

十三世紀も半ばを過ぎ、宝治合戦で三浦氏嫡流が滅亡し（宝治元・一二四七）、執権北条時頼によって、いわゆる「得宗専制」の時代が始まろうとしていた頃、謡曲「鉢木」のシテ「佐野の源左衛門常世」に象徴されるように（『謡曲集』下、四〇七―四一四頁）、実は頼朝以来の「東国」武士団の多くが滅ぶか、往年の勢力を失っていた。土肥氏や梶原氏の如き、傍流がかろうじて生き延びていた氏族もあったが、鎌倉幕府の根幹をなした伊豆や相武武士団の中には、庶流が得宗家や名越家といった北条氏一門の被官化した者が見られ、分割相続の進展や元寇（文永・弘安の役）が御家人の没落に拍車をかけた。文永八年（一二七一）九月には、鎮西に所領を有する「東国」御家人の下向が命ぜられ、幕府の有力者二階堂氏は「器用代官」が薩摩に、上総国御家人深堀氏は子息が肥前に、武蔵国御家人小代氏の場合は「自身」が肥後に、それぞれ下向することになる（拙著『鎌倉守護』論考、第三章第二節、一六六頁。第五章、三九九頁）。外様御家人の筆頭とも言うべき千葉氏でさえ例外ではなく、当時の惣領頼胤は肥前小城郡（佐賀県小城市）に下り、この後、千葉介嫡家が分裂する契機となった（同・国別、第十章大隅項、五六六頁）。

小代氏の場合、現実には庶子が中心となって、所領の肥後国野原荘への移住を余儀なくされたが、私は、「東国」で生まれた曾我の物語と「語り」が、御家人の西遷とともに、驚くべき速さで、鎮西に至る「西国」に普及していき、南北朝・室町期における全国的規模での仮名本展開の契機となった事態を想定した。「富士野の狩」に、頼朝時代の惣領行平の名を見出すことができなかった玄孫伊重は、恐らく鎮西の住人に対する配慮から、諏訪社の神人や巫覡によって提唱され、『吾妻鏡』が採用した幻の「三原野の狩」に飛び付き、頼朝以来の正統な由緒を誇る「東国」御家人の証しとして、「三原野の狩」への参加を捏造した（第五章第二節二項。本節二項）。小代氏と異なり、仮に祖先の名を目にし耳にしたとしても、「祖先の功名談」を受け止める子孫の多くが、没落するか軍役の負担の重さにあえいでいた。『曾我物語』が「貧道の物語」と評される所以である（第四章第三節三項）[14]。《曾我人気》を支えたものは、そこに現実と余りにも乖離した「祖先の功名談」（村上學）が描かれていたからである。伊豆「奥野の狩」や「三原野の狩」は虚構に過ぎなかったが、史実として存在した「富士野の狩」の絢爛さはまさにユートピアであって、そこから逆説的に現実が照射されると、落差を生み出した原因に突き当たることになる。梶原景時（正治二・一二〇〇）、比企能員（建仁三・一二〇三）、畠山重忠（元久二・一二〇五）、和田義盛（建暦三〈建保元〉・一二一三）、三浦泰村〈宝治合戦〉（宝治元・一二四七）、安達泰盛〈霜月騒動〉（弘安八・一二八五）等々、北条氏に対抗し得る勢力は次々に滅ぼされ、そのたびに、主に相模と武蔵の武士団が巻き込まれた。御家人の家の歴史にとって、その他、承久の乱（承久三・一二二一）や文永・弘安の役（文永十一〈一二七四〉、弘安四〈一二八一〉）における浮沈を忘れてはならない。北条氏一門の被官となって生き延びた者も、次には、一門の内訌による事態の急変を免れることができなかった。

　政治的・経済的に袋小路に陥っている「東国」御家人の多くが、「貧道無縁」（真名本巻六）な曾我兄弟の境遇に同情を寄せ、反対に、兄弟を言わば使い捨てにした時政を憎んだ。恐らく、「東国」御家人社会のアンダーグラウンドで、時政による「王殺し」（丸谷才一）の陰謀が口伝えに広まっており、鎌倉幕府創業のカリスマ頼朝を絶対視する彼らは、時政への嫌悪感を増幅させた。これは、現実の「得宗専制」に対する反感に裏付けされたものであり、幕府当局は、この言わば「東国」御家人社会の「世論」が時政に向けられている限りは黙認した。時政は、子の義時によって追放され、「得宗」家の系譜から除外されていたからである（第一節三項、第二節二項）。当局は、結局この「世論」を無視できず、折から編纂の進んでいた『吾妻鏡』に、見苦しい時政の弁明を加えなければならなかった。真名本また然り（第五章第二節一項）。『吾妻鏡』の編纂者は、時政の弁明に、曾我兄弟に同情を寄せる「東国」御家人らの《ガス抜き》の効果を期待した訳である。

真名本から仮名本に向けて進められた、曾我兄弟「御霊」の性格の劇的な変化は、恐らく、「東国」御家人社会の兄弟に寄せる同情が背景にあったものと思う。曾我兄弟による敵討の守護者として、兄弟とさまざまな縁で結ばれていた土肥実平・遠平父子と異なり、ほとんど兄弟との関係を持たない和田義盛と畠山重忠とを真名本が特筆したのは、「東国」御家人社会の彼らに対する人気・同情・追憶に配慮し、曾我兄弟とともに、彼らの鎮魂を意図したものであったろう(第二節一項)。逆に、「東国」御家人社会から忌避された梶原景時・景季父子は兄弟に対する敵役を演ずることとなった。また、安達盛長は、曾我兄弟と特別に縁があった訳でもなく、敵討への関わりも見られなかったが、山西明が注目したように(第一章第三節三項)、真名本が安達氏を意識したものとすれば、それは、やはり武蔵・上野の御家人らの輿望を担い、「霜月騒動」で滅んだ泰盛に対する追憶の意味が込められていたものであろう。

真名本巻十に、虎は「伊出の屋形の跡」再訪を志し、途中の「駿河の国小林の郷」で、曾我兄弟が、「富士の郡六十六郷の内の御霊神」となって、「富士浅間の大菩薩の客人の宮」にまつられていた事実を知ったとする件があった(第三章第四節五項)。この「御霊神」について、石井進は「北条氏自身が、その祭祀をすすめたもの」とし(第一章第四節二項)、五味文彦も「曾我兄弟の御霊は北条氏によって富士郡の鎮守神とされたのであって、いわば北条氏の守護神に転じた」と捉えていた(同、七項)。駿河国富士郡は、関東御領で、実質的に北条氏領と化していたが(同、二項)、両氏ともに、北条氏の手によって兄弟「御霊」の祭祀が進められたものとする点で一致しており、恐らく、通説に則ったα「怨霊型」の神とした祀られたということであろう。但し、その時期については触れられていなかった。

しかし、この「御霊神」とは、巻六の「御霊の宮」(第二節四項)に対応したものであって、β「英雄(武威称揚)型」御霊を意味し、兄弟の霊が怨霊化したことを意味するものではなかった(第三章第四節五項)。そうとすれば、これも北条氏の主導で、「東国」御家人社会の「世論」に対する、《曾我人気》を背景とした積極的対応措置であったろう。富士の「御霊神」は、やがて南北朝以降、北条氏と富士郡との関係が途絶えると、兄弟「御霊」の性格の変化に伴って、石井進・五味(文)両氏の指摘したα「怨霊型」の神に転じた。そして、「勝名荒人宮」(「流布大系本」巻十一)、「曾我両社八幡宮」(『曾我両社八幡宮縁起』)として、今日の静岡県富士市厚原(旧鷹岡村)に鎮座する曾我八幡宮に繋がっていくものと思う(第二章第三節一項)。

注

(1)仮名本は、「太山寺本」が「建久四年九月上旬」に、「百箇日」供養が行われたとし(巻十)、「流布大系本」もその点は同様であるが(巻十一・十二)、虎の出家に関する問題点に関しては、第二章第一節三項、及び第三章第四節三項、＊5参照。

(2)　徳田和夫に拠ると、『三十二番職人歌合』は明応三年(一四九四)の編纂で、「曾我兄弟の逸話は瞽女だけの専有物ではな」かったとしている(「室町期の民俗社会と曾我物語」、F『曾我作品宇宙』、九二頁)。また、根井浄・山本殖生編著『熊野比丘尼を絵解く』第一章「熊野比丘尼の絵画史料」7に、『三十二番職人歌合絵巻(幸節本)』が収められており、その解説に「烏帽子をかぶり、膝に琵琶を抱え、右手に雉の尾羽がついた差棒、前には乳(チ。紐を通す輪＝引用者)がついた二枚の絵が置かれる」として、『自戒集』の「記事と酷似する」とある(法蔵館、二〇〇七年、九頁)。

(3)　真宗高田派「荒木門徒」(三項既述)の流れを汲む「源誓の甲斐門徒」が、南北朝期に製作したとされる「親鸞絵伝六幅」(山梨県甲州市勝沼町等々力万福寺旧蔵。現西本願寺蔵)の画面構成は、「とくに善光寺や熊野に大きくスペースをさく」特異なもので、裏書の勧進記録も、上下段に道場坊主とその妻の坊守の名が並べて記されてあった(平松令三、三項、前掲「関東真宗教団の成立と展開」、八〇—八一頁。『法然と親鸞　ゆかりの名宝』(東京国立博物館、二〇一一年)、一一〇—一一三頁に図版が、三〇七—三〇八頁に「作品解説」が収められている）。「夫妻列記の形式」（平松）は善光寺の本田善光・弥生御前に由来し、絵解き（語り）と聖の宗教活動とが結び付いた伝統を示しているものと思われる。

（4）新日本古典文学大系、七頁。『愚管抄』巻四・崇徳に「ヨカノイタ」と見える（二〇八頁）。

（5）弘長三年（一二六三）十一月二十二日没。三十七歳であった。最明寺（鎌倉市東慶寺辺所在カ）において出家を遂げたのは、康元元年（一二五六）十一月二十三日、三十歳の折であり、前日に、執権職（及び「武蔵国務・侍別当并鎌倉第」）を、重時の嫡男長時に譲っている（『吾妻鏡』各日条。同書には「家督幼稚之程眼代也」と見える。時宗は当時六歳であった）。

（6）『関東評定衆伝』二、三三六・三三二頁。

（7）拙著『鎌倉守護』国別、第七章伯耆項、三二四頁・三二六—三二七頁注四。

（8）『吾妻鏡』延応元年十一月二日条。

（9）『千葉大系図』、七八頁。

（10）佐々木馨『北条時頼と廻国伝説』（吉川弘文館、一九九七年、一七一—一七二頁）。

（11）時頼廻国譚については、石井進が研究史にも触れて、简潔に整理している（「北条時頼廻国伝説の真偽」『石井進著作集』第四巻、岩波書店、二〇〇四年、所収。初出一九九九年）。その他、豊田武「北条時頼の廻国伝説」（著作集第七巻『中世の政治と社会』第一編三、吉川弘文館、一九八三年。初出一九六七年）があるが、最近のものでは、佐々木、注10所引著書が「限りなく史実に近い営み」と捉えている（二〇二頁）。

（12）一遍が熊野権現を鎮守社とした関係で、清浄光寺（遊行寺。神奈川県藤沢市）をはじめ、時宗寺院の多くが熊野権現を奉祀している（前掲、小野澤眞『中世時衆史の研究』第一部第一章、五六—五八頁）。なお、清浄光寺の場合、氏は、正中二年（一三二五）の創建に当たって、開山の遊行四祖他阿呑海（嘉暦二年〈一三二七〉寂）が廻国先の信濃から諏訪社を勧請したとしている（同第二部第三章、二八一頁。その他の鎮守社としては、二祖他阿真教の場合は近江の小野社、三祖他阿智得は白山社を勧請した）。善光寺を媒介項として、時衆教団においても、信濃との関係が深まっていったことが知られる（神仏分離以後、諏訪社は、正月の箱根駅伝で名高い遊行寺坂（旧東海道）を隔てた丘に遷された）。

（13）根井浄、本文前掲「熊野比丘尼の理解」は、「「不産女地獄」と「両婦地獄」と「血の池地獄」の絵像は、室町時代から現れる新出の絵像であろう」とする（前掲『熊野比丘尼を絵解く』第六章、三九二頁）。しかしながら、氏の指摘にあるように、『遊行上人縁起絵巻』（山形・光明寺蔵）に、京都四条大橋西詰の情景として、一遍が通りかかった際の「地獄の絵解き物解き」が描かれており（演者は、墨染衣を着し、右手に鳥の羽を持つ。第一章6、八頁。第六章、三九二―三九三頁）、熊野比丘尼による地獄の絵解きも鎌倉末期に遡ることが推測できよう。坂井孝一の「女性の語り部によって語られる「曾我語り」は、女たちの悲しみの物語という性格を強めていった」とする指摘は（「真名本『曾我物語』の構想と特徴」、第一部第一章、一九頁。初出二〇一〇年）、こうした熊野比丘尼による地獄の絵解きとも無関係ではあるまい。

（14）「貧道」の語に関しては、同項、注23参照。

五　『妙本寺本曾我物語』の成立

複数の存在が想定される原曾我物語は、北条泰時の発願によって、寛喜の飢饉からさほど隔たらぬ時期に、かつ、後鳥羽院の崩御（延応元年〈一二三九〉二月二十二日）以前に、箱根山もしくはその周辺で成立した。泰時は、外に寛喜の飢饉、内には頼朝の子孫の断絶や自身の子の夭逝に直面し、従父母兄弟の可能性の高い曾我十郎祐成・五郎時致兄弟の「武威」を「英雄」として「称揚」し、事蹟を記録化することによって、兄弟「御霊」の鎮魂を果たそうとした。原曾我物語は、「順現業」の思想に基づくものであったと言える。

この原曾我物語は、やがて「語り」を伴い、箱根山と関係の深かった信濃国善光寺に拠る念仏聖や修験の教線に沿って、「東国」各地に広まり、御家人の家々や寺社から逆に素材を収集していった。中でも時頼の時代、十三世紀も後半に入ると、独自の狩猟信仰を伴った諏訪社との接触が深まり、物語や「語り」への影響を強めていく。一つは、プロットが《狩庭の物語》とする一貫した構想の下で編纂されていったことであり(「三原野の狩」は、諏訪の神人や巫覡が主唱したものであり、虚構であったにも関わらず、『吾妻鏡』に採用された)、いま一つに、曾我兄弟が、実父河津三郎の敵、同族の工藤祐経を殺害したことは、所詮不殺生戒を犯したものではないかとする疑念に応えたことであった。即ち、諏訪の「業尽有情、…」の偈に示唆を得て、敵討は、やがて浄土宗鎮西義の教義に基づく「報恩合戦、謝徳闘諍」として合理化され(村上學)、聖らは「仏果」を得る機縁であったと説いた。

こうして、原曾我物語は真名祖本へと生長を遂げていったが、本来のプロットを窺うことができるのは、仮名十巻「太山寺本」の閉じ方であった。それは、謡曲に例えるならば、曾我兄弟をシテとする一場曲であり(ワキ・ツレというより、あたかも陰画(ネガ)で投映される負の舞台のシテとして頼朝を配する)、『曾我物語』の生成過程を、必ずしも真名本から仮名本へという《単系》で捉えることはできなかった。真名祖本の成立時期の目安は、山西明説に従って、「霜月騒動」で安達泰盛が滅んだ弘安八年(一二八五)頃に求めることができようが、それは、ほぼ『吾妻鏡』編纂の時期と重なっていた。

善光寺聖や修験らによって、唱導を目的とした曾我の「語り」が既に行われていたものと推測されるが、彼らは一般的に妻帯しており、また、本田善光の妻弥生御前の伝承から窺われるように、善光寺と関わりのある巫女や尼僧の占める位置は高かった。こうしたことも手伝ってか、早期に善光寺聖・修験の妻や女性の係累による「曾我語り」も起こっていたに違いない。十三世紀の後半になって、大磯を拠り所とした真宗系善光寺聖・修験の妻たちや、「熊野比丘尼」を称する時衆らは、かつて三浦義村によって送り込まれ、曾我十郎の愛人となった大磯の遊女を物語のヒロインとして蘇らせた。彼女には、「熊野比丘尼」の伝説的始祖である光明皇后＝「とらんニ(尼)」に因んで、「虎」という遊女としてははなはだ似つかわしくない名が与えられ、兄弟の鎮魂に、廻国や唱導にと縦横に活躍することになった。恐らく十四世紀に入り、女性の語り部の主導で、物語は、虎を後ジテとする二場曲に改編されていったものと思われる。

そして、兄弟「御霊」の性格が、本来のβ「英雄(武威称揚)型」からα「怨霊型」に転換したのも女性の語り部の主導に基づくものであったろう。但し、一個所の例外を除き、現行真名本ですら、兄弟の「御霊」をβ型として描いていた。「御霊」をα「怨霊型」として描写したのは仮名十二巻本であり、研究史上、柳田國男・折口信夫をはじめ、角川源義にすら決定的影響を与えることになった。仮名十二巻本の成立時期は、頼朝や北条氏に対する呪縛が消滅した南北朝以降と思われるが、現行真名十巻本、即ち『妙本寺本曾我物語』の成立年代を、十四世紀後半から十五世紀初頭とした村上學の想定はまず覆らないであろう。巻九に見られた記述の重複と五郎処刑の二通りの表記は、現行真名本が完全な《定本》として完成せず、その生長を止めたことを表していた。『曾我物語』形成史は、男の絵解きや熊野比丘尼・瞽女といった各種の語り部によって列島各地に広まった「語り」を底流として、仮名本や、謡曲・幸若舞曲など多彩な「曾我物」の展開する時代に変わっていったのである。

あとがき

本書は、曾我の「事件」と「物語」に関して、一貫した構想のもとに書き下ろした新稿である。

手許に、「建久四年曾我事件」について記した一九九一年二月一五日付のメモが残っている。《頼朝あっての時政》論に立ち、三浦周行氏の北条時政黒幕説を批判した内容であった。その後、永井路子氏の小説や坂井孝一氏の論著に接して、私の素朴なメモなど吹き飛んでしまったが、同時に、両氏の説や自らのメモに対する疑問や反省が芽生えてきた。結局、私は三浦周行説に回帰し、本書の原点に据えた経緯がある。

私は学生時代以来、中世を民族文化形成期として捉え、「中世国家論」を目標の本丸に掲げた上で、二の丸を「鎌倉幕府論」の構築に置き、三の丸として「鎌倉幕府守護制度」の研究を当面のテーマに据えた。四〇歳代で三の丸に到達するつもりでいたが、『鎌倉幕府守護の基礎的研究』(【論考編】・【国別考証編】全二冊。岩田書院)を刊行できたのは、長く勤務した東京都立工業高等専門学校(現産業技術高専)を退職する一年前の二〇一〇年のことであった。十九歳で十郎と死別し、六十四年の生涯(真名本)を終えた大磯の遊女虎の人生に匹敵する歳月である。

退職を控え、敢えて能力を不問にすれば—これが本質であるが、初志を貫徹するだけの体力と健康に自信を持てず、二の丸を横目に睨みながら、結局、独立した砦に立向かう選択をした。それが、長い間の懸案となっていた「曾我」の研究であり、「鎌倉幕府論」を意識したものとなった。

当初、私は、「建久四年曾我事件」に関する個別論文を二、三編程度まとめるつもりであった。ところが、本格的に研究史を繙いていくと、素材の乏しさを克服するには史料批判の質を高めねばならず、『曾我物語』を正面に据える覚悟を決断せざるを得なくなった。それまで、私が目を通したテキストと言えば、日本古典文学大系に収められた仮名十二巻本（「流布大系本」）のみで、平家物語に比べれば…という素人の安直な思い上がりもあった。蓋を開けてみると、重厚な研究実績と格闘しなければならず、しかも、『曾我物語』の研究史自体が、軍記物語の主流である平家の研究動向に左右されていたことが遅蒔きながら理解されてきた。当初予定していた時間を大幅に超過したが、その過程で、『曾我物語』は本来何を伝えようとした軍記であったかが気にかかり始め、自らの能力を超えて、歴史学の立場からする『曾我物語』（真名本）成立論の提起に帰結することとなった。御成敗式目の制定に関して、北条泰時が弟の重時（六波羅北方）に対し、「京へんにはさためてものをもしらぬゑひすとも」よと笑われ、「謗難」を加えられることがあっても、と書き送った信念（貞永元年八月八日・九月十一日付消息）に鼓舞されて、敢えて言及した次第である。ために、本書は徒に大部となったが、本書には、私がこれまで発表してきた論著の殆どがどこかで顔を見せている。その意味で、本書は、貧しくとも私の研究の集大成となった。前著に引き続き、またしても大部となった著書の刊行をお引き受け頂いた岩田博氏には「感謝」という言葉では言い尽くせないものがある。思えば、氏に最初にお目にかかったのは、往時の中世諸国一宮制研究会の場であったが、その折の兵庫県揖保郡太子町の宿が、私にとっては「松坂の一夜」の意味を持った。

この間の作業を通して、日本中世史研究と軍記物語研究との対話―マクロ的に言えば、歴史学と国文学との交流―の乏しさを実感した。本書が、批判を通じてでも、対話の契機ともなれば、これに過ぎた喜びはない。

二〇一七年一〇月一〇日　　著　者

著者紹介

伊藤 邦彦（いとう・くにひこ）

1947年　名古屋市 生まれ
1974年　東京教育大学大学院文学研究科修士課程修了
東京都立産業技術高等専門学校名誉教授
(旧)東京都立工業高等専門学校 教務主事・学生主事(管理職)歴任
主　著『鎌倉幕府守護の基礎的研究』【論考編】・【国別考証編】
　　　　(全２冊。岩田書院、2010年)
その他『真岡市史』第六巻・原始古代中世通史編（共著、1987年）
　　　　「諸国一宮制の展開」(『歴史学研究』500号、1982年)
　　　　「勝道と日光山」(『古代文化』41巻11号、1989年)
　　　　「鎌倉幕府「異国降伏」祈禱と一宮」
　　　　(『中世一宮制の歴史的展開』下、岩田書院、2004年)
現住所　〒272-0836 千葉県市川市北国分1-3-9

「建久四年《けんきゅうよねん》曾我《そが》事件《じけん》」と初期鎌倉幕府
―曾我物語は何を伝えようとしたか―

2018年(平成30年) 7月　第1刷　300部発行　　定価[本体16800円＋税]
著　者　伊藤　邦彦

発行所　有限会社岩田書院　代表：岩田　博　　http://www.iwata-shoin.co.jp
〒157-0062 東京都世田谷区南烏山4-25-6-103　電話03-3326-3757 FAX03-3326-6788
組版・印刷・製本：熊谷印刷

ISBN978-4-86602-044-0 C3021　¥16800E

コピーOK

岩田書院 刊行案内（24）

			本体価	刊行年月
933	山崎　一司	「花祭り」の意味するもの	6800	2015.09
934	長谷川ほか	修験道史入門	2800	2015.09
935	加賀藩ﾈｯﾄﾜｰｸ	加賀藩武家社会と学問・情報	9800	2015.10
936	橋本　裕之	儀礼と芸能の民俗誌	8400	2015.10
937	飯澤　文夫	地方史文献年鑑2014	25800	2015.10
938	首藤　善樹	修験道聖護院史要覧	11800	2015.10
939	横山　昭男	明治前期の地域経済と社会＜近代史22＞	7800	2015.10
940	柴辻　俊六	真田幸綱･昌幸･信幸･信繁	2800	2015.10
941	斉藤　　司	田中休愚「民間省要」の基礎的研究＜近世史43＞	11800	2015.10
942	黒田　基樹	北条氏房＜国衆19＞	4600	2015.11
943	鈴木　将典	戦国大名武田氏の領国支配＜戦国史14＞	8000	2015.12
944	加増　啓二	東京北東地域の中世的空間＜地域の中世16＞	3000	2015.12
945	板谷　　徹	近世琉球の王府芸能と唐・大和	9900	2016.01
946	長谷川裕子	戦国期の地域権力と惣国一揆＜中世史28＞	7900	2016.01
947	月井　　剛	戦国期地域権力と起請文＜地域の中世17＞	2200	2016.01
948	菅原　壽清	シャーマニズムとはなにか	11800	2016.02
950	荒武賢一朗	東北からみえる近世･近現代	6000	2016.02
951	佐々木美智子	「産む性」と現代社会	9500	2016.02
952	同編集委員会	幕末佐賀藩の科学技術　上	8500	2016.02
953	同編集委員会	幕末佐賀藩の科学技術　下	8500	2016.02
954	長谷川賢二	修験道組織の形成と地域社会	7000	2016.03
955	木野　主計	近代日本の歴史認識再考	7000	2016.03
956	五十川伸矢	東アジア梵鐘生産史の研究	6800	2016.03
957	神崎　直美	幕末大名夫人の知的好奇心	2700	2016.03
958	岩下　哲典	城下町と日本人の心性	7000	2016.03
959	福原･西岡他	一式造り物の民俗行事	6000	2016.04
960	福嶋･後藤他	廣澤寺伝来　小笠原流弓馬故実書＜史料叢刊10＞	14800	2016.04
961	糸賀　茂男	常陸中世武士団の史的考察	7400	2016.05
962	川勝　守生	近世日本石灰史料研究Ⅸ	7900	2016.05
963	所　理喜夫	徳川権力と中近世の地域社会	11000	2016.05
964	大豆生田稔	近江商人の酒造経営と北関東の地域社会	5800	2016.05
000	史料研究会	日本史のまめまめしい知識１＜ぶい＆ぶい新書＞	1000	2016.05
965	上原　兼善	近世琉球貿易史の研究＜近世史44＞	12800	2016.06
967	佐藤　久光	四国遍路の社会学	6800	2016.06
968	浜口　　尚	先住民生存捕鯨の文化人類学的研究	3000	2016.07
969	裏　　直記	農山漁村の生業環境と祭祀習俗・他界観	12800	2016.07
971	橋本　　章	戦国武将英雄譚の誕生	2800	2016.07
973	市村・ほか	中世港町論の射程＜港町の原像・下＞	5600	2016.08

岩田書院 刊行案内（25）

			本体価	刊行年月
974	小川　　雄	徳川権力と海上軍事＜戦国史15＞	8000	2016.09
975	福原・植木	山・鉾・屋台行事	3000	2016.09
976	小田　悦代	呪縛・護法・阿尾奢法＜宗教民俗９＞	6000	2016.10
977	清水　邦彦	中世曹洞宗における地蔵信仰の受容	7400	2016.10
978	飯澤　文夫	地方史文献年鑑2015＜郷土史総覧19＞	25800	2016.10
979	関口　功一	東国の古代地域史	6400	2016.10
980	柴　　裕之	織田氏一門＜国衆20＞	5000	2016.11
981	松崎　憲三	民俗信仰の位相	6200	2016.11
982	久下　正史	寺社縁起の形成と展開＜御影民俗22＞	8000	2016.12
983	佐藤　博信	中世東国の政治と経済＜中世東国論６＞	7400	2016.12
984	佐藤　博信	中世東国の社会と文化＜中世東国論７＞	7400	2016.12
985	大島　幸雄	平安後期散逸日記の研究＜古代史12＞	6800	2016.12
986	渡辺　尚志	藩地域の村社会と藩政＜松代藩５＞	8400	2017.11
987	小豆畑　毅	陸奥国の中世石川氏＜地域の中世18＞	3200	2017.02
988	高久　　舞	芸能伝承論	8000	2017.02
989	斉藤　　司	横浜吉田新田と吉田勘兵衛	3200	2017.02
990	吉岡　　孝	八王子千人同心における身分越境＜近世史45＞	7200	2017.03
991	鈴木　哲雄	社会科歴史教育論	8900	2017.04
992	丹治　健蔵	近世関東の水運と商品取引 続々	3000	2017.04
993	西海　賢二	旅する民間宗教者	2600	2017.04
994	同編集委員会	近代日本製鉄･電信の起源	7400	2017.04
995	川勝　守生	近世日本石灰史料研究10	7200	2017.05
996	那須　義定	中世の下野那須氏＜地域の中世19＞	3200	2017.05
997	織豊期研究会	織豊期研究の現在	6900	2017.05
000	史料研究会	日本史のまめまめしい知識２＜ぶい＆ぶい新書＞	1000	2017.05
998	千野原靖方	出典明記 中世房総史年表	5900	2017.05
999	植木・樋口	民俗文化の伝播と変容	14800	2017.06
000	小林　清治	戦国大名伊達氏の領国支配＜著作集１＞	8800	2017.06
001	河野　昭昌	南北朝期法隆寺雑記＜史料選書５＞	3200	2017.07
002	野本　寛一	民俗誌・海山の間＜著作集５＞	19800	2017.07
003	植松　明石	沖縄新城島民俗誌	6900	2017.07
004	田中　宣一	柳田国男・伝承の「発見」	2600	2017.09
005	横山　住雄	中世美濃遠山氏とその一族＜地域の中世20＞	2800	2017.09
006	中野　達哉	鎌倉寺社の近世	2800	2017.09
007	飯澤　文夫	地方史文献年鑑2016＜郷土史総覧19＞	25800	2017.09
008	関口　　健	法印様の民俗誌	8900	2017.10
009	由谷　裕哉	郷土の記憶・モニュメント＜ブックレットH22＞	1800	2017.10
010	茨城地域史	近世近代移行期の歴史意識・思想・由緒	5600	2017.10

岩田書院 刊行案内（26）

			本体価	刊行年月
011	斉藤　　司	煙管亭喜荘と「神奈川砂子」＜近世史46＞	6400	2017.10
012	四国地域史	四国の近世城郭＜ブックレットH23＞	1700	2017.10
014	時代考証学会	時代劇メディアが語る歴史	3200	2017.11
015	川村由紀子	江戸・日光の建築職人集団＜近世史47＞	9900	2017.11
016	岸川　雅範	江戸天下祭の研究	8900	2017.11
017	福江　　充	立山信仰と三禅定	8800	2017.11
018	鳥越　皓之	自然の神と環境民俗学	2200	2017.11
019	遠藤ゆり子	中近世の家と村落	8800	2017.12
020	戦国史研究会	戦国期政治史論集　東国編	7400	2017.12
021	戦国史研究会	戦国期政治史論集　西国編	7400	2017.12
022	同文書研究会	誓願寺文書の研究（全２冊）	揃8400	2017.12
024	上野川　勝	古代中世 山寺の考古学	8600	2018.01
025	曽根原　理	徳川時代の異端的宗教	2600	2018.01
026	北村　行遠	近世の宗教と地域社会	8900	2018.02
027	森屋　雅幸	地域文化財の保存・活用とコミュニティ	7200	2018.02
028	松崎・山田	霊山信仰の地域的展開	7000	2018.02
029	谷戸　佑紀	近世前期神宮御師の基礎的研究＜近世史48＞	7400	2018.02
030	秋野　淳一	神田祭の都市祝祭論	13800	2018.02
031	松野　聡子	近世在地修験と地域社会＜近世史48＞	7900	2018.02
032	伊能　秀明	近世法制実務史料 官中秘策＜史料叢刊11＞	8800	2018.03
033	須藤　茂樹	武田親類衆と武田氏権力＜戦国史叢書16＞	8600	2018.03
179	福原　敏男	江戸山王祭礼絵巻	9000	2018.03
034	馬場　憲一	武州御嶽山の史的研究	5400	2018.03
035	松尾　正人	近代日本成立期の研究　政治・外交編	7800	2018.03
036	松尾　正人	近代日本成立期の研究　地域編	6000	2018.03
037	小畑　紘一	祭礼行事「柱松」の民俗学的研究	12800	2018.04
038	由谷　裕哉	近世修験の宗教民俗学的研究	7000	2018.04
039	佐藤　久光	四国猿と蟹蜘蛛の明治大正四国霊場巡拝記	5400	2018.04
040	川勝　守生	近世日本石灰史料研究11	8200	2018.06
041	小林　清治	戦国期奥羽の地域と大名・郡主＜著作集２＞	8800	2018.06
042	福井郷土誌	越前・若狭の戦国＜ブックレットH24＞	1500	2018.06
043	青木・ﾐﾋｪﾙ他	天然痘との闘い：九州の種痘	7200	2018.06
044	丹治　健蔵	近世東国の人馬継立と休泊負担＜近世史50＞	7000	2018.06
045	佐々木美智子	「俗信」と生活の知恵	9200	2018.06
046	下野近世史	近世下野の生業・文化と領主支配	9000	2018.07

			本体価	刊行年月
611	伊藤　邦彦	鎌倉幕府守護の基礎的研究＜論考編＞	14800	2010.04
612	伊藤　邦彦	鎌倉幕府守護の基礎的研究＜国別考証編＞	14800	2010.04